신제도주의

- 권력, 집단행동 딜레마, 동형화 -

Advances in New Institutionalism

- Power, Collective Action Dilemma, Isomorphism -

김태은

도서출판 대영문화사

| 머리말 |

지구와 달은 중력과 같은 힘에 의해 제약받고 있다.

사람들 역시 수많은 그 무엇인가에 의해 제약을 받는다. 그 무엇인가는 사람들이 좋아하는 것을 형성하기도 하고, 선택과 행동을 제약하거나 결정한다.

그 무엇인가가 바로 '제도'이다.

인류가 무지할 때, 우주는 지구를 중심으로 펼쳐져 있다고 생각했다. 눈에 보이는 것만이 진실처럼 보였다. 인류의 지식이 축적되면서, 우주는 지구를 중심으로 펼쳐져 있는 것이 아님을 알게 되었다. 지구는 더 이상 자유로운 존재가 아님을 알게 되었다.

뉴턴(Isaac Newton)은 지구에 영향을 미치는 힘의 존재를 인류에게 알려주었다. 즉, 누구나 인지할 수 있었지만 호기심을 갖지 않았던 질문을 통해 지구와 태양과 같은 우주의 구성 요소들이 자유롭게 움직이기보다는 눈에 보이지 않으나 '중력(gravity)'이라는 거대한 힘에 의해 영향을 받는다는 점을 수학적으로 풀어냈다. 그리고 이 공식은 수백 년이 지난 현재까지도 인공위성 궤도 측정, 항성과 행성의 질량을 측정할 뿐만 아니라 우주를 이해하는 데 활용되고 있다.

뉴턴의 발견은 수천 년이 지나도, 수백억 년이 지나도, 우주가 그 무엇인가에 의해 사라지는 그날까지 우주를 이해하고 설명할 수 있는 주요 법칙으로 활용될 것이다. 왜냐하면, 뉴턴은 가상의 무엇인가를 연구한 것이 아니고 우주에 실존하는 실재하는 힘을 설명했기 때문이다.

자연과학에서 '중력'을 알고 난 후 우주의 많은 현상들을 정확하게 설명하고 예측했듯이, 사람들에게 무엇인가 영향을 미치는 것이 있다면, 혹은 사람들의 선호 형성, 선택에 영향을 미치는 그 무엇인가가 있다면, 그리고 이러한 요인이 중력처럼 중요하고 또 강건한 요인이라면, 사람들의 세계에 대한 설명과 예측이 높아질 것이다.

내가 이 '무엇'인가에 관심을 갖고 즐거워하는 이유이고 벗어날 수 없는 이유이기도 하다.

신제도주의는 사람들을 지배하거나 혹은 영향을 미치거나 제약하는 그 무엇인가를 '제도'라 칭하고, 사회현상을 분석함에 있어서 이 제도를 강조한다. 신제도주의는 사람들이 어떠한 제약도 없는 진공상태의 행위자가 아니라 그 무엇인가에 의해 제약받는 행위자임을 강조한다. 즉, 작은 생활 규율에서부터 법률, 정치체제, 경제체제, 문화에 이르기까지 그 무엇인가, 즉 제도는 우리의 선호와 선택을 제약하거나 영향을 미친다. 그리고 어떤 제도는 수백 년, 수천 년 동안 사람들의 선호와 선택에 영향을 미치기도 한다.

신제도주의는 행정학뿐만 아니라 정치학, 경제학, 사회학, 조직학 등 사회과학의 주류 학문을 관통하고 있어 매우 복잡하고도 방대하다. 신제도주의에서 말하는 '제도' 개념에 입각할 때, 신제도주의가 언제 시작되었는지, 또 어떠한 학자들이 신제도주의를 연구하는지를 획정하기도 쉽지 않다. 심지어, 신제도주의를 구성하고 있는 특정 접근 내에서도 학자들의 관점에 따라 서로 다른 주장을 펼치기도 한다. 따라서 신제도주의를 종합적으로, 체계적으로 정리하고자 하는 시도는 무모한 일일 수 있다. 다만, 몇 가지 중요한 필요성이 이 책을 집필하게 하는 동력으로 작용했다.

첫째는 신제도주의 자체가 여러 접근이 혼재되어 있을 뿐만 아니라 외국에서 수입되어 소개되다 보니 다양한 이론들이 파편적으로 존재하였으며, 동시에 개념적 모호성과 혼란스러움이 존재하였다. 이에 조금은 체계적으로, 보다 분명하게 정리할 필요성이 존재했다.

둘째는 신제도주의 관련 연구들이 주로 특정 접근에서 기술되어져 온 측면이 있다. 이에 역사적, 합리적 선택, 그리고 사회학적 제도주의를 비교하여 이해하는 데 어려움이 존재했다. 이에 각각의 접근들을 비교 제시함으로써 각 접근별 특성을 정확하게 이해함과 동시에 신제도주의 전체를 이해하는 데 기여할 필요가 있었다.

마지막으로, 이 책은 신제도주의에 대한 저자의 오랜 열정이 반영되어 있다. 즉, 석사 논문 이후 신제도주의는 저자의 연구 중심을 관통하고 있었다. 역사적 제도주의부터, 합리적 선택, 사회학적 제도주의에 이르기까지 연구해보겠다는 작은 도전, 그리고 그 결과물들을 체계적으로 정리할 필요성이 컸다.

이 책에는 신제도주의 관점에서 기존 이론을 단순히 적용하는 것이 아니라 새로운 개념, 이론을 개발하고자 하는 도전적 시도들이 담겨져 있다. 이 책은 신제도주의를 구성하는 역사적 제도주의, 합리적 선택 제도주의, 사회학적 제도주의 관점에서 몇 가지 핵심 질문에 대한 해답을 찾는 연구들이며, 크게 5편 14장으로 구성되어 있다.

제1편 '신제도주의와 제도'는 크게 두 장으로 구성하여 신제도주의의 핵심 내용과 접근별 주요 차이를 이해할 수 있도록 했다.

제1장 '신제도주의의 핵심 개관'에서는 신제도주의 접근의 등장 배경, 신제도주의 접근의 핵심 특징과 제도 유형을 제시했다.

제2장 '신제도주의 주요 접근별 특성과 가치'에서는 접근별 차이에 초점을 두고 기술하였다. 즉, 신제도주의를 구성하는 역사적, 합리적 선택, 사회학적 제도주의가 어떠한 차이가 있는지를 근본적인 제도 개념과 행위자 가정, 제도와 행위자 간 관계, 제도와 선호(preference), 경로의존, 제도변화, 그리고 신제도주의의 학문적 기여와 한계를 구분하여 제시하였다.

제2편 '제도, 인지, 내생적 제도변화: 역사적 제도주의 관점'은 크게 네 장으로 구성되어 있으며, 역사적 제도주의 관점에서 제도, 인지, 제도변화, 제도적 대응 등을 이해할 수 있도록 기술했다.

구체적으로, 제3장 '제도로서 재화의 특성: 위장적 제도의 재생산'에서는 '제도'가 무엇인지, 또 제도가 어떠한 제약을 하는지, 그리고 그에 대응하여 어떠한 제도적 대응이 나타나는지를 사회간접자본에 대한 민간투자 사례분석을 통해 살펴보았다. 부연하면, 사회간접자본은 대표적인 시장실패 영역으로 이해되고 있으나 현실에서는 광범위하게 민간투자가 진행되고 있다. 본 연구는 동 현상에 대한 본질적 설명이 필요하다는 인식 하에, 사회간접자본에 대한 민간투자의 제약요인과, 동 제약요인 하에서 어떠한 요인이 민간투자를 가능하게 하는가라는 두 가지 연구질문을 설정하고 분석하였다.

분석결과 첫째, 사회간접자본의 재화 특성은 하나의 '제도'로서 민간자본의 투자를 제약했다. 즉, '공공재적 특성'은 '수익성'을 확보할 수 없게 하며, '장기 투자회임 및 투자비회수기간'은 복잡성의 증대로 인해 '위험'을 유발하고, '대규모 자금 필요성'은 '자금조달의 어려움'을 초래하여 민간자본의 투자를 제약했다. 둘째, 이러한 제도적 제약을 해결하기 위해 '위장적 제도(camouflaged institutions)의 재생산'이 진행되어 왔음을 알 수 있었다. 즉, '수익성'을 확보하여 주기 위해 정부는 조세지원 및 부담금 감면, 재정 및 융자지원, 부대사업 및 국공유재산 활용과 같은 재정적 지원을 하였고, '위험보장'을 지원하기 위해 대상시설 및 방식 확대와 변화, 환율 및 금리위험 부담, 매수청구권 및 해지 시 지급금 인정, 토지수용권을 부여하였다. 또한 '자금조달'을 지원하기 위해 관련 금융지원 및 규제완화와 같은 지원제도가 일방향적으로 형성 및 변화되어 왔다. 결국, 사회간접자본의 재화특성(제도 요인)에 기인하는 제약을 해결하기 위해 위장적 제도의 재생산이 이루어져 왔으며, 이에 민간투자가 확대될 수 있었음을 보여준다.

본 연구는 사회간접자본의 '재화' 특성이 '독립변수로서 제도' 역할을 수행할 수 있음을 보여주며, 동시에 민관협력의 이름으로 진행되는 사회간접자본에 대한 민간투자의 본질을 설명하고 있다는 점에서 이론적 가치를 지니고 있다.

제4장 '제도와 딜레마[1] 인지, 대응'에서는 제도가 딜레마 인지에 영향을 미치는지, 또 제도의 영향 정도에 따라 딜레마(dilemma) 대응에 차이가 있는지를 설명하고 있다. 특히, 본 연구는 정책결정단계와 정책집행단계로 구분하여 연구질문에 대한 해답을 찾고 있다.

문재인 정부의 원전감축정책(혹은 '탈원전정책')을 분석한 결과 신제도주의 관점의 '제도'는 딜레마 인지에 영향을 미치고, 제도의 영향 정도에 따라 딜레마 대응 차이가 발생되는 것을 알 수 있었다. 구체적으로 첫째, 원전육성정책 하에서 4가지 제도('원전 건설 관행에 따른 매몰비용', '원전입지지역 지원제도', '발전사업허가취소제도', '손실보상제도')가 형성되었고, 동 제도들은 원전감축정책의 집행을 제약했다. 둘째, 동 제도들은 의사결정자가 정책결정단계에서 인지하지 못한 딜레마를 정책집행단계에서 인지하는 데 영향을 미쳤다. 셋째, 동 제도들의 영향 정도에 따라 서로 다른 딜레마 대응(딜레마 전가, 지연)이 나타났다. 이러한 결과는 신제도주의 관점의 제도와 딜레마 인지 및 대응 간의 관계를 설명하고 있다는 점에서 이론적, 정책적 가치를 보여주고 있다.

제5장 '두 가지 환류, 그리고 내생적 제도변화'에서는 '제도변화가 어렵도록 의도적으로 설계된 제도(변화 저항적인 제도)'의 변화 원인과 그러한 변화 원인에 따라 어떻게 제도가 변화하는가에 대한 해답을 찾고자 하였다. 특히, 제도변화에 2가지 힘, 즉 '긍정적 환류(자기강화 요인)'와 '부정적 환류(자기부정 요인)'가 존재함을 증명하였다. 구체적으로, 종합부동산세 제도를 사례로 한 연구결과, 첫째, 종합부동산세 제도의 변화는 종합부동산세 제도에 내재된 긍정적 환류와 종합부동산세 시행에 따라 형성된 부정적 환류에 의해 이루어졌다. 둘째, 종합부동산세는 두 개의 환류가 동시에 존재하고 있으며 이에 따라 변화가 진행되었다. 즉, 부정적 환류에 따라 종합부동산세가 대폭 완화되었으나, 동시에 긍정적 환류에 의해 종합부동산세의 완화에 따른 지방교부세의 축소만큼 제3의 제도(지방소득 및 소비세의 도입, 지역상생기금의 설치)가 이루어졌다. 이러한 연구결과는 신제도주의의 가장 큰 설명 한계 영역인 내생적 제도변화를 설명하는 새로운 설명도구를 제시하고

---

1) 여기서 딜레마는 딜레마 이론에서 말하는 딜레마이다. 아래 제3편에서 주로 제시되고 있는 집단(합)행동 딜레마(혹은 사회적 딜레마)와는 다른 개념이다. 본문을 참고하기 바란다.

있다는 점에서 이론적 가치를 지니고 있다.

제6장 '역사적 제도주의 연구 경향과 비판적 논의'에서는 역사적 제도주의에 대한 연구 경향을 체계적으로 분석하고 이를 토대로 비판적 고찰을 수행하며, 특정 접근 혹은 이론적 경향 분석을 위한 새로운 방법을 제시하고자 했다. 이를 위해, 단계별 추출을 통해 사회과학 분야 역사적 제도주의 116편의 연구물을 '개관적 연구 경향'과 '이론적 관점의 연구 경향'으로 구분하여 분석하였다.

분석결과 첫째, '개관적 연구 경향' 분석결과, 게재논문은 완만하게 증가했고 연구자 및 연구기관이 폭넓게 분포했으나 집중연구자와 기관은 소수였다. 단독연구가 압도적으로 많았으며, 연구주제는 총 30개 대주제가 연구되었고, 보건복지, 기업, 조직 순이었다. 연구방법은 91.4%가 질적 연구로 편중이 발견되었고, 단일국가 연구가 93%로 비교연구의 도구로서 기능이 미약하였다. 21개 학문분야와 48개 학술저널에 게재되었으나 주로 행정학에 집중되었다.

둘째, '이론적 관점의 연구 경향'으로, 이론 전개과정은 도입, 적용, 대안 모색 및 정교화의 과정을 보여주었으나 단순 적용 연구(84.5%)가 압도적으로 많았다. 다양한 핵심개념(대분류 기준 18개)이 연구되었고, 이 중 경로의존이 가장 큰 비중을 나타냈다. 독립변수로서 제도연구(93.1%)가 압도적으로 많아, 과학적인 설명도구로서 활용되어져 왔음을 알 수 있었다. 한편에서는 독립변수로서 제도와 행위자를 포함한 연구(25.4%), 제도, 행위자 외 구조 등을 포함한 연구(10.3%)가 나타나 역사적 제도주의가 갖는 설명력 한계를 극복 노력도 발견되었다. 제도의 지속성뿐만 아니라 제도변화를 설명하는 연구가 지속되었으며, 특히 내생적 제도변화를 통한 설명적 연구가 증가했다.

본 연구는 이러한 분석결과를 토대로 각각의 내용에 대한 비판적 고찰을 수행했으며, 동 연구는 역사적 제도주의 연구의 경향을 분석함은 물론 이론적, 실천적 함의와 과제를 제시하고 있다.

제3편 '제도, 집단행동 딜레마, 대응: 합리적 선택 제도주의 관점'은 크게 네 장으로 구성되어 있으며, 합리적 선택 제도주의 관점에서 제도, 집단행동 딜레마(collective action dilemma, social dilemma),[2] 제도적 대응 등을 이해할 수 있도록 했다. 특히, 동 연구물들은 새로운 실험설계와 그에 따른 실험결과를 담고 있으며, 한편에서는 대표적 집단행동

2) 집단행동 딜레마 혹은 집합행동 딜레마로 표기되고 있으나, 이 책에서는 집단행동 딜레마를 주로 표기했다.

딜레마인 지자체 간 해상 매립지 관할권 사례를 분석하고 있다.

구체적으로, 제7장 '제도적 특성과 집단행동 딜레마: 성과급적 연봉제를 반영한 실험연구'에서는 제도의 특성이 집단행동 딜레마에 미치는 영향이 무엇인가라는 연구질문을 설정하고, 구체적으로 실제 운영되고 있는 제도의 특성이 집단행동 딜레마에 어떠한 영향을 미치는지를 분석하였다. 이에 공무원 '성과급적 연봉제'를 분석하여 제도적 특성을 도출하고, 동 제도적 특성을 반영한 실험설계(제로 섬 구조와 포지티브 섬 구조, 기본 구조와 성과누적식 구조)를 통해 '공공재 게임'을 수행하였다.

분석결과 첫째, '기본 구조'가 '성과누적식 구조'에 비해 집단행동 딜레마의 완화에 기여했다. 둘째, '제로 섬(zero-sum) 구조'보다 '포지티브 섬(positive-sum) 구조'가 집단행동 딜레마의 완화에 기여할 수 있으나 이는 '기본 구조'에서만 나타났다. 셋째, '제로 섬 구조'에서 '포지티브 섬 구조'가 될수록 '기본 구조'와 '성과누적식 구조' 간 공공계정 기여금 격차가 증가했다. 넷째, 반복 실험 시 '기본 구조'에서 공공계정이 감소하는 현상이 일관적으로 나타났다. 심지어, '기본 구조 · 포지티브 섬' 구조에서도 반복 실험 시 공공계정 기여율이 감소하는 현상이 나타났다. 이러한 연구결과는 제도가 집단행동 딜레마에 어떠한 영향을 미치는지를 현실 제도를 반영한 실험설계를 통해 실증하고 있다는 점에서 이론적, 실험적, 정책적 가치를 지니고 있다.

제8장 '불확실성과 집단행동 딜레마: 불확실성을 반영한 실험연구'에서는 불확실성이 집합행동 딜레마에 어떠한 영향을 미치는지를 분석하고자 했다. 구체적으로, '공공재 규모의 불확실성'과 '처벌의 불확실성'과 관련된 5가지 연구가설을 '제1유형'과 '제2유형'으로 설계한 총 24회의 공공재 게임을 통해 검증하고자 하였다.

분석결과 첫째, 처벌 조건이 동일할 때, 공공재 규모의 불확실 여부가 집합행동 딜레마에 미치는 영향은 강건하지 않았다. 둘째, 공공재 규모의 조건이 동일할 때, 처벌의 불확실성이 집합행동 딜레마에 미치는 영향은 매우 강건하여 모든 실험조건에서 처벌이 확실할 때가 처벌이 불확실할 때보다 공공계정 기여가 높았다. 셋째, 불확실성 요인이 존재할 때, 불확실성의 개수보다 불확실성의 요인이 무엇인가가 더욱 중요함을 알 수 있다. 넷째, 두 가지 불확실성 요인이 서로 동일한 수준으로 영향을 미치는 것이 아니라 처벌의 불확실성이 공공재 규모의 불확실성보다 더욱 크게 영향을 미쳤다. 다섯째, 처벌의 범위와 강도를 높이면, 불확실성 하에서 집합행동 딜레마가 크게 완화되었다. 이러한 분석결과는 설명의 대상으로 남아 있던 불확실성과 집합행동 딜레마의 관계를 새로운 실험설계를 통해 설명하고 있고, 현실적으로 유용한 정책적 함의를 제시한다는 점에서 가치를 지니고 있다.

제9장 '권력 비대칭, 공정성과 집단행동 딜레마: 권력 비대칭, 공정성을 반영한 실험연구'에서는 권력 (비)대칭, 그리고 권력 (비)대칭의 근원에 따라 집단행동 딜레마에 서로 다른 영향을 미치는지를 분석하였다.

분석결과 첫째, 대칭 처벌보다 비대칭 처벌이 집단행동 딜레마 완화에 기여하였으며, 비대칭 처벌은 대칭 처벌과 달리 반복 실험에서도 협력이 유지되었다. 둘째, 실험 참여자들이 합의한 '공정한 처벌 규칙'은 '비대칭 처벌'로 나타났으며, 셋째, 공정한 처벌 규칙의 적용범위가 클수록 집단행동 딜레마 완화에 기여했다. 넷째, 비대칭 처벌 그 자체보다 비대칭 처벌의 근원이 무엇인가에 따라 공공계정 기여에 차이(공정한 처벌 규칙>숨은 결정자>실험 주관자)가 있었다. 특히, 비대칭 처벌 규칙이 공정하게 마련된 경우 집단행동 딜레마 완화에 기여함을 보여준다. 다섯째, 실험 참여자들 간 '비합의된 비대칭 처벌 규칙'을 사전에 아는 경우보다 처벌 규칙 자체를 모를 때 집단행동 딜레마 완화에 기여했다. 본 연구는 아직까지 설명되지 못한 권력 (비)대칭과 공정성이 집단행동 딜레마에 어떠한 영향을 미치는지를 새로운 장기 실험연구로 실증하고 있다는 점에서 학술적, 정책적 가치를 지니고 있다.

제10장 '집단행동 딜레마와 제도의 유막층화'에서는 집단행동 딜레마 상황에서 제도의 형성 메커니즘과 동 제도가 집단행동 딜레마에 어떠한 영향을 미치는지를 체계적으로 분석하였다. 특히, 비공식 제도와 공식 제도 간 '유막층화(oil layering)'라는 새로운 개념을 제시하고, 이를 통해 집단행동 딜레마를 설명하는 기존의 제도 이론의 설명 한계를 극복하고자 하였다.

지자체 간 '해상 매립지 관할권'을 대상으로 한 사례연구결과 첫째, 비공식 제도가 존재하는 상황에서 비공식 제도를 반영하지 않은 공식 제도가 형성됨으로써, 비공식 제도와 공식 제도가 상호 단절적이고 경쟁적인 관계를 갖는 '유막층화 제도'가 형성되었다. 둘째, 유막층화 제도는 매립지를 둘러싼 지자체 간 집단행동 딜레마를 해결하기보다는 이익추구 선택지 증가에 따른 판단의 복잡성과 이원화 초래, 기존 결정 무력화(헌재 결정) 및 새로운 분쟁 유발, 총 분쟁기간 증가, 행정적·사법적 비용 증가 및 부정적 외부효과 발생, 경제적 피해 및 투자 저해, 지방자치단체 간 반목과 불신을 유발 및 증대시켜 집단행동 딜레마의 수준을 심화시켰다. 이러한 연구결과는 신제도주의 특히 역사 제도주의적 관점에서 제도, 제도형성, 제도변화를 이해하는 데 이론적 가치를 지니며, 동시에 기능적 목적을 지닌 공식적 제도의 한계와 설계 방향을 제시하고 있다는 점에서 유용한 정책적 가치를 지니고 있다.

제4편 '제도, 동형화, 새로운 동형화 메커니즘: 사회학적 제도주의 관점'은 크게 두 장으로 구성되어 있으며, 사회학적 제도주의 관점에서 제도, 동형화 및 대응 등을 이해할 수 있도록 했다. 특히, 제도의 유사성과 이질성을 설명할 수 있는 설명도구 개발과 더불어 새로운 동형화 메커니즘을 개발 제시했다.

구체적으로, 제11장 '제도의 유사성과 이질성: 동형화와 내생적 제도 압력'에서는 외국에서 도입된 제도가, 도입 모델인 제도와 유사성을 지니면서도 동시에 이질성을 지니게 되는 원인이 무엇인지, 그리고 이질성의 정도에 미치는 요인이 무엇인지를 미국에서 도입된 적기시정조치제도를 통해 분석하였다.

분석결과 첫째, 우리나라의 적기시정조치제도는 동형화의 압력(규범적, 강제적 동형화)과 내생적 제도 압력('금융정책과 금융감독의 비분리', '금융정책기관과 감독기관 간 계층적 · 폐쇄적 인적 네트워크 구조', '금융산업 · 정치 · 관료의 강한 연계 구조)에 따라 형성되었으며, 이 두 가지 변수로 인해 미국의 제도와 유사성을 갖으면서도 동시에 이질성을 갖는 제도가 형성되었다. 둘째, 제도의 이질성에 영향을 미치는 '내생적 제도 압력의 크기'와 두 변수 간 '시간적 범위의 격차'는 크게 나타나 제도의 이질성이 매우 클 것임을 예상할 수 있었다. 셋째, 실제, 우리나라의 제도는 제도의 목적, 발동주체, 금융회사 등급 구분, 부실판단 기준, 규제유예 여부에 있어서 미국의 제도와는 매우 이질적임을 알 수 있었다. 이러한 연구결과는 제도의 유사성과 이질성의 원인을 설명하고, 이질성의 정도를 예측할 수 있는 도구를 제공한다는 점에서 이론적 가치를 지니고 있다.

제12장 '새로운 동형화 메커니즘: 딜레마적 동형화'에서는 특정 제도의 선택과 동형화의 원인과 결과를 분석하고 있다. 이에, 본 연구는 딜레마 상황은 제도의 선택을 제약하기 때문에, 딜레마 상황에 정합될 수 있는 제도, 즉 '유연성'이 매우 큰 제도가 선택되어 동형화될 것이라는 '딜레마적 동형화'라는 새로운 개념을 제시하고 동 개념을 통해 배출권거래제도의 선택과 동형화, 그리고 그에 따른 결과를 제시하였다.

분석결과 첫째, 우리나라에서 EU의 배출권거래제도(Emission Trading System)를 선택 · 모방한 이유는 '딜레마적 동형화'에 의해 이루어졌다. 온실가스 감축은 서로 다른 요구가 존재하는 딜레마 상황이었으며, 배출권거래제도는 제도의 특성상 '유연성'이 매우 커 딜레마 상황에 정합될 수 있었다. 즉, 제도에 요구하는 제도 환경(딜레마 상황)과 제도의 특성(유연성) 간 정합성이 높기 때문에 선택과 모방이 진행되었다. 둘째, 딜레마적 동형화의 결과는 지연과 제도 완화, 법 목적과 원칙 간, 그리고 시행체계 내 두 가치의 혼재, 내용상 형식주의가 나타났다.

이러한 연구결과는 동형화의 새로운 메커니즘을 보여주고 있다. 또한 선택이 어려운 상황에서 왜 특정 제도가 선택되어 동형화되는지, 왜 실패한 제도가 선택되어 동형화되는지, 왜 개선된 제도가 선택되어 동형화되지 않는지를 하나의 설명렌즈로 설명하고 있다는 점에서 이론적 의미를 지닌다.

제5편은 '제도와 정책, 그리고 이론'으로 크게 두 장으로 구성되어 있다.

제13장 '제도와 정책'에서는 보편적으로 고려될 수 있는 신제도주의 이론의 정책적 함의들을 제도, 제도변화, 의사결정자, 제도인지와 행정개혁, 집단(합)행동 딜레마, 그리고 동형화로 구분하여 제시했다. 동 부분은 비전공자들이 신제도주의를 이해하는 데 기여하고자 가능한 쉽게 기술하고자 했다.

마지막으로, 제14장 '이론 발전을 위한 제언'에서는 신제도주의 이론의 발전을 위한 몇 가지 제언을 제시했다. 구체적으로, 제도 찾기, 제도의 동시성과 비동시성, 제도와 행위자 구분, 변수와 간결성, 시간, 제도변화와 경로진화, 연구방법, 제도의 객관적 고찰과 비판, 용어와 개념의 명확화 등 차원에서 기술하였다.

이 책은 역사적 제도주의, 합리적 선택 제도주의, 사회학적 제도주의 관점에서 수행된 핵심 연구내용들이 담겨져 있다. 신제도주의의 다양한 관점을 살펴볼 수 있다는 점에서 유용할 것이다. 또한 이 책은 신제도주의 관점에서 수행된 연구를 통해 몇 가지 새로운 이론들을 제시하고 있다. 이 책에서 제시된 대표적인 이론들을 간략히 제시하면 아래와 같다.

재화의 특성 자체가 하나의 제도로서 사람들의 선택을 제약한다.

제도가 딜레마 인지에 영향을 미친다. 제도의 영향 정도에 따라 딜레마 강도의 차이가 발생된다. 그리고 이러한 딜레마 강도의 차이가 딜레마 대응의 차이를 유발한다.

제도변화의 압력이 존재할 때, 기존 제도에 편익을 얻어온 행위자들은 '형식적 전환'을 통해 제도를 지속시킨다.

제도변화는 긍정적 환류와 부정적 환류라는 두 가지 힘에 의해 설명될 수 있다.

제로 섬 구조보다 포지티브 섬 구조가 집단행동 딜레마 완화에 기여한다.

처벌의 불확실성이 높을수록 집단행동 딜레마를 심화시킨다.

공정한 처벌 규칙이 적용될수록 집단행동 딜레마 완화에 기여한다.

비공식 제도와 공식 제도의 유막층화가 집단행동 딜레마를 심화시킨다.

동형화의 압력과 내생적 제도 압력에 따라 제도의 유사성과 이질성이 동시에 발생된다.

내생적 제도 압력의 크기와 두 변수(동형화 압력, 내생적 제도 압력) 간 시간적 범위의 격차가 클수록 제도의 이질성이 증가된다.

딜레마 상황에서는 딜레마 상황에 정합성이 높은 제도가 선택되어 동형화된다.

이 책은 '위장적 제도', '형식적 전환', '부정적 환류', '딜레마적 동형화', '유막층화', '혼성제도' 등 새로운 개념들을 개발하여 제시하고 있다. 이러한 새로운 이론과 개념들이 부족하나마 신제도주의 관점에서 이론 발전에 기여할 수 있기를 희망한다.

이 책에서는 사례연구와 실험연구, 그리고 메타연구 등을 제시하고 있다. 특히, 새로운 실험설계와 방법들이 적용되었다. 실험적으로 구현하기 어려운 성과급적 연봉제뿐만 아니라 불확실성, 권력 비대칭, 공정성을 실험으로 구현하고 실증하고 있다는 점에서 향후 연구를 수행하고 연구방법을 고민함에 있어 도움이 될 수 있을 것으로 판단된다.

이 책은 연구과정에서 우리 사회에서 논란이 되어 온 여러 제도와 정책들을 다루고 있다. 구체적으로, 사회간접자본에 대한 민간투자, 원전감축정책(혹은 탈핵정책), 법조인력양성제도, 종합부동산세, 성과급적 연봉제, 적기시정조치제도, 배출권거래제도 등을 다루고 있으며, 이는 신제도주의와 같은 이론적 엄밀성을 넘어 제도 자체를 이해하는 데 도움이 될 것이다.

이 책의 내용은 2009년부터 2023년까지 저자가 신제도주의 관점에서 연구한 결과물 중 일부를 정리한 것이다. 대부분은 한국행정학보 등에 게재된 논문, 그리고 여러 편의 학술대회 발표문을 주제별로 재구성하고 수정 · 보완한 것이다. 관련한 자료 출처는 본문에 명기했다.

이 책은 저자의 오랜 꿈을 구현한 것이다. 그러나 행정학, 특히 신제도주의 연구를 이끌어 주신 선생님들이 있어 가능했다. 우선, 한국행정학회 제도연구회를 이끌어 주신 정용덕, 배병룡 교수님과 여러 회원 선생님들께 감사드린다. 제도연구회가 있어서 오랜 시간 하나의 큰 학문 주제를 연구할 수 있었다. 신제도주의 연구를 이끌어 주신 여러 선생님이 없었다면, 신제도주의에 큰 관심을 두기 어려웠을 것이다. 감사드린다.

배울 수 있고 학자가 될 수 있도록 해주신 안문석, 이종범 교수님, 그리고 은사님들께 감사드린다. 항상 진지하게 학문에 임하시고 끝없는 가르침을 주신 윤견수 교수님, 그리고 선배 · 동료 교수님들께 감사드린다. 항상 편하게 연구할 수 있도록 배려해주신 이도형, 김태진 교수님, 그리고 한국교통대학교 행정학과 교수님들께 감사드린다. 사랑과 헌신으로 키워주신 부모님, 누님, 형님께 감사드린다. 벌써 훌쩍 커버린 밝고 착한 김가연, 김태원, 그리고 집안에 웃음꽃을 피워주는 아내에게 고마움을 전하고 싶다.

본 연구물의 일부는 한국연구재단 중견연구자지원사업(NRF-2016S1A5A2A01022336), 한국교통대학교의 학술지원을 받아 수행되었다. 특히, 제3편 제7장, 제8장, 제9장 실험연구물과 제10장의 사례연구물은 한국연구재단의 재정적 지원이 없었다면 영원히 수행되기 어려웠을 것이다. 다시 한번 감사드린다. 순수학술서적임에도 흔쾌히 출판해 주신 대영문화사 임춘환 사장님, 임현준 부장과 임직원분들께 진심으로 감사드린다. 빈틈없이 교정해 주신 장선옥님께 감사드린다.

2023년 6월

저자 김태은

차례

제 2 편

제도, 인지, 내생적 제도변화: 역사적 제도주의 관점

제 3 장 제도로서 재화의 특성: 위장적 제도의 재생산

제 4 장 제도와 딜레마 인지, 대응

제 5 장 두 가지 환류, 그리고 내생적 제도변화

제 6 장 역사적 제도주의 연구 경향과 비판적 논의

제 3 편

제도, 집단행동 딜레마, 대응: 합리적 선택 제도주의의 관점

제 7 장 제도적 특성과 집단행동 딜레마: 성과급적 연봉제를 반영한 실험연구

제 8 장 불확실성과 집단행동 딜레마: 불확실성을 반영한 실험연구

제 9 장 권력 비대칭, 공정성과 집단행동 딜레마: 권력 비대칭, 공정성을 반영한 실험연구

제10장 집단행동 딜레마와 제도의 유막층화

제 4 편

제도, 동형화, 새로운 동형화 메커니즘: 사회학적 제도주의 관점

제11장 제도의 유사성과 이질성: 동형화와 내생적 제도 압력

제12장 새로운 동형화 메커니즘: 딜레마적 동형화

제 5 편

제도와 정책, 그리고 이론

제13장 제도와 정책

제14장 이론 발전을 위한 제언

제1편

신제도주의와 제도

신제도주의

제1장

신제도주의의 핵심 개관

제1절 왜 신제도주의인가?

신제도주의(new institutionalism)가 등장한 지 꽤 많은 시간이 지났음에도 불구하고 신제도주의 관점에서 현상을 이해하고 설명하고자 하는 노력은 지금도 끊임없이 지속되고 있다.

학문의 세계에도 유행이 있고, 접근 간 혹은 이론 간 경쟁이 지속되기 때문에 오랜 시간 동안 사회과학 전반에서 정상의 위치를 유지하는 것은 쉬운 일이 아니다. 이러한 점은 신제도주의가 갖는 이론적 위상을 보여준다.

신제도주의의 등장은 서로 다른 학문적 배경과 역사를 지니고 있다. 신제도주의적 접근은 제도에 대한 다양한 정의만큼이나 다양한 시각이 존재하며, 1980년대 이후 행정학, 경제학, 사회학, 정치학 등 사회과학 전반을 아우르고 있어 전체를 파악하는 것이 쉽지 않다. 실제, 신제도주의를 구성하는 분파를 분류함에 있어서도 통일된 것은 아니다. 예를 들어, 홀과 테일러(Hall & Taylor, 1996)는 역사적 제도주의, 합리적 선택 제도주의, 사회학적 제도주의로, 헤이(Hay, 2008)는 역사적 제도주의, 합리적 선택 제도주의, 규범적/사회학적 제도주의, 구성주의 제도주의로 구분하기도 한다. 다만, 일반적으로 신제도주의는 역사적, 합리적 선택, 그리고 사회학적 제도주의를 핵심분파로 이해하고 있으며, 본 연구도 이에 따라 논의한다.

즉, 역사와 맥락, 그리고 행위자 간 권력관계를 강조하는 역사적 제도주의(historical institutionalism), 신고전파 경제학의 기본가정에 거래비용 개념(Coase, 1937; Williamson, 1985), 그리고 규범, 관행 같은 제도의 비공식적 개념(North, 1998)까지 고려되어 발전하고 있는 합리적 선택 제도주의(rational choice institutionalism), 인지·문화적 접근(cognitive-cultural approach)을 강조하는 사회학적 제도주의(sciological institutionalism) 등에 의해 설명되어지고 있다(김태은, 2007: 27-28).

대략적으로, 정치학, 사회학에서 발달한 신제도주의는 1930년대 이후 1970년대에 이르기까지 사회과학의 지배적인 접근법인 행태주의(behavioralism)에 대한 비판이 중심에 있다. 특히, 행태주의와 이에 대한 비판을 통해 신제도주의를 이해하는 것은 매우 유용하다.

부연하면, 행태주의는 1930년대 이후 당시 물리학과 같은 자연과학, 심리학, 그리고 신고전경제학 등에 영향을 받아 등장했다. 행태주의는 당대의 추상적 혹은 사변적인 철학으로부터 벗어나 정치·행정 현상을 경험적이고 실증적으로 분석하고자 했다. 이에, 행태를 독립변수로 하여 사회현상을 과학적으로 설명하고자 했다. 사이먼(H. A. Simon)의 주장처럼 가치와 사실의 영역에서 가치보다는 사실을 중시하고, 계량화, 과학적 검증이 강조되었다. 즉, 행태주의는 자연과학이 자연의 법칙을 도출하고자 하는 것과 같이, 인간 영역에서도 어떤 보편적 규칙을 찾고자 하였다.

이러한 행태주의는 정치, 행정학의 과학화에 중대한 기여를 하였다. 그러나 정치, 행정 영역에 과학적 접근의 한계가 존재하였고, 한편에서는 과도한 과학화에 따라 현실의 사회문제를 해결하지 못한다는 비판에 직면하였다. 무엇보다, 첫째, 인간 가정의 동일성과 한계로서, 과학적 연구를 통한 일반화(generalization)의 노력과 달리, 행태주의적 설명의 한계가 지적되었다. 즉, 행태주의적 관점에서 행태 가정이 동일하다면, 동일한 조건에서 동일한 인간의 선택이 이루어져야 하고, 그에 따른 결과도 비슷해야 한다. 그러나 실제 정치 및 행정 현상은 이들의 주장을 지지하지 않았다. 둘째, 연구방법론상 한계가 제기되었다. 다양한 부분에서 제기되었으나, 대표적으로 자연과학의 연구대상인 자연과 인간은 본질적으로 상이함에도 자연과 인간을 동일시하여 자연과학의 연구방법을 인간에게 적용한 점, 방법론적 개인주의에 따른 한계, 그리고 측정할 수 있는 것에 초점을 두다 보니 과도한 계량화가 나타나고, 사회적 가치 등이 정작 중요한 변수임에도 측정하기 어렵다는 이유로 배제되는 문제 등이 제기되었다. 이러한 행태주의적 한계[1]들은 곧 새로운 설명도구를 찾고자 하는 학자들의 강한 동기를 유발했으며, 이는 정치학 및 행정학 사회과학 전반에서 신제도주의의 등장을 이끌었다.

반면, 경제학에서 신제도주의는 일찍이 코즈(Coase, 1937)에서 그 기원을 찾듯, 기본적으로 신고전경제학의 토대 위에, '제도'의 중요성이 강조되면서 등장했다. 즉, 과거 경제학의 한 분야인 19~20세기의 독일의 역사학파나 미국의 제도학파(institutionalism)는 고전경제학적 가정이나 한계효용이론 등을 비판하고 공식 및 비공식 제도를 강조하였다.[2] 그러나 신제도경제학, 혹은 합리적 선택 제도주의는 역사학파나 제도학파와 달

1) 물론, 행태주의 한계를 극복하고자 하는 욕구로 신제도주의가 등장했으나 그렇다고 해서 행태주의의 깊은 학문적 가치가 부정되는 것은 아니다. 신제도주의가 사회과학 전반에 막대한 영향을 미쳤으나 행태주의적 연구는 현재도 중요한 위치를 차지하고 있다. 학문에 세계에서는 다양한 이론과 접근들이 공조한다.

2) 이러한 측면에서 이해할 때, 과거 경제학의 역사학파나 제도학파는 합리적 선택 제도주의보다 역사적 제도주의나 사회학적 제도주의와 더욱 관련성이 깊다 할 수 있다.

리 신고전경제학의 핵심 가정을 토대로 행위주체 간 편익을 극대화하기 위해 자발적으로, 인위적으로 형성한 제도를 강조하였다. 어찌 보면, 역사적 혹은 사회학적 제도주의와 합리적 선택 제도주의의 등장은 매우 모순적이기도 하다. 즉, 한쪽에서는 행태주의를 부정하면서 역사적, 사회적 제도주의가 등장했고, 한쪽에서는 행태주의와 매우 밀접한 관계를 지닌 신고전경제학에 기초한 합리적 선택 제도주의가 등장했기 때문이다.

제2절 신제도주의 접근의 핵심 특징과 제도 유형[3)]

1 신제도주의 접근의 핵심 특징

신제도주의는 앞서 논의한 바대로, 워낙 다양한 학문적 배경을 지니고 있다. 하나로 모든 것을 이해하기 어려운 학문에서는 우주와 같다. 따라서 신제도주의 접근의 핵심 특징을 몇 가지로 간결화하는 것은 무리일 수도 있고, 한편에서는 신제도주의를 오해하게 할 수도 있는 위험한 일일 수 있다. 그럼에도 신제도주의가 지닌 복잡성의 문제를 해결하고 신제도주의에 대한 접근성을 높이기 위해 신제도주의의 핵심 정수를 뽑아 동 접근을 이해할 수 있게 할 필요성 역시 매우 높다.

다행스러운 것은 서로 다른 학문적 배경을 지니고 있음에도 신제도주의는 몇 가지 공통된 특성을 지니고 있다(Peters, 1999: 18; 김태은, 2007: 27-28 참고). 예를 들어, 피터스(Peters, 1999)는 신제도주의 핵심 특성으로 4가지를 제시한 바 있다. 첫째, 제도는 정치 · 사회의 어떤 구조화된 측면을 의미하며, 이는 공식 · 비공식 측면을 모두 포함한다. 둘째, 제도는 시간이 지나도 안정성(stability)을 지닌다. 셋째, 제도는 인간의 개별 행태(behavior)에 영향을 미친다. 넷째, 구성원 간에 공유된 가치와 의미(shared values and meaning)를 지닌다(Peters, 1999: 18; 김태은, 2007: 27-28).

이하에서는 신제도주의의 핵심적 혹은 공통적인 특성을 크게 4가지로 구분하여 제시한다.

3) 이하 내용은 김태은(2023a, 2023b)을 토대로 대폭 보완 기술된 것이다.

첫째, 신제도주의는 '자유로운 행위자'가 아니라 '제약받는 행위자'를 강조한다. 즉, 미시에서부터 거시에 이르기까지 여러 가지 그 무엇인가가 인간의 선호와 선택을 제약한다는 점, 영향을 미친다는 점을 강조한다. 즉, 현실에서 인간은 수많은 제약 속에서 선택한다. 어떠한 제약없이 선택이 이루어지기보다는 자신의 소득수준, 인간관계, 미시적 규칙뿐만 아니라 공식적인 법, 관행, 거시적으로 정치체제, 경제체제, 문화, 종교 등에 의해 영향을 받거나 심지어는 제약을 받는다. 자연 세계에서도 이러한 점은 쉽게 발견된다. 예를 들어, 지구와 달, 또는 태양 역시 눈에 보이지 않으나 '중력'과 같은 힘에 의해 영향을 받고 제약을 받는다. 지구와 달이 정해진 궤도를 돌고 있는 것은 태양의 중력과 은하계 차원의 큰 움직임에 영향을 받고 있기 때문이다. 또한 식물과 동물들 역시 직접적으로 자연환경에 영향을 받는다. 날씨가 추워지면 나뭇잎을 떨어뜨리고, 날씨가 따뜻해지려고 할 때 새싹이 돋아나는 것은 우연이 아니다. 우리 인간은 자연 세계와 달리 자연환경뿐만 아니라 인간이 창조한 다양한 형태의 공식 및 비공식 제도에 영향을 받는다. 이러한 의미에서 인간은 지구보다 혹은 지구의 동식물보다 선호와 선택에 더욱 큰 제약을 받는다 할 수 있다.

둘째, 인간을 지배하는 그 무엇인가, 혹은 인간의 선호, 선택, 행동을 제약하는 그 무엇인가를 '제도'라 칭하고 동 '제도'를 강조한다(March & Olsen, 1984, 1989; Peters, 1999 등 참고).

제도를 인간의 선호, 선택에 영향을 미치는 것으로 이해할 때, 제도의 범위는 매우 넓다. 즉, 법과 규칙, 문화처럼 인간에 의해 형성된 제도가 있는 반면, 어떤 것들은 사람들의 개입없이 자연발생적으로 존재하면서 사람들의 선호 및 선택에 영향을 미치는 것들이 존재한다. 예를 들어, 온도에 따라 선호하는 옷이나 먹는 음식이 다르듯, 또 강수량에 따라 서로 다른 주택구조가 선호되는 것에 알 수 있듯이 어떤 국가의 온도, 강수량 등 자연환경변수는 중요한 제약요인으로 고려될 수 있다. 지정학적 위치 등도 중요한 제도변수 중 하나가 될 수 있다. 예를 들어, 우리나라나 우크라이나처럼 지정학적으로 힘이 충돌되는 지역은 그 자체가 어떤 정책, 특히 외교 및 경제정책과 관련된 의사결정에 큰 제약요인이 될 수 있다.

그러나 신제도주의에서 강조하는 '제도'는 주로 인간에 의해, 인간이 개입되어 형성된 제도에 초점이 맞추어져 있다. 이러한 점은 신제도주의를 구성하는 역사적, 합리적 선택, 사회학적 제도주의 등 다양한 분파별로 제도에 대한 이해와 정의는 상이함에도 그 본질에 '인간'이 존재함에서 알 수 있다.

대표적으로, 역사적 제도주의의 관점에 있는 홀(Hall, 1986: 19)은 "정치와 경제 각 부문에서 개인들 간의 관계를 구조화시키는 공식적 규칙, 순응절차, 표준화된 관행"으로 이해하고 있다. 합리적 선택 제도주의 관점에서 노스(North, 1994: 360)는 제도를 "인간의 상호작용을 구조화하는 인위적 고안된 제약"으로 보면서, 제도는 공식적 제약(법, 규칙, 헌법 등)과 비공식적 제약(규범, 관습 등)으로 구성되어 있으며, 제도는 사회, 경제적 유인구조를 의미하는 것으로 보고 있다. 사회학적 제도주의 관점에서 스콧(Scott, 1995: 33)은 "제도는 사회적 행태에 대한 의미와 안정성을 제공하는 인지적, 규범적, 규제적 구조와 활동"으로 정의하고 있다. 즉, 사회학적 제도주의에서는 제도를 공통된 의미해석의 틀로 이해하고 있으며, 이에 인간의 비의식적 산물로 공식적, 비공식적 규칙뿐만 아니라 인간행위에 의미를 부여하는 상징, 문화, 인지 등을 포함하는 개념으로 파악되고 있다(Dimaggio & Powell, 1991; Nichols, 1998; Jepperson, 1991; 김태은, 2007: 27-28). 즉, 신제도주의를 구성하는 각 접근별 '제도'에 대한 정의와 이해는 상이함에도 불구하고, 인간을 지배한다는 그 무엇인가를 제도로 칭하고 이를 강조한다는 점에서 공통성을 지니고 있다.

한편, 인간을 제약하거나 혹은 지배하는 것, 인간의 선호, 선택, 행동에 영향을 미치는 것을 제도라고 할 때, 그 종류는 매우 다양하고 방대하다. 개인의 습관, 교우관계, 프레임, 딜레마, 소득수준, 거주위치, 가정환경 등부터 가입하고 있는 동호회의 자율규칙, 지방자치단체 조례, 법과 시행령, 소속된 조직의 문화, 보상제도, 시장의 독과점 비율, 국가의 시장 개입 정도, 정치체제, 경제체제, 문화 등 그 시작과 끝을 획정하기 어려울 정도로 다양하다.

셋째, 역사적, 사회학적, 합리적 선택 제도주의 등 그 유형이 어떠하든 간에, 사회현상을 설명함에 있어서, 인간의 선호, 선택을 설명함에 있어서 '독립변수로서 제도'를 강조한다.

제도는 원인, 즉 독립(혹은 설명) 변수로서 이해할 수 있고, 한편에서는 결과, 즉 종속변수로서 이해할 수 있다. 신제도주의 접근은 독립변수로서 제도, 종속변수로서 제도 모두를 중요하게 다루고 연구하고 있다. 그러나 신제도주의 가장 핵심적인 부분은 인간을 제약하는 그 무엇인가라는 점에서, 왜 인간이 그러한 행동을 하게 되었는지를 설명하고자 한다는 점에서 독립변수로서 제도를 강조한다는 점이다. 정리하면, 인간의 선호와 선택을 제약하거나 혹은 영향을 미치는 것을 제도(institution)라 하고, 독립변수로서 제도(institution as independent variable)를 공통적으로 강조하는 제 학문의 접근들을

'신제도주의(new institutionalism)'라 칭한 것이다.

넷째, 인간을 제약하거나 혹은 지배하는 제도는 한번 형성되면 쉽게 사라지지 않고 생명력을 지니며 강화될 가능성이 크다. 이는 제도의 자기강화성, 혹은 경로의존성은 역사적, 합리적 선택, 그리고 사회학적 제도주의 등 제 분파에서 강조되고 있으며, 신제도주의에서 강조하는 제도의 가장 중요한 특성 중 하나이다.

이러한 신제도주의는 인간이 본질적으로 다양한 무엇인가에 의해 제약받는 존재로 이해한다. 이는 지극히 현실적이고 또한 당연하다. 신제도주의적 접근의 가치가 시간을 초월하여 유지되고 오히려 높아지는 것은 이러한 인간 가정, 현실의 인간 가정에 기초하고 있기 때문이다.

2 제도의 유형

신제도주의에서 강조하는 '제도'는 매우 다양하고 광범위하다. 이해를 돕기 위해 몇 가지로 구분하면 아래와 같다.

1) 거시, 중범위, 미시 제도

제도의 크기 혹은 포괄하는 영향력의 따라 거시, 중범위, 미시로 구분한다.

정치체제(민주주의, 권위주의), 경제체제(자본주의, 사회주의), 종교, 문화와 같은 거시적인 것부터 법 및 관료제, 정부와 기업 간 관계, 독과점 비율 등과 같은 중범위 수준, 그리고 개인의 행태에 영향을 미치는 규칙, 관행, 집단 문화 등과 같은 미시적인 제도들이 있다.

다만, 거시, 중범위, 미시 제도로의 구분에는 어떤 기준이 있는 것도 아니고, 수렴된 기준이 존재하는 것도 아니다. 연구자의 주관적 판단에 따라 영향을 미치는 제도의 크기가 클 경우 거시로, 작을 경우 미시로, 거시와 미시 사이에 있을 경우 중범위로 구분하여 왔다.

2) 공식 제도와 비공식 제도

제도는 공식 제도와 비공식 제도로 구분하기도 한다. 헌법, 법과 시행령, 규칙, 집단과 조직의 규정, 기업 등 성문화되어 있고 가시적으로 확인 가능한 공식적 제도가 있는 반면, 종교, 이념, 문화, 신념, 역사관, 관행, 관습, 규범, 학연, 지연 등처럼 성문화되어 있지 않고, 그 실체를 가시적으로 파악하기 어려운 비공식적 제도로 구분되기도 한다.

그러나 현실에서 공식과 비공식 제도를 엄밀하게 구분하기 어려운 경우가 존재한다. 예를 들어, 종교와 정치가 일치된 국가의 경우 오랜 종교적 관행이 법체계로 구현된 경우가 많다. 우리나라도 최근까지 남녀 차별적인 유교문화가 법체계에 반영되어 사회적 논란이 되기도 했다. 또한 한편에서 거래비용, 자본시장 발전 수준, 관치금융, 독과점 시장 수준, 이익집단의 영향력처럼 사람들을 제약하는 주된 변수이지만 공식과 비공식 제도로 구분하기 어려운 측면이 있는 제도들이 존재한다. 신제도주의는 공식・비공식 제도 모두를 강조한다. 다만, 합리적 선택 제도주의는 역사적 제도와 사회학적 제도주의에 비해 비공식 제도보다는 공식 제도에 특별한 관심을 갖고 있다. 이는 동 접근에서 이해하는 제도와 연구방법의 특성에 기인한 것으로 판단된다.

3) 일치된 제도와 비일치된 제도

제도형성자와 영향권에 있는 자가 동일한 경우가 존재하는 반면, 제도형성자와 영향을 받는 주체가 상이한 경우가 존재한다. 우선, 첫째, 제도를 형성한 행위자와 제도에 영향을 받는 행위자가 동일한 경우이다. 이를 '일치된 제도'라 칭한다. 예를 들어, 작은 친목단체에서 운영규칙을 정한다고 가정하자. 이러한 경우, '내'가 운영규칙 제정에 개입했고 또한 제정된 운영규칙에 영향을 받는다.

반면, 어떤 제도는 제도형성주체와 제도에 의해 영향을 받는 행위자가 다른 경우가 존재한다. 이를 '비일치된 제도'라 칭한다. 예를 들어, 오랜 시간 전부터 형성된 경로우대 관행은 현대 세대를 제약한다. 또 자동차 교통법규, 공무원 임금제도 등 현대사회에 공식적 법령, 규칙 등은 형성 주체와 영향을 받는 주체가 상이한 경우가 많다.

제2장

신제도주의의 주요 접근별 특성과 가치

일반적으로 신제도주의는 크게 역사적, 합리적 선택, 그리고 사회학적 제도주의로 구분되어진다. 이러한 세 가지 접근별로 다양한 학문적 배경, 다양한 연구자들이 혼재되어 있기 때문에 간단하게 정리하는 것이 쉽지 않다. 그럼에도 불구하고 신제도주의의 이론 발전을 위해서 세 가지 접근별로 주된 차이를 이해할 필요가 있다. 이하에서는 근본적인 제도 개념과 행위자 가정, 제도와 행위자 간 관계, 제도와 선호(preference), 경로의존과 제도변화 차원에서 구분 제시하였다.[1)]

제1절 근본적인 제도 개념과 행위자 가정

신제도주의가 사회현상을 설명하는 중심 기재로 존재하고 있는 것은 동 접근이 갖는 우수한 설명력에 기인한다. 또 각 접근 하나하나가 방대한 이론체계를 구성하고 있으며, 다양한 이론들이 개발되어 왔다. 자연과학이든 사회과학이든 간에 이론은 고유한 가정에서 발전된다. 이러한 측면을 고려하지 않을 경우, 이론개발 자체가 어려워질 뿐만 아니라 설령 이론이 개발되었다 하더라도 설명력 부재에서 벗어나기 어려울 것이다.

신제도주의는 크게 정치학, 경제학, 사회학 혹은 조직학에 기초한 역사적 제도주의, 합리적 선택 제도주의, 사회학적 제도주의로 구분된다. 세 접근 모두 '제도'를 강조하나, 본질적으로 제도의 개념에 대해서는 차이를 지니고 있다. 이는 각 접근의 학문적 뿌리와 관련이 깊다. 세 접근의 제도와 행위자 가정(권력관계, 합리성)의 차이를 구분 제시하면 아래와 같다.

1 역사적 제도주의에서 제도, 행위자 가정

역사적 제도주의는 1970~1980년대 분석 개념으로서 국가에 대한 비교정치학자들의 관심과 서구 국가들에 있어서 행태와 정책 선택, 정책 차이를 설명하는 데 있어 공식·비공식적 제도적 배열에 분석의 의미를 가지면서 발전되어 왔다(Evans et al.,

---

1) 이하 내용은 김태은(2021: 80-95)과 김태은(2022b)을 토대로 대폭 보완 기술된 것이다.

1985; Hall, 1986; Peters et al., 2005: 1280). 특히, 당시 사회과학의 지배적 패러다임인 '행태주의'에 대한 비판적 의식과 그에 따른 대안 고찰에 있어 신제도주의, 특히 역사적 제도주의가 그 유용성을 인정받게 됨으로써 급격하게 사회과학의 주된 접근으로 대두되었다.

역사적 제도주의는 정치학에서 시작되어 행정학 등 인근 사회과학 전반으로 확대되어 왔다. 정치학은 본질적으로 가상의 인간보다는 현실 세계의 인간을 분석의 대상으로 삼아 왔다. 특히, 이들은 '권력'에 초점을 두고 연구하여 왔다. 즉, 어떤 행위자가 어떻게 권력을 얻게 되는지, 행위자 간 권력투쟁과 권력관계는 주된 관심 사항이다. 특히, 역사적 제도주의는 행위자 간 불균등한 혹은 비대칭적인 권력관계를 강조한다. 분석대상인 행위자들의 권력이 상호 동일한 것이 아니라 상대적으로 많고 적다는 것, 서로 차이가 있다는 것을 말한다. 이는 합리적 선택 제도주의와 극히 상반되는 가정으로, 역사적 제도주의가 보다 현실적인 인간을 대상으로 분석하고 있음을 보여준다.

역사적 제도주의에서 합리성 논의는 매우 부족하다. 따라서 합리성에 대한 정의, 그리고 행위자가 그러한 정의에 부합하는지 여부에 대한 논의 자체를 발견하기 쉽지 않다. 이러한 점은 사회학적 제도주의에서도 동일하게 발견된다. 다만, 묵시적으로 행위자가 합리성을 지니고 있는가를 논외로 하더라도 합리성을 추구하는 존재로 가정하는 것으로 판단된다.

역사적 제도주의의 관점에서 '제도'에 대한 다양한 정의가 제시되어 왔다. 그러나 역사적 제도주의는 제도에 대한 적절한 정의를 내리지 못하여 왔다는 비판을 받아왔다 (Peters et al., 2005: 1285-1286). 제도에 대한 정의 문제는 다른 접근들에 비해서도 역사적 제도주의에서 크게 제기되어 왔다. 이는 곧 역사적 제도주의 관점에서 보다 분명한 정의의 필요성이 존재함을 의미한다.

역사적 제도주의 관점은 주로 사람들에 의해 형성된 제도, 인위적 제도에 초점을 두고 있다. 역사적 제도주의의 핵심은 행위자 간 권력관계의 비대칭성이다. 이에, 제도는 갑자기 하늘에서 떨어지는 것이 아니라 '비대칭된 행위자 간 투쟁과 협상의 결과'로 이해할 필요가 있다. 따라서 역사적 제도주의에서 제도란 '비대칭적 권력관계 속에서 형성되어 행위주체들을 제약하는 것'을 말하며, 법, 규칙 등과 같은 공식적인 것뿐만 아니라 관행, 문화 등 비공식적인 제도 전반을 포괄한다. 즉, 어떤 제도는 행위자 간 비대칭 권력관계를 반영하는 것이 된다. 이는 다른 각도에서 보면, 어떤 제도는 공정하기보다는 권력 우위에 있는 행위주체에게 유리할 수 있음을 짐작하게 한다. 이러한 의미에서 역사적 제도주의가 구조주의(structuralism)와 매우 친밀하게 연계되어 있음을 알 수 있다.

역사적 제도주의에서 강조하는 제도는 비대칭 권력관계의 산물이다. 이는 현대에도 그렇지만 과거에 법과 제도가 권력을 상대적으로 많이 가진 계층 혹은 지배계층에 절대적으로 유리했던 점에서도 쉽게 발견된다. 또한 비대칭적 권력관계의 산물인 제도가 쉽게 변화되지 않고 지속되는 것 역시 어렵지 않게 발견된다. 지구상에 존재하는 많은 종교들 역시 형성 초기 권력관계가 반영되어져 있다. 특히, 수천 년 전에 형성된 일부 종교들은 당대의 권력구조, 특히 남녀 간 비대칭적 권력구조가 반영된 경우가 많다.

역사적 제도주의에서 오랜 역사적 고찰, 역사성을 강조하는 것도 제도형성의 근원을 살펴볼 필요성을 강조한 것이다. 그러나 현실 세계에서 사람들은 제도에 내포된 비대칭적 권력관계를 이해하기 어렵다. 어떠한 경우는 쉽게 파악할 수 있으나 어떠한 경우는 쉽게 파악되지 않는다. 특히, 쉽게 파악되기 어려운 이유는 보통 사람들은 자신을 지배하거나 제약하는 제도형성에 개입하지 않기 때문이다. 다시 말해, 실제 대부분의 사람들은 (자신에게 영향을 미치는) 제도형성과 동 떨어져 있다. 즉, 비일치된 제도가 절대 다수를 이루고 있다. 예를 들어, 우리 사회에 존재하는 수많은 법령이나 보상제도, 금융제도, 임금제도, 승진제도 등 혹은 관행 등은 보통 사람들의 관여없이 존재하는 제도들이다. 그러나 이러한 제도들은 제도형성에 관여하지 않은 모든 사람들의 선택에 영향을 미친다. 따라서 사람들이 제도에 내포된 비대칭적 권력관계를 인지하는 것이 쉽지 않다.

역사적 제도주의에서는 공식 및 비공식적 제도 모두를 강조한다. 또한 조직 내 규칙, 관행에서부터 거시적인 정치체제, 경제체제, 문화에 이르기까지 고려하는 제도의 범위가 매우 넓다. 다만, 사회학적 제도주의처럼 문화와 같은 거시변수에 초점을 두기보다는 중범위수준에서 고려될 수 있는 공식 및 비공식적 제도들을 강조한다.

2 합리적 선택 제도주의에서 제도, 행위자 가정

신제도경제학(new institutional economics)이라 불리기도 하는 합리적 선택 제도주의(rational choice institutionalism)는 코즈(Coase, 1937)를 시점으로 한 재산권, 계약이론, 코즈(R. H. Coase)와 윌리엄슨(O. E. Williamson)으로 대표되는 거래비용이론, 하딘

(M. N. Hardin)을 시점으로 한 집단행동이론 및 방대한 게임이론, 오스트롬(E. Ostrom)으로 대표되는 공공선택이론, 노스(D. C. North)류의 신경제사 연구, 네오 슘페터주의(neo-schumpeterian)와 같은 진화론적 접근 등 매우 다양한 이론 및 많은 주제들로 구성되어 있다. 또한 최근의 방대한 실험을 활용한 연구물들 역시 신제도경제학적 접근에 있다 할 것이다. 다만, 장하준(1996: 205)과 쉡슬(Shepsle, 2006: 24)의 지적처럼 이들을 간단히 정리하는 것은 쉽지 않다.

합리적 선택 제도주의에는 신고전경제학의 주요 행위자 가정이 기저하고 있다. 시장의 교환을 핵심적으로 연구하고 엄격한 행위자 가정에 기초하여 이론의 일반화를 추구하는 경제학에서는 필연적으로 행위자 간 권력관계의 동등성을 가정한다. 또한 행위자들이 합리성을 지니고 있지 않다면 이론의 일반화를 추구하기 매우 어렵다. 따라서 이들은 행위자의 합리성을 기본적으로 가정한다. 다만, 일부 윌리엄슨(O. E. Williamson)과 같은 거래비용이론가들은 합리성을 완화하여 제한된 합리성을 주장하기도 한다. 그러나 제한된 합리성이 정보의 부족 등에 따라 합리성이 제한받을 수 있다는 것이지, 행위주체들이 합리성을 추구하지 않는다는 것은 아니다. 합리성을 추구하나 정보 부족, 계산능력 부족 등에 따라 합리성이 제한받는다는 것을 의미한다.

또한 오스트롬(E. Ostrom)의 연구에서도 잘 드러나듯이 이들은 행위자 간 자발성을 매우 강조한다. 외부의 강제적 힘보다는 행위주체가 자신들의 필요에 의해, 자신들의 이익을 극대화하기 위해 자발적으로 어떤 규칙을 형성함을 강조한다. 이러한 행위자 가정에 있기 때문에 합리적 선택 제도주의에서 '제도'는 역사적 제도주의와는 매우 큰 차이를 갖고 있다.

다만, 합리적 선택 제도주의 역시 내부적으로 매우 넓은 스펙트럼을 지니고 있기 때문에 제도의 정의 자체가 용이한 것은 아니다. 카이서와 오스트롬(Kiser & Ostrom, 1982: 17), 노스(North, 1990: 3-5)처럼 제도의 정의를 구체적으로 정의하기도 하지만, 뷰캐넌과 털럭(Buchanan & Tullock, 1962)처럼 헌법 혹은 헌법적 규칙 이상 조작적 정의를 내리지 않기도 한다. 이와 관련하여, 크로포드와 오스트롬(Crawford & Ostrom, 1995)은 제도에 대한 주된 접근으로, 균형으로서의 제도(institutions as equilibria), 규범으로서 제도(institutions as norms), 규칙으로서 제도(institutions as rules)를 제시하기도 했다.

합리적 선택 제도주의에서 말하는 제도를 이해하기 위해서는 무엇보다 동 접근의 시작을 연 코즈(R. H. Coase)의 거래비용 연구가 유용하다. 거래비용이론은 합리적 선택 제도주의 이론에 매우 중요한 위치를 차지하며, 합리적 선택 제도주의를 신제도경제학이라 불리는 이유이기도 하다.

1930년대 코즈(Coase, 1937)는 『기업의 본질(*The Nature of Firm*)』에서, 기업의 형성된 원인을 거래비용의 존재에서 찾고 있다. 즉, 당시 주류경제학은 시장은 완전체로서 거래비용이 없다고 가정하였는데, 코즈는 시장은 비용이 발생되지 않는 구조가 아니라 '거래비용'이 발생되며, 행위자 간 거래비용이 조직화의 관리비용에 비해 크다면 지속적으로 기업확대가 발생될 것임을 주장했다. 결국, 시장에 거래비용이 존재하기 때문에 기업(firm)이 발생되었다고 주장한다. 참고로, 당시에 주류경제학에서는 시장의 주된 행위자로서 기업의 존재를 설명하지 못하였다. 여기서 말하는 기업은 곧 행위자 간 조직화의 산물이며 제도이다. 즉, 기업은 곧 시장 행위자가 자신들의 이익을 극대화하기 위한 협상의 결과물로서 이해될 수 있다.

한편, 노스(North, 1991: 97)는 합리적 선택 제도주의에서 말하는 제도의 의미를 적절하게 반영하여 정의하였다. 즉, "제도는 정치, 경제, 사회적 상호작용을 구조화하는 인간에 의해 고안된 제약들이다. 제도에는 비공식적 제약들(제제, 금기, 관습, 전통, 행동강령)과 공식 규칙들(헌법, 법, 재산권)로 구성된다. 역사를 개관할 때, 제도는 교환의 불확실성(uncertainty)을 줄이고 질서(order)를 창조하기 위해 인간에 의해 고안된 것이다. 제도는 거래와 생산비용을 결정하고 경제활동 참여의 타당성과 수익성을 결정한다. 제도는 경제의 인센티브 구조를 제공하고 (그 구조가 진화함에 따라) 경제 변화의 방향을 형성한다"(North, 1992: 97).

결론적으로, 합리적 선택 제도주의자들에게 있어 제도는 '동일한 권력관계(대칭적 권력관계)를 갖는 합리적 행위자들이 인위적으로 형성한 제약'이며, 이는 행위자들 간 합리적 선택의 결과라 볼 수 있다. 이는 코즈(Coase, 1937), 오스트롬(Ostrom, 1990) 연구물뿐만 아니라 최근의 다양한 실험연구물(Andreoniet al., 2003; Fehr & Gächter, 2000; Gächter et al., 2017; Grieco et al., 2017; Henrich et al., 2005; 김태은, 2012b, 2018, 2019, 2020)에서 잘 드러난다.

구체적으로 합리적 선택 제도주의가 바라보는 '제도'는 아래와 같다.

첫째, 제도형성에 있어 행위주체들의 자발성과 인위성을 강조한다. "제도의 본질은 상호 간에 이로운 교환과 협력을 강제하기 위한 것"(Weingast, 2002: 670)으로 "인간의 상호작용을 구조화하는 인위적으로 고안된 제약"(North, 1994: 360), "규칙(rules)이나 규범(norms), 전략(strategies)들에 의해 조직화되는 반복적 상황 속에서 사람들에 의해 이용되는 공유된 개념(shared concepts)"(Ostrom, 2007: 23), "역사적, 문화적으로 주어지는 것이 아니라 행위자들 간 상호작용의 결과"(장하준, 1996: 205-206)에서 알 수 있듯이, 제도를 행위자들이 자발적으로 형성한 규칙체계로 이해하며, 행위주체들이 제도를 특정 목적과 필요에 의한 인위적 형성을 강조한다.

둘째, 제도형성의 자발성과 인위성을 전제로 하기 때문에 제도형성 역시 매우 기능적인 것, 즉 기능주의(functionalism) 관점에 있다(Peters, 1998: 54-55). 예를 들어, 합리적 선택 제도주의 출발점이라 할 수 있는 코즈(Coase, 1937)는 시장은 거래비용이 발생되기 때문에, 이러한 거래비용을 해결하기 위해 제도(즉, 기업)가 나타났음을 지적하였다. 윌리엄슨(Williamson, 2005) 역시 거래의 속성과 가장 효율적인 거버넌스 구조를 연계시키면서 자산특정성, 불확실성, 거래빈도가 높다면 시장에서 교환보다 계층제화(예: 조직)하는 것이 효율적이라고 주장한다. 노스(D. C. North)는 실제 서구의 발전에 거래비용을 낮추는 제도가 중요하게 영향을 미쳤음을 밝힌 바 있으며, 오스트롬(Ostrom, 1990)은 행위주체들이 자발적 협력을 통한 규칙(제도) 형성을 통해 공유자원의 문제를 해결할 수 있다고 주장한다. 모오(Moe, 1990: 217-218) 역시 경제조직과 제도는 동일한 방식으로 설명이 가능하며, 이들은 집단행동 문제를 해결하기 때문에 특별한 형태를 지니고 출현한다고 주장한다.

셋째, 위와 같은 특징에 따라 합리적 선택 제도주의는 '제도'를 개별 선호를 갖는 행위자의 합리성 충돌을 조정하는 메커니즘으로 이해하기 때문에 제도를 집단행동 딜레마(collective action dilemma) 해결도구로서 이해한다. 즉, 이들은 균형(equilibrium)을 강조하며 특별한 균형을 지속하는 조정 메커니즘으로 제도를 이해한다(Levi, 1997: 27; Mahoney & Thelen, 2010b: 6). 전형적으로 제도를 파레토 최적 균형(Pareto-optimal equilibria) 또는 집단행동 딜레마의 해결책을 반영하는 규칙화된 행대의 패턴으로 이해한다(Koremenos et al, 2003; Greif & Laitin, 2004; Hall, 2010; Weingast, 2002). 공유자원의 집단행동 딜레마에서 해결하기 위해 제시하는 오스트롬(Ostrom, 1990)의 규칙(rules) 역시 이러한 맥락과 일치한다(Peters, 1999: 48). 즉, 개인들은 제도 내에서 어떤 편익을 얻을 수 있다면, 그러한 편익을 얻기 위해서 기꺼이 약간의 행동의 범위(자유)를 희생하려 한다는 것이다(Peters, 1999: 47). 이들이 의미하는 제도는 자신의 효용을 극대화하고자 하는 합리적 행위자들이 그러한 효용을 극대화하기 위해, 집단행동의 딜레마에 빠지지 않기 위해 제도를 만들고 그러한 제도에 스스로 제약받는다는 것이다. 와인가스트(Weingast, 2002)는 이들의 입장을 이해하기 쉽게 설명한다. 즉, 제도는 행위자들 사이의 상호작용 순서, 행위자들이 선택할 수 있는 대안, 행위자들이 활용 가능한 정보의 수준과 그에 따른 행위자의 신념, 그리고 개인과 집단에 대한 보수 등에 영향을 미친다. 그러므로 일단 규칙이 만들어지면 어떤 방식으로 행동하는 것이 가장 좋은지, 혹은 어떤 행동은 하지 말아야 할 것인지 등이 정해지게 되는 것이다. 그리고 이러한 규칙이 집단행동의 딜레마를 해결해 주기 때문에 공동체 성원 모두에게 혜택을 주는 것으로 이해된다(Weingast, 2002: 661; 하연섭, 2003: 86-87).

이러한 점에서 합리적 선택 제도주의 관점에서 제도는 '행위자 간 자발적이고 인위적인 합리성 충돌의 조정 메커니즘', 혹은 '집단행동 딜레마 상황에서 이를 해결하기 위해 행위자들이 자발적이고 인위적으로 형성한 규칙'으로도 이해할 수 있다.

동 관점의 대표적 연구로서, 자발적 협력과 규칙(제도)을 강조하는 오스트롬(Ostrom, 1990)은 자력 부담의 계약 이행 게임(self-financed contract-enforcement game) 모델을 제시하면서 자치적 공유관리제도를 제시하였다. 저자는 공유자원 관리의 자치적 관리의 성공과 실패요인을 분석하고, 이를 통해 공유자원의 자발적 관리를 가능하게 하는 8가지 '제도디자인 원리'로 명확하게 정의된 경계, 사용 및 제공 규칙의 현지 조건과의 부합성, 집합적 선택 장치, 감시 활동, 점증적 제재 조치, 갈등 해결 장치, 최소한의 자치 조직권 보장, 중층의 정합적 사업 단위를 제시하였다(Ostrom, 1990: 88-102; 2007; 2009; 2011 참고). 이후 이를 체계적으로 묘사하여 제도 분석틀(Institutional Analysis and Development Framework)[2]을 제시하였다(Ostrom, 2007).[3]

한편, 관련한 실험연구를 통해 집단행동과 제도 간 관계가 새롭게 밝혀지고 있다. 예를 들어, 김태은(2018)은 제로 섬과 포지티브 섬 구조 비교, 기본 구조와 성과누적식 구조가 집단행동 딜레마에 어떠한 영향을 미치는지를 분석했다. 특히, 저자는 공무원들에게 실제 시행되고 있는 성과급적 연봉제를 실험으로 구현함으로써, 제도가 집단행동 딜레마에 미치는 영향을 실증하였다. 또한 김태은(2019)은 불확실성을 반영한 제도가 집단행동 딜레마에 미치는 영향을 실험을 통해 분석했다. 즉, 저자는 제도의 불확실성이 집단행동 딜레마에 부정적 영향을 미침을, 즉 집단행동 딜레마를 더욱 심화시킴을

2) 동 모델에 관한 체계적인 선행연구와 평가는 Ostrom(2007: 21-54)을 참조하기 바란다.
3) 이후 Ostrom(2009, 2011)은 기존 제도 분석틀을 보완하여 사회, 경제, 정치적 환경을 강조한 사회생태체계(social ecological systems) 모형을 제시했다. 사회생태체계 모형은 시스템 관점에 있는 것으로 판단되며, 사회적, 경제적, 정치적 환경 변수와 관련 생태계(related ecosystems), 자원시스템(resource systems), 거버넌스 시스템(governance systems), 자원단위(resource units), 사용자(users) 및 각각의 하위변수들로 고려할 수 있는 변수가 총 망라되어 있다.

보여줌으로써, 행위주체 간 협력을 위해서 불확실성이 낮은 제도설계와 운영 필요성을 주장했다. 김태은(2020)은 권력 대칭과 비대칭 구조 및 공정한 제도가 집단행동 딜레마에 미치는 영향을 분석했다. 권력구조와 공정성의 개념을 실험적으로 구현함으로써, 대칭처벌제도와 공정한 제도가 집단행동 딜레마를 완화시킴을 밝혀냈다.

한편, 김태은(2017)은 집단행동 딜레마 상황에서 다양한 행위자들의 개입에 따라 어떠한 제도가 형성되는지, 또 그러한 제도가 집단행동 딜레마에 어떠한 영향을 미치는지를 분석했다. 비공식 제도와 공식 제도가 상호 단절적이고 경쟁적인 관계를 갖는 '유막층화 제도'의 형성을 입증하고, 동 제도가 집단행동 딜레마를 오히려 심화시킴을 보여주었다.

합리적 선택 제도주의에서는 공식적 제도와 비공식적 제도 모두를 다루고 있다. 그러나 제도의 인위성 강조하고 있는 동 접근에서는 비공식적 제도보다는 공식적 제도를 주로 다루고 있으며, 일부 경제사 관점을 제외하고 연구의 핵심이라 할 수 있다.

제도의 범위 역시 규칙, 조직, 시장에 이르기까지 매우 넓다. 그러나 동 접근에 있는 학자들 간에 일치된 것은 아니다. 예를 들어, 코즈(R. H. Coase)는 조직을 곧 제도로 이해하고 있는 반면, 노스(North, 1994: 361)는 조직과 제도를 분리한다[제도정의와 노스의 제도정의에 대한 비판은 호지슨(Hodgson, 2006) 참고].

3 사회학적 제도주의에서 제도, 행위자 가정

사회학적 제도주의는 조직 연구(Meyer & Rowan, 1977; DiMaggio & Powell, 1991)에서 발전되었으나, 이후 사회정치적 변화의 국제적 과정에 대한 분석을 포함한 제도변화 분석에까지 확대(Meyer, 2009)되어 왔다.

역사적 제도주의와 달리 사회학적 제도주의에서는 행위자 간 권력관계를 크게 다루지 않는다. 이는 동 접근이 행위자 간 권력관계가 비대칭성을 부정해서가 아니라 관점 자체가 행위자보다는 제도에 있기 때문이다. 특히, 사회학적 제도주의는 제도의 절대적 힘을 강조하기 때문에 행위자 간 권력관계 논의가 이루어질 동인이 약하다.

한편, 역사적 제도주의와 마찬가지로 사회학적 제도주의에서 행위자의 합리성 논의를 발견하기 쉽지 않다. 동 접근에서는 합리성보다 정당성에 더 큰 관심과 노력을 기하여 왔다. 다만, 여기서 합리성을 어떻게 정의하는가에 따라 정당성과 관계가 서로 상이해 질 수는 있다. 예를 들어, 생존이 목표라고 할 때, 이러한 생존을 위해 사회적 정당성을 확보하고자 하는 것 또한 합리적이라 할 수 있다. 그러나 합리성에 대한 논의가 부재하므로 이에 대한 논의는 여기에서 멈추고자 한다.

사회학적 제도주의는 제도를 인지·문화적 관점에서 이해한다. 동 접근은 스콧(Scott, 1995: 33)의 제도정의에서 알 수 있듯이, 제도를 의미해석의 틀로서 이해하고 있으며, 조직 환경의 사회·문화적 측면의 중요성을 강조한다. 특히, 이들은 의미해석의 틀로서 문화를 강조함에 따라 변화의 역동성을 담아내기보다는 제도의 지속성 또는 자기재생산적 특성(self-reproductive properties)을 강조한다. 즉, 제도는 일상적이고 당연스럽게 받아들여지는 것(taken for granted)으로 이해되었으며(Berger & Luckmann, 1967; Zucker, 1983: 2), 동형화(isomorphism)(DiMaggio & Powell, 1983; Dobbin, 1994; Scott, 1995)에서 알 수 있듯이, 다양한 영역에서 동일한 제도적 논리의 재생산을 주장한다(Mahoney & Thelen, 2010b: 5). 또한 조직 형태의 기능적·합리적 설명을 대체하는 데 관심을 지녀왔으며(Meyer & Rowan, 1977), 조직의 유사성과 안정성을 이해(DiMaggio & Powell, 1983)하고자 하였다.

사회학적 제도주의에서 제도는 '사회적으로 공유된 행위주체를 지배하는 의미해석의 틀'이다. 제도는 행위자의 선택, 행동이 맞는지, 틀리는지를 규정할 뿐만 아니라 잠재적인 선호까지 결정한다. 조선시대 유교문화에서 행위자의 선택과 현대 이슬람 문화가 강하게 작용하고 있는 국가에서의 행위자 선택은 이미 제도에 의해 제한(심어지는 획정)되어 있음을 알 수 있다. 인지적·문화적 측면을 강조하듯이, 이러한 관점에서 제도는 행위자에게 절대적인 영향을 미친다. 행위자가 할 수 있는 재량의 영역은 매우 낮고 협소한 것으로 이해한다.

사회학적 제도주의는 인지·문화적 측면을 강조함에 따라 문화, 관행 등과 같은 비공식 제도를 강조한다. 또한 비공식 제도의 측면을 강조하다 보니, 제도의 범위 역시 거시 문화에서부터 작은 조직 구성원들의 인식에 이르기까지 그 범위가 매우 넓다.

한편에서 사회학적 제도주의는 종속변수로서 제도를 논의함에 있어서는 공식 제도 역시 중요하게 다루고 있다. 예를 들어, 제도의 동형화를 논의함에 있어 주된 연구대상은 공식 제도들이다.

표 2-1 제도의 개념과 행위자 가정

	역사적	합리적 선택	사회학적
행위자 가정	• 불균형 권력관계 • 합리성 가정 부재(묵시적 합리성?)	• 권력관계 동등 • 완전한 합리성(일부, 제한된 합리성)	• 권력관계 논의 부재 • 합리성 가정 부재(묵시적 합리성?)
근본적인 제도의 개념	• 불균형 권력관계를 갖는 행위자 간 투쟁(협상) 결과	• 동일한 권력관계(대칭적 권력관계)를 갖는 합리적 행위자들이 인위적으로 형성한 제약	• 사회적으로 공유된 행위 주체를 지배하는 의미해석의 틀
주된 연구분야	• 공식 및 비공식 제도	• 공식 제도	• 비공식 제도

제 2 절 제도와 행위자 간 관계

신제도주의의 세 가지 접근에서 가장 큰 차이는 각 접근별로 제도와 행위자 간 관계 논의에서 잘 드러난다.

1 역사적 제도주의에서의 제도와 행위자 간 관계

우선 역사적 제도주의에서는 제도는 행위자 간 불균등한 권력관계 속에서 형성된다. 따라서 제도는 다시 행위자 간 불균등한 권력관계를 고착 및 강화시키게 되고, 심화된 불균등한 권력관계 속에서 형성된 제도는 더욱 더 행위자 간 불균등한 권력관계를 형성한다. 즉, 이는 곧 행위자와 제도 간에 긍정적 환류(positive feedback)가 존재하며, 경로의존성이 나타나는 이유이다.

동 제도와 행위자 간 구조는, 곧 '독립변수로서 제도'와 '종속변수로서의 제도'를 보여주고 있다. 첫째, 제도가 행위자를 제약한다는 점에서 '독립변수로서 제도'를 강조한다. 신제도주의가 모두 그러하나, 특히 역사적 제도주의는 '독립변수로서 제도'를 강조하여 왔다. 이는 제도가 행위에 영향을 미치는 중요 변수로 이해함을 의미한다. 역사적으로 구성된 일련의 제도적 제약과 기회는 정책과정에 있는 정치적 행위자 및 이익집단의 행태에 영향을 미친다는 것이다(Immergut, 1998; Orren & Skowronek, 2004; Pierson, 1994; Steinmo et al., 1992; 김태은, 2009a: 46-47).

둘째, 제도를 불균등한 권력관계 행위자(A, B) 간 투쟁(협상)의 결과로서 이해한다는 점에서 '종속변수로서 제도'를 보여준다. 역사적 제도주의에서 제도가 역사적 과정의 산물이라는 점은 필연적으로 '행위'를 고려하지 않을 수 없게 한다. 즉, 역사적 과정의 핵심 주체는 바로 인간이기 때문에, 역사적 과정의 산물인 제도를 고려함에 있어 인간의 행위는 중요한 변수가 될 수밖에 없다. 제도와 직접적으로 관련된(제약을 받는) 행위자의 역할이 존재할 수 있고, 한편에서는 제도적 제약과 거리가 존재하는 행위자(예: 새롭게 권력을 장악한 대통령)의 역할에 의해 제도형성 및 변화될 가능성 역시 존재할 수 있다. 즉, 제도에 영향을 받는 행위자 혹은 제도에 직접적 영향을 받지 않을 수 있는 제3행위자가 제도에 영향을 미칠 수 있다. 이는 전략적 선택이나 행위자 간 연합이나 혹은 다양한 투쟁방식을 통해 이루어낼 수 있다.

2 합리적 선택 제도주의에서의 제도와 행위자 간 관계

합리적 선택 제도주의 역시 제도와 행위자 모두 중요하게 다루고 있다. 특히, 제도형성에 있어서 행위주체들의 인위성을 강조하기 때문에 다른 접근들에 비해 '행위자'의 역할이 상대적으로 중요하고 비중있게 다루어져 왔다. 즉, 제도가 행위자에게 일방적인 영향을 미치는 존재라기보다는 제도와 행위자 간 상호성을 강조한다.

합리적 선택 제도주의에서 제도는 합리적이고 동등한 권력관계 속에서 행위자 간 협상의 결과로서 제도를 이해한다. 따라서 제도는 행위자들이 필요에 의해 인위적으로 설계, 창조, 변화할 수 있다. 이는 곧 행위자에 의한 '종속변수로서 제도'를 보여준다.

한편, 행위자들은 자신의 이익을 극대화하기 위한 합리적 선택의 결과로서 제도(혹은 규칙)를 만들었기 때문에, 동 제도는 행위자들의 선택을 제약한다. 제도를 만든 행위자들이 그러한 제도에 스스로 제약을 받는 것이다. 다시 말해, 행위자들이 자신들의 장기적 이익을 극대화하기 위해 어떤 제도를 만들고 그러한 제도에 스스로 제약을 받는 것이다. 이는 '독립변수로서 제도'를 의미한다. 이러한 의미에서 제도와 행위자 간에는 긍정적 환류가 존재하며, 경로의존성의 원천이다. 예를 들어, 어느 어촌에서 남획에 따라 어장파괴가 예상되자, (동일한 권력관계를 지닌) 어부들이 모여 어업규칙(그물 크기, 어업시간 제한)을 정하였다면, 동 어업규칙은 자신들의 이익을 장기적이고 안정적으로 확보하기 위해 스스로 마련한 것이다. 따라서 어부들이 필요에 의해 어업규칙을 만들었으나, 동 어업규칙은 어부들을 제약한다.

3 사회학적 제도주의에서의 제도와 행위자 간 관계

사회학적 제도주의에서 제도는 일방적이며 절대적으로 행위자에게 영향을 미친다. 문화, 종교가 개인에게 미치는 영향을 고려하면 쉽게 이해할 수 있다. 따라서 역사적, 합리적 선택 제도주의에 비해 행위자의 역할에 대한 논의가 크지 않다. 즉, 강력한 제도의 영향력 하에서 인간의 선택은 지극히 제한적일 수밖에 없다.

특히, 이들이 생각하는 제도는 구성원들에게 공유된, 바람직해 보이는 그 무엇이기 때문에, 이를 부정하거나 혹은 위반할 경우 정당성을 상실하고 생존 자체가 위험해질 수 있다. 예를 들어, 특정 종교가 지배하는 국가에서 해당 종교적 교리를 따르지 않는 행위, 조직구조를 팀제로 바꾸는 것이 당연스러워 보이는 시대에서 팀제로 바꾸지 않고 버티는 것, 과거 특정 브랜드가 고등학생들의 교복처럼 불릴 정도로 많이 팔린 것에도 알 수 있듯이 특정 재화에 대한 유행과 소비 등에서도 쉽게 발견된다. 따라서 사회학적 제도주의에서는 '독립변수로 제도'에 대한 논의가 발달되어 왔다.

제한적이나마, 동 접근에서도 제도에 미친 행위자의 영향이 논의되어 왔다. 즉, 새로운 제도를 창조하는 행위자는 아니나, 동형화 논리에 따라 다른 나라 혹은 조직의 제도 및 조직구조를 모방할 경우, 제한적이나마 행위자의 역할이 존재한다. 즉, 제도에 영향을 받은 행위자가 '적절성의 논리', 정당성을 확보하기 위해 다른 나라 및 조직의 제도 등을 도입할 경우, 행위자의 역할이 존재한다. 즉, 유사한 제도라 하더라도 미시적으로 차이가 날 수가 있는데, 이는 곧 제도에 영향을 받는 행위자가 제한적이나마 어떤 역할을 수행했음을 알 수 있다. 이러한 경우 종속변수로서 제도에 대한 논의가 가능하다. 예를 들어, 미국의 성과연봉제는 우리나라에서 모방하여 수입한 제도이다. 대표적인 동형화 산물로 이해되나 양 국가의 제도가 정확히 동일한 것은 아니다. 제도를 구성하는 하위 요소들, 세부 내용들은 차이를 지닐 수 있다. 다만, 이때의 행위자들은 제도에 자유로운 존재가 아니라 제도에 영향을 받고 있는 존재이다. 동형화 이론 자체가 제도의 영향을 전제하고 있는 것이기 때문에, 행위자의 역할은 오직 제도의 영향 하에서 제한적으로 존재할 수 있다.

표 2-2 제도와 행위자 간 관계(종속변수, 독립변수로서 제도)

	역사적	합리적 선택	사회학적
제도와 행위자	• 불균형 권력관계 → 제도 → 불균형 권력관계 고착 및 강화의 긍정적 환류(positive feedback) • 불균등한 권력관계 행위자(A, B) 간 투쟁(협상)의 결과로서 제도형성(종속변수로서 제도) • 형성된 제도에 의해 행위주체 A, B의 선택이 제약(독립변수로서 제도)	• 합리적이고, 동등한 권력관계 속에서 행위자 간 협상의 결과로서 제도형성(종속변수로서 제도) • 다만, 제도는 행위자들의 이익을 극대화하기 위한 합리적 선택의 결과임 • 형성된 제도에 의해 행위주체 A, B의 선택 제약(독립변수로서 제도)	• 제도, 특히 비공식적 제도는 주어진 것 → 제도형성에 대한 논의 부재(종속변수로서 제도 부재), 새로운 제도를 창조하는 행위자 역할 부재. 다만, 행위자는 적절성 논리, 정당성을 위해 동형화, 이때, 행위자는 제도를 도입, 변화하는 주체가 될 수 있음(종속변수로서 제도) • 제도는 행위자를 지배하는 절대적 변수, 행위자는 주어진 제도에 의해 영향을 받는 수동적 존재(독립변수로서 제도)

제3절 제도와 선호

우리가 무엇인가를 좋아한다고 할 때 좋아하는 이유는 무엇일까? 일반적으로 사람들은 자신의 선호(preference)는 자신에 의해 고유하게 형성된 것이라고 생각할 수 있다. 그러나 과연 그러할까? 이하에서는 제도와 선호 간 관계에 대해 논의해본다.

1 역사적 제도주의에서 제도와 선호

역사적 제도주의 관점에서 선호는 제도에 의해 형성된다. 즉, 개인의 선호는 제도적 맥락 속에서 형성되고 또한 변화될 수 있다. 동 관점에서 선호의 내생성을 강조한다.

제도와 행위자의 관점에서, 특히 독립변수로서 제도와 관련하여, 제도가 행위자의 선호에 어떠한 영향을 미치는가에 대한 논의가 필요하다. 이해를 돕기 위해 하나의 예에서 시작해보자.

경찰에 대한 호봉제가 시행되고 있는 A라는 나라가 있다. 새롭게 대통령에 취임한 갑돌이와 집권 세력은 호봉제보다 성과연봉제가 경찰 조직의 통제에 유리함을 알게 된다. 이에 호봉제를 성과연봉제로의 전환을 시도하였다. 경찰 공무원들은 이러한 제도 전환에 강력히 저항하고자 했으나 법적, 행정적, 정치적 권력 우위를 지닌 대통령과 집권세력은 성과연봉제를 시행한다. 성과연봉제는 기본적으로 성과를 측정해야 하기 때문에, 성과측정을 위한 성과지표가 필요하다. 결국, 성과가 높은지 여부는 다른 것이 아니라 성과지표를 충실하게 달성하였는가에 의해 평가된다. 이에 경찰의 성과를 측정하기 위해서 3가지 지표(범죄예방 0.1점, 강도 검거 5점, 살인범 검거 10점)를 만들었다. 성과연봉제가 시행되자, 대부분의 경찰들은 도둑을 잡거나 범죄예방 행위를 하거나 혹은 노약자를 도와주는 행위 등은 성과연봉에 전혀 도움이 되지 않기 때문에 강도 검거와 살인범 검거를 위해 노력했다.

오랜 시간 동안 이러한 성과연봉제가 시행되면서, A국가 경찰들의 선호는 범죄예방, 도둑잡기 등이 아니라 오직 강도와 살인범 검거가 될 수 있다. 즉, 경찰의 선호는 성과연봉제에 의해 영향을 받을 수 있음을 보여준다.

또 다른 예를 한 번 살펴보자. 오랜 시간 특정 산업을 보호하기 위해 형성된 제도는 소비자의 선호에 영향을 미칠 수 있다. 예를 들어, 자국의 과일 산업을 보호하기 위해 (사과라고 하자) 해외 과일인 오렌지에 대해 오랜 시간 동안 큰 규모의 관세를 부과했다고 가정하자. 이 상황에서 소비자들은 오렌지가 매우 비싸기 때문에 접근이 어려워지고(심지어는 오렌지가 있는지도 모를 수 있다), 상대적으로 접근이 용이한 사과에 익숙해지면서 오렌지에 대한 선호 자체가 형성되지 않을 수 있다. 즉, 이러한 나라에서 사람들에게 어떠한 과일을 좋아하냐고 물어보면, 사람들은 사과라고 말할 것이다. 다시 말해, 오랜 시간 시행되어져 온 특정한 관세제도는 사람들의 과일 선호에 영향을 미칠 수 있다.

결국, 제도는 행위자의 선호를 제약한다. 더욱이 한 번 형성된 제도는 쉽게 변화되지 않고 지속적으로 영향을 미친다. 즉, 생명력을 갖고 행위주체들을 제약한다. 조선시대에 양반들이 시장에서 장사하지 않고 과거급제에 엄청난 시간과 노력을 투자한 것은 조선시대의 권력구조, 보상구조라는 제도가 당시 행위주체들의 선호에 영향을 미쳤기 때문이다. 그리고 이러한 고위 관료, 공무원에 대한 선호는 조선시대에 한정되기보다는 일제강점기, 발전국가기를 거쳐 현대에 이르고 있다. 역사적 제도주의 관점에서 선호는 제도의 산물이라 할 수 있다.

2 합리적 선택 제도주의에서 제도와 선호

합리적 선택 제도주의 관점에서 선호 이해는 역사적 제도주의와 달리 조금은 복잡하다. 우선 합리적 선택이론에 대한 개괄적 이해가 선행될 필요가 있다.

합리적 선택이론은 개인을 기본 단위로 해서 사회현상을 분석하는 방법론적 개인주의(methodological individualism)를 취하고 있다. 여기서 개인은 경제인으로서 합리성, 이기심, 그리고 효용 극대화를 추구하는 행위자로 가정하며 합리적 선택에 있어 선호체계를 지니고 있다고 가정한다. 즉, 합리적 선택이론에서 강조하는 선호에 대한 기본 가정인 공리(axiom)는 크게 완전성(completeness), 이행성(transitivity), 연속성(continuity)이다. 여기서 완전성은 대안 중 무엇을 선호하는지 구분할 수 있음을 의미한다. 예를 들어, 사과, 배 중에서 사과를 좋아하는지 배를 좋아하는지를 비교할 수 있음을 의미한다. 이행성은 선호에 있어 일관성이 있다는 것으로, 예를 들어, 어떤 사람이 배보다 사과를 좋아하고, 포도보다 배를 좋아한다면, 이 사람은 포도보다 사과를 좋아하는 선호관계를 지닌다는 것이다(사과>배, 배>포도 → 사과>포도). 연속성은 소비자의 선호 변화는 갑작스럽게 변화되는 것이 아니라 연속적으로 변화된다는 것을 말한다(이와 관련하여, 이준구, 2010: 67-72 참고). 이는 한편에서 이러한 선호체계를 지니고 있어야 합리적 선택이 가능하다는 것을 의미하기도 한다.

그렇다면, 본질적으로 선호는 어떻게 형성되는 것인가? 일반적으로 신고전파 경제학에서 선호, 기술 등은 외생변수로 간주해왔으며, 이에 따라 특별히 설명하지 않았다. 다시 말해, 선호는 외적으로 주어진 것으로, 선호의 외생성을 강조했다. 이에, (선호는 주어진 것으로 보았기 때문에) 선호의 형성 원인을 설명하기보다는 현시된 언어, 행동 등을 통해 선호를 역으로 추정하고자 했다. 예를 들어, 사람들이 사과를 좋아하는지는 알 수 없고, 사과를 먹는 행위(현시된 것)를 통해 사과를 좋아한다는 것을 추정한다.

선호의 외생성을 주장한다는 것은 사실 신고전경제학, 합리적 선택이론의 이론적 한계를 보여주는 것이기도 하다. 왜냐하면, 이들의 이론체계에서 선호는 매우 중요함에도 불구하고 왜 그러한 선호가 형성된 것인지에 대한 분명한 해답을 제시하지 못함을 역설적으로 증명하는 결과를 초래하기 때문이다.

합리적 선택 제도주의 역시 합리적 선택이론에 기초한다. 따라서 선호의 외생성을 기본적으로 채택한다. 선호는 외적으로 주어진 것으로 가정한다. 이러할 경우, 합리적 선택 제도주의에서 제도(여기서 제도는 앞서 논의했듯이, 역사적 및 사회학적 제도주의에서 의미하는 제도와 완전히 다른 제도이다)는 행위자의 선호 형성과 동떨어지게 된다. 즉, 제도 이전에 선호가 주어진 것이다.

그러나 행위자들의 근본적 선호형성은 주어진 것이라 하더라도, 이들 행위자들에 의해 인위적으로 형성된 제도는 행위자들을 제약한다. 즉, 어떤 기능적 필요에 의해 행위자들의 합리적 선택의 결과로 창조된 제도는 (동 제도를 창조한) 행위자들의 선호에 영향을 미칠 수 있다. 이러한 경우, 창조된 제도에 의한 선호의 내생성을 주장할 수 있다.

부연하면, 아래와 같다.

합리적 선택 제도주의에서 제도는 행위자들의 자신들의 편익을 극대화하기 위해 인위적으로 만든 창조물이다. 따라서 (제도를 만든) 행위자들은 제도에 순응하고자 할 것이고 동 과정에서 선호(preference)가 형성될 수 있다. 예를 들어, 위 사례로 제시된 어업규칙에서, 어부들이 20cm 이상 되는 물고기만을 잡아야 하고, 만약 위반 시 막대한 벌금을 물어야 한다는 어업규칙을 제정했다고 가정하자. 동 규칙은 어부들에게 작은 물고기보다는 큰 물고기를 선호하게 할 것이다. 이에 따라 멸치보다는 고등어 잡이를 선호하게 할 수 있다.

만약 어업규칙이라는 제도의 영향을 이해하지 못한다면, 즉 선호가 외생적으로 주어진 것이라고 가정한다면, 어부들이 멸치보다 고등어를 잡는 것을 보고 어부들은 멸치보다 고등어를 선호한다고 추론했을 것이다. 그러나 선호가 어부들이 스스로 만든 어업규칙이라는 제도에 의해 형성될 수 있다는 점을 이해한다면, 어부들이 멸치보다 고등어를 선호하는 것은 어업규칙이라는 제도가 영향을 미쳤기 때문이라고 해석할 수 있을 것이다. 즉, 행위주체들의 자신들의 편익을 극대화하기 위해, 혹은 집단행동 딜레마를 해결하기 위해 스스로, 인위적으로 만든 제도의 입장에서 볼 때, 선호의 일부는 제도에 의해 형성될 수 있거나 혹은 영향을 미칠 수 있음을 알 수 있다.

정리하면, 합리적 선택 제도주의는 선호의 외생성을 가정한다. 따라서 왜 초기에 행위자들이 어떤 선호를 갖게 되었는지를 설명하기 어렵다. 예를 들어, 왜 행위자들을 다양한 제도 중 특정 제도를 선호했는지를 알기 어렵다. 그러나 행위자들이 자신들의 필요해 의해 자발적으로, 인위적으로 제도를 형성한 경우, 동 제도는 행위자들의 (다른 유형의) 선호에 영향을 미칠 수 있다. 이러한 경우는 행위자들에 의해 형성된 제도가 행위자들의 선호에 영향을 미침을 의미하고, 선호의 내생성을 주장할 수 있다. 게다가, 이는 이론적으로 모순적이지 않다. 다만, 근원적 선호를 설명하지 못하는 한계는 남아 있다.

3 사회학적 제도주의에서 제도와 선호

사회학적 제도주의는 신제도주의 접근 중에서도 제도와 행위자 간 관계에서, 제도의 압도적 힘을 강조한다. 따라서 제도에 의해 선호가 형성되거나 혹은 영향을 받는 선호의 내생성을 강조하는 것은 당연한 논리적 귀결이다. 그러나 사회학적 제도주의에서 선호 형성에 대한 논의 자체가 활발하게 논의된 것은 아니다.

사회학적 제도주의에서 제도는 문화나 종교, 관습 등 비공식적 제도에 초점을 맞추어져 있다. 이러한 비공식적 제도들은 공식 제도에 비해서도 행위자의 선호에 더욱 크고 지속적으로 영향을 미칠 수 있다. 심지어는 너무나 당연스러워 자신의 선호가 제도에 기인한 것인지 자체를 파악하지 못할 수도 있다. 참고로, 사회학적 제도주의는 이러한 비공식적 제도의 형성에 대해서는 논의하지 않고 주어진 것으로 가정한다. 즉, 이들은 비공식 제도가 어떻게 형성되는가(종속변수로서 제도)에 초점이 있지 않고, 동 제도들의 행위자를 어떻게 제약하는가라는 독립변수로서 제도에 초점이 맞추어져 있다.

예를 들어, 우리나라는 추석 명절을 지내는데, 추석의 의례들은 우리나라에서 태어난 보통 사람들의 선호 형성에 영향을 미치고 선택을 제약한다. 우리나라의 많은 사람들은 추석 전에 일정 기간 조상의 묘를 벌초하고 다듬는 행위, 제사를 지내는 것, 그리고 제사를 지낼 때 놓아야 할 음식 등 일일이 기술하기도 어려울 정도의 많은 의식과 의례들을 수행한다. 이들의 명절 때 수행하는 수많은 의식적 행위들은 어릴 적부터 당연하게 받아들여진 것이다. 이러한 의례를 수행하지 않을 경우 사회적 정당성을 확보하기 어려워지고 이는 생존 가능성을 낮춘다. 따라서 추석 명절을 맞이하여 우리나라의 많은 사람들은 공식적인 법에 의한 것도, 또 누가 시킨 것도 아니지만 큰 틀에서 사회적으로 요구되는 어떤 질서에 맞추어 행동한다. 다시 말해, 종교와 배태된 문화가 우리 사회 구성원들의 선호에 영향을 미치고 행동을 제약함을 알 수 있다.

또 다른 예로, 명품 소비성향 역시 사회학적 제도주의 관점에서 제도의 영향을 잘 보여준다. 사회학적 제도주의에서는 명품을 소비하는 이유를 명품 소비가 사회적 정당성을 보장받는 데 유리하고, 이는 개인의 생존 가능성을 높이기 때문이라고 주장한다. 명품들은 대부분 일반적으로 귀족이나 부자들이 소비했던 것이다. 따라서 보통 사람들은 (자신들의 소득수준과 무관하게, 실제 사용과는 무관하게) 명품을 구매함으로써 대외적으로 명품을 소비할 수 있는 능력을 갖춘 사람으로 보여질 수 있다. 결국, 사회학적 제도주의에서 말하는 동형화의 결과이다. 즉, 명품을 소비하는 것은 귀족이나 부자들의 소비행태를 모방하여 따라 하는 것이며, 이러한 모방이 곧 자신들의 사회적 정당성과 생존 가능성을 높여주기 때문이라는 것이다.

이러한 모방은 조직과 정책 혹은 다른 나라의 제도(예: 에너지 정책, 성과관리제도 등) 수입에 있어서도 매우 잘 드러난다. 즉, 조직구조가 조직의 크기나 역량과 관련없이 유사하게 나타난다. 이는 대학조직, 지방자치단체, 혹은 기업조직에서도 쉽게 발견된다. 한편에서, 국가나 정부 간 정책 또는 제도의 모방 및 확산 현상은 매우 쉽고 보편적으로 발견된다. 정책이나 제도의 기능적 효과가 중요한 것이 아니고 정당성 확보가 중요하므로, 선진국에서 시행되는가 여부가 정책이나 제도 모방의 근원적 힘으로 작용한다. 다시 말해, 선진국의 정책과 제도가 합리적이라서가 아니라 혹은 정책 및 제도의 효과가 높기 때문이라서가 아니라, 선진국의 정책과 제도가 그렇지 않은 나라의 정책과 제도를 모방할 때보다 사회적 정당성을 확보하기 용이하기 때문이다.

다시 말해, 추석명절에 사람들이 어떤 의례와 관련된 선호, 명품에 대한 선호, 특정 제도나 조직구조 등에 대한 선호는 사회학적 제도주의 관점에서는 외적으로 주어진 것이 아니고, 제도의 영향에 따라 형성된 것이다.

결론적으로 사회학적 제도주의에서 선호는 인지적, 문화적 측면에서의 비공식적 제도의 힘에 의해 형성되고 지속된다. 특징적인 것은 사회학적 관점에 있는 이 비공식적인 제도의 힘이 워낙 강하고 시간을 초월해서 영향을 미쳐왔기 때문에, 많은 경우 동 제도변수가 선호에 영향을 미친 것인지 여부 자체를 파악하지 못할 수도 있다.

표 2-3 제도와 행위자 선호

	역사적	합리적 선택	사회학적
제도와 선호 (preference)	• 선호 내생성(제도가 개인 선호를 형성, 영향) 강조	• 선호 외생성 강조 - 이론적 모순 존재 • 2차적으로 선호 내생성 논리 가능. 즉 행위자들이 형성한 제도가 (제도를 형성한) 행위자들의 선호에 영향을 미침 • 선호 내생성(제도 역시 행위자의 선호에 영향)	• 제도적 맥락(인지, 문화적 맥락 속에서) 속에서 선호 형성, 선호의 내생성 강조 • 개인의 선호에 제도의 영향이 절대적, 지속적임

제4절 경로의존[4)]

경로의존성(path dependence) 혹은 자기강화(self-reinforcing)는 신제도주의를 구성하고 있는 제 접근들이 공통적으로 강조하고 있는 개념 중 하나이다. 그러나 경로의존성은 분석틀 및 이론 혹은 모델이라기보다는 경험적 범주(empirical category), 일시적 과정의 어떤 유형에 이름을 붙여 사용하는 조직된 개념(Kay, 2005: 554), 어떤 분명한 의미가 부족한 변덕스러운(faddish) 개념(Pierson, 2000a: 251)이라는 비판처럼 그 개념이 명확하게 정의된 것은 아니다.

마호니(Mahoney, 2000)는 '반응적 시퀀스(reactive sequence)'와 '자기강화 시퀀스(self-reinforcing sequences)'로 구분하여 설명하기도 하고, 피어슨(Pierson, 2000a)은 경제학에서 제기된 체증(increasing returns) 개념을 정치학에서 적용할 수 있음을 주장하면서, 경로의존을 크게 좁은 의미와 넓은 의미로 구분 제시한다. 피어슨(Pierson, 2000a)의 주장을 정리하면 아래와 같다.

첫째, 넓은 의미로서 슈얼(Sewell, 1996: 262-263)은 "시간적으로 선행하여 발생한 어떤 사건이 이후에 발생하는 어떤 사건의 결과에 영향을 미칠 수 있다는 것"을 말한다. 이는 곧 역사의 중요성을 강조하며, 동시에 어떤 현상에 도달하게 된 경로를 이해하지 않고서는 특별한 사회적 변수의 중요성을 이해할 수 없다는 것이다. 그러나 동 개념은 이전의 사건이 미래의 결과 및 궤적에 영향을 미치기는 하지만, 그것의 방향이 필수적으로 (이전의 방향과) 동일하다는 것을 의미하지는 않는다(Pierson, 2000a: 252).

둘째, 레비(Levi, 1997: 28)의 정의에서 알 수 있는 경로의존의 좁은 개념은 수확체증(increasing returns)에 의해 포착될 수 있다. 좁은 의미의 경로의존은 특별한 방향을 갖는 선행 단계는 미래에 동일한 방향을 유도한다는 것이다. 특히, 동 정의는 주로 합리적 선택 제도주의에서 강조하는 경로의존성과 부합한다.

이러한 점을 고려하여 본 연구에서는 경로의존성을 '과거의 선택이 현재와 미래의 선택을 제약하거나 그 선택의 방향에 영향을 미치는 것'으로 정의한다. 부연하면, 현재는 과거의 선택에 의해 영향을 받는다는 것을 의미한다. 제도가 인간을 제약하는 그 무엇인가라고 할 때, 과거에 형성된 제도가 현재와 미래의 선택과 변화의 방향을 제약하

---

4) 이 글은 김태은(2011a, 32-36)을 토대로 대폭 보완하여 작성된 것이다.

는 것을 의미하기도 한다.

경로의존성은 데이비드(David, 1985)와 아서(Arthur, 1989)가 잘 보여주듯이, 우리 현실 세계에서 매우 광범위하게 발견된다. 개인의 성과가 과거의 선택에 의해 영향을 받는 점, 법 개정 시 과거(기존)의 법적 내용에서 크게 벗어나지 못하거나 법의 핵심 내용은 유지된 채 개정되는 점, 기차나 자동차의 폭이 과거 결정된 철로 폭이나 도로 차선 폭에 의해 제한을 받는 점, 과거 타자기가 현대 키보드 배열에 영향을 미친 점 등에서 쉽게 발견된다.

경로의존성은 특히 합리적 선택 제도주의에서 발전되어 왔으나 세 접근이 강조하는 경로의존 발생 및 지속 메커니즘은 서로 상이하다. 이는 세 접근이 제도를 어떻게 이해하고 있는가와 관련되어 있다.

1 역사적 제도주의에서 경로의존

역사적 제도주의에서 제도는 서로 다른 권력을 지닌 행위주체 간 협상 혹은 투쟁의 산물이다.

두 행위주체 A, B가 있고, A가 B에 비해 더 권력을 지니고 있고 이 상황에서 둘 사이에 어떤 규칙 C를 제정했다고 가정하자. 여기서 어떤 규칙 C는 A, B 간 권력 비대칭을 반영할 수밖에 없다. 즉, 규칙 C는 권력을 더 많이 지니고 있는 행위자 A의 권력을 더욱 높이게 되고, 이는 다시 행위자 A와 행위자 B 간에 권력 차이를 유발하게 된다. 새로운 권력 차이는 새로운 제도변화를 유인한다. 이에 따라 규칙 C는 규칙 D로 변화될 수 있는데, 이때 규칙 D는 규칙 C보다 (권력이 더욱 강화된) 행위자 A의 권력을 더 높이는 방향으로 변화된다. 다시 말해, 초기 형성된 규칙 C와 규칙 D는 같은 방향성을 지니고 있다.

예를 들어, 어느 지역에 많은 토지를 가지고 있는 지주와 이 토지를 소작하고자 하는 영세농이 있다고 가정하자. 지주와 영세농은 만나서 쌀 1가마니/1마지기(약 200평)를 '소작규칙 1'으로 마련했다고 가정하자. 이 소작규칙은 지주가 영세농에 비해 권력 우위에 있기 때문에 지주에게 유리하게 제정되었을 것이다.

시간이 흐를수록 지주는 쌀 1가마니 소작규칙에 의해 지속적으로 부가 더 축적된다. 이에 지주와 소작농 간 권력 격차는 더욱 벌어지고, 이에 지주는 기존의 소작규칙을 변화시키고자 한다. 지주는 새로운 소작규칙으로 2가마니를 요구했으나 소작농과의 협상과정에서 1.5가마니로 하고 대신 지주는 1.5가마니에 대한 품질검사를 할 수 있는 권리를 갖게 되었다. 결국 새로운 '소작규칙2'은 1.5가마니와 품질검사이다. 시간이 흐를수록 소작규칙2는 초기 쌀 1가마니보다 지주의 부를 더욱 크게 축적시키고 지주와 소작농 간 권력 차이를 심화시킨다. 즉, 권력 비대칭과 동 비대칭에 따라 형성된 제도는 다시 권력 비대칭을 강화한다.

구체적으로, 역사적 제도주의에서 말하는 경로의존의 핵심 메커니즘은 아래와 같다.

첫째, 행위자 A, B 간 권력 비대칭이 존재한다.

둘째, 행위자 간 권력 비대칭 하에서 형성된 초기 제도는 권력이 더 높은 행위자에게 더 큰 편익을 제공하고 이는 권력이 더 큰 행위자의 권력을 더욱 강화시키게 된다.

셋째, 제도변화는 (특별한 다른 조건변화가 없는 한) 권력 비대칭을 더욱 심화시키는 방향으로 이루어진다. 즉, 초기에 형성된 제도가 이후에 변화될 제도의 방향을 제약한다. 위에서 초기 형성된 규칙(제도) C → 규칙 D → 규칙 E로 변화된다고 가정할 때, 규칙 C는 규칙 D, 그리고 규칙 E의 내용을 제약하며, 규칙 C, D, F의 변화 방향은 일관적이다. 즉, 권력이 더 우위에 있는 행위자의 권력을 강화시킨다는 것이다.

넷째, 이 상황에서 동 제도들은 쉽게 폐지되거나 사라질 수 없다.

역사적 제도주의는 이러한 관점에 있기 때문에 제도변화가 발생되기 어렵다. 경로의존성, 즉 자기강화가 지속적으로 발생되기 때문에 특별한 조건이 형성되지 않는 한 제도변화가 발생되기 매우 어려운 구조이다. 이는 과거 조선시대나 유럽의 봉건사회가

그림 2-1 역사적 제도주의와 경로의존성

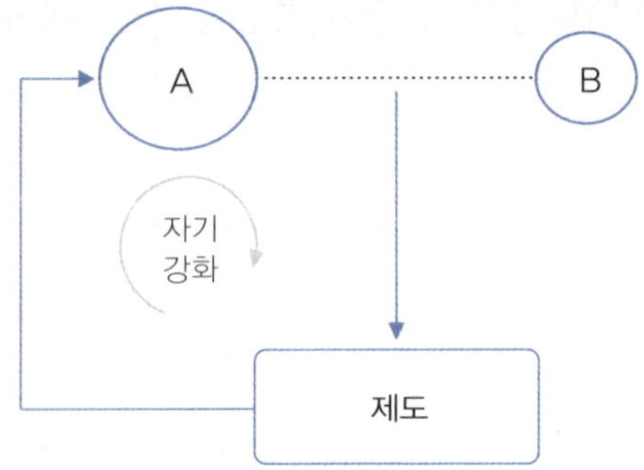

주: A와 B는 서로 다른 권력을 지닌 행위주체를 묘사.

수 백년 동안 지배구조의 큰 변화없이 지속되어져 온 이유가 무엇인지를 잘 설명하고 있다. 또한 한국, 미국, 영국 등 여러 국가에서 다당제가 아니라 양당구조로 고착화되는 이유를 의미있게 설명한다. 게다가, 현대의 자본주의 구조가 왜 시간이 흐를수록 강화되는지, 자본주의 구조에서 부의 격차가 시간이 갈수록 심화되는지 다른 접근들에 비해 매우 명쾌하게 설명이 가능하다.

2 합리적 선택 제도주의에서 경로의존

합리적 선택 제도주의 역시 역사적 제도주의와 마찬가지로 경로의존을 강조한다. 다만, 경로의존의 발생 메커니즘에 근본적 차이가 존재한다.

합리적 선택 제도주의에서 경로의존성을 이해하기 위해서는 본질적으로 동 접근에서 제도를 어떻게 이해하는지를 살펴볼 필요가 있다. 동 접근에서 제도는 권력관계가 동일한 행위자들이 자신들의 이익을 극대화하기 위해 자발적으로 만든 인위적인 창조물이다. 동 상황에서 형성된 제도는 행위자 간 이해 충돌의 균형점이기도 하다. 예를 들어, 집단행동 딜레마, 즉 이기적인 행위자들의 합리적 선택이 집단수준에서는 비합리적 결과가 초래되는 상황에서 이를 해결하기 위해 자발적인 행위규칙을 제정한다면 이것이 바로 제도이고, 합리적 선택 제도주의에서 강조하는 집단행동 딜레마 해결도구로서 제도를 의미한다.

이러한 관점에서 제도를 이해하는 합리적 선택 제도주의는 경로의존성을 수확체증(increasing returns)으로 정의한다. 여기서 수확체증은 수확체감(diminishing returns)과 달리, 생산요소를 투입할수록 단위 생산 효율성이 높아지는 경우 혹은 생산량이 증가할수록 단위 생산 비용이 낮아지는 것을 의미한다.

여기서, '수확체증'은 제도 내 긍정적 환류의 강력한 메커니즘을 창조하기 때문에, 왜 어떤 제도가 시간이 지날수록 자기강화의 경향과 의도적으로 제도의 변화를 어렵게 하는지를 설명한다(Pierson 2004; Bennet & Elman 2006: 254-249; Duit, 2007: 1100-1101; 김태은, 2009b: 48). 수확체증이 발생되는 이유에 대해서, 아서(Arthur, 1994: 112)는 경로의존의 원천으로서 고정비용, 학습효과, 조정비용, 적응적 기대(adaptative expectations)를 주장하였으며, 노스(North, 1990: 95)는 기술에 한정한 아서(W. B. Arthur)의 주장을 수용하여 복잡한 사회적 상호작용의 맥락에서, 새로운 제도는 높은 고정 및 초기비용, 학습효과, 네트워크 효과, 적응적 기대(adaptive expectations)를 포함한다고 주장하였다. 피어슨(Pierson, 2000a, 2004) 역시 노스(D. C. North)의 관점을 따르고 있다. 즉, 한 번 구축된 제도는 제도 자신의 안정성을 강화하는 강력한 유인을 발생한다는 것이다(Pierson, 2000a: 255; 김태은, 2009b: 48).

데이비드(David, 1985)의 'QWERTY' 자판을 통한 경로의존성 예는 합리적 선택 제도주의에서 말하는 경로의존성을 잘 보여준다. 키보드 자판의 제일 위 영어 단어들은 QWERTYUIOP이다. 일명, QWERTY 자판은 원래 타자기 자판이었는데, 현재 컴퓨터 자판에서도 가장 보편적으로 활용되고 있다. 저자는 타자기 시대의 QWERTY 자판이 컴퓨터 시대의 자판까지 시장을 지배하게 된 이유는 영문 배열이 효율적이었기 때문이 아니라, 기술적 상호의존(technical interrelatedness), 규모의 경제(economics of scale), 투자의 준불가역성(quasi-irreversibility of investment) 때문이라는 점을 주장했다.

쉽게 말하면, QWERTY 타자기가 (우연히) 시장에서 등장하여 시장 점유율이 높아지면, QWERTY 자판과 이러한 자판에 익숙하고 숙련된 타자수 간에 상호의존관계가 형성된다. 해당 자판과 타자수 간에 상호의존관계가 형성될수록, 기업들도, 타자학원도, 새로 구매하는 구입자들도 QWERTY 자판이 든 타자기를 선택이 증가하게 되어 규모의 경제를 달성하게 된다. 이러한 상황에서는 새롭고 보다 효율적인 타자기가 등장한다 하더라도 기존 QWERTY 자판을 버리고 새로운 타자기 자판으로 전환비용(switching cost)이 막대하기 때문에 잠김효과(lock-in)가 나타난다는 것이다.

QWERTY 자판은 경제학에서 비효율적인 기존 방식을 포기하지 못하는 잠김효과(lock-in effect)의 예로서 자주 제시되어 왔다. 잠김효과는 고착효과, 자물쇠 효과라고도 불리는데, 특정 재화나 서비스를 이용하게 되면 동 서비스에 익숙해지면서, 다른 재화나 서비스 이용이 제한되는 현상을 말한다. 잠김효과가 발생되는 대표적인 이유로 전환비용이 제시되고 있다. 잠김효과는 대부분의 재화에서 나타나지만 특히 정보재에서 매우 강하게 나타난다.

경로의존성의 또 다른 예로, 어부들 간에 자발적 합의로 '어업규칙'을 정하였다고 가정하자. 이 어업규칙은 어부들이 스스로 정한 것이기 때문에 우선 어부들이 잘 이해하고 있고 학습이 용이하다. 또 많은 어부들이 이 규칙에 익숙해지게 되고, 이 어업규칙에 맞게 위한 그물이나 어구 등 장비에 투자를 하게 된다. 이러한 상황에서 새로운 어업규칙의 필요성이 있다 하더라도, 기존에 투자된 매몰비용, 새로운 규칙 학습에 대한 학습비용, 전환비용, 기존의 어업규칙과 연계된 다른 규칙과의 문제 등으로 인해 기존의 어업규칙과 크게 벗어나 규칙을 마련하기 쉽지 않다. 다시 말해, 초기에 형성된 어업규칙은 지속적으로 이후 형성될 어업규칙의 방향을 결정한다.

결국, 합리적 선택 제도주의에서 경로의존성은 권력관계의 불균형에서 발생되는 것이 아니라 경로 변경에 필요한 다양한 형태의 비용(초기투자비용, 학습비용, 전환비용 등)이 중심에 있음을 알 수 있다.

3 사회학적 제도주의에서 경로의존

사회학적 제도주의는 신제도주의의 어떤 접근보다도 강력한 제도의 힘을 강조한다. 특히, 인지, 문화적 요인과 같은 비공식적 제도를 강조한다. 문화, 종교, 관습 등에서 알 수 있듯이, 이들은 권력과 같은 정치적 개념, 비용과 편익 같은 경제적 개념과 비교할 수 없이 지속적이고 강한 생명력을 지닌다. 즉, 사회학적 제도주의에서는 어떤 사회의 규범으로서, 가치판단의 기준으로서, 행동의 기준으로서 역할을 수행한다. 어떤 국가에서는 구성원들 간에 당연하게 받아들여지는 것이, 다른 국가에서는 전혀 받아들여지지 않는 것들이 있다. 과학기술이 발달하여 화성으로의 여행을 논의하고 있으나 한편에서는 수천 년 간 문화적·종교적 충돌, 즉, 비공식 제도 간 충돌이 끝없이 이어지고 있다. 인지 및 문화적 요인들은 인간의 정신과 의식, 정신 세계를 지배하고 있기 때문에, 한 번 형성된 이러한 비공식 제도가 경로의존성을 보이는 것은 지극히 당연하다. 따라서 사회학적 제도주의에서는 경로의존성 자체를 크게 논의하지 않으나 이는 중요하지 않아서가 아니라 너무나 당연하기 때문이다.

표 2-4 경로의존과 제도변화

	역사적	합리적 선택	사회학적
경로의존	• 행위자 간 권력 비대칭과 이들 간 투쟁(협상)의 결과로 도출된 '제도' 간에 긍정적 환류가 존재 • 본질은 권력관계	• 합리적 행위자들이 자신의 이익을 극대화하기 위해 만든 인위적 제도 • 기존 경로의 변경은 다양한 비용 초래, 이에 따라 경로의존 발생	• 제도는 인간의 인지 및 정신 세계를 지배하는 그 무엇으로 한 번 형성되면(종교, 문화 등) 쉽게 소멸되지 않고 사시상회적으로 지속

제5절 제도변화

1 역사적 제도주의에서 제도변화[5)]

역사적 제도주의에서 '제도'는 지속성을 설명하는 데 적절하기 때문에(Peters et al, 2005: 1288; Peters, 2005: 76-77), 변화를 설명하기 어렵다. 이는 곧, 역사적 제도주의의 행위 가정에서 비롯된다. 가벤타(Gaventa, 1980)의 주장처럼, 권력의 비대칭은 경로의 존성, 긍정적 환류를 반영한다. 즉, 권력이 비대칭되어 있기 때문에 그러한 권력의 비대칭을 반영한 제도는 시간이 지날수록 권력의 비대칭 수준을 증가시킴으로 제도는 쉽게 변화하기 어렵다. 특별한 행위자에게 정치적 권위의 할당은 경로의존의 원천이다. 즉, 어떤 행위자가 다른 사람에게 규칙을 부과할 수 있는 위치를 소유하게 되면, 권력의 사용은 자기강화적이다(Pierson, 2000: 259).

다시 말해, 제도는 불균등한 권력관계를 반영하는데, 이러한 불균등한 권력관계가 배태된 제도는 곧 제도가 쉽게 변화하지 않는 지속성, 생명력을 지닌다는 것이다.

그러나 현실의 제도는 변화한다. 즉, 어떤 제도들은 경로의존성을 보이면서 지속되기도 하지만 어떤 제도들은 기존의 권력관계 구조와 상충되게 변화되기도 하고, 혹은 초기 제도의 큰 방향성을 유지하면서도 점진적으로 변화되기도 한다. 이에, 초기 역사적 제도주의자들은 제도변화를 전쟁, 대규모 경제위기, 정권교체 등과 같은 외부변수를 강조하여 단절적 균형(punctuated equilibrium)을 제시(Krasner, 1984; Baumgartner & Jones, 1993; Collier & Collier, 2002)하거나, 혹은 제도의 역동성(Thelen & Steinmo, 1992) 같은 이론적 체계가 미약한 채로 설명되어 왔다.

그러나 외부변수 및 우연성(contingency)을 통한 제도변화 설명은 설명과 예측을 어렵게 한다. 이는 곧 동 변수들을 통한 제도변화의 한계를 극명히 잘 보여준다.

역사적 제도주의 연구 초기, 제도변화의 설명력 부재는 무엇보다 동 접근이 제도의 형성에 대해 분명한 답을 제시하지 못하기 때문이다. 제도변화 설명 한계는 역사적 제도주의자들이 제도가 무엇인지, 또 제도가 어떻게 형성되는가를 정확하게 설명하지 않

---

5) 이하 내용은 김태은(2015a, 2017)을 토대로 보완 기술된 것이다.

고 역사적 맥락이라는 추상적인 개념을 통해 설명했기 때문이다. 즉, 초기 저작인 홀(Hall, 1986)의 연구에서 잘 드러나듯이, 제도 개념보다는 제약요인으로서 제도의 영향에 관심을 가져 왔다.

그러나 이후 역사적 제도주의 관점에서의 제도변화 한계를 극복하기 위한 대안으로서, 제도 자체, 즉 내생 변수(endogenous factors)를 통해 제도변화를 설명하고자 노력해 왔고 이는 '내생적 제도변화'로 불려왔다(Béland, 2007; Campbell 2004; Mahoney & Thelen, 2010a, 2010b; Orren & Skowronek, 2004; Pierson, 1996, 2004; Streeck & Thelen, 2005; Thelen, 1999, 2003; 염재호, 2009; 김태은, 2009a, 2009b).

동 관점의 최근 흐름은 어떻게 제도와 행위자 상호 간 영향을 미치고 제도적 변화의 메커니즘을 형성하는지(Streeck & Thelen, 2005), 어떻게 제도가 스스로 가능한 발달(전개) 경로를 형성하는지, 어떻게 정치 행위자들이 변화를 유도하기 위해 상호작용하는지에 대해 관심을 갖고 있다(Asiskovitch, 2009: 229; 김태은, 2011: 30). 이는 제도변화는 지속되고 제도적 변형은 점진적 조정의 산물일 수 있다는 점을 보여준다(Palier, 2005; Hall, 2010: 205).

대표적으로, 해커(Hacker, 2004)는 표류(drift), 전환(conversion), 층화(layering), 개정(revision)을, 슈트렉과 텔렌(Streeck & Thelen, 2005)은 전환(Thelen, 2003, 2004), 층화(Schickler, 2001; Thelen, 2003, 2004; Hacker, 2004)를 포괄하여 점진적 변형의 유형으로 전(대)치, 층화, 표류, 전환, 소모(exhaustion)를 제시하였다.

마호니와 텔렌(Mahoney & Thelen, 2010b)은 슈트렉과 텔렌(Streeck & Thelen, 2005) 연구를 기초로 보다 체계화된 모형을 제시하면서 전(대)치(displacement), 층화(layering), 표류(drift), 전환(conversion)을 제시했다(Mahoney & Thelen, 2010b: 14-18; 김태은, 2011: 30-31; 김태은, 2017).

여기서 첫째, 전치(혹은 대치)는 '기존 규칙의 제거와 새로운 규칙의 도입'을 의미한다. 즉, 기존 규칙이 새로운 규칙에 의해 대체(replacement)되는 것을 말한다. 이러한 변화 유형은 갑작스럽고, 급격한 변화를 수반한다. 이러한 전치는 급격하고 갑작스럽게 나타날 수도 있고, 천천히 움직임의 과정에서 발생되기도 한다. 새로운 제도는 종종 기존 제도의 패배자(losers)에 의해 도입되어진다. 만약 기존 시스템의 제도적 지지자들이 새로운 규칙으로의 변절(defection)을 막아지내 못하는 것으로 증명된다면, 점진적 전치는 발생한다.

둘째, 층화는 '기존 규칙의 옆 혹은 위에 새로운 규칙의 도입'을 의미한다. 즉, 층화는 새로운 제도가 기존 제도에 부착될 때 발생하므로, 기존 규칙 내에서의 방식 변화는 생태를 구성한다(Schickler, 2001; Thelen, 2003). 전치와 달리, 층화는 전체적인 새로운 제도 또는 규칙을 도입하기보다는 개정, 수정, 또는 기존 제도 및 규칙에 추가한다. 층화과정은 기존 제도에 대한 도전자들이 실질적인 변화를 가져올 수 있는 능력이 부족할 경우 발생한다. 이러한 상황에서 기존 제도에 대한 도전자들은 기존 시스템 내에서 새로운 규칙을 추가하거나 부가한다. 각각의 새로운 (부가된) 요소들은 그 자체로 미시적 변화를 갖을 수 있고, 이러한 작은 변화가 축적되면, 장기적으로 커다란 변화를 가져올 수 있다.

셋째, 표류는 '환경의 변화로 인한 기존 규칙의 변화된 영향'을 의미한다. 표류는 "규칙이 공식적으로는 남아 있으나 외부 조건의 변화의 결과로서 그러한 규칙의 영향력이 변화한 것"을 말한다(Hacker, 2005). 행위자들이 환경변화에 대응하기 위한 선택이 이루어지지 못할 때, 제도의 영향력에 변화가 올 수 있음을 보여준다.

넷째, 전환은 '전략적 전환으로 인해 기존 규칙의 변화된 설정(enactment)'을 의미한다. 전환은 "규칙이 공식적으로는 동일하게 남아 있으나 새로운 방식으로 해석 및 설정되어지는 경우"(Thelen, 2003) 혹은 "기존의 제도가 새로운 행위자들의 이익에 부합하거나 새로운 목적을 수행하기 위해 적응된 것"(Streeck & Thelen, 2005)을 말한다. 슈트렉과 텔렌(Streeck & Thelen, 2005)은 전환을 논의하면서, 제도화된 규칙과 집행 간의 '격차'에 의해 정치적 경쟁이 가능하게 될 수 있음을 주장하였다. 그리고 격차의 원인으로 크게 4가지를 제시하였다. 첫째, 제도설계자의 인지적 한계와 비의도된 결과(unintended consequences)와 관련되어 있는데, 제도의 이러한 문제에 의해 정치적 경쟁을 가능하게 만든다는 것이다. 둘째, 제도형성은 정치적 협상의 산물임으로, 규칙 내에 모호성(ambiguities)을 지니게 된다. 이러한 모호성은 제도화된 행위자들에게 그러한 규칙을 어떻게 해석하고 적용해야 할 것인가에 있어 정치적 경쟁의 여지를 제공한다는 것이다. 셋째, 제도설계에 참여하지 않았던 전략적 행위자들 역시 자신들의 이익에 유리하게 규칙을 해석하기 위해 그들의 권력을 사용하려 한다는 것이다. 넷째, 시간(time)의 중요성과 관련된 것으로, 제도는 제도를 설계한 설계자나 옹호연합보다 혹은 제도의 형성시점의 외적 조건보다 더 오래 생존한다. 따라서 제도와 제도의 설계자, 그리고 조건 간에 시차가 존재할 수 있다는 것이다. 이에 따라, 권력균형 및 행위자의 특성 변화에 따라 어떤 이해를 대변하기 위한 제도의 창조를 허용한다는 것이다.

점진적 변화로서 전치, 층화, 표류, 전환 등은 제도변화를 이해하는 데 유용성이 매우 크다. 그러나 전치, 층화, 표류, 전환의 발생 메커니즘에 대한 설명에 여러 한계가 지적되어져 왔다. 특히, 마호니와 텔렌(Mahoney & Thelen, 2010b)은 정치적 맥락, 제도적 특징, 지배적인 행위자 변수를 통해 내생적 제도변화를 설명하고 있다. 구체적으로, 여기서 정치적 맥락은 크게 '강한 거부 가능성'과 '약한 거부 가능성'으로, 제도적 특징은 규칙의 집행과 해석에 있어서 재량 수준에 따라 '낮은 수준'과 '높은 수준'으로, 행위자는 행위자들이 기존 제도적 규칙을 보존하는가, 따르고 있는가에 따라 4가지 유형으로 구분하고 있다. 그러나 각각 변수 개념이 모호하고 변수 간 인과관계 논의가 부족하다는 문제를 지니고 있다. 또한 행위자 가정이 정태적이라는 비판 등이 존재한다.

이외에도 내생적 제도변화 관점에서 새로운 연구가 이루어졌다. 대표적으로, 김태은(2009)은 제도변화를 권력을 지닌 행위주체들의 '형식적 전환'을 통해 제도변화와 지속의 측면을 동시에 설명하고 있다. 특히, 저자는 제도변화를 구조적 측면과 내용적 측면으로 구분하여 살펴보았다. 여기서 '형식적 전환'이란 "기존의 제도에 따라 행위자 간 권력관계의 불균형이 초래되고, 이러한 불균형한 권력관계에 의해 지배적 위치에 있는 행위자가 자신들에게 유리하도록(기존의 제도적 편익을 지속할 수 있도록), 기존 제도의 핵심 기능은 유지하고 제도의 형식(구조, 모양세)만을 전환시키는 것"(김태은, 2009: 51)을 의미한다.

또한 김태은(2011)은 내생적 제도변화의 새로운 설명도구로서, 두 가지 환류인 긍정적 환류(자기강화 요인), 부정적 환류(자기부정 요인)를 제시하였다. 긍정적 환류는 제도에 내재된 자기강화 요인으로서 제도를 지속 및 유지시키고자 하는 힘이며, 부정적 환류는 제도설계자의 의도와는 관계없이 제도에 의해 형성되는 자기부정 요인으로, 제도 축소 및 제도 폐지를 유발하는 힘을 말한다.

2 합리적 선택 제도주의에서 제도변화[6)]

합리적 선택 제도주의 역시 역사적, 합리적 선택 제도주의와 마찬가지로 제도변화보다도 제도의 지속에 효과적인 설명력을 보여 왔다(Hall, 2010; 김태은, 2011 참고). 합리적 선택이론가들이 상정하는 제도는 기본적으로 개별 선호를 갖는 행위자의 합리성 충돌을 조정하는 메커니즘으로 이해한다. 즉, 이들은 균형(equilibrium)을 강조하며 특

6) 이하 내용은 김태은(2011a, 2017)을 토대로 보완 기술된 것이다.

별한 균형을 지속하는 조정 메커니즘(coordinating mechanism)으로서 제도를 바라보는 관점과 관련되어 있다(Shepsle, 1989: 145; Levi, 1997: 27; Mahoney & Thelen, 2010b: 6).

구체적으로, 합리적 선택 제도주의는 전형적으로 제도를 파레토 최적 균형(Pareto-optimal equilibria) 또는 집단행동 딜레마(collective action dilemma, social dilemma)의 해결책을 반영하는 규칙화된 행태의 패턴으로 이해하였기 때문에 제도는 안정적인 것으로 이해되었다(Shepsle, 1989; Koremenos et al., 2003; Greif & Laitin, 2004; Hall, 2010: 204-205).

예를 들어, 거래비용이론은 이를 잘 설명해준다. A, B, C라는 세 주체가 있다고 하자. 이들은 서로 거래를 수행하는 데 있어 서로 계약 이행을 불충분하게 하는 문제를 지니고 있었다. 예를 들어, A는 B에게 일정한 성능 조건을 충족하는 부품을 일정 시점까지 조달해달라고 계약을 맺었는데, B가 성능 미달하는 제품이나 혹은 계약 일정을 맞추지 못하는 일이 빈번하였다. 한편, A 역시 계약에 기초한 대금을 제때 주지 않거나 적게 주는 등의 문제를 지니고 있었다. 이에, 이들은 서로 A, B, C 간 협약을 체결하여 계약 이행을 강제하고 계약 불이행에 따른 책임을 분명히 하는 협약을 체결하였다. 결국, 이는 A, B, C가 상호 필요에 의해 어떤 규칙과 규율을 형성하고 이러한 (자신들이 만든) 규칙에 자기 스스로 구속됨을 보여준다. 이들의 주장은 민간부문의 다양한 협회나 이익집단의 조직내규에서 잘 발견된다.

정리하면, 합리적 선택 제도주의 역시 제도의 지속성을 강조한다. 제도의 형성, 그리고 제도가 어떻게 운영되는가 등을 이해하는 데에는 유용하나 제도가 왜 변화되는가를 설명하는 것은 쉽지 않다. 그러나 합리적 선택 제도주의 역시 몇 가지 차원에서 제도변화를 이해할 수 있다.

첫째, 제도를 균형(equilibrium)으로서 이해한다는 점에서, 또 제도의 형성이 행위자의 이익을 극대화하기 위한 것이라는 점에서 제도변화가 곧 균형을 파괴하는 새로운 외부변수의 등장은 중요한 변화요인이라 할 것이다. 이는 단절적 균형(punctuated equilibrium) 모델과 매우 유사하다. 그러나 이러한 접근은 제도의 재생산 논리와 제도변화의 논리를 구분하고 있어 내생적 변화의 점진적 과정을 이론화하고 개념화하는 데 어렵다(Greif & Laitin, 2004: 633).

예를 들어, 과거에는 지상파 방송만이 존재했는데, 현재는 지상파뿐만 아니라 케이블 TV, IPTV, 그리고 지금은 유튜브처럼 전혀 새로운 기술에 기반한 방송이 이루어지고 있다. 심지어는 방송과 통신 구분이 현재에는 거의 사라졌다 할 수 있을 정도로 기술이 발전되었다. 따라서 과거 지상파 방송사들이 자신들의 이익을 위한 어떤 제도(예: 지상파 방송허가 등 진입규제, 진입규제라 하자)를 형성[7]했다 하더라도 현재의 기술기반에 의해 등장한 다양한 방송매체들에 의해 기존의 진입규제는 그 효과를 얻기 어렵다. 따라서 지상파 방송사들은 기존의 진입규제를 새로운 매체 등장에 대응하기 위해 변화시키고자 할 것이다.

둘째, 제도형성에 중요한 역할을 한 행위주체의 변화는 합리적 선택 제도주의에서 주된 변화요인이 될 수 있다. 합리적 선택 제도주의는 제도형성에 있어 행위자의 역할이 매우 중요하다. 따라서 행위자들이 제도를 형성하는 것은 그것이 그들에게 단기적으로는 손해더라도 장기적으로 볼 때 이익이기 때문이다. 따라서 만약 제도를 형성한 행위 주체가 사라지거나 변화가 된다면 기존의 규칙은 변화될 가능성이 크다. 예를 들어, 어부 10명이 어족자원을 안정적으로 확보하기 위해 '조업규칙'을 마련했는데, 시간이 흘러 마을에 어부들이 3명밖에 남지 않았다면 기존의 '조업규칙'은 변화될 가능성이 매우 크다. 즉, 어부 1인당 어장의 면적이 크게 증가하게 됨에 따라 기존에 10명일 때의 규칙보다는 완화되는 제도변화가 발생될 것이다.

3 사회학적 제도주의에서 제도변화[8]

사회학적 제도주의는 비공식적 제도의 절대적 힘을 강조하여 행위자의 역할을 매우 수동적인 존재로 가정하기 때문에 제도변화 설명에 제약이 존재한다. 이에 따라 사회학적 제도주의 역시 제도변화를 위해 외생적 실재 및 힘을 강조한다. 즉, 새로운 해석 틀(interpretive frame)이 외부로부터, 혹은 폭넓은 정치, 법, 시장 영역의 진화에 의해 부여된다고 주장한다(Mahoney & Thelen, 2010b: 5). 물론, 사회학적 제도주의는 로렌스(Lawrence, 2008)에서 잘 정리되었듯이, 외적 쇼크(exogenous shock)뿐만 아니라 행위자, 권력 및 권력관계를 통해 제도변화를 연구하여 왔다(김태은, 2011).

그러나 사회학적 제도주의에서 제도변화는 무엇보다 동형화(isomorphism) 논리를

---

7) 참고로, 규제의 사익이론에서는 이익집단들이 피규제기관을 포획하여 자신들의 편익을 극대화하기 위한, 다시 말해 규제지대를 형성하기 위해 규제를 만든다고 주장한다.

8) 이하 내용은 김태은(2011, 2012)을 토대로 보완 기술된 것이다.

통해 이해할 필요가 있다. 동형화 논리는 제도가 어떤 행위자들에게 효율적이지 않음에도 불구하고, 왜 도입되는지, 왜 선진국의 제도가 모방되는지 등을 설명하는 데 중요한 이론적 틀을 제시하고 있다. 그러나 한편에서 동 논리는 기존 제도가 동형화 논리에 따라 변화될 수 있음을 또한 보여준다.

대표적으로 디마지오와 포웰(DiMaggio & Powell, 1983)에 따르면, 제도화된 아이디어는 조직으로 하여금 유사한 구조와 형태에 적응하도록 압력을 미치며 이에 따라 조직의 유사성은 점진적으로 증가하게 된다고 주장하면서, 제도적 동형화의 중요성을 강조하였다. 이들은 유사성(homogeneity)을 증대시키는 요인으로, 2가지 형태의 동형화, 즉 경쟁적(competitive) 동형화와 제도적(institutional) 동형화를 소개[9]하였다(김태은, 2012a: 234-236).

첫째, 경쟁적 동형화는 시장경쟁, 적소변화(niche change), 적합도 측정을 강조하는 체계 합리성(system rationality)을 가정한다. 이러한 관점은 자유롭게 개방적인 경쟁이 존재하는 영역과 관련되어져 있으며, 베버(Max Weber)의 관료제화의 과정을, 혹은 혁신의 초기과정을 부분적으로 설명한다(DiMaggio & Powell, 1983: 149-150). 부연하면, 경쟁적 동형화는 베버의 합리성의 '강철우리(iron cage)'로 잘 드러나는데, 경쟁시장은 환경적 도전에 대해 가장 합리적이고 효율적인 해결책의 출현과 확산에 호의적이라는 것이다(Radaelli, 2000: 27). 이러한 주장은 효율성의 추구 결과로서 조직의 유사성을 주장하는 합리적 적응 이론가들이나, 환경적 경쟁 선택은 조직화된 객체를 구조적으로 유사하게 만든다고 주장하는 조직군 생태이론가들의 주장과 일치한다(Boxenbaum & Johnson, 2008: 79-80). 다시 말해, 경쟁적 압력은 비효율적인 제도적 해결책을 사장시키기 때문에 조직 및 제도 간 수렴을 가져온다는 것이다. 예를 들어, 신고전경제학자들은 완전 경쟁시장 하에서 경쟁적 압력은 최적의(optimal) 생산 기능에 수렴하게 된다고 주장한다. 즉, 기업들이 비용을 최소화하는 최적의 제도적 구조에 수렴하게 된다는 것이다. 이러한 관점은 행위자들이 서로 다른 제도설계의 비용 구조를 분명하게 구분할 수 있고, 집단행동의 문제나 정치 문화적 저항에도 불구하고 가장 효율적인 제도를 구축할 수 있는 능력이 있다고 가정한다(Beckert, 2010: 150).

둘째, 제도적 동형화는 사회적 적합성, 정당성을 강조하는 것으로, 조직은 다른 조직을 고려하는데, 단순히 자원과 소비자에 대해서만 경쟁하는 것이 아니라 정치 권력과

9) 물론, 이들이 강조하는 것은 제도적 동형화이며, 경쟁적 동형화는 현대사회의 조직을 설명하는 데 적절하지 않다고 주장한다.

제도적 정당성(institutional legitimacy)을 위해서 경쟁한다. 즉, 경제적인 적합성뿐만 아니라 사회적인 적합성을 위해 경쟁한다는 것이다(Aldrich, 1979: 225; DiMaggio & Powell, 1983: 150, 1991: 66). 따라서 조직구조의 형성은 효율성 관점에서 진행되는 것이 아니라 정책적 정당성을 확보하기 위한 것으로 이해하며 동 과정에서 조직 간 유사성이 나타난다고 주장한다. 다시 말해, 정당성은 왜 조직이 동형화가 나타나는지를 설명한다(Scott, 1995: 4).

실제, 디마지오와 포웰(DiMaggio & Powell, 1983)은 많은 조직들의 동질화을 발견하고 그러한 동질성의 원인을 베버와 달리 제도적 동형화에서 찾고 있다. 이에 저자는 경험적으로 엄밀히 구별될 수 있는 것은 아니나(DiMaggio & Powell, 1983: 150), 제도적 동형화의 메커니즘으로 3가지 동형화 압력을 제시한다(DiMaggio & Powell, 1983: 150-154).

첫째, 강압적(coercive) 동형화는 정치적 영향이나 정당성의 문제에서 비롯된다. 동 동형화는 어떤 조직이 의존하는 다른 조직으로부터, 혹은 조직적 기능과 관련한 문화적 기대에 의해 조직에 가해지는 공식적, 비공식적 압력에 따른 결과이다. 여기서 압력(pressures)은 (해당 조직들에게는) 강제, 설득, 혹은 회유 같은 것으로 느껴진다(DiMaggio & Powell, 1983: 150).

둘째, 모방적(mimetic) 동형화(혹은 modeling)는 불확실성(uncertainty)에 대한 대응으로서 나타난다. (어떤 목적 달성을 위한) 조직의 기술이 제대로 이해되지 못했거나, 목표가 모호하거나, 혹은 환경이 불확실성을 유발할 때, 조직은 정당성이 높거나 성공적으로 보이는 다른 조직을 본받으려 한다는 것이다(DiMaggio & Powell, 1983: 151-152). 특히, 조직이 모호한 원인 또는 불분명한 해결책을 지닌 문제에 직면할 때, 적은 비용으로 문제를 해결하게 해 줄 수 있다는 점에서 모방의 경제적 이익이 크다는 것이다(DiMaggio & Powell, 1983: 151).

셋째, 규범적(normative) 동형화는 본질적으로 (직업) 전문화(professionalization)에 기인한다. 여기서 전문화는 직업 구성원들이 직업의 조건과 방법을 규정하기 위해, 생산자의 생산을 통제하기 위해, 그리고 그들의 직업적 자율성을 위한 인지적 기초와 정당화를 획득하기 위한 집단적 투쟁과정(노력)으로서 이해한다. 이러한 전문화의 두 가지 측면, 즉 대학교육에 의해 공식교육과 인지적 기초의 정당화, 전문 네트워크의 성장은 동형화의 중요한 원천이다. 이러한 메커니즘들은 조직의 범위를 넘어 유사한 지위와 성향, 경향을 갖는 상호교환 가능한 인력군을 형성한다. 규범적 동형화의 또 다른 메커니즘은 인력충원이다. 동성적 재생산(homosexual reproduction)과 같이, 조직의 관리자와 핵심 인력이 동일한 대학을 나오고 일련의 공통된 특질을 통해 인력충원이 이루어진다면, 이들은 유사한 방식으로 문제를 이해하고, 규범적으로 정당화되는 정책, 절차와 과정을 수용할 것이며, 동일한 방식으로 의사결정이 이루어질 것이다(DiMaggio & Powell, 1983: 152-153). 부연하면, 전문가 집단 간에 공유된 교육 경험과 밀접한 교류 네트워크에 의해 나타나는 전문화는 특별한 정책 활동을 조직하고 통제하는 적절한 방식에 관하여 정책 전문가 간 합의를 가능하게 한다(Lodge & Wegrich, 2005: 217). 이에 조직은 합리적인 판단보다는 전문가 집단에 의해 정당하다고 고려되어지는 시스템과 기술을 적용하고, 전문가주의(professionalism)의 표준을 따른다는 것이다(Ashworth et al., 2009: 167).

메이어와 로완(Meyer & Rowan, 1977)은 동형화가 조직에 중대한 결과를 가져온다고 주장한다. 첫째, 효율성의 개념보다는 대외적으로 정당해 보이는 요소들과 결합하고, 둘째, 구조적인 요소들의 가치를 규정하기 위해 외적이거나 혹은 의식적인 평가 기준들을 적용하며, 그래서 셋째, 외적으로 확립된 제도에 대한 의존은 혼란을 감소시키고, 안정성을 유지시킨다는 것이다. 결과적으로, 제도적 동형화는 조직의 생존과 성공을 촉진한다(Meyer & Rowan, 1977: 348-353). 그러나 이러한 경우, 조직은 효율성과 의식적인 규칙들(ceremonial rules) 간의 충돌을 해결해야 할 상황에 처하게 되는데, 메이어와 로완(Meyer & Rowan, 1977)은 이를 해결하는 상호 연관된 방법으로써 분리(decoupling)와 확신의 논리를 강조한다. 또한 제도화된 조직은 정당성의 침해를 방지하기 위해 조사와 평가를 최소화하고 의식화한다고 주장한다(Meyer & Rowan, 1977: 356-359).

동형화와 관련된 몇 가지 예를 들어 보자.

패션은 시간에 따라 변화된다. 어느 때는 하프코트, 어느 때는 롱코트가 유행한다. 대부분 사람들은 자신이 그 유행을 선도한다고 생각하지만, 실제 대부분의 유행은 의류업계와 방송 등 여러 산업에 의해 사전적으로 계획된 것들이 대부분이다. 옷 가게에서도 롱코트가 유행한다고 롱코트를 주로 팔고, 주변 사람들도 롱코트를 주로 입고 다니다 보면, 롱코트를 입지 않은 갑돌이는 왠지 사회적으로 동떨어져 있다는 생각이 든다. 그는 처음에는 롱코트를 입지 않으려고 심리적인 저항을 하다가도 어느 순간 롱코트를 입으면서 마음이 편안해지는 것을 느낀다. 마음이 편해지는 것은 곧 철수가 롱코트를 입음으로써 사회적 정당성을 확보했다고 생각하기 때문이다.

또 다른 예로 A라는 공기업은 호봉제도를 시행하고 있고 조직 특성상 가장 효과적이라고 가정하자. 이러한 상황에서 미국과 선진국에서 성과연봉제가 유행한다고 가정하면, A라는 공기업은 성과연봉제가 조직 성과에 부합되는지, 조직 발전에 기여하는지 등과는 별개로 혁신이라는 이름으로 성과연봉제를 도입한다는 것이다.

우리나라는 대학교육에 정부의 개입이 매우 강한 나라이다. 오랜 기간 대학 등록금에 대한 통제, 즉 가격 규제를 엄격하게 시행하여 왔다. 매년 물가가 지속적으로 상승했음에도 불구하고 십여 년 넘게 등록금을 인상하지 못하고 있다. 이에 정부는 대학재정지원사업의 이름으로 등록금 인상을 하지 못함에 따른 각 대학의 재정문제를 지원하고 동시에 대학을 통제하는 도구로 활용하고 있다. 다양한 형태의 대학재정지원사업은 다양한 평가지표를 통해 대학을 평가해 왔는데, 이에 따라 각 대학은 평가지표를 충족하기 위해 무한 경쟁 체제에 빠져들었다. 제로 섬 게임이기 때문에 각 대학은 보다 혁신적이라고 생각되면 무조건 모방했고, 대학평가가 하나의 산업으로 성장함에 따라 모방의 속도는 컨설팅 집단에 의해 빠른 속도로 확산되었다.

결국, 사회학적 제도주의 관점에서 어떤 조직이 외부에서 어떤 제도를 도입하는 것은 혹은 무엇인가를 모방하는 것은 조직의 효율성, 효과성 차원에서 어떤 기능적 충족을 수행하기 위한 것이 아니다. 어떤 제도를 도입하거나 모방하는 이유는 그것이 조직의 사회적 정당성 확보에 기여하고 궁극적으로 조직의 생존 가능성을 높이기 때문이다. 즉, 동형화 과정에서 제도변화가 발생될 수 있음을 알 수 있다. 물론, 사회학적 제도주의에서 제도변화의 본질은 어떤 제도로 변화하는 것이 기능적 필요를 충족하기 위해서가 아니라 사회적으로 정당성을 확보하는 데 기여하는가 여부이다.

정당성을 확보하기 위한 동형화는 곧 제도변화를 유발할 수 있다. 동형화와 관련된 새로운 관점의 연구로서, 김태은(2012a)은 제도의 유사성과 이질성이 혼용되는 원인으로서 동형화의 압력과 내생적 제도 압력을 제시한다. 여기서, '동형화의 압력에 따라 도입되는 제도에 영향을 미칠 수 있는 각 국가의 고유한 제도적 특성'을 '내생적 제도'라 칭하고, 제도형성에 있어서 동형화 압력과 내생적 압력이 존재할 경우에는 동형화의 모델인 제도와 유사성을 가지면서 동시에 이질성을 지닌 제도, 즉 '혼성제도(hybrid institution)'가 나타날 수 있음을 증명했다. 동 연구는 동형화된 제도에서 쉽게 발견되는 제도의 유사성과 이질성을 설명하고 있을 뿐만 아니라 이질성의 정도를 예측할 수 있는 도구를 개발하여 제시하였다.

또한 김태은(2015b)은 다양한 제도 중에서 왜 특정한 제도가 선택되어 동형화되는

표 2-5 제도변화

	역사적	합리적 선택	사회학적
제도변화	• 외부변수를 토대로 단절적 균형 논리 개발. 단, 외부변수의 우연성 등 문제로 인해 이론으로서 가치 논란 발생 • 내생적 제도변화 논리 개발	• 제도는 합리적 선택의 결과임. 따라서 행위주체의 필요에 의해 변화 가능 • 행위주체들의 제도설계, 창조, 파괴, 변경이 자유로움 • 다만, 균형으로서 제도를 이해하기 때문에 균형을 파괴하는 새로운 변수, 조건의 등장 전까지는 제도가 지속적이고 안정적	• 제도적 동형화 논리 • 정당성 확보 및 강화 차원에서 제도변화 논의 가능

지를 설명하면서 새로운 동형화 메커니즘을 제시했다. 즉, 딜레마 상황은 제도의 선택을 제약하기 때문에, 딜레마 상황에 정합될 수 있는 제도, 즉 '유연성'이 매우 큰 제도가 선택되어 동형화될 것이라는 '딜레마적 동형화'를 제시했다.

제6절 신제도주의의 학문적 기여와 한계

1 신제도주의의 주된 기여

신제도주의가 사회과학, 특히 행정학에 기여한 바는 지대하다.

첫째, 신제도주의 접근의 가장 큰 기여는 인간을 지배하는, 인간의 선호, 선택, 행동에 영향을 미치는 '제도'의 영향을 체계적으로 고찰하였다는 점이다. 광활한 우주의 별과 행성들은 눈에는 보이지 않으나 중력 등 여러 힘에 의해 행동에 제약을 받는다. 예를 들어, 지구는 드넓은 우주의 한 복판에서 떠 있는 것 같지만 태양이라는 큰 힘에 의해, 그리고 은하계의 거시적 움직임 등에 의해 움직임이 제약을 받는다. 인간은 사회적 관계를 토대로 집단을 이루고 어떠한 질서 체계를 마련해 놓고 살고 있다. 공식적이든, 비공식적이든 다양한 그 무엇인가, 즉 제도는 인간을 제약하고 심지어는 지배하기도 한다. 제도가 인간에게 미치는 영향은 지대하다. 이를 가능한 과학적으로 살펴보고자 한 것이 바로 신제도주의이다.

특히, 행정 및 정책 영역은 다양한 제도변수가 영향을 미친다. 즉, 의사결정자는 다양한 제도들이 공존하는, 또는 강력한 영향을 미치는 제도가 공존하는, '제도의 장'에서 의사결정을 수행한다. 결국, 행정 영역에서 왜 그러한 결정이 이루어졌는가를 분석하기 위해서는 의사결정자에게 영향을 미친 '제도'를 이해하지 않고서는 불가능하다.

둘째, 역사적, 합리적 선택, 사회학적 제도주의는 다양한 현상을 설명하는 데 크게 기여했다. 공무원이 왜 그러한 선택을 하였는지, 또 왜 국가 간, 정부 간 정책 차이가 발생되는 것인지, 왜 사회적 수요에 부합되게 제도변화가 이루어지지 않는 것인지, 조직에 전혀 도움이 되지 않는 제도와 정책들이 도입되는지, 정부의 개입 없이도 집단행동 딜레마가 해결되는 이유 등 많은 것을 설명해 왔다. 다시 말해, 신제도주의적 접근은 그동안 블랙박스로 처리해온, 또 한편에서 그럴듯한 추측만 가능했던 현상에 대한 설명과 예측을 가능하게 했다.

셋째, 역사저, 합리적 신택, 사회학적 제도주의는 권력 비대칭, 경로의존성, 동형화, 집단행동 딜레마, 균형, 내생적 제도변화 등 다양한 개념들을 체계화하고 또한 정교화해냈다.

넷째, 문헌연구, 사례연구에서부터 실험연구에 이르기까지 다양한 연구방법들이 개발되고 활용되어 졌으며, 이는 사회현상을 이해와 설명에 기여했다. 구체적으로, 세 가지 접근별로 상대적인 주된 기여와 한계는 아래와 같다.

2 역사적 제도주의 접근의 주된 기여와 한계

역사적 제도주의의 주된 기여는 아래와 같다. 첫째, 무엇보다 현실 행정, 세계에 대한 높은 설명을 지니고 있다. 이는 역사적 제도주의가 보다 현실적인 인간 세계를 반영하고 있기 때문이다. 특히, '권력관계의 비대칭'을 강조하고, 중범위 수준의 제도를 주로 다루고 강조하고 있기 때문에 현상에 대한 설명력이 다른 접근들에 비해 상대적으로 높다.

둘째, 제도가 선호 형성에 어떠한 영향을 미치는지, 또 제도의 행위 제약성을 이해하는데 매우 유용하다. 다른 접근들에 비해 제도가 구체적으로 행위자를 어떻게 제약하는지, 또 영향을 미치는지를 체계적으로 분석할 수 있게 하여 준다. 예를 들어, 공무원들이 왜 영혼이 없는지, 무사안일 및 부정부패가 왜 발생되는지 혹은 조직 혁신이 발생되는 이유 등을 이해하는 데 도움을 준다.

셋째, 설명의 영역이 매우 넓다. 이는 합리적 선택 제도주의나 사회학적 제도주의에 비해 '제도'의 범위가 상대적으로 넓기 때문이다. 이에 다른 접근들에 비해 설명할 수 있는 행정 및 정책 영역이 넓다.

넷째, 제도의 영향을 강조함에 따라 동일한 외부변수가 존재 할 때 왜 서로 다른 정책대응이 발생되는지를 이해하는 데 기여한다. 역사적 제도주의 등장 초기 강조되었던 비교분석의 도구로서 가치는 현재에도 동일하게 유지되고 있다. 즉, 행태주의적 접근과 달리 국가 간, 지역 간 정책 차이를 이해하는 데 큰 기여를 한다. 예를 들어, 세계화가 급격히 진행되었음에도 불구하고 코로나19 상황에서 우리나라, 미국, 중국의 대응은 상이하다. 이러한 차이가 왜 발생되었는지는 각 국가의 어떠한 제도가 어떻게 정책결정자를 제약했는지를 파악해야 할 수 있다.

다섯째, 제도의 지속성 및 역사적 맥락에 대한 이해를 가능하게 하여 준다. 역사적 제도주의뿐만 아니라 합리적 선택, 사회학적 제도주의 모두 제도의 지속성을 강조한다. 그러나 역사적 제도주의는 다른 접근들과 달리 역사적 맥락에서 제도가 어떻게 형성되어 지속되어져 왔는지를 살펴볼 수 있는 기회를 제공한다. 특히, 권력관계의 비대칭을 강조하는 역사적 제도주의에서 역사적 맥락 고려는 매우 중요하다. 반면, 합리적 선택 제도주의는 행위자 가정의 특성상 역사적 맥락 자체를 크게 중시하지 않는다. 문화적, 인지적 측면을 강조하는 사회학적 제도주의 역시 역사성을 무시할 수는 없으나, 행위자의 역할이 역사적 제도주의와 달리 매우 수동적이기 때문에 역사적 맥락의 이해 가치가 역사적 제도주의에 비해 높다고 보기 어렵다.

여섯째, 제도의 형성, 지속과 제도변화 설명 능력이 높다. 즉, 초기 제도가 왜 형성되는지, 또 왜 지속되는지, 그리고 제도가 어떻게 변화되는지에 대한 설명력이 높다. 특히, 내생적 제도변화에서 알 수 있듯이 합리적 선택이나 사회학적 제도주의에 비해 제도변화를 설명하기 위한 이론들이 다양하게 개발된 점에서 알 수 있듯이, 다른 접근들에 비해 제도변화 설명이 정교하게 발전되어져 왔다.

이러한 유용성에도 불구하고 역사적 제도주의는 첫째, 다른 접근들에 비해, 제도가 행위자에 미치는 제약의 정도를 구체적으로 파악하기가 어렵다. 동 관점에서 다시, 제도적 제약 하에 있는 행위주체의 역할, 또는 재량적 선택의 범위를 파악하는 것이 쉽지 않다. 이는 역사적 제도주의가 사회학적 제도주의와 달리 제도의 절대적 힘을 강조하는 것도 아니고, 합리적 선택 제도주의처럼 행위자의 의식적 설계로서 제도를 이해하지 않기 때문이다. 따라서 다른 접근들에 비해 상대적으로 제도가 행위자에 미치는 영향의 정도를 획정하기가 어렵다.

둘째, 역사성이 강조되다 보니 분석의 시계가 상대적으로 길다. 즉, 상대적으로 긴 분석 시계를 갖고 있다 보니, 독립변수와 종속변수 간 인과론적 기술의 어려움에 직면할 수 있다. 예를 들어, 분석 시계가 길게 되면 종속변수에 영향을 미치는 새롭고 다양한 변수들이 증가하게 되어 독립변수인 '제도'의 고유한 영향을 판단하기가 어려워진다.

셋째, 역사적 제도주의는 다른 접근들에 비해서도 '제도'의 범위가 넓다. 이는 다양한 영역을 설명할 수 있다는 점에서 장점일 수 있으나 동시에 제도가 무엇인가라는 제도 개념 논란에 빠질 수 있고, 이는 곧 연구의 타당성 문제를 유발시킬 수 있다. 즉, 제도가 아닌 것이 무엇인가라는 질문에 대해 적절한 대답을 내놓기가 어려워질 수 있다. 연구를 수행함에서 있어 '제도'에 대한 분명한 개념 정의가 필요한 이유이다.

3 합리적 선택 제도주의 주된 기여와 한계

합리적 선택 제도주의의 주된 기여는 아래와 같다.

첫째, 무엇보다 코즈(R. H. Coase), 오스트롬(E. Ostrom)의 주장 등에서 알 수 있듯이 제도 및 조직(구조) 형성 원인에 대한 설명에 기여한다. 즉, 왜 그러한 제도가 형성되었는지, 조직구조가 왜 그렇게 만들어진 것인지 등을 설명하는 데 기여한다. 특히, 행위주체 간 권력관계가 유사한 영역에서 행위자들 간에 합의에 의해 형성한 제도를 이해하는 데 유용하다.

둘째, 제도의 기능과 성과를 분석하는 데 기여한다. 합리적 선택 제도주의 관점에서 제도 혹은 조직구조는 행위자들이 자신들의 이익을 극대화하기 위한 합리적 선택의 결과이다. 예를 들어, 노스(D. C. North), 윌리엄슨(O. E. Williamson)의 연구에서 알 수 있듯이, 어떠한 제도가 더 좋은 성과를 낼 수 있는지, 어떠한 제도가 거래비용 등을 고려할 때 적합한지, 효율적인 제도인지 등을 판단할 수 있게 한다.

셋째, 합리적 선택 제도주의는 집단행동 딜레마를 해결하거나 혹은 행위자 간 협력 메커니즘을 이해하고 협력을 유인하기 위한 방안을 제시함에 있어서 탁월하다(Fehr & Gächter, 2000; 김태은, 2020 참고). 특히, 방대하면서도 체계적인 실험연구들은 행위자 간 배신을 줄이고 협력을 증진시키기 위한 다양한 방안들을 제시하고 있어, 제도설계 및 정책개발에도 크게 기여하고 있다.

넷째, 일반화(generalization) 및 예측 가능성이 높다. 합리적 선택 제도주의는 기본적으로 합리적 선택이론에 기초하고 있다. 즉, 기본적으로 분석 단위인 인간을 정형화, 단순화시켜 분석한다. 따라서 역사 및 사회학적 제도주의에 비해 이론개발이 용이하고 또한 (조건이 동일하다면) 예측 가능성이 높은 편이다.

합리적 선택 제도주의의 유용성에도 불구하고 몇 가지 한계를 지닌다.

첫째, 합리적 선택 제도주의의 가장 큰 한계는 무엇보다 인간 가정에 의해 유발되는 문제이다. 행위자 간 대칭적 권력관계, 합리성 등은 이론의 일반화를 추구함에 있어서는 유용하나, 현실 설명력을 낮추는 원인이다. 따라서 현실에서 이와 부합된 사례를 발견하는 것 자체가 생각보다 쉽지 않다.

둘째, 인간의 자유로운 선택을 전제하는 인간 가정에서 비롯되는 한계로, 행위주체들은 어떠한 제약없이 자신들의 편익을 극대화하기 위한, 혹은 집단행동 딜레마를 해결할 수 있는 제도를 자유롭게 형성할 수 있는가 하는 점이다. 실제, 역사적, 사회학적 제도주의가 강조하듯이 인간은 다양한 공식 및 비공식적 제약 하에서 선택한다. 다양한 제약조건없이 제도를 형성할 수 있다고 보는 매우 이상적이라는 비판이다. 예를 들어, 어부들이 지속 가능한 어업을 위해 조업규칙을 정한다고 할 때, 이들이 어떠한 제약조건없이 편익을 극대화하기 위해 조업규칙을 정할 수 있는 것은 아니다. 즉, 조업과 관련한 다양한 법률 위반 여부를 고려해야 하고, 인근지역 어부들과의 관계도 고려해야 하며, 어부별 부의 차이나 소득 등에 있어서 차이도 고려해야 한다. 다시 말해, 진공상태에서 선택을 할 수 있다는 가정 자체가 잘못될 수 있다는 것이다.

4 사회학적 제도주의의 주된 기여와 한계

사회학적 선택 제도주의의 주된 기여는 아래와 같다.

첫째, 무엇보다 조직, 정책과 제도의 유사성, 그리고 확산에 대한 설명력이 매우 높다는 점이다. 왜 유사한 조직과 제도가 발생되는지, 어떻게 외국의 정책 및 제도가 합리성과 관련없이 도입되어 확산되는지 등을 설명하는 데 매우 유용하며, 높은 설명력을 지니고 있다.

둘째, 조직 및 제도에 대한 합리주의, 기능주의 관점에서 벗어나 현상을 이해할 수 있는 기회를 제공한다. 한편에서 이는 비합리적, 비효율적인 조직과 제도가 지속되는 이유를 설명하는 데 기여함을 보여준다. 개인 수준에서 비합리적인 소비행위에서부터 비합리적으로 보이는 다양한 제도, 정책 등이 왜 존재하고 지속되는지를 알 수 있게 하여 준다.

셋째, 사회학적 제도주의는 사람들이 문화적으로 종속될 수 있음을, 또 인지적 요인을 매우 중시함을 보여준다. 문화가 다른 국가 간에, 조직 간에 서로 다른 선호와 행태가 나타날 수 있음을 보여주고 있다. 이는 경제적, 자본의 세계화가 지속되고 있음에도 불구하고 문화권별 차이가 분명하게 나타나고 있다는 점에서 현실 세계에 대한 설명력이 높음을 보여준다.

넷째, 위와 관련하여, 한편에서 조직, 정책 및 제도의 성과가 발생되지 않는 이유가 무엇인지를 분석하게 해준다. 이러한 점에서 동 접근은 조직 및 제도 성과의 제약요인 분석에 유용한 분석도구로서 역할을 수행하였다. 특히, 외국에서 제도를 모방하여 도입할 경우 그 성과가 제약되는 이유를 분석하거나 기대하지 않은 결과가 도출되는 원인을 분석함에 있어서 유용하다.

사회학적 제도주의의 유용성에도 불구하고 몇 가지 한계를 지닌다.

사회학적 제도주의는 첫째, 제도의 영향력이 절대적이다. 따라서 행위자의 역할을 찾아보기 쉽지 않고 그러한 역할조차 매우 수동적이다. 그러나 현실의 인간은 제도에 절대적으로 지배만 받기보다는 그 안에서 전략적 선택도 하고 이익에 따라 움직이기도 하는 살아있는 유기체이다. 즉, 사회학적 제도주의의 가장 큰 한계는 행위자의 역할을 이해하기 어렵다는 점이다.

둘째, 제도와 조직의 이질성을 설명하기 어렵다. 즉, 사회학적 제도주의가 강조하는 동형화 논리는 제도나 조직구조의 유사성을 이해하는 데 기여한다. 그러나 현실에서는 제도와 조직의 유사성뿐만 아니라 이질성 역시 발견된다. 이러한 점은 사회학적 제도주의가 유사성과 이질성이 혼용된 현실 제도와 조직을 설명하는 데 한계가 있음을 보여준다.

셋째, 사회학적 제도주의에서는 인지·문화적 측면을 강조한다. 중요한 측면임에도 불구하고 연구를 수행함에 있어서는 몇 가지 어려움이 유발된다. 대표적으로, 인지는 주관적 영역으로 객관적인 증명에 어려움이 존재할 수 있다. 특히, 주요 의사결정자들이 현 시대에 생존하는 인물이 아닐 경우 이를 증명하는 것이 매우 어렵다. 한편, 독립변수가 거시문화인 경우 문화결정론에 빠질 오류가 있고, 연구결과의 유용성에 대한 비판이 존재할 수 있다.

표 2-6 신제도주의 세 가지 접근의 주된 기여와 한계

	역사적	합리적 선택	사회학적
주된 기여	• 현실 세계에 대한 높은 설명력 • 제도의 선호 형성 및 행위 제약성 설명(공무원의 행태 이해) • 설명 영역이 넓음 • 환경에 대한 서로 다른 정책 대응 설명 용이 • 제도의 지속성 및 역사적 맥락 이해에 기여 • 제도형성, 지속, 변화 설명 능력이 높음	• 제도 및 조직(구조) 형성 원인 설명 기여(예: 코즈) • 조직 및 제도적 성과 고찰 가능(예: North, Willamson) • 집단행동 딜레마에 대한 자발적 해결도구 제시, 행위 주체간 협력 기재 설명에 기여 • 일반화 및 예측 가능성이 높음	• 제도(혹은 조직) 간 유사성과 확산 설명 • 합리주의, 기능주의 관점에서 벗어나 현상 이해, 합리성을 지니지 못한 각종 제도, 법, 조직구조 등을 이해하는 데 기여 • 문화, 인지 요소에 대한 중요성 • 조직, 제도 성과 제약요인 분석에 활용 • 국내·외적으로 모방적 제도의 도입 및 적용 이해
이론적 한계	• 제도가 행위자에 미치는 제약의 구체적 정도(강도) 파악의 어려움 • 긴 분석 시계에 따른 인과성 확보 문제 • 폭넓은 제도 범위에 따른 문제	• 행위자 가정의 비현실성(완전한 합리성, 행위주체간 권력 동등성 등) • 행위자를 제약하는 다양한 '제도'를 미고려, 즉 자유로운 선택이 가능한 행위자 가정에 따른 문제	• 수동적 행위주체 설정에 따른 행위자 역할 파악 어려움 • 제도적, 혹은 조직 간 이질성 설명하기 어려움 • 인지에 대한 증명 문제 등

제2편

제도, 인지, 내생적 제도변화: 역사적 제도주의 관점

신제도주의

제3장

제도로서 재화의 특성: 위장적 제도의 재생산

제1절 서론[1)]

행정학에서 사회간접자본은 대표적인 시장실패 영역으로 다루어져 왔다. 즉, 도로, 철도와 같은 사회간접자본은 공공재, 외부성, 대규모 자금 필요성, 장기 투자회임 및 투자비 회수기간 등과 같은 특성을 지니고 있어 시장에서는 사회가 원하는 만큼의 공급이 이루어질 수 없음이 강조되어 왔다. 그러나 1980년대 영국을 필두로 사회간접자본에 대한 민간자본 투자는 세계의 여러 나라에서 시행되고 있고, 우리나라 역시 1994년 이후 현재에 이르기까지 지속적으로 확대되어 왔다. 즉, 그동안 정부에서는 사회간접자본의 수요와 재정투자에 의한 공급 간의 차이가 있음을 강조하면서, 이러한 차이를 해소하기 위해 민간자본의 유치를 역설하여 왔다. 게다가, 이러한 주장은 민간 영역은 공공영역보다 효율적이고, 사회간접자본 건설에 따른 위험을 민간에 이전시킬 수 있다는 주장과 결합되면서 그 중요성이 더욱 확대되어 왔다.

실제로 우리나라는 영국의 PFI(Private Finance Initiative)를 모델로 하여 사회간접자본에 대한 광범위한 민간투자를 진행하였으며, 이에 따라 2009년 9월 기준 인천국제공항 고속도로를 필두로 최근까지 국가 및 지자체 포함하여 BTO 169개 사업(완공, 106, 공사 중 46, 준비 중 17), BTL 292개 사업(완공 145, 공사 중 110, 준비 중 37) 등 총 461개 사업이 완료 및 추진 중에 있다(기획재정부, 2009d).

본 연구는 학문과 현실이 상반되는 동 현상에 대해 어떠한 설명의 필요성이 있다고 판단되어 연구를 수행하였다. 이러한 혼란스러운 현상에 대한 설명을 위해 본 연구는 크게 '사회간접자본에 대한 민간투자의 제약요인과 그러한 제약요인 하에서도 어떠한 요인이 민간투자를 가능하게 하는가'라는 두 가지 연구질문을 설정하고 분석하였다. 분석을 통해, 첫째, 재화의 본질적 특성이 제도적 요인으로서 민간자본의 투자를 제약함을 증명하고자 하며, 둘째, 이러한 제약 하에서 민간투자가 가능한 원인이 무엇인지를 증명하고자 한다.

본 연구는 1994년 이후부터 2010년 5월 현재까지로 하였으며, 분석대상은 사회간접자본 중 수익형 민자사업으로 분류된 BTO(Build-Transfer-Operate) 사업을 중심으로 분석하였다. 이러한 연구는 기본적으로 문헌연구, 관련 법 및 기본계획, 관련 통계 및

1) 이 글은 김태은(2010)의 내용을 일부 수정 · 보완한 것이다.

언론 자료 등을 토대로 연구를 수행하였다.

제2절 이론적 배경

1 민관협력과 민간자본 유치

1) 민관협력의 개념과 유형

민관협력(Public-Private Partnerships: PPPs)은 다양한 의미를 지닐 수 있으나, 일반적으로 민관협력(PPPs)은 정책기능을 충족시키기 위한 정부, 이익추구 기업, 비이익 사적 조직 간 협력적 관계의 형태를 말한다(Linder & Rosenau, 2000: 5). 실례로, 오스본(Osborne, 2000)은 공공부문의 민자투자 관점보다는 (기업, 비정부기구, 비이익집단 등이 포함된) 거버넌스의 관점에서 파트너십을 논하고 있으며, 이러한 맥락에서 맥퀘이드(McQuaid, 2000)는 민관협력의 주된 장점으로 자원 유용성, 효과성 및 효율성, 정당성을 제시한다.

그러나 현대 PPPs라는 단어는 사회간접자본에 대한 민자유치라는 의미로 보다 광범위하게 사용되어지고 있다.

사회간접자본에 대한 민관협력은 언어적으로는 민관과 공공 영역이 협력하여 사회간접자본을 제공하는 것을 의미하나, 실제는 사회간접자본에 있어서 민간의 주도성이 기저에 존재하고 있다. 즉, 민관협력은 레이번스타인(Leibenstein, 1966)에 의해 개발된 공공부문의 X-비효율성(x-efficiency)에 기초하며(Hammami et al., 2006: 5), 현재 정부의 다양한 정책에 기저하고 있는 신공공관리 철학의 연장선상에 있다(Hood et al., 2006: 42).

사회간접자본에 대한 민간의 개입은 다양한 방법으로 진행되었기 때문에 민관협력이 무엇인가에 대해서는 분명한 합의가 존재하지 않는다(IMF, 2004: 7; Burger et al., 2009: 4). 일반적으로 민관협력은 전통적으로 공공 영역에 의해 재원이 조달되고 수행된 투자프로젝트가 민간 영역으로 이전되는 것(EC, 2003: 96), 전통적으로 정부에 의해 제공되어온 자산과 서비스에 대한 민간참여 계약(Burger et al., 2009: 4)으로 이해되고 있다. 즉, 민관협력은 민간기업이 자산, 서비스, 혹은 이 둘을 다 제공하고 그 반대 급부로 보상(payments)을 받는 정부와 민간기업 간의 계약(agreement)이다. 여기서 민간기업이 받는 보상은 민간기업에 의해 제공된 산출(outputs)의 특성 혹은 질(quality)에 따라 결정된다(PPIAF, 2007a: 13).

이러한 민관협력은 영국의 PFI(Private Finance Initiative)에 기초하고 있으며(PPIAF, 2007a: 17) 다양한 방식으로 운영되고 있다. PFI 거래의 전형적인 특징은 첫째, 정부는 민간계약자에게 자산과 서비스에 대한 위험(risk)과 책임(responsibility)을 이전, 둘째, 대략 20~30년 간 법적 약정 기간, 셋째, 민간기업가는 설계, 운영, 관리, 자산 유지 및 서비스를 제공, 넷째, 제한된 청구권에 기초하여 대출자는 계약자에게 자금을 대출, 다섯째, 정부는 유용하고 수용 가능한 서비스에 대해 일원화된 금액을 지불해야 한다(PPIAF, 2007a: 18)는 것이다.

민관협력은 다양한 방식으로 운영되고 있다. 크게는 사회간접자본의 설계(design)-건설(build)-자금조달(finance)-운영(Operate) 차원에서 조합 및 유형화 할 수 있고, 또한 최종적인 소유권의 주체가 어디인가에 따라서 〈표 3-1〉과 같이 구분[2]되기도 한다.

표 3-1 민관협력의 유형: IMF 기준

유형분류	주된 논리
Build-own-operate(BOO) Build-develop-operate(BDO) Design-construct-manage-finance(DCMF)	민간 영역이 설계, 건설, 소유, 개발, 운영, 관리 소유권을 정부에 이전해야 할 의무 없음
Buy-build-operate(BBO) Lease-develop-operate(LDO) Wrap-around addition(WAA)	민간 영역이 정부로부터 기존의 자산을 구매 혹은 임대하여, 이를 현대화하거나 확장한 후, 자산을 운영하는 것을 말함 소유권을 정부에 이전해야 할 의무 없음
Build-operate-transfer(BOT) Build-own-operate-transfer(BOOT) Build-rent-own-transfer(BROT) Build-lease-operate-transfer(BLOT) Build-transfer-operate(BTO)	민간 영역이 설계, 건설 운영하고, 운영 계약기간이 종료할 때 정부에게 이전하는 것 민간 계약자는 정부로부터 자산을 임대

자료: IMF(2004: 7).

2) 한편, PPIAF(2007b)는 민간참여의 기준을 자본지출, 운영지출이 어디서 발생되고, 운영책임을 누가 지며, 자산 및 계약의 소유권 주체가 어디에 있는가에 따라 크게 관리 계약과 임대(management contract and lease), 양여(concession), 그린필드 프로젝트(greenfield projects), 매각운용(divestiture)으로 구분한다.

2) 민관협력 주장 논리와 반론

이론적 관점에서, 민관협력의 VFM(Value for Money)가 더 높다는 전제는 시장에 대한 고전경제학적 관점과 동일하다. 즉, 기업은 이익을 극대화하고 개인들은 자기이익을 추구하며 합리적이고, 또한 완벽한 정보가 존재한다고 가정한다(Reeves, 2008: 971).

이러한 가정 하에서 민관협력에 대한 정부의 합리성은 첫째, 정부재정지출의 최소화, 둘째, 보다 낮은 비용으로 사회기반시설 및 서비스 제공, 셋째, 정부의 위험회피 열망(특히, 설계, 건설, 운영단계에서), 넷째, 정치적으로 민간 영역에서 운영하는 것이 사용자 요금을 부과하는 데 더욱 유리하여, 결과적으로 정부의 순정부 지출을 낮출 수 있다는 점 등이 제시되어져 왔다(Vining & Boardman, 2008: 12-15; Murphy, 2008: 100-104; Koppenjan & Enserink, 2009: 285).

구체적으로, 첫째, 정부재정지출 최소화는 민관협력의 핵심적 가치로 제시되어져 왔다. 이는 현대적 관점에서 민관협력이 영국 대처(Magaret Thatcher) 정부에서 부족한 정부재정의 문제를 해결하기 위한 시도(Quiggin, 2005: 446)에서 비롯된 점에서도 잘 드러난다. 즉, 사회간접자본의 수요와 공급의 불일치가 존재하는 상황에서 수요를 충족시키기 위해서는 막대한 정부재정이 소요되며, 이를 위해 조세를 늘려야 하는데 이는 현실적으로 어렵다는 점이다. 이에 따라 민간의 자금을 사회간접자본에 끌어들임으로써 사회간접자본에 대한 수요를 충족시키고 동시에 정부 재정지출을 축소시킬 수 있다는 것이다.

둘째, 효율성(efficiency)을 개선할 수 있다고 주장한다. 사회간접자본에 대한 민간투자가 효율성을 개선할 수 있는 이유는 경쟁(competition)과 관리운영에 있어서 제기되어왔다. 즉, 민간투자는 시장지향적인 경쟁이 가능하기 때문에 공공 영역의 서비스 질을 개선하고 비용을 줄이며, 효율성과 성과를 높이고사 하는 계약자의 동기를 유발한다는 것이다(Savas, 2000; Seader, 1994; Williams, 2003; Porter, 2008; Schneider, 1999). 또한 민간 영역의 선진 기법과 운영의 자율성 등에 의해 공공 영역보다 관리운영이 더 효율적이라고 주장한다.

셋째, 위험 공유(risk sharing)와 위험 이전(risk shifting)으로, 민관협력에 따라 정부는 대규모 사회기반시설 수행에 있어서 위험을 공유할 수 있다는 것이다. 이에, 민관협력은 혁신적이고, 협동적이며, 정부와 민간이 위험, 책임, 그리고 보상을 공유하는 것으로 묘사되었다(Payson & Steckler, 1996; Savas, 2000).

넷째, 민관협력은 투명한 절차와 과정을 통해, 그리고 그러한 정보에 누구나 접근할 수 있음으로써 책임성과 투명성이 촉진될 수 있다고 주장한다(Bloomfield, 2006: 401-403).

그러나 현실에서는 이러한 편익이 도출되지 않는다는 반론이 제기되고 있다.

구체적으로, 첫째, 정부재정지출과 관련하여, 사회간접자본에 대한 민간투자가 정부재정지출을 근본적으로 해소해주는 것이 아니라, 현재의 재정적자를 미래의 재정적자로 전환시킬 뿐이라는 주장이 있다. 실제, PPPs는 정부의 재정 적자를 숨기고 지출 통제를 회피하기 위한 수단에서 시작되었으며, 미래 예산 년도로 투자 금액을 분산시키는 효과를 얻을 수 있기 때문에 현재의 재정적자를 미래의 재정적자로 전환시킬 수 있다(Sadka, 2006: 25)는 것이다.

둘째, 효율성이 증가되었는가에 대한 주장에 대해서도, 효율성 개선을 위해 가장 중요한 민간투자자 간의 경쟁이 나타나지 않음을 주장한다. 예를 들어, 실제 민관협력은 경쟁을 저해하는 조건(예: 금융조달 조건 등) 하에서 진행되는데, 이러한 조건을 충족시키기 어려운 소규모 기업들은 참여에서 배제된다. 이에 사적 자본에 접근할 수 있는 대규모 기업들에 의해 민관협력이 이루어지며, 이러한 조건에서는 의미 있는 경쟁이 이루어질 수 없다(Prager & Desai, 1996; Bloomfield, 2006: 402)는 것이다.

셋째, 위험 공유와 이전의 관점에서도 실제 위험이 정부에서 민간으로 이전되거나 양자가 공유하기보다는 위험을 정부가 부담한다는 주장이 있다. 예를 들어, 페레로 외(Forrer et al., 2002)는 많은 미국의 민관협력은 투자위험을 민간 영역에서 공공부문으로 이전시키는 수단이 되고 있음을 보여준다. 또한 후드 외(Hood et al., 2006: 44-50)는 투명성의 부족으로 인해, 실제 위험이전 여부를 정확히 평가할 수 있는 방법 자체가 없다가 비판한다.

넷째, 투명성과 책임성과 관련하여서도 투명성 감소, 책임 주체 불명확이 나타났으며, 동 요인들에 의해 제도적 복잡성과 파편화가 진행되는 문제를 유발한다고 주장한다. 즉, 포괄적인 자료의 부족으로 체계적인 평가 자체가 수행되지 않고 있고, 민관협력의 진행과정에서 계약관계 주체 간 재계약(예: 하청)이 빈번하게 발생함으로써 투명성을 확보하기 어렵다. 특히, 이러한 재계약은 결과적으로 공공 영역 간 의사결정 및 제도적 복잡성 확대, 파편화(fragmentation), 해체를 유발하며(Hood et al., 2006: 44), 이에 따라 관리 노력을 필요로 하게 한다(Klijin, 2002: 12)는 것이다.

이외에도, 민간투자의 편익 추정 자체가 어렵고 잘못되었다는 주장이 있다. 즉, 에

드워드 외(Edwards et al., 2004)는 영국의 PFI에 대해 실제 비용 추정이 불가능하다고 주장하며, 호지와 그리브(Hodge & Greve, 2007: 553)는 정확한 추정이 일어나지 않는 요인으로, 첫째, 가치추정(value for money)과 관련된 것으로 독립적 평가 미약, 부정확한 할인율(discount rates) 적용, 공공부문에서 민간부문으로 위험 이전(risk transfers)에 대한 추정 오류, 편익추정시점과 계약의 장기성 간 차이, 낙관주의 및 정치적 민감성이 매우 높다는 점이 제시되고 있으며, 둘째, 가치추정의 문제 외에도 거래비용이 매우 높고, 경쟁이 미약하다는 점 등이 제시한다.

2 선행연구와 새로운 연구 필요성

사회간접자본에 대한 민관협력 관련 연구들은 주로 민관협력에 대한 소개 및 차이 연구(Savas, 1987, 2000, 2005; 유영철, 2007), 민관협력 도입에 따른 효과 차원에서 연구가 진행되었다(IMF, 1994; PPIAF, 2007b). 일부의 연구는 민관협력을 활성화 영향요인 분석(Hammami et al., 2006), 민자유치 총량규모를 추정(김의준, 1995), 민자유치 한계에 대한 고찰(김정완, 1994; 변장흠, 1995) 등 다양한 연구가 수행되었다. 이를 크게 본 연구와 관련하여 제도소개, 평가연구로서 긍정적, 부정적, 중립적 연구, 그리고 민관협력 성과 제약요인으로서 제도연구로 구분하여 제시하며 아래와 같다.

첫째, 민관협력의 소개와 관련하여, 공공 영역이 본질적으로 비효율적이라는 믿음을 지니고 있는 사바스(Savas, 2000)는 민영화의 한 유형으로서 PPPs를 소개한다. 즉, 민영화의 유형을 크게 위임(delegation), 매각(divestment), 대체(displacement)로 구분하고, 이 중 위임의 한 유형으로 PPPs를 제시한다(Savas, 2000: 표 5.2; Savas, 2005: 14-32). 유영철(2007)은 우리나라의 BTO와 BTL 각각 사례를 통해 양 방식에 차이가 존재함을 제시하였다

둘째, 긍정적 평가연구로 포터(Porter, 2008)는 지방정부에서의 민관협력 편익으로, 효율성 개선, 민간은 정부와 달리 부처중심주의(departmentalization)가 아님에 따라 부처 간 협력이 가능해지고, 도시 간 및 도시 기업 간 비용 공유 가능, 유연성이 개선, 공공부문의 책임성 완화, 민간기업으로의 위험 이전에 따른 위험 축소, 효율성 개선에 따른 세금인하, 채무상환, 서비스 개선 등의 효과를 얻을 수 있다고 주장한다. 또한 슈나이더(Schneider, 1999)는 민간교도소가 공공교도소보다 다소 효율적이며, 서비스가 개

선되고 재범률이 감소했음을 미국 민영교도소 사례를 통해 제시하였고, 폴릿(Pollitt, 2005)은 영국의 감옥, 철도에서의 PFI가 디자인 및 질적 수준, 적기 공급 차원에서 긍정적 효과를 얻었음을 주장한다.

셋째, 부정적 평가연구로, 양채열(2008)은 우리나라의 BTO 방식은 실물부문의 비효율성을 유발하였음을 지적한다. 최병두(2007)는 대구시 민자도로에 대한 사례연구를 통해, 교통량 예측 문제, 공사비 과다 계상 및 부대사업 조건의 문제, 사업주체의 비합리적 운영과 회계 문제, 실사협약 내용 변경의 문제, 최소운영수입 보장 등과 같은 민자유치의 문제를 지적한다. 또한 후드 외(Hood et al., 2006)는 영국의 PFI 계약에서 존재하는 투명성(transparency) 수준이 매우 낮아 PPPs의 성과에 대한 평가가 어려움을 지적한다. 호지와 그리브(Hodge & Greve, 2007)는 문헌연구를 통해 영국의 PFI 평가를 시행하여 경제 및 재정적으로 PPPs 성과에 대한 상호 모순된 결과들이 있음을 제시한다.

파인더스(Flinders, 2005)는 영국의 PPPs를 효율성, 위험, 복잡성, 책임성, 거버넌스(governance) 관점에서 부정적인 평가를 내리고 있다. 특히, 저자는 PPPs가 복지국가라는 영국의 중심적 교의에 도전하고 있으며, PPPs가 공익(public interests) 관점에서 계약자(contractor)와 소비자(consumer), 기업의 필요(needs of the firms)라는 관점으로 변화시켰다고 주장한다. 이는 결국 장기적으로 영국 민주주의 운영과 국가 역량에 부정적 영향을 미칠 것이라고 비판한다. 즉, PPPs의 정치를 '파우스트 계약(Faustian bargain)'으로 요약하면서, PPPs는 정치가에게 단기적인 이익을 주지만 국가에게는 장기적인 비용을 초래할 것임을 지적한다. 비닝과 보드만(Vining & Boardman, 2008)은 캐나다의 10개 PPPs 사례를 실증이론(positive theory)을 통해 분석하여 민관협력의 잠재적 편익이 거래비용(transaction costs)을 고려하지 못함에 따라 과대 추정되었다고 주장한다.

넷째, 중립적인 평가연구로 코페냔과 엔서링크(Koppenjan & Enserink, 2009)는 도시기반시설에 대한 민간참여가 지속가능하기 위해서 투자의사, 계약, 규제 관점에서 좋은 거버넌스 관행과 나쁜 거버넌스 관행을 제시한다. 머피(Murphy, 2008)는 PPPs를 둘러싸고 제기된 상반된 입장을 정리하고, 성공적인 PPPs를 위한 간단한 처방을 제시한다.

다섯째, 민관협력을 분석함에 있어 제도적 요인(institutional factors)을 강조한 연구가 일부 진행되었다. 즉, 민관협력이 성공하지 못한 이유 혹은 장애요인으로서, 불안정하고 덜 발달된 시장에 기인하는 불충분한 경쟁, 가격(price)의 강조와 질(quality)에 대한 불충분한 고려, 공공과 민간 영역 간의 비대칭적인 권력관계(Lonsdale, 2005), 자원과 전문성에 있어서 민간과 공공 영역 간의 불평등한 자원 분포(Grimshaw et al., 2002),

전환비용(switching costs) 등이 제시되었다(Reeves, 2008: 973-975). 또한 클라인(Klijin, 2002)은 네덜란드의 도시 개발 프로젝트와 관련된 3개의 PPPs 사례를 네트워크 관점에서 분석하여 역할에 대한 태도, 행태 규칙, 인식과 같은 제도적 요인(institutional factors)들로 인해 민간 및 공공 영역 간 협력이 기대된 것과 달리 일어나지 않음을 보여주고 있다.

이러한 연구들은 민관협력과 관련한 다양한 연구 가치를 제공하고 있음에도 현상에 대한 근본적 접근이기보다는 결과론적인 설명에 머무르고 있다. 즉, 사회간접자본에 대한 광범위한 민간투자의 본질을 설명하지 못하고 있다. 이에 본 연구는 사회간접자본의 재화 특성을 통해 본질적 설명을 수행하고자 한다.

3 새로운 설명, 제도적 요인으로서 사회간접자본의 재화 특성

1) 사회간접자본의 재화 특성

사회간접자본(Social Overhead Capital)은 개념은 매우 다양하게 이해되고 있으며, 이를 반영하듯 용어 역시 사회간접자본, 사회기반, 인프라스트럭처(이하, 인프라, infrastructure),[3] 네트워크 유틸리티(network utilities) 등 다양하게 사용되고 있다. 일반적으로 사회간접자본은 직접 생산 활동과 구분하여 민간의 생산 활동과 투자를 간접적으로 지원하는 시설(Hischman, 1958) 혹은 경제 성장과 활동의 바탕이 되는 재화와 서비스를 생산하는 시설물과 전달체계를 의미한다(홍성웅, 2006: 22). 이러한 사회간접자본은 경제적(economic), 사회적(social)인가 여부, 그리고 경성(hard), 연성(soft) 여부에 따라 크게 4가지 유형으로 구분하기도 한다(Grimsey & Lewis, 2004: 20-21). 즉, 현대의 사회간접자본(혹은 인프라)의 개념은 물리적 하부시설뿐만 아니라 법, 제도, 규제와 같은 사회 경제적 조건까지 포괄하는 매우 넓은 개념[4]으로 이해되나 실제는 물리적 하부시설에 집중되고 있으며, 이는 실제 우리나라의 법적 정의[5]에서 잘 드러난다.[6]

---

3) 사회간접자본, 인프라 등 현재는 거의 동일한 의미로 사용되고 있는 것 같다. 예를 들어, World Bank(1994: 2)는 'Infrastructure'는 허시반(A. O. Hirschman)이나 넉시(R. Nurkse) 등과 같은 개발경제학자들의 사회간접자본(Social Overhead Capital)을 포괄하는 개념이라고 주장한다.

4) 예를 들어, 스티글리츠와 웰스텐(Stiglitz & Wallsten, 2000)은 사회간접자본으로서 R&D에서의 민관협력을 논의한다.

5) 법적 용어는 명칭이 약간 바뀌었으나 내용은 동일하다. "사회간접자본시설"이라 함은 각종 생산활

그동안 사회간접자본은 대표적인 시장실패 영역으로서 국가와 같은 어떤 체계가 정상적인 경제활동과 성장에 있어 매우 중요한 요인으로 인식되어져 왔다. 즉, 사회간접자본은 제조업 및 상업에 중요한 서비스를 제공하며, 국가 생산 증가에 유의미한 영향을 미치며(World Bank, 1994; Newbery, 1997; Kessides, 2004: 29), 이러한 생산 증가 외에도 지역경제 활성화, 사회적 통합, 국민 생활의 질 향상, 물가안정과 같은 효과(홍성웅, 2006: 31)를 갖는 것으로 알려져 왔다. 이는 곧 사회간접자본이 직접효과와 더불어 간접효과, 특히 외부경제효과(positive externality)를 갖고 있기 때문이라 할 것이다. 사회간접자본의 이러한 특성과 중요성에 기인하여 공공 영역의 개입 필요성이 제기되어져 왔다.

이러한 사회간접자본은 연구자에 따라 상이하나 다른 재화와 달리 독특한 특성이 있는 것으로 제기되어져 왔다. 우선 그림시와 루이스(Grimsey & Lewis, 2004: 27-29)는 사회간접자본은 네트워크 서비스, 공공재, 외부효과, 자연독점, 대규모 투자의 특징을 지니고 있어 이러한 사회간접자본은 전통적으로 사적 영역에 의한 서비스 제공에 타당성이 의심받아 왔음을 주장한다. 김의준(1995: 166)은 사회적 자본의 특성으로 시설수요의 비배제성, 비경합성과 공급의 외부효과 등 공공재적 특성과 장기 투자 회임기간, 높은 초기투자비용 등의 투자특성을, 양지청(1994: 20)은 공동 소비성과 비배제성의 특성을 주장한다.

한편, World Bank(1994: 22-24)는 첫째, 생산특성으로 연계된 서비스 제공 시스템(networked delivery system), 규모의 경제로 인한 자연독점 발생, 서로 다른 기술에 의한 생산을 제시한다. 둘째, 소비특성으로 비경합성과 비배재성을 갖는 공공재와 달리 사적재(private goods)의 특성을 지니나 그 정도는 사회간접자본이 무엇인가에 따라 서로 상이함을 주장한다. 케시데스(Kessides, 2004: 30)는 사회간접자본의 경제적 특성으로 규모와 범위의 경제는 시장 독점을 유발 및 경쟁 방해, 막대한 매몰비용(sunk cost)

동의 기반이 되는 시설 및 당해 시설의 효용을 증진시키거나 이용자의 편의를 도모하는 시설과 국민생활의 편익을 증진시키는 시설(사회간접자본시설에 대한 민간자본유치촉진법[법률 제4773호, 1994.8.3, 제2조], 사회간접자본시설에 대한 민간투자법[법률 제7304호, 2004.12.31, 제2조]), "사회기반시설"이란 각종 생산활동의 기반이 되는 시설, 당해 시설의 효용을 증진시키거나 이용자의 편의를 도모하는 시설 및 국민생활의 편익을 증진시키는 시설(사회기반시설에 대한 민간투자법[법률 제9780호, 2009.6.9, 제2조]).

6) 이하 본 연구에서는 사회간접자본, 사회기반, 인프라스트럭처, 네트워크 유틸리티(network utilities)의 개념을 사회간접자본으로 통일하며, 그 개념을 물리적 하부시설에 한정하고자 한다.

에 따른 새로운 서비스 제공자 출현 방해, 가격 결정의 정치적 민감성이 주장한다. 홍성웅(2006: 62-67)은 불완전한 비배제성을 갖는 혼잡 가능한 공공재(congestible public goods), 고유한 위치를 점하는 고착된 시설물로서 재화와 서비스를 창출, 대규모성 · 불가분성(indivisibility) · 대규모 투자, 장기 투자의 회임 기간(gestation period of capital), 공간적으로 고착된 비교역재(non-tradable goods), 시설과 서비스 공급은 계약의 불확정성과 정보의 비대칭성이 따른다고 주장한다.

본 연구에서 중요한 것은 사회간접자본의 재화특성이 공공재인가 하는 점이다. 새뮤얼슨(Samuelson, 1954: 387)의 공공재 정의("Which all enjoy in common in the sense that each individual's consumption of such a good leads to no subtraction from any other individual's consumption of that good") 이후, 공공재는 비경합성과 비배제성을 갖는 재화로 이해되고 있으며(Hudson & Jones, 2005: 267), 비경합성과 비배재성에 의해 시장에서 공공재는 제공될 수 없고 정부가 조세를 통해 그러한 재화와 서비스를 제공한다(Morrell, 2009: 542). 그러나 실제 어디에서 공공재를 발견할 수 있는가에 대한 마골리스(Margolis, 1955)의 질문처럼 순수한 의미로서 완전한 비배제성과 비경합성이 있는 재화는 찾기 어렵다(Hudson & Jones, 2005: 267; Morrell, 2009: 542).

사회간접자본의 민간자본 유치 논리 중 핵심은 사회간접자본이 공공재가 아님에 따라 공공 영역이 개입해야 할 필요가 없고, 이에 따라 민영화하던지, 아니면 민간 영역이 대폭적으로 개입해야 한다는 것이다. 실제, 재화(서비스)를 배제성과 소비가 결합적인가 개별적인가(경합성)에 따라 사적재, 요금재(toll goods), 공유재, 집합재로 구분하는 사바스(Savas, 1987)는 사회간접자본으로 이해될 수 있는 전화, 수도, 전력, 국립공원, 대중교통 등과 같은 재화(서비스)를 요금재에 배치하면서 사회간접자본이 요금재이기 때문에 정부가 개입할 필요가 없고 민영화 혹은 민간자본을 유치해야 한다고 주장한다.

그러나 사회간접자본은 공공재인가? 아니면 사적재, 혹은 요금재인가? 이러한 혼란은, 곧 사회간접자본을 사회간접자본의 공급 이후 나타난 현상만을 가지고 비배제성과 비경합성의 틀 안에 맞추었기 때문인 것으로 이해된다. 첫째, 공공재적 특성인 비배제성이 관점에서 보면, 예를 들어 정부에 의해 공급된 고속도로에 통행료를 징수하기 때문에 배제성이 있다고 할 것이나 책정된 통행료는 소비를 배제시킬 만큼의 통행료가 책정되지 않는다. 통행료가 책정된다 해서 배제성이 있는가는 그것이 실제 배제 가능한 수준인가, 또한 배제해도 되는 것인가를 고려해야 한다는 점이다. 둘째, 경합성의 문제이다. 완전히 경합성이 없는 재화는 찾기 어렵다. 국방은 대표적인 비경합성을 갖는 재화로 소개된다. 그러나 전시에도 비경합적인가?, 실제 상황에 따라 국방도 치안서비스와 유사하게 경합성을 지닌다. 정부에서 생산한 고속도로는 만성 정체구간이 많다. 이러한 정체구간은 대표적으로 경합성이 나타나는 곳이다. 그러나 이러한 정체는 고속도로를 건설하면서 의도한 것이 아니다. 즉, 사회간접자본에서의 경합성은 소비의 과정에서 나타난 현상이지, 사회간접자본 공급에서 의도된 것이 아니다. 반면, 사적재는 경합성이 없다면 가격이 형성되지 않는다. 경합성은 곧 사적재의 본질이며 가장 핵심적인 특징이라 할 수 있다.

결론적으로, 사회간접자본이 공공재인가 여부는 도로, 철도 등이 소비의 과정에서 나타난 현상을 통해 분류하고 이해할 것이 아니라, 동 도로, 철도 등의 공급 목적에서 이해해야 한다. 이는 곧, 그 재화가 본질적으로 추구하는 가치의 소재(locus)가 어디에 있는가와 관련되어 있다 할 것이며, 이러한 관점에서 사회간접자본은 공공재라 할 것이다.

2) 제도적 요인으로서 사회간접자본의 재화 특성

앞서 살펴본 사회간접자본의 재화 특성은 어떤 현상에 대한 설명변수로서 역할을 수행할 수 있다. 본 연구에서 설명변수로서 사회간접자본의 재화 특성을 제기하는 이유는 사회간접자본에 대한 민간투자를 설명하는 있어 가장 본질적 접근에 가깝다고 판단되기 때문이다. 현상을 설명하기 위한 설명변수는 크게 두 가지 유형으로 구분될 수 있을 것이다. 하나는 임시적, 가변적, 비지속적인 특성을 갖는 설명변수가 있을 것이며, 또 하나는 항구적이고 불변하며, 지속적인 특성을 갖는 설명변수가 있을 것이다. 본질적 설명이라 한다면, 후자의 특성을 갖는 설명변수를 선택해야 할 필요가 있으며, 이러한 의미에서 신제도주의에서 말하는 '제도'는 유용성을 제시한다. 신제도주의에서 제도는 무엇보다 설명변수[7]로의 그 가치를 인정받아 왔다. 설명변수로서 제도라는 점은, 곧 제도가 어떤 현상을 설명하는 역할을 수행한다는 점이다.

여기서 문제는 설명변수로서 제도라 할 때, 그러한 제도가 사회간접자본이 갖는 재화의 특성을 포함하는 개념인가 하는 점일 것이다. 아직까지 제도연구에서 제도는 신제

7) 물론, 종속변수로서 제도를 강조하기도 한다. 이는 비대칭적인 권력관계를 강조하는 역사적 제도주의의 핵심적 특징이기도 하다(Béland, 2007: 21).

도주의의 학파 및 학자에 따라 다양하게 정의[8]되고 있으나, 기본적으로 공식적(예: 법률) 비공식적(예: 공유된 규범) 제도를 모두 포괄하는 것으로 이해되고 있다. 또한 신제도주의 맥락에서 그것이 제도인가는, 곧 역사적으로 형성되었든, 인위적으로 고안되었든 간에 그것이 장기적인 안정성을 지니고 행위자의 행태에 영향을 미칠 수 있는가가 핵심적이라 할 것이다(Peters, 1999: 18).

이러한 점에서 일반적으로 지적되는 사회간접자본의 재화 특성은(예: 공공재적 특성, 장기 투자회임, 대규모 자금 필요 등) 첫째, 변동가능하고 일회적인 것이 아니라, 본질적이고 지속적이다. 즉, 어떤 조건에 의해 변화되거나 또는 부분적이거나 일시적으로 특성이 나타나는 것이 아니라는 것이다. 둘째, 재화의 특성이 행위자의 선택을 제약하는 요인으로서 작용한다는 점이다. 사회간접자본에 존재하는 특성이 본질적이고 지속적임에 따라 이러한 재화의 특성은 곧 행위자의 선택을 제약할 수 있다. 예를 들어, 사회간접자본의 공공재적 특성은 민간기업가의 자본투자처 결정에 영향을 미칠 것이라는 점이다. 이러한 점에서 사회간접자본의 재화 특성은 하나의 제도적 요인으로 이해될 수 있다 할 것이다.

즉, 본 연구는 사회간접자본에 대한 민간투자의 본질적 제약이 다른 변수가 아닌 사회간접자본의 재화 특성 그 자체에 기인하고 있다는 점을 강조하고 있으며, 이러한 차원에서 사회간접자본의 재화 특성을 '제도 요인'으로 분석하였다. 설정할 필요가 있다 할 것이다.

4 분석틀

본 연구는 사회간접자본에 대한 민간투자가 보편화되고 있는 혼란스러운 상황에서 이를 설명하기 위해 크게 2개의 연구질문을 설정하고 이에 대한 해답을 찾고 있다.

첫째, 사회간접자본에 대한 민자유치가 본질적으로 가능한 것인가 하는 점이다. 이를 위해, '사회간접자본에 대한 민간투자의 제약요인은 무엇이며, 동 요인들에 왜 민간투자를 제약하는가?'에 대한 연구질문을 제시하고 이에 대한 해답을 찾고 있다. 본 연구에서는 민간투자의 제약요인을 사회간접자본의 재화 특성('제도적 요인')에서 찾고 있

8) 신제도주의의 제 접근별로 제도에 대한 이해는 서로 상이하다. 이와 관련하여 Hall & Taylor(1996: 937-956)의 연구는 유용하다.

으며, 앞서 제시한 선행연구를 토대로 '공공재적 특성', '장기 투자회임 및 투자비 회수기간', '대규모 자금 필요성'을 설정하였다. 사회간접자본의 다양한 특성 중 동 변수들을 사회간접자본에 대한 민간투자의 가장 대표적인 편익(기대된 편익)으로 제시된 정부지출 축소, 효율성 개선, 위험이전에 대한 분석을 고려하여 선정하였다. 이를 토대로, 이러한 변수들이 각각 왜 사회간접자본에 대한 민간투자를 제약하는지를 분석하였다.

둘째, '사회간접자본의 재화 특성(제도적 요인)에 의해 민간투자가 제약됨에도 어떠한 요인이 이를 가능하게 하는가?' 하는 점이다. 본 연구에서는 사회간접자본의 재화 특성에 따른 제약요인을 해결하기 위해 각각 어떠한 위장적 제도의 재생산(reproduction of camouflaged institutions)을 통해 이를 설명하고자 한다. 국어사전에서 '위장'이라 함은 본래의 정체나 모습이 드러나지 않도록 거짓으로 꾸미는 것을 의미한다. 즉, 위장적 제도라 함은 본래의 정체나 모습을 드러나지 않거나 왜곡시키는 제도라 할 것이다.

본 연구와 관련하여 위장적 제도는 사회간접자본의 재화 특성에 의해 민간투자가 근본적으로 제약받아 투자가 일어날 수 없음에도 불구하고 그것이 가능한 것처럼 인식하게 만드는 제도를 말한다. '재생산'은 제도가 단일한 방향성을 가지고 형성 및 변화됨을 의미한다. 예를 들어, 어떤 제약을 해결하기 위해 제도 A가 형성되고, 동 제도 A가 변화할 때 변화의 방향은 어떤 제약을 해결하는 방향으로 일관성 있게 변화하며, 또한 새로이 형성된 제도 B 역시, 제도 A와 동일한 목적과 방향성을 지니고 있다는 것이다. 결국, 위장적 제도의 재생산이란 위장적인 제도가 어떤 방향성을 가지고 지속적으로 형성 및 변화됨을 의미한다.

그림 3-1 연구 분석틀

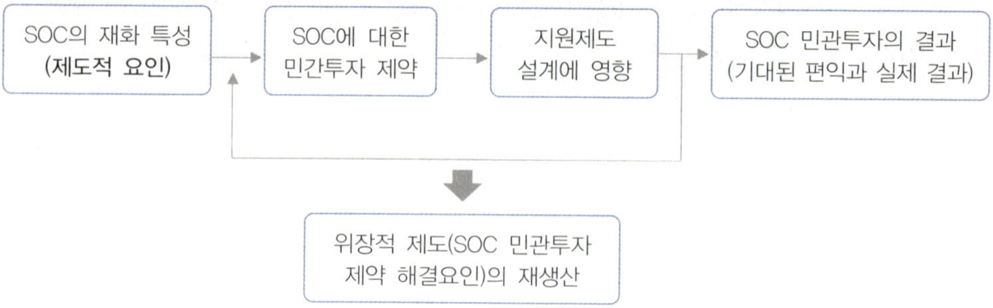

주: 점선표시 부분은 부가적 연구결과임을 나타낸 것임.

셋째, 부가적인 연구로서, 연구질문 1과 연구질문 2의 분석결과를 토대로 사회간접자본에 대한 민간투자의 기대된 편익과 분석결과를 비교 제시하였다. [그림 3-1]은 이를 개괄적으로 묘사하고 있다. 본 연구에서 대규모 사회간접자본이란 도로, 철도와 같은 경제적 인프라를 의미하며, 분석은 수익형 민자(BTO)사업 중 고속도로사업을 주 분석대상으로 하였다.

제3절 사회간접자본의 재화 특성(제도적 요인)과 민간투자 제약

1 공공재적 특성에 따른 수익성 확보 어려움

앞서 살펴본 바와 같이, 공공재는 비배제성과 비경합성을 갖는 재화이며 사회간접자본의 공공재적 의미는 공적 이익을 극대화하기 위한 재화라 할 것이다. 따라서 사회간접자본은 배제성과 경합성이 있음에도 불구하고 배제성과 배타성을 추구하지 않으며, 만약 이를 추구한다면 더 이상 사회간접자본이라 부르기 어렵다.

고속도로의 경우, 사회간접자본으로서 의미를 지니기 위해서는 실효적으로 배제 가능한 수준에서 이용이 결정되어서는 안 되며, 경합성이 커져서 혼잡수준에 따른 외부비경제효과가 증대되어서는 사회간접자본으로서 고속도로의 재화가치는 없다. 따라서 정부는 실제 통행료를 징수하지만 그러한 통행료 수준은 배제가 가능한 수준에서 책정하지 않고, 경합성이 확대되어 혼잡현상이 나타나면 이를 해결하기 위해 노력하지, 도로에 대한 수요가 늘어난다 해서 시장에서와 같이 가격(통행료)을 인상하지 않는다.

이러한 공공재적 특성(특히, 비배제성)은 민간기업의 존재이유이자 민간기업이 사회간접자본에 투자하고자 하는 근본적 동기인 수익성과는 부합될 수 없다. 즉, 사회간접자본에 투자해서 수익을 남기기 위해서는 사회간접자본의 건설 이후, 운영과정에서 사용료(예: 통행료)를 수익을 얻을 수 있을 만큼 자유롭게 책정할 수 있을 때 가능하다. 그러나 사회간접자본의 공공재적 특성에 따라 민간기업에서는 그들의 수익을 얻을 수 있을 만큼의 가격을 책정할 수 없다. 실제로 이러한 사회간접자본의 공공재적 특성으로 인해 민간투자된 사회간접자본의 사용료 책정은 정치 이슈화되어 오고 있다.

예를 들어, 춘천-서울고속도로 통행료 책정(승용차16인승 이하 승합차, 2.5톤 미만 화물차 5,900원)은 정치 이슈화를 잘 보여준다. 춘천-서울고속도로 통행료 책정은 강원도 및 관련 지자체의 대책회의, 강원일보 등 관련 언론의 비판, 국토해양위 한나라당 위원의 도로공사에 의한 지분매입 및 관련 법률 개정 등 제시(강원일보, 2009.11.06), 전공노의 요금인하운동, 춘천경실련의 하도급내역 공개 청구 등이 진행되었다. 이러한 과정을 거쳐 지역주민에 대한 할인제도가 6개월만의 협상을 통해 타결(최대 1,000원 인하, 동아일보, 2010.01.20)되기도 하였다. 그러나 이후 하도급내역이 추가 공개되면서, 춘천경실련 등 46개 시민사회단체는 '서울춘천고속도로 정당한 통행료 책정 범시민대책위원회(가칭)' 구성하는 등(강원도민일보, 2010.05.19), 통행료 인하가 지역의 핵심쟁점으로 재부상하였다.

다시 말해, 공공재로서 사회간접자본에 대한 민간기업의 투자는 수익성에 기초한 가격책정이 이루어질 수 없기 때문에 투자 자체가 일어나기 어렵다. 만약, 민간기업이 공공재적 특성을 무시하고 가격을 책정하게 되면, 그러한 가격은 곧 배재성을 지니게 됨으로 인해 사회간접자본의 본질적 기능을 수행하지 못하게 된다.

결국, 사회간접자본에 대한 공공재적 특성에 따라 민간기업은 수익을 확보할 수 있는 자유로운 가격결정이 불가능하고 이에 따라 수익성을 확보하기 어렵다. 즉, 동 요인은 곧 사회간접자본에 대한 민간투자를 제약한다 할 것이다.

2 장기 투자회임 및 투자비 회수기간에 따른 위험 증가

사회간접자본은 장기 투자회임기간 및 투자비 회수기간[9]을 갖는다. 시간적 범위가 장기라는 점은 곧 특정 사업에 미칠 수 있는 영향요인이 늘어난다는 것이고, 이는 곧 복잡성이 증대된다는 것이다. 즉, 민관협력의 복잡성은 협력기간을 장기적으로 고려할 때 더욱 증가한다(Rosenau, 2000: 6). 복잡성의 증대는 곧 위험에 노출될 가능성을 증가시킨다.

구체적으로 첫째, 장기 투자회임기간과 관련하여, 사회간접자본은 계획-설계-건

9) 긴 투자회임기간(gestation period of capital)이란 자본설비에 대한 주문이 있은 후 그것이 생산되어 실제로 인도될 때까지의 기간을, 투자비 회수기간(payback period)이란 투자에 소요된 자금을 그 투자로부터 발생하는 현금흐름으로부터 모두 회수하는 데 걸리는 기간을 의미한다(매일경제 용어사전).

설-운영개시까지 짧게는 수년에서 길게는 10여 년의 시간이 필요하다. 실제, 인천공항고속도로는 약 5년(1995.12~2000.12), 천안논산고속도로는 8년(1995.05~2002.12), 대구부산고속도로는 약 11년(1995.12~2006.02)과 같이 장기 투자회임기간을 갖는다. 건설 후 인도에 이르기까지 장기간 시간이 필요하다는 점은 동 기간이 짧은 것에 비해 불확실성에 처할 가능성이 높아지며 그 만큼 위험에 노출될 가능성이 커짐을 의미한다. 예를 들어, 자금조달에 있어서 환율 변동의 문제, 컨소시엄 주체의 경영 안정의 지속성 확보 문제, 정치경제적 급변 상황 등에 노출될 수 있고, 이러한 위험은 단일기업 차원에서 통제 및 해결하기 매우 어려운 과제이다. 특히, 자기자본이 낮은 상황에서, 장기 투자회임기간을 갖는 사회간접자본의 경우는 금융 불확실성 하의 금융위험에 노출될 가능성이 매우 높다.

둘째, 사회간접자본은 투자비 회수기간도 매우 길다. 즉, 사회간접자본은 초기 건설기간 동안 막대한 자금이 집중 투자되고 수십 년이라는 장기간에 걸쳐 사용료를 통해 투자자금을 회수하는 구조를 갖는다. 물론, 사용료를 높게 책정하면 투자자금 회수를 빨리 할 수 있으나 공공재적 특성으로 통행료 산정이 수익성만을 고려해서 책정될 수 없다. 따라서 수십 년을 가정하고 투자비 회수를 하는 구조를 지니고 있다. 여기서 문제는 장기간에 투자비 회수구조는 사회간접자본 수요에 대한 정확한 예측이 가능할 때 정상적으로 이루어지나 사회간접자본의 특성은 정확한 수요를 가정하고 공급량을 결정하는 것이 매우 어렵다.

이는 첫째, 규범적인 문제로, 사회간접자본은 현재의 수요와 공급을 정확히 일치시키는 것 자체가 규범적으로 바람직하지 않는 경우가 많다. 사회간접자본은 기본적으로 직접생산에 기여하기보다는 그러한 생산을 지원하는 기재로서 사회간접자본의 공급이 사회간접자본에 대한 수요를 창출하는 효과를 갖는다. 예를 들어, 국가발전이라는 서사적 힘의 없이 현재 수요만을 고려하여 고속도로 규모를 결정하게 된다면, 지역발전이 정체된 지역은 고속도로를 건설할 일이 없어질 것이다. 과연 이것이 바람직한가 하는 문제이다. 둘째, 이러한 규범적 차원을 넘어서, 고속도로는 수요에 탄력적으로 건설하기 어렵다는 것이다. 수요량에 기저해서, 1차선, 2차선, 3차선을 건설할 수 있지만, 1차선 반, 2차선 반, 3차선 반은 건설할 수 없다. 즉, 추정에 오류가 발생할 수밖에 없는 구조이다. 셋째, 투자하는 민간기업 입장에서는 수요량에 기저해서 수익이 창출되는데, 수요량의 예측[10]도 정확히 추정하기 어렵고, 또한 정확한 추정이 가능하다 하더라도 고속도로에 대한 수요는 시간에 따라 변동성이 매우 크고, 건설 후 초기, 중기, 후기 수요가 서로 상이할 가능성이 매우 높다.

결국, 사회간접자본의 긴투자회임 및 투자비 회수기간은 민간자본이 사회간접자본에 투자할 때 위험요인으로 작용하며 이러한 위험은 곧 민간투자를 제약한다.

3 대규모 자금 필요성에 따른 자금조달의 어려움

사회간접자본은 수조 원의 막대한 자금이 수반된다. 예를 들어, 인천공항 고속도로 17,440억 원, 서울춘천 고속도로 22,539억 원, 대구부산 고속도로 27,476억 원이 소요되었다. 단일기업 차원에서 건설에 필요한 막대한 자금을 조달하는 것은 매우 어려운 일이다.

사회간접자본 건설에 있어서 민간의 자금조달이 어려운 이유는 첫째, 앞서 논의한 바와 같이 사회간접자본의 공공재적 특성에 따라 수익성에 기반한 가격책정이 어렵고, 둘째, 사회간접자본은 장기 투자회임기간과 투자비 회수구조를 가지고 있어서 초기에 자금이 집중되는 반면, 수익은 장기간(30~50년)에 걸쳐 나타나는 구조를 지니고 있기 때문에 단기 이익구현과 자금 유동성이 중요한 기업 입장에서 보면 투자의 매력이 높을 수 없다.

실제, 인천공항 고속도로는 민간기업의 대규모 자금조달이 얼마나 어려운 일인지를 단적으로 잘 보여준다. 즉, 동 건설은 단일기업이 부담하는 규모[11]는 실제 크지 않았음에도 불구하고 출자자 구성부터 난관[12]에 직면하였으며, 민자 1호라는 국가적 지원에 따라 출자자가 최종 확정되었으나 건설이 완공된 직후 출자자 전환[13]이 이루어졌다.

---

10) 수요량 예측은 다른 국가 발전계획과도 연계되어 있다. 예를 들어, 특정 지역에 대규모 개발계획을 가정하고 도로를 건설했는데, 그러한 개발계획이 진행되지 않았다면, 그러한 계획을 가정하고 도로 규모를 건설한 투자기업은 막대한 손해를 얻게 될 것이다.

11) 초기 출자자들의 구성은 삼성건설을 포함하여 11개 회사이며, 이들의 최초 납입금은 최대 118억 원(삼성건설)에서 13.7억 원(두산건설) 등으로 실제 납입금 규모가 크지 않다. 또한 총 투자금액(4,342억 원)을 보더라도 삼성(1,281억 원), 한진(1,017억 원)을 제외하고 기타 기업은 100~400억 원대로 크지 않다(김건중, 2000: 30).

12) 최초 출자자에는 총 14개 업체가 컨소시엄을 구성하였으나 협상과정에서 이들 3개 업체가 탈퇴함에 따라 11개 업체가 되었다. 당시, 협상과정에서 11개 컨소시엄은 이들 3개 업체의 출자지분(11.5%, 500억 원)을 공공기관인 한국도로공사나 한국산업은행이 지원해줄 것을 요청했다. 이들 공공기관은 출자를 거부하였고, 컨소시엄에서 자체 해결이 안 될 경우, 정부는 동 사업을 국고로 전환하기로 결정하였다. 이후 컨소시엄 내부에서 자체 책임 하에 해결하기로 하여 최종 확정되었다(건설교통부, 2006: 51-52).

더욱이, 민간기업의 자금조달은 위기시 더욱 어려워진다. 실제, 2008년 금융위기 이후, 2009년 착공 예정이던 총사업비 8조 3,989억 원 규모의 9개(고속도로 8개, 경전철 1개 구간) 수익형 민자사업(BTO) 중 금융권의 투자자금을 확보한 곳은 한 곳도 없다(서울경제, 2009.03.19).

게다가, 정부와 달리 민간에서의 대규모 자금 조달과정은 막대한 추가 비용('거래비용'으로 통칭)을 유발한다. 구체적으로, 첫째, 단일기업 차원에서 투자가 어렵기 때문에 여러 기업들의 결합된 컨소시엄(consortium)14) 형태를 띠고 있다. 이러한 구조는 단일 기업이 투자하는 것에 비해 대규모 추가 비용을 유발한다. 예를 들어, 컨소시엄 대상자 탐색, 이익 분배 메커니즘 설계, 협약 이행 장치 마련 등을 해야 한다. 둘째, 컨소시엄을 구성한다 하더라도 사회간접자본의 투자금 전체를 해당 컨소시엄을 구성한 개별 기업의 자기자본으로 충당하는 것은 아니다. 즉, 투자 기업의 자기자본이 크지 않기 때문에 나머지 투자금을 조달하는 과정에서 거래비용이 발생한다. 실제, 〈표 3-2〉와 같이

표 3-2 민간투자사업의 자기자본비율

	평택-시흥1)		인천-김포2)		안양-성남3)	
	금액(억 원)	비율	금액(억 원)	비율	금액(억 원)	비율
자기자본(a)	2,156.6	25.0%	2,782	26.5%	1,633	25.0%
타인자본(b=c+d)	6,454.2	75.0%	7,716	73.5%	4,900	75.0%
후순위차입금(c)	2,092.4	24.3%	3,149.4	30.0%	1,634	25.0%
금융기관차입금(d)	4,361.8	50.7%	4,566.6	43.5%	3,266	50.0%
합계(a+b)	8,610.7	100.0%	10,498	100.0%	6,533	100.0%

자료: 1) 제이서해안고속도로(주)(2008). 실시계획 승인신청서(보완).
2) 인천김포고속도로(주)(2009). 실시계획 승인신청서.
3) 제이경인연결고속도로(주)(2009). 실시계획 승인신청서. 국회예산정책처(2009: 22; 26; 29).

13) 동 출자 구조도 1차 자금 재조달 후 삼성생명보험(8.85%), 삼성화재보험(1.38%), 대한교원공제회(69.17%), 교보생명보험(15%), 대한생명보험(3.5%), 우리은행(2.1%)으로 전환되었다(이데일리, 2003.12.31). 즉, 건설사가 건설 후 지분을 금융 및 공적기관에 넘긴 것이다. 동 사업뿐만 아니라 빈번한 출자자 변경은 민간자본의 투자자금 조달 어려움을 단적으로 보여준다. 예를 들어, 천안-논산 간 고속도로의 경우, 최초 출사(1997.04.03) 이후, 2006년 4월 27일 출자자 지분변경까지 총 4번의 출자자 변경이 있었다. 또한 대표적인 민간투자 사업인 인천공항철도의 경우 사업이 완공되기 전에 출자자 변경을 시도했다(서울파이낸스, 2009.05.11).

14) 서울-춘천 간 고속도로는 현대산업개발 등 8개사, 서수원-평택은 두산중공업 등 6개사, 평택-시흥은 한라건설 등 14개사, 인천-김포는 금오산업 등 16개사, 안양-성남은 롯데건설 등 17개사가 컨소시엄의 형태로 사업에 투자하였다(국토해양부 국회의원 요청자료, 2007. 민자사업 참여실적).

대부분 20~30% 정도의 자기자본을 가지고 투자하고(이 중에서 회사채 발행 등을 제외하면 순자체 조달 자금은 더 낮다), 나머지는 후순위 및 금융기관 차입금에 의존하고 있다. 실제, 협약체결기준으로 자기자본비율은 인천국제공항고속도로 29.7%, 서울외곽순환도로 21.8%, 인천국제공항철도 19.5%이다. 결국, 자기자본 외 자금은 곧 채무에 대한 이자비불 등과 같은 추가적인 금융비용 등을 포함한 막대한 거래비용이 발생한다.

결국, 민간에서의 대규모 자금조달은 민간 단일기업 차원에서 어려우며, 이에 컨소시엄 형태로 자금이 조달되나 동 형태는 컨소시엄 구성과정에서, 그리고 컨소시엄 구성기업들이 각각 타인자금을 조달하는 과정에서 막대한 거래비용이 발생하여 자금조달이 매우 어렵다 할 것이다. 자금조달의 어려움은, 곧 민간자본의 사회간접자본 투자를 제약한다. 현실적으로 대규모 자금조달의 어려움은 민간투자의 낮은 경쟁률[15]로 나타나고 있다. 주요 고속도로의 응모업체 수(컨소시엄 수)를 살펴보면, 인천국제공항(1개), 천안-논산(2개), 대구-부산(1개), 일산-퇴계원(1개), 서울-춘천(1개), 서수원-평택(1개), 부산-울산(1개) 등 경쟁 자체가 이루어지지 않거나 매우 낮다(건설교통부, 2006: 124).

결론적으로, 사회간접자본의 재화 특성은 하나의 제도적 요인으로서 사회간접자본에 대한 민간투자를 제약한다. 즉, 공공재적 특성은 수익성을 확보할 수 없게 하며, 장기 투자회임 및 투자비 회수기간은 복잡성의 증대로 인해 위험을 유발하며, 대규모 자금 필요성은 민간에서의 자금조달 어려움을 유발하여 민간자본의 투자를 제약한다.

제4절 사회간접자본의 민간투자 제약 해결요인: 위장적 제도의 재생산

사회간접자본의 재화 특성은 하나의 제도적 요인으로서 사회간접자본에 대한 민간투자를 제약한다. 이러한 제약에 따라 민간자본 투자는 이루어질 수 없음에도 불구하고 1994년 이후, 특히 1998년 이후 사회간접자본에 대한 민간투자가 증대한 이유는 사회

15) 단일기업이 자금조달이 어려우니 10여 개 기업 이상이 컨소시엄을 구성하게 되어 경쟁을 위한 자원자체가 줄어드는 것이 가장 큰 원인 중 하나이다. BTL에서 경쟁률은 BTO와 다르다. BTL은 건설 후 정부가 임대하고 임대료를 납부한다는 점에서 위험이 없어 BTO에 비해 경쟁률이 높을 수 있다.

간접자본의 재화 특성에 따른 제약요인들을 해결하기 위한 지원제도가 구축되고 지속적으로 재생산되어져 왔기 때문이다. 즉, 이러한 민간투자 지원제도는 사회간접자본의 재화 특성에 의해 민간투자가 근본적으로 제약받아 투자가 일어날 수 없음에도 불구하고, 그것이 가능한 것처럼 인식하게 만든다는 점에서 위장적 제도라 할 것이다.

구체적으로, 1994년 사회간접자본시설에대한민간자본유치촉진법[법률 제4773호, 1994.8.3, 제정] 제정 이후 1998년 명칭 변경 및 전면개정(사회간접자본시설에 대한 민간투자법[법률 제5624호, 1998.12.31, 전부개정]), 2005년 명칭 변경 및 개정(사회기반시설에 대한 민간투자법[법률 제7386호, 2005.1.27, 일부개정]), 2009년 개정(사회기반시설에 대한 민간투자법[법률 제9556호, 2009.4.1, 일부개정]) 등 거의 매년 법률 개정이 있었으며, 또한 정부는 동법에 따라 매년 '민간투자사업 기본계획'을 계획 집행하고 있다. 이하에서는 1999~2009년 간 '민간투자사업 기본계획'을 토대로, 사회간접자본의 재화 특성과 이를 해결하기 위한 위장적 제도의 재생산(① 공공재적 특성에 따른 수익성 문제 해결 지원제도, ② 장기 투자회임 및 투자비 회수기간에 따른 위험 해결을 위한 지원제도, ③ 대규모 자금 필요성에 따른 자금조달의 어려움을 해결하여 주기 위한 지원제도)을 살펴보고자 한다.

1 수익성을 보전하기 위한 위장적 제도의 재생산

사회간접자본의 공공재적 특성은 민간자본의 수익성과 부합되기 어렵다. 그러나 현실에서 민간기업이 사회간접자본에 투자하고, 이에 따라 건설된 사회간접자본의 사용료가 재정투자에 비해 비싸기는 하지만 배제될 정도는 아닌 것으로 이해(착각)되는 이유는 정부가 민간기업과 협약을 통해 최종적인 사용료를 책정하기 때문이다.[16] 즉, 각종 지원책을 담고 있는 협약을 통해 정부는 민간기업의 수익률을 보장하여 주는 반면, 다수의 이용자가 배제되지 않을 수준에서 사용료가 책정될 수 있도록 하는 것이다.[17]

16) 실제, 정부지원금 수준은 민자투자된 사회간접자본의 사용료 책정과 관련되어 있다. 사용료가 싸게 인식되는 용인서울고속도로(22.9km)는 광역교통시설부담금(4,181억 원)이 전액 지원됨으로써 전체 사업비에서 정부지원 금액이 비중이 45%로 평균(약 30%)에 비해 매우 높다(국토해양부 보도자료, 2008.06.30).

17) 예를 들어, 민자 고속도로의 경우 정부는 재정사업에 비해 1.2~2배 정도 높은 통행료 책정을 유도하고, 이러한 수준의 통행료를 가능하게 하기 위해 막대한 정부재정을 투입하고 있다. 실제, 인천대교 민자 고속도로는 총사업비 2조 2,486억 원(연결도로 6,572억 원, 인천대교 1조 5,914억 원, 건

즉, 민자 고속도로의 통행료는 순수한 민간자본에 의해 통행료가 산정된 것이 아니고, 정부와 민간업자 간의 협약에 따라 산정되며, 공공재적 특성을 유지하기 위한 수준에서의 통행료가 산정될 수 있도록 정부가 각종 지원을 하고 있는 것이다.

구체적으로, 민간자본의 수익성을 확보하여 주는 다양한 제도를 설계하여 지원하여 주고 있다. 첫째, 조세 및 부담금 감면으로, 사회기반시설채권 발행에 따른 이자소득 분리세율 적용, 특정 영역의 부가가치세 면세, 소득세, 취득세, 등록세 및 재산세 감세, 배상소득에 대한 분리세율 적용, 다양한 법인세 감면 및 면세, 부동산에 대한 취득세, 등록세 면세와 같은 지방세 감세 및 면세, 농지보전부담금 등 각종 부담금 전액면제 및 감면 등 막대한 조세 및 부담금 감세를 시행하고 있다(기획재정부, 2009a: 29-31). 둘째, 재정보조 및 융자지원을 위한 제도가 마련되어져 있다. 즉, 거의 모든 조건에서 사업시행자에게 보조금을 교부하거나 장기대부를 하고 있으며, 예를 들어 용지보상비(재정지원 100%), 건설보조금(총투자비의 약 30~50%) 등이다. 셋째, 민간투자자는 투자비 보전을 위해 다양한 영역[18]에서 부대사업을 시행할 수 있도록 하고 있다. 넷째, 무상으로 국·공유재산을 활용할 수 있게 하고 있다. 각각의 제도변화를 개관할 수 있는 〈표 3-3〉이 보여주듯이, 거시적 관점에서 각각의 지원제도들이 단일한 방향성(즉, 지원 확대)을 가지고 변해왔음을 알 수 있다. 게다가, 새로이 신설되는 항목들 역시 지원확대라는 방향과 일치하고 있다. 즉, 제도의 재생산이 지속적으로 나타나고 있다 할 것이다.

표 3-3 수익성을 보전하기 위한 위장적 제도의 재생산

	1999년 기본계획 (1998년 법률변경 및 전면개정)	2005년 기본계획	2009년 기본계획
조세지원 및 부담금 감면	• 조세 및 부담금 감면 - 조세특례 관련 5건 - 지방세 관련 2건 - 부담금 관련 1건	• 조세 및 부담금 감면 - 조세특례 관련 5건 - 법인세 1건 - 지방세 관련 2건	• 조세 및 부담금 감면 - 조세특례 관련 5건 - 법인세 관련 5건 - 지방세 관련 2건

설보조금 7,683억 원) 중 연결도로를 정부가 건설하였기 때문에 총 재정부담액은 1조 4,255억 원으로 실질적인 보조율은 63.4%에 이른다(국회예산정책처, 2009: 10). 그럼에도 불구하고 민간기업의 수익률(사업의 실질수익률은 변경실시협약에서 결정된 8.48%)을 정부가 보전해주다 보니 통행료는 재정사업에 비해 비싸다. 실제, 통행료(소형기준)는 민자구간 5,200원(순수 민자 7,683억 원[1조 5,914억 원-7,683억 원] 투입), 국고구간 300원(국고 6,572억 원 투입)이다.

18) 주택건설사업, 택지개발사업, 도시계획시설사업, 도시개발사업, 도시환경정비사업, 산업단지개발사업, 관광숙박업·관광객이용시설업 및 관광지·관광단지개발사업, 화물터미널사업, 항만운송사업, 대규모점포·도매배송업 및 공동집배송단지사업, 복합단지개발사업(기획재정부, 2009a: 17).

		-부담금 관련 1건	-부담금 관련 1건
재정 및 융자 지원[19]	• 국가 또는 지방자치단체는 다음에 해당하는 경우,[20] 심의위원회의 심의를 거쳐 예산의 범위 안에서 사업시행자에게 보조금을 교부하거나 장기대부를 할 수 있음 • 재정지원의 기준 및 절차에 관한 사항은 실시협약에서 정함 지원 예) - BTO 사업: 용지보상비(재정지원 100%), 건설보조금(총투자비의 약 30~50%), 최소수입운영 보장 - BTL 사업: 완공 후 시설사용 기간동안 민자사업회사에 정부지급금(시설임대료, 운영비) 지급	좌동	• (2009 착공 사업에 한시적 적용) 조기준공 시 단축된 공사기간의 1/2 범위에서 인센티브 부여 • 산업은행 특별융자(1조 원) 시행 및 신속 집행을 위한 특례 마련 • 기타 좌동
부대사업 시행	• 투자비 보전 또는 시설의 정상적 운영을 위해 부대 사업 추진	좌동	• 부대 및 부속사업 활성화 - 대상사업 확대, 초과이익 배분 개선, 주무관청이 부대사업 관련 토지 매수업무 등 행정절차 대행 등(협약에서 규정)
국・공유 재산의 활용	• 주무관청은 사업시행자가 사업예정지역 안의 국・공유재산을 당해 사회간접자본시설이 준공될 때까지 무상으로 사용・수익하게 할 수 있음	좌동	좌동

주: 민간투자사업 기본계획(1999, 2000, 2001, 2002, 2003, 2004, 2005, 2006, 2007, 2008, 2009) 정리 후 주 변화연도만 추출 정리.
자료: 기획예산처(1999, 2005), 기획재정부(2009a).

이러한 지원 규모가 전체 어느 정도 되는지 추정하기는 매우 어렵다. 특히, 재정지원은 민간사업자와의 협약사항으로 그 실체를 파악하기도 어렵다. 즉, 워낙 지원 종류

19) '최소수입운영보장'은 수익성 문제 해결을 위한 제도이면서 동시에, 민간투자의 위험을 해결해주는 대표적 제도이다. 이에 동 내용은 위험부분에서 다룬다.

20) 법인의 해산을 방지하기 위하여 불가피한 경우, 사용료를 적정수준으로 유지하기 위하여 불가피한 경우, 용지보상비가 과다하게 소요되어 사업의 수익성이 저하됨으로써 민간자본유치가 어려운 경우, 실제 운영수입이 실시협약에서 정한 추정 운영수입보다 현저히 미달하여 당해 시설의 운영이 어려운 경우, 민간투자사업에 포함된 시설사업 중 그 자체로서는 민간투자사업으로서의 수익성이 적으나 전체 사업과 함께 시행됨으로써 현저한 공기단축이나 경비절감 등 사업의 효율성을 제고할 수 있는 시설사업에 대하여 사전에 보조금의 교부 또는 장기대부가 이루어지지 아니하면 당해 민간투자사업을 원활하게 시행하기가 어렵다고 판단되는 경우(기획예산처, 1999: 32).

도 많고 민간투자자와 정부 간의 협약에 따라 그 유형도 달라지기 때문이다. 정부자료(〈표 3-4〉 참조)에 따르면, 2009년 현재 운영 및 건설노선의 총 투자비는 18조 2,235억 원이며, 이 중 민간자금은 11조 1,898억 원이다. 즉, 나머지 금액은 7조 337억 원은 (건설비) 보조로 4조 494억 원, 보상으로 2조 9,843억 원이 정부지원금이다. 전체적으로 건설보조율(보조/민자+보조)은 최소 7.7%에서 최대 48.3%로 나타나고 있으며, 보상을 포함한 정부지원규모는 최소 16.3%에서 61.6%에 이른다.

표 3-4 민간투자고속도로 투자 구성 현황(2009.03 현재)[21]

		연장 (km)	투자비(억 원)				건설 보조율 b/(a+b)	정부지원 (b+c)/s	공사 기간
			계(s)	민자(a)	보조(b)	보상(c)[1]			
운영 노선	인천공항	40.2	17,440	14,602	1,232[2]	1,606	7.7	16.3	99-00
	천안논산	81.0	17,297	11,589	4,364	1,344	27.4	33.0	97-02
	대구부산	82.0	27,476	17,960	6,812	2,704	27.5	34.6	01-06
	서울외곽	36.3	22,649	14,848	5,002	2,799	25.2	34.4	01-07
	부산울산	47.2	15,489	9,798	3,605	2,086	26.9	36.7	01-08
	소계	286.7	100,351	68,797	21,015	10,539	23.4	31.4	
건설 노선	서울춘천	61.4	22,539	12,952	5,024	4,563	27.9	42.5	04-09
	서수원평택	38.5	16,869	8,055	3,099	5,715	27.8	52.2	05-09
	용인서울	22.9	14,932	5,732	3,673	5,527	39.1	61.6	05-09
	인천대교	12.34	15,914	8,231	7,683	-	48.3	48.3	05-09
	평택시흥	42.6	11,630	8,131	-	3,499	-	30.1	08-13
	소계	177.74	81,884	43,101	19,479	19,304	31.1	47.4	
합계		464.44	182,235	111,898	40,494	29,843	28.4(평균)	39.1(평균)	

주: 1) 보상은 운영수입보장이 아니라 토지보상으로 추정됨.
2) 1,232억 원은 잘못된 정부자료임(동 도로의 연육교 제1공구는 국고로 건설되었음).
자료: 국토해양부 · 국회예산정책처(2009: 10) 부분 편집 인용.

한편, 이혜훈(2008: 1)은 국정감사를 통해, 2008년 현재 63개 BTO 국가관리사업의

21) 동 자료는 국토해양부 자료에 기초하고 있다. 그러나 민자투자 부분에 정부보증자금 등은 구분하여 제시하지 않고 있어, 민자투자 부분이 과대 추산되었을 가능성이 매우 높다. 실제, 최근 4여 년간 법정 소송 끝에 경실련(2010)에 의해 발표된 서울춘천간 고속도로 관련 자료를 보면, 총투자 22,537억 원 중 정부지원 19,299억 원(85.6%)(토지보상 4,562억 원, 건설지원 5,023억 원, 정부금융보증 9,714억 원)이고, 민간투자는 겨우 3,238억 원(14.4%)이다.

총 사업비 33조 229억 원, 이 중 건설보조금[22](용지보상금 제외)는 8조 9,073억 원에 이른다고 주장한다. 또한 2009년 수정예산안을 살펴보면, 일반회계, 교통시설특별회계, 국가균형발전특별회계에서 총 1조 4,950억 원이 책정되어져 있다(대한민국 정부, 2009). 2009년 한 해만으로 재정지원 규모가 1조 5,000억 원에 육박함을 알 수 있다. 이러한 건설보조 및 보상금액뿐만 아니라 조세감면, 기타, 조세감면, 부담금 감면, 부대사업에 따른 추가적 지원 비용(기업 입장에서는 이익일 수 있으나 공공 입장에서는 비용이라 할 수 있다)을 고려한다면 총 지원규모는 매우 커질 것이다. 즉, 수익성을 보장해주기 위해 막대한 정부재정이 투입되고 있으며, 이는 재정지출의 증가로 나타나고 있다.

결론적으로, 사회간접자본의 공공재적 특성은 민간자본의 수익성과 부합되기 어렵다. 따라서 민간자본의 사회간접자본에 대한 투자는 제약받을 수밖에 없다. 이에 이를 해결하여 주기 위해 수익성 보전을 위한 지원제도가 재생산되어져 왔다. 이러한 지원제도는 위장적 제도이다. 즉, 사회간접자본에 대한 민간투자가 공공재적 특성에 의해 제약받음에도 불구하고 제약받지 않는 것처럼 인식시키기 때문이다. 또한 이러한 위장적 제도의 재생산과 동 제도의 운영에 따라 막대한 정부재정지출이 발생되고 있다.

2 위험 해결을 위한 위장적 제도의 재생산

사회간접자본이 갖는 장기 투자회임 및 투자비 회수기간은 복잡성의 증대로 인해 위험을 유발하며, 이는 민간자본에 의한 사회간접자본 투자가 일어나지 않는 핵심적인 요인 중 하나이다. 이에 〈표 3-5〉와 같이 대상시설 및 방식의 변화(1종·2종 구분 폐지, BTL 방식 확대, 관련 시설 확대), 최소운영수입보장(Minimum Revenue Guarantee: MRG), 환리스크 및 금리위험 부장, 매수청구권 및 해시 시 지급금 보장, 토지 수용권(토지수용과정에서 발생할 수 있는 리스크 해결) 부여와 같은 제도를 시행하여 위험을 해결하여 주고 있다. 〈표 3-5〉는 민간 위험 해결을 위한 지원제도의 변화를 보여주고 있으며, 위험 해결이라는 단일한 방향성을 가지고 관련 제도들이 변화하고 생성되어 오고 있음을 보여준다.

---

22) 건설보조금이 어떤 항목인지 정확히 알 수는 없다. 민자투자에 대한 재정지원은 민간투자법 제53조에 따라 이루어지는데, 실제 민간투자사업기본계획에서 제시하고 있는 '민간투자사업 추진상황 통보양식'에서는 건설보조금을 민간투자법 제53조에 규정된 무상환 보조금의 하나로서 총사업비에 포함되는 금액(기타 접속도로, 보상비 제외)라고 정의(기획재정부, 2009a: 69)하고 있다.

표 3-5 민간 위험 해결을 위한 위장적 제도의 재생산

	1999년 기본계획 (1998년 법률변경 및 전면개정)	2005년 기본계획	2006년 기본계획	2009년 기본계획
대상 시설 및 방식	• 1종, 2종 구분 폐지 (31개 시설) - 1종 시설: 소유권이 준공과 동시에 국가에 귀속, BTO 방식, 부대사업 인정 - 2종 시설: 소유권이 사업자에게 인정, BOO 방식, 부대사업 불인정 • 추진방식 다양화 - 정부고시사업, 민간제안사업으로 구분.	• 교통시설 위주에서 교육, 복지, 문화 등 생활기반시설분야로 확대 • 생활기반시설은 BTL 방식으로 민자유치 (복합화 개발, 부대수익사업 개발 유도) • 45개 시설	좌동	46개 시설로 확대
최소 수입 운영 보장	• 최소수입운영보장 및 환수기준 제시	• 축소 (2003년부터 축소)	• 축소 - 정부고시 (15→10년) - 민간고시 폐지	• 최소수입운보장 폐지 (정부고시)를 대체하기 위해 투자위험분담금 도입
환 리스크 분담	• 일정수준 이상의 환율 변동으로 인하여 사업시행자의 건설자금용(운영자금 제외) 외화차입금에 대한 환차손 또는 환차익이 발생한 경우 사용료 등을 조정하거나 국가 또는 지방자치단체의 재정지원 또는 환차익의 환수23)	좌동	좌동	좌동
금리 변동 위험 부담	없음	없음	없음	• 2009년 착공사업에 한시적용 - 시장상황에 따라 금리가 급변할 경우, 정부가 금리변동 위험의 일정부분 분담24)

23) ±20% 이내 변동: 사업시행자의 자체부담(환차손) 또는 인센티브(환차익), 20% 이상 상승(환차손): 사용료 등의 조정 또는 재정지원, 20% 이상 하락(환차익): 사용료 등의 조정 또는 국가 또는 지방자치단체로 환수(기획예산처, 1999: 34).

24) BTO사업의 경우 협약시점 대비 ±0.5% 포인트 이상의 기준금리(예시: 은행채 5년 AAA) 변동 발생 시 그 초과분 또는 감소분의 일부를 위험단계별로 차등 지원 또는 환수(기획재정부, 2009a: 25).

매수 청구권 (해지 시 지급금) 인정	• 사업시행자는 천재지변 등 불가피한 사유로 인하여 사회간접자본시설의 건설 또는 관리운영이 불가능한 경우 국가 또는 지방자치단체에 대하여 당해 사업(부대사업을 포함)을 매수해 줄 것을 요청[25]	좌동	좌동	• 해지 시 지급금[26](동 규정은 2001년 최초 규정) 확대(한시적) - 불가피한 사유로 민자사업이 중도 해지 시 해당시설의 잔존가치에 대한 보상규모 확대(민간투자자금의 상각 방법을 정률법→정액법으로 변경)
토지 수용권 부여	• 사업시행자는 토지매수업무, 손실보상업무, 이주대책사업 등의 시행을 주무관청 또는 관계 지방자치단체의 장에게 위탁할 수 있음	좌동	좌동	좌동

주: 민간투자사업 기본계획(1999, 2000, 2001, 2002, 2003, 2004, 2005, 2006, 2007, 2008, 2009) 정리 후 주 변화연도만 추출 정리.
자료: 기획예산처(1999, 2005, 2006), 기획재정부(2009a).

대표적으로, 최소운영수입보장은 민간투자사업의 수요예측 위험을 보전해주기 위해 매년도 실제 운영수입이 실시협약에서 정한 추정 운영수입의 일정한도에 미달하는 경우 부족분을 재정지원 하는 것이다. 서울외곽순환도로의 경우, 실적 예측률(실제 실적/예측 실적)은 82.4%, 천안논산고속도로는 55.7%, 인천공항고속도로는 46.8%, 인천공항철도는 7.1%에 머무르고 있어(세계일보, 2009.11.18), 이를 정부에서 모두 보전해주고 있는 것이다.

최소운영수입보장은 20~30년 간 수익을 보장하므로 지속적으로 정부재정지원이 필요하며, 실제 한 번 잘못된 민간기업과의 협약은 수십 년 간 정부재정지출을 초래한다

25) 매수청구권 인정사유는 천재지변・전쟁 등 불가항력적인 사유로 인하여 6개월 이상 공사가 중단되거나 총사업비가 50% 이상 증가한 경우, 천재지변・전쟁 등 불가항력적인 사유로 인하여 6개월 이상 시설의 운영이 중단되거나 시설의 보수 또는 재시공비가 당초 총사업비의 50%를 초과한 경우, 실시협약 시 정한 정부이행사항을 정부가 정당한 이유없이 당해 사유 발생을 통보받은 날로부터 1년 이상 이행하지 아니하거나 이로 인해 당해시설의 공사 또는 운영이 6개월 이상 지연 또는 중단된 경우, 기타 주무관청이 사업시행자의 매수청구권을 인정하는 것이 타당하다고 판단하여 실시협약에서 정한 요건이 발생한 경우이다(기획예산처, 1999: 35).

26) 민자사업 중도 해지 시 관리운영권 상실에 대한 보상으로 주무관청이 사업시행자에게 지급하는 금액으로서 해지의 귀책사유에 따라 민간투자자금과 미래 기대수익을 기준으로 차등지급(기획재정부, 2009a: 27-29).

는 점에서 큰 문제로 대두되어져 왔다.[27] 실제, 〈표 3-6〉과 같이 2008년까지 약 1조 3,674억 원(추정치)이 지출되었으며, 최소운영수입보장 협약을 맺은 다른 민자사업들이 완공되면 그에 따른 재정지출액은 기하급수적으로 증가할 것으로 예상되고 있다. 심지어 일부 사업들은 최소수입운영보장비용이 너무 커 정부가 다시 매입하는 현상[28]까지 나타났다.

표 3-6 최소수입운영보장액 규모 예(2008년까지 지급규모)[29]

구분	사업명	총사업비 (억 원)	최소운영수입보장금 지급액 (억 원)				보장기간 (보장률, %)[4]
			06년까지	07년	08년	총계	
국토해양부[1]	인천공항고속도로	13,727	4,817	805	808	6,430	20(80)
	천안논산고속도로	17,297	1,180	404	390	1,974	82(72)
	대구부산고속도로	27,480	–	337	331	688	20(77)
	인천국제공항철도[2]	31,375			1,040	1,040	30(58)
	서울외곽순환도로	22,650	–	–	280	280	90%

27) 실제, 정부는 최소운영수입보장률 축소를 위해 제도 축소와 더불어 과거 협약된 보장률 축소를 위해 다각적으로 노력하고 있다. 예를 들어, 자금재조달(저금리 자금 활용 등), IC 추가개설(인천공항고속도로), 수요탄력도를 감안한 사용료 조정 등을 통해 조정하고자 하고 있다. 실제, 자금재조달을 통해, 5개 사업의 MRG 보장 수준이 축소(90%→77%~58%)되었다(기획재정부, 2009c: 3). 그러나 민간기업과의 협약이기 때문에 수입보장의 축소는 쉽지 않으며, 기 협약된 보장률 축소는 그만큼 다른 부분에서의 이익이 보전될 때 가능하다.

28) 인천공항철도는 30년 간 부담해야 할 최소운영수입보장 추정액이 13조 원에 이르러, 한국철도공사가 2009년 11월 현대건설 등 8개 건설사로부터 1조 2,064억 원(1조 6,534만 5,600주) 규모의 주식대금을 완납하고 88.8%를 취득했다. 이 밖에 국토해양부와 현대해상이 9.9%, 1.3%를 각각 보유하고 있다(머니투데이, 2009.12.01). 이외에도 미시령 민자터널(총사업비 2,620, 국·도비 1,655, 민자 965)의 경우, 실제 통행료수입이 추정통행료수입에 62% 수준으로 머물러, 강원도가 정부에 국가매수 등을 지속적으로 건의하고 있다(강원도, 2008).

29) 동 자료는 여러 출처를 가지고 있다. 이는 종합적으로 관련 자료가 공개되지 않고 있기 때문이다. 실제, 안효대(한나라당) 의원은 2009년 국정감사에서 주무부처인 재정부가 향후 발생할 수입보전금액을 제도로 추산조차 하고 있지 않다고 질타했다(세정신문, 2009.12.03).

지자체[3]	서울시	우면산터널	1,791	395(2009년 상반기 현재)	85%
	인천시	문학터널	–	667.2	
		천마터널	–	179	
		만월산터널	–	172.7	
	대구시	4차순환도로	–	519	
	광주시	제2순환도로1구간	–	689.8	
		3-1구간	–	278.5	
		4구간	–	38.3	
	강원도	미시령동서관통도로	–	68.4	
	부산시	수정산터널	–	254.4(2007년 현재)	
2008년 기준으로 총계(추정)				약 13,674.3	

자료: 1) 국토해양부, 국회예산정책처(2009: 5; 19).
2), 4) 기획재정부, 세정신문(2009.12.3).
3) 국토해양부, 16개 광역지자체, 한겨레(2009.09.18).

게다가, 정부는 최소수입운영보장을 정부고시 사업에서도 폐지하고 이를 대신해 '투자위험분담금'을 도입하고 있다.

$$\text{투자위험부담금} = \text{기투입민간투자자금(총민간투자비} - \text{건설이자)} \times \frac{\text{국고채이자율}}{1-(1+\text{국고채이자율})^{-(\text{운영기간})}}$$

(기획재정부, 2009b: 10)

동 제도는 해당사업을 재정사업으로 추진했을 경우에 발생할 정부원가수준을 한도로 정부가 투자위험을 분담는 것으로 운영수입이 투자위험분담 수준에 미달할 경우 정부가 차액을 지급하고 초과하면 기지원한 금액을 한도로 환수(기획재정부, 2009b: 4)하도록 설계되어 있다. 결국, 사회간접자본에 대한 민간투자에 있어 발생될 수 있는 위험을 정부가 부담하고 있으며, 이 과정에서 막대한 정부지출이 지속되고 있다.

결론적으로, 사회간접자본이 갖는 장기 투자회임 및 투자비 회수기간은 위험을 유발하여 민간자본에 의한 사회간접자본의 투자를 제약한다. 따라서 이러한 위험을 해결하여 주기 위해 관련 지원제도가 재생산되어져 왔다. 이러한 지원제도는 위장적이다. 즉, 사회간접자본에 대한 민간투자에 위험이 없는 것으로(위험이 제약조건으로 작용하지 않는 것처럼) 왜곡된 인식을 갖도록 하기 때문이다. 이러한 위장적 제도의 재생산과 동 제도의 운영은 막대한 정부지출을 초래하였을 뿐만 아니라, 민간자본이 부담해야 할 위험을 정부의 위험으로 이전시켰다 할 것이다.

3 자금조달 어려움을 지원하기 위한 위장적 제도의 재생산

사회간접자본 재화 특성으로서 대규모 자금 필요성은 자금조달 어려움을 유발한다. 따라서 〈표 3-7〉과 같이 이를 해결하여 주기 위한 지원제도를 운용 및 재생산되어져 왔다. 이러한 지원제도는 자금조달을 보다 쉽고, 자금조달에 있어서 거래비용을 낮추기 위해 설계되어져 있다. 구체적으로, 첫째, 자금조달 지원으로서 사회간접자본 투융자회

표 3-7 자금조달 지원을 위한 위장적 제도 재생산

	1999년 기본계획	2003년 기본계획	2005년 기본계획	2009년 기본계획
자금 조달 지원[1]	• 사회간접자본 투융자회사(인프라 펀드) 설립 • 신용기반신용보증기금의 설립 운영 • 귀속시설사업의 투자재원 조달을 위한 대출금은 여신한도 관리상의 총액대출금에서 제외 • 귀속시설 사업시행자의 출자의무를 동일그룹계열사가 분담이행할 수 있도록 함	• 신용보증기금 보증유형, 대상, 규모 확대 • 연·기금 등 재무적 투자자 참여 유도30) • 기타 좌동	• 신용보증기금 대상, 유형 확대 • 인프라 펀드 설립 활성화 - 안정적인 배당소득을 창출하도록 투자한도(동일회사 지분 10%) 및 의결권 제한 등의 규제 폐지 - 개인투자자의 배당소득에 대한 세금 감면 • 재무투자자 출자비중이 50% 이상일 경우 자기자본 완화 • 기타 좌동	• 신용보증기금 보증 규모 확대 • 중소기업 대출실적 산정 시 민자사업 대출을 제외 • 금융기관 경영평가 시 민자사업 등 SOC 투자 기여도 포함 • 인프라 펀드 설립 시 최소자본금을 완화(100→10억 원) • 공공인프라 펀드 조성(1조 원 조성 추진) • 자기자본 일부를 차입금으로 전환함으로써 재원부담 완화 - BTO 사업: 건설기간 중 25%→20% (재무적투자자가 50% 이상일 경우: 20→15%) - BTL 사업: 5~15%→5% • 자금재조달 규정 완화(특례 인정) • 기타 좌동

주: 1) 자금조달 지원 중 관련규제완화는 다음 〈표 3-8〉에서 부가 기술.
2) 민간투자사업 기본계획(1999, 2000, 2001, 2002, 2003, 2004, 2005, 2006, 2007, 2008, 2009) 정리 후 주 변화연도만 추출 정리.

자료: 기획예산처(1999, 2003, 2005), 기획재정부(2009a).

---

30) 이에 따라 실제, 다양한 민자유치 사업에서 국민연금관리공단, 기업은행, 한국산업은행 등과 같은 공공기관 뿐만 아니라 심지어 재정사업 주체인 도로공사까지 주 행위자로 등장하고 있다.

사 설립 지원 및 산업기반신용보증기금 보증과 금융지원, 자기자본 완화, 여신관리 대상 제외, 출자의무 분담이행, 인프라 펀드 설립 및 활성화, 공공인프라 펀드 조성, 자금재조달 규정 완화, 재무투자자 출자 비중이 50% 이상일 경우 자기자본 완화 등과 같은 금융지원을 시행하여 오고 있다.

둘째, 자금조달 지원을 위해 독점규제 및 공정거래 관련 규제, 보험 및 증권거래 관련 규제, 사회기반시설투융자회사 관련 규제, 법인세 관련 규제, 금융위원회 규제 완화를 지속적으로 시행하였다. 내용적으로도 지속적으로 완화기조를 유지하고 있으며, 완화 건수도 2000년 총 5건에서 2009년 15건으로 확대되었다. 〈표 3-8〉은 이를 제시하고 있다.

표 3-8 자금조달 지원을 위한 위장적 제도 재생산－관련 규제

관련 규제 완화		2000	2001	2002	2005	2009
독점규제 및 공정거래 관련 규제	국가・지방자치단체, 정부투자기관, 특별법에 의하여 설립된 공사・공단 기타 법인 등이 20% 이상 출자한 민간투자사업법인에 대해서는 다른 회사와의 상호출자가 없는 경우 출자자인 계열회사가 채무를 보증하였더라도 동일인이 지배하는 기업집단의 범위에서 제외	신설	좌동	좌동	좌동	좌동
	BTO 및 건설・소유 운영 후 기부채납(BOT)에 의한 방식으로 민간투자사업을 추진하는 회사중 최다 출자자가 2인 이상으로서 당해 출자자가 지배적인 영향력을 행사하지 아니한다고 인정되는 회사에 대해서는 동일인이 지배하는 기업집단의 범위에서 제외	신설	좌동	좌동	좌동	좌동
	대규모기업집단소속 회사가 BTO 및 BOT에 의한 방식으로 민간투자사업을 영위하는 회사의 주식을 취득 또는 소유하는 경우에는 출자총액 제한(순자산의 100분의 25)을 적용받지 아니함	신설	좌동	좌동	좌동	좌동
	채무 보증제한기업집단에 속하는 회사가 BTO 및 BOT에 의한 방식으로 민간투자사업을 영위하는 계열회사에 출자를 한 경우에는 당해 계열회사에 대한 채무 보증을 허용		신설	좌동	좌동	좌동
보험 및 증권거래 관련 규제	보험회사의 SOC 비상장주식 등 모든 비상장주식의 취득을 허용하고 비상장주식 소유한도도 확대		신설	좌동	좌동	좌동
	사회간접자본투융자회사가 증권거래법 제2조 제3항 및 동조 제4항의 규정에 의한 모집 또는 매출 외의 방법으로 주식을 발행하는 경우 상장 의무 예외 인정		신설	좌동	좌동	좌동
	산업기반신용보증기금이 보증한 사회간접자본채권은 증권거래법 시행령 제3조에 의한 보증사채권으로 인정함		신설	좌동	좌동	좌동

법인세 관련 규제	민간투자법에 의한 산업기반신용보증기금의 구상채권상각충당금의 손금산입 인정		신설	좌동	좌동	삭제[1]
사회기반 시설투융 자회사 관련 규제	• 공모방식의 사회기반시설투융자회사 설립이 활성화되도록 특례조항 마련 - 사회기반시설투융자회사의 자산운용범위와 자금조달상의 규제 완화 - 투자자금의 환금성 확보를 위해 펀드의 주식상장 의무화 - 인프라펀드가 공정거래법상 지주회사에 해당되더라도 의무이행사항을 대폭 완화				신설	좌동
금융 위원회 관련 규제	정부귀속시설 사업시행자의 출자의무를 동일그룹계열사가 분담 이행할 수 있도록 함	신설	좌동	좌동	좌동	좌동
	정부귀속시설 사업의 투자재원 조달을 위한 대출금은 여신한도 관리상의 총액대출금에서 제외됨	신설	좌동	좌동	좌동	없음[2]
	민자사업에 대한 금융기관 대출자산 위험가중치 하향조정		신설	좌동	좌동	좌동
	사회기반시설의 추진을 위해 금융위원회가 인정하는 경우 동일차주에 대한 금융기관의 신용공여가 자기자본의 100분의 25 초과 가능					신설
	금융기관이 민자사업시행법인(법인세법 제51조의2 제1항 제6호에 해당하는 회사에 한함)에 최대 출자자로 참여 가능					신설
	금융지주회사가 민자사업시행법인(법인세법 제51조의2 제1항 제6호에 해당하는 회사에 한함)을 손자회사로 둘 수 있도록 허용					신설
규제 유형별 완화 건수 종합	독점규제 및 공정거래 관련 규제 건수	3	4	4	4	4
	보험 및 증권거래 관련 규제		3	3	3	3
	사회기반시설투융자회사 관련 규제				3	3
	법인세 관련 규제		1	1	1	0
	금융위원회 관련 규제	2	3	3	3	5

주: 1) 조세지원(법인세 항목으로 이동).
2) 2007년 기본계획에서 삭제.
3) 민간투자사업 기본계획(1999, 2000, 2001, 2002, 2003, 2004, 2005, 2006, 2007, 2008, 2009) 정리 후 주 변화연도만 추출 정리.
자료: 기획재정부(기획예산처). 2000년, 2001년, 2002년, 2005년, 2009년 민간투자사업 기본계획.

이 중 대표적으로, 산업기반신용보증기금의 보증 제도에 대해 살펴보면, 신용기반신용보증기금은 금융기관으로부터 민간투자사업자금의 융자를 받는 사업시행자에 대한 신용보증을 위해 설치된 것으로, 1994년 사회간접자본시설에 대한 민간자본유치촉진법에서 시작되어(기획재정부, 2009a: 22-23), 2000년 사회기반시설채권보증 도입, 2003년 보증한도 2,000억 원으로 확대, 유형 확대(운영자금 보증, 자금 재조달 보증), 2005년 보증 대상시설 전면 확대(35→44개), 브릿지론 보증 도입, 2009년 보증한도 3,000억 원으로 확대 등의 제도변화가 이어져 왔다(신용보증기금, www.kodit.co.kr). 이에 따라 동 기금의 보증승인 현황을 살펴보면, 2001년 3,311억 원, 2003년 4687억 원, 2006년 12,152억 원, 2008년 12,160억 원으로 매년 지속적으로 증가하여, 승인잔액은 2008년 현재 45,544억 원에 이르고 있다(신용보증기금, 2009: 38). 즉, 정부가 사회간접자본에 투자하는 민간자본에 대해 '빚' 보증을 하고 있는 것이다.

결론적으로, 사회간접자본 건설에 필요한 막대한 자금조달을 직접지원하거나 혹은 자금조달과정에서의 거래비용을 줄이기 위한 위장적 제도가 재생산되어져 왔음을 알 수 있다. 즉, 사회간접자본은 대규모 자금을 필요로 하며, 이러한 자금 필요성은 민간투자를 제약한다. 따라서 본질적으로 민간투자가 제약받아 투자가 일어나기 어려움에도 불구하고 현실에서 민간기업이 사회간접자본에 대한 투자자금을 쉽게 조달하는 것처럼 보이게 하는 이유는 자금조달 지원제도라는 위장적 제도를 재생산하여 왔기 때문이다. 또한 이러한 위장적 제도의 재생산과 동 제도의 운영에 따라 막대한 정부지출이 발생되고 있다 할 것이다.

4 소결론

사회간접자본 재화 특성은 제도적 요인으로 작용하여 민간투자를 제약한다. 즉, '공공재적 특성'은 '수익성'을 확보할 수 없게 하며, '장기 투자회임 및 투자비 회수기간'은 복잡성의 증대로 인해 '위험'을 유발하며, '대규모 자금 필요성'은 '자금조달의 어려움'을 유발하여 민간자본의 투자를 제약한다. 그럼에도 불구하고 현실에서 광범위한 민간투자가 가능한 이유는 제도적 요인에 따른 제약을 해결하기 위해 지원제도, 즉 위장적 제도가 설계되고 지속적으로 재생산되어져 왔기 때문이다. 구체적으로, '수익성'을 확보하여 주기 위해 조세지원 및 부담금 감면, 재정 및 융자지원, 부대사업 및 국공유재산 활용과 같은 재정적 지원이, '자금조달'을 지원하기 위해 관련 금융지원 및 규제 완화를, '위험보장'을 지원하기 위해 대상시설 및 방식 확대와 변화, 환율 및 금리위험 부담, 매수청구권(해지 시 지급금) 인정, 토지 수용권 부여와 같은 지원 제도가 일방향적으로 변화 및 생성되어져 왔다.

이러한 위장적 제도는 사회간접자본의 재화 특성이 근본적으로 민간투자를 제약함에 따라 민간자본의 투자가 일어날 수 없음에도 불구하고 사회간접자본에 대한 민간투자가 가능한 것처럼 인식시켰다. 또한 이러한 위장적 제도의 운영은 민간투자의 주장된(기대된) 편익보다는 상반된 결과를 초래하였다. 구체적으로, 첫째, '수익성'과 '위험'을 보장해주기 위해 정부지출은 지속 및 확대되고 있고, 둘째, '위험'을 제도적으로 지원하는 과정에서 정부지출 증가와 더불어 위험이 민간에서 정부로 이전되었으며, 셋째, 대규모 자금조달을 지원하는 과정에서 정부지출은 증가하였다. 또한 대규모 자금 조달 그 자체는 경쟁을 제약하였으며, 이에 따라 경쟁을 통한 효율성 달성의 근거는 찾기 어려웠다. 결국, 민간투자의 기대된 편익(정부지출 축소, 민간으로 위험 이전, 경쟁을 통한 효율성 개선)은 나타나지 않았다.

표 3-9 분석결과 정리

SOC의 재화 특성 (제도적 요인)	제도적 요인에 의한 민간투자의 제약	제도적 요인에 따른 제약 해결요인 〈위장적 제도의 재생산(1999~2009년)〉	주장된 편익과 나타난 결과
공공재적 특성	• 수익성에 기초한 자율적인 가격 책정 제약 - 가격 책정이 정치 이슈화됨	〈수익 보전 지원 제도의 재생산〉 • 조세 부담금 감면(면세) - 조세특례, 법인세, 지방세, 부담금 감면 재정지원(용지보상, 건설보조금) 융자지원(산업은행 융자) 부대사업 시행 지원 국공유재산 활용	• 민간투자의 주장된 편익: 정부지출 축소 • 나타난 결과: 정부지출 증가
장기 투자회임 및 투자비 회수기간	• 복잡성 증가로 인한 위험 증가	〈위험 해결 지원 제도의 재생산〉 • 대상시설 확대 및 방식 전환 • 최소수입운영보장 및 투자위험분담금 • 환리스크 위험 부담 • 금리변동 위험 부담 • 매수청구권(해지 시 지급금) 인정 • 토지수용권	• 민간투자의 주장된 편익: 정부위험의 민간이전 • 나타난 결과: 정부지출 증가, 정부 위험 증가
대규모 자금의 필요성	• 대규모 자금 조달 어려움 - 대규모 자금 조달 자체 어려움. - 대규모 자금 조달 가능하더라도 막대	〈자금 조달 지원 제도의 재생산〉 • 자금조달 지원 - SOC 투융자회사 설립 지원 - 산업기반신용보증기금 보증 - 자기자본 완화 - 여신관리 대상 완화	• 민간투자의 주장된 편익: 경쟁 통한 효율성 증가 • 나타난 결과: 정부(공적)지출 증가, 경쟁 통

	한 거래비용 발생) 〈파생효과〉 경쟁 안 됨	- 공공인프라 펀드 조성 - 자금 재조달 규정 완화, 재무투자자 유인 • 관련 규제 완화 - 독점규제 및 공정거래, 보험 및 증권거래, 사회기반시설투융자회사, 법인세, 금융위원회 관련 규제 완화	한 효율성 달성 안 됨

제5절 결론

사회간접자본은 대표적인 시장실패 영역으로 이해되고 있으나 현실에서는 광범위하게 민간투자가 진행되고 있다. 본 연구는 동 현상에 대한 본질적 설명이 필요하다는 인식 하에, '사회간접자본에 대한 민간투자의 제약요인과 그러한 제약요인 하에서도 어떠한 요인이 민간투자를 가능하게 하는가'라는 두 가지 연구질문을 설정하고 분석하였다.

분석결과 첫째, 사회간접자본의 재화 특성은 하나의 '제도적 요인'으로서 민간자본의 투자를 제약한다. 이는 사회간접자본의 '공공재적 특성', '장기 투자회임 및 투자비 회수기간', '대규모 자금 필요성'에 기인한다. 즉, ① 공공재적 특성은 수익성을 확보할 수 없게 하며, ② 장기 투자회임 및 투자비 회수기간은 복잡성의 증대로 인해 위험을 유발하고, ③ 대규모 자금 필요성은 자금조달의 어려움을 유발하여 민간자본의 투자를 제약한다.

둘째, 이러한 제약을 해결하기 위해 지속적으로 위장적 제도가 재생산되어져 왔다. 현재 민관협력이라는 이름으로 진행되고 있는 사회간접자본에 대한 민간투자는 사회간접자본의 제도적 특성에 따른 제약을 해결하여 주는 지원제도, 즉 위장적 제도에 의해 가능하다. 이러한 지원제도는 사회간접자본에 대한 민간투자가 사회간접자본의 재화특성에 의해 본질적으로 제약받음에도 불구하고 그것이 가능한 것처럼 보이게 왜곡시킨다 할 것이다. 구체적으로, ① '수익성'을 확보하여 주기 위해 조세지원 및 부담금 감면, 재정 및 융자지원, 부대사업 및 국공유재산 활용과 같은 재정적 지원을, ② '위험보장'

을 지원하기 위해 대상시설 및 방식 확대와 변화, 환율 및 금리위험 부담, 매수청구권(해지 시 지급금) 인정, 토지수용권 부여를, ③ '자금조달'을 지원하기 위해 관련 금융지원 및 규제 완화가 일방향적으로 재생산되어져 왔다. 결국, 사회간접자본의 재화특성(제도적 요인)에 기인하는 제약을 해결하기 위해 위장적 제도(민간투자지원제도)의 재생산이 이루어져 왔으며, 이에 민간투자가 확대될 수 있었다.

셋째, 민관협력의 기대된 편익과 실제와 비교하여 보면, 민간투자의 기대된 편익(정부지출 축소, 민간으로 위험 이전, 경쟁을 통한 효율성 개선)은 나타나지 않았다. 첫째, '수익성'과 '위험'을 보장해주기 위해 정부지출은 지속 및 확대되고 있고, 둘째, '위험'을 제도적으로 지원하는 과정에서 정부지출 증가와 더불어 위험이 민간에서 정부로 이전되었으며, 셋째, 대규모 자금조달을 지원하는 과정에서 정부지출은 증가하였다. 또한 대규모 자금 조달 그 자체는 경쟁을 제약하였으며, 이에 따라 경쟁을 통한 효율성 달성의 근거는 찾기 어려웠다.

본 연구의 이론적 가치는 크게 두 가지이다. 첫째, 사회간접자본의 재화 특성이 '설명변수로서 제도' 역할을 수행할 수 있음을 보여주고 있다는 점에서 이론적 가치가 있다 할 것이다. 즉, 재화의 고유한 특성 그 자체도 제도로서 설명변수의 역할을 수행할 수 있음을 보여준다. 즉, 아직까지 논의된 공식적 혹은 비공식적 제도뿐만 아니라 사회간접자본의 재화 특성 역시 선택을 제약하는(본 연구에서는 민간투자를 제약) 변수로서 역할을 증명하고 있다 할 것이다. 둘째, 민관협력이라는 이름으로 진행되는 사회간접자본에 대한 민간투자의 본질이 무엇인지를 살필 수 있는 계기를 제공하고 있다.

본 연구의 정책적 함의는 첫째, 사회간접자본에 대한 민간투자를 근본적으로 재접근해야 할 필요성을 제기한다. 즉, 사회간접자본의 재화특성에 의해 민간투자를 제약하고 이에 따라 민간투자가 일어날 수 없음에도 불구하고, 위장적 제도(민간투자 지원제도)의 재생산을 통해 민간투자가 가능하게 하고 있는 상황이며, 이에 따라 막대한 재정투입과 더불어 위험이 정부로 이전되고 있다. 둘째, 사회간접자본의 재화 특성은 근본적으로 민간투자를 제약하기 때문에, 동 영역에 대한 투자는 재정사업에 대한 발전적 검토와 비판을 선행한 후 재정사업으로 진행해야 할 필요성을 제시한다. 현재, 정부는 민간투자를 위한 프로그램 운영만으로도 막대한 인력과 비용을 지출하고 있다. 이러한 관심과 노력을 재정사업의 발전적 개선활동에 투입할 필요가 있다. 셋째, 사회간접자본에 대한 민간투자는 급속히 확대되었으나 관련 정보의 획득은 매우 제한되어 왔다. 민간투자는 실상 막대한 재정이 투입되고 있다는 점에서 관련 정보의 자유로운 접근이 전제되어야 한다. 정보의 제약은 동 영역에 대한 계량적 연구를 통한 비용과 편익추정, 재정사업과의 비교, 주요 행위자 연구 등과 같은 객관적이고 실증적인 연구 자체를 어렵게 하고 있다. 본 연구의 한계는 무엇보다 제한된 자료에 그 원인이 있다. 제한된 자료를 통해 분석하다 보니, 자리가 비어 있는 퍼즐이 있음을 인정하지 않을 수 없다.

신제도주의

제4장

제도와 딜레마 인지, 대응

제1절 서론[1)]

현실의 정책결정자는 완전한 합리성을 지니고 있지 않다. 따라서 계획했던 정책을 집행하고자 할 경우, 고려하지 못했던 요인들에 의해 정책이 실행되지 못하거나, 심지어는 정책을 추진하기도 하지 않을 수도 없는 진퇴양난의 상황에 처하기도 한다. 이러한 점은 정책결정자가 새로운 정책을 집행하고자 할 때, 정책을 계획했던 시점에서 '고려하지 못한 변수'에 의해 딜레마를 인지하게 되고, 이에 따라 독특한 딜레마 대응이 나타날 수 있음을 보여준다.

여기에서 딜레마 인지에 영향을 미칠 수 있는 '고려하지 못한 변수'는 정책 추진 시 예상보다 강한 이익집단의 집단행동, 예측하지 못했던 외부변수의 등장, 또는 제도변수 등 다양할 수 있다. 예를 들어, 혁신 기술을 산업화하고자 할 때 결정과정에서는 알지 못했던 다양한 법·제도적 제약, 막대한 매몰비용 등은 정책결정자를 딜레마 상황에 처하게 할 수 있다. 특히, 신제도주의 관점에서 법·규칙과 같은 공식적 제도뿐만 아니라 관행과 같은 비공식 제도는 정책결정자의 딜레마 인지에 영향을 미칠 수 있다. 이는 기존의 정책과 관련되어 형성된 제도변수가 새로운 정책에 따라 사라지는 것이 아니라 생명력을 갖고 새로운 정책의 추진을 제약할 가능성이 크기 때문이다. 다시 말해, 새로운 정책을 추진함에 있어 기존 정책과 연계되어 형성된 제도변수는 딜레마 인지에 영향을 미칠 수 있고, 이에 따라 독특한 대응이 나타날 수 있음을 추정하게 한다.

이러한 배경에서 본 연구는 딜레마와 신제도주의 관점에서의 '제도' 간의 관계를 체계적으로 분석하였다. 이에 구체적인 연구질문으로 제도가 의사결정자의 딜레마 인지에 영향을 미치는지, 제도의 영향 정도에 따라 딜레마 대응에 차이가 있는지를 분석하였다. 이를 통해 그동안 설명의 대상으로 남아 있는 딜레마와 제도 간 관계의 일면을 밝히고자 한다.

본 연구질문에 대한 해답은 문재인 정부의 원전감축정책(혹은 탈핵정책) 중 신고리 5·6호기 중단 및 신한울 3·4호기 사업 취소 사례 분석을 통해 찾고 있다. 분석은 관련 법, 문헌자료, 핵심 의사결정자의 인식 자료를 통해 수행했다. 분석의 시간적 범위는 고리원전 1호기가 건설된 1978년 이후를 기점으로, 개별 제도변수들이 형성된 시점부

1) 이 글은 김태은(2022a)의 내용을 일부 수정·보완한 것이다.

터 2021년 현재까지이다. 특히, 제도변수가 딜레마 인지에 영향을 미치는지 살펴보기 위해, 2017년 문재인 정부의 출범 이전과 이후를 시간적으로 구분하여 분석하였다.

제2절 이론적 배경

1 딜레마와 딜레마 인지

딜레마는 "비교 불가능한 가치나 대안이 선택상황에 나타날 때, 한 가치의 선택으로 인해 다른 가치가 가져 올 기회손실이 크기 때문에 선택이 곤란한 상황"(이종범 외, 1991: 4)으로 대안의 단절성, 상충성, 결과가치 균등성, 선택 불가피성이 제시되어 왔다(소영진, 1999: 187; 윤견수, 2006: 73-74). 이러한 딜레마는 딜레마에 대한 객관적 상황과 결정자의 주관적 인식 여부에 따라 다음 〈표 4-1〉과 같이 크게 4가지 유형으로 구분된다. 객관적으로 딜레마(주어진 딜레마)인 경우를 주관적으로도 딜레마로 설정하는 '일치된 딜레마', 반대로 객관적 딜레마를 주관적으로 딜레마로 파악하지 않는 '무시된 딜레마(neglected dilemma)', 딜레마가 아닌 상황을 딜레마로 파악하는 '의사 딜레마(pseudo-dilemma)', 마지막으로 딜레마가 아닌 것을 주관적으로도 아닌 것으로 파악하는 '일치된 비딜레마'가 있을 수 있다(이종범 외, 1991: 15). 여기서 무시된 딜레마는 객관적 딜레마를 인지·해석하는 과정에서 딜레마가 아닌 것으로 설정하는 경우이다. 즉, 무시된 딜레마는 결정 상황에 포함된 가치 중의 일부를 의도적으로 또는 비의도적으로 무시하여 대안에 표상하지 않은 것을 의미한다(이종범 외, 1991: 16). 따라서 무시된 딜

표 4-1 정책 딜레마의 유형

		객관적 상황	
		딜레마	비딜레마
주관적 인지	딜레마	일치된 딜레마	의사딜레마
	비딜레마	무시된 딜레마 (딜레마 미인지 혹은 안 한 경우)	일치된 비딜레마

주: 이종범 외(1991) 연구를 표로 작성.

레마는 객관적 딜레마를 인지하지 못했거나 혹은 안 한 경우 모두가 포함될 수 있다(소영진 · 안성민, 2011: 77 참고).

의사결정자의 딜레마 인지 여부는 정책 성과 및 사회 전반에 큰 영향을 미친다. 특히, 정책결정과정에서 딜레마를 인지하지 못하거나 혹은 무시하고 정책이 결정된(무시된 딜레마에서의 정책결정) 경우 형식주의가 초래(이종범, 2008; 소영진 · 안성민, 2011)되거나, 절차적 합리성의 미충족을 유발하여 극심한 사회적 비용이 초래될 수 있음이 제시(김태은, 2013)되어 왔다.

의사결정자들의 딜레마 인지에는 다양한 변수들, 즉 의사결정자의 개인 차원의 변수부터, 법 · 제도, 그리고 종교, 문화 등과 같은 거시변수에 이르기까지 매우 다양한 요인들이 존재할 것으로 판단된다. 대표적으로, 첫째, 무엇보다 인간의 본질적 제약으로 인간의 인지체계가 중요한 영향을 미칠 수 있다. 인간은 완전한 합리성을 지니고 있지 않고 다양한 인지 편향(cognitive bias) 또는 인지 오류를 지닐 수 있다(Tversky & Kahneman, 1974, 1981; Kahneman & Tversky, 1979). 예를 들어, 프레임 효과(framing effect)에서 잘 보여주듯이, 사람마다 현상을 이해하는 서로 다른 인식틀이 존재할 수 있다(윤견수, 2001 참고). 따라서 의사결정자마다 지니고 있는 해석의 틀은 딜레마 인지에 중요한 요인이 될 수 있다.

둘째, 가치 간 충돌에 있어서 의사결정자가 선호하는 가치가 무엇인지 여부는 딜레마 인지에 영향을 미칠 수 있다. 예를 들어, 선호되는 가치가 충돌할 경우 딜레마를 인지할 것이나 선호되는 가치와 그렇지 않은 가치가 충돌할 경우는 딜레마로 인지하지 못할 수 있다. 또는 의사결정자가 대안들을 보호된 가치, 즉 다른 가치와의 교환으로부터 보호된 가치로 인식할수록 딜레마로 인지할 가능성이 크다(김동환, 2002: 89-91 참고).

셋째, 의사결정구조가 딜레마 인지에 영향을 미칠 수 있다. 예를 들어, 의사결정구조가 과도하게 폐쇄적이거나 다양한 행위주체에게 과도하게 분산되어 있을 경우 딜레마 인지에 부정적 영향을 미칠 수 있다(소영진 · 안성민, 2021: 62-63 참고).

넷째, 정책과 관련된 이익집단의 특성, 행위자 간 갈등의 수준 등은 딜레마 인지에 영향을 미칠 수 있다. 예를 들어, 공공의대 및 의대 정원 확대, 노동법 개정 등과 관련된 정책들에서 알 수 있듯이, 정책집행 시 이익집단의 강력한 저항은 의사결정자를 딜레마 상황에 빠트릴 수 있다.

마지막으로, 본 연구에서 초점을 두고자 하는 신제도주의 관점에서 강조하는 '제도'

는 딜레마 인지에 중요한 변수가 될 수 있다. 특히, 행위주체 간 비대칭 권력구조 속에서 오랜 시간 동안 형성되어 온 공식·비공식 제도들은 행위자의 선택을 제약할 수 있다는 점에서 동 제도변수는 의사결정자의 딜레마 인지에 영향을 미칠 수 있다.

2 선행연구와 새로운 연구 필요성

1) 선행연구

딜레마 인지에 어떠한 변수가 영향을 미치는지는 매우 중요한 연구주제임에도 불구하고 아직까지 체계적인 연구가 이루어지지 못했다. 딜레마 인지는 딜레마 인지에 관한 직접적 연구(윤견수, 2001; 김동환, 2002) 외에 발생조건에 대한 연구, 무시된 딜레마 연구, 딜레마 강도 연구 차원에서 부분적으로 다루어져 왔다. 구체적으로, 첫째, 딜레마 인지에 어떠한 요인이 영향을 미치는가와 관련하여, 윤견수(2001)는 인식틀이 딜레마 인지에 영향을 미침을 보여주었다. 즉, 선택 상황이 부정-행위자 인식틀로 구성될 때 의사결정자들이 상황을 딜레마로 수용하는 확률과 딜레마 강도가 가장 높았음을 보여주었다. 김동환(2002)은 정책대안을 보호된 가치(protected values)로 인식할수록 정책딜레마가 형성될 가능성이 높다는 것을 설문을 통한 실험연구를 통해 증명하였다.

둘째, 딜레마 인지는 무시된 딜레마, 딜레마 강도 연구에서 간접적으로 논의되기도 했다. 소영진·안성민(2021, 62-64)은 무시된 딜레마 발생 원인으로 의사결정구조의 폐쇄성과 분산성, 특정 대안이 높은 도덕성, 정책결정자의 파워나 가치관을 제시했다. 김다은·윤견수(2021)는 무시된 딜레마가 발생한 원인을 프레임 결합이 느슨하고, 프레임 간 충돌의 미약함에서 찾았다.

딜레마 강도와 관련하여, 윤견수(2006)는 대안이 상징적일수록, 결과가치가 부정적이며 보호된 가치로서의 성격을 가질수록, 행위자들 간의 갈등이 심할수록, 존재론적 문제 상황에 가까울수록 딜레마 강도가 커지거나 딜레마의 발생 확률이 높아진다고 주장한다. 김태은·윤견수(2011)는 대안의 결과 가치의 크기, 그리고 선택을 위해 주어진 시간이라는 변수가 딜레마 강도에 영향 미침을 보여줬다.

셋째, 정책결정과 집행을 구분하여 딜레마 인지가 연구되었다. 대표적으로, 이종범(2008)은 정책과정에서는 이상적으로 결정된 내용이 집행과정에서 무력화되는 형식주의화되는 과정을 분석했다. 또한 소영진·안성민(2011)은 정책결정단계와 정책집행단계에서의 딜레마 인지와 형식주의를 구분하여 연구하였다. 즉, 정책결정과정에서 딜레마 인지는 상징적 결정, 모호한 결정과 같은 형식주의가 나타났고 정책집행과정에서 딜레마 인지는 느슨한 집행이라는 형식주의를 초래한다고 주장한다. 김태은(2013)은 정책결정과정에서 무시된 딜레마는 절차적 합리성의 미충족을 가져와 사회적 갈등, 비효율성, 정책불신과 같은 사회적 비용이 발생될 수 있음을 보여주었다.

넷째, 딜레마 인지에 따른 대응 연구로서, 대표적으로 적극적 대응으로 제도적 장치(이종범, 2018; 소영진 · 안성민, 2021; 김동환 · 조수민, 2021)뿐만 아니라 비일관성(염재호 · 박국흠, 1992), 형식주의(박통희 · 김동환, 1992; 이종범, 2008; 소영진 · 안성민, 2011), 상징(윤견수, 1992; 이영철, 2021; 김창수, 2021), 이원화 및 분리(윤견수, 1997; 김태은 · 윤견수, 2011), 딜레마 전가(김태은, 2009b), 메타 프레임(하민철 · 윤견수, 2010), 무마용 자원확대(이종범, 1994), 지연(조경호 · 주재복, 1994; 김창수, 2015, 김선희 · 김현준, 2019) 등이 밝혀졌다.

2) 새로운 연구의 필요성

기존 연구들이 다양한 측면에서 딜레마 인지를 고찰하고자 하였으나 딜레마 인지와 제도와 관계는 아직까지 설명의 대상으로 남아 있다.

첫째, 딜레마 이론이 의사결정자의 인지에 기초하고 있다는 점에서 딜레마 인지의 영향요인이 무엇인지를 분석할 필요성이 크다. 그러나 아직까지 동 부분에 대한 직접적 연구는 극소수에 머무르고 있다. 둘째, 딜레마 인지에 있어 신제도주의에서 강조하는 '제도'의 영향을 체계적으로 고찰할 필요가 있다. 의사결정자들은 진공상태에서 선택하는 것이 아니라 다양한 공식 · 비공식적 제약을 받는다는 점에서 딜레마 인지에 제도가 실제 어떠한 영향을 미치는지를 분석할 필요가 있다. 특히, 기존 정책과 관련되어 오랜 시간 동안 형성되어 온 제도변수는 특정 시점(예: 정책결정단계)에서 인지되지 못하더라도 동 정책을 집행하고자 할 때는 영향을 미칠 가능성이 크다. 셋째, 제도변수에 따른 딜레마 인지 상황에서 어떠한 정책적 대응이 나타나는지, 특히 제도변수의 영향 정도에 따라 딜레마 대응이 상이하게 나타나는지 여부 역시 연구 필요성이 높다. 즉, 제도변수 역시 다양한 하위변수들로 구성되어 있다는 점에서 개별 하위 제도변수의 영향 정도에 따라 딜레마 대응이 서로 상이하게 나타날 가능성을 살펴볼 필요가 있다.

3 새로운 설명도구로서 '제도'

의사결정자들의 선택은 진공 속에서 이루어지지 않는다. 즉, 어떠한 제약없이 선택을 하기보다는 법적 제약, 소득 및 경제 수준, 조직문화나 관행 등 다양한 제약조건 하에서 결정한다. 이러한 점은 행태주의를 비판하고 등장한 신제도주의 접근에서 잘 드러난다. 역사적, 합리적 선택, 사회학적 제도주의로 대표되는 동 접근은 제도에 대한 정의, 관심의 초점 등이 상이함에도 불구하고 어떤 현상을 설명함에 있어서 '제도'가 중요하다는 점에서 공통점을 지니고 있다. 특히, 역사적 제도주의는 보다 현실적인 행위자 가정을 토대로 제도의 형성과 변화를 설명하여 왔기 때문에, 다른 접근에 비해 행정 및 정책 현상을 설명하는 데 유용한 것으로 주장되어 왔다(Hall & Taylor, 1996; Immergut & Anderson, 2008; Mahoney & Thelen, 2010a; Peters, 2019 참고).

동 관점에서 역사적 제도주의는 첫째, 행위자 간 비대칭적 권력관계를 가정하며, 이러한 관계 속에서 오랜 시간에 걸쳐 '제도'가 형성됨을 강조한다. 이러한 점은 제도가 기존의 정책과 연관되어 형성되어 왔을 가능성을 보여준다. 즉, 일반적으로 정책은 정책을 결정하고 집행할 수 있는 권력주체와 연계되어져 있다는 점을 고려할 때, 특정한 정책(예: 육성정책)이 오랫동안 추진되어져 왔다면 동 정책과 관련된(한편에서 동 정책을 뒷받침할) 다양한 공식적 제도(예: 법, 규칙 등) 및 비공식적 제도(예: 관행) 등이 형성되어 왔을 가능성을 보여준다.

둘째, 제도가 어떤 현상을 설명하는 변수로서 특히 인간의 선택을 제약하는 핵심변수로서 '제도', 즉 독립변수로서 제도(institution as independent variables)를 강조[2]한다. 이에 제도가 어떻게 행위자의 권력, 이익, 선호, 행태 등에 영향을 미쳤는지에 대해 의미있는 연구들이 제시되어 왔다(Campbell, 2004 참고). 이러한 점은 제도가 의사결정자의 선택을 제약함으로써 딜레마를 인지하게 하는 요인이 될 수 있음을 추정하게 한다. 예를 들어, 혁신적 기술이 등장했다고 해서 항상 사업화가 되는 것은 아니다. 의사결정자가 미처 알지 못했던 혹은 무시했던 어떤 법 또는 규제는 혁신기술의 사업화를 제약할 수 있다. 이 경우, 의사결정자는 혁신기술 산업화를 추진하기도, 추진하지 않기도 어

2) 독립변수로서 제도는 신제도주의를 관통하는 개념이다. 그러나 독립변수로 제도와 관련하여 위 3가지 접근 중 어떠한 접근이 더욱 설명력을 지니고 있는가는 분석대상에 따라 달라진다. 이는 3가지 접근에서 '제도'의 정의가 서로 상이하기 때문이다(North, 1994: 360; Ostrom, 2007: 23, Meyer & Rowan, 1977; DiMaggio & Powell, 1983, 1991 참고).

려운 딜레마 상황에 처할 수 있다.

셋째, 한 번 형성된 제도는 제도변화의 조건이 존재하지 않을 경우 생명력을 갖고 지속적으로 확대 및 강화 가능성이 있다. 이는 경로의존성(path dependence) 혹은 재생산의 메커니즘(mechanisms of reproduction), 긍정적 환류(positive feedback), 수확체증(increasing returns) 등에서 잘 드러난다(Arthur, 1994; Boas, 2010; David, 1985; Duit, 2007; North, 1990; Mahoney, 2000; Pierson, 2000a, 2004; Peters et al., 2005; Rixen & Viola, 2015; Faghih & Samadi, 2021 등 참고). 이러한 점은 기존 정책과 관련하여 제도가 형성되면, 시간이 흐르면서 해당 제도가 고착화되거나 제도의 내용적 수준이 확대되어질 가능성이 있음을 보여준다. 또한 공식적 및 비공식적 제도는 쉽게 소멸되지 않기 때문에 정책이 변화하거나, 심지어 소멸하더라도 제도는 생명력을 갖고 새로운 정책의 추진을 제약할 가능성이 있다.

정리하면, 특정한 정책(예: 육성정책)이 오랜 시간 동안 지속될 경우 동 정책과 관련되어 다양한 제도변수가 형성될 수 있다. 동 제도변수들은 자기강화의 과정을 나타내며 지속적으로 확대 및 강화되어 왔을 가능성이 크다. 이러한 상황에서 기존의 정책(예: 육성정책)과 다른 정책(예: 감축정책)을 추진하게 될 경우, 기존 정책(예: 육성정책)에서 형성된 제도변수가 새로운 정책(예: 감축정책)의 추진을 제약하여 새로운 정책을 추진할 수도, 추진하지 않을 수도 없는 딜레마 상황에 처하게 만들 수 있다. 다시 말해, 기존의 정책에서 형성된 제도변수는 새로운 정책을 추진하는 정책결정자의 딜레마 인지에 영향을 미칠 수 있다. 다음 [그림 4-1]은 이를 묘사하고 있다.

그림 4-1 두 가지 힘의 충돌, 딜레마 인지

본 연구에서 딜레마 인지에 영향을 미치는 제도변수는 의사결정자의 선택을 제약하는 기존의 법, 규칙, 행정 계획 등 공식 제도와 관행과 같은 비공식적 제도를 의미한다. 특히, 원전 건설이라는 공공사업을 대상으로 하는 본 연구는 비공식 제도로서 '공공사

업 관행에 따른 매몰비용'을 고려한다.

이 중 매몰비용(sunk cost)은 이미 지출되어 회수할 수 없는 비용을 의미한다. 주지하다시피, 표준경제이론에서 매몰비용은 명백하게 지출된 비용이지만 합리적 의사결정을 위해서는 고려하지 말아야 함을 강조한다(홍훈, 2017: 159). 그러나 표준경제학에서의 인간이 아닌 현실의 인간이 매몰비용을 고려하지 않는 선택을 발견하는 것은 쉽지 않다(이준구, 2017: 146-147 참고). 이러한 점은 매몰비용효과(sunk cost effect)[3]을 통해 잘 정리되어 왔다.

매몰비용효과는 어떤 일에 일단 돈, 노력, 시간에 대한 투자가 이루어지면 이를 지속하려는 경향이 크게 나타나는 것(Arkes & Blumer, 1985: 124), 또는 이는 회수할 수 없는 비용이 현재의 의사결정에 영향을 미친 경우(Doody, 2020: 1153)를 말하기도 한다. 매몰비용효과에 대한 여러 정의가 존재하나 핵심을 관통하는 것은 "과거의 어떤 행동이 현재의 의사결정을 제약하는 것"(Ronayne et al., 2021: 318)으로 이해할 수 있다. 실제 많은 사례 및 실험연구들은 매몰비용효과와 일치된 행태 증거들이 제시되어 오고 있다(Arkes & Blumer, 1985; Arkes & Ayton, 1999; Haita-Falah, 2017; Magalhães et al., 2016; Ronayne et al., 2021; Thaler, 1980). 심지어, 스와이스 외(Sweis et al., 2018)는 큰 쥐와 작은 쥐와 같은 동물들 역시 인간과 유사하게 매몰비용을 고려한다는 점을 발견하였다.

결론적으로, 기존 정책에 의해 발생된 매몰비용[4]은 의사결정자의 선택을 제약하는 제도변수로서 작용할 수 있음을 보여준다. 특히, 특정 공공사업 관행은 서로 다른 매몰비용을 유발한다. 예를 들어, 건설허가를 받고 사업비가 지출되는 경우가 있는 반면, 건설허가 전에 민간기업과의 계약 등 막대한 사업비가 사전 지출되는 사업이 존재한다. 따라서 어떤 건설사업의 관행은 매몰비용의 규모를 서로 달리 만들 수 있다. 이에, '공공사업 관행에 따른 매몰비용'은 중요한 제도변수라 할 수 있다.

---

3) 경제학에서는 주로 매몰비용오류(sunk cost fallacy)로 칭하고 심리학에서는 매몰비용효과로 칭하는 것에도 알 수 있듯이, 학문에 따라 매몰비용에 대한 이해를 달리하고 있다. 매몰비용에 대한 메타분석은 Magalhães et al.(2016)을, 최근 흥미로운 연구로서 Doody(2020) 연구 참고.

4) 이러한 매몰비용효과가 발생되는 이유에 대해 2 가지 심리적 메커니즘이 제시되어 왔다. 첫째는 Staw(1976)가 주장하듯이, 인지 부조화 상태는 정신적으로 불편함을 유발하는 데 이러한 불편함을 해소하기 위해 과거 결정에 대한 자기 합리화, 정당화한다는 것이다(Bazerman et al., 1984 참고). 둘째는 Thaler(1980), Arkes & Blumer(1985)가 주장하듯이, Kahneman & Tversky(1979)의 손실회피(loss aversion)에서 찾고 있다(Haita-Falah, 2017: 45).

4 연구 분석틀

본 연구는 제도가 딜레마 인지와 대응에 어떠한 영향을 미치는지를 분석하고자 한다. 이에 구체적으로, 첫째, 딜레마 인지에 영향을 미치는 제도변수가 무엇이고 동 변수들이 어떻게 딜레마 인지에 영향을 미치는지를 분석한다. 둘째, 동 제도변수의 영향 정도에 따라 딜레마 대응 차이가 발생되는지를 분석하고자 한다. 즉, 기존 정책에서 형성된 제도는 다양한 하위 구성요소들을 지니고 경로의존적으로 확대되어져 왔을 가능성이 크다. 따라서 제도변수를 구성하는 하위변수들의 영향 정도에 따라 딜레마 대응에 차이가 발생될 수 있다. 예를 들어, 제도변수가 a, b, c로 구성되어 있고 동 변수들의 영향 정도가 서로 다를 경우, 딜레마 대응에도 차이를 가져 올 수 있다.

이를 살펴보기 위해 본 연구는 정책결정단계와 정책집행단계로 구분하여 연구질문에 대한 해답을 찾고 있다. 다음 [그림 4-2]는 제도변수가 딜레마 인지에 영향을 미치고, 이에 따라 서로 다른 딜레마 대응이 나타날 수 있음을 묘사하고 있다. 즉, 무시된 딜레마에서 새로운 정책을 결정하고 이를 집행하고자 할 때, 기존 정책과 연계되어 형성된 제도변수들이 정책결정자의 딜레마 인지에 영향을 미치고, 그에 따라 서로 다른 딜레마 대응이 나타남을 묘사하고 있다.

그림 4-2 분석틀

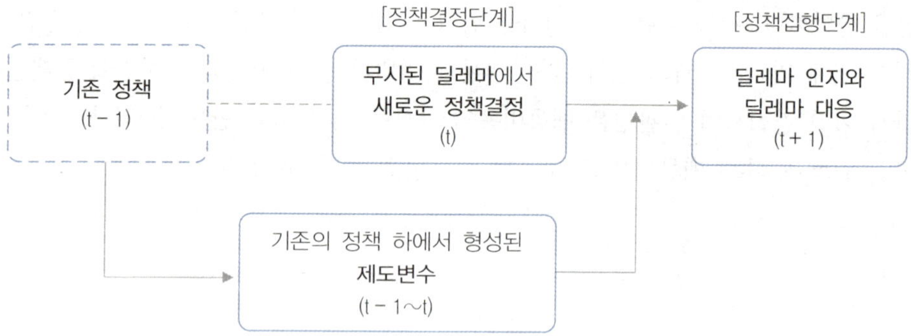

본 연구는 연구질문에 대한 해답을 찾기 위해 문재인 정부에서 원전감축정책(혹은 탈원전정책) 사례를 분석하였다. 문재인 정부는 기존의 원전정책과는 그 방향이 다른

장기적인 원전감축정책을 추진하였는데, 크게 신고리 5·6호기 공사 중단, 모든 신규 원전 건설계획 백지화, 노후 원전 수명연장 금지 및 월성 1호기 폐쇄라는 세부 정책으로 구성되어 있다.

본 연구는 이 중 연구질문을 고려하여 원전감축정책(탈원전정책)의 대상인 '신고리 5·6호기 공사 중단'과 '모든 신규 원전 건설계획 백지화'에 해당하는 원전 중 본 연구 주제와 관련된 '신한울 3·4호기 취소'를 분석대상[5]으로 하였다. 본 연구는 과거 정책과 관련되어 형성된 제도가 딜레마 인지에 영향을 미치는지를 분석하고 있다. 이에, 2017년 5월을 기점으로 문재인 정부의 출범 이전과 이후를 시간적으로 구분하여 제도의 형성과 영향을 분석하였다.

제3절 딜레마 인지요인으로서 제도변수의 형성과 제약

1 정책결정단계: 무시된 딜레마에서 새로운 정책결정

1978년 고리원전 이후부터 2017년 초 문재인 정부 출범 직전까지 국내 원전은 전력의 핵심을 담당하는 에너지원으로서 육성되어 왔다. 이러한 점은 정부의 다양한 에너지 및 전력 계획, 특히, 1990년 이후 제1~5차 장기전력수급계획(1991~2000), 제1~7차 전력수급계획(2002~2015), 제1~2차 에너지기본계획에서 잘 드러난다. 구체적으로 1991년 수립된 '제1차 장기전력수급계획(1991~2006)'에서는 전체 전원구성에서 원자력 비중을 1991년 36%에서 2006년 39.6%로 확대(동력자원부, 1991)하고자 했고, 2002년 수립된 '제1차 전력수급기본계획(2002~2015)'은 발전설비계획 기준으로 전원구성에서 원자력의 비중을 2001년 27.0%에서 34.6%로 확대(산업통상자원부, 2002)하고자 했다. 2015년 '제7차 전력수급기본계획(2015~2029)'에서는 전원구성에서 원자력을 2014년 정

5) 2017년 '신규 원전 건설계획 백지화'에 해당하는 원전은 신한울 3·4호기, 천지 1·2호기, 신규 1·2호기였다(산업통상자원부 보도자료, 2017.10.24. 참고). 이 중 천지 1·2호기, 신규 1·2호기 모두 발전사업허가 자체를 받지 않은 계획 초기 단계로였다. 천지 1·2호기의 경우는 건설기본계획만 수립('15,08)되어 있었고, 신규 1·2호기의 경우는 제7차 전력수급기본계획('15.07)에만 반영되어 있는 상태였다. 이에 두 원전은 분석에서 제외하였다.

격용량 기준 22.2%에서 2029년에는 정격용량 기준 23.4%로 확대시키고자 했다. 이는 제6차 전력수급기본계획에 비해서 원전비중을 0.8% 증가하는 계획을 담고 있다(산업통상자원부, 2015: 30 표 인용).

또한 장기 에너지종합계획으로서 20년을 계획기간으로 5년마다 수립하는 '제1차 국가에너지기본계획'(2008~2030년)에서는 원전설비 비중을 2006년 26%에서 2030년 41%로 확대할 것을 계획했다(국무총리실 외, 2008: 103-104). 후쿠시마 사고 이후 수립된 '제2차 국가에너지기본계획'은 발전설비용량 기준으로 2012년 20,716MW(26.4%)에서 2024년 35,916MW(27.8%), 2035년 42,705MW(29%)로 하였다. 제1차 국가에너지기본계획(설비 비중 41%)에 비해 완화되었으나 원전 설비 확대는 지속되었다(산업통상자원부, 2014: 40-44).

정리하면, 박정희 정부에서 고리 1호 발전이 시작된 이후 2017년 문재인 정부 출범 이전까지 원자력 발전은 지속적으로 확대되어 왔다. 이러한 점은 전력 혹은 에너지 등 다양한 정부 계획들이 계획의 기준 연도에 비해 장기계획 연도에 원전의 비중을 확대할 것임을 공통적으로 제시한 점에서 잘 드러난다. 실제, 1978년 고리원자력 1호기(설비용량 587MW)가 가동된 이후, 2015년에는 24기 원전이 국내 총 발전설비용량의 22.2%(21,716MW), 총 발전량의 31.5%(164,771GWh)를 차지할 정도로 성장하였다(산업통상자원부·한국수력원자력, 2016: 141-144 요약).

원전육성정책이 일관적으로 추진되어 온 상황에서, 2011년 후쿠시마 원전사고는 국내외적으로 원전정책의 변화에 영향을 미쳤다. 이러한 배경에서 제18대, 제19대 대통령 선거에서 '탈원전을 대선 핵심공약'으로 제시했던 문재인 대통령 후보가 제19대 대통령에 취임함으로써 기존의 원전육성정책과는 다른 탈원전정책(이하, 원전감축정책)이 결정되었다.

구체적으로, 제19대 문재인 후보는 우리나라 원전 밀집 위험성, 세계적 추세와 다른 원전 확대 정책, 대도시권 인근 원전 입지 위험성 등을 이유로 원전 축소 필요성을 주장했다. 이는 제19대 대통령 선거 공약으로 '탈원전정책', 즉 신고리 5·6호기 공사 중단, 모든 신규 원전 건설계획 백지화, 노후 원전 수명연장 금지 및 월성 1호기 폐쇄로 구현되었다(더불어민주당, 2017: 285). 이후 동 공약은 문재인 정부 취임 직후인 2017년 7월 100대 국정과제('탈원전정책으로 안전하고 깨끗한 에너지로 전환')로 선정되어 보다 체계적이고 구체적으로 추진되었다(국정기획자문위원회, 2017: 94 참고). 문재인 정부는 이전 정부의 원전육성정책과는 그 방향이 다른 원전감축정책을 결정하고 집행하고자 했다.

2 정책집행단계: 원전감축정책의 집행과 제도변수의 제약

문재인 정부는 2017년 5월 대통령 취임과 더불어 기존의 원전육성정책과는 다른 '원전감축정책'을 추진하였다. 그러나 이전 정부에서 오랜 기간 일관되게 추진되어 온 원전육성정책 하에서 다양한 공식·비공식 제도들이 형성되었고, 동 제도들은 기존의 정책과 다른 새로운 정책 추진을 제약하였다. 구체적 내용은 아래와 같다.

1) 원전감축정책의 집행과 가치

원전감축정책은 정책결정에 그친 것이 아니라 문재인 정부 출범과 동시에 집행이 추진되었다. 100대 국정과제로 선정 이후 동 국정과제에 맞추어 2017년 10월 탈원전 로드맵이 수립되는 등 본격적인 원전감축정책을 추진했다. 예를 들어, '신고리 5·6호기 건설 중단'의 경우, 2017년 7월 14일부터 2017년 10월 22일까지 건설 공사가 일시 중단되었다.[6] '신한울 3·4호기 취소' 경우는 2017년 10월 '에너지전환(탈원전) 로드맵'에서 감축 대상 원전으로 분류되었고, 이후 2017년 제8차 전력수급기본계획과 2019년 수립된 제3차 에너지기본계획에 원전 건설 취소가 반영되기도 했다.

문재인 정부에서 원전감축정책을 취임과 동시에 추진한 이유는 원전에 대한 인식 변화 등 원전감축정책을 집행해야 할 가치와 압력이 존재하기 때문이었다. 구체적으로, 첫째, 원전에 대한 안전성 문제가 중요한 국가적 해결과제로 등장했다. 2011년 후쿠시마 원전사고 이후 국내뿐만 아니라 전 세계적으로 원전의 안전성 확보 문제가 주요 의제로 등장하였다. 특히, 2016년 경주에서 규모 5.8의 지진이 발생되어 월성 1~4호기가 수동 정지되는 일이 나타났으며, 인구 밀집지역에 원전이 분포하고 있다는 점에서 이에 대한 해결 필요성이 제기되었다.

둘째, 환경성 논란으로, 특히 사용후핵연료 처리 등 원전 폐기물 처리 문제가 시급한 현안으로 등장했다. 특별한 처리 방법이 부재한 상태에서 2016년 당시 월성은 '19년

---

6) 문재인 정부 출범 직후인 2017년 6월 27일 국무회의에서 신고리 5·6호기 건설 잠정 중단이 결정되었고, 이후 한수원 이사회에서 잠정 중단 안건을 통과시켰다(신고리 5·6호기 공론화위원회, 2018: 48).

부터 포화가 예상되었고, 한빛 · 고리('24년), 한울('37년), 신월성('38년) 순으로 저장시설 포화가 예상되었다(산업통상자원부, 2016: 3). 우리나라 역시 1983년부터 사용후핵연료 등 관리시설 부지를 확보하고자 했으나 9차례 무산되었고, 2005년에서야 많은 논란 끝에 중저준위시설만 경주에 입지되었다. 박근혜 정부에서 사용후핵연료 공론화위원회가 구성되었으나 독립성 논란 등으로 정상적으로 운영되지 못했다. 동 상황에서 원전을 지속적으로 확대 운영할 경우 원전 폐기물 처리에 대한 부담이 더욱 크게 작용한다는 점이다.

셋째, 원전의 경제성 논란이 제기되었다. 원전은 다른 에너지원에 비해 발전단가가 낮은 경제적인 에너지원으로 알려져 왔다. 그러나 발전소 전체 생애주기별 발전에 필요한 직접적 비용뿐만 아니라 간접적 비용을 포함하는 발전비용 추정이 이루어지면서 원전의 발전비용이 증가하였다. 실제, 균등화발전비용을 추정할 경우 원자력의 경우 발전비용이 증가[7]하고 상대적으로 신재생에너지 부분의 발전비용은 크게 낮아지고 있음을 보여준다(예: IRENA, 2020; IEA · NEA, 2015, 2020).[8]

> "후쿠시마 원전 사고는 원전이 안전하지도 않고, 저렴하지도 않으며, 친환경적이지도 않다는 사실을 분명히 보여주었습니다"[문재인 대통령, 2017.06.19. 원자력발전소 고리 1호기 영구 정지 선포식 중, 대통령비서실(2018a: 139)].

넷째, 최고의사결정자와 소속 정당이 원전감축에 대한 분명하고 일관된 선호를 지니고 있었다. 즉, 문재인 대통령과 더불어민주당(구, 민주당, 새정치민주연합)은 후쿠시마 사고 이후 원전감축을 일관성이 있게 주창하여 왔고, 이는 제18대, 제19대 대통령 선거의 핵심공약으로 채택된 점에서 잘 드러난다. 특히, 문재인 대통령은 후보자 시절뿐만 아니라 대통령 취임 직후 2017년 6월부터 원전감축 필요성을 직접 주창(대통령비서설, 2018a, 2018b 참고)하여 왔다.

다섯째, 2011년 후쿠시마 사고 이후 원전감축을 촉구하는 환경 및 시민단체들의 영향력이 확대되었다. 특히, 이들 단체들은 더불어민주당과 정치적으로 연대했을 뿐만 아

---

7) 2014년 수립된 제2차 에너지기본계획에서는 2012년 기준으로 원자력 발전단가(kW/원)를 각 39.5원이나 사후처리비용, 사고위험 대응비용, 정책비용을 모두 포함할 때 55.52~59.47원으로 추정했다(산업통상자원부, 2014: 50).

8) IEA · NEA(2015, 2020)는 2015년과 2020년 간 원자력(1,377MW)은 MW당 40.42달러에서 53.5달러로 31.87% 증가한 반면, 태양광(3.0MW)은 142.07달러에서 96.57달러로 32.03% 감소함을 보여줬다.

니라 대선 공약 마련 및 문재인 정부 출범 이후 원전감축정책에 중요한 행위자로 역할을 수행했다.

2) 제도변수의 제약

(1) 원전 건설 관행에 따른 매몰비용

원전 건설은 다양한 비용이 발생되고 동 비용이 회수되지 못할 경우 매몰비용이 될 수 있으나 가장 대표적인 매몰비용은 회수되지 못한 건설비이며 이에 한하여 논의한다.

일반적으로 원전 건설비용은 순공사비용, 건설 중 이자비용, 연료비 등으로 구성된다. 구체적으로, 순공사비용은 크게 직접비와 간접비로, 직접비는 기자재비(원자로설비, 터빈/발전기, 보조기기)와 시공비(주 설비공사, 대비공사)로, 간접비는 종합설계, 기타 용역, 용지비, 기타 간접비 등으로 구성된다(이창훈, 2015: 17; 허가형, 2014: 33). 따라서 원전 건설이 도중에 중단되거나 혹은 신설사업이 취소될 경우, 기지출된 금액은 매몰비용이 될 수 있다.

그러나 원전 건설은 독특한 원전 건설 관행이 존재함에 따라 동일한 사업단계[9]에 있다 하더라도 서로 다른 매몰비용이 발생될 수 있고, 발전사업허가를 받기 전이라도 매몰비용이 발생될 수 있다는 점이다. 즉, 관행적으로 원전 건설은 발전사업허가 혹은 건설허가를 받기 전에 종합설계용역, 터빈 공급계약, 원자로 공급계약, 주설비공사 계약 등이 막대한 건설비가 사전 지출된다는 점이다. 예를 들어, 다음 〈표 4-2〉는 원전 건설의 경과를 통해 원전 건설 관행에 따라 서로 다른 비용이 발생됨을 보여준다. 신고리 5·6호기의 경우, 2016년 건설허가 취득 이전인 2014~2015년에 종합설계용역체결, 주기기 계약 체결 및 주설비공사 계약이 체결되어 사업비가 지출되었다. 신한울 3·4호기는 2017년 발전사업허가를 받기 이전인 2016년 이미 민간기업들과 원전 설비와 관련된 다양한 계약을 통해 사업비가 지출되었음을 보여준다.

9) 원전건설은 기본적으로 전력수급기본계획 반영, 건설기본계획 확정, 전원개발사업 실시계획 승인, 발전사업허가 취득, 건설허가 승인 및 착공, 완공, 상업운전 개시 순으로 이루어진다.

표 4-2 원전 건설 관행에 따른 매몰비용

연도	신고리 5 · 6호기[1)]	신한울 3 · 4호기[2)]
1999	–	• 정부–울주군과 신한울 1~4호기 건설 협상 시작
2002	–	• 전원개발사업 예정구역 지정 · 고시(5월)
2008	• 제4차 전력수급기본계획 확정(12월)	• 제4차 전력수급기본계획 확정(12월)
2009	• 건설기본계획 수립(2월, 한수원 이사회)	–
2010		• 신한울 3 · 4호기 건설기본계획 확정(11월)
2012	• 전원개발사업실시계획 승인 신청(7월) 및 건설허가 신청(9월)	–
2013	• 환경영향평가 협의 완료(9월, 환경영향평가법) • **발전사업 허가 취득(9월, 전기사업법)**	• 환경영향평가서 초안 작성(10월)
2014	• 전원개발사업 실시계획 승인, 고시(1월, 전원개발촉진법) • 종합설계용역 계약체결(4월, 한수원–한국전력기술), 약 4,300억 원 • 주기기(원자로설비, 터빈발전기) 공급계약 체결(8월, 한수원–두산중공업), 약 2.3조 원 규모	• 정부–울진군 간 신한울 1~4호기 건설 협상 타결(11월, 15년 걸림)
2015	• 주설비공사 계약체결(6월, 한수원–삼성물산, 두산중공업, 한화건설), 약 1.18조 원 규모	• 제7차 전력수급계획에서 신한울 3 · 4호기 건설 확정(7월, 2022~2023년 준공예정) • 전원개발사업 실시계획 승인 신청(9월, 한수원→산자부)
2016	• **건설허가 취득**(6월, 공정률 18.8%)(원자력안전법)/본관기초굴착 착수(착공) • 공사계획인가(11월, 전기사업법)	• 건설허가 신청(1월, 한수원→원자력안전위원회) • 한전기술과 종합설계용역 계약(3월, 약 4,700억 원 설계용역) • 두산중공업, 주요기기 사전제작 착수(5월)
2017	• 공사 중지 결정(7월)	• **발전사업허가 취득(2월)** • 공사 일시 및 무기한 중단(12월)

자료: 1) 산업통상자원부 보도자료(2014.11.21), 신고리 5 · 6호기 공론화위원회(2017), 전력거래소(2017: 19, 69), 서울경제(2017.06.02) 참고 정리.

정리하면, 일반적으로 공공사업을 중지 및 취소하게 되면 기존에 지출된 사업비를 회수하지 못함에 따라 매몰비용이 발생되며, 동 비용은 그 자체로 의사결정을 제약하는 변수로 작용할 수 있다. 특히, 수십 년 간 원전 건설은 건설허가, 심지어는 발전사업허가 취득 이전에도 사업비를 지출하는 독특한 사업관행이 형성되어 왔다. 이에 따라 건설 중인 원전의 건설중단뿐만 아니라 발전사업허가를 취득하기 전이라도 계획된 원전을 취소하는 경우 매몰비용이 크게 발생될 수 있다. 이러한 점은 원전감축정책 추진을 제약할 수 있음을 보여준다.

(2) 원전입지지역 지원제도

① 발전소주변지역 지원에 관한 법률

기존의 원전육성정책 하에서 형성된 대표적인 법률은 발전소주변지역 지원에 관한 법률(이하, 발주법)이다. 발주법은 원자력 등 발전소 건설 입지의 원활한 확보와 운영 등을 위해 제정되었으며, 발전소주변지역(발전기 지점 기준 반지름 5km 이내)에 포괄적 경제적 지원을 담고 있다. 1989년 제정[제4134호, 1989.6.16] 이후 2017년 5월 문재인 정부 출범 직전[제13151호, 2015.2.3]까지, 그리고 현행 발주법의 주된 특징을 정리하면 아래와 같다.

첫째, 발전소주변지역지원사업('기금사업')의 내용이 지속적으로 확대되어 왔다. 즉, 1989년 제정법에서는 지역지원사업(소득증대, 공공시설, 육영사업), 홍보사업으로 구분되어 있었으나, 이후 2011년 발주법 개정[제10499호, 2011.3.30]으로 기본지원사업, 특별지원사업, 홍보사업, 기타 사업으로 확대되었다. 여기서 '기본지원사업'은 주변지역의 개발과 주민의 복리를 증진하기 위하여 시행하는 사업(소득증대사업, 공공 · 사회복지사업 등)이며, '특별지원사업'은 발전소가 건설 중이거나 건설이 예정된 주변지역과 그 특별자치도 · 시 · 군 및 자치구 지역에 대하여 시행하는 지원사업, '홍보사업'은 전력사업에 대한 국민의 이해를 증진하기 위한 사업, '기타 사업'은 주변지역의 발전, 환경 · 안전관리와 전원 개발의 촉진을 위하여 필요한 사업을 말한다(발주법[제13151호, 2015.2.3], 제10조).

둘째, '발전사업자 지원사업'이 추가되었다. 즉, 초기 발전소주변지역지원사업은 기금사업(현행 전력산업기반기금)만 존재하였으나 2007년 발주법 개정[제8798호, 2007.12.27]으로 원자력 발전의 경우는 발전사업자의 자기자금으로 지원사업('발전사업자 지원사업')을 할 수 있도록 하였다. 이에, 교육 · 장학지원사업, 지역경제협력사업 등을 수행할 수 있게 되었다(동법 [제13151호, 2015.2.3] 제13조의2, 동법 시행령 제27조의2 제2항, 별표 2).

셋째, 발전소 주변지역 지원은 발전소 건설 전 · 후 전 기간(원전 계획기간, 건설기간, 운영기간)에 걸쳐 지원이 가능하도록 확대되었다. 구체적으로, 기금사업 중 기본지원사업은 발전소 건설(준비)기간~가동기간에 지원할 수 있고, 특별지원사업은 발전소 건설기간 중에 지원할 수 있다. 또한 발전사업자 지원사업은 발전소 건설 및 가동 기간 동안 지원할 수 있도록 하였다(발주법 시행령[제26221호, 2015.5.1] 제19, 22, 24, 25조). 이외에도 동법 제17조는 지역주민 우선 고용을 명시하고 있다.

넷째, 기금사업의 경우 발전량, 즉 설비용량과 지원규모를 연동시켰다. 즉, 1989년 제정 당시에는 상한금액(연 10억 원)과 하한금액(연 500만 원)이 있었으나 2005년 법률 개정으로 인해 상한선과 하한선이 폐지되었고, 지원금 산정공식을 발전량과 설비용량에 비례하도록 개정하였다(발주법[제13151호, 2015.2.3] 제13조, 동법 시행령[제26221호, 2015.5.1] 제27조 제1항, 별표 2). '발전사업자 지원사업' 역시, 원자력발전의 경우 발전량에 비례해서 지원금을 주도로 설계[10]되어 있었다.

다섯째, 원전의 경우 발전소 주변지역(발전소로부터 반지름 5km)과 주변지역 외 지역까지 지원할 수 있도록 했다(발주법[제13151호, 2015.2.3] 제2조, 제14조). 즉, 이에 주변지역 외 지역에 기본지원사업 지원금의 30%를 지원할 수 있도록 했다(동법 시행령[제26221호, 2015.5.1], 제19조 제2항).

여섯째, 1989년 제정 발주법은 지원금 회수에 관한 규정이 없었으나 이후 2005년 개정부터 지원금 회수 규정을 명시했다. 즉, 동법 제16조의3 및 시행령 제32조에 따라 지원사업이 중단된 경우에는 지원사업의 시행자에게 이미 지원한 지원금 중 집행되지 아니한 지원금을 회수하거나 집행되지 아니한 지원금과 같은 금액을 다음 연도에 지원하지 아니할 수 있도록 했다(발주법[제13151호, 2015.2.3] 동법 제16조의4).

② 지방세법(지역자원시설세)과 지방재정법(조정교부금)

원자력 발전사업자는 발전지역에 2005년부터 목적세인 지역개발세를, 2011년부터는 지역자원시설세로 납부하고 있다(산업통상자원부 · 한국수력원자력, 2016: 90 참고).

구체적으로, 1991년 지방세법 개정[제4415호, 1991.12.14]를 통해 지역균형개발 등에 소요되는 재원을 확보하기 위하여 지역개발세를 목적세로 신설하였고, 2005년 지방세법 개정[제7843호, 2005.12.31]을 통해 원자력발전 사업자는 발전량 0.5원/kW을 관할 소재 도에 납부하도록 했다(동법 제253~257조). 이후 2010년 지방세법 개정을 통해 기존의 지역개발세와 공동시설세를 합쳐 '지역자원시설세'를 도입했다(동법 제141~146조). 이후 문재인 정부 출범 전인 2016년 지방세법[제14116호, 2016.3.29]이 개정되어 과세표준을 0.5원 인상(0.5원/kW→1원/kW)했다.

---

10) 연간 지원금=전전년도 발전량(kWh)×0.25(원/kWh)(동법 제13조의2, 동법 시행령 제27조의2 제3항, 별표 4).

지역자원시설세는 도세[11]이나 지역자원시설세의 65%를 원전이 있는 시·군에 조정교부금으로 배분하고 있기 때문에 울진, 영덕, 영광 등 원전입지 지자체의 세수입에 큰 기여를 하고 있다. 동 원전 조정교부금은 2007년 지방재정법[제8174호, 2007.1.3] 제29조 제3항에 따라 신설되어 지역개발세(2010년 이후 지역자원시설세)의 65%를 원전 시·군에 배분하도록 했다. 이후 2014년 법 개정으로 시·군 조정교부금이 명시되었다. 이러한 법 체계는 2017년 문재인 정부 출범 직전[법률 제14113호, 2016.3.29]과 현재[법률 제17892호, 2021.1.12]까지 동일하게 유지되고 있다. 실례로, 2010부터 2015년까지 기장군, 울주군 등 원전 입지 지자체가 받은 원전교부금은 전체 세수의 17.7%(2010~2015년 기간 평균)로, 최소 10.8%(2012년)에서 최대 29.2%(2015년)에 이른다(산업통상자원부·한국수력원자력, 2010~2016 각 연도 백서 분석).

정리하면, 오랜 원전육성정책 하에서 발주법, 지방세법 및 지방재정법을 핵심으로 하는 원전입지지역 지원제도가 형성되어 왔다. 수십 년 간 사업의 유형, 지원대상, 지원규모 등이 확대되어 왔다. 다음 〈표 4-3〉에서 알 수 있듯이, 즉 문재인 정부 출범 직전 2014~2016년 간 발주법상 4,130.38억 원, 지역자원시설세 3,972.26억 원이 지원되었다.

발주법상 원전입지지역지원제도는 기금사업 외에 발전사업자지원사업이 추가되었고 발전소 계획단계, 건설 중, 운영 기간 기간 내내 입지 지역주민과 지자체에 대한 직접지원을 담고 있었다. 또한 발전량과 설비용량에 비례하여 지원금이 결정되어 원전규모(발전규모)와 비례하여 지원금을 받을 수 있도록 했다. 한편, 원전 건설이 도중에 취소될 경우 회수 규정이 존재하였다. 또한 지방세법에 따라 지역자원시설세 및 지방재정법에 따른 원전교부금은 원전입지 지자체에 매우 안정적이고 큰 규모의 세원이었다. 원전사업자인 한국수력원자력은 2014년부터 2016년 간 원전 지역자원시설세를 773.5억 원, 1,564.1억 원, 1,634.6억 원을 납부했으며, 이는 한국수력원자력의 영업이익 대비 10.85%(2017년 기준)이다(조성신·박광수, 2020: 34-35 표 요약). 이에 따라 원전 건설 중단 및 계획 원전 취소 시 해당 입지지역주민 및 지자체의 저항[12] 및 복잡한 법적 분쟁이 발생될 가능성이 높음을 알 수 있다.

---

11) 참고로, 2017년 원전 지역자원시설세는 부산 235.1억 원, 울산 129.5억 원, 전남 373.5억 원, 경북 777.3억 원 등 총 1,515.4억 원이다(행정안전부, 2018: 450-451 표 요약). 이를 원전이 입지한 기장군, 울주군, 울진군, 경주시, 영광군에 조정교부금으로 배분한다.

12) 실제, 2021년 영덕군은 천지원전 지원금이 회수 조치되자 강력히 반발하였다.

표 4-3 원전입지지역지원제도

<table>
<tr><th rowspan="2">관련법</th><th rowspan="2">구분</th><th rowspan="2">유형</th><th rowspan="2">주요 내용</th><th rowspan="2">시행주체 및 지원금 공식</th><th rowspan="2">시행 기간</th><th colspan="3">지원규모 (백만 원)</th></tr>
<tr><th>2014</th><th>2015</th><th>2016</th></tr>
<tr><td rowspan="7">발주법[1)]</td><td rowspan="5">전력 사업 기반 기금</td><td>기본 지원 사업</td><td>• 주변지역의 개발과 주민의 복리를 증진하기 위하여 시행하는 지원사업</td><td>• 지자체 또는 발전사업자
• 지원금 = 전전년도 발전량(kWh)×발전원별 지원금 단가(원/kWh) + 설비용량(MW)×발전원별 설비용량 단가(만원/MW)</td><td>발전소 건설 (준비) 기간~ 가동 기간</td><td>49,046</td><td>44,418</td><td>54,217</td></tr>
<tr><td>특별 지원 사업</td><td>• 발전소가 건설 중이거나 건설이 예정된 주변지역에 속하는 지자체의 관할지역에 시행하는 사업</td><td>• 지자체
• 지원금 = 건설비(부지구입비 제외)의 1.5%(자율유치시는 0.5% 가산)</td><td>발전소 건설 기간 중</td><td>26,000</td><td>40,000</td><td>26,500</td></tr>
<tr><td>홍보 사업</td><td>• 전력사업에 대한 국민의 이해를 증진하기 위한 사업</td><td>• 원자력문화재단
• 산업통상부장관이 결정</td><td>–</td><td>5,677</td><td>5,393</td><td>5,003</td></tr>
<tr><td>기타 사업</td><td>• 주변지역의 발전, 환경 · 안전관리와 전원 개발의 촉진을 위하여 필요한 사업</td><td>• 지원금 = 연간 기본지원사업×0.1
• 산업통상부장관이 결정</td><td>매년</td><td>3,065</td><td>2,911</td><td>3,127</td></tr>
<tr><td>소계</td><td colspan="3"></td><td>83,788</td><td>92,722</td><td>88,847</td></tr>
<tr><td colspan="2">사업자 지원사업</td><td>• 발전사업자의 자기자본 지원사업</td><td>• 발전사업자
• 지원금 = 전전년도 발전량(kWh)×0.25(원/kWh)로 산정한 금액 범위</td><td>발전소 건설 및 가동 기간</td><td>49,046</td><td>44,418</td><td>54,217</td></tr>
<tr><td colspan="2">발주법 계</td><td colspan="3"></td><td>132,834</td><td>137,140</td><td>143,064</td></tr>
<tr><td>지방 세법</td><td colspan="2">지역자원 시설세[2)]</td><td colspan="2">• 발전소 소재지에 발전량 킬로와트시(kWh)당 1원을 납부</td><td>매년</td><td>77,354</td><td>156,413</td><td>163,459</td></tr>
<tr><td colspan="6">총계</td><td>211,035</td><td>301,909</td><td>270,464</td></tr>
</table>

주: 1) 발주법에 따른 지원규모는 산업통상자원부 · 한국수력원자력(2016: 93) 정리.
2) 원전 지역자원시설세 지원규모는 조성진 · 박광수(2020: 35) 표 자료 인용.

자료: 발주법[법률 제13151호, 2015.2.3], 발주법 시행령[대통령령 제26221호, 2015.5.1], 조성진 · 박광수(2020: 35), 산업통상자원부 · 한국수력원자력(2016: 93).

(3) 발전사업허가취소제도

발전사업허가취소는 전기사업법에 따라 이루어져 왔다. 즉, 전기사업법은 제정 당시부터 법 위반 시 발전사업허가 취소 사유를 명기하였고, 이는 문재인 정부 출범 직전, 그리고 현재까지 이어지고 있다. 구체적으로, 제정 전기사업법[제953호, 1961.12.31] 제31조에서 4가지 허가취소 사유가 명시된 이후, 1990년 전면개정[법률 제4214호, 1990.1.13]에서는 3가지, 2000년 개정[법률 제6283호, 2000.12.23]에서는 4가지 허가 취소 사유가 명시되었다. 이후 2007년 개정[법률 제8194호, 2007.1.3]에서는 13가지 취소 및 사업 정지 사유를 보다 구체적으로 명시했다. 즉, 거짓이나 그 밖의 부정한 방법으로 허가 또는 변경허가를 받은 경우, 인가를 받지 아니하고 전기사업의 전부 또는 일부를 양수하거나 법인의 분할이나 합병을 한 경우, 정당한 사유없이 전기 공급을 거부한 경우 등 주로 법을 위반한 경우에 사업자의 발전사업을 취소할 수 있도록 하였다(동법 제12조 분석).

이후, 2014년 개정[법률 제12816호, 2014.10.15]를 통해 제12조 제1항 제4의2호가 신설되었다. 즉, 산업통상자원부장관이 정하여 고시하는 시점까지 정당한 사유 없이 공사계획 인가를 받지 못하여 공사에 착수하지 못하는 경우에는 사업허가를 취소할 수 있도록 했다(동법 제12조 제1항 제4의2호). 동 규정은 제5·6차 전력수급계획(2010, 2013년)에 민간기업이 발전사업자로 선정되었으나 이후 경영부실로 발전사업 매각 및 발전소 건설 지연, 그에 따른 전력수급계획의 차질이 발생되는 문제가 나타났기 때문에, 이를 반영하여 발전 사업자 허가기준 강화와 사업허가 취소 기준을 추가한 것이다(전기사업법[제12816호, 2014.10.15] 개정이유). 동법 규정과 관련하여 동법 제12조로 제1항에 따라 발전사업허가를 취소할 경우, 2년 동안 전기사업의 허가를 받을 수 없도록 했다(동법 제8조 제5항).

다음 〈표 4-4〉에서 보여주듯이, 발전사업허가 취소를 담고 있는 동 조항은 문재인 정부 출범 직전[법률 제13858호, 2016.1.27], 그리고 현행 전기사업법[제18280호, 2021.6.15]에 이르기까지 이어지고 있다.

표 4-4 발전사업허가취소제도

	2007년 개정 [법률 제8194호, 2007.1.3]	문재인 정부 출범 직전 전기사업법 [법률 제13858호, 2016.1.27]	현행 전기사업법 [법률 제18280호, 2021.6.15]
사업허가의 취소	[법 제12조 제1항 제1~13호] - 제1~13호: 주로 위법 사항 명기 [법 제8조 제5호] - 제12조 제1항에 따라 발전사업허가를 취소할 경우, 2년 동안 전기사업의 허가를 받을 수 없음	[법 제12조 제1항 제1~14호] - 제1~14호: 주로 법위반 사항 - 제4의2호 신설(2014년 법 개정으로 신설): 정당한 사유 없이 제61조 제1항에 따른 공사계획 인가를 받지 못하여 공사에 착수하지 못하는 경우 [법 제8조 제5호] - 제12조로 제1항에 따라 발전사업허가를 취소할 경우, 2년 동안 전기사업의 허가를 받을 수 없음	이전 법과 동일

자료: 전기사업법[제8194호, 2007.1.3], [제12816호, 2014.10.15], [제13858호, 2016.1.27], 전기사업법 시행령[제27927호, 2017.3.2].

정리하면, 과거 원전육성정책 하에서 형성된 원전의 발전사업취소는 전기사업법 제12조 제1항 제1호~14호에 규정되어 있는데, 동 규정에서의 취소 사유는 사업자의 위법성 및 경영부실과 관련되어 있다. 즉, 사업자의 위법성이나 경영부실이 아닌 정책적 판단에 따라 취소할 수 있는 법적 근거 자체가 존재하지 않는다. 더욱이 동법 제12조 제1항 제4의2호('정당한 사유' 없이 공사계획 인가를 받지 못하여 공사에 착수하지 못하는 경우)로 규정을 무리하게 적용하여 발전사업허가를 취소한다 하더라도 동법 제8조 제5호에 따라 한수원이 2년 간 신규 발전사업허가 취득이 불가능해짐에 따라 전력공급에 심각한 문제를 유발한다. 이러한 점은 원전감축정책 추진을 제약할 수 있음을 보여준다.

(4) 발전사업자에 대한 손실보상제도

발전사업자에 대한 손실보상은 1973년 전기사업법[제2509호, 1973.2.8]에서 처음 등장한다. 즉, 동법 제27조는 법 제25조 제1항 제1호 또는 제2호에 따라 재해 등 기타 긴급사태에 있어서 공공의 이익을 확보하기 위해 전기사업자에게 공급 및 임대 등 명령을 할 수 있고, 이에 따른 발전사업자의 손실보상을 명시하였다. 발전사업자에 대한 손실보상은 이후 법 개정을 통해 미미한 변화가 이루어져 왔으나 문재인 정부 출범 직전과 현재에 이르기까지 큰 틀이 유지되고 있다. 즉, 문재인 정부 출범 직전인 2016년 개정 전기사업법[제13858호, 2016.1.27] 역시 천재지변, 전시·사변, 경제 사정의 급격한 변동, 그 밖에 이에 준하는 사태가 발생하여 공공의 이익을 위하여 특히 필요하다고 인정하는 경우에 전기사업자에게 전력공급 및 설비 이용 명령(동법 제29조 제1항) 등을 수행할 수 있고 이에 따른 발전사업자의 손실을 보상하도록 규정하고 있다(동법 제30조). 현행 법[제18280호, 2021.6.15] 또한 내용상 큰 변화는 없다.

결국, 발전사업자에 대한 손실보상 규정은 1973년 전기사업법이 폐지·제정되어 적용된 이후 내용상 큰 차이 없이 2017년 문재인 정부 출범 직전, 그리고 현재에 이르고 있다. 즉, 공공의 이익을 위한 정부의 명령(전기공급, 설비이용 제공 등)에 따라 발전사업자가 손실이 발생될 경우, 정부가 이를 보상해야 함이 규정되어 있다. 다시 말해, 원전감축정책처럼 정책적 판단에 따라 원전 건설 중단 및 사업 취소 시 발전사업자가 얻게 되는 손실에 대한 보상 규정 자체가 형성되어 있지 않음을 알 수 있다.

표 4-5 발전사업자에 대한 손실보상제도

	전기사업법 [법률 제8194호, 2007.1.3]	문재인 정부 출범 직전 전기사업법 [법률 제13858호, 2016.1.27]	현행 전기사업법 [법률 제18280호, 2021.6.15]
발전 사업자에 대한 손실보상	[법 제30조] 제29조 제1항의 규정에 의한 명령에 따른 발전사업자의 손실보상 [법 제29조 제1항] 천재지변, 전시, 경제사정의 급격한 변동 기타 이에 준하는 사태가 발생하여 공공의 이익을 위하여 특히 필요하다고 인정하는 경우에는 전기사업자에게 전기공급, 설비이용 제공 등을 명령	이전 법과 동일	이전 법과 동일 단, 전기사업법 시행령[대통령령 제31742호, 2021.6.8.] 제34조(기금의 사용) 제8호 신설 - 8. 원자력발전의 감축을 위하여 발전사업 또는 「전원개발촉진법」 제2조 제2호에 따른 전원개발사업을 중단한 사업자에 대한 산업통상자원부장관이 인정하는 지원사업

자료: 전기사업법[제8194호, 2007.1.3], [제13858호, 2016.1.27], [제18280호, 2021.6.15], 전기사업법 시행령[제31742호, 2021.6.8].

정부는 원전감축정책 추진에 따른 발전사업자의 손실보상제도 마련의 중요성을 인식(산업통상자원부 보도자료, 2017.10.24: 7)하고 법적 기반을 마련하고자 하였으나

2020년 관련법 제정에 실패하였다. 2021년 6월 8일에 이르러서야 전기사업법 시행령[제31742호, 2021.6.8]이 개정하여 시행령 수준에서 제한적 근거를 마련했다. 즉, 전기사업법 시행령 제34조를 개정(제8호 추가)하여, 2021년 12월 9일부터 원전감축정책에 따라 발전사업 또는 전원개발사업을 중단한 사업자에 대하여 전력산업기반기금을 사용할 수 있도록 하였다.[13)]

정리하면, 발전사업자는 원전감축정책에 따라 원전 건설이 중지 및 취소될 경우 막대한 손실에 직면할 수 있다. 따라서 원전감축정책을 추진하기 위해서는 감축정책에 따른 손실보상이 법·제도적으로 마련되어 있어야 한다. 그러나 원전육성정책 하에서 발전사업자에 대한 손실보상은 천재지변, 전시 등 위급한 상황에서 전력공급 및 설비이용 제공 명령에 따른 손실을 보상할 수 있도록 발전되어 왔다. 즉, 정책적 판단에 따른 손실을 보상하는 제도가 마련되어 있지 않았다. 이는 원전감축정책 추진의 제약하는 요인으로 작용할 수 있음을 보여준다.

제4절 제도의 영향과 딜레마 인지, 대응

1 제도의 영향과 딜레마 인지

1970년대 이후 오랜 기간 추진되어온 원전육성정책과 관련되어 4가지 제도, 즉 '원전 건설 관행에 따른 매몰비용', '원전입지지역지원제도', '발전사업허가취소제도', 발전사업자에 대한 '손실보상제도'가 형성되어 왔으며, 동 변수들은 문재인 정부의 원전감축정책 추진을 제약하는 요인으로 작용하였다. 실제, 4가지 제도변수는 신고리 5·6호기 건설 중단과 신한울 3·4호기 사업 취소 집행을 제약하였으며, 이에 따라 의사결정자는 정책집행에 딜레마를 인지하게 되었다. 구체적인 내용은 아래와 같다.

첫째, '관행에 따른 매몰비용'은 신고리 5·6호기 건설 중단과 신한울 3·4호기 사업 취소 집행에 매우 큰 영향을 미쳤다. 다시 말해, 두 원전 모두 건설허가 전, 발전사

13) 그러나 동 시행령 개정 수준에서 원전감축정책 추진에 따른 손실보상을 할 수 있는 것인지는 논란의 여지가 있다.

업허가 전 사업비가 지출됨으로써 관행에 따른 매몰비용의 규모가 매우 컸기 때문에 건설을 중단하거나 취소를 집행하는 데 제약요인으로 작용했다. 다만, 착공이 되어 건설 중이었던 신고리 5·6호기가 신한울 3·4호기에 비해 상대적으로 관행에 따른 매몰비용 규모가 더 컸다.

구체적으로, 신고리 5·6호기는 건설허가 취득 및 착공이 이루어져, 문재인 정부 출범 직전 공정률 29.5%(설계 80.2%, 구매 55.4%, 시공 11.36%)로, 총사업비 8.6조 원 중 약 1.6조 원이 기집행되어 있었다(신고리 5·6호기 공론화위원회, 2017: 10). 따라서 건설 중단 시 약 1.6조 원의 매몰비용이 발생될 상황이었다. 신한울 3·4호기는 건설허가는 취득하지 못하고 발전사업허가(2017.02)만 받은 상태였으나 관행에 따라 발전사업허가를 받고 난 이후 수천억 원 규모의 종합설계 및 주요 설비계약이 진행된 상태였다. 한수원에 따르면,[14] 종합설계용역 등 공사용역비 약 1,066억 원, 주기기 사전제작비(원자로, 증기발생기, 터빈발전기) 4,927억 원, 관리비 411억 원, 기타 건설이자 45억 원 등 약 6,449~7,700억 원 수준에 이르는 것으로 제시되고 있다(서울경제, 2017.06.02).

둘째, '원전입지지역지원제도'로서, 동 제도 모두 신고리 5·6호기 건설 중단과 신한울 3·4호기 사업 취소 집행에 큰 영향을 미쳤다. 동 제도는 원전 계획기간~건설기간~운영기간 전 주기[15]에서 걸쳐 입지지역 주민과 지자체에 대한 지원을 담고 있기 때문에, 사업의 진척도가 높을수록 기 지원된 규모가 달라질 가능성이 매우 크다. 따라서 사업 진척이 매우 높은 신고리 5·6호기가 신한울 3·4호기보다 제도의 영향을 더 크게 받았다.

구체적으로, 신고리 5·6호기는 건설허가를 받고 공사가 진행 중으로 신고리 5·6호기 건설 중단에 따라 건설 중 지원금 약 4,000억 원을 확보하기 어려워질 것(신고리 5·6호기 공론화위원회, 2017: 35)로 추정했다. 신한울 3·4호기는 건설 허가를 받지 못했으나 발전사업허가를 취득하고 착공 직전인 사업이나 상당한 지원이 이뤄지고 있었다. 실례로, 동 사업은 15년 간(1999~2014년) 진행된 정부와 울진군 간 신한울 1~4호기 건설 협상 타결에 따라 진행한 사업으로, 당시 합의서에 따르면 울진군에 2,800억

14) 국정감사 질문과정에서 한수원이 국회의원에게 제출한 자료에 기초한 자료이다.

15) 예를 들어, 신고리 5·6호기 건설기간 동안 특별지원사업 약 1,600억 원, 생활기반시설 및 소득증대지원 기금 약 1,500억 원, 기본지원사업 및 사업자지원사업비로 매년 약 100억 원, 국도이설 등 인프라 구축사업 약 800억 원이 지원될 예정이다. 또한 준공 이후에는 취득세 매년 약 500억 원, 지역자원시설세 매년 약 200억 원(60년 간), 기본지원사업 및 사업자지원사업비 매년 약 100억 원 등이 발생될 예정이었다(원자력 신문, 2016.06.24).

원을 지원하는 것으로 나타난다(산업통상자원부 보도자료, 2014.11.21).

셋째, '발전사업허가취소제도'의 경우, 발전사업허가를 받은 신고리 5·6호기 건설 중단 및 신한울 3·4호기 사업취소 집행에 동일한 영향을 미쳤다. 기존의 발전사업허가제도는 법 위반 시 사업 취소를 명기하고 있고, 정책적 판단에 따른 발전사업허가취소가 명기되어져 있지 않기 때문에 발전사업허가를 받은 원전 사업의 취소 자체가 어려웠다. 두 원전 모두 발전사업허가를 받은 원전으로 기존의 사업허가취소제도로는 허가 취소 자체가 어려웠다.

넷째, '손실보상제도' 역시 신고리 5·6호기 건설 중단 및 신한울 3·4호기 사업취소의 집행 자체를 제약했다. 즉, 2021년 12월까지도 정책적 판단에 따른 원전 건설중단이나 사업 취소 시 발전사업자가 부담해야 하는 손실을 보상하는 법과 제도가 마련되어 있지 않았기 때문에, 신고리 5·6호기 건설 중단 및 신한울 3·4호기 사업취소 시 발생될 수 있는 막대한 손실을 보상할 수 있는 합법적 방법이 자체가 존재하지 않았다.

특히, 사업 진척 수준이 앞선 신고리 5·6호기가 신한울 3·4호기에 비해 손실보상 규모가 더욱 컸기 때문에 합법적 손실보상제도 부재에 따른 영향은 신고리 5·6호기가 더욱 크게 받았다 할 수 있다. 예를 들어, 신고리 5·6호기의 경우 한국수력원자력은 760여 개 기업들과 수조원의 계약을 맺고 사업을 추진하고 있었으며, 한편에서 17년 동안 재산권 행사가 제한되어 온 지역주민들 역시 이주 보상이 중단됨으로써 사후 법적 문제와 비용까기 발생될 가능성이 높았다(신고리 5·6호기 공론화위원회, 2017: 36). 다시 말해, 신고리 5·6호기의 건설 중단에 대해 정부는 한수원에 손실보상을 해주어야 하나 합법적으로 손실보상을 할 수 없었기 때문에 원전 건설 중단이라는 정책집행을 제약했다.

표 4-6 제도와 딜레마 대응

구분		핵심내용	신고리 5·6호기	신한울 3·4호기
원전 개관[2]	준공예정		'22년	'23년
	시설용량		2,800MW [1,400MW×2기]	2,800MW [1,400MW×2기]
무시된 딜레마에서 원전감축정책 [A]			건설중지	사업취소
제도 변수 [B]	관행에 따른 매몰비용	원전 건설허가 전, 심지어 발전사업허가 전 원전건설 사업을 추진하는	• 매우 높음(◎)[1] - 발전사업허가(2013.09) - 건설허가 및 착공	• 높음(○) - 발전사업허가(2017.02) - 건설허가 미승인 및 착

		관행으로 막대한 매몰비용 발생	(2016.06) - 건설허가 취득 전 이미 공정률 18.8% - 문재인 정부 출범 직전 공정률 29.5%, 공사비 1.64조 원 집행	공 전 - 발전사업허가 전 이미 수천억 원 규모의 설계 및 주요 설비계약 (약 6,449~7,700억 원 수준) 집행
	원전입지지역 지원제도 [발주법, 지방세법과 지방재정법]	원전 계획~건설~운영 전 주기에서 주민 및 지자체 지원, 지원금 환수규정 존재	• 매우 높음(◎) - 건설 허가를 받고 공사 중으로 지원된 지원금 규모가 매우 높음	• 높음(○) - 건설 허가 전이나 착공 직전으로 지원된 지원금 규모가 높음
	발전사업허가 취소제도 [전기사업법]	원전감축정책과 같은 정책적 판단에 따른 발전사업허가 취소 근거 부재	• 매우 높음(◎) - 발전사업 취소 자체가 어려움	• 매우 높음(◎) - 발전사업 취소 자체가 어려움
	손실보상제도 [전기사업법]	정책적 판단에 따른 원전건설 중단 및 취소 시 발전사업자가 부담해야 하는 손실보상제도 부재	• 매우 높음(◎) - 건설 중단 시 한수원이 부담해야 하는 손실보상 규모가 매우 크나 정부의 합법적인 손실보상제도가 부재	• 높음(○) - 발전사업 취소 시 발전사업자가 부담해야 하는 손실보상 규모가 크나 정부의 합법적인 손실보상제도가 부재
	제도 영향력 총괄		• 신고리 5 · 6호기 건설 중단>신한울 3 · 4호기 사업 취소	
A↔B에 따른 딜레마 인지와 딜레마			• 딜레마 인지 • 발전소 건설 중단을 할 수도, 하지 않을 수도 없는 딜레마	• 딜레마 인지 • 발전사업허가를 취소할 수도, 취소하지 않을 수도 없는 딜레마
정책 대응			• 딜레마 대응 [다단계 딜레마 전가]	• 딜레마 대응 [지연]

주: 1) 두 원전 사례에 한정하여, 각 제도변수의 상대적 영향을 비교 · 제시하기 위해 매우 높음(◎)과 높음(○)으로 표기함. 즉, 절대적 수치가 아니라 상대적 차이만을 의미함.
2) 원전개관 자료는 전력거래소(2017) 활용.

정리하면, 첫째, 원전육성정책 하에서 형성된 4가지 제도는 신고리 5 · 6호기 건설 중단, 신한울 3 · 4호기 사업 취소 정책집행에 매우 큰 영향을 미쳤다. 즉, 제도가 정책집행에 있어 강한 제약요인으로 작용하여 의사결정자로 하여금 딜레마를 인지하게 하였다. 즉, 무시된 딜레마에서 정책결정(신고리 5 · 6호기 건설 중단, 신한울 3 · 4호기 사업 취소)을 하였으나 정책집행단계에서 제도변수에 의해 딜레마를 인지하게 되었다. 이에 따라 문재인 정부는 신고리 5 · 6호기 건설 중단을 할 수도, 하지 않을 수도 없는, 신한울 3 · 4호기 사업 취소를 할 수도, 하지 않을 수도 없는 딜레마 상황에 처하게 되었다. 실제, 문재인 대통령은 신고리 5·6호기 건설 중지라는 대선공약과 달리 안전성과 공정률과 투입비용, 보상비용 등을 고려하여 사회적 합의를 도출을 표명했다. 또한 정부의 주요의사결정자는 신한울 3·4호기 역시 발전사업허가 취소의 딜레마를 표출하기도 했다.

> "지금 건설 중인 신고리 5·6호기는 안전성과 함께 공정률과 투입 비용, 보상 비용, 전력 설비 예비율 등을 종합 고려하여 빠른 시일 내 사회적 합의를 도출하겠습니다"(문재인 대통령, 고리 1호기 영구 정지 기념행사 기념사, 청와대, 2020.06.19).

> "신한울 3·4호기 건설은 정부에서 정한 로드맵과 제8차 전력수급계획에 의해서 일단 빠진 상태였다" … "그러나 지난해 6월 15일 이사회 때 검토를 해보니 이미 발전허가가 나 있어서 굉장히 조심스럽게 다뤄야 한다는 판단 아래 보류 조치를 했다" … "보류 결정 자체도 굉장히 쉽지 않았다"(정재훈 한수원 사장 국정감사 중, 연합뉴스, 2019.10.14).

둘째, 종합적으로 제도의 영향은 상대적으로 사업 진척도가 높았던 신고리 5·6호기 건설 중단이 신한울 3·4호기 사업취소에 비해 더욱 컸다. 구체적으로, 신고리 5·6호기가 신한울 3·4호기에 비해 4가지 제도변수 중 원전 건설 관행에 따른 매몰비용, 원전입지지역지원제도, 발전사업자에 대한 손실보상제도의 영향을 더욱 크게 받았다.

2 제도의 영향 정도와 딜레마 대응

제도변수의 영향력에 따라 서로 다른 딜레마 대응(다단계 딜레마 전가, 지연)이 나타났다.

1) 다단계 딜레마 전가

딜레마 인지에 영향을 미친 제도의 영향이 매우 큰 경우는 딜레마 전가(dilemma toss)가 나타났다. 딜레마 전가는 주체 A의 딜레마를 어떠한 매개를 통해 제3의 주체 B로 넘기는 것을 의미한다(김태은, 2009b: 186). 이는 신고리 5·6호기 건설 중단과 관련하여 잘 드러난다. 즉, '문재인 정부'는 신고리 5·6호기를 건설을 중단과 관련된 딜레마 상황에서 자신들의 딜레마를 '공론화위원회(딜레마 전가)'로, 공론화위원회는 다시 471명의 '시민배심원단'에 전가(딜레마 전가)하는 딜레마 대응을 하였다. 즉, '다단계 딜레마 전가'가 나타났다.

(1) 공론화위원회로의 딜레마 전가

정부는 신고리 5・6호기 딜레마를 공론화위원회에 전가하였다. 이러한 점은 공론화위원회의 출범과정과 독립적 위상, 공론화위원회 권고안의 적극 수용 등에서 나타났다. 구체적으로, 첫째, 공론화위원회는 신속하게 구성되었고, 동시에 완전한 독립성과 자율성을 부여받았다. 2017년 6월 19일 문재인 대통령의 고리 1호기 영구정지 행사에서 사회적 합의 발언 이후 약 35일 만에 출범한 공론화위원회는 완전한 독립성과 자율성을 지녔으며 동시에 정부의 전폭적 지원을 받았다. 즉, 정부는 동 위원회가 공정성, 중립성, 객관성, 투명성을 견지하며 공론화 작업을 할 수 있도록 지원했고 위원회 활동 기간 어떠한 간섭도 하지 않았다(신고리 5・6호기 공론화위원회, 2018: 62-63).

> "정부는 그간 공론화 과정에 대해 어떠한 간섭과 개입 없이 공정한 중립 원칙을 지켜왔고 어떤 결과가 나오든 그 결과를 존중하여 결정을 내릴 것", "(공사 중단의) 찬반 양측 관계자들과 시민참여단, 국민들께서도 공론화 과정에서 도출된 사회적 합의 결과를 존중해주실 것을 당부 드린다"(문재인 대통령, 청와대 수석・보자관 회의 중, 한겨레, 2017.10.10).

둘째, 시민배심원단의 의견을 수렴한 공론화위원회의 권고안을 적극 수용했다. 즉, 공론화위원회는 시민배심원단의 의견을 수렴하여 신고리 5・6호기의 건설 재개(재개 59.5%, 중단 40.5%) 권고안을 제시했다. 문재인 대통령은 2017년 10월 22일 '신고리 5・6호기 공론화 결과 관련 입장문'을 내고 공론화 위원회의 권고를 수용했다. 이후 신고리 5・6호기 건설은 즉시 재개되었다.

셋째, 딜레마 전가는 신고리 5・6호기가 대통령 선거 공약이었음에도 불구하고 제3자적 입장에서 공론화위원회의 성과를 높게 평가함에서도 잘 드러난다.

> "자신의 이견과 다른 결과에 대해서도 승복하는 숙의민주주의의 모범을 보여주셨습니다"(문재인 대통령, '신고리 5・6호기 공론화 결과 관련 입장문' 중, 청와대, 2017.10.22).

"오랜 갈등 사안이었던 신고리 5 · 6호기 문제를 공론화위원회를 통해 성숙하게 해결했습니다"(문재인 대통령, 2020년 신년사 중, 청와대, 2020.01.07).

(2) 시민배심원단으로의 딜레마 전가

공론화위원회는 다시 시민배심원단에게 신고리 5 · 6호기 딜레마를 전가했으며, 이는 공론화위원회의 역할 설정과 시민배심원단의 의견 적극 반영에서 잘 드러난다. 첫째, 공론화위원회는 스스로 신고리 5 · 6호기 건설 중단 여부를 결정하는 기구가 아니며, 독립적인 지위에서 ① 공론화를 설계하고, ② 공론화 과정을 공정하게 관리한 후, ③ 시민배심원단의 공론화 결과를 권고의 형태로 정부에 전달하는 '자문기구'라는 점을 제3차 정기회의(8월 3일)에서 천명하였다(신고리 5 · 6호기 공론화위원회, 2017: 62). 둘째, 실제로도 공론화위원회는 신고리 5 · 6호기의 건설 재개라는 시민배심원단의 공론화 결과를 최종 수렴하여 권고의 형태로 정부에 전달하는 데 머물렀다. 다시 말해, 공론화위원회는 스스로 공론화 과정을 설계 · 관리할 뿐 공론화 결과를 직접 도출하는 것이 아니며, 시민배심원단의 의견을 수렴하여 법적 효력이 없는 권고안을 정부에 권고하는 자문기구임을 분명히 함으로써 시민배심원단에게 딜레마를 전가하였다.

2) 지연

제도의 영향이 신고리 5 · 6호기보다 낮은 신한울 3 · 4호기의 경우는 지연이 나타났다. 지연은 딜레마 대응의 가장 대표적인 유형으로서 주어진 시간적 범위 내에서 결정을 뒤로 미루는 것을 의미한다. 부연하면, 신한울 3 · 4호기는 2017년 10월 정부의 원전감축정책인 '에너지전환(탈원전) 로드맵'에서 감축 신규원전으로 분류되었다(산업통상자원부 보도자료, 2017.10.24: 7). 이후 제8차 전력수급기본계획(산업통상자원부, 2017)과 제3차 에너지기본계획(산업통상자원부, 2019)에 원전 건설 취소가 반영되었다. 그러나 이러한 정부의 선언과 계획과는 달리, 2021년 현재까지 신한울 3 · 4호기의 발전사업허가취소는 이루어지지 않았으며, 오히려 공사기간을 2023년까지 연장되었다.

구체적으로, 한수원은 2017년 2월 27일 신한울 3 · 4호기 발전사업 허가 취득 후 정부의 원전감축정책에 따라 법 제12조 제1항 제4의2호에 의한 법정 기한인 2021년 2월 27일(4년)까지 공사계획인가를 받기 어렵게 되자, 2021년 1월 8일 산업통상자원부에 공사계획인가 기간 연장을 신청했다. 이에 산업통상자원부는 법적 기안 5일 전인 2021년

2월 22일 신한울 3・4호기의 공사계획인가 기간을 한국수력원자력이 신청한 2023년 12월까지 연장했다. 당시 산업통상자원부는 한수원의 귀책 사유 없이 에너지전환정책으로 신한울 3・4호기 공사계획인가를 기한 내 받지 못한 것이므로 전기사업법(제12조)에 의한 사업허가 취소가 어렵고, 더욱이 기한 내 공사계획 인가를 받지 못했음을 사유로 발전사업 허가가 취소될 경우, 향후 2년 간 신규 발전사업허가 취득이 불가하여 제9차 전력수급기본계획 확정설비용량 적기 확보가 곤란하므로 취소할 수 없음을 밝혔다(산업통상자원부 보도자료, 2021.02.22). 다시 말해, 원전감축정책에 따라 신한울 3・4호기를 발전사업허가를 취소하여야 하나 취소할 수 있는 법적 근거가 없음을 핵심 이유로 하여 법이 부여된 범위 내에서 지속적으로 결정을 뒤로 미루고 있음을 보여준다.

정리하면, 제도의 영향 정도에 따라 서로 다른 딜레마 대응이 나타났다. 제도의 영향을 크게 받은 신고리 5・6호기 건설 중단의 경우 '다단계 딜레마 전가'가 나타났고, 상대적으로 영향이 낮았던 신한울 3・4호기 사업허가 취소의 경우는 '딜레마 지연'이 나타났다. 이러한 차이의 원인은 본 사례의 특성(건설 중단과 사업허가 취소) 및 제도변수의 구체적 특성에서 비롯된 것으로 판단된다. 우선, 4가지 제도변수 중 신고리 5・6호기가 신한울 3・4호기에 비해 원전 건설 관행에 따른 매몰비용, 원전입지지역지원제도, 손실보상제도의 영향을 크게 받은 반면, 발전사업허가취소제도의 영향은 동일했다. 즉, 4가지 중 발전사업허가취소제도를 제외하고 거시적으로 비용과 관련되어 있음을 알 수 있다. 즉, 본 연구사례에서 제도변수의 영향이 크다는 것은 기존 정책과 다른 새로운 정책을 집행할 경우 '제도가 유발하는 정책집행의 마찰비용(이하, 제도 마찰비용)'이 크다는 것을 의미한다.

신고리 5・6호기 건설 중단의 경우, 건설 중단의 가치와 압력이 존재하였으나 동시에 건설을 중단할 경우 제도 마찰비용이 매우 컸다. 특히, 일시적인 건설 중단 중에도 제도 마찰비용이 지속적으로 증가되었기 때문에 지연, 형식주의, 비일관적 대응을 선택하기 어려웠다. 이에, 딜레마를 다른 주체에게 넘기는 딜레마 전가를 선택한 것으로 판단된다. 한편, '신한울 3・4호기 사업허가 취소'의 경우 사업허가 취소의 가치와 압력이 존재하였나 동시에 사업취소를 추진할 경우 제도 마찰비용이 컸다. 그러나 신한울 3・4호기 사업허가 취소의 경우는 신고리 5・6호기 건설 중단과 달리 사업이 착공되지 않은 계획단계로서 제도 마찰비용이 상대적으로 낮았을 뿐만 아니라 딜레마 대응으로서 지연을 선택하더라도 추가적인 제도 마찰비용이 의미있게 증가되지 않는다. 따라서 우선 주어진 시간적 범위에서 지연하는 대응을 선택한 것으로 판단된다.

제5절 결론

본 연구는 제도가 딜레마 인지와 대응에 영향을 미치는지를 분석하고자 했다. 구체적으로, 제도가 딜레마 인지에 영향을 미치는지, 또 제도의 영향 정도에 따라 딜레마 대응에 차이가 있는지를 분석했다.

동 질문에 대한 해답을 찾기 위해 문재인 정부의 원전감축정책 사례(신고리 5·6호기 건설 중단, 신한울 3·4호기 사업 취소)를 연구하였으며, 분석결과 기존의 원전육성정책과 관련되어 형성된 4가지 제도는 신고리 5·6호기 건설 중단, 신한울 3·4호기 사업 취소의 집행을 제약함으로써 딜레마를 인지하는 데 영향을 미쳤다. 또한 각 제도의 영향 정도에 따라 서로 다른 딜레마 대응이 나타남을 알 수 있었다. 구체적인 분석결과는 아래와 같다.

첫째, 원전육성정책 하에서 4가지 제도가 형성되었고, 동 제도는 기존의 원전육성정책과 다른 원전감축정책의 추진을 제약했다. 즉, 박정희 정부에서부터 오랜 기간 추진되어온 원전육성정책과 관련되어 4가지 제도, 즉 '원전 건설 관행에 따른 매몰비용', '원전입지지역지원제도', '발전사업허가취소제도', 발전사업자에 대한 '손실보상제도'가 형성되어 왔으며, 동 제도들은 문재인 정부의 원전감축정책 추진을 제약하는 요인으로 작용하였다.

① '원전 건설 관행에 따른 매몰비용'으로, 일반적으로 공공사업을 중지 및 취소하게 되면 기존에 지출된 사업비를 회수하지 못함에 따라 매몰비용이 발생된다. 특히, 수십년 간 원전육성정책 하에서 건설허가, 심지어는 발전사업허가 취득 이전에도 사업비를 지출하는 독특한 사업관행이 형성되어 왔다. 이에 따라 건설 중인 원전의 건설 중단뿐만 아니라 계획단계의 원전을 취소하는 경우에도 매몰비용이 크게 발생될 수 있었다.

② 원전입지지역지원제도로서 발주법과 지방세법, 지방재정법에 따라 원전입지지역에 대규모 지원제도가 형성되어 왔다. 특히, 원전입지지역지원제도는 원전 건설기간뿐만 아니라 원전 계획기간, 건설 중, 운영 기간 내내 입지 지역주민과 지자체에 대한 직접지원을 담고 있었으며, 원전 건설이 도중에 중 혹은 취소될 경우 지원금 반환이 명시되어 있었다. 이에 따라 원전 운영 중이 아닌 원전 계획 초기 및 건설 중이라 하더라도 이를 취소할 경우, 원전에 따라 예정된 지원이 사라지게 됨에 따라 입지 지역주민과

지자체의 저항에 직면할 가능성이 매우 높았다.

③ 발전사업허가취소제도로, 원전의 발전사업허가 취소는 전기사업법에 규정되어 왔으며 해당 규정은 사업자의 법 위반 시 사업 취소를 명기하고 있다. 즉, 정책적 판단에 따른 발전사업허가취소가 명기되어져 있지 않기 때문에 발전사업허가를 받은 원전사업의 취소 자체가 어려웠다. 더욱이 무리하게 취소하더라도 한수원이 2년 간 신규발전사업 허가 취득이 어려짐으로써 전력수급에 더 큰 문제를 유발할 수 있었다.

④ 원전육성정책 하에서 발전사업자에 대한 손실보상제도는 전기사업법에 규정되어 왔으며, 천재지변, 전시 등 위급한 상황에서 전력공급 및 설비이용 제공 명령에 따른 손실을 보상할 수 있도록 발전되어 왔다. 즉, 정책적 판단에 따른 원전 건설중단이나 사업 취소 시 발전사업자가 부담해야 하는 손실을 보상하는 법과 제도가 마련되어 있지 않았다. 동 상황에서 건설 중단이나 사업을 취소할 경우 발전사업자의 천문학적 손실을 보상해줄 수 있는 방법이 없었을 뿐만 아니라 손실 책임을 둘러싼 다양한 법적 문제가 발생될 수 있었다.

둘째, 4가지 제도는 의사결정자가 정책결정단계에서 인지하지 못한 딜레마를 정책집행단계에서 인지하는 데 영향을 미쳤다. 즉, 원전육성정책 하에서 형성된 4가지 제도는 신고리 5·6호기 건설 중단, 신한울 3·4호기 사업 취소라는 정책을 집행함에 있어서 제약요인으로 작용하여 딜레마를 인지하게 하였다. 즉, 무시된 딜레마에서 정책결정(신고리 5·6호기 건설 중단, 신한울 3·4호기 사업 취소)을 하였으나 정책집행단계에서 제도변수에 의해 딜레마를 인지하게 되었다. 이에 따라 문재인 정부는 신고리 5·6호기 건설 중단을 할 수도, 하지 않을 수도 없는, 신한울 3·4호기 사업 취소를 할 수도, 하지 않을 수도 없는 딜레마 상황에 처하게 되었다.

셋째, 제도의 영향 정도에 따라 서로 다른 딜레마 대응이 나타났다. 4가지 제도의 영향을 크게 받은 신고리 5·6호기의 경우 나타난 '딜레마 선가'가 나타났고, 상대적으로 영향이 낮았던 신한울 3·4호기의 경우는 '딜레마 지연'이 나타났다. 특히, 제도가 유발하는 정책집행의 마찰비용이 서로 다른 딜레마 대응에 영향을 미칠 수 있음을 보여줬다.

이러한 본 연구결과는 아직까지 설명의 대상으로 남아 있는 제도와 딜레마 관계를 설명하는 데 기여한다. 첫째, '제도'가 의사결정자의 '딜레마 인지'에 영향을 미칠 수 있음을 보여준다. 둘째, 제도를 구성하는 하위변수들의 영향 차이는 딜레마 대응의 차이를 유발할 수 있음을 보여준다. 특히, 이는 제도에 의해 딜레마 상황에 처한 의사결정자들이 기계적으로 대응하기 보다는 제도의 영향을 고려하여 대응할 수 있음을 보여준다. 이는 딜레마 대응 원인이 무엇인지에 대한 새로운 설명 가능성을 제시한다. 셋째, 정책 성공과 실패의 원인에 대한 새로운 설명 가능성을 제시한다. 동 연구결과는 정책적으로 첫째, 기존 정책과 방향이 다른 정책(예: 혁신, 전환정책 등)을 추진하기 위해서는 기존 정책과 연계된 제도를 사전에 분석하여 대응할 필요가 있음을 보여준다. 규범적인 바람직성과 정책 실현은 서로 다른 차원임을 보여준다. 둘째, 제도변수에 의해 딜레마 상황에 처할 경우 어떠한 정책적 대응이 가능한지를 고찰하게 하여 준다.

본 연구는 사례연구로서, 무엇보다 딜레마 인지가 매우 주관적인 영역이고 정부의 핵심 의사결정자와 관련되어 있음에 따라 이를 객관적으로 증명하는 데 어려움이 있었다. 또한 원전비용 자료에 한계가 있다. 즉, 자료원이 한국수력원자력에 한정되어 있고 접근 자체가 어려웠다. 향후, 이론 및 정책적 기여를 위해 딜레마와 제도 간 추가적인 연구가 이루어지길 기대한다.

제5장

두 가지 환류, 그리고 내생적 제도변화

제1절 서론[1)]

제도는 진공에서 형성되기보다 제도설계에 있어 주도권을 갖고 있는 주요 행위자들의 의도가 반영되어 있을 가능성이 높다. 특히, 제도설계에 있어서 의도성은 민주주의 체제에서 쉽게 예측될 수 있다. 즉, 안정적인 민주주의체제에서는 지속적인 정권교체가 나타나며 이러한 정권교체는 곧 정책과 제도의 큰 변화를 수반한다. 따라서 민주주의 체제에서 집권한 세력은 정권교체 가능성을 고려한다. 정권교체에 따라 자신들의 이해(정치 및 경제적 이익, 혹은 순수한 어떤 가치)가 반영된 제도가 쉽게 변화될 수 있으므로, 자신들의 이해와 다른 정권이 들어서더라도 이들이 쉽게 변화시킬 수 없도록 하는 의도를 지닐 수 있다.

다시 말해, 민주주의체제에서 제도는 정권교체에 따라 변화할 수 있는 가능성이 높기 때문에, 이를 고려하여 가능한 변화하지 않도록 의도적으로 설계되었을 가능성이 있다 할 것이다. 그러나 한편에서는 제도변화가 어렵게 설계된 제도(변화 저항적인 제도)가 변화되는 것이 관찰되기도 한다. 이러한 연구 배경은 흥미로운 질문을 제기한다. 즉, 제도변화가 어렵도록 의도적으로 설계된 제도의 변화원인은 무엇이며, 이러한 변화원인에 따라 제도가 어떻게 변화되는가 하는 점이다.

본 연구는 이러한 연구질문에 대한 해답을 사례연구를 통해 찾고자 하였다. 이를 위해 크게 문헌연구와 사례분석을 수행하였다. 첫째, 문헌연구를 통해, 기존의 제도변화 이론 체계화, 변화 저항적인 제도의 변화 설명 한계 고찰, 새로운 설명도구 개발 필요성 제시와 같은 연구를 수행한다. 둘째, 변화 저항적인 제도의 대표 사례로서, 종합부동산세의 변화를 분석하였다. 연구의 분석기간은 종합토지세가 신설된 2003년부터 종합부동산세가 변화가 진행된 2010년까지로 하였다.

---

1) 이 글은 김태은(2011)의 내용을 수정・보완한 것이다.

제2절 이론적 배경

1 제도변화를 설명하는 기존 접근과 한계

독립변수로서 제도를 강조하여 온 신제도주의는 그동안 정책, 제도, 규제 등 다양한 영역에서 탁월한 설명능력을 보여주어 왔음에도 불구하고 제도변화에 대해서는 설명의 한계를 노출하여 왔다.

역사적 제도주의는 제도변화보다 제도의 지속성을 강조하여 왔다. 역사적 제도주의에서 가장 핵심적으로 다루어져 온 경로의존성(path dependence) 역시 동 개념을 광의로 이해하든, 협의로 이해하든 변화보다는 지속성을 설명하는 데 적절하다. 이에 따라 기존의 역사적 제도주의에서는 단절된 균형(punctuated equilibrium)모델에서 알 수 있듯이 제도변화를 외부변수와 우연성(contingency)을 통해 설명하여 왔다. 그러나 단절적 균형은 예측과 설명에 있어 문제를 지니고 있다(Peters et al., 2005: 1289). 특히, 이는 본질적으로 외부변수, 우연성을 통해 어떤 현상을 설명하는 것으로 이는 역사적 제도주의가 그 자체의 제도 개념을 통해, 특히 제도의 내적 요인을 통해 제도변화를 설명하지 못함을 단적으로 보여준다.

합리적 선택 신제도주의 역시 제도변화를 설명하는 데 어려움을 보여 왔다. 합리적 선택이론가들이 설정하는 제도는 기본적으로 개별 선호를 갖는 행위자의 합리성 충돌을 조정하는 메커니즘으로 이해한다. 즉, 이들은 균형(equilibrium)을 강조하며 특별한 균형을 지속하는 조정 메커니즘(coordinating mechanism)으로서 제도를 바라보는 관점과 관련되어져 있다(Shepsle, 1989: 145; Levi, 1997: 27; Mahoncy & Thelen, 2010b: 6). 구체적으로, 합리적 선택 제도주의는 전형적으로 제도를 파레토 최적 균형(Pareto-optimal equilibria) 또는 집단행동 딜레마의 해결책을 반영하는 규칙화된 행태의 패턴으로 이해하였기 때문에 제도는 안정적인 것으로 이해되었다(Shepsle, 1989; Koremenos et al., 2003; Greif & Laitin, 2004; Hall, 2010: 204-205). 그러므로 제도적 변화는 제도에 외생적 충격이 맥락을 변화시킬 때 발생하며, 이는 단절적 균형(punctuated equilibrium) 모델과 매우 유사하다. 그러나 이러한 접근은 제도의 재생산 논리와 제도변화의 논리를 구분하고 있어 내생적 변화의 점진적 과정을 이론화하고 개념화하는 데 어렵다(Greif &

Laitin, 2004: 633). 다시 말해, 합리적 선택 제도주의는 제도 운영에 관련한 강력한 시각을 제시하나, 제도변화에 대해서는 효과적인 분석을 수행하지 못하고 있다(Hall, 2010: 205).

사회학적 제도주의는 다른 접근 보다 제도의 개념이 매우 포괄적이며, 인지적, 규범적 측면을 강조한다. 특히, 이들은 의미해석의 틀로서 문화를 강조함에 따라 변화의 역동성을 담아내기보다는 제도의 지속성 또는 자기재생산적 특성(self-reproductive properties)을 강조한다. 즉, 제도는 일상적이고 당연한 것(taken for granted)으로 이해되었으며(Berger & Luckmann, 1967; Zucker, 1983: 2), 동형화(isomorphism)(DiMaggio & Powell, 1983; Dobbin, 1994; Scott, 1995)에서 알 수 있듯이, 다양한 영역에서 동일한 제도적 논리의 재생산을 주장하였다(Mahoney & Thelen, 2010b: 5).

이에 사회학적 제도주의 역시 제도변화를 위해 외생적 실재(exogenous entity) 및 힘을 강조한다. 즉, 새로운 해석 틀(interpretive frame)이 외부(DiMaggio & Powell, 1983; Hannan & Freeman, 1989)로부터, 혹은 폭넓은 정치, 법, 시장 영역의 진화(Fligstein, 1996)에 의해 부여된다고 주장한다(Mahoney & Thelen, 2010b: 5). 물론, 사회학적 제도주의는 로렌스(Lawrence, 2008)에서 잘 정리되었듯이, 외적 쇼크(exogenous shock)뿐만 아니라 행위자, 권력 및 권력관계를 통해 제도변화를 연구하여 왔다. 이러한 점은 디마지오(DiMaggio, 1998)에서 잘 드러나며, 실제, 배병룡(1994)과 잉그램과 라오(Ingram & Rao, 2004)는 집단행동을 통해 제도변화를 설명하고 있고, 배병룡(2002)은 제도적 구조의 변화에 있어 정부의 역할을, 잉그램(Ingram, 1998)은 새로운 조직 형태는 제도변화의 행위자로서 역할을 수행할 수 있음을 제시한 바 있다. 그러나 제도변화를 설명함에 있어 제도 자체에 기인하는 내생적 변수인지 여부는 크게 고려되지 않아 왔다.[2)]

2 역사적 제도주의, 그리고 내생적 제도변화 설명을 위한 새로운 접근

1) 역사적 제도주의와 제도변화 설명을 위한 새로운 접근

역사적 제도주의는 다른 접근과 마찬가지로 제도변화를 설명하는 데 한계가 있음에

2) 예를 들어, 집단행동의 경우, 제도 자체에 의해 유발된 집단행동과(본 연구에서처럼 제도의 시행에 따라 유발된 집단행동), 제도 자체가 아닌 외적 변수로서 집단행동(예: 우리나라에서 민주화 운동 이후의 특정 제도들 변화)과는 차이가 있다 할 것이다.

도 합리적 선택 및 사회학적 제도주의에 비해 보다 적실성있는 정치·행정현상을 설명하여 왔다(Béland, 2007; Hall & Taylor, 1996; Immergut & Anderson, 2008; Mahoney & Thelen, 2010a). 이와 관련하여, 임머굿과 앤더슨(Immergut & Anderson, 2008: 360)은 역사적 제도주의의 4가지 성과를 정리한다. 첫째, 역사적 제도주의는 어떻게 이익(interests)이 구성되는가에 대한 이해를 가능하게 하여 준다. 즉, 동 관점은 인지 및 관념적 요인의 이익 형성 방식뿐만 아니라 어떻게 제도가 행위자와 그들의 이익을 구성하는지에 대해 설명하고 있다. 둘째, 행위자 행태를 개념화하고 설명하는 것과 관련하여 많은 부분을 설명하여 왔다. 셋째, 제도의 기원과 변화를 연구할 수 있는 분석도구를 만들어 내었다. 즉, 제도가 정치적 경쟁과 협상의 산물이며, 어떻게 장기간에 걸쳐 재교섭되고 재형성되는지를, 어떻게 제도가 행위자들의 의도하지 않은 형태, 기능, 수단을 지니게 되는지에 대해 설명하여 왔다. 넷째, 역사적 제도주의는 정책결정과 관련한 강력한 시각을 제시한다.

이러한 역사적 제도주의의 성과는 곧 다른 접근에 비해 제도의 내적 요인에 의한 제도변화의 설명 가능성이 높음을 시사한다.[3] 실제, 일부의 연구자들(Béland, 2007; Campbell, 2004; Mahoney & Thelen, 2010a, 2010b; Orren & Skowronek, 2004; Pierson, 1996, 2004; Streeck & Thelen, 2005a, 2005b; Thelen, 1999, 2003; 김태은, 2009a, 2009b)에 의해 내생적 제도변화를 위한 연구가 지속되어 왔다. 즉, 동 관점의 최근 흐름은 어떻게 제도와 행위자 상호 간 영향을 미치고 제도적 변화의 메커니즘 형성하는지(Streeck & Thelen, 2005a; 2005b), 어떻게 제도가 스스로 가능한 발달(전개) 경로를 형성하는지, 어떻게 정치 행위자들이 변화를 유도하기 위해 상호작용하는지에 대해 관심을 갖고 있다(Asiskovitch, 2009: 229). 이러한 역사적 제도주의는 제도의 안정성과 변화 기간을 분리하는 이원론적 관점(dualist views)의 교정을 제시하며, 제도변화는 시속되고 제도적 변형은 점진적 조정의 산물일 수 있다는 점을 강조한다(Palier, 2005; Streeck & Thelen, 2005a; Hall, 2010: 205).

3) 내생적 제도변화 연구가 주로 역사적 제도주의자들에 의해 이루어지는 이유는 각 접근에서 이해하는 제도의 개념적 정의와 제도의 유형(범위), 제도와 행위자 간의 관계를 고려할 때, ① 제도를 정치적 경쟁 및 협상의 결과로 이해하고, ② 중범위 수준에서의 제도에 초점을 두며, ③ 제도형성에 있어 행위자의 역할을 특히 강조하고, ④ 행위자 간 비대칭적인 권력관계를 특히 강조하는 역사적 제도주의가 행정 현상을 설명(기술이 아닌)하는 데 보다 적절하기 때문인 것으로 생각된다. 물론, 제도의 행위제약성 강조는 신제도주의의 공통된 특징이다.

2) 내생적 제도변화와 관련된 주요 설명 모델

내생적 제도변화의 의미있는 연구는 슈트렉과 텔렌(Streeck & Thelen, 2005b)에 의해 잘 정리되었다. 저자들은 제도변화에 대한 기존의 이분법적 구분을 비판하면서 제도변화의 유형을 크게 변화의 과정(process of change)이 점진적인가(incremental) 급격한가(abrupt), 변화의 결과(result of change)가 연속성(continuity)인가 불연속성(discontinuity)인가에 따라 크게 적응을 통한 재생산(reproduction by adaptation), 점진적 변형, 생존과 복귀, 해체와 대체로 구분한다(Streeck & Thelen, 2005b: 9). 특히, 이 중 점진적인 느린 변화에 의해 유발된 제도적 불연속성을 대표하는 '점진적 변형'에 주목하고 점진적 변형의 유형으로 크게 전치(dispacement), 층화(layering), 표류(drift), 전환(conversion), 소모(exhaustion)를 제시하였다(Streeck & Thelen, 2005b: 18-31).

다시 말해, 슈트렉과 텔렌(Streeck & Thelen, 2005b)은 변화 발생의 원인을 통하여 서로 다른 메커니즘의 유형[예: 전환(Thelen, 2003, 2004), 층화(Schickler, 2001; Thelen, 2003, 2004; Hacker, 2004)]을 포괄하는 제도변화의 유형을 제시하였다. 이들의 중심적 주장은, 변형적 제도적 변화는 점진적으로 발생한다는 것이다. 이러한 분석틀은 제도변화의 서로 다른 유형을 범주화하고 분석을 위한 개념적 도구를 제공한다는 점에서 역사적 제도주의를 한 단계 진보시킨 것이다. 그럼에도 불구하고 이들의 연구는 제도변화의 다양한 유형을 위한 인과이론의 제시가 불충분하다는 비판을 받고 있다(Immergut & Anderson, 2008: 356).

최근, 마호니와 텔렌(Mahoney & Thelen, 2010b)은 슈트렉과 텔렌(Streeck & Thelen, 2005b) 연구를 기초로 보다 체계화된 점진적 제도변화의 모형을 제시하였다. 즉, 이들은 정치적 맥락의 특징, 제도의 특징, 그리고 지배적인 Change-Agent를 포괄하여 제도변화를 설명하고 있다.

우선, 제도적 변화의 모델은 기존의 슈트렉과 텔렌(Streeck & Thelen, 2005b)에서 제시된 4가지 유형, 즉, 대체(displacement), 층화(layering), drift(표류), conversion(전환)을 제시한다(Mahoney & Thelen, 2010b: 14-18). 이러한 제도변화에 영향을 미치는 요인으로 정치적 맥락(political context), 제도적 특징(institutional characteristic)을 설정하고 있다. 첫째, 정치적 맥락의 특징은 크게 '강한 거부 가능성'과 '약한 거부 가능성'으로 구분하고, 둘째, 제도의 특징은 규칙의 집행과 해석에 있어 재량(discretion, 선택여지)의 수준에 따라 '낮은 수준'과 '높은 수준'으로 각각 구분하고 있다(Mahoney &

Thelen, 2010b: 18-22). 또한 Change-Agent와 관련하여, ① 행위자들이 기존의 제도적 규칙을 보존하고자 하는가, ② 행위자들이 제도적 규칙을 따르고자 하는가에 따라 Change-Agents는 4가지 유형(반란자, 공생자, 파괴분자, 기회주의자)으로 구분한다. 특히, 저자들은 이러한 구분이 효과적인 제도변화를 위한 특별히 선호된 전략뿐만 아니라 제도변화의 특별한 방식(mode)과 결합되어 있기 때문에, 변화 에이전트의 구분이 유용함을 밝히고 있다(Mahoney & Thelen, 2010b: 22-27).

3 변화 저항적인 제도의 변화를 위한 설명

1) 변화 저항적인 제도

아직까지 제도의 의도적 설계는 제도의 변화 혹은 지속성 차원에서 논의되기보다 결과 X(예: 제도, 정책, 조직 등)는 기능 Y를 제공하기 때문에 존재한다는 일련의 공식을 주장하는 제도의 기능주의적 주장(functionalist arguments)과 관련되어져 있다(Pierson, 2000b: 476).[4] 이는 주로 합리적 선택 제도주의자들에 의해 제기된 된 것으로 예를 들어, 어떤 제도는 경제적 성과를 얻기 위해(North, 1990), 혹은 거래비용을 줄이기 위해(Williamson, 1975) 의도적으로 설계된다고 주장한다.

이러한 기능주의적 접근과 달리, 본 연구는 제도의 지속과 변화 관점에서 변화저항적인 제도에 초점을 둔다. 즉, 어떠한 제도는 제도변화가 어렵게 의도적으로 설계될 수 있고(변화 저항적 설계), 혹은 제도변화가 매우 쉽게 설계될 수 있다는 것이다.

따라서 본 연구에서 '제도가 변화하기 어렵도록 의도적으로 설계된 제도(변화 저항적인 제도)'린 제도를 설계한 행위주체들이, 특정한 이해(사익이든, 공익이든)를 고려하여 제도변화가 매우 어렵도록 의도적으로 설계되어진 제도를 의미한다.

어떤 제도를 변화 저항적으로 설계하는 이유는 무엇인가. 이는 다양한 차원에서 설명이 가능할 것이다. 예를 들면, 강력한 이익집단이 어떤 제도변화의 압력 조건에서도(예: 강력한 외부변수의 등장, 혹은 자신들의 정치경제적 신념과 다른 정권의 출현, 새로운 경제적 경쟁자 등장) 자신들이 이익을 항구적으로 보장하기 위해 제도설계부터 변화 저항적으로 설계할 수 있다. 혹은 공공선택의 입장과 같이 관료 및 정치가 자신들

4) 이에 대해 Pierson(2000b: 476-484)은 행위자들은 도구적이지 않으며 장기 시각을 지니고 있지 않고, 제도적 효과 역시 의도적이지 않을 수 있다는 몇 가지 문제를 지적한다.

의 이익을 위해 관련 제도가 변화하는 것을 방지하기 위해 설계할 수도 있을 것이다.

이와 관련하여 피어슨(Pierson, 2000b: 491)은 왜 제도설계자들이 변화 저항적인 제도를 설계하는가에 관한 설명을 시도한 바 있다. 첫째, 제도설계자들은 그들 스스로 제약을 추구한다. 예를 들어, 정치가들은 어떤 더 큰 목적을 달성하기 위해 그들 쓰로의 자유를 제한한다는 것이다. 둘째, 제도 및 정책 설계자들은 그들의 후임자를 제약하고자 한다. 이는 정치적 불확실성과 관련된 많은 경우, 그들은 (심지어, 그들이 통제하지 못하는) 구조를 의도적으로 창조한다는 모에(Moe, 1990: 125) 관점에서 이해될 수 있다. 즉, 경제적 행위자와 달리 지적 재산권(property rights)이 부족한 정치적 행위자들은 제도에 대한 지속적인 통제가 불가능하다는 것을 알고 있으며, 이에 그들이 만든 제도의 변화 가능성을 고려해야 한다는 것이다.

2) 변화 저항적인 제도의 변화요인 – 긍정적 환류와 부정적 환류

(1) 제도 지속 요인 – 긍정적 환류(positive feedback)

변화 저항적인 제도가 설계되었다는 것은 기본적으로 제도의 자기강화와 관련된 장치가 마련되어져 있음을 의미한다. 이는 신제도주의, 특히 역사적 제도주의에서 제도의 지속성을 강조하기 위해 제시되어온 좁은 의미의 경로의존성(path dependence) 혹은 자기강화(self-reinforcing) 또는 긍정적 환류(positive feedback)와 그 맥을 같이한다.

경제학에서 개발된 기술발달의 모델(David, 1985; Arthur, 1989)인 경로의존성[5]은 정치 및 행정학 영역에서 제도의 지속 및 강화를 설명하기 위해 광범위하게 활용되어져 왔다. 이러한 경로의존은 그 개념을 명확하게 정의하기는 어렵지만, 피어슨(Pierson, 2000a)과 마호니(Mahoney, 2000) 연구 이후 크게 2가지 의미로 정리되고 있다. 마호니(Mahoney, 2000)는 이를 각각 '반응적 시퀀스(reactive sequence)'와 '자기강화 시퀀스(self-reinforcing sequences)'로, 피어슨(Pierson, 2000a)은 경제학에서 제기된 수확체증(increasing returns) 개념을 정치학에서 적용할 수 있음을 주장하면서, 경로의존을 크게 좁은 의미와 넓은 의미로 구분 제시한다. 특히, 좁은 의미의 경로의존은 수확체증(increasing returns)에 의해 이해될 수 있으며, 특별한 방향을 갖는 선행단계는 미래에 동일한 방향을 유도한다는 것을 의미한다. 이는 현재 활동의 상대적 편익이 다른 가능

5) 경로의존성의 개념과 비판에 대해 Thelen(2003, 2004), Hacker(2004), Crouch & Farrell(2004), Alexander(2001)를 참고할 만하다.

한 대안에 비해 시간이 갈수록 증가하기 때문이다(전환 비용의 증가). 즉, '수확체증'은 제도 내 긍정적 환류의 강력한 메커니즘을 창조하기 때문에, 왜 어떤 제도가 시간이 지날수록 가기강화의 경향과 의도적으로 제도의 변화를 어렵게 하는지를 설명한다(Duit, 2007: 1100-1101; Pierson 2004; 김태은, 2009a: 48).

(2) 제도변화 요인 – 부정적 환류(negative feedback)

제도 내에는 긍정적 환류뿐만 아니라 부정적 환류가 존재할 가능성이 있다. 여기서 부정적 환류는 제도의 안정성을 손상시켜 지속적으로 제도변화를 초래시키는 환류라 할 수 있다. 변화 저항적으로 설계된 제도는 그 자체로 긍정적 환류가 내재되어져 있다 할 것이다. 그러나 설계자의 의도와 달리, 혹은 예측과 달리 변화 저항적으로 설계된 제도 내에 변화를 촉진하는 요인('이를 부정적 환류'라 칭함)이 잠재되어 있을 수 있다.

이와 관련하여, 피어슨(Pierson, 1996)은 제도 내에 어떤 알지 못하는 또는 역기능적 요소들이 포함될 수 있고, 이에 따라 변화의 필요성이 제기될 수 있음을 주장하였다. 클레멘스와 쿡(Clemens & Cook, 1999)[6] 역시, 제도는 모순(contradictions)을 내포하고 있고 정치행위자들은 제도의 본질과 목적을 변화시킬 수 있다. 제도가 일단 형성되면, 어떤 집단과 정치 행위자에게는 편익을 주지만 어떤 행위자들에게는 그렇지 않을 수 있다. 어떤 편익을 얻고자 하는 주체들은 그들 자신의 이익과 이해에 부합되도록 기존의 제도를 변화시키고자 한다고 주장한다. 디그(Deeg, 2005) 또한 제도는 재생산의 메커니즘(mechanisms of reproduction)과 변화의 메커니즘(mechanisms of change) 모두를 발생시킨다고 주장한다. 즉, 어떤 제도는 서로 다른 정치적 행위자에게 다양한 행동의 경로추구를 허용하며, 이로 인해 제도가 안정(지속) 혹은 변화한다는 것이다(Deeg, 2005: 173-174).

모든 제도는, 혹은 변화 저항적으로 설계된 제도라 하더라도, 근본적으로 제도의 수혜자와 피해자를 생산한다. 결국, 이는 이무리 완벽한 제도라 하더라도 본질적으로 피해자가 형성된다면 이는 그 자체가 하나의 변화요인으로 작용될 수 있음을 알 수 있다. 이와 관련하여, 집단행동(collective action)은 부정적 환류의 설명하는 데 유용한 시각을 제시한다. 대표적으로 올슨(Olson, 1965)은 집단행동을 조직의 규모 차원에서 다루면서 가장 의미있는 주장을 제시한 바 있다. 즉, 올슨(Olson, 1965: 48)은 대규모 집단[7]

---

6) "Institutions may produce their own grave-diggers"(Clemens & Cook, 1999: 499).

7) 심지어, 조직화되지 않은 집단을 논함에 있어서도, 압력집단 혹은 집단이론을 다룸에 있어서 집단

이 그들 자신의 이익을 증진시키는 것을 방해하는 개별적이나 누적적인 3가지 요소를 제시한다.

첫째, 집단이 클수록 집단 내에서 활동하는 어떤 개인이 받는 편익의 양도 작아지며, 또한 집단지향적 행동에 대한 보상의 적절성도 낮아진다. 따라서 집단은 집합재(collective good)[8]의 최적 공급을 달성할 수 없다. 둘째, 집단이 클수록, 집단 내 어떤 개인이나 하부조직에서 얻을 수 있는 전체 편익의 양도 줄어든다. 따라서 개인이나 집단 내 하부조직도 집합재 공급에 따른 부담보다 집합재 획득에 따른 이득이 크지 않을 것이다. 즉, 집단이 클수록 재화를 획득하기 위한 과점적 상호작용(oligopolistic interaction)의 가능성은 줄어든다. 셋째, 집단 구성원의 수가 많아질수록 조직 비용(organization costs)이 증가한다. 이러한 이유로 인해, 집단이 클수록 집합재의 최적 공급에 실패할 것이고 강제나 외적 유인의 부재 속에서 대집단은 집합재의 최소 양조차 그들 스스로 제공하지 않으려 할 것이다.

따라서 오직 각각의, 그리고 선택적 유인(selective incentive)만이 잠재적 집단(latent group)[9]에서의 합리적 개인들을 집단지향적인 행동을 할 수 있도록 촉진시킨다.[10] 그러나 대집단과 달리 소집단은 집합재 그 자체로부터 분리된 강제 및 능동적 자극에 의존하지 않고서도 그들 스스로 집합재를 제공할 수 있다. 이는 작은 집단에서의 각각 구성원은(최소한 그들 한 명은) 집합재를 가짐으로써 얻는 개인적 이득이 어떤 양의 집합재를 제공하기 위해 필요한 전체 비용을 초과하기 때문이다(Olson, 1965: 34-35).

올슨(M. Olson)과 맥을 같이하는 윌슨(Wilson, 1974) 역시 규제의 정치적 상황을 논함에 있어서 집단행동을 핵심적 변수로 다루고 있다. 즉, 작은 집단 내의 개별 행위자들의 공헌은 조직의 목표달성에 유의미한 중요성을 지니며, 또한 그러한 공헌은 집단

(group)은 공유된 이해(common interest)를 갖는 다수의 개인들이라고 정의한다(Olson, 1965: 8).

8) Olson(1965: 14)은 집합재(collective good)를 common good, public good과 같은 개념으로 사용하고 있다.

9) 여기서 잠재적 집단은 대집단((large group)을 의미한다. 저자는 대집단이 행동을 위한 잠재적인 힘과 능력을 가지고 있으나, 그러한 잠재적 힘은 오직 선택적 인센티브가 추가되었을때에만 동원 가능하고 실현 가능하기 때문에 잠재적 집단이라 칭하고 있다(Olson, 1965: 51).

10) 이외에도 Hardin(1982)은 Olson이 주장한 3가지 이외에도 아래 조건에 의해 작은 집단이 큰 집단에 비해 집단행동에 성공할 가능성이 많음을 주장한다. 첫째, 감정적 유대, 이타심, 도덕적 책임감 등의 요소가 대집단보다는 작은 집단에서 보다 강력히 작용한다. 둘째, 소집단에서는 각 개인의 행동이 쉽게 관찰될 수 있다. 즉, 익명성의 정도가 낮아진다. 셋째, 제재 혹은 처벌의 비용이 대집단에서 높아질 가능성이 높다.

내 다른 구성원에 의해 주목받고 보상을 받을 정도로 충분히 가시적이라는 것이다(Olson, 1965: 48-50; 126-128; Wilson, 1974: 140-141). 따라서 집단의 규모(size)가 중요하다고 주장한다. 한편, 조직 활동은 직업, 산업, 지역 등으로 정의될 수 있는 사회영역 간의 신념과 이해의 동질성(homogeneity of interest)이 클수록 조직 활동은 쉽게 일어난다. 예를 들어, 수입 시계에 대한 관세 인하가 제기될 경우, 시계 제조 회사를 대표하는 조직에서의 조직활동이 시계를 사거나 파는 기업가를 대표하는 조직에 비해 활발하게 일어난다는 것이다(Wilson, 1974: 141).

제도변화에 있어 집단행동의 중요성은 다양한 연구자들(예: 배병룡, 1994; Ingram & Rao, 2004)에 의해 이루어져 왔다. 결국, 집단행동[11]은 제도변화의 원인이 될 수 있다. 특히, 어떤 설계된 제도에 내포되어 있는 부정적 환류로서, 동 제도가 집단행동을 유발시키는 데 유리하게 (설계자의 의도와 상관없이) 설계되어져 있다면 이는 중요한 변화요인으로 작용할 것이다. 특히, 민주주의에서 정권 변동은 집단행동과 매우 유의미한 관계를 형성할 수 있다. 특히, 집단행동 주체가 정권의 지지 세력이라면, 그러한 집단행동의 영향력은 더욱 커질 수 있으며, 이에 따른 부정적 환류의 크기 역시 커질 수 있다 할 것이다.

결론적으로, 어떠한 제도가 변화가 어렵도록 설계되어졌다 하더라도, 그러한 제도 자체에 의해 수혜자와 피해자를 발생시킬 수 있다. 여기서 수혜자는 당연히 제도가 지속되기를 기대할 것이며, 반대로 피해자 입장에서는 동 제도를 변화시키거나 폐지하려 할 것이라는 점이다. 특히, 여기서 중요한 점은 제도에 의해 유발되는 수혜자와 피해자를 하나의 집단으로 설정할 때, 그 규모에 있다 할 것이다. 왜냐하면, 집단의 규모는 집단행동을 설명하게 하고, 이는 곧 부정적 환류로서 기능을 수행할 수 있는가와 관련되어져 있기 때문이다.

3) 연구 분석틀

본 연구는 변화 저항적인 제도의 변화원인과 그러한 변화원인에 따라 어떻게 제도

11) 집단행동은 집단이 달성하고자 하는 목표, 즉 성과와 관련되어서 있다. 이러한 관점에서 집단의 성과는 집단규모 외에 집단의 구성, 규범, 응집력에 영향을 받는 것으로 알려지고 있다. 집단의 구성은 집단 구성의 동질성(homogeneity)이나 이질성(heterogeneity)으로 설명되며, 집단의 규범은 집단구성원들의 행동 적절성을 판단하는 기준을, 집단의 응집력은 집단이 얼마나 잘 뭉쳐 있는가의 정도를 나타낸다(Moorhead & Griffin, 2004: 291-297; 이창원 · 최창현, 2008: 239-244).

가 변화하는가에 대한 해답을 찾고자 한다. 이를 위해, 본 연구에서는 제도변화의 원인을 2가지 변수, 즉 '긍정적 환류(자기강화 요인)'와 '부정적 환류(자기부정 요인)'로 설명하고자 한다.

첫째, 변화 저항적인 제도에는 경로의존성의 핵심이라 할 수 있는 '긍정적 환류'가 존재하며, 이러한 환류는 해당 제도를 지속 및 유지시키고자 하는 원천으로 작용할 것이다. 둘째, 제도는 그 자체로 설계자의 의도와 달리 제도의 변화를 촉진하는 '부정적 환류'를 형성할 수 있다. 이러한 부정적 환류의 하나로 어떤 제도에 의해 형성되는 '집단행동'을 통해 이를 설명하고자 한다. 여기서 집단행동은 '집단특성1(집단의 규모)', '개인수준에서 비용과 편익의 분포', 그리고 이 '두 요인에 따른 집단의 특성2(집단행동의 인센티브, 무임승차 가능성, 집단행동을 위한 거래비용)'과 '지지 집단의 형성과 관계' 차원에서 살펴보고자 한다.

단일 제도의 변화에 서로 상반된 영향을 미치는 두 개의 환류에 따라 제도는 변화할 것이다. 즉, 긍정적 환류는 제도를 지속시키고자 하는 힘으로 작용하는 반면, 부정적 환류는 그 자체로 지속적으로 제도 축소 및 폐지를 유발하는 힘으로 작용할 것이다. 이러한 맥락에서 [그림 5-1]은 '단일 제도에 서로 다른 영향을 미치는 두 개의 환류가 존재'하고, 이러한 모순된 환류에 의해 제도의 지속성과 제도의 변화가 동시에 나타나고 있음을 묘사하고 있다.

그림 5-1 연구 분석틀

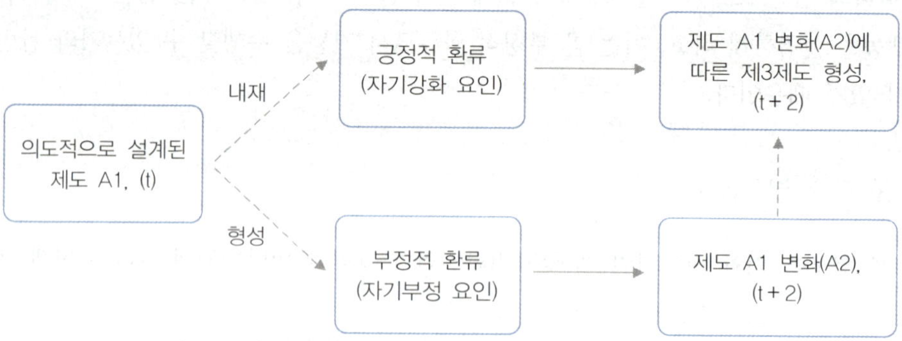

제3절 종합부동산세 제도의 변화요인 – 두 가지 환류

1 긍정적 환류(자기강화 요인)

종합부동산세는 변화가 어렵도록 의도적으로 설계되어 있었으며, 이는 곧 제도를 지속시키고자 하는 긍정적 환류가 내재되어져 있음을 의미한다. 이러한 점은 종합부동산세가 부동산교부세와 연계되어 있다는 점에서 알 수 있으며, 구체적으로 부동산교부세의 개념과 특성, 그리고 재원 성격, 배분기준을 통해 잘 드러난다. 즉, 종합부동산세는 부동산교부세의 재원이 되는 만큼 지방자치단체는 종합부동산세를 유지 및 지속시키는 강력한 제도의 보호자가 될 수 있다는 것이며, 이러한 메커니즘이 곧 긍정적 환류로 작용한다 할 것이다.

1) 지방교부세로서 부동산교부세

종합부동산세의 자기강화 요인은 무엇보다 기존의 종합토지세를 국세화하되 그 재원은 100% 지방자치단체의 부동산 교부세로 지급되게 설계되었다는 점이다. 즉, 종합부동산세는 국가에서 세금을 거두어들이나 그 지출과 사용은 지방자치단체에서 사용될 수 있게 하고 있다. 종합부동산세는 종합부동산세 도입에 따른 자치단체의 재원감소분을 보전하고 재정형평성을 제고하기 위하여 국가는 제1항의 규정[12]에 의한 교부세 재원 외에 종합부동산세법에 의한 종합부동산세 총액을 예산에 매년 계상하여 자치단체에 전액 교부(지방교부세법[법률 제7333호, 2005.1.5, 일부개정] 제4조 제3항)하도록 하고 있으며, 이러한 규정에 의한 종합부동산세의 교부기준은 종합부동산세 신설에 따른 자치단체의 재원감소분을 기초로 산정하되, 재정여건, 지방세 운영상황, 부동산 보유세 규모 등을 감안하여 대통령령으로 정하도록 하고 있다(지방교부세법[법률 제7333호, 2005.1.5, 일부개정] 제4조 제4항)

이는 크게 3가지 차원에서 변화 저항적으로 제도가 실세되었음을 알 수 있다.

12) 지방교부세법 제4조(교부세의 재원) ① 교부세의 재원은 당해 연도의 내국세(목적세 및 종합부동산세와 다른 법률에 의하여 특별회계의 재원으로 사용되는 세목의 당해 금액을 제외한다. 이하 같다) 총액의 1만분의 1,913에 해당하는 액과 제5조 제2항의 규정에 의한 정산액으로 한다.

(1) 개념과 특성을 통한 의도성 파악

변화저항적인 제도로서, 부동산교부세의 신설은 매우 의미있는 관점을 제시한다. 일반적으로 지방재정조정제도는 크게 보조금과 교부세로 구분될 수 있다. 여기서, 종합부동산세의 재원을 보조금의 형태로 지급되는 것이 아니라 지방교부세로 지급된다는 것은 차후에 종합부동산세의 제도를 변화하기 어렵게 하기 위해 의도적으로 설계하였다 할 수 있다.

일반적으로 지방 교부세란 국가가 재정적 결함이 생기는 자치단체에 교부하는 금액을 말한다(지방교부세법[법률 제7333호, 2005.1.5, 일부개정] 제1조). 즉, 지방교부세는 '지방자치단체의 행정운영에 필요한 재원을 교부하여 그 재정을 조정함으로써 지방행정의 건전한 발전을 도모'하는 데 그 목적을 두고 있다. 이러한 지방교부세는 자치단체 간 재정력 격차를 해소하기 위해 지방교부세의 적정한 배분을 통해 자치단체 상호 간 과부족을 조정하고 균형화를 도모하는 재원 조정기능과 지방교부세 총액을 내국세의 19.24%(부동산교부세 제외)로 법정화하여 지방재원을 총액으로 보장하고 있다(최창호, 2009: 604; 행정안전부, 2010: 4).

이러한 지방 교부세는 다른 지방재정조정제도와 달리 독특한 성격을 지니고 있다. 첫째, 지방교부세는 지방 고유의 독립재원으로서 성격을 지닌다. 즉, 그 명칭에서 알 수 있듯이, 지방교부세는 지방세의 대체적 성격, 즉 간접과세형 지방세임을 나타내고 있다. 둘째, 지방교부세는 그 비용용도에 제한이 없는 것이 특징이다. 즉, 지방교부세는 국고에서 지출되기 것이기는 하지만, 일단 교부된 지방교부세는 그 비용의 용도를 지방자치단체가 자유로이 결정할 수 있다(최창호, 2009: 604; 행정안전부, 2010: 4-5).

(2) 재원 성격을 통한 의도성 파악

다른 지방교부세와 다른 부동산 교부세의 재원 성격에서 변화 저항적 설계의 모습을 찾을 수 있다. 즉, 부동산교부세를 제외한 다른 교부세는 내국세를 기반으로 하고 있다. 즉, 보통, 특별, 분권 교부세가 그 재원을 당해 연도 내국세 총액의 1만분의 1,913[13]으로 하며, 분권교부세의 재원은 내국세총액의 1만분의 83에 해당하는 액으로 하고, 보통교부세의 재원은 분권교부세액을 제외한 교부세총액의 100분의 96에 해당하는 액으로 하며, 특별교부세의 재원은 분권교부세를 제외한 교부세총액의 100분의 4에 해당하

---

13) 동 규정은 이후 2006년 분권교부세율이 내국세의 0.83%→0.94%로 상향됨에 따라 내국세의 19.24%로 상향조정되었다.

는 액으로 하고 있다(지방교부세법[법률 제7333호, 2005.1.5, 일부개정] 제4조 제1항, 제2항).

반면, 부동산 교부세는 내국세가 아닌 목적세인 종합부동산세를 그 재원으로 하고 있다는 점이다. 목적세는 기본적으로 특정 경비에 충당할 목적으로 부과하는 세금이라 할 것이며, 종합부동산세를 목적세로 신설했다는 것은 이미 동 재원의 사용처를 고정시켰다는 의미를 갖는다. 즉, 내국세 재원 외에 종합부동산세법에 의한 종합부동산세 총액을 예산에 매년 계상하여 자치단체에 전액 교부하도록 규정하고 있다(지방교부세법[법률 제7844호, 2005.12.31, 일부개정] 제4조 제3항). 즉, 부동산 교부세는 지방자치단체에 전액 교부하여야 하며(지방교부세법[법률 제7844호, 2005.12.31, 일부개정], 제9조의3, 제1항), 동 교부세의 교부기준은 부동산세제 개편에 따른 지방자치단체의 세수감소분을 기초로 산정하되, 재정여건, 지방세 운영상황 등을 감안하여 대통령령으로 정하도록 하고 있다(동법 제9조의3 제2항). 실제, 〈표 5-1〉에서 알 수 있듯이, 2005년 세수감소분 3,930억 원이 지급된 이후 그 규모는 확대되어, 2008년에는 세수감소분 7,697억 원, 균형재원 21,156억 원으로 확대되었다. 특히, 균형재원의 비중 확대가 매우 큼을 알 수 있다.

표 5-1 부동산교부세 연도별 교부현황

(단위: 억 원)

구분	합계			2005년	2006년		2007년		2008년		2009년
	계	세수 감소분	균형 재원	세수 감소분	세수 감소분	균형 재원	세수 감소분	균형 재원	세수 감소분	균형 재원	균형 재원
전국	71,175	71,175		3,930	10,200		18,892		28,853		9,300
		30,265 (42.5%)	40,010 (57.5%)	3,930	8,667	1,533	9,971	8,921	7,697	21,156	9,300
서울	12,143	8,321	3,822	791	2,402	142	2,688	806	2,440	2,037	837
서울 외	59,032	21,944	37,088	3,139	6,265	1,391	7,283	8,115	5,257	19,119	8,463

주: 1) 시 · 군 · 구 배정액은 시 · 도에 합산.
자료: 행정안전부 보도자료(2009a: 4).

(3) 배분기준을 통한 의도성 파악

종합부동산세를 기반으로 하는 부동산교부세는 정치적 배분의 가능성을 가능한 배제시키기 위해 배분방식을 시행령과 시행규칙에서 구체적으로 제시하고 있다. 즉, 부동산 교부세는 크게 두 가지 기준을 통해 배분되었다. 첫째, 당해 연도 예산에 계상하여 교부할 종합부동산세 총액이 제1항의 규정에 의하여 산정한 시·군·자치구별 재원감소분의 합계액 보다 적을 경우에는 각 시·군·자치구의 재원감소분 비율에 따라 나누어 교부한다. 둘째, 당해 연도 예산에 계상하여 교부할 종합부동산세 총액이 제1항의 규정에 의하여 산정한 시·군·자치구별 재원감소분의 합계액 보다 많을 경우에는 제1항의 시·군·자치구별 재원감소분에 해당하는 금액을 종합부동산세 총액 중에서 교부하고, 그 잔액은 다음 각 목에 정하는 기준 및 비중에 따라 시·군·자치구별로 나누어 교부한다(지방교부세법 시행령[대통령령 제19146호, 2005.11.30] 제3조의3 제2항 2).

구체적으로, 2005년 초기에는 재정여건에 큰 비중을 두어 지방의 재정력지수가 낮을수록 부동산 교부세를 많이 받을 수 있도록 설계되어져 있다.

표 5-2 종합부동산세 잔액 교부액 산정방식(2006~2007년)

$$\text{시·군·자치구별 교부액} = \text{잔액 총액} \times \left[\frac{\text{당해 시·군·자치구의 평균 재정력역지수}}{\Sigma\text{시·군·자치구별 평균 재정력역지수}} \times 80\% + \frac{\text{당해 시·군·자치구의 전년도 지방세 운영상황 종합지수}}{\Sigma\text{시·군·자치구별 전년도 지방세 운영상황 종합지수}} \times 15\% + \frac{\text{당해 시·군·자치구의 전년도 재산세 부과액 지수}}{\Sigma\text{시·군·자치구별 전년도 재산세 부과액 지수}} \times 5\% \right]$$

자료: 지방교부세법 시행규칙[행정자치부령 제305호, 2005.12.1], 별표 1

표 5-3 부동산 교부세 배분 기준의 변화

(단위: %)

	지방교부세법 시행령 [대통령령 제19146호, 2005.11.30] 제3조의3	지방교부세법 시행령 [대통령령 제20444호, 2007.12.13] 제10조의3	지방교부세법 시행령 [대통령령 제21976호, 2010.1.1] 제10조의3
재정여건	80	50	50
사회복지		25	25
지역교육		20	20
지방세 운영상황	15		
부동산 보유세 규모	5	5	5

자료: 지방교부세법 시행령(표 내에 표기).

이후 2008년부터 현재까지는 재정여건, 사회복지, 지역교육에 각각 50%, 25%, 20%의 비중을 두고 있다. 이러한 구체적인 배분기준은 부동산 교부세의 배분이 정치적인 판단에 의해 이루어질 가능성을 차단하고 있다.

2) 소결 – 제도유지와 강화 압력으로서 긍정적 환류(자기강화 요인)

요약하면, 종합부동산세는 여타 세목과 달리 변화 저항적인 제도로 설계되었다 할 수 있다. 이는 종합부동산세를 기본적으로 부동산교부세와 연계시켰다는 것에서 알 수 있으며, 구체적으로 이는 부동산교부세의 개념과 특성, 그리고 재원 성격, 배분기준을 통해 잘 드러난다. 결국, 종합부동산세는 변화 저항적으로 설계되었음을 알 수 있으며, 제도변화를 저해하는 핵심적인 행위자는 부동산 교부세의 수혜 집단, 즉 지방자치단체라 할 것이다.

따라서 종합부동산세는 지방자치단체가 수혜받는 부동산교부세의 재원이 되는 만큼, 동 재원을 필요로 하는 지방자치단체는 종합부동산세를 유지 및 지속시키는 강력한 제도의 보호자가 될 수 있다는 것이다. 이러한 맥락에서 당시 핵심 정책결정자들은 종합부동산세 제도가 자신들의 정권을 넘어 항구적으로 지속될 것임을 자신있게 표출하였다.

> "강력하고 포괄적이며 무너지지 않는 제도를 만들 것" … "헌법을 바꾸는 정도의 노력이 아니면 바뀌기 힘든 제도를 내놓겠다." … "참여정부가 끝나면 옛날로 다시 갈테니 2년 반만 버티자고 생각하는 사람들이 계속 투기를 하고 있다." … "이해 당사자들에게 환영받는 정책" … "일단 만든 제도를 유지해야만 이익이 돌아오는 사람을 많이 만들어서 그 제도를 바꾸는 게 힘들도록 하는 방식, 자기가 혜택을 입는 정책을 바꾸도록 놔두지는 않을 것이기 때문"[김병준 실장(2005.07.03), 연합뉴스와의 인터뷰 중]
>
> "일부 언론의 부동산 대책 흔들기에도 흔들리지 않고 호랑이를 그려 내놓겠다" [노무현 대통령(2005.07.25), KBS 토론회].
>
> "지금 모두 태연한데 이 세금제도는 노무현 정권 끝나도 안 바뀐다. 바꿀 수가 없다", "일부 언론들하고 부동산 하는 사람들이 그거 잘될까 하고 앉아 있으니, 국민들이 (비싼 집을) 안 팔고 붙끈 쥐고 있다", "여소야대 국면에서 이 법이 통과되었는데

이것을 뒤집는 법은 얼마나 어렵겠습니까. 그렇게 호락호락하지 않다", "그것이 되겠나 하는 사람이 너무 많고 일부 언론까지 그러니까 국민들이 (부동산을) 안 팔고 불끈 쥐고 있지만 나는 확신을 갖고 있다", "나중에 종합부동산세 한번 내보라. 이 세금제도는 안 바뀐다"[노무현 대통령(2006.05.19), 동반성장을 위한 중소기업인 초정 오찬 중].

2 부정적 환류(자기붕괴 요인)

종합부동산세는 기본적으로 동 제도를 붕괴시키는 부정적 환류를 형성하였다. 물론, 이는 종합부동산세의 설계자의 의도라기보다는 종합부동산세의 세제 특성상 본질적으로 발생하는 환류라 할 것이다. 부정적 환류는 종합부동산세 시행에 따라 형성되는 피해집단의 집단행동이다. 즉, 종합부동산세는 세금납부자인 피해집단과 세금 수혜집단을 형성하는데, 집단특성에 따라 피해집단은 집단행동이 발생하게 되고 이러한 집단행동은 종합부동산세를 변화시키는 힘으로 작용한다는 것이다.

1) 종합부동산세와 집단행동

(1) 종합부동산세와 집단 형성 및 집단행동 가능성

종합부동산세는 서로 상이한 집단을 형성한다. 첫째, 집단규모와 관련하여, 종합부동산세는 토지 및 주택의 과대 보유자에 대한 세금으로서 기본적으로 소수의 부동산 보유자에게 과세하며, 그러한 과세의 편익은 국민 일반이 향유하게 되어 있다. 즉, 종합부동산세의 직접적인 피해집단은 종합부동산세를 납세하는 소수의 부동산 소유자(2008년 기준 약 41만 명)이며, 수혜집단은 종합부동산세에 따라 수혜를 받는 절대다수의 일반 국민(2008년 경제활동인구 기준 약 2,393만 명)으로 그 집단의 경계조차 모호할 정도로 대규모이다.

둘째, 개인수준에 비용과 편익 규모는 피해집단의 경우 비용이 매우 크고 집중되어 있으며, 수혜집단의 경우 편익규모가 작고 넓게 분포되어 있다. 실제, 〈표 5-4〉에서 알 수 있듯이, 2008년 기준 종합부동산세 납세자는 41만명은 평균 5.64백만 원을 지출해야 하는데 반해, 수혜집단은 약 2,393명(경제활동인구 기준-납세자 수)의 1인당 수혜금액이 0.10백만 원으로 그 규모가 매우 적다.

표 5-4 종합부동산세 결정과 피해 및 수혜자 현황

(단위: 명, 백만 원)

연도	경제활동인구 (천 명) (1)	종합부동산세 납세자(피해자)1)								수혜자	
		합계				개인		법인			
		인원 (2)	비중 3(2/1)	세액 (4)	1인당 세액 5(4/2)	인원	세액	인원	세액	인원 6(1-2)	세액 7(4/6)
2005	23,743	70,676	0.30%	642,611	9.09	62,089	89,179	8,587	553,432	23,672,324	0.03
2006	23,978	340,747	1.42%	1,717,958	5.04	327,797	767,169	12,950	950,789	23,637,253	0.07
2007	24,216	482,622	1.99%	2,767,130	5.73	468,529	1,573,116	14,093	1,194,014	23,733,378	0.12
2008	24,347	412,543	1.69%	2,328,039	5.64	398,382	1,093,880	14,161	1,234,159	23,934,457	0.10

주: 1) 2008년 정기분 최종 실적 기준으로 작성함.
2) 수혜자는 편의상 경제활동인구로 추정함(수혜자의 경우 대략적인 집단간 비용과 편익의 차이를 대략적으로 보여주기 위한 것임).

자료: 경제활동인구는 통계청(2004년 이후 신분류기준), 기타 자료는 국세청(2009a). 국세통계연보 편집 인용.

또한 종합부동산세 납부자들은 지역별 및 납세 비중별로 집중되어 있다. ① 지역별로 볼 때 수도권에 집중되어 있다. 즉, 2008년을 기준으로 할 때, 서울이 인원 비중으로 56.79%, 세액비중으로 61.45%를 차지하고 있으며, 경기는 인원과 세액 비중이 각각 26.54%와 21.25%를 나타내어, 인천을 포함한 수도권이 인원과 세액비중이 각각 전체의 86.15%, 86.17%를 차지하고 있다(국세청, 2009a). ② 서울에서도 자치구별로 그 분포가 매우 크다. 즉, 서울시 전체에서 중구와 서초, 강남, 송파지역을 합한 비중은 인원과 세액기준으로 각각 1,372명(58.6%), 10,008억 명(70.0%)에 이르고 있다(국세청, 2009b). 즉, 서울에서도 4개의 핵심지역이 종합부동산세의 상당부분을 납부하고 있음을 알 수 있다. c. 종합부동산세는 종합부동산세를 납부하는 대상자들 간에서도 막대한 편차가 나타난다. 2008년 기준, 종합부동산세 납부자 상위 10%가 전체 세액 기준 77.2%, 주택분 기준 54.3%, 종합합산토지분 기준 84.2%, 별도합산토지분 97.9%로 매우 높은 비중을 차지하고 있다. 즉, 종합부동산세 대상자 중에서도 상위계층에 종합부동산세 부담이 집중되어져 있음을 알 수 있다(국세청, 2009a).

셋째, 피해집단과 수혜집단의 집단규모와 비용편익분포 차이에서 알 수 있듯이, 피해집단은 수혜집단에 비해 집단행동에 따라 막대한 비용이 실제 줄어들 수 있음으로 집단행동에 따른 인센티브가 높다. 게다가, 집단규모가 절대적으로 작고 지리적, 소득적으로 집중되어 있어 집단행동에 있어서 무임승차 경향이 낮고, 집단행동을 위한 거래

비용이 집단의 규모와 구성에 따라 수혜자 집단에 비해 절대적으로 낮을 수밖에 없다.

넷째, 지지집단의 형성 및 관계로서, 종합부동산세로 인한 피해집단의 지지집단은 그 형성이 매우 용이하며, 피해집단과 정치적으로 매우 밀접한 관계를 지닌다. 이는 피해집단이 지리적, 소득 차원에서 집중되어져 있기 때문이다. 특히, 서울의 4개구, 특히 강남 3구에 집중되어져 있기 때문에 해당 지역의 이해를 대변하는 정치인 및 지방자치단체는 피해집단의 이해를 적극적으로 대변할 가능성이 매우 높다. 반면, 절대다수의 일반 국민인 수혜집단은 집단의 경계조차 모호할 정도로 전국적으로 산재되어 있어, 이를 대변하고 옹호할 지지집단의 형성 자체가 매우 어렵다. 특히, 수혜집단의 개인수준에서 느끼는 편익의 크기가 매우 작기 때문에 수혜집단이 적극적으로 집단행동에 나서지 않고, 이에 따라 지지집단의 형성이 이루어지기 어렵다. 또한 피해집단의 지지집단은 피해집단과 동일하게 집단행동의 인센티브가 매우 크고, 무임승차 가능성이 낮으며, 집단행동을 위한 거래비용이 낮을 수밖에 없어 집단행동의 가능성이 매우 크다 할 것이다.

결론적으로, 피해집단 및 지지집단은 집단행동이 나타날 가능성이 수혜집단에 비해 절대적으로 높다. 이에 피해집단과 그 지지집단은 지속적으로 종합부동산세 따른 비용을 줄이기 위한(종합부동산세 완화 및 폐지) 집단행동에 나서는 반면, 수혜집단의 구성원들은 집단의 특성에 따라 편익을 확대(종합부동산세 확대)하기 위한 집단행동에 적극적으로 나서지 않는다는 것이다. 〈표 5-5〉는 이를 종합 정리하고 있다.

표 5-5 종합부동산세의 집단과 집단행동 가능성

		피해집단	수혜집단
직접적인 피해 및 수혜 집단		소수의 부동산 소유자	절대 다수의 일반 국민
집단 특성 1	규모	매우 적음	매우 큼
개인 수준에서 비용과 편익의 분포		비용 매우 크고 집중	편익 적고 넓게 분산
집단 특성 2	집단행동의 인센티브	매우 큼	매우 적음
	무임승차 가능성	매우 적음	매우 큼
	집단행동을 위한 거래비용	매우 적음	매우 큼
지지집단의 형성과 관계		관련 지지 정치집단(정치인, 지방자치단체 등), 매우 긴밀	형성 어려움
집단행동의 가능성		매우 높음	거의 없음

(2) 부정적 환류로서 집단행동

피해집단 및 지지집단의 집단행동은 매우 체계적이고 지속적으로 나타났다. 특히, 피해집단이 지리적으로 집중된 서울 강남 3구를 중심으로 활발하게 나타났다. 구체적으로 이들의 집단행동은 다음 〈표 5-6〉과 같이 피해자 개인, 피해자 집단, 그리고 정치인 및 자치단체와 같은 지지집단과의 밀접하게 연계되어 나타나고 있음을 알 수 있다.

표 5-6 피해집단과 지지집단의 집단행동

출처	주요 내용	주체 및 방법
매일경제 (2004.11.13)	권문용 강남구청장 "종합부동산세 국세 신설이 위헌 소지가 있기 때문에 국회의결을 거치기 전이라도 헌법재판소에 권한쟁의 심판청구를 제기할 것"	• 자치단체장 • 권한쟁의 심판청구
동아일보 (2005.12.03)	강남구청은 매달 발간하는 '강남까치소식'(11월 28일자)을 통해 "현재 서울시 22개 구청장 연명으로 헌법재판소에 종부세에 대한 권한쟁의 심판을 청구한 상태"라며, "사진 신고 납부를 하면 3%의 세액공제 혜택이 있으나 소송 등 법률적 권리구세 신청을 할 수 없다"고 밝힘. 이에 대해 강남구청은 "집단적으로 납부 거부 움직임을 보이는 주민들이 있어 법률 등 관련 내용을 안내한 것뿐"이라며, "주민 서비스 차원이지 납부 거부 운동을 한 것은 아니다"고 밝힘	• 자치단체 • 종합부동산세 납부 거부 조장
경향신문 (2005.07.06)	강남구 등 서울지역 22개 구청이 헌법재판소에 '종합부동산세' 폐지를 요구하는 권한쟁의 심판을 청구	• 자치단체 • 권한쟁의 심판청구
동아일보 (2006.12.07)	서울 강남구 도곡동의 타워팰리스, 강남구 대치동의 동부센트레빌과 선경아파트 주민 85명은 1일 "2월 부과된 종부세와 농어촌특별세를 취소해 달라"며, 역삼세무서장 등을 상대로 서울행정법원에 소송 또한 위헌법률심판 제청을 같은 법원에 신청	• 주민 • 행정법원 소송 및 위헌소송
동아일보 (2006.12.12)	강남구 6,000여 명, 서초구 1,600여 명, 송파구 6,742명 등 종부세 부과기준 완화 서명운동	• 주민 • 서명운동
동아일보 (2006.12.12)	송파구의회 관계자는 8일 "이들 서명 자료를 모아 국세청에 적법한 절차로 처리해 달라고 요청할 계획" 강남구의회 이석주 의원은 "최근 10여 개 아파트 단지 대표들이 종부세 기준 완화를 요구하는 서명을 추가로 접수했다"며, "일부 아파트 주민은 종부세법 위헌 소송도 준비 중"이라고 밝힘	• 지방의회 • 지원 및 협조
경향신문 (2006.12.15)	분당입주자대표협의회(회장 한상문) 종부세 청원서 제출에 따른 출정식을 갖고 분당 주민 1만 9천 5백 97명이 서명한 청원서를 국회와 청와대, 재정경제부, 국세청, 시의회 등 5개 기관에 제출	• 주민 • 청원서
한겨레 (2007.12.03)	이명박 - 정동영 - 이회창 등 이른바 '빅3' 후보 모두 '1가구1주택 장기보유자 종부세 완화'로 동일	• 정치인 • 표 대응
동아일보 (2008.10.16)	서울 강남의 아파트 소유자 919명 기납부한 종부세 종부세 경정거부처분소송(종부세 부과처분을 취소 소송), 이외 2007년 32건, 2008년 40여 건	• 주민 • 부과취소소송

이러한 집단행동 중 가장 대표적인 것은 법적 소송 및 동 소송과 연계된 헌법소원에서 잘 드러난다. 즉, 이들은 종합부동산세를 부과 받자마자 각 행정법원 및 지방법원에 종합부동산세등부과처분취소, 위헌법률심판, 경정거부처분취소 등 소송을 제기하였으며, 각 행정법원과 지방법원에서 해당 소송에 대해 각하 및 기각 결정을 받자, 종합부동산세에 대해 헌법소원을 청구[14]하였다. 특히 이들의 소송결정속도는 아래 '2006헌바112 사건'에서 보여주듯이 매우 놀라울 정도로 빠르고 조직적이다.

2006헌바112 사건(헌법재판소, 2008: 40)

기재 청구인 손○애 외 83명은 2006.2.1.부터 같은 달 13. 사이에 [별지 2] 기재 내역과 같이 2005년분 종합부동산세의 부과처분을 받았다. 이에 위 청구인들은 2006.5.29. 서울행정법원에 위 각 부과처분의 취소를 구하는 행정소송을 제기하였고(2006구합19297호), 그 소송절차에서 위 부과처분의 근거법률인 구 종합부동산세법(2005.1.5. 법률 제7328호로 제정되고, 2005.12.31. 법률 제7836호로 개정되기 전의 것, 이하 '구 종합부동산세법'이라 한다) 제5조 내지 제14조에 대하여 위헌법률심판 제청신청을 하였으나(2006아1052호), 법원이 2006.12.15. 이를 기각하자, 2006.12.26. 구 종합부동산세법 제1조, 제5조 내지 제15조에 대하여 이 사건 헌법소원심판을 청구하였다.

실제, 이들이 집단행동은 상당한 성과를 얻었다. 우선 2007년 말 당시 유력 대선 후보였던 이명박, 정동영, 이회창 모두 1주택 장기보유자 보유세 감면 등 종합부동산세 완화를 대선공약으로 제시하였다(매일경제, 2007.12.03.). 게다가, 실용정부 들어, 조세정책을 담당하는 기획재정부의 종합부동산세에 대한 입장 전환을 이끌어냈다.

구체적으로, 조세정책을 담당하는 기획재정부는 헌법소원이 제기된 사건에 대한 2008년 8월 26일자 각 의견서에서 위 국세청장의 의견요지[15]와 대체로 같은 취지, 즉, 위헌성이 없음을 주장하였다. 그러나 한달 후 기획재정부는 헌법재판소 판결 전인 2008

14) 헌법소원의 당해사건[서울행정법원 2006구합19297 종합부동산세등부과처분취소(2006헌바112), 서울행정법원 2006구합30546 종합부동산세등과세처분취소(2007헌바71), 서울행정법원 2007구합9082 종부세처분취소(2007헌바88), 서울행정법원 2007구합13449 거부처분취소(2007헌바94), 춘천지방법원 2007구합1468 종합부동산세처분취소(2008헌바3), 서울행정법원 2007구합26339 종부세처분취소(2008헌가12), 부산지방법원 2007구합2082 종합부동산세경정거부처분취소(2008헌바62)](헌법재판소, 2008: 38-39).

15) 국세청은 종합부동산세가 위헌성이 없음을 일목요연하고 체계적으로 제시하고 있다(헌법재판소, 2008: 113-116).

년 9월 23일 '종합부동산세 개편방안'을 제시하였다. 즉, 담세력을 초과하는 과도한 세 부담으로 지속이 불가능한 세제이며, 조세원칙과 일반적인 보유세제 원칙에 맞지 않기 때문에 종합부동산세를 개편해야 한다고 그 필요성을 역설하였다. 이에 따른 개편방안으로 과세표준 조정 및 세율 인하, 1세대 1주택 고령자에 대한 세액공제, 사업용 부동산에 대한 종합부동산세 부담 대폭 경감, 과세표준 산정방법을 공시가격 기준에서 공정시장가액 기준으로 전환 등을 제시하였다(기획재정부 보도자료, 2008). 이후 2008년 10월 22일 기획재정부는 종합부동산세에 대한 헌재 판결을 앞두고, 2008년 8월 26일자 의견서의 의견을 철회하고 2008년 9월 23일 '종합부동산세 개편방안'과 동일한 논리로 종합부동산세가 현 정부의 정책 방향과 배치됨을 주장하는 새로운 의견서를 제출하였다.[16] 이를 반영하듯, 헌법재판소는 종합부동산세 정당성을 인정하면서도 세대별 합산과세에 대해서는 위헌, 주거목적 1주택자 과세에 대해서는 헌법 불합치를 결정하였다.

2) 소결 – 제도완화와 폐지압력으로 부정적 환류(자기붕괴 요인)

요약하면, 종합부동산세는 서로 상이한 두 개의 서로 다른 집단을 형성하였다. 이들 집단은 집단의 규모, 피해집단과 수혜집단의 집단규모와 비용편익분포 차이, 그리고 이에 따른 집단의 특성, 지지집단의 형성과 관계 측면에서 종합부동산세를 납세하는 피해집단의 집단행동이 발생할 가능성이 매우 높았고, 실제 강력한 집단행동이 체계적이고 지속적으로 나타났다. 이러한 피해집단의 집단행동은 종합부동산세를 폐지 및 완화하고자 하는 힘으로 작용한다 할 것이며, 이러한 차원에서 이는 부정적 환류라 할 것이다.

이를 반영하듯, 당시 노무현 대통령의 언급은 의미있게 들려온다.

> "종합부동산 정책을 폐기하겠다는 사람도 있고, 지방세로 바꿔 버리겠다는 사람도 있다", "근래 와서 정부가 강력하게 항의하고 지적하니까 정책을 다시 바꿨다는 얘기를 들었지만 불안하다"[노무현 대통령(2007.09.13), 세주 혁신도시 기공식 참석 축사 중].

---

16) 새로운 정권의 이해를 대변하기 위한 노력은 다양하게 진행한 것으로 판단된다. 실례로, 강만수 장관은 6일 대정부 질문에서 "종부세 위헌 소송의 결론을 어떻게 예상하느냐"는 한나라당 최경환 의원의 질문에 "헌재와 접촉했지만 확실히 전망할 수는 없다"면서 "일부 위헌 판결이 날 것으로 예상하고 있다"고 답변했다. 강 장관은 이후 추궁이 이어지자 "헌재가 종부세 관련 심의를 진행하는 과정에서 세성부 의견과 통계를 달라고 요청했다"면서 "1, 2주일 전쯤 세제실장과 담당 국장이 찾아가 설명을 했다고 보고 받았다. 세대별 합산은 위헌으로 갈 것 같다고 세제실장으로부터 구두보고 받았다"고 말했다(경향신문, 2008.11.07).

제4절 변화요인에 따른 제도변화의 결과

1 부정적 환류(자기붕괴 요인)에 따른 종합부동산세의 완화

자기붕괴요인에 따라 종합부동산세는 2008년 말 큰 폭으로 완화되었다. 특히, 2008년 새로운 정권의 출현에 따라 종합부동산세의 피해집단 및 지지집단의 집단행동은 매우 강화되었으며, 이는 2008년 말 대대적인 완화로 나타났다. 종합부동산세는 과세방법, 과세표준, 세율, 세액공제 차원에서 전반적으로 완화되었으며, 이는 주택, 비사용토지, 사용토지 모두에서 나타났다.

표 5-7 종합부동산세의 변화

		2005년	2006년	2008년 이후
주택	과세방법	인별 전국 합산	개인의 경우 세대별 전국 합산	인별 전국 합산
	과세기준액	공시가격 합 9억 원	공시가격 6억 원	공시가격 6억 원
	과세표준	(Σ공시가격－9억 원)×50%	Σ공시가격－6억 원	(Σ공시가격－6억 원)×공정시장가액 비율[17]
	세율	과세표준과 세율 5.5억 원 이하 1% 5.5억 원~45.5억 원 이하 2% 45.5억 원 초과 3%	과세표준과 세율 3억 원 이하 1% 3억 원~14억 원 이하 1.5% 14억 원~94억 원 이하 2% 94억 원 초과 3%	과세표준과 세율 6억 원 이하 0.5% 6억 원~12억 원 이하 300만 원+(6억 원을 초과하는 금액의 0.75%) 12억 원~50억 원 이하 750만 원+(12억 원을 초과하는 금액의 1%) 50억 원~94억 원 이하 4천 550만 원+(50억 원을 초과하는 금액의 1.5%) 94억 원 이상 1억 1천 150만 원+(94억 원을 초과하는 금액의 2%)

17) 공정시장가액은 부동산 시장의 동향과 재정 여건 등을 고려하여 100분의 60부터 100분의 100까지의 범위에서 대통령령으로 정하고 있으며(종합부동산세법[법률 제9273호, 2008.12.26] 제8조 제1항), 2009년 동법 시행령 개정에 따라 최초로 주택과 비사업용 토지는 80%, 사업용 토지는 80%하되, 2009년에 납세의무가 성립하는 분에 대하여는 70%, 2010년에 납세의무가 성립하는 분에 대하여는 75%로 규정하였다(종합부동산세법 시행령[대통령령 제21293호, 2009.2.4] 제2조의4).

				1세대 1주택 고령자에 대한 세액공제 (60세 이상~65세 미만) 10% (65세 이상~70세 미만) 20% (70세 이상) 30% 1세대 1주택자로서 5년 이상 보유한 자의 공제 5년 이상 10년 미만: 100분의 20 10년 이상: 100분의 40%
	과표 적용률	50%	2006년 70%, 2008년까지 매년 10% 상승	–
	세부담 상한액	전년 대비 총세액의 150%	전년 대비 총세액의 300%	전년 대비 총세액의 150%
비사용 토지 (종합 합산)	과세 방법	인별 전국 합산	개인의 경우 세대별 전국 합산	인별 전국 합산
	과세 기준액	공시가격 합 6억 원	공시가격 3억 원	공시가격 5억 원
	과세 표준	(Σ공시가격 - 6억 원)×50%	Σ공시가격 - 3억 원	(Σ공시가격 - 5억 원)×공정시장가액비율
	세율	괴세표준과 세율 7억 원 이하 1% 7억 원~47억 원 이하 2% 47억 원 초과 4%	과세표준과 세율 17억 원 이하 1% 17억 원~97억 원 이하 2% 97억 원 초과 4%	과세표준과 세율 15억 원 이하 0.75 15억 원~45억 원 이하 1천 125만 원+(15억 원을 초과하는 금액의 1.5%) 45억 원 초과 5천 625만 원+(45억 원을 초과하는 금액의 2%)
	과표 적용률	50%(재산세 준용)	2006년 55%, 2014년까지 매년 5% 상승	–
	세부담 상한액	전년 대비 총세액의 150%	전년 대비 총세액의 300%	전년 대비 총세액의 150%
사용 토지 (별도 합산)	과세 방법	인별 전국 합산	인별 전국 합산	인별 전국 합산
	과세 기준액	공시가격 합 40억 원	공시가격 40억 원	공시가격 80억 원
	과세 표준	(Σ공시가격 - 40억 원)×50%	Σ공시가격 - 40억 원	(Σ공시가격 - 80억 원)×공정시장가액 비율
	세율	괴세표준과 세율 80억 원 이하 1% 80억 원~480억 원 이하 2% 480억 원 초과 4%	과세표준과 세율 160억 원 이하 0.6% 160억 원~960억 원 이하 1% 960억 원 초과 1.6%	과세표준과 세율 200억 원 이하 0.5% 200억 원~400억 원 이하 1억 원+(200억 원을 초과하는 금액의 0.6%) 400억 원 초과 2억 2천만 원+(400억 원을 초과하는 금액의 0.7%)
	과표 적용률	50%(재산세 준용)	2006년 55%, 2014년까지 매년 5% 상승	–

세부담 상한액	전년 대비 총세액의 150%	전년 대비 총세액의 300%	전년 대비 총세액의 150%

자료: 종합부동산세법[시행 2005.1.5] [법률 제7328호, 2005.1.5, 제정], 종합부동산세법[시행 2005.12.31] [법률 제7836호, 2005.12.31, 일부개정], 종합부동산세법[시행 2008.12.26] [법률 제9273호, 2008.12.26, 일부개정].

2 긍정적 환류(자기강화 요인)에 따른 제3제도의 결합

부정적 환류에 의해 종합부동산세가 완화되었으나 종합부동산세에 내재되어 있는 또 다른 환류인 긍정적 환류 역시 제도가 지속되도록 영향을 미쳤다. 즉, 종합부동산세의 자기강화 요인은 본질적으로 종합부동산세가 세원 전체가 부동산 교부세라는 이름으로 지방자치단체의 재원으로 활용되도록 설계되어져 있다는 점에 있다. 따라서 긍정적 환류의 핵심은 부동산 교부세의 규모와 기능을 지속시키고자 하는 힘이며, 그 주체는 부동산 교부세를 교부받는 지방자치단체가 그 중심에 있다 할 것이다. 실제, 지방자치단체는 종합부동산세 완화가 진행된 2008년 동안 종합부동산세 완화에 따른 부동산 교부세 감소를 보전할 수 있는 지방소비세와 소득세 도입 및 국세의 지방 이양 등이 필요하다는 정부건의(조세일보, 2008.11.10)가 진행되었다.

> 이완구 지사는 "종부세를 완화하더라도 지자체 특히 시·군에 돌아가는 지방교부세 감소분은 보완 대책을 마련해야 한다"며, "세수 감소 보전 방안으로 지방 소비세·지방 소득세를 신설해야 한다"고 중앙정부에 요구했다(오마이뉴스 인터뷰, 2008.09.30).

실제, 종합부동산세 완화 이후 인원 및 세수가 급격히 감소하고 있다. 2008년 412천 명, 23,280억 원에서 2009년에는 213천 명, 9,676억 원(주택 1,945억 원, 토지 7,731억 원)으로 인원은 48%, 세수는 58%가 감소하였다(기획재정부, 2010: 6; 기획재정부, 2009e: 2-3). 또한 〈표 5-8〉에서 알 수 있듯이, 종합부동산세의 완화는 이를 재원으로 하는 부동산 교부세의 감소를 가져온다. 이에 실제 2008년부터 2012년 간 종합부동산세 감소에 따른 부동산 교부세의 감소 규모는 102,925억 원에 이른다.

표 5-8 종합부동산세 완화에 따른 부동산 교부세 감소 규모 추정

(단위: 억 원)

		2008	2009	2010	2011	2012	계
종부세 감소 (부동산 교부세 감소)	전년 대비	−3,750	−14,560	−5,090	0	0	−23,400
종부세 감소 (부동산 교부세 감소)	기준연도	−4,935	−20,680	−25,770	−25,770	−25,770	−102,925

주: 감세규모 추정은 전년 대비보다 기준연도가 바람직함. 전년 대비는 전년에 비해 줄어드는 규모를 추정하므로 자연스럽게 과소 추정할 수밖에 없는 구조임.[18]

자료: 1) 전년 대비 추정자료는 기획재정부, 고영선(2009: 31) 재인용.
2) 기준연도 대비 자료는 김경수(2009: 15), 이영환 · 신영임(2009: 31).

이러한 상황에서 긍정적 환류는 종합부동산세가 폐지되지 않게 하는 요인으로 작용하였으며, 또한 종합부동산세의 완화에 따라 줄어든 부동산 교부세 만큼 보전해주기 위한 새로운 제3의 제도를 형성시켰다. 즉, 국세인 부가가치세의 일부를 재원으로 하여 지방소비세[19]을 신설하였고, 또한 지방소비세에 따른 지역간 불균형을 교정하기 위해 지역상생발전기금을 신설하였다.

첫째, 2009년 9월 정부는 지방소비세 도입을 확정하였다. 즉, 2010년부터 부가가치세의 5%(약 2.3조 원)를 지방세로 전환하여 지방소비세를 신설하며, 2013년부터는 부가가치세의 5%를 지방소비세로 추가 이양을 추진한다는 것이다(행정안전부 보도자료, 2009b: 1-2).

지방소비세는 보통세 및 도세로 신설되었으며(지방세법[법률 제9924호, 2010.1.1, 일부개정] 제5조, 제6조), 지방소비세의 세액은 제1항의 과세표준에 100분의 5를 적용하여 계산한 금액으로 한다(지방세법[법률 제9924호, 2010.1.1, 일부개정] 제159조의5, 2). 지방소비세의 도별 배분액은 특정 공식(해당도의 지방소비세액 = 지방소비세 총액 × 해당 도의 소비지수 × 해당 도의 가중치[20])/각 도별 소비지수와 가중치를 곱한 값의 전

18) 실제, 고영선(2009: 31)은 2008년 감세조치에 따른 감세규모를 전년 대비로 할 경우는 −33.88조 원이나, 기준연도 대비로는 −98.86조 원임을 지적하였다. 한편, 이영환 · 신영임(2009: 15-16) 역시 기준연도 대비로 추정해야 함을 강조하면서, 그 규모를 −89.07조 원에 이름을 지적하고 있다.

19) 지방소득세 역시 신설하였으나, 이는 단순히 기존 세목의 이름 변경에 불과해 기술하지 않았다.

20) '가중치'란 지역 간 재정격차를 해소하기 위하여 소비지수에 적용하는 지역별 가중치로서 「수도권정비계획법」 제2조 제1호에 따른 수도권은 100분의 100, 수도권 외의 광역시는 100분의 200, 수도권 외의 도는 100분의 300을 말한다(지방세법 시행령[대통령령 제22178호, 2010.5.31] 제110조 제3항).

국 합계액)에 따라 결정된다(지방세법 시행령[대통령령 제22178호, 2010.5.31] 제110조 제1항). 즉, 종합부동산세 정상화에 따른 부동산교부세 감소 등 지방재정의 어려움을 종합적으로 감안하여, 지방소비세를 통해 매년 1.4조 원[지방소비세(2.3조 원) - 교부세 자연감소분(0.44조 원) - 교육교부금 자연감소분(0.46조 원)][21]을 지원하기로 하였다(행정안전부 보도자료, 2009b: 5) 할 것이다.

표 5-9 지방소비세 도입에 따른 재원 확보 규모

		2008	2009	2010	2011	2012	계
지방소비세 도입	지방소비세			24,334	24,334	34,334	73,002
	지방교부세			-9,549	-9,549	-9,549	-28647
	소계			14,785	14,785	14,785	44,355

주: 1) 지방소비세 도입으로 인한 지방교부세 감소분은 내국세 감소로 인한 지방교부세 자연감소분과 지방교육재정교부금 보전을 위한 지방교부세 내국세 법정률 인하분을 합친 액수임.
자료: 김경수(2009: 15).

둘째, 서울·경기·인천 3개 시·도가 향후 10년 간 지방소비세 세입 중 일정비율(매년 3,000억 원)을 출연하여 재원을 조성하며, 비수도권 자치단체를 지원하는 지역상생발전기금을 설치하였다(행정안전부 보도자료, 2009b: 6-7).

지역상생발전기금은 지방소비세 도입과 밀접하게 관련되어져 있다. 즉, 지방소비세는 부가가치세 5%를 재원으로 하기 때문에 지역 간 격차가 확대될 가능성이 높다. 즉, 종합부동산세를 재원으로 하는 지방교부세는 지방자치단체에 대한 재원지원과 더불어 지역간 불균형을 완화하기 위한 장치가 마련된 반면, 지방소비세는 불균형을 심화시킬 가능성이 높다. 이러한 맥락에서 수도권 자치단체가 지방소비세 세입 중 일정비율을 출연하여, 그 중 일부를 비수도권 지자체에 지원도록 하는 지역상생기금을 설치하였다 할 것이다.

구체적으로 지역상생발전기금은 특별시, 광역시, 도, 특별자치도(이하, "시·도"라

21) 부가가치세는 내국세의 일부이다. 지방교부세는 내국세의 19.24%, 지방교육재정교부금은 내국세의 20%와 교육세 전액을 합한 금액을 재원으로 한다. 결국, 부가가치세의 일부를 지방소비세로 전환하면 내국세 전체 재원규모가 줄어들게 되고, 따라서 지방교부세 및 지방교육재정교부금 역시 비율에는 변화가 없다하더라도 절대규모가 낮아지게 됨에 따라 줄어들 수밖에 없다. 실제, 내국세 축소에 따른 교육재정교부금 감소분 보전을 위해 교육교부금율 인상(0.35조 원, 0.27%p) 및 시·도의 교육청 전출금 확대(0.11조 원)를 통해 보전(행정안전부 보도자료, 2009b: 5)하도록 하였다.

한다)는 지방자치단체 간 상생발전을 지원하고, 기금의 여유자금을 효율적으로 관리·활용하기 위하여 설치하여 동 기금의 관리·운용은 기금을 설치하는 시·도에 의해 설립되는 지방자치단체조합에 의해 이루어진다(지방자치단체 기금관리기본법[법률 제9927호, 2010.1.1] 제17조). 지역상생발전기금은 서울특별시·인천광역시·경기도의 출연금으로서 회계연도별 지방소비세액의 35%를 재원으로 하며(지방자치단체 기금관리기본법 시행령[대통령령 제22024호, 2010.2.8] 제12조의2, 3), 이러한 지역상생발전기금은 지방채의 인수, 공사채의 인수, 예치금의 원리금 상환, 지역발전을 위한 지방자치단체 재정지원 및 보조사업 지원, 그 밖에 발전기금의 관리·운용을 위하여 필요한 경비의 지출에 사용되도록 규정하고 있다(지방자치단체 기금관리기본법[법률 제9927호, 2010.1.1]).

결론적으로, 종합부동산세에는 긍정적 환류와 부정적 환류에 의해 변화되었다. 즉, 부정적 환류에 따라 종합부동산세가 완화되었으나, 동시에 긍정적 환류는 종합부동산세의 완화에 따른 지방교부세의 축소를 보전하기 위한 제3의 제도(지방소비세제 및 지역상생기금)를 형성시켰다. 부연하면, ① 지방소비세(종부세 완화의 절대 규모 보충)는 그 이름이 다를 뿐 종합부동산세와 동일하게 국세로 거두어들여 지방교부세로 배분한다는 점, 일반재원으로 사용하게 한다는 점 등에서 유사하다. 지방소비세와 종합부동산세의 차이는 납세자의 차이이며, 지방소비세는 종부세 완화에 따른 지방교부세의 규모 축소를 보충하여 주기 위해 형성되었다. ② 지역상생기금(종부세 완화의 기능적 보충)은 지방소비세가 종부세 완화에 따른 지방교부세 축소금액을 보충하나 지역 간 불균형 문제를 더욱 심화시키기 때문에, 이를 해결하기 위해 설치한 것이라 할 수 있다.

결국, 부정적 환류에 의해 종합부동산세는 완화되었으나, 긍정적 환류가 작용하여 완화된 부분들을 제3제도를 통해 보충하고 있다 할 것이다. 이러한 점에서 긍정적 환류에 따라 형성된 제3제도는 부정적 환류에 따라 줄어든 부동산교부세의 규모와 기능을 보충해주는 제도라는 점에서 '보충적 제도'라 할 수 있다.

제5절 결론

본 연구는 변화 저항적인 제도가 왜 변화하는지를 두 가지 환류인 ‘긍정적 환류(자기강화 요인)’와 ‘부정적 환류(자기붕괴 요인)’로 설명하였다. 또한 이러한 제도변화요인들에 의해 어떻게 제도가 변화하는가에 대한 분석을 수행하였다.

종합부동산세 제도를 사례로 한 연구결과, 첫째, 종합부동산세 제도의 변화는 종합부동산세 제도 내에 내재된 긍정적 환류와 종합부동산세 시행에 따라 형성된 부정적 환류에 의해 이루어졌다. 구체적으로, 변화 저항적인 종합부동산세 제도는 긍정적 환류를 내재하고 있었다. 이러한 긍정적 환류는 제도를 변화 저항적으로 설계한 의도에 맞게 종합부동산세를 부동산교부세와 연계시켰다는 점에서 알 수 있으며, 구체적으로 부동산교부세의 개념과 특성, 그리고 재원 성격, 배분기준을 통해 잘 드러난다. 부정적 환류는 종합부동산세가 집단행동의 극명한 차이를 가져오는 서로 상이한 집단을 형성한다는 것에 기인한다. 즉, 종합부동산세는 피해집단(지지집단)과 수혜집단(지지집단)을 형성하는데, 특히 피해집단(지지집단)은 수혜집단에 비해 집단의 특성1, 비용편익의 분포차이, 집단의 특성2, 지지집단의 형성과 관계로 인해 집단행동이 적극적으로 발생될 수밖에 없는 구조를 형성하였으며, 동 요인이 바로 부정적 환류로 작용하였다.

둘째, 종합부동산세는 두 개의 환류가 동시에 존재하고 있으며 이에 따라 변화가 진행되었다. 우선 부정적 환류에 따라 종합부동산세가 대폭 완화되었으나, 동시에 긍정적 환류에 의해 종합부동산세의 완화에 따른 지방교부세의 축소만큼 제3의 제도(보충적 제도), 즉 지방소득 및 소비세의 도입과 지역상생기금의 설치가 이루어졌다. ① 지방소비세(종부세 완화의 절대 규모 보충)는 그 이름이 다를 뿐 종합부동산세와 동일하게 국세로 거두어들여 지방교부세로 배분한다는 점, 일반재원으로 사용하게 한다는 점 등에서 유사하다. 지방소비세와 종합부동산세의 차이는 납세자의 차이이며, 지방소비세는 종부세 완화에 따른 지방교부세의 축소를 보충하여 주기 위해 형성되었다. ② 지역상생기금(종부세 완화의 기능적 보충)은 지방소비세가 종부세 완화에 따른 지방교부세 축소금액을 보충하나 지역 간 불균형 문제를 더욱 심화시키기 때문에, 이를 해결하기 위해 설치한 것이라 할 수 있다. 다시 말해, 부정적 환류에 따라 종합부동산세의 완화만이 발생한 것이 아니라 동시에, 긍정적 환류가 작용함에 따라 종합부동산세의 완화에 따른 지방자치단체의 재원 축소를 제3의 제도(지방소비세, 지역상생발전기금)를 도입하여 해결하고 있다 할 것이다.

이러한 연구결과는 첫째, 내생적 제도변화를 설명하는 새로운 설명도구를 개발하고자 하고 있다는 점에서 이론적 가치를 지니고 있다. 특히, 이는 역사적 제도주의 및 여타 신제도주의 접근의 가장 큰 한계인 제도변화를 제도내적 요인, 즉 긍정적 환류와 부정적 환류라는 두 가지 환류를 통해 제도변화를 설명하고 있다는 점에서 신제도주의 이론 발달에 기여하고 있다 할 것이다. 또한 보충적 제도의 형성 및 제도의 파편화와 같은 현상의 원인이 어디에 기인하는가에 대한 일단의 설명도구를 제시하고 있다. 둘째, 정책적 차원에서, 종합부동산세 완화와 제3제도의 도입은 조세제도의 복잡성을 심화시켰다. 특히, 지방소비세와 지역상생기금의 조달 및 지역으로의 다시 배분 등은 제도의 복잡성과 더불어 상당한 조세 비용을 유발시킬 가능성이 높다. 또한 지속적인 제도변화는 정책신뢰에 부정적 영향을 미칠 수밖에 없다.

본 연구는 제도 내적 요인에 따라 제도변화를 설명하는 관계로 대외변수에 대한 고찰이 이루어지지 않았다. 대외변수를 분석모델에서 다루지 않은 점은 본 연구의 목적에서 비롯되는 한계라 할 것이다. 대외 변수가 긍정적 환류 및 부정적 환류에 각각 어떻게 영향을 미치는지 역시 향후 중요하게 다루어져야 할 것이다.

신제도주의

제6장

역사적 제도주의 연구 경향과 비판적 논의

제1절 서론[1)]

신제도주의는 마치와 올슨(March & Olsen, 1984)에서 잘 드러나듯이, 1970년 후반 당시 사회과학의 지배적인 패러다임인 '행태주의'를 비판하며 등장하였으나 행태주의의 설명 한계를 극복하는 부차적인 이론 수준을 넘어 수십 년 간 행정학 및 사회과학 전반에 중요한 영향을 미쳐왔다. 신제도주의의 여러 접근 중에서도 역사적 맥락을 강조하고 행위자 간 불균등한 권력관계를 가정하는 역사적 제도주의는 서구에서 마치와 올슨(March & Olsen, 1984), 크라스너(Krasner, 1984), 홀(Hall, 1986) 등 기념비적인 연구들의 등장과 함께 세계적으로 확산되었다.

국내에는 염재호(1994)에 의해 역사적 제도주의가 소개되었고 이후 하연섭(1999), 정용덕 외(1999) 등 초기 연구가 이루어졌다. 초기 연구 이후 많은 국내 연구가 진행되었으며, 이에 따라 우리나라의 독특한 제도적 특성, 제도의 지속성, 제도변화, 제도와 행위, 그리고 구조를 통한 설명이 시도되기도 하였다. 한편에서는 역사적 제도주의를 이론적 차원에서 비판하고 대안적 이론을 제시하기도 하였으며, 일부는 역사적 제도주의의 기조를 유지하면서 이론적 개선을 시도하기도 하였다. 다시 말해, 역사적 제도주의는 국내에 소개된 이후 현재에 이르기까지 행정학 분야의 대표적인 설명도구로서 다양한 연구가 진행되어 왔다.

역사적 제도주의는 이러한 관심과 유용성에도 불구하고 첫째, 다양한 개념이 혼재되어 있고 동 개념들은 여러 학문분야에서 부분적으로 연구되어 왔으며, 20여 년 동안 정체되기보다 지속적인 내적 발전이 진행되어 왔기 때문에 부분이 아닌 전체를 살펴볼 필요성이 크다. 둘째, 서구에서 개발된 동 접근이 국내에 도입되어 어떠한 연구 흐름을 보여주고 있는지를 파악할 수 있는 유용한 기회를 제공한다는 점에서 연구 경향을 분석할 필요성이 크다. 셋째, 연구 경향 분석은 그 자체로 비판적 고찰을 위한 토대를 제공하기 때문에 학문적, 이론적 발전에 기여할 수 있다. 마지막으로, 역사적 제도주의는 특정 접근을 취하고 있음에도 불구하고 연구 경향을 분석할 만큼 충분한 연구물이 축적되어 있다. 이러한 점은 특정 접근 혹은 이론의 연구 경향을 분석을 위한 새로운 분석방안을 개발할 수 있는 기회를 제공한다.

1) 이 글은 김태은(2015a)의 내용을 일부 수정・보완한 것이다.

이러한 배경에서 본 연구는 그동안 국내에서 역사적 제도주의 연구가 어떻게 진행되어져 왔는지를 체계적으로 분석하고, 이를 토대로 비판적 고찰을 수행하였다. 이를 위해, 국내에서 수행된 역사적 제도주의 연구물을 대상으로 하여, 1994년부터 2015년 7월까지를 시간적 범위로, 단계적인 연구물 추출을 수행하여 116편의 분석대상 논문을 설정하였다. 동 논문을 대상으로 '개관적 연구 경향'과 '이론적 관점의 연구 경향'을 분석하고 이를 토대로 비판적 고찰을 수행하였다. 본 연구는 총 116편의 연구물을 연구내용별로 코딩하여 SPSS 21.0을 통해 통계분석을 수행하였고, 이해를 위해 주된 연구물을 제시하였다.

제2절 이론적 논의

1 역사적 제도주의

1) 역사적 제도주의와 제도

역사적 제도주의는 1970~1980년대 분석 개념으로서 국가에 대한 비교정치학자들의 관심과 서구 국가들에 있어서 행태와 정책 선택, 정책 차이를 설명하는 데 있어 공식·비공식적 제도적 배열에 분석의 의미를 가지면서 발전되어 왔다(Evans et al., 1985; Hall, 1986; Peters et al., 2005: 1280). 특히, 당시 사회과학의 지배적 패러다임인 '행태주의'에 대한 비판적 의식과 그에 따른 대안 고찰에 있어 신제도주의, 특히 역사적 제도주의가 그 유용성을 인정받게 됨으로써 급격하게 사회과학의 주된 접근으로 대두되었다.

역사적 제도주의에서 가장 핵심은 신제도주의의 모든 접근들이 그러하듯이, '제도'이다. 역사적 제도주의에서 제도는 홀(Hall, 1986: 19)의 정의가 가장 보편적으로 인용되어 왔으나, 제도에 대해 적절한 정의를 내리지 못하여(Peters et al., 2005: 1285-1286) 왔기 때문에 김선혁(2004)의 지적처럼, 제도 개념의 무분별한 확장으로 나타났다. 또한 초기연구자들은 '제도' 자체를 통해 제도변화를 적절히 설명하지 못함에 따라 이론적 한계를 드러내었다. 이러한 한계에도 역사적 제도주의는 이익(interests)의 구성과 행위자 행태를 개념화하고 설명함에 있어서, 그리고 제도의 기원과 변화를 연구하는 분석도구를 만들어낸다는 점에서 유용성하다(Immergut & Anderson, 2008: 360). 이에, 합리적 선택 및 사회학적 제도주의에 비해 보다 적실성 있는 정치·행정현상을 설명하여 왔다(Hall & Taylor, 1996; Immergut & Anderson, 2008; Mahoney & Thelen, 2010a; 김태은, 2011: 30).

특히, 역사적 제도주의는 초기의 한계를 극복하는 연구가 지속적으로 나타난 점에서 알 수 있듯이, 동 접근은 정체되어 있기보다는 지속적으로 발전하는 과정을 겪어 왔다. 이 과정에서 제약요인으로서 제도, 경로의존, 단절적 균형, 복합체, 층화, 내생적 제도변화, 경로진화, 행위자 중심 제도주의, 아이디어, 제도-행위자-구조 통합모델 등 다양한 개념들이 연구되어 왔다. 현상에 대한 탁월한 설명력과 내적인 자기 발전과정은 역사적 제도주의가 국내·외에서 주된 설명도구로서 위치를 차지하게 되는 동인이 되었다. 국내에서는 염재호(1994)의 소개 이후, 행정학적 관심을 크게 받았는데, 이는 동 접근이 현실 세계에 대한 설명력을 확보해야 하는 행정학적 수요와 부합되었기 때문이다.

이에 따라 많은 연구가 수행되어 축적되어 왔는데, 이러한 점은 서구에서 도입된 동 접근이 20여 년 동안 국내에서 어떻게 전개과정을 보여주는지, 핵심 연구 개념들에 대한 연구가 어떻게 되어 왔는지를 살펴볼 수 있는 소중한 기회를 제공한다.

2) 제도와 행위, 구조

역사적 제도주의에서 '제도와 행위'는 크게 두 가지 관점에서 이해될 수 있다. 첫째는 제도가 행위에 영향을 미치는 변수로 이해한다는 점이다. 역사적으로 구성된 일련의 제도적 제약과 기회는 정책과정에 있는 정치적 행위자 및 이익집단의 행태에 영향을 미친다(Immergut, 1998; Orren & Skowronek, 2004; Pierson, 1994; Steinmo et al., 1992; 김태은, 2009a: 46-47). 즉, 역사적 제도주의는 '독립변수로서 제도'를 강조하여 왔다. 따라서 인간의 행위는 능동적 대상이라기보다는 수동적인 대상이다. 둘째는 역사적 제도주의는 행위자 간 불균등한 권력관계를 가정(Hall & Taylor, 1996)한다. 이는 합리적 선택 제도주의와 극히 상반되는 가정으로, 역사적 제도주의가 보다 현실적인 인간을 대상으로 분석하고 있음을 보여준다.

그러나 오직 독립변수로서 제도만으로 복잡하고 다양한 현실을 설명하는 것은 설명력의 한계가 나타나기도 했다. 이러한 점은 독립변수로서 '행위자', '구조' 등의 변수가 역사적 제도주의의 독립변수로서 등장하게 된 배경이다.

역사적 제도주의에서 제도가 역사적 과정의 산물이라는 점은 필연적으로 '행위'를 고려하지 않을 수 없게 한다. 즉, 역사적 과정의 핵심 주체는 바로 인간이기 때문에, 역사적 과정의 산물인 제도를 고려함에 있어 인간의 행위는 중요한 변수가 될 수밖에 없다. 한편에서는 제도와 행위의 관계를 설명하기 위한 차원에서 '아이디어'가 유용한 대안으로 논의 되어 왔다(Hall & Taylor, 1996; Peters, 1999; Lieberman, 2002; 하연섭, 2003, 2006a, 2006b). 이외에도, 역사적 제도주의가 주로 중범위 수준의 '제도'를 설정함에 따라 거시 수준의 '구조'를 영향을 반영하기 위해 독립변수로서 구조가 등장하기도 했다. 실제, 많은 역사적 제도주의 연구들은 특별한 역사적 맥락에서, 제도적 제약 하에서 행위자와 구조 간의 상호작용으로서 정치, 경제, 사회적 과정을 분석하였다. 즉, 제도가 어떻게 다른 행위자와 관계를 맺고 있는 행위자의 권력, 이익, 선호, 행태를 형성하는가를 분석하였다(Immergut, 1998; Clemens & Cook, 1999; Thelen, 1999; Campbell, 2004).

결국, 역사적 제도주의는 '독립변수로서 제도'를 강조하지만, '행위'를 고려한 연구가 지속되고 있고, 한편에서는 제도, 행위, 구조를 포괄한 연구가 제시되기도 했다. 즉, 독립변수로서 제도뿐만 아니라 행위자, 그리고 구조 등을 통해 현상을 설명하는 노력이 진행되었다. 동 관점에서 국내에서 어떠한 연구가 진행되었는지를 고찰할 필요가 있다.

3) 제도 지속과 변화

역사적 제도주의에서 '제도'는 지속성을 설명하는 데 적절하기 때문에(Peters et al., 2005: 1288; Peters, 2005: 76-77), 변화를 설명하기 어렵다. 이는 곧, 역사적 제도주의의 행위 가정에서 비롯된다. 가벤타(Gaventa, 1980)의 주장처럼, 권력의 비대칭은 경로의존성, 긍정적 환류를 반영한다. 권력이 비대칭되어 있기 때문에 그러한 권력의 비대칭을 반영한 제도는 시간이 지날수록 권력의 비대칭 수준을 증가시킴으로 제도는 쉽게 변화하기 어렵다(Pierson, 2000a: 259). 다시 말해, 제도는 불균등한 권력관계를 반영하는데, 이러한 불균등한 권력관계가 배태된 제도는 곧 제도가 쉽게 변화하지 않는 지속성, 생명력을 지닌다는 것이다.

그러나 현실의 제도는 변화한다. 초기 역사적 제도주의자들은 제도변화를 외부변수를 강조하여 단절적 균형(Krasner, 1984)을 제시(Krasner, 1984; Baumgartner & Jones, 1993; Collier & Collier, 2002)하거나, 혹은 제도의 역동성(Thelen & Steinmo, 1992) 같은 이론적 체계가 미약한 채로 설명되어져 왔다. 이는 본질적으로 제도변화를 외부변수, 우연성을 통해 설명하고자 하는 것으로, 이는 동 접근의 한계를 잘 보여준다.

역사적 제도주의 연구 초기, 제도변화의 설명력 부재는 무엇보다 동 접근이 제도의 형성에 대해 분명한 답을 제시하지 못하기 때문이다. 제도변화 설명 한계는 역사적 제도주의자들이 제도가 무엇인지, 또 제도가 어떻게 형성되는가를 정확하게 설명하지 않고 역사적 맥락이라는 추상적인 개념을 통해 설명했기 때문이다. 즉, 초기 저작인 홀(Hall, 1986)의 연구에서 잘 드러나듯이, 제도 개념보다는 제약요인으로서 제도의 영향에 관심을 가져 왔다.

그러나 이후 역사적 제도주의자들은 제도를 통해 제도의 변화를 설명하고자 했다. 대표적으로, 역사적 제도주의 관점에서의 제도변화 한계를 극복하기 위한 대안으로서, 제도 자체에서 제도변화를 설명하고자 하는 '내생적 제도변화'에 대한 연구가 지속되어져 왔다(Béland, 2007; Campbell 2004; Mahoney & Thelen, 2010a, 2010b; Orren & Skowronek, 2004; Pierson, 1996, 2004; Streeck & Thelen, 2005a; Thelen, 1999, 2003; 염재호, 2009; 김태은, 2009a). 동 관점의 최근 흐름은 어떻게 제도와 행위자 상호 간 영향을 미치고 제도적 변화의 메커니즘 형성하는지(Streeck & Thelen, 2005a), 어떻게 제도가 스스로 가능한 발달(전개) 경로를 형성하는지, 어떻게 정치 행위자들이 변화를 유도하기 위해 상호작용하는지에 대해 관심을 갖고 있다(Asiskovitch, 2009: 229; 김태은, 2011: 30). 이는 제도변화는 지속되고 제도적 변형은 점진적 조정의 산물일 수 있다는 점을 보여준다(Palier, 2005; Hall, 2010: 205). 동 관점에서 국내의 역사적 제도주의 연구에 있어서, 제도의 지속성과 변화연구가 어떤 경향을 지니고 있는지 살펴볼 필요가 있다.

결론적으로, 역사적 제도주의에 대한 이러한 이론적 논의는 동 접근의 연구 경향을 분석에 유용한 방향을 제시한다. 즉, 역사적 제도주의 연구 경향 분석에 이론의 전개과정, 역사적 제도주의 핵심 개념, 독립변수로서 제도, 제도와 행위자, 그리고 구조 등 기타 변수에 대한 분석이 필요함을 보여준다. 또한 연구의 초점이 제도의 지속성인지 변화에 있는지에 대한 고찰 필요성 역시 제기한다. 이에 본 연구는 이러한 이론적 논의를 토대로, 이론적 관점에서 연구 경향의 분석내용을 제시한다.

2 주요 선행연구와 연구 필요성

연구의 흐름을 파악하는 것은 연구자에게 연구의 시작과 끝을 개관할 수 있게 해주는 즐거움뿐만 아니라 연구의 가치와 한계를 고찰하게 하여 주고, 미래의 방향성을 고민하게 해준다는 점에서 커다란 의미를 지닌다. 이에 학문 경향 분석은 다음 〈표 6-1〉에서 제시되었듯이, 국내 학계에서 지속적으로 연구되어 왔다. 그러나 역사적 제도주의에 대한 연구 경향 분석은 발견하기 어렵다.

표 6-1 국내 주요 연구 경향 분석 연구물의 시기, 주제, 내용

연구자	시기	연구주제	분석내용	분석대상 학술지
안병만 (1986)	1967~1985	행정학	연구분야, 방법론, 논문 성격, 주석의 일반적 특성	한국행정학보 291편
김인철 (1992)	1967~1991	정책학	이론화지향, 방법론적 특성, 생산지식의 성격	한국행정학보 131편, 한국정치학회보 119편
하태권 (1995)	1960~ 1990년대	인사행정	가치정향, 공직분류, 인력계획, 임용, 능력발전, 사기관리, 행동규범	한국행정학보 외 6개 저널과 국내·외 박사학위 논문 총 50편
권경득 (1996)	1967~1995	행정학	연구 영역, 연구방법	한국행정학보 541편
배응환 (2000)	한국행정학보 (1967~1999) 한국정치학회보 1966~1999	정부와 이익집단 관계	시기별, 국내·외별, 분석모형별, 분석정책 영역별, 분석수준별, 분석결과별	한국행정학보 35편, 한국정치학회보 43편
주상현 (2002)	1995~2001	행정학	연구 영역, 연구방법	한국행정학보 455편
이창원·전주상 (2004)	1998~2002	행정조직론	조직행태론, 조직구조론	한국행정학보 외 5편 77편
목진휴 외 (2005)	1992~2003	정책학	문제지향성, 맥락지향성, 연합방법지향성	한국행정학보 등 학술논문 366편, 연구보고서 261편
나태준·정잔호 (2006)	2000~2006	환경정책	연구성격, 연구방법, 통계분석기법, 환경분야별 이슈, 정책과정, 정책수단, 환경갈등	한국행정학보, PAR 등 총 6개 저널 113편
허만형 (2009)	2007~2008	정책학	게재영향요인, 연구방법론 경향, 종합학문적 관점에 대한 경향, 연구 영역의 다양성	한국정책학회보 투고 심사완료 논문 149편

이해영 · 허만용 (2010)	1992~2009	정책학 수용	미국 정책학의 수용 시기, 수용자, 수용지, 수용 내용, 수용 방법, 수용이유	한국정책학회보 690편
최영출 · 박수정 (2011)	2005~2009	행정학	네트워크 텍스트 분석	한국행정학회보 296편
김귀영 (2011)	1989~2010	지방의회	방법론적 연구 경향, 주제별 연구 내용	등재지 및 등재후보지 57개 저널 논문 220편
김학실 (2012)	1998~2011	여성정책	네트워크 텍스트 분석	한국행정학회 발표, 저널, 세미나 총 97편
채경진 (2013)	1988~2013	문화행정	연구비중, 연구주제, 연구방법, 연구대상, 연구형태, 문화행정연구 영향력	한국행정학보 등 12개 저널 245편
홍형득 (2015)	2003~2012	정책학	내용 분석(논문 수, 저자 수, 연구형태, 정책 영역, 정책과정), 네트워크 분석(핵심어)	한국정책학회보 500편

본 연구의 필요성은 아래와 같다. 첫째, 역사적 제도주의는 많은 개념이 혼재되어 있고, 동 접근이 국내에 도입된 이후에도 자체적인 발전이 진행되어 왔다. 즉, 역사적 제도주의를 이루는 부분에 대한 연구가 서로 다른 부분에서 이루어져 왔기 때문에 전체적 관점에서 이를 분석할 필요성이 제기되어 왔다. 또한 체계적으로 연구 경향을 분석하는 것은 비판적 고찰을 위한 선행조건이라는 점에서 그 의미가 크다.

둘째, 특정 접근에 대한 연구 경향 분석을 수행함에 있어 새로운 분석방안을 제시하고자 한다. 본 연구는 행정학, 정책학 등 일반적인 학문분야별 연구 경향 분석과 달리, 역사적 제도주의라는 특정한 접근에 대한 경향을 분석한다. 따라서 기존의 연구물들과 달리, 동 접근에서 강조하고 있는 이론적, 개념적 특성들이 반영될 수 있는 새로운 분석방안이 필요하다. 이에, 본 연구에서는 기존의 경향 분석 연구물에서 주로 활용된 개관적 차원뿐만 아니라 이론적 관점에서 연구 경향을 분석한다.

셋째, 역사적 제도주의의 비판적 고찰을 토대로 학문적 활용과 이론적 발전에 기여하고자 한다. 본 연구는 단순히 경향만을 분석하는 것이 아니라 역사적 제도주의 연구 경향에 대한 비판적 성찰을 개관적, 이론적 관점에서 제시한다. 이를 통해, 주된 논의 과제들을 도출함으로써, 동 접근의 활용과 이론적 발전에 기여하고자 한다.

제3절 연구설계

1 역사적 제도주의 연구대상과 범위

무엇이 역사적 제도주의 연구물인가는 또 하나의 연구주제일 정도로 난해한 작업이다. 즉, 다양한 연구물 중에서 역사적 제도주의 연구물을 찾아내는 것은 쉽지 않다. 대표적인 이유는 첫째, 역사적 제도주의 연구는 독립변수로서 제도뿐만 아니라 종속변수로서의 제도를 아우르고 있고, 제도의 형성뿐만 아니라 제도변화에 이르기까지 넓게 분포되어 있다. 둘째, 연구의 수준이 깊어질수록 특정 개념(예: 경로의존성 등)을 벗어난 연구가 수행될 뿐만 아니라 동 개념에 대해서도 다양한 각도에서 고찰되기 때문이다. 셋째, 신제도주의의 수렴 현상과 관련하여, 역사적 제도주의 관점뿐만 아니라 다양한 관점을 결합한 연구물이 결합되어 존재할 수 있다(예: 역사적 제도주의+사회학적 제도주의 관점 결합). 넷째, 이러한 어려운 뿐만 아니라 역사적 제도주의 연구 대부분이 질적 연구라는 점은 분류의 어려움을 가중시킨다.

이러한 한계로 인해, 본 연구에서는 역사적 제도주의 연구물의 범위를 아래와 같이 한정하였다. 첫째, 신제도주의의 접근 중 역사적 제도주의 접근에 한정한다. 이에, 합리적 선택 제도주의나 사회학적 제도주의 접근을 주로 하는 연구물을 제외한다. 둘째, 주된 접근이 역사적 제도주의 관점을 주로 하고 부가적인 이론 및 개념(예: 동형화)이 추가된 경우는 역사적 제도주의 연구물에 포함시켰다. 셋째, 분석기간에 한국학술지인용색인(KCI) DB에서 검색되는 사회과학 분야, '등재지' 저널로 한정한다. 넷째, KCI DB의 검색어(전체)로 하여 '신제도주의', '역사적 제도주의', '경로의존', '단절 균형', '제도변화+제도주의', '제도변화+내생'에 검색되는 연구물을 의미한다. 특히, 역사적 제도주의 연구물 중 많은 경우가 제도변화와 관련되어 있으나, '제도변화' 자체가 매우 포괄적이어서, 역사적 제도주의 접근에서 연구된 것으로 한정하기 위해 '제도변화+제도주의', '제도변화+내생'을 주제어로 하여 검색하였다.

본 연구 분석 범위는 염재호(1994)의 연구를 시점으로 하여, 2015년 7월 현재까지로 약 20년이다. 자료는 한국연구재단 한국학술지 인용색인(KCI)의 DB를 활용했으며, '사회과학' 분야에 한정하여 분석하였다.[2]

2 연구물 추출방법

역사적 제도주의 연구물은 KCI DB에서 주요 핵심 주제어를 통해 자료를 선별하고, 동 자료를 기초로 하여 내용 분석을 수행하여 최종적인 자료를 선별하는 단계를 거쳐 분석대상 연구물을 추출하였다. 1단계는 한국연구재단의 KCI DB를 활용하였다. KCI의 논문 검색에서 주제분류 '사회과학', 재단 등재 구분에서 '등재'에 한정하고, 발행일자는 '전체', 검색어로 '신제도주의', '역사적 제도주의', '경로의존', '단절 균형', '제도변화+제도주의', '제도변화+내생'으로 설정하고 검색하였다. 이에 따라 신제도주의 126편, 역사적 제도주의 64편, 경로의존 100편, 단절 균형 14편, 제도변화+제도주의 41편, 제도변화+내생 10편으로 총 355편이 검색되었다. 2단계에서는 1단계에서 추출한 355편 중 43편의 동일 중복 논문을 제외하여 312편의 논문을 선별하였다. 3단계에서는 해당 논문이 역사적 제도주의 논문인지를 논문 제목과 초록, 주제어, 서론과 결론 부분을 통해 살펴보았다. 이에 합리적 선택 제도주의 논문, 사회학적 제도주의 연구물이거나 역사적 제도주의 논문과 관련없는 연구물로 파악되는 175편의 논문을 제외하여 137편의 논문을 선별하였다. 마지막 4단계에서는 동 137편에 대한 논문 전편에 대해 개략적인 본문 내용 분석을 수행하였다. 이에 역사적 제도주의 연구물로 이해되지 않거나, 제도주의

표 6-2 연구물 추출방법

단계	추출내용	편수
1단계	• 주제분류: 사회과학, 등재 구분: 등재지 • 발행일자: 전체 • 검색어(논문제목, 주제어, 키워드, 초록 등을 모두 포함하는 전체 선택): '신제도주의', '역사적 제도주의', '경로의존', '단절 균형', '제도변화+제도주의', '제도변화+내생'	355편
2단계	1단계 동일 논문 43편 제외	312편
3단계	논문제목, 초록, 주제어, 서론과 결론 부분을 통해 비역사적 제도주의 연구물 155편 제외	137편
4단계	본문 전체 내용 분석하여 21편 제외	116편

2) 본 분석은 학술저널 중 등재지 이상을 대상으로 한다. 이로 인해, 염재호(1994), 정용덕(1999), 하연섭(1999, 2003) 등 국내 연구에서 매우 중요하지만 등재지가 아니었거나, 서적인 경우는 통계분석에서 제외되었나 논의를 진행하는 과정에서 인용되어졌다. 또한 KCI DB는 동일한 저널이라고 하더라도 등재지가 된 이후부터 논문만을 검색한다. 이로 인해, 동 연구대상에 포함되지 못하였으나 유용한 연구들이 많을 수 있다.

연구물인지 이해가 곤란한 경우, 단순히 언급된 경우에 해당하는 21편의 연구물을 제외하고 최종 116편의 연구물을 선택되었다.

3 연구내용과 연구방법

본 연구의 연구내용은 크게 '개관적 연구 경향'과 '이론적 관점의 연구 경향'으로 구분되어 세부 연구내용을 담고 있다. 이하 각각의 연구목적과 분류기준은 아래와 같다.

1) 개관적, 이론적 관점의 연구 경향

본 연구는 대분류로서 개관적 연구 경향과 이론적 관점의 연구 경향으로 분류하였다. '개관적 연구 경향'은 선행연구(안병만, 1986; 김인철, 1992; 주상현, 2002; 나태준 · 정장훈, 2006; 허만영, 2009; 홍형득, 2015 등)에서 제시된 구분을 활용하여, '논문 수', '연구자 및 연구형태', '연구주제와 연구방법', '분석대상 국가', '학문분야 및 저널'로 분류했다. 여기서 '분석대상 국가'는 역사적 제도주의가 비교연구의 유용한 도구로 알려져 왔기 때문에 이를 검증하는 차원에서, '학문분야 및 저널'은 역사적 제도주의 접근이 행정학 이외의 사회과학에서 어느 정도 활용되는지를 분석하기 위해 설정했다.

'이론적 관점의 연구 경향'은 일반적인 학문분야별 연구 경향과 달리 역사적 제도주의라는 특정 접근에 대한 경향을 분석하는 연구임에 따라 이를 반영하기 위한 것이다. 이론적 관점의 연구 경향은 본 연구의 이론적 배경에서 제시된 역사적 제도주의에 대한 이론적 논의와 연계성을 지니고 있다. 이에, 이론적 논의에서 도출된 '이론 전개과정', '핵심 연구 개념', '독립변수로서 제도', '제도 지속성과 제도변화'를 설정했다.

2) 개관적 연구 경향 목적과 분류방법

첫째, 역사적 제도주의 연구의 양적 흐름을 파악하기 위해 '논문 수(연도별 논문 수)'를 분석했다.

둘째, '연구자 및 소속 기관'은 '저자 수와 게재 편수', '소속 기관과 게재 편수'로 구분하여 연구가 얼마나 폭넓게, 집중적으로 연구되는지를 살펴보고자 했다.

셋째, 연구형태는 단독, 공동연구로 분류하여 단독연구와 공동연구의 추이를 살펴보고자 했다.

넷째, '연구주제[3]'는 어떠한 주제를 대상으로 연구되는지를 파악하고자 했으며, 연구주제 분류는 분석범위가 사회과학 전체이고 워낙 다양한 분야에서 연구되어졌기 때문에 연구대상 논문 116편에 대한 내용 분석을 수행한 이후 귀납적으로 분류했다.

1단계에서 본 연구의 연구범위가 사회과학 전체임에 따라 이를 고려하여 이론, 행정, 정치, 경제, 경영, 방송 등 학문분야별로 분류했다. 2단계에서 이론, 정치, 경제, 경영, 방송 등 행정학 외에 해당되는 것부터 분류하고, 나머지들을 크게 행정학적으로 분류했다. 경영 차원에서 분류될 수 있는 것들은 기업연구가 주를 이루어 이를 기업으로 분류했다. 3단계에서 행정학은 크게 1단계로, 조직, 인사, 예산, 재정, 지역/지방자치, 공공관리로 구분하였고, 나머지 주제들은 대부분의 다양한 정책과 관련되어 있어 정책적 분류를 고려했다. 이에, 보건복지, 산업/에너지, 환경, 금융통화, 과학기술, 교육, 토지주택, 가족, 경찰, 국방, 대외, 정보로 구분했다. 분류과정에서 지역과 지방자치를 구분하기 어려웠고, 산업과 에너지를 구분하는 것이 어려워 이들을 각각 합쳐 분류했다. 4단계에서는 위 1~3단계 분류과정에서 어디에도 포함시키기 어려운 주제는 독립적으로 분류 제시했다.

다섯째, 역사적 제도주의 '연구방법'이 무엇인지를 파악하기 위한 연구방법은 앞서 제시된 선행연구들을 고려하여 3단계 과정으로 분류했다. 1단계에서는 '질적 연구'와 '양적 연구'로 분류, 2단계에서는 질적 연구를 '사례연구', '문헌연구'로 분류, 3단계 문헌연구 중 이론적 연구물을 특별히 분류하기 위해, '문헌연구'와 '문헌연구(이론연구)'로 구분했다.

여섯째, 분석대상 국가는 비교연구의 도구로서 역사적 제도주의가 활용되고 있는지를 살펴보기 위해, '단일', '2개국', '3개국', '4개국', '다국가(4개국 이상)'으로 구분했다.

일곱째, '학문분야 및 저널'은 역사적 제도주의 연구가 어떠한 학문에서 주로 활용되지를 살펴보기 위한 것으로 'KCI DB 학문분야 및 저널' 분류 기준에 따라 분류했다.

---

3) 가능한 객관적 분류를 하고자 시도했으나 사회과학 전반을 연구범위로 하다 보니, 분류에 어려움이 존재했다. 분류의 어려움은 특히, 개관적 연구 경향 중 '연구주제'와 이론적 관점의 연구 경향 분류가 어려웠다. 이론적 연구 경향 분류는 선행연구를 참고하기 어려웠고, 분석 논문을 반복적으로 탐독해야 가능했기 때문에 특히 어려웠다. 분석대상 논문의 탐독 횟수를 늘릴수록 처음 분류를 수정하는 일이 수차례 반복되었다. 애매한 부분은 무리하기 분류하지 않고 가능한 세밀하게 분류하거나 이해가 안 되는 것은 이해곤란으로 처리하면서 분류의 어려움과 주관적 개입을 해결하고자 했다. 이외에 미시적 문제가 있을 경우, 각주를 제시했다.

3) 이론적 관점의 연구 경향 목적과 분류방법

첫째, '이론 전개과정'은 외국에서 도입된 역사적 제도주의가 이론적 차원에서 어떠한 흐름을 갖고 있는지를 살펴보고자 한 것으로, '이론 소개(도입)', '이론 적용', '대안 모색 및 정교화'로 구분했고, 분류는 내용 분석을 통해 각 논문을 분류했다.

둘째, '핵심 연구 개념'은 역사적 제도주의 연구에 있어서 어떠한 개념들이 주로 활용되는지를 살펴보기 위한 것으로, 이를 위해, 3가지 분류기준과 3단계 분류 작업을 거쳐 도출했다. 이는 역사적 제도주의 연구물에서 제시된 핵심 연구 개념들은 단일하게 제시된 경우도 있지만, 일반적으로 혼재되어 있었기 때문이다. 여기서 3가지 분류기준은 ① 하나의 논문에서 여러 개념이 혼재되어 있는 경우에는 중복을 피하기 위해, 내용 분석 및 연구자가 제시한 주제어를 통해 핵심 개념을 분류했다. ② 가능한 구체적 수준에서 분류하고 이를 포괄할 수 있는 상위 개념으로 분류했다. ③ 역사적 제도주의에서 주로 제시된 핵심 개념들(예: 경로의존, 제약요인으로 제도, 단절적 균형, 내생적 제도변화, 경로진화 등)을 중심으로 소개념들을 포괄하고자 했다. 이러한 분류기준을 토대로, 크게 총 3단계에 걸쳐 분류 작업을 수행했다. 1단계에서는 논문 내용 분석을 통해 핵심 개념을 구체적인 수준에서 도출하였고, 2단계에서는 핵심 개념 범주화하였다. 1~2단계 작업을 3회에 걸쳐 수정 반복하여 가능한 정확성을 높이고자 했다. 이를 토대로, 3단계에서 코딩 및 분석 작업을 수행했다.

셋째, '독립변수로서 제도'는, 역사적 제도주의의 핵심이라 할 수 있는 독립변수로서 제도연구가 이루어지는 여부를 살펴보고자 한 것으로, 이는 크게, '독립변수로서 제도', '독립변수로서 제도 아님', '이해 곤란'으로 구분했다. 여기서 이해곤란은 독립변수로서 제도인지 아닌지를 저자가 파악하기 어려운 경우를 의미한다.

넷째, '독립변수로서 제도와 행위자'는 제도와 행위자를 포함한 연구를 살펴보기 위한 것으로, 독립변수로서 제도연구물 108편을 대상으로, '독립변수로서 제도', '독립변수로서 제도와 행위자'로 분류했다.

다섯째, '독립변수로서 제도와 행위자, 구조 및 다양한 변수'는 독립변수로서 제도와 행위자, 구조가 설명변수인 '통합모델'과 행위자 구조 외에 기타 다양한 설명변수가 포함된 '기타 통합모델'로 구분했다.

여섯째, '제도 지속성과 변화'는 제도 지속성과 변화 연구 경향을 파악하기 위한 것으로, 동 분류는 1단계로, '제도 지속', '제도변화', '기타'로 구분하고, 2단계로, 제도변화를 크게 제도변화와 '단절적 균형'으로 구분했다. 단절적 균형은 제도변화 연구물이나, 해당 연구물들이 예산/재정에서 단절적 균형을 검증하는 연구물이기에 따로 분류했다. 기타는 제도의 지속 혹은 변화를 모두 다루고 있는 이론적 연구물이거나, 해당사항이 없거나 파악하기 곤란한 경우를 포함했다. 본 연구는 총 116편의 연구물을 연구내용별로 내용 분석을 통해 코딩하여 SPSS 21.0으로 통계분석을 수행하였고, 이해를 위해 주된 연구물을 제시하였다.

표 6-3 분석내용

대분류	중분류	주요 내용
개관적 연구 경향	논문 수	연도별 논문 수
	연구자 및 소속 기관	저자 수와 게재 편수, 소속 기관과 게재 편수
	연구형태	단독, 공동연구
	연구주제	조직, 복지, 금융, 지방 등
	연구방법	질적 연구[사례, 문헌연구, 문헌연구(이론연구)], 양적 연구
	분석대상 국가	단일, 2개국, 3개국, 4개국, 다국가
	학문분야 및 저널	행정학, 정책학 등 사회과학 전반(KCI DB)
이론적 관점의 연구 경향	이론 전개 과정	이론 소개(도입), 이론 적용, 대안모색 및 정교화
	핵심 연구 개념	경로의존, 내생적 제도변화 등 역사적 제도주의 핵심 개념
	독립변수로서 제도	독립변수로서 제도, 독립변수로서 제도 아님, 이해곤란
	독립변수로서 제도와 행위자	독립변수로서 제도, 독립변수로서 제도와 행위자
	독립변수로서 제도, 행위, 구조 및 다양한 변수	통합모델(제도, 행위자, 구조), 기타 통합모델(행위자, 구조 외 변수 활용 모델)
	제도 지속성과 제도변화	제도 지속, 제도변화, 단절적 균형, 기타

제4절 역사적 제도주의 연구 경향 분석과 비판적 고찰

1 개관적 연구 경향 분석

1) 연도별 논문 수

본 연구대상 116편의 연도별 논문 편수는 2000년 1편, 2003년, 2004년 각각 3편, 2005년 8편으로 증가한 이후, 2007년 각 10편, 2008년 2편, 2009년 17편, 2010년 7편, 2011년 14편, 2012년 9편, 2013년 8편, 2014년 20편으로 나타났다(〈표 6-5〉 참고). 이러한 점은 연도별로 매우 불규칙하지만, 완만하게 증가하고 있음을 보여준다. 특이한 점은 2007년까지는 완만하게 증가하다가 이후에는 연도별로 한 해는 많고 한 해는 적게 나타나고 있다.

2) 연구자 및 연구형태

(1) 연구자 · 소속 기관 수와 게재 편수

역사적 제도주의 연구물 116편을 살펴보면, 제1저자 숫자는 94명이며, 제1저자의 94명의 소속 기관 수는 총 61개(50개 대학, 11개 연구소), 공동 저자 포함 시는 총 117명, 소속 기관은 69개(대학 58, 연구소 11)에 이른다. 저자 수와 게재 편수(제1저자에 한정)를 살펴보면, 5편 1명, 4편 2명, 3편 3명, 2편은 11명, 1편은 78명으로 나타났다. 소속 기관 수와 게재 편수를 살펴보면, 고려대 14편, 연세대 10편, 서울대 7편, 한국교통대 5편, 단국대, 대구대 4편, 경북대, 국민대, 중앙대, 한양대 3편 등으로 나타났다.

단일 접근에 대한 연구물로서 저자 수가 117명, 소속 기관 수가 69개에 이르고 있다는 점은 역사적 제도주의 연구에 대한 폭넓은 관심과 연구가 수행되었음을 보여준다. 또한 특정 대학이 역사적 제도주의 연구에 중심적인 역할을 수행하여 왔음을 알 수 있다. 그러나 한편에서 3편 이상 논문 배출자가 5명에 불과하다는 점, 5편 이상 게재한 단일기관이 4개 대학에 불과하다는 점은 역사적 제도주의 연구를 집중적으로 연구하는 전문 연구자 및 연구기관이 적다는 것을 의미한다.

표 6-4 연구자 수와 게재 편수 및 소속 기관과 게재 편수(제1저자 연구물에 한정)

저자와 게재 편수		소속 기관과 게재 편수	
연구자 수(명)	게재 편수	소속 기관 수	게재 편수
1명	5편	1개	14편
1명	4편	1개	10편
3명	3편	1개	7편
11명	2편	1개	5편
78명	1편	2개	4편
		4개	3편
		10개	2편
		40개	1편
총 94명	총 116편	총 61개 기관	총 116편

(2) 연구형태(단독연구, 공동연구)

역사적 제도주의 연구 형태를 살펴보면, 단독 연구가 116편 중 81편으로 69.8%를 차지하고 있고, 2인 공저가 31편(26.7%)이며, 3인과 4인 연구는 각각 2편(1.7%)에 머무르고 있다. 주로 단독연구가 주를 이루고 있다는 점을 알 수 있으나 2005년 이후에는 2인 공동연구 역시 지속적으로 이루어지고 있음을 알 수 있다.

표 6-5 연구형태(단독, 공동) 빈도와 비중

연도	단독	공동			총계
		2인	3인	4인	
2000	1	0	0	0	1
2002	2	0	0	0	2
2003	3	0	0	0	3
2004	3	0	0	0	3
2005	7	1	0	0	8
2006	8	2	0	0	10
2007	6	2	1	1	10
2008	1	1	0	0	2
2009	15	2	0	0	17
2010	4	3	0	0	7
2011	7	5	1	1	14

2012	8	1	0	0	9
2013	6	2	0	0	8
2014	9	11	0	0	20
2015	1	1	0	0	2
계(비율)	81(69.8%)	31(26.7%)	2(1.7%)	2(1.7%)	116(100%)

3) 연구주제와 연구방법

(1) 연구주제

역사적 제도주의 연구주제는 보건복지부터 환경, 재난에 이르기까지 총 30개의 대분류 기준 연구주제에서 연구가 진행되었다. 구체적으로, 보건복지가 12편(10.3%)으로 가장 많은 비중을 차지하였으며, 이론적 논의 10편(8.6%), 기업 9편(7.8%), 조직 9편(7.8%), 산업 및 에너지 8편(6.9%), 정치, 경제 각각 7편(6.0%), 방송, 지역/지방자치 각각 6편(5.2%), 인사 5편(4.3%), 거시체제, 예산, 공공관리가 각각 4편(3.4%), 금융통화, 재정 각각 3편(2.6%), 과학기술, 교육, 민간투자, 정부기업관계, 토지주택이 각각 2편(1.7%), 기타 가족정책, 경찰, 국방, 대외정책, 발전국가, 부패, 사상, 인권, 재난, 정보, 환경이 각각 1편(0.9%)이었다.

이러한 점은 다양한 분야에서 역사적 제도주의가 활용되어지고 있음을 보여준다. 다만, 보건복지, 기업 등 상위 10개 분야 외에 연구는 상대적으로 게재 편수가 4편 이하이며, 게재 편수가 1편인 주제가 가족정책, 부패 등 11개 부분에 이를 정도로 많다는 점은 특징적이다.

표 6-6 역사적 제도주의 연구주제: 상위 10

순위	대분류	세부 연구주제	빈도 (편)	비중 (%)
1	보건복지	연금개혁, 장기요양보험제도, 활성화정책, 복지국가, 사회복지개혁, 스웨덴복지, 퇴직연금제도, 의료보험제도, 공무원연금제도, 포괄수과제, 소득보장정책	12	10.3
2	이론	이론 연구	10	8.6
3	기업	독일한국 사회적 기업, 대기업구조조정, 스웨덴기업지배구조, 벤처지원정책, 기업지배구조, 벤처기업지원제도, 사회적 기업, 중국기업	9	7.8
4	조직	정부조직개편, 정부조직, 중앙재정기구, 경찰 관료제, 대검찰청개편, 중앙행정기구개편, 중앙정부	9	7.8

5	산업/에너지	원자력 행정체제, 일본원자력제도, 기술표준, 원자력발전정책, 기술표준정책, 게임산업정책, 원자력정책, 신재생에너지발전차액지원제도	8	6.9
6	정치	지구당, 러시아선거제도, 지역정당체제, 정치개혁, 일본선거제도, 국내정치, 권력구조	7	6.0
7	경제	경제정책, 경제생태계, 일본경제개혁, 중국소주공업원구, 중국계획경제제도, 성장정책, 종합부동산세	7	6.0
8	방송	방송제도, 방송정책위원회, 미디어제도, 방송진입규제	6	5.2
9	지역/지방자치	지역, 근린자치제도, 지방행정체제, 시화지속협의회, 지역개발정책, 지역발전정책	6	5.2
10	인사	교원승진제도, 공무원채용제도, 공무원특별채용제도, 법조인력양성제도, 공무원정원관리제도	5	4.3
소계			79	68.1
기타		거시체제(4),[1] 예산(4), 공공관리(4), 금융통화(3), 재정(3), 과학기술(2), 교육(2), 정부기업관계(2), 토지주택(2), 가족(1), 경찰(1), 국방(1), 대외(1), 발전국가(1), 부패(1), 사상(1), 인권(1), 재난(1), 정보(1), 환경(1) 총 20개 대분류 분야	37	31.9
총계			116	100

주: 1) 괄호 안 숫자는 세부 연구주제 개수를 의미.

(2) 연구방법

역사적 제도주의 연구는 주로 질적 연구에 의해 진행되었다. 116편의 연구물 중 106편(91.4%)이 질적 연구방법에 의해 수행되었고, 오직 10편(8.6%)의 연구만이 양적인 연구방법을 활용하였다. 질적인 연구는 83편(73.3%)이 사례연구로 절대 다수를 차지하였으며, 다음으로 특정 사례를 고찰하지 않고 문헌을 통한 연구가 11편(11.2%)을 차지하였다. 특히, 문헌고찰을 통한 이론연구는 10편으로 8.6%를 차지해 역사적 제도주의 연구에서 이론 연구 역시 연구의 한 축을 차지하였다. 양적 연구는 총 10편(8.6%)으로 10편에 머물렀으며, 동 연구물 모두 재무 및 정부예산이라는 특정한 연구주제에서만 나타났다.

사례연구가 주를 이루고 양적 연구가 거의 이루어지지 않았다는 점에서 연구방법의 편중을 보여준다. 이러한 점은 첫째, 제도적 요인을 도출하고, 제도의 형성 혹은 변화 등을 양적으로 증명하는 것은 매우 어렵거나 불가능한 부분이 존재할 수 있고, 둘째, 역사적 제도주의는 역사적 맥락을 강조하고 인과론적 기술을 위해서는 분석시계가 상대적으로 길 수밖에 없다는 점에서 관련 자료의 확보 한계가 존재하였을 가능성이 크다.

표 6-7 역사적 제도주의 연구의 연구방법

	연구방법	빈도	비율(%)
질적 연구	사례연구	85	73.3
	문헌연구	11	9.5
	문헌연구(이론 고찰)	10	8.6
	계	**106**	**91.4**
양적 연구	ARIMA	2	1.7
	요인, 군집/분산분석/퍼지집합/정규성검정/단위근, 시계열/요인, 로짓, GIS/회귀분석/통계분석/설문조사, 시나리오분석 각각 1편	8	7.2
	계	**10**	**8.6**
총계		116	100.0

4) 분석대상 국가

이론 연구 10편을 제외하고, 총 106편의 연구물 중, 단일 국가 연구는 93편(87.7%)이다. 이 중 우리나라 연구는 76편(71.7%), 중국 5편(4.7%), 일본 3편(2.8%), 독일, 러시아, 북한, 스웨덴이 각각 2편(1.9%), 이탈리아가 1편(0.9%)이다. 2개국 비교연구는 총 7편(6.4%)으로, 이 중 한국과 일본 2편(1.9%), 한국과 영국, 독일과 스위스, 독일과 네덜란드, 독일과 일본이 각각 1편(0.9%)이다. 3개국 연구는 총 4편(3.6%)으로, 독일 · 프랑스 · 네덜란드, 영국 · 이탈리아 · 미국, 영국 · 미국 · 한국, 영미 · 유럽 · 남미로 각각 1편(0.9%)이다. 4개국 연구는 미국, 영국, 프랑스, 독일 연구가 유일하며, OECD를 대상으로 한 연구가 1편이다.

이러한 점은 역사적 제도주의 연구가 단일 국가, 특히 국내 연구에 집중되어져 있다는 점을 보여주며, 국내 역사적 제도주의 연구가 비교연구를 위한 유용한 도구라는 주장(염재호, 1994)을 지지하지 않음을 보여준다.

설명적 비교연구에 있어 유용한 것은 분명함에도 비교연구가 진행되지 않은 것은 몇 가지 원인이 있을 것으로 추정된다. 첫째, 국제 간 정책과 제도의 수렴현상이 증가되는 상황에서 각국의 '제도'변수를 통해서 차이를 설명하는 것이 어려운 작업일 수 있다. 둘째, 역사적 제도주의는 단순 기술이 아니라 인과성을 증명해야 하는데, 이는 단일 사례 분석에서도 쉽지 않은 일이다. 논문의 양적 제한을 고려할 때, 비교사례를 인과성 있게 기술하는 것이 매우 어렵다. 실제 분석 논문에서 비교대상 국가가 늘어날수록 인과성 측면에서 한계가 존재했다. 셋째, 외국 제도에 대해 심층적인 이해와 조사가 선행되어야 하는데, 이를 위한 인적 네트워크, 물적, 시간적 제약이 연구자들에게 존재한다는 점이다. 넷째, 현상 기술적 비교연구가 아닌 설명적 연구에서는 인과성을 위해 영향변수들이 통제되어야 하는데, 각국의 서로 다른 영향요인을 통제하는 것이, 특히 질적 연구를 주로 하는 역사적 제도주의 접근에서는 난해한 작업일 수 있다.

5) 학문분야 및 학술저널

역사적 제도주의 연구물은 21개 학문분야 48개 저널에 게재되었다. 총 116편의 연구물 중 광의의 행정학 분야[4]가 61편(52.6%), 정치 외교학 분야 16편(13.8%), 지역학 7편(6.0%), 사회과학 일반 6편(5.2%), 교육학, 의료/복지/사회정책 각각 3편(2.6%), 경제학, 신문방송학, 정치행정, 지리학, 지역개발, 기타사회과학일반이 각각 2편(1.7%), 사회학, 헌법, 중국, 기타 사회과학이 각각 1편(0.9%)로 나타났다. 한편, 역사 제도주의 연구를 5편 이상 게재한 저널은 한국정책학보 14편(12.1%), 한국행정학보 10편(8.6%), 행정논총 7편(6.1%), 한국행정논집 6편(5.2%), 한국정치학보, 한국동북아논총이 각각 5편(4.3%)이다. 이외에 한국사회와 행정연구, 한국행정연구, 한국정책과학학회보, 국제정치논총, 한국사회정책, 한독사회과학논총은 각각 3편(2.6%), 지방행정연구 등 12개의 저널이 각각 2편(1.7%), 한국행정연구 등 23편의 저널에서 각각 1편(0.9%)이 게재되었다.

이러한 점은 첫째, 역사적 제도주의 연구가 21개 학문분야 48개 저널에 게재된 것에도 알 수 있듯이, 사회과학 전반에서 설명도구로 사용되어지고 있음을 보여준다. 둘째, 행정학과 정치학을 제외하면, 상대적으로 다른 학문분야에서의 연구는 활발하지 않다. 이는 역사적 제도주의가 행정학 및 정치학 분야만큼 다른 학문분야에서의 유용성은 높지 않을 수 있음을 짐작하게 한다.

---

4) 광의의 행정학 분야는 '행정학' 분야(한국행정학보 10, 행정논총 7, 한국행정논집 6, 정부학연구 5, 한국사회와 행정연구 3, 한국행정연구 3, 지방행정연구 2, 한국공안행정학보 2, 한국행정연구 1, 한국비교정부학보 1) 연구가 39편(33.6%), '정책학' 분야(한국정책학보 14, 한국정책과학학회보 3, 정책분석평가학회보 1)이 18편(15.5%), '도시/지방행정' 분야(한국자치행정학보 1) 1편(0.9%), '사회과학' 분야(현대사회와 행정 1) 1편(0.9%), '행정사' 분야(한국행정사학지) 2편(1.7%)을 포함한다.

2 이론적 관점의 연구 경향 분석

1) 역사적 제도주의 이론 전개과정

역사적 제도주의 도입(소개)는 6편(5.2%), 적용 98편(84.5%), 대안 모색 및 정교화 12편(9.4%)으로 나타났으며, 시간적인 연구의 흐름은 초기에 이론 도입(소개)이 이루어진 후 이론 적용과 대안 모색 및 정교화가 이루어졌다. 각 단계별 주요 분석내용은 아래와 같다.

표 6-8 역사적 제도주의 연구 전개과정

	구분	빈도(편)	비율(%)
도입(소개)	이론 소개 및 고찰	6(9)	5.2
적용	이론 적용	96	82.8
	이론 통계적 검증	2	1.7
대안 모색 및 정교화	이론 고찰 및 통합모델 제시	2	1.7
	이론 고찰 및 대안이론 제시	2	1.7
	관련 이론과 결합	1	0.9
	이론 정교화	7	6.0
총계		116	100

주: 괄호 안 숫자는 염재호(1994), 정용덕(1999), 하연섭(2003) 포함 시 숫자임.

(1) 역사적 제도주의 도입(소개)

역사적 제도주의에 대한 초기 이론 소개는 분석 논문에 한정할 경우 116편의 논문 중 6편(5.2%)으로 나타났다. 그러나 역사적 제도주의 소개는 분석대상 외에도 염재호(1994), 정용덕 외(1999), 하연섭(2003) 등 서적과 논문이 매우 중요한 위치를 차지한다.

대표적으로, 염재호(1994)는 '국가정책과 신제도주의'라는 연구를 통해 신제도주의의 등장과 발전, 이론의 특성, 이론의 한계와 전망 등을 제시하여 동 접근의 연구를 촉발시켰다. 정용덕 외(1999) 및 하연섭(1999, 2002, 2003, 2006a)은 이론에 대한 소개를 넘어 지속적으로 국외 연구 흐름을 제시하여 줌으로써 역사적 제도주의에 대한 관심을 유발하였을 뿐만 아니라 학문적 고민거리들을 자각시키는 데 큰 기여를 하였다. 특히, 하연섭(2002)은 신제도주의를 구성하는 세 가지 접근의 특징을 제시하여 제도주의에 대한 이해를 높였으며, 하연섭(2003)은 신제도주의 각 분파의 최근 경향과 주요 쟁점을, 즉 제도변화, 제도설계, 경로의존, 시간 관점에서 제시함으로써, 역사적 제도주의의 학문적 대중화에 기여하였다. 하연섭(2006a)은 내생적 제도변화를 소개하면서, '아이디어' 개념을 중요하게 대두시켰다. 이외에도 김선명(2007)은 역사적 제도주의의 5가지 한계(제도 개념의 추상성, 소수 사례연구로서 인과관계의 일반화 어려움, 스토리텔링화 경향, 제도변화 설명에서의 한계, 미시적 행위에 대한 한계)를 체계적으로 제시하였다. 구현우(2009)는 제도의 지속성, 변화가능성, 정책패턴을 역사적 제도주의를 중심으로 하나 합리적 선택 제도주의 및 사회학적 제도주의를 포괄하여 고찰하고 있다.

(2) 이론 적용

역사적 제도주의에 대한 이론을 국내에 적용하는 다양한 연구들이 수행되었다. 절대 다수의 논문이 역사적 제도주의의 이론과 개념들을 적용한 연구물로, 전체 116편 중 98편(84.5%)을 차지했다. 이 중 사례에 적용한 경우가 96편으로 압도적으로 많았고, 이론의 통계적 검증을 시도한 연구는 2편이었다.

김선명(2000)의 금융제도연구가 한국정책학회보에 게재된 이후, 하태수(2002), 장지호(2003, 2005), 조찬수(2003), 심상용(2005), 김윤권(2005), 하혜수 · 양덕순(2007), 진상현(2009), 김원표 · 박희봉(2009), 정창훈 · 금현섭(2014) 등 매우 많은 연구들이 역사적 제도주의를 한국 사례에 적용하여 분석하였다. 대표적으로, 김선명(2000)은 경로의존을 우리나라 금융제도의 사례를 통해 증명하였고, 장지호(2005)는 과거 유용했던 산업정책의 유산이 전략산업육성과 경제위기 극복이라는 명분 아래 지속됨을 정책패턴의 제도적 경로의존성의 개념을 통해 설명하였다. 김윤권(2008)은 중국 국무원의 정부 행위에 있어 제도적 변수로 이념, 정치제도, 법을 제시하였고, 김원표 · 박희봉(2009)은 정부 재정지출의 구조적 · 제도적 차원을 발견하고, 각국의 재정레짐이 거시제도와 상보적으로 배열된다는 점을 지적하였다. 하연섭(2006b)과 천세봉 · 하연섭(2013)은 제도변수로서 '아이디어'의 역할을 실증하였고, 정창훈 · 금현섭(2014)은 예산변동의 원인이 외부적 충격(단절적 균형)뿐만 아니라 정책 및 조직 유형 등과 같은 내재적 특성과의 상호작용에 의해 발생되었음을 밝히고 있다.

(3) 대안 모색 및 정교화

역사적 제도주의에 대한 이론에 대한 비판적 고찰을 기초로 대안이론 및 모델 제시가 이루어졌다. 동 연구물은 총 116편의 논문 중 12편(10.3%)으로, 구체적으로는 이론 고찰을 통한 통합모델 제시가 2편, 대안이론 제시가 2편, 관련 이론과의 결합 주장이 1편, 이론 정교화 추구 7편으로 나타났다.

첫째, 이론적 비판을 통해 대안 모색과 관련된 연구가 수행되었다. 다른 이론과의 상호 교류를 강조(김선혁, 2004), 대안적 이론 제시(김선희, 2009a), 행위자 역할 및 프레임 이론과의 결합(주경일 · 이철주, 2005), 주로 구조-제도-행위를 포괄하는 통합모델(김윤권, 2005; 김순양, 2009), 역사적 제도주의이론과 다른 이론과 통합(유진숙, 2009)을 제시하기도 하였다. 예를 들어, 김선혁(2004)은 제도 개념의 무한한 확장 현상을 비판하면서 비교정책학의 발전을 사회적 구성주의와 신비교행정학을 통해 찾고 있다. 김선희(2009a)는 역사적 제도주의에서의 제도변화에 대한 설명방식을 비판적으로 고찰하고, 대안적으로 비판적 실재론을 제시했다. 주경일 · 이철주(2005)는 교육정보관리체제의 변화과정을 분석하면서 제도화된 맥락적 요소와 프레임 개념을 통해 설명했다. 김윤권(2005)은 제도변화에 있어서 내생적 요인에 의한 설명을 강조하면서, 구조(거시)-제도(중범위)-행위(미시)를 통합한 접근을 제시했다. 김순양(2009)은 사회정책과정의 동태성을 설명하기 위해 구조, 제도, 행위자를 핵심변수로 하는 통합적 개념 틀을 제시했다. 유진숙(2009)은 러시아 선거제도의 개혁을 역사적 제도주의와 세계사회론과 결합하여 설명했다.

둘째, 역사적 제도주의의 관점에서 새로운 이론과 개념을 개발하고자 하는 노력이 진행되기도 하였다. 예를 들어, 김태은(2009a)은 제도변화를 설명하기 위해, 제도 자체에 유발되는 '제도의 비의도된 결과'라는 제도변화 압력변수를 제시하였다.

결론적으로, 역사적 제도주의 연구는 동 접근의 소개, 적용, 대안 모색 및 정교화 과정으로 진행되어 왔음을 알 수 있다. 특히, 국내 연구는 역사적 제도주의를 적용하는 수준을 넘어 동 접근에 대한 비판을 통해 대안을 모색하거나, 한편에서는 역사적 제도주의 관점을 유지하면서 보다 정교한 설명력을 확보하고자 하는 노력 역시 진행되어져 왔음을 알 수 있다.

이러한 가치에도 불구하고, 단순 적용 연구가 압도적으로 많다는 점(98편, 84.5%)은 국내 역사적 제도주의 연구의 한계로 남는다. 서구 이론에 대한 단순 적용은 역사적 제도주의 뿐만 아니라 행정학에서 일반적인 안타까운 현상이다. 이러한 현상은 여러 원인이 있을 것으로 추정된다. 첫째는 서구 이론의 단순 적용이 경로의존성을 보여주는 것일 수 있다. 즉, 태생적으로 행정학이 미국에 영향을 크게 받은 점, 이론 개발보다는 단순 적용이 성과산출에 효율적이며, 이론 개발보다는 적용하는 것을 학계에서 당연하게 받아들여지는 점 등이 하나의 제도적 요인으로 작용하여 현재의 결과가 나타났을 가능성이 있다. 둘째는 서구의 역사적 제도연구자들이 지속적으로 이론을 개발해왔다는 점이다. 즉, 국내에 동 접근이 소개된 이후 20여 년 동안 서구의 이론가들은 지속적으로 이론을 개발하여 왔다.

2) 핵심 연구 개념

'핵심 연구 개념'을 분석한 결과, 경로의존 42편(36.2%), 제약요인으로서 제도 16편(13.8%), 통합적 접근 15편(12.9%), 내생적 제도변화 14편(12.0%), 경로진화 7편(6.0%), 단절적 균형 6편(5.2%), 행위자 중심 제도주의, 신제도주의 각각 3편, 대안이론, 제도변수 검증, 아이디어 각각 2편, 제도 개념, 제도 디자인, 정책과 정치 간 동학, 이론의 적응성, 사회구조분석, 세계사회론, 정부와 기업관계 각각 1편로 나타났다.

구체적으로 살펴보면, 첫째, '경로의존' 연구는 총 42편(36.2%)으로 가장 많은 비중을 차지하였다. 동 연구물에는 경로의존만 다룬 논문이 37편이고, 경로창조, 경로형성, 경로변화, 경로의존과 행위자 선택 등 경로의존을 중심으로 하여 관련 연구를 수행한 연구물이 5편이다. 둘째, '제약요인으로서 제도'에 관한 연구로 16편(13.8%)을 차지[5)]하였다. 셋째, '통합적 접근' 연구물로, 제도뿐만 아니라 행위자, 구조 등 다양한 변수들을 통합하여 제도변화 혹은 정책변화 등을 설명하고자 한 연구물이 15편(12.9%)으로 나타났다. 통합적 접근 연구물 중 구조와 제도, 행위를 통해 설명하고자 한 연구물이 5편으로 가장 많고, 거시환경, 제도맥락, 행위자 또는 정책 아이디어, 행위자 이해관계 또는 제도와 이해관계, 사상 등 다양한 관점에서 논의가 진행되었다. 넷째, '내생적 제도변화' 연구는 총 15편으로 12.9%를 차지했으며, 층화(layering) 개념을 활용한 연구물이 6편으로 가장 많고, 기타 긍정적 환류와 부정적 환류, 형식적 전환 등 새로운 개념이 제시되기도 했다. 다섯째, '경로진화'의 개념을 사용한 연구물들이 총 7편(6.0%)[6)]으로 나타났다. 여섯째, '단절적 균형' 연구가 총 6편(5.2%)으로 나타났다. 동 연구물은 독립변수로서 제도를 논의한 것이기보다 예산부분에서 단절적 균형이 나타나는지를 살펴보고 있

---

5) 물론, 역사적 제도주의 연구물 중 독립변수로서 제도를 다루고 있는 연구는 모두 제약요인으로서 제도를 다루고 있기 때문에 동 분류에 거의 다 포함될 수 있다 할 수 있으나, 다른 개념을 사용하지 않고 '제약요인으로서 제도'만을 다루고 있는 연구물들만을 분류하였다.

6) 동 연구물은 내생적 제도변화와 관련된 연구를 포함하는 경우와 그렇지 않은 경우도 있으나 주개념을 고려하여 '경로진화'로 분류했다.

는 연구물이 다수였다. 일곱째, '행위자 중심 제도주의' 연구가 3편, 기타 신제도주의가 3편, 이론 고찰을 토대로 대안이론을 제시한 연구가 2편, 제도변수 검증 연구가 2편 등이다.

결론적으로, 역사적 제도주의와 관련된 매우 많은 핵심 개념들이 연구·제시되어져 왔음을 알 수 있다. 물론, 경로의존이 42편(36.2%)으로 상당한 비중을 나타내고 있음에도, 제약요인으로서 제도, 통합적 접근, 내생적 제도변화, 경로진화, 단절적 균형, 아이디어 등 다양한 핵심 개념들이 제시되어 왔음을 알 수 있다.

표 6-9 역사적 제도주의 연구물의 주요 핵심 개념

구분(편)	소분류	빈도	비율(%)
경로의존(42)	경로의존	37	31.9
	경로의존 비판, 발전경로모델	1	0.9
	경로의존, 경로창조, 동형화	1	0.9
	경로의존, 경로형성	1	0.9
	경로의존, 경로변화	1	0.9
	경로의존＋행위자 선택	1	0.9
제약요인으로서 제도(16)	제약요인으로서 제도	14	12.1
	제약요인으로서 제도(재화의 특성), 위장적 제도의 재생산	1	0.9
	제약요인으로서 제도＋동형화 압력, 혼성제도	1	0.9
통합적 접근(15)	통합적 접근(거시환경, 제도맥락, 행위자)	1	0.9
	통합적 접근(구조, 제도, 행위)	5	4.3
	통합적 접근[외부환경, 정부조직(문화, 권력관계), 여성행정기구]	1	0.9
	통합적 접근(정책 아이디어, 행위자 이해관계)	1	0.9
	제도변수＋불균등한 권력관계	1	0.9
	통합적 접근(제도, 역사적 맥락, 행위자): 정책수용성	1	0.9
	통합적 접근(제도, 이해관계, 사상)	1	0.9
	통합적 접근(제도, 이해관계, 아이디어)	1	0.9
	통합적 고찰(환경, 제도, 행위자, 정책): 이론	1	0.9
	통합적 접근 제도변화(초점사건, 부처 간 경쟁과 갈등, 행위자와 정부이념)	1	0.9
	제도와 행위 간 변증법	1	0.9
내생적 제도변화(12)	내생적 제도변화, 제약요인으로서 제도(딜레마), 딜레마 대응, 제도변화와 대체	1	0.9
	내생적 제도변화(긍정적 환류, 부정적 환류)	1	0.9

	내생적 제도변화, 층화(layering)	6	5.2
	내생적 제도변화, 복합체, 아이디어: 이론	1	0.9
	제도변화, 후기 신제도주의: 이론	1	0.9
	내생적 제도변화: 형식적 전환, 제도전환	1	0.9
경로진화(7)	경로진화	6	5.2
	경로진화, 경로의존	1	0.9
단절적 균형(6)	단절적 균형	5	4.3
	단절적 균형(행위+제도)	1	0.9
행위자 중심 제도주의(3)	행위자 중심 제도주의	3	2.6
신제도주의(3)	신제도주의 수렴: 이론	1	0.9
	신제도주의	1	0.9
	신제도주의와 거버넌스	1	0.9
대안이론(2)	이론적 한계와 사회구성주의: 이론	1	0.9
	이론적 한계와 비판적 실재론: 이론	1	0.9
제도변수 검증(2)	제도변수 검증	2	1.7
아이디어(2)	아이디어, 아이디어 경쟁	2	1.7
기타	제도 개념(이론), 제도디자인, 정책과 정치 간 동학, 적응성(이론), 사회구조적 분석(이론), 정부와 기업관계, 세계사회론	7	6.3
총계		116	100

주: 1) 각각의 빈도가 1편인 경우임.

3) 독립변수로서 제도

역사적 제도주의 연구물 116편을 분석하면, '독립변수로서 제도'[7]에 대한 연구가 108편(93.1%), '독립변수로서 제도연구가 아닌 연구'가 7편(6%), '이해하기 곤란'한 연구가 1편(0.9%)으로, 이론적 논의를 포함한 논문, 이론을 적용한 논문 등 거의 대다수의 연구물이 설명변수로서 제도를 연구에 포함하고 있다(〈표 6-10〉 참조). 초창기 이론 연구물뿐만 아니라 김선명(2000), 하태수(2002), 장지호(2003), 조찬수(2003), 성지은(2004), 심상용(2005) 등 초기 연구물에서부터 김태일 · 김선희(2006), 홍성만 외(2007), 김윤권(2008), 염재호(2009), 박철희(2010), 서상민(2015)에 이르기까지 지속적으로 독립변수로서 제도를 설정한 연구가 지속되어져 왔다.

7) 설명변수로서 '아이디어' 연구물이 2편은 '독립변수로서 제도'에 포괄하여 분류하고 설명하였다.

역사적 제도주의 연구 중 예산 부분의 4편의 연구(유금록, 2007; 한선경, 2012; 박종승, 2014; 윤성채, 2014)와 예산 연구 외 3편의 연구는 독립변수로서 '제도'가 아닌 나타난 현상을 제도주의적 개념 혹은 이론과 관련시켜 제시하고 있다. 예를 들어, 김종일(2010)은 퍼지집합의 이념형 분석을 통해, 대륙복지국가의 활성화 정책의 '경로의존성'이 존재하는지를 분석하였다.

4) 독립변수로서 제도와 행위자

역사적 제도주의 시각에서 많은 연구들이 독립변수로서 제도뿐만 아니라 '제도와 행위자'를 동시에 고려하였다. 독립변수로서 제도에 대한 연구는 총 116편 중 108편이며, 이 중에서 '제도'만을 독립변수로 연구한 논문이 78편(67.2%), '제도'와 '행위자'를 같이 논의한 연구가 30편(25.4%)으로 나타났다. 제도와 행위를 논의한 30편의 연구물 중 27편은 실제 사례에 적용한 연구물이고, 4편은 이론적 연구물이다. '제도와 행위'를 포함한 연구의 연도별 추세를 보면 (〈표 6-10〉 내 그림 참조), 2004년 1편이 처음 등장한 이후, 2005년 3편, 2009년 8편으로 최대로 증가하다, 2014년에는 4편 정도로 감소한 것으로 나타나고 있다.

동 연구물들은 제도를 배제하고 행위만을 논하는 연구가 아니라, 역사적 제도연구의 설명력의 한계를 극복하고자 하는 차원에서 '행위'변수가 고려되었다(김선혁, 2004; 주경일 · 이철주, 2005; 김윤권, 2005; 노명순, 2006; 신현석, 2008; 권형기, 2007; 김혜란, 2009; 김순양, 2009; 김성진, 2009; 주혜정, 2009; 김선희, 2009a, 2009b; 박철희, 2010; 이준호 · 정윤길, 2010; 주성돈, 2011; 민효상, 2011; 이홍규, 2011, 최진응, 2014; 김태근 · 김학실, 2014; 임완재 · 오영균, 2014). 예를 들어, 권형기(2007), 김선희(2009b), 김태근 · 김학실(2014)은 본격적으로 '행위자 중심 제도주의(Actor Centered Institutionalism)'를 통해 제도뿐만 아니라 행위자 간 상호작용이 중요하다는 점을 제시하고 있다. 이러한 점은 역사적 제도주의에서 행위자가 주된 설명변수로 포함되고 있음을 보여준다.

한편에서, 독립변수로서 제도와 행위자를 포함한 연구는 설명력 증진에 기여할 수 있으나 제도와 행위자 간 관계를 이론적 관점에서 체계성을 갖추어야 한다. 즉, 역사적 제도주의에서 제도는 행위의 제약요인으로 작용하기 때문에 행위를 논함에 있어서 제도적 제약을 고려해야 하고, 그러한 제도적 제약에서 행위자의 역할이 기술되어질 필요가 있다.

표 6-10 독립변수로서 제도연구물과 기타

구분		빈도	비율 (%)
독립변수로서 제도연구물	제도	78	67.2
	제도 + 행위자	30	25.9
독립변수 연구물 아님		7	6
이해곤란		1	0.9
총계		116	100

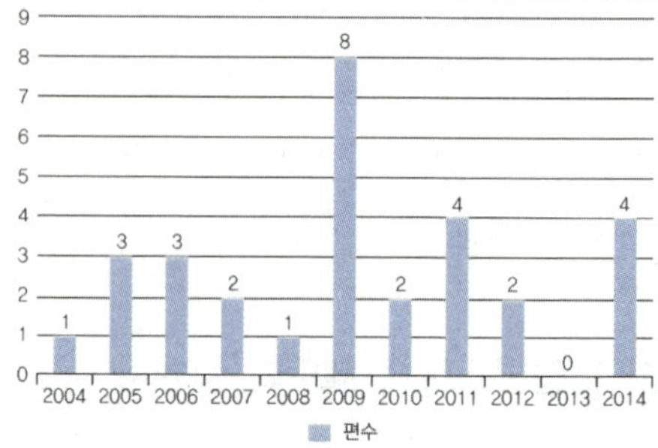

주: 표 내 그림은 독립변수로서 '제도와 행위자' 포함 연구물 결과.

5) 독립변수로서 제도와 행위, 구조, 그리고 다양한 변수들

제도와 행위뿐만 아니라 구조 및 기타 변수들을 통해 현상을 설명하고자 하는 연구들이 총 108편 중 12편(10.3%)으로 나타났다. 이 중 구조, 제도, 행위를 통한 설명이 5편, 이외 변수들을 통한 설명이 7편이다.

첫째, '제도와 행위, 구조'를 포괄하는 모델을 통해 정책변화 및 제도변화를 설명하고자 하는 연구가 진행되었다(김윤권, 2005; 노명순, 2006; 신현석 · 전상훈, 2007; 주혜정, 2009; 임완재 · 오영균, 2014). 제도와 행위, 구조를 포괄한 연구는 전체 116편 중 5편으로 그 비중은 크지 않으나 지속적인 관심을 받아오고 있다. 대표적으로, 김윤권(2005)은 제도변화의 통합모델로서 행위, 제도, 구조를 제시하였고, 신현석 · 전상훈(2007)은 교원승진 및 연수제도를 분석함에 있어 행위, 제도, 구조 변수를 통해 설명하고 있다. 이와 유사하게, 주혜정(2009)은 정책수용의 상이성을 행위, 제도적 맥락, 구조로서 설명하였다.

둘째, 다양한 변수를 통해 통합적인 모델을 구축하고 설명하고자 하는 시도가 이루어졌다(원시연, 2006; 장훈, 2009; 김혜란, 2009; 김태은, 2012a; 안재홍, 2010; 박철희, 2010; 정범진 · 고경민, 2013). 예를 들어, 원시연(2006)은 외부환경, 정부조직(문화, 권력관계), 장훈(2009)은 제도, 이해관계, 사상, 박철희(2010)는 제도, 이해관계, 아이디어, 정범진 · 고경민(2013)은 초점사건, 부처 간 경쟁과 갈등, 행위자의 정부이념, 김혜란(2009)은 정책 아디이어와 행위자 이해관계, 김태은(2012a)은 제도가 유사성과 이질성을 동시에 지니게 된 이유를 동형화의 압력과 내생적 제도 압력으로 설명했다. 천세봉 · 하연섭(2013)은 '아이디어' 간 경쟁을, 안재흥(2010)은 정책과 정치 간 동학에 따라 제도변화가 발생된다고 주장했다.

결론적으로, 역사적 제도주의에서 강조하는 독립변수로서의 제도 외에도 행위자, 구조 등 다양한 변수들을 활용한 연구가 진행되어져 왔음을 파악할 수 있다. 이러한 점은 한편에서는 역사적 제도주의에서 '제도' 설명력이 한계를 지닐 수 있음을 보여주기도 하며, 또 한편에서는 변수의 증가에 따른 인과관계의 문제가 제기될 수 있다.

6) 제도의 지속성과 변화

역사 제도주의 연구는 초기 독립변수로서 제도적 제약에 초점이 맞추어져 있었다. 이는 주로, 많은 연구들이 경로의존성에 초점 두고 연구된 흐름에서 알 수 있다. 이로 인해 제도의 '지속성'이 강조되는 연구가 주를 이루었다. 그러나 2000년대 중반 이후부터 '제도변화'에 초점을 둔 연구들이 증가하기 시작했다. 이에, 〈표 6-11〉과 같이 총 116편의 연구 중 지속성을 강조한 연구가 51편(44%), 제도변화에 초점을 둔 연구는 49편(42.2%)으로 나타났다.

특히, 외생적 제도변화 요인에 따른 제도변화의 한계를 극복하고자 하는 내생적 제도변화 요인 연구가 증가하였다(하연섭, 2006; 홍성만 외, 2007; 염재호, 2009; 구현우, 2009, 김태은, 2009a, 2009b, 2010, 2011; 이재술 · 이민창, 2014). 대표적으로, 하연섭(2006)과 구현우(2009)는 이론적 고찰을 수행했고, 성지은(2004)는 경로의존 속에서 진화적 변화가 존재할 수 있음을 지적했고, 손열(2006)은 제도 중첩(layering)과 제도 전환(conversion)을, 홍성만 외(2007)는 제도적 유증의 지속, 국가재정기능의 중층적 제도화에 따른 제도의 진화, 단절적 균형을, 염재호(2009)는 제도변화의 중층성(layering)을 강조하였다. 또한 김태은(2011)은 제도변화요인을 제도 자체가 지니고 있는 긍정적 환류(자기강화 요인)와 제도 자체가 유발하는 부정적 환류(자기부정 요인)를 통해 설명하였다. 이재술 · 이민창(2014)은 사회보장정책에서 가겹, 표류, 전환이 역동적으로 작동하는 조합이 나타났음을 보여주었다.

한편에서는 역사적 제도주의에서의 제도뿐만 아니라 구조, 제도, 행위자를 포괄한 통합모델을 통해 제도변화를 설명하고자 하는 연구들이 등장하였다(예: 김윤권, 2005; 김순양, 2009; 김선희, 2009b). 대표적으로, 김윤권(2005)과 김순양(2009)은 구조(거시), 제도(중범위), 행위(미시)를 통합한 접근을 시도했다.

표 6-11 연도별 제도 지속성 혹은 변화 강조 여부

연도	지속성	제도변화	단절적 균형[1]	기타[2]
2000	1	0	0	0
2002	1	0	0	1
2003	3	0	0	0
2004	1	1	0	1
2005	3	3	0	2
2006	5	4	0	1
2007	4	4	1	1
2008	1	1	0	0
2009	5	11	0	1
2010	2	5	0	0
2011	10	3	0	1
2012	6	2	1	0
2013	3	3	1	1
2014	5	12	3	0
2015	1	0	0	1
계 (비율)	51 (44%)	49 (42.2%)	6 (5.2%)	10 (8.6%)

〈지속성, 변화 연구 추이〉

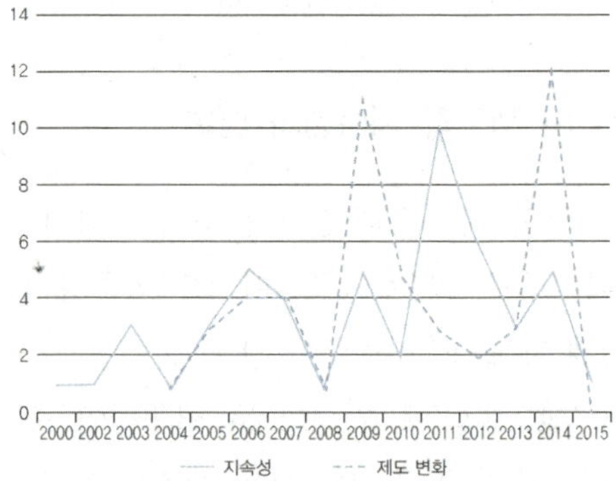

주: 1) 단절적 균형은 크게는 제도변화 연구물이나 해당 연구들은 주로 예산/재정 분야에서 단절적 균형을 검증하는 연구이기에 따로 분류.

2) 기타는 주로 제도의 지속 혹은 변화 모두를 다루고 있는 이론적 연구물이거나, 해당사항 없는 경우, 파악하기 곤란한 경우를 모두 포함한 숫자임.

결론적으로, 역사적 제도주의의 핵심이라 할 수 있는 제도의 지속성에 대한 고찰뿐만 아니라 제도변화를 설명하고자 하는 노력이 진행되어져 왔음을 알 수 있다. 특히, 제도 자체에서 제도의 변화를 설명하여, 그동안 역사적 제도주의가 갖는 가장 큰 한계였던 제도변화를 설명하고자 하는 노력이 진행되어 왔음은 매우 특징적인 현상이다.

제5절 결론과 논의

1 연구결론

본 연구는 역사적 제도주의가 소개된 지 20여 년이 지난 상황에서 역사적 제도주의가 국내에서 어떻게 연구되어 왔는지를 체계적으로 분석하고 이를 토대로 비판적 고찰을 수행하였다. 연구 경향 분석과 비판적 고찰은 크게 두 가지 차원, 즉 '개관적 연구 경향'과 '이론적 관점의 연구 경향'으로 구분하여 수행했다. 1994년부터 2015년 7월 현재까지를 시간적 범위로, 단계적인 연구물 추출을 수행하여 116편의 분석대상 논문을 실징하고, 연구내용별로 고딩히여 통계분석 하였으며, 결과를 토대로 비판적 고찰을 수행했다.

연구 개관 분석 차원에서의 분석결과는 아래와 같다. 첫째, '논문 수'로, 2001년 첫 게재논문이 1편 등장한 이후 완만하게 증가하여 2014년에는 20편이 될 정도로 양적으로 증가하였다. 특이한 점은 2007년 이후에는 연도별로 출판 건수의 편차가 크게 나타나고 있다.

둘째, '연구자 및 소속 기관'으로, 제1저자 94명(공저자 포함 시 117명)이었고, 제1저자의 소속 기관은 61개 기관(공동저자 포함 시 69개) 기관으로 나타나 연구자 및 연구기관의 분포가 폭넓음을 보여준다. 그러나 3편 이상 논문 배출자가 5명에 불과하고 5편 이상 게재한 단일기관이 4개에 머물렀다는 점은 집중적인 연구자 및 연구기관이 많지 않음을 보여준다.

셋째, '연구형태'를 살펴보면, 단독연구가 81편(69.8%)으로 압도적으로 많았고, 공동 중 2인 공동 31편(26.7%), 3인 이상 공동연구는 미미(3인 2편, 4인 2편)하였다. 전반적으로 공동연구가 부족하나 2005년 이후 2인 공동연구가 증가하고 있는 것은 특징적이다.

넷째, '연구주제'는 총 30개의 주제(대분류 기준)에서 연구가 수행되었고, 구체적으로 보건복지가 12편(10.3%), 이론적 논의 10편(8.6%), 기업 9편(7.8%), 조직 9편(7.8%), 산업 및 에너지 8편(6.9%), 정치, 경제 각각 7편(6.0%), 등으로 나타났다. 이러한 점은 다양한 분야에서 역사적 제도주의가 활용되어지고 있다는 점을 알 수 있으나 한편에서는 상위 10개 분야 외에는 게재 편수가 적다는 점 역시 특징적인 현상이다.

다섯째, '연구방법'의 경우, 116편의 연구물 중 106편(91.4%)이 질적 연구방법에 의해 수행되었고, 오직 10편(8.6%)의 연구만이 양적인 연구방법을 활용하였다. 질적 연구의 경우 사례연구 85편(73.3%), 문헌연구 11편(9.5%), 이론고찰연구 10편(8.6%), 양적 연구는 10편(8.9%) 으로 주로 재정 및 예산 분야에서 단절적 균형을 검증하는 연구에서만 활용되었다. 이러한 점은 역사적 제도주의 연구방법이 편중되어 있음을 보여준다.

여섯째, '분석대상 국가'는 이론 연구 10편을 제외하고, 총 106편의 연구물 중, 단일 국가 연구는 93편(87.7%), 2개국 6편(54%), 3개국 4편(3.6%), 4개국 이상 2편(1.8%)으로 나타났다. 특히 단일 국가 연구 중 한국이 76편(74.7%)으로 나타나 분석대상 국가는 단일 국가, 그리고 우리나라에 집중되어 있음을 알 수 있었다. 이러한 점은 역사적 제도주의 연구가 비교연구를 위한 유용한 도구라는 주장을 지지하지 않음을 보여준다.

일곱째, 학문분야 및 저널을 보면, 21개 학문분야 48개 학술저널에 게재된 것으로 나타났다. 학문분야별로는 광의의 행정학 분야가 61편(52.6%), 정치 외교학 분야 16편(13.8%), 지역학 7편(6.0%) 등으로 나타났다. 학술저널은 한국정책학보 14편(12.1%), 한국행정학보 10편(8.6%), 행정논총 7편(6.1%), 한국행정논집 6편(5.2%) 순으로 나타났다. 이러한 점은 사회과학 전반에서 역사적 제도주의가 유용한 설명도구로서 활용되어짐을 보여주나, 행정학 및 정치학 분야만큼 다른 학문분야에서의 유용성은 높지 않을 수 있음을 짐작하게 한다.

이론적 관점의 연구 경향 분석결과는 아래와 같다.

첫째, '이론 전개과정'은 역사적 제도주의 도입(소개)는 6편(5.2%), 적용 98편(84.5%), 대안 모색 및 정교화 12편(10.3%)으로 나타났으며, 시간적인 연구의 흐름은 초기에 이론 도입(소개)이 이루어진 후 이론 적용과 대안 모색 및 정교화가 이루어졌다. 특히, 국내 연구는 역사적 제도주의를 적용하는 수준을 넘어 동 접근에 대한 비판을 통해 대안을 모색하거나, 한편에서는 역사적 제도주의 관점을 유지하면서 보다 정교한 설명력을 확보하고자 하는 노력이 진행되었음을 보여준다. 이러한 가치에도 불구하고, 단순 적용 연구가 압도적으로 많다는 점(98편, 84.5%)은 국내 역사적 제도주의 연구의 한계로 남는다.

둘째, '핵심 연구 개념'에 대한 분석결과, 경로의존 42편(36.2%), 제약요인으로서 제도 16편(13.8%), 통합적 접근 15편(12.9%), 내생적 제도변화 14편(12.0%), 경로진화 7편(6.0%), 단절적 균형 6편(5.2%) 등 순으로 나타났다. 이러한 점은 경로의존이 42편(36.2%)으로 상당한 비중을 나타내고 있음에도, 제약요인으로서 제도, 통합적 접근, 내생적 제도변화, 경로진화, 단절적 균형 등 다양한 개념들이 연구되어 왔음을 알 수 있다.

셋째, '독립변수로서 제도'와 관련하여, 독립변수로서 제도연구가 116편 중 108편(93.1%)으로 나타나 주로 독립변수로서 제도에 대한 연구가 압도적으로 많음을 알 수 있었다. 역사적 제도주의 연구가 어떤 현상을 과학적으로 설명하기 위한 도구로서 활용되어져 왔음을 알 수 있다.

넷째, '독립변수로서 제도와 행위자' 연구는 독립변수로서 제도에 대한 연구물 108편 중 30편(25.4%)이었고, 나머지가 독립변수로서 제도만 다룬 논문(78편, 67.2%)이다. 이는 행위자 변수가 역사적 제도주의에서 주된 설명변수로 포함되어 연구되고 있음을 보여준다.

다섯째, 독립변수로서 제도, 행위자뿐만 아니라 '구조' 및 다양한 변수를 모두 포괄하고 있는 연구는 108편 중 12편(10.3%)으로 나타났다. 이 중 제도, 행위, 구조를 포함한 연구는 5편이고, 이외 다양한 변수를 포함한 통합모델은 7편이다. 이는 역사적 제도주의가 갖는 설명력 한계를 극복하고자 하는 노력으로 이해되나, '제도'만으로 설명의 한계를 인식하고 있음을 보여주기도 하며, 한편에서는 인과관계의 문제가 제기될 수 있음을 보여준다.

여섯째, '제도의 지속성과 변화'와 관련하여, 역사적 제도주의의 핵심적 주장이라 할 수 있는 제도의 지속성 연구가 현재까지도 지속되고 있으나, 2004년 이후에는 제도 지속성만큼이나 제도변화를 설명하고자 하는 연구가 지속되어, 총 116편의 연구 중 지속성을 강조한 연구가 51편(44%), 제도변화에 초점을 둔 연구는 49편(42.2%)으로 나타났다. 특히, 내생적 제도변화를 설명하고자 하는 노력은 매우 특징적인 현상이라 할 것이다.

2 논의 과제

앞서 논의한 개관적 차원의 분석과 이론적 차원의 분석결과는 아래와 같은 논의 주제를 제시한다. 첫째, 역사적 제도주의 연구의 가장 큰 아쉬움은 서구의 이론을 넘어 새로운 이론을 개발하고자 하는 연구가 부족하다는 점이다. 국내 역사적 제도주의 연구 역시 이론의 수입과 실험장이라는 비판을 면하기 어렵다. 이론을 제시하고 소개하는 연구는 이론의 불모지에서 큰 의미를 갖는다. 또한 이러한 이론을 한국적 상황에 적용하여 이론의 타당성을 검증하고 더불어 한국 상황에서 이론으로서 얼마나 설명력을 갖는가를 살펴본다는 점에서 반드시 필요한 과정이다. 그러나 연구의 절대 다수가 동 접근의 단순 적용이라는 점은 아쉬움으로 남는다. 특히, 서구에서 역사적 제도주의 가장 큰 한계인 제도변화를 극복하기 위해 지속적으로 노력해왔다는 점(예: 내생적 제도변화)에서 더욱 크게 다가온다.

둘째, 독립변수로서 제도 외에 행위자를 포함한 활용한 연구가 증가하고 있으나 엄밀성에 대한 고민을 제기한다. 즉, 역사적 제도주의 관점을 유지한다면, 행위자는 제도에 독립적일 수는 없다. 행위자 역시 제도에 영향을 받는 주체이다. 따라서 이러한 제도적 제약에서 행위자의 역할을 논의해야 할 필요가 있다. 제도에 영향을 받는 대상이 독립적으로 제도에 영향을 미칠 수 있다는 것은 역사적 제도주의 관점을 유지하고 있다 보기 어렵다.

셋째, 독립변수로서 제도, 행위자 외 구조 등을 논의한 연구에 있어, 보다 분명한 조작적 정의가 필요하다. 일반적으로 역사적 제도주의에서 제도는 공식적, 비공식적 제도를 일체를 포괄하고 있기 때문에 유형적이고 가시적인 제도뿐만 아니라 무형적이고 비가시적이다. 인간의 선택과 행위를 제약할 수 있는, 또는 독립변수로서 작용할 있는 모든 것을 제도로 설정하고 있기 때문에, 이러한 제도는 자본주의, 민주주의와 같은 거시적 체제부터 인간의 아이디어에 이르기까지 그 스펙트럼이 매우 넓다. 예를 들어, 구조를 인간의 선택과 행위를 제약하는 변수로서 고려된다면, 여기서 제도와 구조 간 혹은 환경 간 구분은 쉽지 않다. 따라서 제도와 구조 혹은 환경을 동시에 논의하는 것은 무엇을 제도로 볼 것인지, 구조 혹은 환경으로 볼 것인지에 대한 분명한 정의가 필요하다. 또한 역사적 제도주의에서 '제도' 외에 행위자, 구조 등 독립변수의 증가는 인과관계의 문제를 고민하게 한다. 설명력을 늘리기 위한 변수의 증대는 해당 사례에 대한 설명력을 높일 수 있으나 과학의 간결성을 확보하기 어렵고, 인과관계 증명이 어려워진다. 특히, 질적 사례연구가 주를 이루는 역사적 제도주의에서 독립변수가 늘어나면, 독립변수들과 종속변수 간에 인과성 문제뿐만 아니라 독립변수 간 상호작용의 영향을 통제해야 하는 어려움이 있다.

이러한 연구결과들은 역사적 제도주의 연구의 경향을 살펴보게 할 뿐만 아니라 이론적, 학문적 발전을 위한 성찰의 기회와 새로운 연구 방향을 고찰해볼 수 있다는 점에서 의미를 지닌다. 그러나 본 연구는 다양한 학문분야에서 연구된 논문들을 분류하고 있고 또한 이론적 경향의 분류를 포함하고 있다. 가능한 애매한 부분을 제거하고 객관성을 확보하고자 노력했으나 주관적 판단의 한계가 존재할 수 있다. 또한 제한된 연구 범위에 따라 연구 범위에 포함되지 못함으로 인해 유용한 연구물들을 살펴보지 못하였을 가능성이 존재한다.

제3편

제도, 집단행동 딜레마, 대응: 합리적 선택 제도주의의 관점

신제도주의

제7장

제도적 특성과 집단행동 딜레마: 성과급적 연봉제를 반영한 실험연구

제1절 서론[1]

공식·비공식 제도는 사람들의 선택과 행위에 제약을 미친다. 어떤 제도는 행위자로 하여금 이기심을 극대화시키게 할 수 있고, 반면에 어떤 제도는 행위자들로 하여금 이기심을 제약하는 것이 합리적인 선택이 되도록 영향을 미칠 수 있다.

제도가 인간의 선택과 행위를 제약한다는 점에서 어떤 제도가 도입되고 적용되는가에 따라 집단(합)행동 딜레마(collective action dilemma or social dilemma)의 수준에도 영향을 미칠 수 있을 것이다. 외환위기 이후 고위직을 대상으로 한정적으로 시행되어 온 공무원 성과연봉제는 2011년에는 국립대학 교원을 대상으로, 2016년에는 공무원인 중간 관리자인 4급 및 5급 과장 재직자, 경찰 및 소방 관리자까지 적용 범위가 크게 확대되었다. 성과연봉제는 인간 본성에 대한 표준경제이론의 가정, 테일러(F. W. Taylor)의 과학적 관리, 그리고 외생적 동기 이론, 주인-대리이론 등 다양한 이론에 기초한다. 동 제도는 본질적으로 성과를 보상에 연계시키면 근로자들이 더욱 열심히 일하기 때문에 조직성과를 극대화시킬 수 있다는 가정에 기반한다. 이는 이기심에 기초한 개인의 합리성 추구가 집단수준에서도 합리적 결과가 초래될 수 있다는 가정에 기초한 것이다. 그러나 이기심에 기초한 개인의 합리성 추구가 항상 집단수준에서 합리적 결과가 초래되는 것은 아니다. 집단행동 딜레마에서 알 수 있듯이 개인의 합리성 추구가 집단수준에서는 비합리적 결과가 초래되기도 한다. 특히, 공무원 성과연봉제는 행위자들(공무원들)의 자발적 합의 결과로서 도입된 제도가 아니라 강제적 동형화의 산물로 적용되어 왔다. 또한 성과와 개인 보상을 연계하고 있어 이기적 개인의 합리적 선택을 촉진한다. 따라서 공무원 성과연봉제는 이기적 개인의 합리적 선택에 따라 조직성과를 극대화할 것이라는 이론적 가정과 달리, 개인의 이기심을 극대화하는 것이 우월전략이 되어 집단행동 딜레마가 나타날 가능성 또한 존재한다.

이러한 배경에서 본 연구는 제도의 특성이 집단행동 딜레마에 미치는 영향이 무엇인가라는 연구질문을 설정하고, 구체적으로 실제 운영되고 있는 제도의 특성이 집단행동 딜레마에 어떠한 영향을 미치는지를 분석하고자 하였다. 동 질문에 대한 해답을 찾기 위해, 실제 운영되고 있는 대표적 제도로서 공무원 성과급적 연봉제를 분석하여 제

---

1) 이 글은 김태은(2018)의 내용을 일부 수정·보완한 것이다.

도적 특성을 도출하고, 동 제도적 특성을 반영한 실험설계를 통해 공공재 게임을 수행하였다. 두 집단별(A, B 집단)로 'h값의 변화($h=1.1 \rightarrow 1.5 \rightarrow 2.0$, 제로 섬 → 포지티브 섬)에 따른 기본 구조' 실험 6회, 'h값의 변화에 따른 성과누적식 구조' 실험 6회, 총 12회(A, B 집단 총 24회)의 실험을 수행했다.

본 연구는 제도가 집단행동 딜레마에 어떠한 영향을 미치는지를 실증하고 있다는 점에서 제도와 집단행동 딜레마 연구에 중요한 이론적 가치를 지닌다. 또한 현실의 제도를 반영한 공공재 게임 실험은 관련 실험연구에 중요한 방향성을 제시하고 있고 집단행동 딜레마의 수준을 완화하기 위한 제도설계, 특히 공무원 성과급적 연봉제의 정책적 개선 방향을 제시하고 있다는 점에서 유용한 함의를 지니고 있다.

제2절 이론적 배경

1 집단행동 딜레마와 제도

일찍이 하딘(Hardin, 1968)은 간단하지만 기념비적인 연구에서 이기적 개인들이 자신의 이익을 위한 합리적 선택을 할 경우 집단적으로 모두 파멸적 결과를 얻을 것임을 지적하였다. 이는 당시 주류 경제학에 학문적 충격을 주었을 뿐만 아니라 인간본성과

> "합리적인 목동들은 자신의 이익 극대화를 추구한다. 어떤 목동이 소 한 마리를 공유지에 추가할 경우, 추가적인 1마리를 팔아서 얻는 모든 수익을 목동이 모두 얻기 때문에 긍정적 효용(positive utility)은 거의 +1이다. 동시에 추가된 1마리에 의해 과대방목의 효과가 발생된다. 그러나 과대방목의 효과는 모든 목동들에게 발생되므로(공유되므로), (소 1마리를 추가적으로 방목한) 목동이 얻는 부정적 효용(negative utility)은 -1/n이다. 따라서 합리적인 목동들의 결론은 또 다른 동물을 하나 더, 또 하나 더 추가하는 것이다. … 여기에 비극(tragedy)이 있다. 모든 목동들은 그의 가축을 제한없이 더 많이 늘리는 시스템에 갇혀 있다. 사회 내에서 자신의 이익을 극대화하고자 하는 모든 사람들의 종착지는 폐허이다. 공유지에서의 자유(freedom)는 모든 사람을 폐허로 이끈다"(Hardin, 1968: 162).

관련되어 있기 때문에 참으로 해결하기 어려운 것으로 인식되었다.

일반적으로 집단행동 딜레마(collective action dilemma)는 이기적인 개인들의 합리적 선택이 집단수준에서는 비합리적 결과가 초래되는 현상을 의미한다(Kollock, 1998: 183; Dawes & Messick, 2000: 111). 시간 개념을 포함한다면, 개인들의 비협력적 행동이 (단기적으로) 그들 스스로에게 우월적 결과를 주지만 모든 사람들이 비협력적 행동을 할 경우 (장기적으로는) 모두 협력했을 때보다 더 좋지 않은 결과는 얻는 상황(Van Lange et al., 2013: 126)이다. 보다 구체적으로 도스(Dawes, 1980: 170)는 두 가지 특성으로 사회적 딜레마를 정의했다. 즉, ① 각 개인들의 사회적 보상은 (다른 사람들이 어떤 선택을 하던지 간에) 협력 행동을 할 때 보다 배반행동을 할 때 더 높다. ② 사회 내 모든 개인들은 그들이 모두 협력했을 때보다 모두 배반할 때 낮은 보상을 받는다. 이러한 도스(R. M. Dawes)의 정의는 죄수의 딜레마 게임(prisoner dilemma)에서 잘 구현이 된다. 죄수의 입장에서 상대방이 어떤 선택을 하든 상관없이 배반을 선택하는게 언제나 유리하다. 결국, 개인들의 합리성(rationality)은 이들 모두에게 최악의 결과를 초래한다. 그래서 딜레마이다(Axelrod, 1984: 9).

집단행동 딜레마는 죄수의 딜레마처럼 두 사람의 관계 속에서 나타날 수도 있고, 공공재 문제처럼 많은 사람이 존재하는 재화의 생산과 소비 차원에서 나타날 수도 있다. 또한 공유지 문제처럼 제한된 자원의 소비 차원에서도 발생될 수 있다. 또한 단일 조직, 국가를 넘어 기후변화에서 알 수 있듯이 국가 간에서 발생될 수 있다.

집단행동 딜레마는 본질적으로 이기적 인간의 합리적 선택이 집단수준에서 비합리적 결과가 초래되는 것으로 그동안 '제도'는 중요한 변수로서 고찰되어져 왔으며, 제도와 집단행동 딜레마 간 논의는 크게 두 가지 차원에서 이해될 수 있다.

이 중 '제도'는 집단행동 딜레마와 관련하여 두 가지 차원에서 이해될 수 있다. 첫

표 7-1 죄수의 딜레마

		행 플레이어(죄수 A)	
		협력	배반
열 플레이어 (죄수 B)	협력	R=3, R=3 상호 협력에 대한 보상	S=0, T=5 (머저리의 보상, 배반의 유혹)
	배반	T=5, S=0 (배반의 보상, 머저리의 보상)	P=1, P=1 상호 배반에 대한 처벌

자료: Axelrod(1984: 8).

째, 제도가 행위자의 선호와 행동에 영향을 미쳐, 즉 이기적 행위를 제약함으로써 집단행동 딜레마를 해결하는 데 기여할 수 있다. 이러한 점은 신제도경제학 혹은 합리적 선택 제도주의 관점에서 잘 드러난다. 대표적으로, 노스(North, 1994: 360)가 제도를 "인간의 상호작용을 구조화하는 인위적으로 고안된 제약"(North, 1994: 360)으로 정의한 것에서 알 수 있듯이, 제도는 집단행동 딜레마를 해결하기 위해 행위주체들이 자발적이고 인위적으로 형성한 것으로 이해할 수 있다. 즉, 동 관점에서 사회적 딜레마를 해결해 줄 수 있는 방법은 각 개인의 행위를 제어하는 '게임의 규칙'을 만드는 것이다. 그리고 사람들이 스스로 만드는 이 '게임의 규칙'을 바로 '제도'로 이해한다(하연섭, 2004: 86). 스스로 만든 제도로 인해 행동에 제약을 받을 수 있으나, 이러한 제도에 의해 편익을 얻을 수 있다면, 그러한 편익을 얻기 위해서 기꺼이 약간의 행동의 범위(자유)를 희생하려 한다(Peters, 1999: 47)는 것이다. 다시 말해, 자신의 효용을 극대화하고자 하는 합리적 행위자들이 그러한 효용을 극대화하기 위해 제도를 만들고 그러한 제도에 스스로 제약받는다는 것이다(Weingast, 2002: 661; 하연섭, 2004: 86-87 참고). 특히, 오스트롬(Ostrom, 1990)은 많은 사례연구를 통해, 공유자원관리에 있어서 행위자들이 자발적으로 합의 규칙을 마련하고, 그러한 규칙(제도)에 지배를 받음으로써 스스로 공유지의 비극에서 벗어날 수 있음을 실증한 바 있다. 즉, 자발적으로 형성된 제도가 집단행동 딜레마를 해결할 수 있음을 주장한다.

둘째, 제도가 이기적 행동에 보상을 강화함으로써, 즉 이기적 행동이 우월전략이 되도록 영향을 미치는 경우는 집단행동 딜레마를 심화시킬 가능성이 존재한다. 이러한 제도는 디마지오와 포웰(DiMaggio & Powell, 1983)의 강제적 동형화(coercive isomorphism)에서 알 수 있듯이, 제도의 도입주체와 적용받는 주체가 분리되어 있고, 적용받는 주체의 선호나 선택과 관련없이 강제적이고 외생적으로 주어지는 경우에 나타날 수 있다. 특히, 상세적으로 도입된 제도가 행위주체들의 이기심을 촉진하거나 이기적 행위에 대해 처벌보다 보상이 연계될 경우 집단행동 딜레마는 심화될 수 있다. 예를 들어, 테일러(Taylor, 1911)의 과학적 관리 이후 효율성을 극대화하기 위한 조직 운영에 주된 도구로 활용되어온 성과연봉제는 표준경제이론, 즉 합리적이고 이기적이며 외생적으로 동기가 부여된다는 가정('homo economicus')에 기초하고 있다(Fehr & Gächter, 1998; Frey, 1999; Weibel et al., 2010: 391; Frey et al., 2013: 953 참고). 즉, 경제인 가정에 기초한 성과보상은 인간의 이기심에 기초하여, 성과보상이 개인의 노력과 성과를 향상시킬 수 있다고 본다(Lazear, 2000; Rynes et al., 2005). 또한 인간 행태는 보상과 처벌의 선택적 배치를 통해 통제될 수 있는데, 성과에 연계시킨 보상체계는 보상과 처벌의 동시적 효과를 지닐 뿐만 아니라 동시에 주인과 대리인간 비대칭 및 역선택의 문제를 해결할 수 있다는 주장이 제기되어 왔다(Kaboolian, 1998 참고). 특히, 금전적 보상형태를 갖는 외생적 유인책을 강조하는데, 현금은 결과 그 자체가 아니라 어떤 결과를 위한 수단으로서(예: 식품 구매, 집 구매 등), 즉 개인의 욕구를 수단적 방식(instrumental way)으로 충족시키기 때문에 개인의 추가적이고 한계적인 노력을 기하도록 강한 동기를 부여한다고 주장한다(Jensen & Murphy, 1990: 141; Frey et al., 2013: 951).

결국, 개인화(individualization)를 강화시키는 방법(Ingraham, 1993; Dahlström et al., 2009: 579)인 성과연봉제 하에서 개인의 합리적 선택은 협력하는 것보다는 개인의 보상을 극대화하는 것이다. 이는 곧 이론적으로 성과연봉제가 집단행동 딜레마에 영향을 미칠 수 있음을 짐작하게 한다. 특히, 공무원 성과연봉제는 공무원들이 집단행동 딜레마를 해결하기 위해 자발적인 합의 규칙으로서 도입된 것이 아니라, 공무원들의 선호와 상반되게 상위 권위주체에 의해 도입되어 강제적으로 적용되어 왔다(김동배, 2010; 이수영, 2011; 김정인, 2016 참고). 따라서 공무원 성과연봉제는 성과연봉제의 이론적 차원, 그리고 실제 도입에 있어서 행위자들의 자발적 합의가 아닌 강제적 동형화의 산물이라는 점에서 집단행동 딜레마를 초래시킬 가능성이 존재한다.

2 집단행동 딜레마와 공공재 게임

공공재 게임(public good game)은 인간의 본성인 이기심과 그와 연계된 집단행동 딜레마를 살펴보고, 특히 그 영향요인을 분석까지 가능한 유용한 실험연구방법이다. 구체적으로 공공재 게임은 2인 PD게임을 N으로 확장시킨 것으로 인간의 이기심을 본질적으로 고찰할 수 있다. 즉, 모든 사람들이 이기적인지, 혹은 이타성을 지니고 있는지를 분석하게 하여 주고, 한편에서는 인간의 이기심이 어떠한 변수에 의해 영향을 받을 수 있는지, 이기심이 안정적이고 일관적인지 등을 분석하는데 유용하다. 특히, 공공재 게임은 집단행동 딜레마를 분석함에 있어 표준방식으로 활용되고 있다.

동 게임은 크게 자발적 공헌 형태(voluntary contributions)와 공유 자원 행태(common-pool resources)를 가지고 있다. 전자는 실험주체가 공유재에 공헌하는 데 초점을 두고, 후자는 사적 이익을 위해 공유자원으로부터 (자금을) 빼는 것에 초점을 두고 있다(Henrich et al., 2005: 798-789). 자발적 공헌 형태이든 공유자원 형태이든 간에 공공재 게임은 행위자들에게 협력할 것인지(공공계정에 기여할 것인지) 혹은 무임승차할 것인지에 대한 선택의 기회를 제공한다(Skatova & Ferguson, 2011: 237). 자발적 공헌 형태의 공공재 게임은 기본적으로 아래의 구조를 띠고 있다(김태은, 2012b: 382-383).

$$\Pi_i = (W - X_i) + \frac{h\sum X_i}{n},$$

여기서, Π_i =최종 수익, W=게임금액, X_i =공공계정 기여금액, n은 게임자 수, h[2]는 개인별 한계 보상(marginal per capita return)을 의미

동 게임에서 이기적 인간(실험자)들 입장에서 최종 수익을 높이는 방법은 다른 행위자들은 모두 공공계정에 기여하는 대신 자신은 공공계정에 기여하지 않고 개인계정에 기여하는 것이다. 그러나 모두 개인계정에 기여하게 되면 공공계정에 모인 금액이 없게 되므로, 집단 전체적으로는 가장 좋지 못한 결과가 초래된다. 즉, 개인(실험자 각각) 입장에서 무임승차(free riding)는 지배적인 전략이고, 내쉬균형전략(Nash equilibrium strategy)은 완전한 무임승차이다. 반면, 집단 전체로 보면 공공계정에 기여할 때 바람직한 결과를 얻을 수 있다. 즉, 파레토 효율적 결과는 모든 실험자들이 그들이 받은 돈 모두를 공공계정에 기여하는 것이다(Zelmer, 2003: 301).

집단행동 딜레마는 다양한 요인에 의해 영향을 받을 수 있음이 밝혀져 왔다. 특히, 집단행동 딜레마에 문화적 요인, 처벌과 보상체제와 같은 공식·비공식 제도변수뿐만 아니라 신뢰, 소통, 결정 프레임잉, 상호성 요인 등이 영향을 미치는 것으로 알려져 왔다. 즉, 다양한 공공재 게임의 연구결과들은 제도나 행태변수 등이 집단행동 딜레마의 영향변수로 존재할 수 있고, 동 변수들에 의해 집단행동 딜레마의 수준이 변화될 수 있음을 보여주었다.

2) 여기서 'h'는 public good multiplier(Winkinson, 2008: 338), constant marginal return(Fehr & Schmidt, 1999: 836), marginal per capita return(Choi & Ahn, 2013: 19) 등으로 불린다. 본 연구와 관련해서는 연구설계에서 구체적으로 설명하였다.

3 선행연구 및 새로운 연구 필요성

1) 주요 선행연구

본 연구와 관련하여 첫째, 제도적 특성과 관련된 공공재 게임 연구가 진행되어져 왔으며 주로 공식·비공식 제도인 처벌과 보상체계, 문화 등에서 이루어져 왔다. 특히, 공식적 제도와 관련하여 '처벌과 보상체계'는 집단행동 딜레마에 주된 영향 변수로 알려져 왔다. 즉, 협력하지 않는 이기적인 대상에게는 처벌을, 협력하고자 하는 대상에게는 보상이 적절하게 이루어질 때, 집단행동 딜레마 수준이 완화됨을 증명하여 왔다 (Balliet et al., 2011; Ostrom et al., 1992; Fehr & Gächter, 2000, 2002; Bochet et al., 2006; Herrmann et al., 2008; Gächter & Herrmann, 2009; Page et al., 2005; Chaudhuri, 2011; 김태은, 2012b).

대표적으로, 페르와 게흐터(Fehr & Gächter, 2000)는 공공재 게임을 통해 처벌이 공공계정에의 기여율을 높이는 데 기여함을 보여주었다. 즉, 이기적 행위자를 처벌하게 되면 집단 내 다른 실험자들의 이기적 행위가 줄어듦으로써 집단행동 딜레마의 수준이 완화될 수 있음을 보여주었다. 헤르만 외(Herrmann et al., 2008)는 전 세계 16개 비교집단을 대상으로 한 공공재 실험에서 반사회적 처벌이 협력을 촉진하여 집단행동 딜레마를 낮추는 데 기여함을 밝혔다. 니키포라키스(Nikiforakis, 2008)는 공공재 게임에서 대응 처벌기회가 존재할 경우 협력은 붕괴되고 무임승차자에 대한 처벌이 없는 비교집단에 비해 더 적은 수입을 얻음을 제시하였다. 보셰 외(Bochet et al., 2006)는 무임승차의 문제를 해결하는 방법으로서 소통과 처벌을 강조하였다. 특히, 이기적 행위자에 대한 처벌과 관련하여 기본적인 공공재실험을 수행할 결과(10회 시행) 평균기여율은 47.5%이고, 횟수가 진행될수록 급격하게 기여율이 낮아졌다(1회 62.9% → 10회 19.4%). 반면, 처벌과 면대면 교류가 진행된 경우는 평균 기여율이 97.7%였으며, 횟수가 반복되어서도 급격히 낮아지지 않았다(1회 100% → 10회 89.4%)(김태은, 2014: 49). 동 연구들은 어떤 제도적 특성이 이기적 행위자에게 처벌이 아닌 보상이 이루어질 경우 집단행동 딜레마가 심화될 수 있음을 보여준다.

둘째, 상호성 규범으로, 상대방이 나에게 이기적으로 행동하면 나도 이기적으로 대응하고, 상대방이 나에게 이타적이면 나 역시 상대방에게 이타적으로 대응한다. 이는 상호성(reciprocity) 규범으로 알려져 왔으며 그동안 다양한 연구에서 증명되어져 왔다

(Andreoni, 1988; Komorita et al., 1992; Fehr & Gächter 1998, 2000, 2002; Henrich et al., 2005: 798; Bornstein & Ben-Yossef, 1994; Dawes et al., 1977; Komorita et al., 1992; Kurzban & DeScioli, 2008: 김태은, 2012b). 심지어, 액슬로드(Axelrod, 1984)는 제1차 세계대전 중 영국군과 독일군 간 참호전에서도 나타났음을 보여주었다. 또한 제3자의 인식과 관련된 간접적 상호성, 예를 들어 평판조차도 개인의 이기심에 영향을 미치는 것으로 알려지고 있다.

대표적으로, 피쉬바허 외(Fischbacher et al., 2001)는 공공재 게임을 반복할 경우, 협력이 이질적이며 또한 시간에 따라 감소하는 현상의 원인을 44명의 실험자를 대상으로 한 공공재 실험을 통해 분석했다. 다른 사람들의 기여율과 비교함으로써 기여율을 결정하는 조건적 협력(conditional cooperation)과 무임승자현상에서 그 원인을 찾고 있다. 실제, 실험결과 약 50%가 조건적 협력 행태를 보였고, 약 30%는 무임승자 행태를 나타내었다. 김태은(2012b)은 현직 공무원들을 대상으로 한 실험을 통해 상호성 규범에 따르고 이기심이 고정된 것이 아니라 이기심의 수준과 정도는 특정 변수에 의해 영향을 받을 수 있음을 보여주었다.

셋째, 공공재 게임을 이용한 집단행동 딜레마를 분석한 연구는 아니나 성과연봉제에 대한 많은 연구가 이루어져 왔다. ① 공공조직과 민간조직 간 차이 및 동기이론 차원에서 성과연봉제가 효과적이지 못하거나 부정적인 영향을 미친다는 연구가 이루어져 왔다(Perry et al., 2009; Weibel et al., 2010; Frey et al., 2013). 실제, 많은 경험적 연구들은 성과보상이 숨은 비용(Lepper & Greene, 1978)을 초래시키거나 부패 효과, 구축효과, 과잉정당화효과(Lepper & Greene, 1978)를 유발하여 성과에 부정적인 영향을 미친다는 것이다(Weibel et al., 2010: 388). 국내 연구 역시 공공부문 성과연봉제에 대해 제도적 한계뿐만 이니라 그 성과에 대해 부정저 연구가 주를 이루고 있다(강여진 · 배귀희, 2012; 김태은 외, 2008; 김헌, 2015; 노종호, 2016; 안선민 외, 2017; 이근주 · 이혜운, 2007; 하미승 외, 2004; 하혜수 · 정광호, 2014; 한승주, 2010; Ingraham, 1993; Frey et al., 2013; Perry et al., 2009).

② 실험적 연구를 통해 성과연봉제의 효과가 연구되었다. 예를 들어, 특히 심리 및 경제학자들은 많은 실험연구를 통해 구축효과가 존재함을 증명하였다(예. Ariely et al., 2009; Bertelli, 2006; Bregn, 2013; Cameron et al., 2001; Deci, 1971, Deci et al., 1999; Fehr & Falk, 2002; Frey & Oberholzer-Gee, 1997; LeGrand, 2003; Lepper & Greene, 1978; Weibel et al., 2010). 대표적으로, 애리얼리 외(Ariely et al., 2009)는 금전적인 유

인 및 보상이 가시성(visibility)을 지닐 경우 친사회적 영향을 갖는 활동에 부정적인 상호작용이 나타남을 보여준다. 벨(Bellé, 2015)은 이탈리아 지방 보건국에서 근무하는 간호사들을 대상으로 한 무작위 통제집단 실험을 수행하여 성과보상급여는 보상이 공개되었을 때보다 비밀이 유지될 때 더 큰 성과를 나타냈음을 보여주었다. 바이벨 외(Weibel et al., 2010)는 행태경제학적 연구물에 대한 메타분석을 통해, 성과보상은 외적 동기를 강화시키면서(가격효과) 동시에 내적 동기를 약화(구축효과)시키는 데 이 두 가지 반대효과의 강도에 따라 성과보상이 개인적인 노력을 촉진하거나 침해하기도 한다고 주장한다. 더욱이 가격효과가 구축효과보다 강하다 하더라도 숨어 있는 비용이 발생한다는 점을 지적했다. 버겐(Bregn, 2013)은 실험경제학 연구결과를 통한 문헌연구를 통해, 성과연계 급여에 있어 인지된 불공정성이 성과에 부정적 영향을 미침을 제시하였다.

2) 기존 연구의 한계와 새로운 연구 필요성

기존의 연구들은 본 연구에 유의미한 함의를 제공한다. 그러나 첫째, 연구질문 차원에서 공식적 제도가 집단행동 딜레마에 어떠한 영향을 미치는지에 대한 연구 자체가 필요하다. 기존 실험연구는 처벌과 보상체제가 집단행동 딜레마에 중요한 영향요인임을 밝혀주고 있다. 그러나 현실의 다양한 제도가 인간에게 영향을 미치고 있다는 점에서 추가적인 제도변수의 발견이 필요하다. 더욱이 행위자들의 선호나 선택에 관계없이 강제적으로 도입된 제도가 집단행동 딜레마에 어떠한 영향을 미칠지에 대한 연구는 시급한 연구주제라 할 것이다. 둘째, 제도의 구체적 어떤 특성이 집단행동 딜레마에 어떠한 영향을 미치는지를 연구할 필요가 있다. 제도의 구체적 특성에 따라 제도가 집단행동 딜레마에 미치는 영향은 서로 달리 나타날 수 있을 것이다. 셋째, 연구방법 차원에서 아직까지 여러 공공재 실험이 수행되었으나 현실에서 운영되고 있는 제도의 특성을 도출하여 이를 반영한 실험설계와 실험을 수행할 필요성이 크다. 현실에서 운영되고 있는 제도의 특성을 반영한 실험설계와 그에 따른 실험결과는 집단행동 딜레마의 원인을 설명할 수 있다는 점뿐만 아니라 실제 동 제도가 향후 집단행동 딜레마를 발생시킬지를 예측할 수 있게 하여 준다는 점에서 이론적 차원뿐만 아니라 제도설계의 방향을 보다 직접적으로 제시한다는 점에서 매우 필요하다. 그러나 앞서 제시되었듯이, 많은 공공재 실험이 진행되었고, 그림멜리크바센(Grimmelikhuijsen, 2017)의 지적처럼 최근 행정학 분야에서 또한 실험연구(예: 김태은, 2012b; Anderson & Edwards, 2015; Bouwman &

Grimmelikhuijsen, 2016; de Fine Licht, 2014; Grimmelikhuijsen et al., 2014; Jilke et al., 2016; Riccucci et al., 2014, 2016)가 증가하고 있으나 본질적으로 현실에서 운영되고 있는 제도의 특성을 도출하여, 이러한 특성을 실험설계에 반영한 연구는 찾아보기 쉽지 않다.

3) 연구 분석틀

본 연구는 제도의 특성이 집단행동 딜레마에 어떠한 영향을 미치는지를 분석하고자 한다. 특히, 현실에서 운영되고 있는 제도와 부합된 실험설계를 통해, 집단행동 딜레마에 대한 설명과 예측을 수행한다. 이를 위해, 첫째, 본 연구는 현실에서 운영되고 있는 공무원 성과급적 연봉제의 분석하여 핵심적인 제도적 특징을 도출하고, 둘째, 이러한 제도적 특징을 반영한 공공재 게임을 설계하며, 셋째, 새롭게 설계된 공공재 게임을 통해 제도적 특징이 집단행동 딜레마에 어떠한 영향을 미칠지를 설명하고자 한다. 실험은 두 집단별(A, B집단)로 '제로 섬 · 포지티브 섬(h값 변화에 따라, $h = 1.1 \rightarrow 1.5 \rightarrow 2.0$)과 기본 구조 실험' 6회, '제로 섬 · 포지티브 섬(h값 변화에 따라, $h = 1.1 \rightarrow 1.5 \rightarrow 2.0$)과 성과누적식 구조 실험' 6회, 총 12회(A, B집단 총 24회)의 실험을 장기간 수행한다.

그림 7-1 연구 분석틀

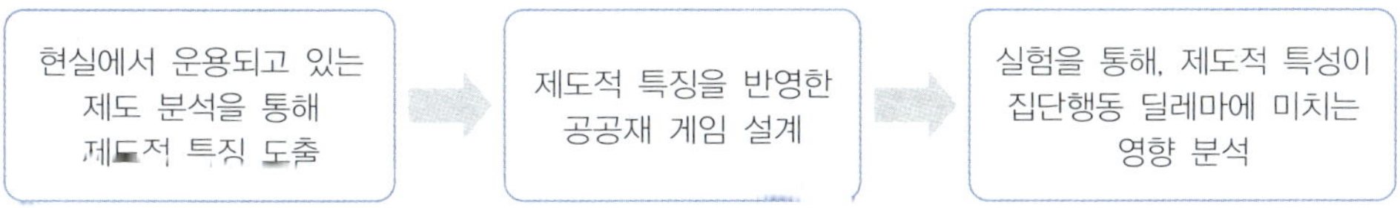

제3절 성과급적 연봉제 제도의 특성

1 공무원 성과급적 연봉제

공무원 성과연봉제도는 외환위기 이후 점진적으로 확대되어 왔다. 외환위기 이후부터 고위급(국장급)에 대해 한정적으로 적용되던 성과연봉제는 2005년 3~4급(상당) 과장급 이상 확대(인사혁신처, 2017b: 124-127 요약), 2011년 국립대학 교원, 2016년 전 공공기관 도입 완료(기획재정부 보도자료, 2016.06.10), 그리고 최근 2016년에는 중간관리자인 복수직 4급과 5급 과장 재직자, 경찰・소방 관리자(총경・소방정)까지 성과연봉제 적용 범위가 확대되었다. 내용적으로도 평가 등급별 성과연봉 지급률을 인상해 성과에 따른 성과연봉 격차와 총 연봉 대비 성과급 비중이 확대되어 왔다(인사혁신처 보도자료, 2016: 2).

현재 공무원 성과연봉제는 서로 다른 유형이 혼재되어 있다. 공무원 보수규정[대통령령 제27769호, 2017.1.6, 별표 31 참고]에 따르면 공무원 성과연봉제는 고정급적 연봉제, 성과급적 연봉제, 직무성과급적 연봉제로 구분된다. 고정급적 연봉제는 대통령, 총리, 장관(급), 처장 및 차관(급) 등 정무직에 공무원을 대상으로 성과측정에 따라 연봉을 책정하는 것이 아니라 개별 직위마다 고정된 연봉을 지급한다. 성과급적 연봉제는 1~5급(상당) 과장급 이상 공무원 및 일반, 전문임기제공무원(시간제임기제 포함)으로 중간급 이상 공무원, 국립대 교원 등을 대상으로 적용되고 있으며(인사혁신처, 2017a: 196), 계급별 기본연봉과 업무실적에 따른 평가결과에 따라 차등 지급되는 성과연봉으로 구성된다. 연봉은 계급별로 설정된 연봉 한계액 범위 내에서 정해진다. 직무성과급적 연봉제는 고위공무원단에 적용되며 직무의 곤란도와 책임의 정도를 반영하여 보수를 책정하고, 성과에 따라 차등 지급한다(인사혁신처, 2017a: 266). 기본 골격은 성과급적 연봉제와 같으나 성과급적 연봉제에 비해 성과급 비중이 더 높다.[3] 이러한 점에서 현재 우리나라 연봉제 중 성과평가에 기초한 연봉제는 성과급적 연봉제와 직무성과급적 연봉제로 볼 수 있고, 이 중 '성과급적 연봉제'가 가장 대표적이라 할 수 있다.

2 공무원 성과급적 연봉제의 제도적 특징

1) 제로 섬 구조

공무원 성과급적 연봉제는 「공무원 성과평가 등에 관한 규정」, 「공무원 성과평가 등에 관한 지침」에 따라 성과 평가를 통해 계급별로 평가등급을 결정하여 지급함을 원

3) 인사혁신처(http://www.mpm.go.kr/mpm/info/infoBiz/BizPay/bizPay02/, 검색일: 2018.01.25).

칙으로 한다(인사혁신처, 2017a: 197-210). 최종적인 개인별 성과연봉 지급액은 계급별 '성과연봉 지급기준액'에 개인별 평가등급에 해당하는 '지급률'을 곱한 금액으로 한다.

이러한 공무원 성과급적 연봉제는 '제로 섬(zero sum, 혹은 영합)' 구조를 취하고 있다. 일반적으로 제로 섬은 손실을 보는 주체의 손실액과 이득을 보는 주체의 이득액의 합이 영(0)인 구조이며, 카드게임, 축구 등 다양한 스포츠 게임, 도박 등이 대표적이다. 특히, 미리 정해진 보수의 합이 0이 아닌 정합게임도 제로 섬 게임의 성격을 지닌다. 예를 들어, 시장 규모가 정해진 상황에서 두 기업이 시장 점유율을 놓고 경쟁을 한다고 할 때, 시장 점유율은 100%가 되지만, 한 기업이 시장 점유율을 높이면 다른 기업의 시장 점유율은 반드시 줄어들 수밖에 없다는 점에서 영합게임[4]과 다를 바 없다(이준구, 2010: 422).

공무원 성과연봉제 역시 시장의 규모가 한정된 시장 점유율을 놓고 경쟁하는 기업과 같이 제로 섬[5] 구조를 지니고 있다. 이러한 점은 성과연봉 지급액이 공무원의 성과와 관계없이 공무원 전체, 그리고 계급별로 총량이 한정되어 있다는 점, 성과연봉의 재원이 기존 인건비 외에 추가 재원으로 조성된 것이 아니라 기존 인건비 구성의 변화로 조성되었다는 점, 상대적이고 강제적으로 등급이 분류되어(S, A, B, C등급) 계급별로 성과가 높은 사람들이 받는 금액은 성과가 낮은 사람들이 못 받은 금액으로 이들의 합이 영(0)인 점에서 알 수 있다.

첫째, '성과연봉 지급액'은 공무원 전체, 그리고 계급별로 총량이 한정되어 있다.[6] 즉, 성과연봉 전체 규모가 한정되어 있다. 민간과 달리 공무원은 성과가 높다고 해서 수익이 더 늘어나 이를 성과급으로 환류될 수 있는 구조 자체가 아니다. 공무원의 인건비는 경제상황, 정치적 요인 등에 의해 매년 총액 수준에서 결정되고, 성과연봉 지급액

4) 이러한 점은 Thurow(1980)가 말한 제로 섬과 맥을 같이한다. 저자는 경제성장이 이루어지지 않는 상태에서 인플레이션, 에너지, 환경 등 문제 해결이 어려운 이유는 이들이 해결에 제로 섬 요소가 내포되어 있기 때문임을 지적한다. 예를 들어, 어떤 방식으로 인플레이션 문제를 해결하는 것은 사회적 편익을 유발하지만 누군가의 소득감소가 나타난다는 것이다.

5) 공무원 성과급적 연봉제는 성과연봉의 총규모가 한정된 상황에서 잘한 사람에게만 추가적인 인센티브를 주는 것이 아니라, 업무 성과를 경쟁시켜 4등급으로 나누고 하위 50%의 성과가 있는 공무원에게 돌아가야 할 성과급을 상위 50%인 공무원에게 주는 방식을 취하고 있다. 이러다 보니 아랫돌을 빼내 윗돌에 쌓아주는 보수제도이다(최상한 인터뷰, 서울신문, 2015.12.17).

6) 실례로, 성과급적 연봉제 대상인 국립대 교원의 경우 '성과연봉 기준액'은 일부 학교를 제외하고 국립대학 전체 성과연봉 재원을 그 국립대학의 전체 성과연봉 지급대상 교원 수로 나눈 금액이다(교육과학기술부, 2011: 12).

역시 공무원들의 성과와 관련없이 총액 및 계급별 총액이 정해져 있다. 구체적으로, '성과연봉 기준액'은 1급(상당)~5급(상당) 과장급까지 계급에 따라 서로 다른 기준액[1급(상당) 130,712천 원, 2급(상당) 117,900천 원, 3급(상당) 106,687천 원, 4급(상당) 98,222천 원, 5급(상당) 과장급 82,837천 원]이 설정되어 있다(인사혁신처, 2017a: 206). 특히, 성과연봉을 포함한 공무원의 인건비는 총액인건비 제도('행정기관의 조직과 정원에 관한 통칙' 제29조, 공무원보수규정 제74조, '공무원수당 등에 관한 규정' 제23조)에 따라 결정이 되어 오고 있다는 점에서 이러한 점을 뒷받침한다.

둘째, 성과연봉의 재원은 기존 인건비 규모를 유지한 상태에서 추가적인 외부 재원으로 조성된 것이 아니라 기존에 인건비를 구성하는 항목의 변화를 통해 조성되었다. 총액인건비 구조에서, 성과연봉 재원은 새로운 재원이 아니라 기존의 인건비를 절감해서 이를 성과연봉 재원으로 활용할 수 있도록 하고 있다. 구체적으로, '총액인건비 세부운영계획'에 따라 의도적 절감노력에 의해 확보한 재원을 통해 성과상여금 및 성과연봉 추가 지급, 수당 등의 신설·조정, 맞춤형복지 예산증액 또는 인력증원에 활용하도록(행정안전부·기획재정부·인사혁신처, 2017: 6-9) 명시하고 있다. 이에 따라 성과연봉 재원은 추가적인 재원투입 없이 기존에 지급된 성과 상여금이나 해당 직급의 처우개선 재원을 성과급으로 활용하여 왔으며, 이에 따라 최하위 성과등급을 받은 공무원은 보수가 오르지 않아 보수격차가 증가하게 된다(인사혁신처 보도자료, 2015: 2).[7] 실례로, 공무원 성과급적 연봉제 대상인 국립대 교원의 경우 역시 성급적 연봉제의 '기준액'은 2010년 동 제도 도입 이전 그동안 호봉제에서의 호봉 승급분과 성과급적 연봉제가 도입되기 전 성과급을 합한 금액으로, 성과급적 연봉제를 위해 추가적으로 조성된 재원이 아니다(교육과학기술부, 2011: 12).[8]

셋째, 상대적이고 강제적으로 등급이 분류하고(S, A, B, C등급), 계급별로 성과가 높은 사람들이 받는 금액은 성과가 낮은 사람들이 못 받은 금액으로 이들의 합은 영(0)

7) 공무원들은 기존에 보너스 개념인 성과상여금을 보수에 포함시켜 성과급적 연봉제 적용 대상을 확대하고 있다며 동 제도의 폐지를 강하게 주장하고 있다(공공성 강화 공동투쟁본부 회견문, 2016.07.22; 매일경제, 2017.12.15).

8) 구체적인 예로, 국립대학 교원에 대한 성과연봉 기준액은 2015년까지 302만 원이었으나, 2016년 정년보장 교원과 비정년 보장 교원 간 평가를 구분하게 되면서, 정년보장 교원의 성과연봉 기준액을 425만 원으로 올렸다(교육과학기술부, 2016 참고). 그러나 성과연봉 기준액 302만 원에서 425만 원의 차이인 123만 원은 사실 그동안 기본연봉에 포함되었던 경력가급(근무연수에 따라 지급되는 일정액, 1인당 평균 약 123만 원) 예산이다. 결국, 기본연봉으로 받아야 될 금액을 성과연봉 기준액으로 전환한 것으로 재원 규모에 차이가 없다(한국교육신문, 2016.03.18).

이다. '성과평가의 평가등급 결정의 기본 모델'에 따라 평가대상자들은 상대평가에 의해 강제적이고 상대적으로 서열화되고 성과연봉 지급을 위한 평가등급별 인원비율은 S등급 20%, A등급 30%, B등급 40%, C등급 10%(지급률은 S등급 8%, A등급 6%, B등급 4%, C등급 0%), 전체 합이 100%로 설계되어 있다. 평가대상자가 모두 다 잘했더라도 혹은 매우 근소한 차이라도 강제적으로 상위집단(S, A등급) 50%와 하위집단(B, C등급) 50%로 구분한다(인사혁신처, 2017a: 210-211).[9] 강제적으로 상대적으로 위와 같은 비율을 결정하는 것은 성과연봉 전체 규모가 한정되어 있어, 한쪽을 늘리면 한쪽을 줄여 총 규모를 유지해야 하기 때문이다. 즉, 평가자의 50%(S, A등급)는 평균보다 많이 받고, 나머지 50%(B, C등급)는 평균보다 적게 받거나 못 받는 구조를 취하고 있다. 즉, 총 지급기준액이 한정되어 있기 때문에, 평균보다 적게 받거나 못 받는 B, C등급을 받은 사람들의 손실액과 평균보다 많이 받는 S, A등급을 받은 사람들의 이득액을 합치면 0[10]이 된다. 다시 말해, 누군가 평가를 잘 받아서 성과연봉이 높다면, 동 금액은 누군가가 평가를 잘 받지 못한 금액으로, 이들의 합계는 영(0)이다.

2) 성과누적식 구조

성과급적 연봉제는 기본적으로 '성과누적식' 구조를 취하고 있다. 즉, 성과급적 연봉제 적용대상 공무원의 연봉은 매년 1월 1일을 기준으로 전년도의 연봉, 봉급조정수당 지급률, 해당 연도의 성과연봉과 연봉한계액의 변동률 등을 고려하여 인사혁신처장이 정하는 조정액을 합산하여 조정한다(공무원보수규정[대통령령 제28211호, 2017.7.26] 제40조). 이에 따라 전년도 업무성과의 평가결과에 따라 지급되는 해당 연도 성과연봉은

---

9) 평가대상 공무원 모두를 '매우우수'로 평가하였다 할지라도 평가자는 그 상대적인 차이를 고려하여 서열화한다.

10) 공무원보수규정 제39조, 인사혁신처(2017a)에 따라 5급 상당(과장급) 예를 들면 아래와 같다. 평가대상자가 10명이라고 가정한다. 2017년 지급기준액은 82,837천 원이고, 등급별 인원비율 따라 S등급은 2명, A등급 3명, B등급 4명, C등급 1명으로 강제 분류된다. 동 자료를 통해 5급 과장급 성과연봉 지급액의 총액을 알 수 있다. 즉, 등급별 성과지급액은 지급기준액×등급별 지급률×등급별 평가자 수이다. 이에 따라 S등급 13,253.9천 원, A등급 14,910.7천 원, B등급 13,253.9천 원, C등급 0천 원이고, 5급 과장급 총 성과지급액은 41,418.5천 원임을 알 수 있다. 동 총 성과지급액을 10명으로 나누면 평균 4,141.9천 원이 된다. 이에 평균 4,141.9천 원보다 S등급(2명 합계)은 4,970.2천 원, A등급(3명 합계)은 2,485.1천 원, B등급(4명 합계)은 −3,313.5천 원, C등급(1명)은 −4,414.9천 원을 받음을 알 수 있다. 즉, S등급과 A등급이 더 받는 금액의 합은 7,455천 원으로 B, C등급이 못 받는 금액의 합은 −7,455천 원과 같다.

그림 7-2 성과급적 연봉제의 누적식 구조

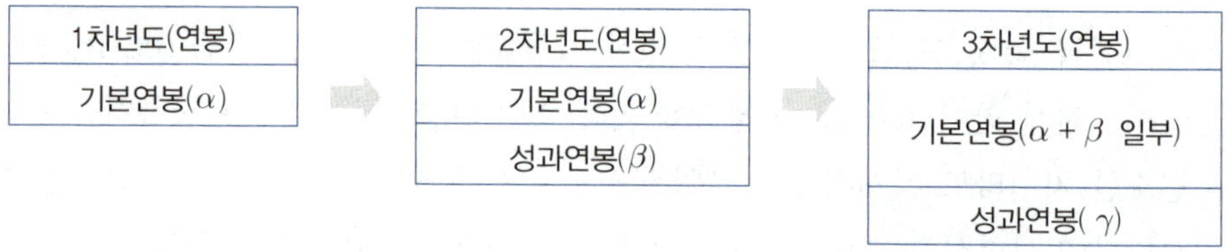

자료: 인사혁신처(2017a: 215).

해당 연도 연봉액에 합산하는 누적방식을 적용한다(인사혁신처, 2017a: 215). 즉, [그림 7-2]에서 보여주듯이 매년 성과연봉의 일부는 다음 연도 기본연봉으로 포함되므로 시간이 지날수록 누적되는 구조를 취하고 있다.

예를 들어, 2017년도 연봉은 ① 2017년도 기본연봉(2016년도 기본연봉액+2016년

표 7-2 성과급적 연봉제의 누적에 따른 연봉액과 차이: 5급(과장급) 상당 예

(단위: 천 원)

	S등급				B등급				S와 A등급 간 연봉 차이
	기본 연봉액	성과 연봉액	연봉계	차년도 누적 가산금	기본 연봉액	성과 연봉액	연봉계	차년도 누적 가산금	
2017년	50,000.0	6,627.0	56,627.0	2,516.2	50,000.0	3,313.5	53,313.5	1,078.4	3,313.5
2018년	52,516.2	6,627.0	59,143.2	2,516.2	51,078.4	3,313.5	54,391.8	1,078.4	4,751.3
2019년	55,032.3	6,627.0	61,659.3	2,516.2	52,156.7	3,313.5	55,470.2	1,078.4	6,189.1
2020년	57,548.5	6,627.0	64,175.5	2,516.2	53,235.1	3,313.5	56,548.5	1,078.4	7,626.9
2021년	60,064.6	6,627.0	66,691.6	2,516.2	54,313.4	3,313.5	57,626.9	1,078.4	9,064.7
2022년	62,580.8	6,627.0	69,207.8	2,516.2	55,391.8	3,313.5	58,705.2	1,078.4	10,502.5
2023년	65,096.9	6,627.0	71,723.9	2,516.2	56,470.1	3,313.5	59,783.6	1,078.4	11,940.3
2024년	67,613.1	6,627.0	74,240.1	2,516.2	57,548.5	3,313.5	60,861.9	1,078.4	13,378.1
2025년	70,129.2	6,627.0	76,756.2	2,516.2	58,626.8	3,313.5	61,940.3	1,078.4	14,815.9
2026년	72,645.4	6,627.0	79,272.4	2,516.2	59,705.2	3,313.5	63,018.6	1,078.4	16,253.7
계	613,226.8	66,270.0	679,496.8	25,161.5	548,525.8	33,134.8	581,660.6	10,783.5	97,836.2

주: 1) S등급, B등급 초기 기본연봉액은 동일하다고 가정, 매년도 성과등급을 S등급은 S등급, B등급은 B등급을 동일하게 받는다고 가정할 때 예측 연봉임.
2) 기본연봉에 포함되는 매년도 처우개선분 등 미반영.
3) 각 등급별 성과연봉액 계산은 인사혁신처(2017a) 2017 공무원보수 등의 업무지침에 따라 계산, 차년도 누적가산금은 인사혁신처·행정자치부(2017: 13)에 따라 계산.

도 성과연봉 중 인사혁신처장이 정하는 금액 등+2017년도 처우개선분)+② 2017년도 성과연봉으로 구성된다. 여기서 전년도 누적분(β 일부)는 2016년도 성과연봉 중 인사혁신처장이 정하는 금액 등을 말하며, '성과가산액'으로 불린다. 성과가산액은 계급별 가산 기준액(2017년 기준, 1급 상당 45,872천 원, 2급 상당 43,386천 원, 3급 상당 40,288천 원, 4급 상당 35,945천 원)에 등급별 가산율(S등급 7%, A등급 5%, B등급 3%, C등급 0%)을 곱하여 계산한다(인사혁신처 · 행정자치부, 2017: 13 참고).

〈표 7-2〉는 실제 누적제에 따른 연도별 연봉의 차이를 예시하였다. 초기연봉이 동일하다고 가정할 때, S등급과 A등급은 2017년 차이는 3,313.5천 원이나 차년도 누적가산금이 반영되면서 2018년도에는 4751.3천 원, 2019년에는 6189.1천 원으로 매년 그 차이가 증가한다. 이에 따라 2026년에는 그 차이가 16,253.7천 원으로 크게 증가하여 2017년부터 2026년 간 총 등급 간 연봉 차이는 97,836.2천 원에 이른다.

제4절 연구설계

1 연구가설과 실험설계

본 연구는 성과급적 연봉제의 주요 특성을 공공재 게임에 반영하여, 제도적 특성이 집단행동 딜레마에 어떠한 영향을 미칠지를 살펴보고 있다. 앞 절에서 분석하였듯이 성과급적 연봉제는 제로 섬 구조, 성과누적식 구조를 취하고 있다. 이에 본 연구는 비교를 위해 '제로 섬 구조와 포지티브 섬(positive sum) 구조', '기본 구조'와 성과누적식 구조'로 구분하여 아래와 같이 공공재 게임을 응용 설계하였다.

본 연구에서 '제로 섬 구조'는 '공공재 게임에서 이득과 손실의 합이 영(0)에 가까워지는 구조[11]'를 의미하고, '포지티브 섬 구조'은 공공재 게임에서 '이득과 손실의 합이 양(+)의 값을 갖는 것'을 의미한다. 또한 '기본 구조'는 '성과누적식 구조'와 달리, 성과누적이 없는 비성과누적 구조를 의미하며, 편의상 기본 구조로 표기했다.

11) 공공재 게임에서 영이 되어버리면 집단행동 딜레마를 실험적으로 구현할 수 없다. 따라서 영에 가까운 구조로 제로 섬 구조의 정의를 완화하였다.

구체적으로, 첫째, 전체 보상 규모가 고정되어 있는 제로 섬 구조에서는 나의 손실액은 곧 타인의 이득액이 되는 구조이다. 성과급적 연봉제 역시 전체 성과급 규모가 한정되어 있는 상태에서, 평가를 잘 받지 못할 경우 내가 받아야 할 성과연봉은 성과를 잘 받은 다른 사람이 받는 제로 섬 구조를 취한다. 본 공공재 실험에서 제로 섬은 전체 보상 규모가 고정된 상황으로서 손실과 이득의 합이 영에 가까운 구조로서 어떤 실험자의 손실액은 다른 실험자의 이득액과 비슷하게 된다. 특히, 공공계정에의 기여하더라도 제로 섬 구조에서는 개인별로 환급액이 낮기 때문에 공공계정에서의 기여 유인이 크지 않을 것이다.

한편, 공공재 게임에서 '이득과 손실의 합이 양(+)의 값을 갖는 것을 의미하는 포지티브 섬 구조 역시 상대방이 어떻게 하던 간에 우월전략은 개인 계정에 기여하는 것이다. 그러나 포지티브 섬에서는 전체 보상 규모가 고정되어 있어 나의 손실액이 정확히 타인의 이득액이 되는 제로 섬 구조와 달리, 공공계정에 기여할 경우 전체 파이 자체가 증가하여 개인적 환급액도 커진다. 따라서 공공재 게임에서 아주 극단적인 선택(예: 게임 머니를 공공계정에 전액 투여)을 하지 않는 한 게임머니 이하로 손실이 발생될 가능성이 낮거나, 심지어 게임머니의 이하로 손실이 없어도 다른 실험자들의 이익이 증가될 수 있다.[12] 따라서 제로 섬과 포지티브 섬 구조에서는 서로 다른 공공계정 기여율이 나타날 가능성이 존재하고, 전체 보상 규모가 고정된 제로 섬보다 포지티브 섬에서 높은 공공계정 기여가 나타날 가능성이 존재한다.

둘째, 성과누적식 구조에서는 성과연봉이 올해뿐만 아니라 내년, 차후 년에 지속적으로 영향을 미치게 되어 성과연봉에 보다 민감하게 반응할 수밖에 없다. 따라서 올해의 성과가 해당 연도 연봉에만 적용되는 기본 구조(비성과누적식 구조)에 비해 더욱 이기적인 행동을 촉진시킬 것이다. 이에, 기본 구조(비성과누적식)가 성과누적식 구조에 비해 공공계정 기여율이 높을 것이다.

셋째, 첫째와 둘째에서 기술하였듯이 제로 섬에서 포지티브 섬 구조로 진행될수록 공공계정 기여율이 높아지고 기본 구조가 성과누적식 구조에 비해 공공계정 기여율이 높을 것으로 예상되기 때문에, 제로 섬에서 포지티브 섬 구조가 될수록 기본 구조'와 '성과누적식 구조' 간에 공공계정 기여금 격차 수준이 증가할 것으로 예상된다.

넷째, 앞서 논의하였듯이, 기존의 연구들은 상호성 요인에 의해 게임이 반복될수록

12) 이는 공공재 게임 공식에서 개인별 한계보상(h값)에 따라 달라진다.

(1회 → 2회) 공공계정 기여율이 낮아짐을 보여준다. 이에, 본 연구 역시 기본 구조이든, 성과누적식 구조이든 제로 섬이든 포지티브 섬 구조이든 관계없이 게임이 반복될 경우 공공계정 기여율이 감소할 것임을 예측할 수 있다. 이를 검증하기 위한 구체적인 공공재 게임 설계는 아래와 같다.

1) 제로 섬(zero sum) 구조와 포지티브 섬(positive sum) 구조

집단행동 딜레마를 살펴볼 수 있는 유용한 게임도구로서 공공재 게임은 아래와 같은 공식에 따른다.

$$\Pi_i = (W - X_i) + \frac{h\sum X_i}{n}, \qquad \text{식 1)}$$

여기서, Π_i =최종 수익, W=게임금액, X_i =공공계정 기여금액, n은 게임자 수, h는 개인별 한계 보상(이하, h값), 공공계정 수입액($\frac{h\sum X_i}{n}$)

여기서, 일반적인 공공재 게임이 집단행동 딜레마가 되기 위해서는 h값이 매우 중요한 역할을 수행한다. 또한 h값을 어떻게 설정하는가에 따라 공공재 게임이 제로 섬과 포지티브 섬 간의 차이를 나타낼 수 있다. 이에 본 연구는 h값의 변화를 통해 이러한 게임구조를 설계하였다. 게임설계에 있어 고려한 점은 아래 세 가지이다.

첫째, 공공재 게임이 집단행동 딜레마 구조를 나타내는 범위에서 h값을 결정하였다. 일반적으로 h값이 1보다 적을 경우는 공공계정에 투입하여도 투입금액보다 공공계정을 통한 수입액($\frac{h\sum X_i}{n}$)이 적어지기 때문에 각각의 행위자들은 공공계정에 기여할 동인이 형성되지 않아 집단행동 딜레마 구조 자체가 성립되기 어렵다. 반면에, h값이 매우 커지면(특히, $h > n$) 공공계정을 통한 수입액이 과도하게 커서 개인계정에 기여할 동인이 발생되기 어렵다.

둘째, 제로 섬 구조와 관련하여, h가 1에 가까울수록 제로 섬 구조에 가까워지고(완벽하게 제로 섬 구조는 h=1일 때), h가 증가할수록 포지티브 섬 구조가 된다. 즉, h가 1에 가깝게 되면 누군가는 이득을 보고 누군가는 손해를 보게 되는데, 실험자들의 이득 값과 손해 값의 합이 0에 가깝게 된다. 이에 집단행동 딜레마와 제로 섬 구조를 반영하여 위해 h값을 1에 가까운 1.1로 설정했으며, 수차례 시뮬레이션을 통해 확인하고 연구를 수행했다.

셋째, 포지티브 섬 구조와 관련하여, 공공재 게임에서 h가 1보다 크고 숫자가 커질수록 포지티브 섬 구조를 충족한다. 그러나 h값이 과도하게 커지게 되면, 개인계정에 기여할 동인 자체가 낮아져 집단행동 딜레마 구조를 구현하기 어렵다. 기존 연구에서 주로 2.0 등이 활용되어 왔고 본 연구자 스스로 1만 원의 게임 머니 하에서 다양한 시뮬레이션을 통해 포지티브 섬이 확실하게 발생되는 점을 고려하여 설정했다.

정리하면, 본 연구는 집단행동 딜레마 구조를 충족하고 제로 섬과 포지티브 섬 구조를 반영하기 위해서 다양한 시뮬레이션을 수행 수행한 후 h값을 1.1, 1.5, 2.0 세 가지 조건에서 실험을 수행했다. 여기서 상대적으로 1.1은 '제로 섬' 구조에 가깝고, 2.0으로 진행될수록 '포지티브 섬' 구조가 강화된다.[13] 여기서 h 1.5는 제로 섬과 포지티브 섬의 연속체 상에서 비교연구를 수행하기 위해 설정하였다.

2) 기본 구조와 성과누적식 구조

기본 구조는 비성과누적식 구조로서 일반적인 공공재 게임 수익 구조(식 1)와 같다. 성과누적식 구조는 현실에서 진행되고 있는 공무원의 누적적 성과급적 연봉제 구조(성과금과 성과 가산액)와 금액만 제외하고 동일하게 설계하였다. 성과누적식 구조를 만들기 위해 1회 실험은 [1회 게임 최종 수익=1회 공공재 게임 수익금액+1회 게임 성과금]으로 하고, 2회 실험에서는 [2회 게임 최종 수익=2회 공공재 게임 수익금액+2회 게임 성과금+성과가산액(1회 게임 성과금×20%)]으로 하였다. 구체적인 1회 게임과 2회 게임 구조는 아래와 같다.

■ 1회 게임의 최종 수익(Π_{i1})

1회 게임의 최종 수익=1회 게임 공공재 게임 수익+1회 게임 성과금(공공재 게임 수익×10%)의 형태로 구성하였으며 이를 표현한 공식은 아래와 같다.

$$\Pi_{i1} = \Pi_{i1} + P_{i1},\ P_{i1} = \Pi_{i1} \times 10\% \qquad \text{식 2)}$$

여기서, Π_{i1}은 1회 실험에서의 최종 수익, Π_{i1}은 1회 게임 공공재 수익,
P_{i1}=1회 게임의 성과금($P_{i1} = \Pi_{i1} \times 10\%$)으로 1회 게임 공공재 수익의 10% 금액임

13) 이에, 이하에서 h값 변화는 $h=1.1 \rightarrow 1.5 \rightarrow 2.0$을 의미하고, 동시에 제로 섬에서 포지티브 섬(제로 섬 → 포지티브 섬)으로 변화를 의미한다.

■ 2회 게임의 최종 수익(Π_{i2})

2회 게임의 최종 수익=2회 게임 공공재 게임 수익+2회 게임 성과금(2회 공공재 게임 수익×10%)+성과가산액(1회 게임 성과금×20%)으로 이를 표현한 공식은 아래와 같다.

$$\Pi_{i2} = \Pi_{i2} + P_{i2} + A_{i2},\ P_{i1} = \Pi_{i1} \times 10\%,\ A_{i2} = P_{i1} \times 20\% \qquad \text{식 3)}$$

여기서, Π_{i2}는 2회 게임의 최종 수익, Π_{i2}는 2회 게임 공공재 수익,
P_{i2}=2회 게임의 성과금($P_{i1} = \Pi_{i1} \times 10\%$),
A_{i2}는 성과가산액(1회 게임 성과금×20%)

다음 〈표 7-3〉은 본 연구에서 h값의 변화(제로 섬 → 포지티브 섬)에 따라 기본 구조와 성과누적식 구조별 최종 수익 추정방식을 보여준다.

표 7-3 기본 구조와 성과누적식 구조 추정방식 비교

	h값	게임 횟수	기본 조건	성과누적식 구조
Zero Sum	h=1.1	1회	$\Pi_{i1} = (W - X_{i1}) + \frac{h\sum X_{i1}}{n}$	
		2회	$\Pi_{i2} = (W - X_{i2}) + \frac{h\sum X_{i2}}{n}$	
↕	h=1.5	1회	$\Pi_{i1} = (W - X_{i1}) + \frac{h\sum X_{i1}}{n}$	
		2회	$\Pi_{i2} = (W - X_{i2}) + \frac{h\sum X_{i2}}{n}$	
Positive Sum	h=2.0	1회	$\Pi_{i1} = (W - X_{i1}) + \frac{h\sum X_{i1}}{n}$	
		2회	$\Pi_{i2} = (W - X_{i2}) + \frac{h\sum X_{i2}}{n}$	

2 실험 및 분석 방법

동 실험은 A집단, B집단 각각 20명씩 구성했으며, 제로 섬 및 포지티브 섬 구조(h값이 1.1, 1.5, 2.0인 상황조건), 기본 구조와 성과누적식 구조로 구분하여 수행했다. 각 집단은 모집공고를 통해 모집한 대학생들을 대상으로 무작위로 40명을 뽑고, 다시 무작위로 20명씩 두 집단으로 구성했다. 집단 구성원의 변화없이 첫 실험부터 최종 실험까지 이루어졌다. 두 집단으로 구분하여 동일한 실험을 수행하고 비교함으로써 실험연구의 타당성을 가능한 확보하고자 했다. 각각의 실험은 2회 반복 실험을 수행하였다. 반복 실험은 기존에 공공재 실험에서 반복 실험 시 상호성(reciprocity)에 따라 공공계정 기여율이 낮아지는 현상이 발견되었기 때문에 동 실험에서 역시 유사한 현상이 나타나는지 확인하고, 1회 실험과 2회 실험 간에 비교를 통해 연구결과의 강건성을 확보하기 위해 진행했다.

이에 집단별(A, B집단)로 'h값의 변화($h = 1.1 \rightarrow 1.5 \rightarrow 2.0$, 제로 섬 → 포지티브 섬)에 따른 기본 구조' 실험 6회, 'h값의 변화에 따른 성과누적식 구조' 실험 6회, 총 12회(A, B집단 총 24회)의 실험을 수행했다.

표 7-4 구조별 실험 개관

구분	h값		집단 A		집단 B	
			1회	2회	1회	2회
기본 구조	제로 섬	h=1.1	기A1실험_1.1	기A2실험_1.1	기B1실험_1.1	기B2실험_1.1
	↕	h=1.5	기A1실험_1.5	기A2실험_1.5	기B1실험_1.5	기B2실험_1.5
	포지티브 섬	h=2.0	기A1실험_2.0	기A2실험_2.0	기B1실험_2.0	기B2실험_2.0
성과누적식 구조	제로 섬	h=1.1	성A1실험1.1	성A2실험_1.1	성B1실험1.1	성B2실험_1.1
	↕	h=1.5	성A1실험1.5	성A2실험_1.5	성B1실험1.5	성B2실험_1.5
	포지티브 섬	h=2.0	성A1실험2.0	성A2실험_2.0	성B1실험2.0	성B2실험_2.0

실험자는 대학생을 모집하여 아래와 같은 방식을 수행했다.

① 본 실험은 단순히 공공재 게임을 통해 공공계정 기여금(율)이 얼마인지를 확인하는 데 목적을 두고 있지 않다. 즉, 본 실험은 h값 변화($h = 1.1 \rightarrow 1.5 \rightarrow 2.0$)에 따른(제로 섬 → 포지티브 섬), 또 '기본 구조'인가 '성과누적식 구조'인가에 따라 공공계정

기여에 어떠한 변화가 있는지를 파악하는 데 초점을 두고 있다. 이러한 연구목적을 달성하기 위해서는 게임의 구조를 실험자들이 정확히 알 수 있어야 한다. 이에 실험자들을 집단별로 한자리에 모이게 하고 게임 구조와 h값의 변화가 실험자 개인의 수익에 어떠한 영향을 미치는지를 정확히 이해할 수 있도록 하였다. 본 실험 전에 실험 예시로, 엑셀을 통해 어떻게 자신의 선택이 수익에 영향을 미치는지를 보여주었으며, 실험자들은 공공재 게임 공식을 외울 정도로 충분히 숙지할 수 있도록 했다. 다만, 서로 사전 모의 가능성을 통제하기 위해 상호 대화를 하지 못하도록 하였다.

② 본 실험은 약 2개월에 걸친 장기 실험으로 수행되었다. 본 실험은 'h값의 변화($h=1.1 \rightarrow 1.5 \rightarrow 2.0$, 제로 섬 → 포지티브 섬)에 따른 기본 구조' 실험 6회, 'h값의 변화에 따른 성과누적식 구조' 실험 6회, 총 12회(A, B집단 총 24회)의 실험을 수행한다. 이에 따라 실험 피로현상 뿐만 아니라 일반적인 공공재 게임의 반복 실험에서 나타나는 공공계정 기여율이 h값의 변화와 관련없이 낮아지는 현상이 발생될 수 있다. 따라서 이를 통제하기 위해 아래와 같이 장기 실험을 수행했다. 각 집단별로 기본 구조 실험은 $h=1.0$일 때 실험 1, 2회 수행하고, 일주일 후 다시 $h=1.5$일 때 1, 2회 수행, 다시 일주일 후 $h=2.0$일 때 1, 2회를 수행했다. 약 일주일 이후 각 집단별로 다시 성과누적식 실험을 수행했다. $h=1.0$일 때 실험 1, 2회 수행하고, 일주일 후 다시 $h=1.5$일

표 7-5 연구내용 및 연구방법 개관

연구	연구내용	실험 및 분석 방법
1. h값의 변화에 따른 기본 구조 실험	• h값의 변화(제로 섬 → 포지티브 섬)에 따른 기본 구조의 공공계정 기여금 차이 • h값의 변화에 따른 반복 실험 시 공공계정 기여금 감소 여부	• 기본 구조(비성과누적 구조)로 h=1.1, 1.5, 2.0일 때 2조(A조, B조) 각각 2회 반복시험(3×2×2=총 12회 실험) • 평균분석, T검정
2. h값의 변화에 따른 성과누적 실험	• h값의 변화에 따른 성과누적 구조의 공공계정 기여금 차이 • h값의 변화에 따른 반복 실험 시 공공계정 기여금 감소 여부	• 성과누적 구조로서 h=1.1, 1.5, 2.0일 때 2조(A조 B조) 각각 2회 반복시험(3×2×2=총 12회 실험) • 평균분석, T검정
3. h값의 변화에 따른 기본 구조와 성과누적 비교 분석	• h값의 변화에 따른 기본 구조와 성과누적식 구조 간 공공계정 기여금 차이 • h값의 변화에 따른 기본 구조와 성과누적식 구조 간 공공계정 기여금 변화 • h값의 변화에 따른 기본 구조와 성과누적식 구조 간 공공계정 기여금 격차 • 반복 실험 시 공공계정 기여금 변화 여부	• 연구 1, 연구 2를 통한 비교분석, T검정

때 1, 2회 수행, 다시 일주일 후 $h=2.0$일 때 1, 2회를 수행했다.

③ 1회 실험 이후 실험자들이 최종 수익을 바로 확인할 수 있도록 최종 수익을 현장에서 계산한 이후 실험자들에게 알려준 다음 2회 실험을 수행했다.

④ 실험금액은 10,000원으로 최소 단위는 100원으로 하였다. 실험금액은 실험대상자가 인지할 수 있는 현실적인 금액과 실험비를 고려하여 결정하였으며, 실험자에게 실험이후 최종 수익과 동일한 금액을 받을 것이라는 점을 명시시켰다. 실제, 실험 이후 현금을 지급했다. 본 연구는 각 실험결과에 대해 평균 분석을 수행하였으며, 집단 간 차이는 대응표본 T검정 결과를 활용했다.

제5절 분석결과

1 h값 변화(제로 섬 → 포지티브 섬)에 따른 기본 구조 실험결과

1) 집단 A, B 분석결과

A, B 두 집단으로 구분하여 시행된 'h값의 변화($h=1.1 \rightarrow 1.5 \rightarrow 2.0$)에 따른 기본 구조' 실험결과는 다음 〈표 7-6〉와 같다. 첫째, 집단 A를 대상으로 한 1회 실험에서 공공계정 기여금(기여율, %)은 $h=1.1$일 때 1,985원(19.85%), $h=1.5$일 때 2,160원(21.60%), $h=2.0$일 때 3,240원(32.40%)으로 나타났다. 이에 따라 공공계정에 따른 수입액 ($\frac{h\sum X_i}{n}$)은 $h=1.1$일 때 2,183.5원, $h=1.5$일 때 3,420원, $h=2.0$일 때 6,310원이다. 개인계정 기여액과 공공계정 수입액을 합한 최종 수입금액은 $h=1.1$일 때 10,198.5원, $h=1.5$일 때 11,260원, $h=2.0$일 때 13,070원으로 나타났다. 2회 실험에서 공공계정 기여금(기여율, %)은 $h=1.1$일 때 810원(8.10%), $h=1.5$일 때 1,635원(16.35%), $h=2.0$일 때 2,010원(20.10%)으로 나타났다. 이에 따라 공공계정에 따른 수입액은 $h=1.1$일 때 891원, $h=1.5$일 때 2,452.5원, $h=2.0$일 때 4,020원이다. 개인계정 기여액과 공공계정 수입액을 합한 최종 수입금액은 $h=1.1$일 때 10,081.0원, $h=1.5$일 때 10,817.5원, $h=2.0$일 때 12,010.0원으로 나타났다.

둘째, 집단 B를 대상으로 한 1회 실험에서 공공계정 기여금(기여율, %)은 $h=1.1$일 때 1,595원(15.95%), $h=1.5$일 때 2,365원(23.65%), $h=2.0$일 때 2,835원(28.35%)으로 나타났다. 이에 공공계정에 따른 수입액은 $h=1.1$일 때 1,754.5원, $h=1.5$일 때 3,547.5원, $h=2.0$일 때 5,670원이다. 개인계정 기여액과 공공계정 수입액을 합한 최종 수입금액은 $h=1.1$일 때 10,159.5원, $h=1.5$일 때 11,182.5원, $h=2.0$일 때 12,835원으로 나타났다.

2회 실험에서 공공계정 기여금(기여율, %)은 $h=1.1$일 때 1,235원(12.35%), $h=1.5$일 때 1,875원(18.75%), $h=2.0$일 때 2,130원(21.30%)으로 나타났다. 이에 따라 공공계정에 따른 수입액은 $h=1.1$일 때 1,358.5원, $h=1.5$일 때 2,812.5원, $h=2.0$일 때 4,260원이다. 개인계정 기여액과 공공계정 수입액을 합한 최종 수입금액은 $h=1.1$일 때 10,123.5원, $h=1.5$일 때 10,937.5원, $h=2.0$일 때 12,130원으로 나타났다.

표 7-6 기본 구조 실험결과

구분		집단 A						집단 B					
		h = 1.1		h = 1.5		h = 2.0		h = 1.1		h = 1.5		h = 2.0	
		1회	2회	1회	2회	1회	2회	1회	2회	1회	2회	1회	2회
개인계정	평균	8,015.0	9,190.0	7,840.0	8,365.0	6,760.0	7,990.0	8,405.0	8,765.0	7,635.0	8,125.0	7165.0	7,870.0
	최솟값	3,000.0	1,000.0	100.0	1,000.0	1,000.0	2,500.0	5,500.0	5,000.0	0.0	0.0	0.0	4,000.0
	최댓값	10,000.0	10,000.0	10,000.0	10,000.0	10,000.0	10,000.0	10,000.0	10,000.0	10,000.0	10,000.0	9900.0	10,000.0
공공계정	평균	1,985.0	810.0	2,160.0	1,635.0	3,240.0	2,010.0	1,595.0	1,235.0	2,365.0	1,875.0	2835.0	2,130.0
	최솟값	0.0	0.0	0.0	0.0	0.0	0.0	0.0	0.0	0.0	0.0	100.0	0.0
	최댓값	7,000.0	9,000.0	9,900.0	9,000.0	9,000.0	7,500.0	4,500.0	5,000.0	10,000.0	10,000.0	10,000.0	6,000.0
	기여율	19.85%	8.10%	21.60%	16.35%	32.40%	20.10%	15.95%	12.35%	23.65%	18.75%	28.35%	21.30%
	공공계정 수입액	2,183.5	891.0	3,420.0	2,452.5	6,310.0	4,020	1,754.5	1,358.5	3,547.5	2,812.5	5,670.0	4,260.0
최종 수입금액	평균	10,198.5	10,081.0	11,260.0	10,817.5	1,3070.0	1,2010.0	10,159.5	10,123.5	11,182.5	10,937.5	12,835.0	12,130.0
	최솟값	5,183.5	1,891.0	3,520.0	3,452.5	7310.0	6,520.0	7,254.5	6,358.5	3,547.5	2,812.5	5670.0	8,260.0
	최댓값	12,183.5	10,001.0	13,420.0	12,452.5	16310.0	1,4020.0	11,754.5	11,358.5	13,547.5	12,812.5	15570.0	14,260.0
N		20	20	20	20	20	20	20	20	20	20	20	20

2) 집단별 분석 소결

두 집단 분석결과 첫째, A집단과 B집단을 대상으로 한 1회 실험, 2회 실험 모두에서 *h*값이 1.1, 1.5, 2.0으로 증가할수록 공공계정 기여금(또는 기여율)은 증가하고 있다(〈표 7-7〉 참고). 결론적으로, *h*값이 1.1, 1.5, 2.0으로 커질수록 공공계정 기여금(율)은 증가하는 것으로 이해할 수 있다.[14]

표 7-7 공공계정 평균 기여금(원)과 증가율(%): 기본 구조

	1회 실험				2회 실험			
	집단 A		집단 B		집단 A		집단 B	
	평균 기여금	증가율	평균 기여금	증가율	평균 기여금	증가율	평균 기여금	증가율
h=1.1	1,985.00		1,595.00		810		1,235.00	
h=1.5	2,160.00	8.10%	2,365.00	32.56%	1,635.00	50.46%	1,875.00	34.13%
h=2.0	3,240.00	33.33%	2,835	16.58%	2,010.00	18.66%	2,130.00	11.97%

둘째, 공공계정 평균 기여율은 1회 실험값에 비해 2회 실험값이 두 집단 모두 같이 감소하고 있다(〈표 7-8〉 참고). 이는 기존의 공공재 실험결과와 동일한 결과로, 실험이 반복될수록 *h*값에 상관없이 공공계정 기여율이 낮아지는 현상을 보여준다.

표 7-8 실험횟수에 따른 공공계정 기여금의 감소: 기본 구조

	집단 A				집단 B			
	1회	2회	감소금액	감소율	1회	2회	감소금액	감소율
h=1.1	1,985.00	810	1,175.00	−145.06%	1,595.00	1,235.00	360.00	−29.15%
h=1.5	2,160.00	1,635.00	525.00	−32.11%	2,365.00	1,875.00	490.00	−26.13%
h=2.0	3,240.00	2,010.00	1,230.00	−61.19%	2835	2,130.00	705.00	−33.10%

14) A집단과 B집단, 그리고 1회와 2회 실험 모두에서 공통적으로 *h* 2.0과 *h* 1.1 간 공공계정 기여금 차이는 10% 유의수준에서 통계적으로 유의미한 것으로 나타났다. 한편, A집단 2회 실험에서, *h* 1.5와 *h* 1.1 간 차이도 5% 유의수준에서 통계적으로 유의미한 것으로 나타났다.

2 h값 변화(제로 섬 → 포지티브 섬)에 따른 성과누적식 구조 실험결과

1) 집단 A, B 분석결과

A, B 두 집단으로 구분하여 시행된 'h값의 변화($h=1.1 \rightarrow 1.5 \rightarrow 2.0$)에 따른 성과누적식 구조' 실험결과는 다음 〈표 7-9〉와 같다. 첫째, 집단 A를 대상으로 한 1회 실험에서 공공계정 기여금(기여율, %) 평균값은 $h=1.1$일 때 1,030원(10.30%), $h=1.5$일 때 1,085원(10.85%), $h=2.0$일 때 1,695원(16.95%)으로 나타났다. 개인계정 기여액과 공공계정 수입액을 합한 1차 수입금액 평균은 $h=1.1$일 때 10,103원, $h=1.5$일 때 10,542.5원, $h=2.0$일 때 11,695원으로 나타났다. 이에 따라 1차 수익금액의 성과금(1차 수입금액×10%)는 평균 $h=1.1$일 때 1,010.3원, $h=1.5$일 때 1,054.3원, $h=2.0$일 때 1,169.5원으로 나타났다. 이에 최종 수입금액(1차 수입금액+1차 수입금액의 성과금)은 평균 $h=1.1$일 때 11,113.3원, $h=1.5$일 때 11,596.8원, $h=2.0$일 때 12,864.5원으로 나타났다.

2회 실험에서 공공계정 기여금(기여율, %) 평균값은 $h=1.1$일 때 1,105원(11.05%), $h=1.5$일 때 890원(8.90%), $h=2.0$일 때 1,310원(13.10%)으로 나타났다. 개인계정 기여액과 공공계정 수입액을 합한 1차 수입금액 평균은 $h=1.1$일 때 10,110.5원, $h=1.5$일 때 10,445원, $h=2.0$일 때 11,310원으로 나타났다. 이에 따라 1차 수익금액의 성과금(1차 수입금액×10%)는 평균 $h=1.1$일 때 1,011.1원, $h=1.5$일 때 1,044.5원, $h=2.0$일 때 1,131원이다. 2차 게임은 1회 게임 성과금이 누적되므로 1회 게임 성과금 누적액(1회 게임의 1차 수입금액 성과금×20%)은 평균 $h=1.1$일 때 202.1원, $h=1.5$일 때 210.9원, $h=2.0$일 때 117.0원이다. 최종적으로 2회 실험의 최종 수입금액(1차 수입금액+1차 수입금액의 성과금+1회 게임 성과금 누적액)은 평균 $h=1.1$일 때 11,323.6원, $h=1.5$일 때 11,700.4원, $h=2.0$일 때 12,558.0원이다.

둘째, 집단 B를 대상으로 한 1회 실험에서 공공계정 기여금(기여율, %) 평균값은 $h=1.1$일 때 1,750원(17.50%), $h=1.5$일 때 1,750원(17.50%), $h=2.0$일 때 1,540원(15.40%)으로 나타났다. 개인계정 기여액과 공공계정 수입액을 합한 1차 수입금액 평균은 $h=1.1$일 때 10,175원, $h=1.5$일 때 10,875원, $h=2.0$일 때 11,540원으로 나타났다. 이에 따라 1차 수익금액의 성과금(1차 수입금액×10%)은 평균 $h=1.1$일 때 1,017.5원, $h=1.5$일 때 1,087.5원, $h=2.0$일 때 1,154원으로 나타났다. 이에 최종 수입금액(1차 수입금액+1차 수입금액의 성과금)은 평균 $h=1.1$일 때 11,192.5원, $h=1.5$일 때 11,962.5원,

$h=2.0$일 때 12,694원으로 나타났다.

집단 B를 대상으로 2회 실험에서 공공계정 기여금(기여율, %) 평균값은 $h=1.1$일 때 1,585원(15.85%), $h=1.5$일 때 1,440원(14.40%), $h=2.0$일 때 1,715원(17.15%)으로 나

표 7-9 성과누적식 구조 실험결과

구분		집단 A						집단 B					
		h = 1.1		h = 1.5		h = 2.0		h = 1.1		h = 1.5		h = 2.0	
		1회	2회	1회	2회	1회	2회	1회	2회	1회	2회	1회	2회
개인계정 (a)	평균	8,970.0	8,895.0	8,915.0	9,110.0	8,305.0	8,690.0	8,250.0	8,415.0	8,250.0	8,560.0	8,460.0	8,285.0
	최솟값	5,000.0	0.0	6,000.0	5,000.0	0.0	0.0	5,000.0	6,000.0	5,500.0	5,000.0	5,000.0	4,000.0
	최댓값	10,000.0	10,000.0	10,000.0	10,000.0	10,000.0	10,000.0	10,000.0	10,000.0	10,000.0	10,000.0	10,000.0	10,000.0
공공계정 (b)	평균	1,030.0	1,105.0	1,085.0	890.0	1,695.0	1,310.0	1,750.0	1,585.0	1,750.0	1,440.0	1,540.0	1,715.0
	최솟값	0.0	0.0	0.0	0.0	0.0	0.0	0.0	0.0	0.0	0.0	0.0	0.0
	최댓값	5,000.0	10,000.0	4,000.0	5,000.0	10,000.0	10,000.0	5,000.0	4,000.0	4,500.0	5,000.0	5,000.0	6,000.0
	기여율	10.30%	11.05%	10.85%	8.9%	16.95%	13.10%	17.50%	15.85%	17.50%	14.40%	15.40%	17.15%
	공공계정 수입액	1,133.0	1,215.5	1,627.5	1,335.0	3,390.0	2,620.0	1,925.0	1,743.5	2,625.0	2,160.0	3,080.0	3,430.0
1차 최종 수입금액 (c)	평균	10,103.0	10,110.5	10,542.5	10,445.0	11,695.0	11,310.0	10,175.0	10,158.5	10,875.0	10,720.0	11,540.0	11,715.0
	최솟값	6,133.0	1,215.5	7,627.5	6,335.0	3,390.0	2,620.0	6,925.0	7,743.5	8,125.0	7,160.0	8,080.0	7,430.0
	최댓값	11,133.0	11,215.5	11,627.5	11,335.0	13,390.0	12,620.0	11,925.0	11,743.5	12,625.0	12,160.0	13,080.0	13,430.0
1차 최종 수익의 성과금 (d=c×10%)	평균	1,010.3	1,011.1	1,054.3	1,044.5	1,169.5	1,131.0	1,017.5	1,015.9	1,087.5	1,072.0	1,154.0	1,171.5
	최솟값	613.3	121.6	762.8	633.5	339.0	262.0	692.5	774.4	812.5	716.0	808.0	743.0
	최댓값	1,113.3	1,121.6	1,162.8	1,133.5	1,339.0	1,262.0	1,192.5	1,174.4	1,262.5	1,216.0	1,308.0	1,343.0
1회 게임 성과금 누적액 (e=1회 게임 성과금×20%)	평균		202.1		210.9		117.0		203.5		217.5		230.8
	최솟값		122.7		152.6		33.9		138.5		162.5		161.6
	최댓값		222.7		232.6		133.9		238.5		252.5		261.6
최종 수입금액 (F) 1회 게임(F1)= c+d 2회 게임(F2): c+d+e	평균	11,113.3	11,323.6	11,596.8	11,700.4	12,864.5	12,558.0	11,192.5	11,377.9	11,962.5	12,009.5	12,694.0	13,117.3
	최솟값	6,746.3	1,459.7	8,390.3	7,141.1	3,729.0	2,915.9	7,617.5	8,656.4	8,937.5	8,048.5	8,888.0	8,388.6
	최댓값	12,246.3	12,559.7	12,790.3	12,701.1	14,729.0	14,015.9	13,117.5	13,156.4	13,887.5	13,628.5	14,388.0	15,034.6
N		20	20	20	20	20	20	20	20	20	20	20	20

타났다. 개인계정 기여액과 공공계정 수입액을 합한 1차 수입금액 평균은 $h=1.1$일 때 10,158.5원, $h=1.5$일 때 10,720원, $h=2.0$일 때 11,715원으로 나타났다. 이에 따라 1차 수익금액의 성과금(1차 수입금액×10%)는 평균 $h=1.1$일 때 1,015.9원, $h=1.5$일 때 1,072원, $h=2.0$일 때 1,171.5원이다. 2차 게임은 1회 게임 성과금이 누적되므로 1회 게임 성과금 누적액(1회 게임의 1차 수입금액 성과금×20%)은 평균 $h=1.1$일 때 203.5원, $h=1.5$일 때 217.5원, $h=2.0$일 때 230.8원이다. 최종적으로 2회 실험의 최종 수입금액(1차 수입금액+1차 수입금액의 성과금+1회 게임 성과금 누적액)은 평균 $h=1.1$일 때 11,377.9[illegible] [illegible]5원, $h=2.0$일 때 13,117.3원이다.

2) 분석 소결

두 집단 분석결과 첫째, A집단과 B집단의 1회 [illegible]과 2회 실험 모두 h값이 1.1, 1.5, 2.0으로 증가할 때 공공계정 평균 기여금(혹은 비[illegible])이 일관되게 증가되는 것을 발견하기 쉽지 않다(〈표 7-10〉 참고). 우선, A집단, 1회 [illegible]험에서만 h값의 증가에 따라 평균기여금이 일관되게 증가(다만, 통계적으로 유의미하[illegible] 않음)한다. 심지어, A집단 2회 실험에서는 $h=1.1$일 때(1,105원)보다 $h=1.5$일 때(8[illegible]원) 낮다. B집단 1회 실험에서는 $h=1.1$과 h=1.5일 때 동일(1,750원)하며, $h=2.$[illegible] 가장 낮은 공공계정 기여(1,540원)를 나타냈다. 집단 B의 2회 실험에서도 $h=$[illegible]일 때(1,440원)보다 $h=1.1$일 때(1,585원)가 오히려 더 높은 공공계정 기여가 나타[illegible]다.[15] 결론적으로, 성과누적식 실험에서는 기본 구조와 달리 h값이 1.1, 1.5, 2.0으로 [illegible]가할 때 공공계정 기여금 역시 증가하는 강건한 증거를 발견하기 어렵다. 또한 h값[illegible] 변화와 공공계정 기여금 간 어떤 일관적 패턴 역시 발견할 수 없음을 알 수 있다.

15) 실험 [illegible]석을 수행한 결과 유의수준 10%에서 성A조_1회 실험, 성A조_2회 실험, 성B조_1회 실험, 2회 실험 모두 $h=1.1$, 1.5, 2.0일 때, 공공계정 기여금 평균의 집단 간 차이는 전 부분에서 통계적으로 유의미하지 않았다.

표 7-10 공공계정 평균 기여금(원)과 증가율(%): 성과누적식 구조

	1회 실험				2회 실험			
	집단 A		집단 B		집단 A		집단 B	
	평균 기여금	증가율	평균 기여금	증가율	평균 기여금	증가율	평균 기여금	증가율
h=1.1	1,030		1,750		1,105		1,585	
h=1.5	1,085	5.07%	1,750	0.00%	890	−24.16%	1,440	−10.07%
h=2.0	1,695	35.99%	1,540	−13.64%	1,310	32.06%	1,715	16.03%

둘째, 공공재 게임에서 일반적으로 나타나는 현상은 실험이 반복될수록 공공계정 기여금이 낮아지는 현상이다. 그러나 성과누적식 실험에서는 동 현상에 대한 강건한 증거를 발견하기 어렵다. 〈표 7-11〉에서 알 수 있듯이, 1실험에 비해 2회 실험에서 공공계정 기여금이 낮아진 경우는 집단 A에서는 $h=1.5$와 $h=2.0$일 때이며, $h=1.1$일 때는 오히려 첫 회 게임의 기여금이 두 번째 게임 기여보다 높다. B집단에서는 $h=1.1$과 1.5일 때 첫 회 게임보다 두 번째 게임에서 기여금이 낮아졌으나, $h=2.0$일 때는 첫 회 게임의 기여금이 두 번째 게임 기여금보다 높게 나타난다.

표 7-11 실험횟수에 따른 공공계정 기여금의 감소: 성과누적식 구조

	집단 A				집단 B			
	1회	2회	감소금액	감소율	1회	2회	감소금액	감소율
h=1.1	1,030	1,105	−75	6.79%	1,750	1,585	165	−10.41%
h=1.5	1,085	890	195	−21.91%	1,750	1,440	310	−21.53%
h=2.0	1,695	1,310	385	−29.39%	1,540	1,715	−175	10.20%

3 h값 변화에 따른 기본 구조와 성과누적식 구조 간 비교

h값 변화에 따른(제로 섬 → 포지티브 섬) 기본 구조와 성과누적식 구조를 비교하면 첫째, A집단과 1회 실험에서는 h값에 상관없이 기본 구조가 성과누적식 구조보다 공공계정 기여율이 높다. B집단 1회 실험에서는 $h=1.1$일 때를 제외하고 기본 구조가 성과누적식 구조보다 공공계정 기여율이 높다. 또한 이러한 차이는 〈표 7-12〉에서 보

듯이 집단 A에서는 $h=1.1$, 1.5, 2.0일 때, 집단 B의 경우는 $h=2.0$일 때 통계적으로도 지지되고 있다. 2회 실험에서는 A집단과 B집단 모두 $h=1.1$일 때를 제외하고 기본 구조가 성과누적식 구조보다 공공계정 기여율이 높다.

표 7-12 기본 구조와 성과누적식 구조 간 비교 분석결과

	1회 실험						2회 실험					
	집단 A			집단 B			집단 A			집단 B		
	기본 구조 (a)	성과 누적식 (b)	차이 (a–b)	기본 구조 (a)	성과 누적식 (b)	차이 (a–b)	기본 구조 (a)	성과 누적식 (b)	차이 (a–b)	기본 구조 (a)	성과 누적식 (b)	차이 (a–b)
h=1.1	1,985	1,030	955*	1,595	1,750	−155	810	1,105	−295	1,235	1,585	−350
h=1.5	2,160	1,085	1,075*	2,365	1,750	615	1,635	890	745	1,875	1,440	435
h=2.0	3,240	1,695	1,545**	2,835	1,540	1,295**	2,010	1,310	700	2,130	1,715	415

*$p<0.1$, **$p<0.05$.

둘째, 기본 구조에서는 모든 집단, 실험횟수에 상관없이 h값이 1.1, 1.5, 2.0으로 커질수록 공공계정 기여금이 높아진다. 그러나 성과누적식에서는 h값이 1.1, 1.5, 2.0으로 증가하여도 공공계정 기여금이 높아지는 것을 발견하기 어렵다. 성과누적식에서는 오직 집단 A를 대상으로 한 1회 실험에서만 h값이 증가할 때 공공계정 기여금도 증가하였다.

셋째, 1회 실험에서 A, B조 모두 h값이 1.1, 1.5, 2.0으로 커질수록(포지티브 섬 구조가 될수록) 기본 구조와 성과누적식 구조 간에 공공계정 기여금 격차가 증가한다. 1회 실험에서 집단 A의 경우는 955원, 1,075원, 1,545원으로, 집단 B의 경우는 −155원, 615원, 1,295원으로 증가하고 있다. 다만, 2회 실험에서는 h값에 따른 증가가 $h=1.1$에서 1.5로 증가할 때만 나타나 증가 현상을 확인하기 어렵다.

넷째, 반복 실험 시(1회, 2회 실험) 공공계정 기여금 감소 여부에 대해, 기본 구조에서는 1회 시험보다 2회 실험에서 공공계정 기여율이 감소하나, 성과누적식 구조에서는 감소와 혼재가 섞여 있다. 집단 A, 집단 B 모두 $h=1.1$, 1.5, 2.0일 때, 기본 구조에서는 1회 실험이 2회 실험보다 공공계정 기여율이 높다. 반면, 성과누적식에서는 1회 실험에서 2회 실험보다 공공계정 기여금이 높다고 할 수 없고 또한 일정한 패턴도 발견하기 어렵다. 그러나 성과누적식 구조에서는 동 제도의 특성 자체가 개인의 이익을 극대화하

표 7-13 기본 구조와 성과누적식 구조 간 실험 횟수에 따른 공공계정 기여금 차이

	집단 A						집단 B					
	기본 구조			성과누적식 구조			기본 구조			성과누적식 구조		
	1회	2회	차이	1회	2회	차이	1회	2회	차이	1회	2회	차이
h=1.1	1,985	810	1,175*	1,030	1,105	−75	1,595	1,235	360	1,750	1,585	165
h=1.5	2,160	1,635	525	1,085	890	195	2,365	1,875	490	1,750	1,440	310
h=2.0	3,240	2,010	1,230**	1,695	1,310	385	2,835	2,130	705	1,540	1,715	−175

*$p<0.1$, **$p<0.05$.

는 것임에 따라 첫 게임부터 동 제도의 특성이 게임에 강하게 나타난 결과로 추정된다.

제6절 결론

본 연구는 제도의 특성이 집단행동 딜레마에 미치는 영향이 무엇인가라는 연구질문을 설정하고, 구체적으로 실제 운영되고 있는 제도의 특성이 집단행동 딜레마에 어떠한 영향을 미치는지를 분석하였다. 이에 공무원 성과급적 연봉제를 분석하여 제도적 특성을 도출하고, 동 제도적 특성을 반영한 실험설계를 통해 집단별(A, B집단)로 'h값의 변화($h=1.1\rightarrow1.5\rightarrow2.0$, 제로 섬 → 포지티브 섬)에 따른 기본 구조' 실험 6회, 'h값의 변화에 따른 성과누적식 구조' 실험 6회, 총 12회(A, B집단 총 24회)의 실험을 수행했다.

본 연구는 제도의 특성이 집단행동 딜레마에 영향을 미칠 수 있음을 보여주며 핵심 분석결과는 아래와 같다. 첫째, 기본 구조와 성과누적식 구조 간 공공계정 기여금 차이를 분석한 결과, 집단 A, B 모두, 1회 실험과 2회 실험 모두 $h=1.1$인 경우를 제외하고 $h=1.5$, $h=2.0$에서 기본 구조가 성과누적식 구조보다 높다. 제로 섬 구조에 가까운 $h=1.1$을 제외하고 기본 구조가 개인의 성과누적식 구조보다 더 많은 공공계정 기여를 한다는 점은 '기본 구조'가 '성과누적식 구조'에 비해 집단행동 딜레마의 완화에 기여할 수 있음을 보여준다.

둘째, h값에 따른 기본 구조와 성과누적식 구조 간 공공계정 기여금 변화를 분석한

결과, 기본 구조에서는 h값이 커질수록(포지티브 구조가 될수록) 공공계정 기여금이 높아졌으나 성과누적식 구조에서는 h값이 커질수록 공공계정 기여금이 증가한다는 강건한 증거를 발견하기 어려웠다. 이는 '기본 구조'에서는 '제로 섬 구조'보다는 '포지티브 섬 구조'가 집단행동 딜레마의 완화에 기여할 수 있으나 '성과누적식 구조'에서는 '제로 섬 구조'에서 '포지티브 섬 구조'로 바뀐다 하더라도 집단행동 딜레마 완화에 기여하지 못할 수 있음을 보여준다.

셋째, h값이 커질수록 기본 구조와 성과누적식 구조간 공공계정 '기여금 격차'가 증가하였다. 기여금 격차는 1회 실험에서 집단 A의 경우는 955원, 1,075원, 1,545원으로, 집단 B의 경우는 −155원, 615원, 1,295원으로 증가하였다. 이러한 점은 제로 섬 구조에서 포지티브 섬 구조가 될수록 기본 구조와 성과누적식 구조에 따른 집단행동 딜레마 수준의 격차가 커질 수 있음을 보여준다.

넷째, 반복 실험 시 공공계정 기여금 감소 여부에 대해, 기본 구조에서는 1회 시험보다 2회 실험에서 공공계정 기여율이 감소하나, 성과누적식 구조에서는 감소와 혼재가 섞여 있다. 이는 직접적 상호성에 따라 반복 실험 시 직접적 상호성에 따라 공공계정 기여가 낮아짐을 보여준다. 이는 곧 기본 구조에서도 이기적 행위자에 대한 처벌기재가 작동하지 않을 경우 공공계정 기여율이 감소하는, 즉 집단행동 딜레마의 수준이 심화되는 결과가 초래됨을 보여준다. 성과누적식 구조에서 집단별 서로 다른 결과는 향후 추가적인 연구를 요구한다.

표 7-14 핵심 분석결과

	연구내용	분석결과와 함의
1	• h값의 변화에 따른(제로 섬 → 포지티브 섬) 기본 구조와 성과누적식 구조 간 공공계정 기여금 차이	• 집단 A, B 모두, 1회 실험과 2회 실험 모두 h=1.1인 경우를 제외하고 h=1.5, h=2.0에서 '기본 구조'가 '성과누적식 구조'보다 높음(1회 실험은 통계적으로도 대부분 지지) → '기본 구조'가 '성과누적식 구조'에 비해 집단행동 딜레마의 완화에 기여
2	• h값의 변화에 따른(제로 섬 → 포지티브 섬) 기본 구조와 성과누적식 구조 간 공공계정 기여금 변화	• '기본 구조'에서는 h값이 커질수록(h=1.1 → 1.5 → 2.0) 공공계정 기여금 높아짐 • '성과누적식 구조'에서는 h값이 커질수록 (포지티브 구조가 되어도) 공공계정 기여금이 증가하거나 혹은 일관된 패턴 발견 어려움 → '기본 구조'에서는 '제로 섬 구조'보다는 '포지티브 섬 구조'가 집단행동 딜레마의 완화에 기여(반면, '성과누적식 구조'에서는 강건한 증거를 찾기 어려움)

3	• h값의 변화에 따른(제로 섬 → 포지티브 섬) 기본 구조와 성과누적식 구조 간 공공계정 기여금 격차	• 1회 실험에서 A, B조 모두 h값이 1.1, 1.5, 2.0으로 커질수록 '기본 구조'와 '성과누적식 구조' 간에 공공계정 기여금 격차의 수준이 커짐 → '제로 섬 구조'에서 '포지티브 섬 구조'가 될수록 '기본 구조'와 '성과누적식 구조'에 따른 집단행동 딜레마 수준의 격차가 커짐
4	• 반복 실험 시 공공계정 기여금 감소 여부	• '기본 구조'는 감소, '성과누적식 구조'에서는 감소와 증가가 혼재 → 반복 실험 시, 기본 구조에서는 모든 h값에서 공공계정이 감소하는 현상이 일관적으로 발생, 반면 성과누적식 구조에서는 미발생

이러한 연구결과는 이론적, 연구방법론적, 정책 및 제도적으로 중요한 함의를 지니고 있다.

첫째, 본 연구는 집단행동 딜레마에 제도가 어떠한 영향을 미칠 수 있는지를 실증하고 있다는 점에서 신제도주의 이론 개발에 중요한 가치를 지니고 있다.

둘째, 본 연구는 제도가 집단행동 딜레마에 어떠한 영향을 미치는지를 현실의 제도적 특성을 반영한 실험설계를 통해 실증하고 있다는 점에서 집단행동 딜레마 연구 및 연구방법 차원에서 중요한 의미를 지닌다. 집단행동 딜레마는 개념적 특성상 그 실체를 증명하기 매우 어렵다. 이에 따라 제도가 집단행동 딜레마에 어떠한 영향을 미치는지를 분석하거나, 심지어 선제적으로 예측하는 것은 더더욱 어렵다. 본 연구는 제한적이나마 제도가 집단행동 딜레마에 미치는 영향을 분석하거나 사전적으로 예측할 수 있는 가능성을 제시한다.

셋째, 구체적인 제도설계의 중요성을 보여준다. 제도는 다양한 제도적 특성들을 지니고 있고 또한 매우 다양한 유형으로 설계가 가능하다. 연구결과는 어떻게 제도가 설계 되는가에 따라 집단행동 딜레마에 서로 다른 영향을 미칠 수 있음을 보여준다. 특히, 다른 조건이 동일하다고 할 때, 성과급적 연봉제가 취하고 있는 제로 섬과 성과누적식 구조는 포지티브 섬 구조와 기본 구조보다 집단행동 딜레마의 수준이 높을 수 있음을 보여준다. 그러나 기본 구조 · 포지티브 섬 구조에서조차 반복 수행 시 공공계정 기여율이 감소함을 알 수 있듯이, 이기적 행동이 합리적 선택이 되도록 하는 제도는 근본적으로 집단행동 딜레마가 발생될 가능성이 잠재되어 있음을 보여준다.

본 연구는 실험연구로서 다양한 한계를 지니고 있다. 무엇보다 실험연구와 현실 제도와는 차이가 있다. 예를 들어, 현실에서의 기여는 금전적 기여보다 노동투입의 형태로 나타날 수 있고, 개인의 보상과 관련된 '성과평가'라는 부분이 반영되어 있지 못하다. 게다가, 실험연구의 특성상 성과급적 연봉제의 다른 제도적, 환경적 특성, 예를 들어 성과 정의 및 정확한 성과 측정의 가능성, 성과에 비례한 보상의 수준, 심리적 변수 등은 연구의 범위에 포함되어 있지 않다. 이외에도 본 연구에서는 제한된 실험비, 장기 반복 실험을 고려하다 보니 실험자를 대학생으로 한정했다. 분석결과의 해석에 있어 이러한 점이 고려되길 기대한다. 동 한계를 고려하여 추가적인 제도적 특성을 고려하거나 제도 환경이 상이한 민간과 공공부문 간 비교 실험이 필요할 것으로 판단된다. 동 부분에 대한 연구는 왜 동일한 제도가 서로 다른 수준의 집단행동 딜레마를 초래하는지를 이해할 수 있는 기회를 제공할 것이다.

인류의 진화, 과거의 많은 제도들을 통해 알 수 있듯이 인간의 이기적 행동에 보상을 주는 것이 항상 바람직한 결과를 가져오는 것은 아니다. 어떠한 경우 오히려 집단 전체에 비합리적 결과가 초래될 수 있다. 본 연구가 우리를 지배하고 있는 제도의 미시적·단기적 효과를 넘어 근원적으로 존재할 수 있는 집단행동 딜레마를 고민할 수 있는 기회가 되길 기대한다.

신제도주의

제8장

불확실성과 집단행동 딜레마: 불확실성을 반영한 실험연구

제1절 서론[1)]

인간의 선택은 진공상태에서 이루어지지 않는다. 다양한 요인들이 인간의 선택을 제약한다. 특히, 불확실성은 그동안 인간의 선택을 제약하거나 영향을 미치는 대표적인 변수로 사회과학 전반에서 연구되어져 왔다. 일반적으로 불확실성은 미래 결과를 예측함에 있어서 부족한 지식과 정보로 이해할 수 있고 외적 환경 통제의 어려움, 사람들의 행태 등 여러 원인에 기인하며 동시에 완전한 무지상태에서 확실한 것 사이에 다양한 수준이 존재하는 것으로 알려져 왔다.

이러한 불확실성은 개인의 합리적 선택이 집합(단)수준에서 비합리적 결과가 초래됨을 의미하는, 공유지의 비극이나 무임승차 등으로 알려져 온 집합(단)행동의 딜레마(혹은 사회적 딜레마)에 영향을 미칠 수 있다. 예를 들어, 최근 서해에서 꼬막이 사라진다는 이야기가 있다. 어부들 입장에서 꼬막의 총량을 정확하게 알 때와 불확실할 때 어부들의 꼬막 채취량은 서로 다를 가능성이 크다. 유사하게, 기후변화를 방지하기 위해 하루에 몇 톤의 CO_2를 감축해야 하는지 확실히 아는 경우와 불확실한 경우 인간의 선택은 달라질 수 있다. 또 다른 예로, 지하철에 무임승차할 경우 대해 처벌이 확실한 경우와 불확실한 경우 사람들의 선택은 서로 달리 나타날 수 있다. 아마도 처벌이 불확실한 경우보다 확실할 때, 이기적 행동을 제약하게 되고, 이에 따라 집합행동 딜레마가 발생될 가능성, 혹은 그 수준이 낮아질 수도 있을 것이다. 다시 말해, 확실할 때와 불확실할 때 인간의 선택은 달라질 수 있고, 이는 곧 집합행동 딜레마의 수준에 서로 다른 영향을 미칠 수 있음을 짐작하게 한다.

본 연구는 이러한 배경에서 불확실성이 집합행동 딜레마에 어떠한 영향을 미치는지를 분석하였다. 구체적으로, '공공재 규모의 불확실성'과 '처벌의 불확실성'과 관련된 5가지 세부 연구질문을 설정하고 공공재 게임을 새롭게 설계하여 실험하였다. 실험은 처벌의 범위와 강도의 수준에 따라 '제1유형 실험'과 '제2유형 실험'으로 구분하여 진행했다. 제1유형과 제2유형 실험은 각각 '공공재 규모의 확실성과 불확실성' 조건, '처벌의 확실성과 불확실성' 조건에 따라 구분된 4가지 세부 실험(① 공공재 규모의 확실성과 처벌 확실 조건 실험, ② 공공재 규모의 확실성과 처벌 불확실 조건 실험, ③ 공공재

1) 이 글은 김태은(2019)의 내용을 일부 수정 · 보완한 것이다.

규모의 불확실성과 처벌 확실 조건 실험, ④ 공공재 규모의 불확실성과 처벌 불확실 조건 실험)을 3회씩 반복하여 실시(총 24회)하였다. 연구의 타당성을 확보하기 위해 설문조사를 병행하였으며, 분석은 STATA 14를 활용하였다.

제2절 이론적 배경

1 불확실성

불확실성(uncertainty)은 사회과학 전반에서 중요하게 고려되어져 왔으니 이에 대한 일반화된 개념적 정의를 찾기란 쉽지 않고 그동안 다양한 연구에서 서로 다르게 정의 및 묘사되어 왔다(Lipshitz & Strauss, 1997: 149; Magnani & Zucchella, 2018: 106-108).

첫째는 불확실성은 확률적 개념을 통해 소개되어 왔다. 나이트(Knight, 1921)는 측정 가능한 것으로 결과에 대한 사전적 확률(priori probabilities)을 계산할 수 있는 경우를 위험(risk)으로, 결과에 대한 확률 자체를 계산할 수 없는 경우를 불확실성으로 구분 제시한 바 있다. 유사하게 케인스(Keynes, 1921)는 세 가지 유형의 확률(수치적으로 확실하지 않은 확률, 수치적으로 확정적인 확률, 0~1 사이의 가치를 갖는 확률)을 제시하고 이 중 첫 번째 유형을 불확실한 상황, 세 번째를 확실한 상황으로 제시했다. 즉, 확률적 접근은 불확실성을 확률 자체를 알기 어려운 것으로 이해하고 있는 것으로 판단된다.

둘째는 정보(지식) 격차 혹은 정보 부족 차원에서 불확실성을 정의하여 왔다(Galbraith, 1977; 김영평, 1995; 신준섭: 2004: 이종범, 2005). 대표적으로, 과거 200여 년 동안 경제사상과 그 영향을 고찰한 갤브레이스(Galbraith, 1977: 36)는 불확실성을 "조직이 필요로 하는 정보의 양과 조직이 가지고 있는 정보의 양 사이의 차이"로 정의하였다. 김영평(1995: 27)은 "불확실성을 원인과 귀결의 관계에 대한 지식의 결핍"으로, 이종범(2005: 5)은 불확실성을 "한 체제가 동원할 수 있는 정보(양과 질)가 문제를 처리할 때 필요한 정보에 비해 상대적으로 부족한 것"으로 정의하고 모호성(ambiguity)과 구분하고 있다. 심준섭(2004: 136)은 "불확실성은 실제 상태와 의사결정자가 이용할 수 있는 정보의 격차"로 정의한다.

정리하면, 아직까지 불확실성은 마냐니와 주첼라(Magnani & Zucchella, 2018: 103)가 지적하듯이 크게 성과에 영향을 미치는 환경적 · 조직적 변수의 예측 불가능성(Pfeffer & Salancik, 1978)이나 환경적 조직적 변수들을 고려하는 데 있어 정보의 부적절성(Duncan, 1972; Galbraith, 1977)으로 이해된 것으로 판단된다. 이는 일찍이 불확실성을 외적 환경의 변동성과 미래상태에 관한 지식 부족 모두를 포함하여 언급한 쿠프만(Koopmans, 1957)의 주장과 유사하다.

이러한 불확실성은 다양한 유형으로 구분되어져 왔다. 우선, 카너먼과 트버스키(Kahneman & Tversky, 1982)는 현상학적 분석을 통해 불확실성의 속성을 고려하여 외적(external) 불확실성과 내적(internal) 불확실성으로 구분하였다. 김영평(1995)은 불확실성의 원천이 어디인가에 따라 환경적, 구조적, 그리고 인과적 불확실성으로 구분하였다. 노화준(1996)은 불확실성을 미래의 가능성이란 의미로 형태들은 알려지고 있으나 일어날 확률은 부여되기 어려운 경우인 양적인 불확실성과 미래의 가능한 형태까지도 알 수 없는 경우 질적인 불확실성으로 구분한다. 정광호 · 김철(2006: 31-32)은 정부기관을 둘러싼 불확실성을 크게 정책 불확실성, 자원 불확실성, 프로그램 불확실성(인과관계 불확실성, 집행의 불확실성, 서비스대상의 불확실성)으로 구분한다.

태너트 외(Tannert et al., 2007)는 불확실성을 위험과 구분하면서 객관적 불확실성(objective uncertainty)과 주관적 불확실성(subjective uncertainty)으로 구분한다. 객관적 불확실성은 다시 인식론적 불확실성(epistemological uncertainty)과 존재론적 불확실성(ontological uncertainty)으로 구분된다. 인식론적 불확실성은 지식내 격차(gap)에 의해 발생되며, 존재론적 불확실성은 복잡한 기술적, 생물학적, 사회적 시스템을 포함하는 상황의 확률적 특성에 기인한다. 주관적 불확실성은 적절한 도덕적 규칙을 적용할 수 없다는 것이 특징으로 사회적 갈등과 불안을 유발한다. 주관적 불확실성은 다시 규칙 불확실성(rule uncertainty)과 도덕 불확실성(moral uncertainty)로 구분된다. 규칙 불확실성은 적용 가능한 도덕 규칙의 부족에 의해 발생되며, 도덕 불확실성은 도덕 규칙 내에 불확실성을 의미한다.

한편, 마냐니와 주첼라(Magnani & Zucchella, 2018: 106-108)는 불확실성을 크게 4가지, 즉 외적 환경의 결과에 관한 불확실성, 다른 행위자 행동과 관련된 불확실성, 지식 부족으로서 불확실성, 그리고 불확실성을 다루는 확신의 정도로 구분한다. 첫째, 외적 환경의 결과에 관한 불확실성으로, 외적 환경은 불확실성의 근원 그 자체이다(March &

Simon, 1958)라는 주장처럼, 환경적 불확실성(environmental uncertainty)은 외적 환경에 대한 객관적 불확정성과 환경적 역동성에 따라 미래 사건의 출현을 예측하기 어렵기 때문에 나타난다. 둘째, 다른 행위자들의 행동과 관련된 불확실성으로, 이는 인간이 제한된 합리성을 지니고 있음에 따른 행태적 불확실성, 인간과 사회적 관계에 기인하는 조직적 불확실성(Weitz & Shenhaav, 2000), 문화적 불확실성, 소통 불확실성 등이 이에 해당된다. 셋째, 지식 부족으로서 불확실성은 주로 경제학에서 제시되는 개념으로, 미래 상태에 관한 지식의 부족, 정보의 불완전으로 정의된다(Arrow, 1974; Koopmans, 1957; Machina 1987). 넷째, 불확실성을 다루는 확신의 정도(일명, 주관적 불확실성)는 의사결정자의 사건에 대한 확률 배정, 그리고 그러한 평가의 과정에 대한 개인적 확신의 정도 등을 의미한다. 즉, 이는 주관적 확률이론에 기초하여 사람들의 마음속에 있는 미래 기대에 대한 주관적 확률이 미래의 결과를 좌우한다고 가정한다.

결론적으로, 불확실성은 미래 결과에 대한 예측의 불가능성이나 정보의 부족 및 부직질성으로 이해할 수 있다. 불확실성은 의사결정자를 둘러싼 환경, 사람들의 행태, 지식의 부족, 그리고 의사결정자 자체의 주관적 확률 차원에서 발생될 수 있으며, 완전히 무지 상태에서 확실한 것 사이에 다양한 수준에서 존재할 수 있음을 알 수 있다. 특히, 의사결정자의 주관적 확률, 즉 의사결정자의 지각적 및 인지적(perceptual and cognitive) 측면이 중요함을 알 수 있다.

2 집합행동 딜레마와 불확실성

집합(단)행동 딜레마 혹은 사회적 딜레마(collective action dilemma or social dilemma)는 개인의 합리성이 집합수준에서는 비합리적 결과가 초래되는 것(Dawes, 1980: 170; Dawes & Messick, 2000: 111; Kollock, 1998: 183)으로 개인들의 비협력적 행동이 단기적으로 우월적 결과를 주지만 모든 사람들이 비협력적 행동을 할 경우 장기적으로 모두 협력했을 때보다 좋지 않은 결과를 얻는 상황(Van Lange et al., 2013: 126)이다. 즉, 액슬로드(Axelrod, 1984: 9)가 지적하듯이 죄수의 입장에서 상대방이 어떠한 선택을 하든 배반을 선택하는 것이 언제나 유리하나, 이를 모두에게 최악의 결과를 초래시킨다는 것이다. 한편에서 집합행동 딜레마는 개인의 입장에서는 자신의 이익을 극대화하는 것이 합리적인 선택이나 집단수준에서는 부정적 결과가 초래되는 것으로, 이는 곧 개인

이익과 집단 이익 간 충돌로 이해되기도 한다. 집합행동 딜레마는 공공재 문제, 공유지의 비극, 무임승차 현상 등에서 알 수 있듯이 작은 집단에서부터 정부 간, 국가 간 사이에도 나타난다.

불확실성은 의사결정을 제약하고 선택, 대응의 유형 등 다양한 부분에 영향을 미치는 것으로 알려져 왔다(예: Tversky & Kahneman, 1974; Lipshitz & Strauss, 1997; Tannert et al., 2007; Magnani & Zucchella, 2018; 김영평, 1995; 이종범, 2005; 심준섭, 2004; 한석태, 2005; 최종원, 1999; 정광호 · 김철, 2006; 오을림 · 김구, 2002; 사득한, 2003; 김정수, 2007; 이유재 · 전호성, 2010; 최연식 외, 2015; 최영준 외, 2016). 대표적으로, 트버스키와 카너먼(Tversky & Kahneman, 1974)은 불확실한 상황에서는 휴리스틱(heuristic)이 보편적으로 발생되며, 이에 따른 막대한 편향이 유발됨을 지적한 바 있다. 즉, 불확실성은 인간의 선택에 영향을 미친다는 점을 알 수 있고, 집합행동 딜레마의 개념적 정의 역시, 선택이 내포되어 있다는 점에서 불확실성이 집합행동 딜레마에 영향을 미칠 수 있음을 짐작하게 한다.

실제로, 여러 연구들은 불확실성이 집합행동 딜레마에 다양한 영향을 미침을 제시하여 왔다. 두 변수 간 관계는 주로 공공재 게임이나 공유자원 게임과 같은 도구를 이용한 실험연구를 통해 설명되어져 왔다. 예를 들어, 집단 구성원들이 어떤 결정을 했는지 모르는 경우 집합행동 딜레마 완화에 긍정적 영향을 미친다는 주장(Sniezek et al., 1990)과 부정적 영향을 미친다는 주장(Schroeder et al., 1983), 조건에 따라 서로 다른 영향(Parks et al., 2017)이 미칠 수 있다는 주장 등이 제기되었다. 또한 자원 규모의 불확실성, 자원 보충 역량(자원의 재생산 능력)에 관한 불확실성은 협력에 부정적 영향을 미치는 것으로 나타났다. 일반적으로 불확실성이 높을 때 자원의 규모를 과대 혹은 과하게 낙관적으로 추정하거나(Gustafsson, 1999; Rapoport et al., 1992), 효율적인 협력을 침해한다고 주장한다(De Kwaadsteniet et al., 2006; Van Dijk et al., 2009). 게다가, 불확실성은 비협력적 행태에 대한 변명 기회, 즉 비협력 행동에 대한 정당성을 제공하기도 하는 등(Van Dijk et al., 2004; Marrocoli et al., 2018: 275) 집합행동 딜레마에 부정적 영향을 미치는 것으로 나타났다.

공공부문에서 집합행동 딜레마의 영향요인 고찰은 이론적 수준을 넘어 협력을 위한 제도적 장치를 마련하거나 집합행동 딜레마에 따른 정책 지연, 사회적 비용을 예방할 수 있다는 점에서 정책적으로 매우 중요하다. 그러나 아직까지 불확실성의 개념적 다양성만큼이나 불확실성과 집합행동 딜레마 간 관계는 많은 부분 베일에 쌓여 있다. 동 차원에서 불확실성이 집합행동 딜레마에 어떠한 영향을 미치는지 체계적 고찰의 필요성이 매우 크다.

3 주요 선행연구

1) 불확실성

불확실성은 그동안 행정학, 경제학, 심리학 등 사회과학 전반에서 다양하게 연구되어온 주제이다. 불확실성의 개념적 논의 및 유형화, 그리고 영향에 관한 다양한 연구가 진행되어 왔다(Knight, 1921; Keynes, 1921; Duncan, 1972; Galbraith, 1977; Kahneman & Tversky, 1982; Lipshitz & Strauss, 1997; Tannert et al., 2007; Magnani & Zucchella, 2018; 김영평,1995; 최종원, 1999; 정광호 · 김철, 2006; 오을림 · 김구, 2002; 사득환, 2003; 심준섭, 2004; 이종범, 2005; 한석태, 2005; 김정수, 2007; 이유재 · 전호성, 2010; 최연식 외, 2015; 최영준 외, 2016).

대표적으로, 트버스키와 카너먼(Tversky & Kahneman, 1974)은 불확실한 상황에서 어떻게 의사결정을 내리는지에 대한 연구를 통해, 3가지 대표적인 휴리스틱(heuristic)인 대표성(representativeness), 가용성(avilability), 조정과 정박(adjustment and anchoring)을 제시하고, 이러한 휴릭스틱 의사결정은 매우 경제적이고 효과적일 수 있으나 다양한 편향을 유발한다고 주장한다. 한편, 립시츠와 슈트라우스(Lipshitz & Strauss, 1997)는 1960년부터 1990년대 주요 연구에 대한 메타 분석을 통해 의사결정자들이 어떻게 불확실성을 정의하고 어떻게 다루고 있는지를 체계적으로 분석하였다. 분석결과 의사결정자들은 3가지 형태의 불확실성(부적절한 이해, 정보의 부족, 비차별적 대안)을 구분하고 있었으며, 불확실성에 대해 5가지로 전략으로 대처함을 보여준다. 미냐니와 주첼라(Magnani & Zucchella, 2018)는 불확실성의 근원이 외적 환경, 다른 행위자들의 행동, 지식부족, 주관적 확률에 따라 발생될 수 있음을 체계적인 문헌연구를 통해 종합적으로 정립하였다.

한편, 김영평(1995)은 불확실한 상황에서 정책결정을 정당화하는 기반이 무엇인지를 고찰하였고 특히, 불확실성이 지배적인 정책이 정당성을 확보하는 데 있어 민주주의라는 제도가 중요함을 강조하였다. 최종원(1999)은 불확실성 하의 규제정책결정에서는 '잘못된 긍정'의 오류 줄이기 위한 규제기준을 도입하게 되는데 동 규제가 현실적인 여러 문제를 유발하고 있음을 지적한다. 오을림 · 김구(2002)는 불확실성 상황에서 의사결정 양상이 어떻게 나타나는지를, 사득한(2003)은 불확실성과 혼돈이론에 토대를 둔 적응모형에 입각하여 정부의 선택행위가 어떻게 정책실패로 귀결되었는지를 시화호 매립사업을 통해 분석하였다. 이종범(2005)은 불확실성, 모호성, 그리고 딜레마 상황과 같이 체제가 선택의 어려움 속에서 정책의 질을 높이기 위하여 행하는 제도적 대응과 그 절차적 합리성을 논하였다. 심준섭(2004)은 불확실성은 정책오차를 유발하고, 동 상황에서 정책오차를 줄이는 시도는 또 다른 오차의 비례적 증가가 초래됨을 사례분석을 통해 제시했다. 한석태(2005)는 정책결과 예측의 불확실성과 대응방법을 체계적으로 유형화하였다. 정광호 · 김철(2006)은 불확실성 속에서 의사결정하는 행정기관의 리스크 관리행태를 분석하였다. 김정수(2007)는 불확실성이 매우 높은 문제 상황에서는 결정비용의 크기와 결정의 품질에 아무 상관이 없을 수 있음을 사례를 통해 분석하였다. 한편, 이유재 · 전호성(2010)은 기존 프레이밍 효과에 대한 상반된 이론적 주장을 불확실성의 개념을 포함하여 검증하였다. 최연식 외(2015)는 목표설정의 불확실성이 공공기간의 노력 감소 인센티브에 미치는 영향을 실증하였다. 최영준 외(2016)는 불확실성이 존재하는 행정환경에서 증거의 질에 대한 한계가 존재함을 두 가지 사례를 통해 제시했다.

2) 집합행동 딜레마와 불확실성 실험연구

집합행동 딜레마 연구에서 불확실성은 초기 주로 사회적 불확실성과 딜레마 자체의 특성에서 기인하는 환경적 불확실성으로 구분(예: Van Dijk et al., 2004)되기도 하였으나 최근 들어, 보다 다양한 차원에서 연구가 진행되고 있다. 본 연구와 관련하여 대표적으로 자원 규모(De Kwaadsteniet et al., 2006), 처벌(Dorrough et al., 2017), 집단구성(Fehr & Gächter, 2000; McCarter & Sheremeta, 2013; Grund et al., 2018). 정보 제공(Sniezek et al., 1990; Parks et al., 2017), 모니터링과 소통(Bicchieri, 2002; Marrocoli et al., 2018; Pavitt, 2018) 차원 등에서 연구가 진행되었다.

첫째, 자원규모와 관련하여, 일반적으로 자원 규모의 불확실성은 협력을 저해하고 집합행동 딜레마의 수준을 악화시키는 것으로 알려져 왔다(De Kwaadsteniet et al., 2006; Gustafsson, 1999; Rapoport et al., 1992; Van Dijk et al., 2009). 대표적으로, 드과드스테나이트 외(De Kwaadsteniet et al., 2006)는 자원 딜레마에서 환경적 불확실성과 사회적 가치 지향성(social value orientations)이 참여자들의 결정에 어떠한 영향을 미치는지를 분석하였다. 자원딜레마 실험을 통해, 자원 규모가 확실한 상황에서는 친사회적뿐만 아니라 자기지향적 참여자들도 암묵적 조정규칙인 동등배분규칙에 따랐으나, 자원규모가 불확실한 경우에는 동등배분규칙의 조정력이 상실되었고, 자기지향적 사람들이 친사회적 사람들보다 더 많은 것을 거두어 들였다. 즉, 불확실성이 큰 경우, 사람들의 선택은 그들의 사회적 가치지향성에 영향을 받음을 보여준다.

둘째, 처벌은 집합행동 딜레마 연구에서 가장 많은 연구가 진행되어 왔으며, 처벌은 집합행동 딜레마를 완화하는 데 유용하고 강건한 영향을 미침이 증명되어 왔다(Balliet et al., 2011; Choi & Ahn, 2013; Dorrough et al., 2017; Fehr & Gächter, 2002; Fehr & Schmidt, 2000; Nikiforakis et al., 2010; Oliver, 1980; O'Gorman et al., 2009; Ostrom et al., 1992; Shinada & Yamagishi, 2008; Yamagishi, 1986). 그러나 처벌의 불확실성과 직접적으로 관련된 연구는 찾아보기 쉽지 않다. 주로 처벌 권력의 균등성 여부, 처벌 권력의 안정성 여부 차원에서 연구가 수행되었다. 즉, 처벌을 균등하게 부여하거나(예: Fehr & Gächter, 2002), 일부 실험자에게만 처벌권을 부여하는 불균등한 처벌 구조(예: O'Gorman et al., 2009)로 실험을 하거나, 한편에서는 처벌 권력에 대한 안정성 여부를 통해 집합행동에 어떠한 영향을 미치는지 연구되었다. 예를 들어, 오고르만 외(O'Gorman et al., 2009)는 처벌 권력의 안정성이 높을 경우 협력비율이 늘어남으로써 집단 전체에 편익을 유발된다고 주장한다. 니키포라키스 외(Nikiforakis et al., 2010)는 불평등한 처벌권력 자체는 권력이 안정적이라면 집단 성과에 영향을 미치지 못한다고 주장하였다. 한편, 최와 안(Choi & Ahn, 2013)의 실험 구성원이 매번 바뀌는 구조에서는 처벌이 보상보다 더욱 효과적임을 공공재 실험을 통해 제시하기도 하였다. 도로우 외(Dorrough et al., 2017)는 공공재 실험에서 처벌 권력의 불안전성과 불평등성이 공공재 기여에 미치는 영향을 공공재 실험을 통해 분석하였다(불평등 권력은 집단 내 한 명에게 강한 처벌 권한을 부여하고, 동 실험자는 다른 실험자들에게 비해 낮은 비용으로 처벌을 수행할 수 있음, 불안정성은 매 게임마다 역할을 새로이 설정). 3가지 실험을 통해, 불평등하고 불안정한 처벌력이 부여된 상황에서 개인들의 행태는 보다 경쟁적으로 변화하고 권력 경쟁에 참여하여 그룹 전체에 해로운 영향을 미침을 보여주었다.

셋째, 집단 구성의 안정성 및 불확실성 차원에서 연구가 진행되었다. 많은 실험적 연구들은 집단 구성의 안정성이 있는 경우 구성원 간 신뢰와 사회적 규범의 형성이 이루어지기 때문에 협력을 증가시키는 것을 밝혀왔다(Fehr & Gächter, 2000; Keser & Van Winden, 2000). 또한 실험 내 새로운 구성원의 등장 여부, 이질적인 구성원의 포함

여부 등이 불확실성을 높여 공공계정 기여에 부정적 영향을 미친다는 연구가 제시되기도 하였다(McCarter & Sheremeta, 2013). 대표적으로, 그룬드 외(Grund et al., 2015)는 공공재 게임을 통해 집단 구성이 협력에 어떠한 영향을 미치는지 분석하여 낯선 사람들과 구성된 팀은 파트너 팀에 비해 협력이 낮았음을 증명하였다. 그룬드 외(Grund et al., 2018)는 공공재 게임에서 집단 구성원의 변화가 공공재 게임의 협력 행태에 어떠한 영향을 미치는지 분석하였다. 분석결과 한 명의 낯선 사람이 그룹에 가입했을 때 훨씬 덜 협력하였고, 특히 부정적 상호성의 고리(loops)에 의해 후속 성과에 영향을 미칠 수 있음을 제시하였다.

넷째, 정보 제공의 불확실성과 관련하여, 스니젝 외(Sniezek et al., 1990)는 집단 내 실험자들이 얼마나 기여했는지 여부에 대한 정보를 받을 때와 받지 않았을 때 비교하여, 정보를 받을 때 협력이 증가됨을 보여주었다. 반면에, 슈뢰더 외(Schroeder et al., 1983)는 다른 사람들의 공공 기여가 얼마인지 드러나면, 협조 수준이 낮아지고 기대한 것 보다 무임승차가 증가한다고 주장한다. 파크 외(Parks et al., 2017)는 불확실성이 자원딜레마에 어떠한 영향을 미치는지를 자원 환경 정보와 사회적 정보의 제공을 통해 분석하였다. 2가지 실험결과, 자원 상태에 관한 정보 제공은 자원의 보전에 유익한 영향을 미쳤으나, 실험자들에게 다른 사람들이 어떻게 했는지에 관한 정보만을 받았을 경우에는 자원 보전에 해를 미쳤음을 보여주었다.

다섯째, 소통 혹은 모니터링이 행위자 간 불확실성을 낮추어 집합행동에 긍정적 효과가 나타난다는 연구가 제시되어 왔다. 대표적으로, 마로콜리(Marrocoli et al., 2018)는 부시미트(bushmeat) 사냥 시스템을 사례로 공유자원 실험을 아프리카 10개 원주민을 대상으로 수행하였다. 분석결과 셀프 모니터링은 사냥 시간과 자원 감축률을 낮추는 데 기여하였으나 소통만으로는 사냥 수준을 낮추는 데 충분하지 못하였음을 보여주었다. 특히, 저자는 셀프 모니터링에 따라 환경적 불확실성이 감소되어 집합행동 딜레마의 수준을 완화하는 데 기여한 것으로 분석하고 있다. 발리에트(Balliet, 2010)는 메타분석을 통해, 소통은 작은 그룹에서 보다 큰 집단에서 협력에 더 큰 영향을 미침을, 맥카터와 셰레메타(McCarter & Sheremeta, 2013)는 조정 게임에서 새로운 구성원이 집단 내 신뢰를 크게 낮추고, 결과적으로 조정 수준도 낮춤을 보여주었다. 비치에리(Bicchieri, 2002)는 실험자들에게 소통하게 한 경우 협력비율이 급격하게 증가됨을 보여주었으며, 이러한 현상에 대해 소통이 집단의 정체성을 강화하고, 사회적 규범을 도출했기 때문인 것으로 설명하였다. 최근에는 집단 불확실성(규모 혹은 구성원 등)에 소통이라는 변수가 개입될 경우 집합행동 딜레마에 미치는 부정적 영향이 소멸된다는 연구(Meleady et al., 2013; Pavitt & Broomell, 2016)들이 제시되기도 했다.

4 새로운 연구 필요성

기존의 연구들은 난해한 두 가지 개념, 즉 불확실성과 집합행동 딜레마 간 관계를 설명하는 데 유용한 결과를 제시하여 왔다. 그러나 아직까지 불확실성이 어떠한 영향을 미치는지 분명하지는 않다(Van Lange et al., 2014: 60-61). 이는 무엇보다 불확실성과 집합행동 딜레마 간의 관계를 설명하기 위한 연구설계가 쉽지 않기 때문으로 판단된다. 본 연구는 기존의 연구에서 설명되지 못한 부분을 설명하기 위해 연구를 진행하였다.

첫째, 무엇보다 불확실성이 집합행동 딜레마에 어떠한 영향을, 불확실 조건에 한정해서 연구하는 것이 아니라 확실한 조건과 불확실 조건에서 비교연구할 필요가 있다. 특히, 공공재 규모와 처벌은 집합행동 딜레마 연구에서 중요한 개념임에도 불확실성 차원에서 정교한 실험연구가 미약하다. 이에, 공공재 규모의 확실성과 처벌의 확실성 조건, 공공재 규모의 확실과 처벌의 불확실성 조건, 공공재 규모의 불확실성과 처벌의 확실성 조건, 공공재 규모의 불확실성과 처벌의 불확실성 조건을 각각 비교하여 실험연구를 수행한다.

둘째, 불확실성은 단일한 것이 아니라 복합되어 나타날 수 있다. 예를 들어, 공공재 규모만 불확실한 것이 아니라 처벌도 불확실할 수 있고, 혹은 집단 구성원의 불확실성 등이 혼재되어 존재할 수 있다. 따라서 복합된 불확실성과 단일한 불확실성 간에 어떠한 차이가 존재하는지 설명할 필요가 있다.

셋째, 현실에서 사람들의 어떤 선택에 영향을 미치는 불확실성의 영향력은 서로 상이할 수 있다. 어떤 불확실성은 매우 크게 영향을 미칠 수도 있지만 어떤 불확실성의 경우는 선택에 미치는 영향이 미미할 수도 있다. 이에, 공공계정 기여 수준을 결정함에 있어서 공공재 규모의 불확실성과 처벌의 불확실성 간에 영향력의 차이가 존재하는지를 분석하고자 한다.

넷째, 불확실성 하에서 처벌의 범위와 강도의 변화가 집합행동 딜레마에 어떠한 영향을 미치는지 분석할 필요가 있다. 다시 말해, 처벌의 범위와 강도의 변화는 처벌의 불확실성이 주는 부정적 영향을 통제할 수 있는지, 아니면 처벌의 불확실성 하에서 처벌의 범위와 강도가 중요한 변수가 아닌지에 대한 분석을 진행하고자 한다. 이에, 처벌의 범위와 강도를 강화시켜 제2유형의 실험을 수행한다.

본 연구는 공공재 실험을 기본으로 하여 실험설계하였고, 실험결과의 타당성을 확보하기 위해 실험자들을 대상으로 한 설문조사를 병행하였다.

제3절 연구가설과 실험설계

1 주요 실험도구로서 공공재 게임

집합행동 딜레마를 분석하는 유용한 실험방법으로 공공재 게임(public goods game)은 개인과 집단 이익이 충돌할 때 사람들의 행태가 어떠한지를 잘 보여준다(Henrich et al., 2005: 798). 죄수의 딜레마 게임을 N으로 확장시킨 공공재 게임은 인간이 순수하게 이기적인지 혹은 무임승차 성향만을 지니고 있는지 아니면 이타성과 같은 다른 본성이 존재하는지를 살펴보는 데 유용하며, 동시에 개인의 이익을 증대시키기 위한 선택이 집단 전체에게는 비합리적인 결과 나타나는, 즉 집합행동 딜레마를 보여주는 유용한 실험도구이다.

공공재 게임 중 자발적 공헌 형태의 공공재 게임은 아래의 구조를 띠고 있다.

$$\Pi_i = (W - X_i) + \frac{h\sum X_i}{n},$$

여기서, Π_i =최종 수익, W=게임금액, X_i =공공계정 기여금액, n은 게임자 수,
h는 개인별 한계 보상(marginal per capita return, h값)을 의미

위와 같은 게임 구조에서 실험자는 개인 계정에 기여를 극대화(배반)할 것인지, 즉 무임승차할 것인지 혹은 공공재를 생산하는 데 기여, 즉 공공계정에 기여(협력)할 것인지에 대한 선택의 기회를 제공한다(Skatova & Ferguson, 2011: 237). 동 게임에서 각 실험자의 지배적 전략은 무임승차이다. 즉, 공공재 게임에서 내쉬균형은 무임승차이다.

그러나 집단 전체적으로 가장 큰 이득을 볼 수 있는 것은 집단 전체가 공공계정에 기여하는 것이다. 즉, 파레토 효율적 결과는 모든 실험자들이 그들이 받은 돈 모두를 공공계정에 기여하는 것이다(Morone et al., 2018: 77; Zelmer, 2003: 301).

2 연구가설

공공재 규모의 불확실성, 처벌의 불확실성을 핵심 변수로 한 연구가설은 아래와 같다.

1) 공공재 규모의 불확실성

개인들이 공공의 이익을 위해 기여할 때, 혹은 개인의 이기심을 제약할 때 어느 정도 공공의 이익이 되는지를 확실히 아는 경우와 불확실한 경우 사람들의 선택이 다를 가능성이 크다.

그러나 아직까지 공공재 규모의 불확실성에 관한 연구를 발견하기는 쉽지 않다. 다만, 연관된 연구로 공유자원 딜레마 실험에서는 본 연구의 공공재 규모 개념과 유사한 '공유자원 규모'의 불확실성에 대한 연구가 진행되어 왔다. 공유자원 딜레마 실험에서는 자원규모에 관한 불확실성, 또는 자원 보충 역량(자원의 재생산 능력)에 관한 불확실성이 협력에 부정적 영향을 미치는 것으로 나타났으며 여러 실험을 통해 동 결과는 매우 강건한 것으로 나타났다(예: De Kwaadsteniet et al., 2006; Gustafsson, 1999; Rapoport et al., 1992; Sell & Wilson, 1991; Van Dijk et al., 2004, 2009). 즉, 실험자들은 불확실성이 높을 때 자원의 규모를 과하게 낙관적으로 추정하여 효율적인 협력이 저해되는, 집합행동 딜레마에 부정적 영향을 미치는 것으로 나타났다.

이러한 연구들을 고려할 때, 공유자원 딜레마 실험과 그 메커니즘이 매우 유사한 공공재 실험에서의 공공재 규모의 불확실성은 집합행동 딜레마에 영향을 미칠 것을 예상할 수 있다.

본 연구는 공공재 실험을 수행하므로, '공공재 규모의 불확실성'은 공공계정 기여에 따른 수익금($\frac{h\sum X_i}{n}$)을 결정하는 'h값의 불확실성'으로 조작적 정의를 하였다. 즉, 본 실험에서 n은 고정된 실험자 수, X_i=실험자들의 공공계정 기여금액임으로, 공공계정 기여에 따른 수익금의 불확실성은, 곧 'h값의 불확실성'에 의해 결정된다. h값은 실험자들이 공공계정 기여금의 합을 몇 배로 불려줄 것인가와 관련되어 있다.

실험자들 입장에서 h값이 확실할 경우, 실험자들의 기여가 몇 배 정도(h값에 의해 결정) 늘어나는지, 즉 실험자들의 공공계정 기여금이 몇 배가 되어 집단 전체적으로 이익이 될 것인가를 알 수 있게 된다. 그러나 h값이 불확실하면 실험자들의 공공계정 기여금이 몇 배가 될지 정확히 알 수 없게 된다. 따라서 실험자들 입장에서 공공에 기여를 하면 집단 전체적으로 얼마의 편익이 있다는 것을 확실하게 알 때 보다 확실히 알지 못하는 상황에서는 공공 기여에 대한 유인이 낮아질 것으로 판단된다. 이에, h값이 확실한 조건보다 불확실한 경우 공공계정 기여가 낮을 것임을 예측할 수 있다(H1).

2) 처벌의 불확실성

기존 공공재 실험의 가장 강건한 발견은 처벌이 집합행동 딜레마를 완화하는 데 기여한다는 것이다. 즉, 무임승차 문제를 해결하는 가장 유용한 방식으로 낮은 공공 기여자들에 대한 처벌이 매우 강건하고도 커다란 효과를 나타내는 것으로 나타났다(Fehr & Schmidt, 2000; Oliver, 1980; Ostrom et al., 1992; Shinada & Yamagishi, 2008; Yamagishi, 1986).[2] 더욱이 여러 실험결과 사람들은 자신의 비용이 유발되더라도 이기적 행위자에 대한 처벌을 하고자 했다(일명, 이타적 처벌, 대표적으로 Fehr & Gächter, 2002 참고).

처벌의 불확실성에 대한 직접적 연구는 찾아보기 쉽지 않으나 유사 연구로 처벌 권력의 균등성 여부, 처벌권의 안정성 여부에 대한 기존 연구는 처벌 권력의 균등하고 처벌권의 안정성이 높은 경우 일반적으로 집합행동 딜레마 완화에 긍정적 영향을 미치는 것으로 나타난다(예: O'Gorman et al., 2009; Nikiforakis et al., 2010; Dorrough et al., 2017). 이러한 연구들을 고려할 때, 처벌이 확실할 때보다 불확실 할 때에는 협력하지 않고 자신의 이익만을 추구할 가능성이 높다. 이에, 처벌이 확실한 경우가 처벌이 불확실한 경우에 비해 공공계정 기여가 높을 것으로 예측된다(H2).

3) 불확실성 요인 수(단일, 다중)

사람들이 선택을 함에 있어서 불확실성은 중요한 제약요인이다. 어떤 의사결정에

2) 이타적 처벌과 달리, 반사회적 처벌(antisocial punishment)에 대한 논의도 여러 부분에서 진행되어 왔다(Herrmann et al., 2008; 최정규 · 안도경, 2013; Auerswald, 2018 참고).

있어서 불확실한 요인이 단 하나 존재할 때도 있지만 다양한 요인이 동시적으로 불확실한 경우가 존재한다. 문제의 규모가 크고 복잡성이 높을수록 불확실한 요인의 수 역시 증가할 가능성이 매우 크고 이럴 경우 의사결정자의 선택은 어려워지고, 또한 비합리적으로 나타날 가능성이 크다. 따라서 불확실성 요인이 단일한 경우보다 불확실성 요인이 다중으로 존재하는 경우 집합행동 딜레마에는 부정적인 영향을 미칠 것으로 판단된다.

본 연구에서는 이에 공공재 규모가 확실 vs 불확실, 처벌 확실 vs 불확실 상황에서 크게 4가지 실험을 수행한다. 이러한 점에서 불확실 조건이 많을수록 공공계정 기여가 낮아질 것임을 예측할 수 있다(H3). 구체적으로, ① 공공재 규모, 처벌 두 변수 모두가 확실한 경우가 공공계정 기여율이 가장 높고, ② 공공재 규모나 처벌 중 하나의 변수가 불확실 경우가 중간 정도의 기여율을, 마지막으로 ③ 공공재 규모와 처벌 모두가 불확실한 경우 공공계정 기여가 가장 낮을 것으로 예측된다.

4) 불확실성 요인별 영향력 차이

우리 사회에 불확실성은 매우 다양한 원인에 의해 다양한 유형으로 존재한다. 동일 시점에서 어떤 행위자에게 다양한 불확실성이 영향을 미친 때, 불확실성 요인별로 선택에 서로 다른 영향을 미칠 수 있다. 선택에 있어 상대적으로 중요한 불확실성이 존재할 수 있고, 한편에서 어떤 불확실성은 선택에 커다란 영향을 미치지 못할 수도 있다.

동 차원에서 공공계정 기여를 종속변수로 할 때, 공공계정 기여에 '공공재 규모의 불확실성'과 '처벌의 불확실성'이 서로 동일한 영향을 미치지는 않을 것이다. 즉, 공공계정 기여 수준을 판단함에 있어서(공공계정과 개인계정 간 선택) 어떠한 불확실성은 큰 영향을 미칠 수 있고, 어떤 불확실성은 크게 영향을 미치지 않을 수 있을 것이다. 즉, 불확실성의 요인별로 선택에 미치는 영향은 서로 상이할 가능성이 존재한다. 이 중 처벌은 아지까지 여러 공공재 실험에서 공공계정 기여에 중요한 영향요인임이 알려져 왔다. 또한 처벌은 특정 행위자에 한정하여 직접적으로 수익에 변화를 유발하지만 공공재 규모는 특정 행위자가 아닌 실험 집단 전체의 수익의 변화를 유발한다. 따라서 공공재 규모의 불확실성보다 처벌의 불확실성이 더욱 민감하고 중요하게 영향을 미칠 가능성이 크다(H4).

5) 처벌의 범위와 강도

다양한 공공재 실험에서 처벌은 집합행동 딜레마를 해결하는 데 긍정적 영향을 미치는 것으로 나타났다. 사람들은 처벌 수준이 낮은 경우보다 처벌 수준이 높은 경우 처벌에 대한 영향을 더 크게 받는다. 따라서 불확실성 요인이 존재하더라도 처벌의 범위와 강도를 높이면 그렇지 않은 경우에 비해 공공계정 기여율이 높을 것으로 예측할 수 있다. 예를 들어, 처벌이 불확실하더라도 처벌의 범위(처벌 적용대상의 범위)와 강도가 높아지면 공공계정 기여에 긍정적 영향을 미칠 가능성이 크다. 지하철 무임승차 시 벌금이 실제 부과될지 불확실하지만, 벌금이 1,000원인 경우보다 벌금이 10,000원이라면 1,000원일 때보다 처벌의 영향은 크게 미칠 것이다. 즉, 처벌이 불확실하더라도 처벌 범위와 강도가 높아지면 처벌의 범위와 강도가 낮은 경우보다 공공계정 기여가 높을 것이다(H5.1).

한편, 처벌은 반복 실험 시 이타적 처벌자의 등장에 따라 공공계정 기여의 감소를 완화시키거거나 혹은 유지하는 데 기여하는 것으로 나타났다. 따라서 처벌의 범위와 강도를 높일 경우 반복 실험 시 공공계정 기여 감소폭이 낮거나 혹은 증가될 가능성이 존재한다. 즉, 처벌의 범위와 강도를 높은 경우와 그렇지 않은 경우 간에 공공계정 기여 변화에 차이가 있을 것이다(H5.2). 또한 이타적 처벌이 자신의 비용이 발생됨에도 불구하고 이기적 행위자를 처벌하고자 한다는 점에서, 불확실성 하에서 처벌의 범위와 강도가 증가될 경우 이타적 처벌자의 수와 이들이 낸 처벌 제시금 역시 증가될 가능성이 존재한다(H5.3).

3 실험설계

본 연구는 크게 2가지 실험을 수행하였다. 제1유형(F1) 실험은 h값의 (불)확실성과 처벌의 (불)확실성 실험, 제2유형(F2)은 제1유형 실험과 동일하나 처벌의 범위와 강도를 약간 증가시킨 경우이다.

1) 제1유형 실험

제1유형(F1)의 실험은 처벌의 공공계정 수익금의 확실성과 불확실성 조건, 처벌의 확실성과 불확실성에 따라 구분된 4가지 실험을 수행했다. 4가지 실험은 ① h값의 확실성과 처벌 확실 조건 실험, ② h값의 확실성과 처벌 불확실 조건 실험, ③ h값의 불확실성과 처벌 확실 조건 실험, ④ h값의 불확실성과 처벌 불확실 조건 실험이다. 4가지 실험별로 각각 동일 조건에서 3회씩 반복 수행하여 총 12회 수행했다.

여기서, 첫째, 'h값의 확실한 조건'은 공공계정 기여에 따른 수익금을 결정하는 데 매우 중요한 h값이 확실한 상황($h = 2.0$)을 의미한다.

둘째, '공공계정 수익금이 불확실한 조건'은 h값이 불확실한 상황으로 h값이 1.5~2.5 범위에서 무작위로 결정되어 최종 공공계정 기여에 따른 수익금이 얼마가 될지 확실하지 않은 상황이다. 여기서 h값(1.5~2.5)은 공공재 딜레마 실험 조건[3]을 가능한 충족하는 범위에서 제한하였으며, h값은 타임워치를 이용해 무작위 넘버[4]를 적용했다.

셋째, '처벌이 확실하다는 것'은 게임에서 실험자들이 자발적인 처벌 의사를 갖고, 처벌을 위해 (자신에게 비용이 발생됨에도 불구하고) 처벌액(이하, 이타적 처벌금액)을 제시한 경우, 실제 처벌이 제시액만큼 정확하게 집행되는 경우를 말한다.

넷째, '처벌이 불확실하다는 것'은 실험자가 이타적 처벌금액을 제시하였더라도 실제 처벌이 될지 여부는 불확실하다는 것을 의미한다. 처벌의 불확실성을 위해, 실험자들이 공공재 실험을 완료한 상태에서 최종적으로 실험 주재자가 실험자 전체를 대상으로 퀴즈 맞추기, 사다리 타기, 동전 던지기, 이들의 혼합 등 미래를 사실상 예측하기 어렵게 설계했다.

다섯째, 제1유형은 처벌의 범위는 최하위 1순위 처벌, 처벌 강도는 처벌 제시액× 1.0으로 했다.

2) 제2유형 실험: 처벌 범위와 강도 증가 조건

제2유형(F2) 실험은 처벌의 범위와 강도를 높인 실험으로 기본적으로 다른 조건은 제1유형 실험과 동일하다.

---

3) h값이 과도하게 작거나 혹은 과도하게 클 경우에는 집합행동 딜레마 구조 자체가 형성되지 않기 때문에 일반적으로 1.5~2.5 사이에서 실험이 수행되어 왔다.

4) 실험 주재자가 타임워치를 누르고 일정 시간이 흐른 후 일정시간 이후 실험자 중 무작위로 선출된 한 명이 중지를 말하면, 타임워치를 중지하고 타임워치의 소수점 뒷자리 수에 가장 가까운 h값이 선택되었다. 5에 근사한 숫자가 나타나면 다시 한번 수행했다.

표 8-1 제1유형과 제2유형 실험 개관

제1, 2실험		처벌	
		확실	불확실
공공재 규모 (h값)	확실(h=2.0)	F1[2]_실험 A, 3회 반복 (F1[2]_A1,2,3)	F1[2]_실험 B, 3회 반복 (F1[2]_B1,2,3)
	불확실(h=1.5~2.5)	F1[2]_실험 C, 3회 반복 (F1[2]_C1,2,3)	F1[2]_실험 D, 3회 반복 (F1[2]_D1,2,3)

주: 1) F1은 제1유형 실험을, F2는 제2유형 실험을 의미(예: F2_C2는 제2유형 실험 C의 2회 반복 실험을 의미함).

제2유형에서는 제1유형 실험보다 '처벌의 범위(최하위 3순위까지 처벌)'와 '강도(처벌 제시액×1.2)'를 강화시켜 진행하였다. 즉, 제1유형에서는 이타적 처벌을 공공계정 기여가 가장 낮은 1순위 실험자에게 처벌 제시액×1로 처벌하였으나 제2유형에서는 공공계정 기여가 가장 낮은 3순위 실험자까지 처벌하고, 처벌금액은 처벌 제시액×1.2로 처벌하도록 하였다. 기타 2유형 실험은 1유형 실험과 동일하게 진행하였다.

4 실험 및 분석 방법

본 실험은 대학생들을 공모하고 자발적 실험 대상자를 모집하였다. 제1, 2유형은 각각 40명이며, 제1유형과 제2유형 실험자들은 동일인이다. 실험자들은 한 자리에 모이게 하고, 상호 면대면 구조에서 수행하였으나 전략적 모의 가능성을 배제하기 위해 상호간 대화는 엄격히 통제되었다. 또한 실험자들이 동 게임을 충분히 이해할 수 있도록 실험내용을 충분히 설명하고, 게임의 이해 여부를 여러 차례 확인한 후 진행하였다.

동일인을 대상으로 한 반복 실험 시 직접적 상호성(direct reciprocity)에 따라 공공계정 기여금이 감소하는 점을 통제하고자, 실험과 실험 간에 시차를 두고 약 2.5달 간 진행했다. 제1유형(F1) 실험의 4가지 실험(F1_A, F1_B, F1_C, F1_D)별로 시차를 두고 진행했다. 즉, 제1유형 실험 A 수행 후 일주일 후 실험 B, 일주일 후 실험 C, 일주일 후 실험 D를 수행하였다. 제1유형 실험이 종료된 후 약 2주 후 제 2유형(F2) 실험을 수행했다. 제2유형 실험 역시, 4가지 실험별(F2_A, F2_B, F2_C, F2_D)로 일주일 간 시차를 두고 진행했다.

실험은 매 실험별 3회씩 진행되었으며, 실험자들은 매회 실험마다 공공계정 기여금

표 8-2 연구내용 및 방법

연구내용	실험 비교 내용	조사 및 분석방법	관련 연구가설
[연구 1] h값의 불확실성	• F1[2]_A1,2,3 vs F1[2]_C1,2,3 • F1[2]_B1,2,3 vs F1[2]_D1,2,3 • 공공재 규모의 불확실성 영향 설문조사	실험 및 설문조사 평균분석	H1
[연구 2] 처벌의 불확실성	• F1[2]_A1,2,3 vs F1[2]_B1,2,3 • F1[2]_C1,2,3 vs F1[2]_D1,2,3 • 처벌의 불확실성 영향 설문조사	실험 및 설문조사 평균분석	H2
[연구 3] 불확실성 요인 수(단일, 다중)	• F1[2]_A1,2,3 vs F1[2]_B1,2,3 vs F1[2]_C1,2,3 vs F1[2]_D1,2,3	실험연구 평균분석	H3
[연구 4] 불확실성 요인별 영향력 차이	• 연구 1, 연구 2, 연구 3 해석 • 기준 실험값(F1[2]_A) 대비 비교 • h값과 처벌의 불확실성 영향력 강도 측정	실험 및 설문조사 평균분석	H4
[연구 5] 처벌의 범위와 강도	• 제1유형 실험(F1)과 제2유형(F2) 실험 비교 [공공계정 기여금(율), 실험 횟수별 변화율(%), 이타적 처벌자 수 및 금액] • 처벌의 범위와 강도에 대한 인식 조사	실험 및 설문조사 평균분석	H5.1, 5.2, 5.3

총액, 처벌금액, 처벌자 수, 처벌 여부, 본인의 최종 수익금액 등에 관한 기본 정보를 알 수 있었다.

실험 금액은 10,000원으로 하였으며 최소 단위는 100원으로 하였다. 실험자들에게 게임 머니와 최종 수익금액은 실제 현금으로 받을 것임을 사전에 고지하였고, 실제 최종 수익금은 현금으로 지급했다. 본 연구는 각 실험결과에 대해 평균 분석을 수행하였으며, 집단 간 차이는 대응표본 T검정을 수행했다. 또한 본 연구는 실험결과의 타당성을 검증하기 위해 실험자들을 대상으로 설문조사를 병행하여 진행하였다. 분석은 Stata 14.0을 활용했다

제4절 분석결과

1 제1유형 및 제2유형 실험결과 개관

1) 제1유형 실험결과

h값의 확실성과 불확실성 조건, 처벌의 확실성과 불확실성에 따라 구분된 제1유형의 4가지 실험(F1_실험 A, F1_실험 B, F1_실험 C, F1_실험 D) 결과는 〈표 8-3〉과 같다.

표 8-3 제1유형(F1): 4가지 실험결과

(단위: 원)

		F1_실험 A (h 확실, 처벌 확실)			F1_실험 B [h 확실(2.0), 처벌 불확실]			F1_실험 C (h 불확실, 처벌 확실)			F1_실험 D (h 불확실, 처벌 불확실)		
		1회	2회	3회	1회	2회	3회	1회	2회	3회	1회	2회	3회
h값		2.0	2.0	2.0	2.0	2.0	2.0	2.3	2.03	2.01	1.53	1.86	2.1
처벌 여부		처벌	처벌	처벌	처벌	처벌	처벌	처벌	처벌	처벌	처벌	처벌	미처벌
개인 계정	평균	5,517.5	6,107.5	6,797.5	8,077.5	8,807.5	9,187.5	7,817.5	8,015.0	8,335.0	8,680.0	8,692.5	9,000.0
공공 계정	평균	4,482.5	3,892.5	3,202.5	1,922.5	1,192.5	812.5	2,182.5	1,985.0	1,665.0	1,320.0	1,307.5	1,000.0
	최솟값	1,100.0	2,000.0	0.0	0.0	0.0	0.0	500.0	600.0	800.0	0.0	0.0	0.0
	최댓값	10,000.0	10,000.0	6,000.0	9,000.0	4,000.0	3,000.0	9,000.0	8,000.0	5,000.0	4,000.0	3,000.0	3,000.0
이타적 처벌	평균	571.4	362.5	800.0	400.0	660.0	1,036.4	1,500.0	918.2	371.4	455.6	742.9	822.2
	최솟값	100.0	100.0	100.0	100.0	100.0	100.0	100.0	100.0	100.0	100.0	100.0	100.0
	최댓값	1,000.0	1,000.0	2,400.0	1,000.0	2,000.0	5,000.0	10,000.0	5,000.0	1,000.0	1,000.0	3,000.0	3,000.0
	처벌자 수	14	8	9	3	2	11	11	11	7	9	7	9
	부과된 벌금 총액	8,000.0	2900.0	7,200.0	2,000.0	3,300.0	11,400.0	16,500	10,100.0	2,600.0	4,100.0	5,200.0	7,400.0 (미부과)
최종 수입 금액	평균	14,082.5	13,602.5	12,662.5	11,722.5	10,486.8	9,957.5	12,012.3	11,539.6	11,551.7	10,494.6	10,864.5	10,730.0
	최솟값	8,965.0	7,785.0	6,805.0	4,845.0	5,915.0	225.0	−1,980.3	3,329.6	7,346.7	7,519.6	7,232.0	4,700.0
	최댓값	16,965.0	15,285.0	14,705.0	13,645.0	11,785.0	11,525.0	14,419.8	13,329.6	12,346.7	11,819.6	12,232.0	12,000.0
실험자 수(n)		40	40	40	40	40	40	40	40	40	40	40	40

2) 제2유형 실험결과

제1유형의 실험보다 처벌의 범위(최하 3순위까지)와 강도(처벌액×1.2)를 높인 제2유형의 4가지 실험(F2_실험 A, F2_실험 B, F2_실험 C, F2_실험 D)결과는 〈표 8-4〉와 같다.

표 8-4 제2유형(F2): 4가지 실험결과

(단위: 원)

		F2_실험 A (h 확실, 처벌 확실)			F2_실험 B (h 확실, 처벌 불확실)			F2_실험 C (h 불확실, 처벌 확실)			F2_실험 D (h 불확실, 처벌 불확실)		
		1회	2회	3회	1회	2회	3회	1회	2회	3회	1회	2회	3회
h값		2.0	2.0	2.0	2.0	2.0	2.0	1.90	1.50	1.95	1.94	1.96	2.14
처벌 여부		처벌	처벌	처벌	미처벌	미처벌	처벌	처벌	처벌	처벌	처벌	처벌	미처벌
개인계정	평균	6,700.0	7,122.5	7,105.0	7,652.5	8,107.5	8,200.0	7,277.5	7,297.5	7,045.0	7,545.0	7,770.0	7,607.5
공공계정	평균	3,300.0	2,877.5	2,895.0	2,347.5	1,892.5	1,800.0	2,722.5	2,702.5	2,955.0	2,455.0	2,230.0	2,392.5
	최솟값	500.0	1,100.0	1,500.0	100.0	700.0	0.0	1,500.0	1,400.0	1,700.0	1,300.0	1,200.0	1,100.0
	최댓값	10,000.0	10,000.0	7,000.0	5,000.0	3,100.0	3,100.0	6,000.0	5,000.0	5,000.0	6,000.0	4,000.0	4,500.0
이타적 처벌	평균	536.4	1,038.5	672.7	518.2	350.0	1,150.0	835.7	1,545.5	1,146.2	833.3	1,850.0	2,066.7
	최솟값	100.0	100.0	100.0	100.0	100.0	100.0	100.0	100.0	100.0	100.0	100.0	100.0
	최댓값	1,000.0	5,000.0	3,000.0	2,000.0	1,000.0	6,000.0	4,000.0	5,000.0	5,000.0	4,000.0	8,000.0	8,000.0
	처벌자 수	11	13	11	11	8	8	14	11	13	6	8	12
	부과된 벌금 총액	7,080.0	16,200.0	8,880.0	5700.0 (미부과)	2800.0 (미부과)	11,040.0	14,040.0	20,400.0	17,880.0	6,000.0	17,760.0	24,800 (미부과)
최종 수입 금액	평균	12,621.5	10,920.0	12,044.0	12,347.5	11,892.5	10,742.0	10,954.8	9,396.3	11,241.5	11,582.7	11,281.8	12,392.5
	최솟값	5,600.0	-1,945.0	4,510.0	9,695.0	10,685.0	1,160.0	-1,367.3	-8,046.3	-4,070.0	4,762.7	-6,389.2	10,285.0
	최댓값	15,600.0	14,055.0	13,790.0	14,595.0	13,085.0	12,900.0	1,3472.8	12,163.8	13,710.0	10,102.7	10,070.0	10,085.0
실험자 수(n)		40	40	40	40	40	40	40	40	40	40	40	40

2 공공재 규모(h값)의 불확실성[연구 1]

처벌 조건이 동일할 때, h값 확실과 불확실 조건에서 실험결과는 아래와 같다.

1) 제1유형 실험결과

첫째, 처벌 확실한 조건에서, h값이 확실한 경우(F1_실험 A)와 h값이 불확실한 경우(F1_실험 C)를 비교해보면, h값이 확실한 경우(F1_실험 A)가 불확실한 경우(F1_실험 C)에 비해 높게 나타난다. h값이 확실한 경우와 불확실한 조건 간 공공계정 기여 차이는 1회 실험 2,300원(23.0%), 2회 1,907.5원(19.08%), 3회 1,537.5원(15.38%)으로 나타났다. 둘째, 처벌이 불확실한 조건에서, h값이 확실한 경우(F1_실험 B)와 불확실한 경우(F1_실험 D)를 비교해 보면, 1회 실험에서는 h값이 확실한 경우가 불확실한 경우보다 602.5원(6.03%) 높게 나타난 반면, 2회와 3회 실험에서는 h값이 확실한 경우가 불확실한 경우보다 공공계정 기여율이 낮게 나타났다. 그러나 2, 3회에서의 차이는 미미하고 통계적으로도 유의미하지 않다. 정리하면, 제1유형 실험의 처벌이 확실한 조건에서, h값이 확실할 때가 불확실할 때보다 공공계정 기여율이 높게 나타난다. 그러나 처벌이 불확실한 조건에서는 h값이 확실할 때가 불확실할 때보다 공공계정 기여가 높다는 강건한 증거를 찾기 어렵다.

표 8-5 제1유형: 처벌 조건이 동일할 때, h값의 확실 vs 불확실 조건 실험

(단위: 원)

	조건		비교대상 실험명	1회	2회	3회
	처벌	h값				
제1유형	처벌 확실	확실	F1_실험 A(h=확실, 처벌 확실)	4,482.5	3,892.5	3,202.5
		불확실	F1_실험 C(h=불확실, 처벌 확실)	2,182.5	1,985	1,665
		공공계정 기여 차이(비율, %)		2,300.0*** (23.0%)	1,907.5*** (19.08%)	1,537.5*** (15.38%)
	처벌 불확실	확실	F1_실험 B(h=확실, 처벌 불확실)	1,922.5	1,192.5	812.5
		불확실	F1_실험 D(h=불확실, 처벌 불확실)	1,320	1,307.5	1,000
		공공계정 기여 차이(비율, %)		602.5* (6.03%)	−115.0 (−1.15%)	−187.5 (−1.88%)

*p<0.1, **p<0.05, ***p<0.01.

2) 제2유형 실험결과

처벌의 강도와 범위를 강화시킨 제2유형 실험결과 첫째, 처벌이 확실한 조건에서, h값이 확실한 경우(F2_실험 A)와 h값이 불확실한 경우(F2_실험 C)를 비교해보면, h값

이 확실한 경우가 불확실한 경우에 비해 높게 나타난다. 2회에서도 h값이 확실한 경우가 불확실한 경우보다 높게 나타나나 3회에서는 h값이 불확실한 경우가 확실한 경우보다 높게 나타난다. 그러나 2, 3회에서의 차이는 미미하고 통계적으로도 유의미하지 않다. 둘째, 처벌이 불확실한 조건에서, h값이 확실한 경우(F2_실험 B)와 불확실한 경우(F2_실험 D)를 비교해 보면, 1회 실험부터 h값이 확실한 경우보다 h값이 불확실한 경우가 오히려 공공계정 기여율이 높게 나타나고 있다. 처벌의 불확실성 조건에서 h값이 불확실한 경우가 확실한 경우보다 1, 2, 3회에서 높게 나오고, 2, 3회는 통계적으로 유의미하다. 정리하면, 처벌의 범위와 강도를 높인 제2유형 실험의 경우, h값이 확실한 경우가 불확실한 경우보다 공공계정 기여율이 높다는 강건한 증거를 발견하기 어렵다.

표 8-6 제2유형: 처벌 조건이 동일할 때, h값의 확실 vs 불확실 조건 실험 비교

(단위: 원)

	조건		비교대상 실험명	1회	2회	3회
	처벌	h값				
제2유형	처벌 확실	확실	F2_실험 A(h=확실, 처벌 확실)	3,300.0	2,877.5	2,895.0
		불확실	F2_실험 C(h=불확실, 처벌 확실)	2,722.5	2,702.5	2,955.0
		공공계정 기여 차이(비율, %)		577.5* (5.78%)	175.0 (1.75%)	−60.0 (−0.6%)
	처벌 불확실	확실	F2_실험 B(h=확실, 처벌 불확실)	2,347.5	1,892.5	1,800.0
		불확실	F2_실험 D(h=불확실, 처벌 불확실)	2,455.0	2,230.0	2,392.5
		공공계정 기여 차이(비율, %)		−107.5 (−1.08%)	−337.5*** (−3.38%)	−592.5*** (−5.93%)

*$p<0.1$, **$p<0.05$, ***$p<0.01$.

결론적으로, 공공재 규모가 확실한 경우가 불확실한 경우보다 공공계정 기여가 높은 경우는 제1유형(F1) 실험 중 처벌이 확실한 조건에서만 나타났다. 기타 제1유형의 처벌이 불확실한 조건, 제2유형(F2) 실험 전체에서는 공공재 규모의 확실한 경우가 불확실한 경우보다 공공계정 기여율이 높다는 강건한 증거를 발견하기 어려웠다. 이러한 점은 '개인계정과 공공계정 기여금 배분을 선택함에 있어 h값의 불확실성이 어느 정도 영향을 미치는가'에 대해 '조금(5점 척도 중 1.97점)' 수준으로 응답한 설문조사 결과에 의해서도 뒷받침된다(〈표 8-11〉 참고).

3 처벌의 불확실성[연구 2]

h값 조건이 동일할 때, 처벌 확실과 불확실 조건에서 실험결과는 아래와 같다.

1) 제1유형 실험결과

첫째, h값이 확실한($h=2.0$)에서, 처벌이 확실한 경우(F1_실험 A)와 처벌이 불확실한 경우(F1_실험 B)를 비교해보면, 처벌이 확실한 경우가 처벌이 불확실한 경우보다 공공계정 기여율이 1회 2,560원(25.6%), 2회 2,700원(27.0%), 3회 2,390원(23.9%)으로 월등하게 높고 통계적으로 유의미하다. 둘째, h값이 불확실한 조건에서, 처벌 확실한 경우(F1_실험 C)와 처벌이 불확실한 경우(F1_실험 D)를 비교하여 보면, 처벌이 확실한 경우가 처벌이 불확실한 경우보다 공공계정정 기여율이 1회 862.5원(8.63%), 2회 677.5원(6.78%), 3회 665원(6.65%)으로 전 실험에서 나타나고 있다. 요약하면, h값이 확실하든, 불확실하든 간에 처벌의 확실성이 처벌이 불확실한 경우보다 공공계정 기여율이 높고 통계적으로도 유의미함을 알 수 있다.

표 8-7 제1유형: h값 조건이 동일할 때, 처벌의 확실 vs 불확실 조건

(단위: 원)

	조건		비교대상 실험명	1회	2회	3회
	h값	처벌				
제1유형	h값 확실	확실	F1_실험 A(h=확실, 처벌 확실)	4,482.5	3,892.5	3,202.5
제1유형	h값 확실	불확실	F1_실험 B(h=확실, 처벌 불확실)	1,922.5	1,192.5	812.5
제1유형	h값 확실	공공계정 기여 차이(비율, %)		2,560.0*** (25.6%)	2,700.0*** (27.0%)	2,390.0*** (23.9%)
제1유형	h값 불확실	확실	F1_실험 C(h=불확실, 처벌 확실)	2,182.5	1,985	1,665
제1유형	h값 불확실	불확실	F1_실험 D(h=불확실, 처벌 불확실)	1,320	1,307.5	1,000
제1유형	h값 불확실	공공계정 기여 차이(비율, %)		862.5*** (8.63%)	677.5*** (6.78%)	665.0*** (6.65%)

*p<0.1, **p<0.05, ***p<0.01.

2) 제2유형 실험결과

제2유형 실험결과 첫째, h값이 확실한($h=2.0$)에서, 처벌이 확실한 경우(F2_실험

A)와 처벌이 불확실한 경우(F2_실험 B)를 비교해보면, 처벌이 확실한 경우가 처벌이 불확실한 경우보다 공공계정 기여율이 높다[1회 952.5원(9.53%), 2회 985.0원(9.85%), 3회 1,095.0원(10.95%)]. 또한 이러한 기여율 간 격차는 1회뿐만 아니라 2회, 3회에서 유지되고 있으며 통계적으로 지지되고 있다. 둘째, h값이 불확실한($h = 1.5 \sim 2.5$) 조건에서, 처벌 확실한 경우(F2_실험 C)와 처벌이 불확실한 경우(F2_실험 D)를 비교하여 보면, 처벌이 확실한 경우가 처벌이 불확실한 경우보다 공공예정 기여율이 높으며, 이는 1회 267.5원(2.68%), 2회 472.5원(4.73%), 3회 562.5원(5.63%)으로 전 실험에서 나타나고 있으며 통계적으로 지지되고 있다. 요약하면, h값이 확실하든, 불확실하든 간에 처벌의 확실성이 처벌이 불확실한 경우보다 공공계정 기여율이 높고 통계적으로도 유의미함을 알 수 있다.

표 8-8 제2유형: h값 조건이 동일할 때, 처벌의 확실 vs 불확실 조건 실험 비교

(단위: 원)

	조건		실험명	1회	2회	3회
	h값	처벌				
제2유형	h값 확실	확실	F2_실험 A(h=확실, 처벌 확실)	3,300.0	2,877.5	2,895.0
		불확실	F2_실험 B(h=불확실, 처벌 불확실)	2,347.5	1,892.5	1,800.0
		공공계정 기여 차이(비율, %)		952.5** (9.53%)	985.0*** (9.85%)	1,095.0*** (10.95%)
	h값 불확실	확실	F2_실험 C(h=불확실, 처벌 확실)	2,722.5	2,702.5	2,955.0
		불확실	F2_실험 D(h=불확실, 처벌 불확실)	2,455.0	2,230.0	2,392.5
		공공계정 기여 차이(비율, %)		267.5** (2.68%)	472.5*** (4.73%)	562.5*** (5.63%)

*p<0.1, **p<0.05, ***p<0.01

결론적으로, 처벌의 불확실성이 공공계정 기여에 미치는 영향은 제1유형(F1), 제2유형(F2)에서 모두 강건한 결과를 나타내었다. 즉, 처벌이 확실한 경우가 처벌이 불확실한 경우에 비해서 공공계정의 기여가 높았다. 이러한 점은 '개인계정과 공공계정 기여금 배분을 선택함에 있어 처벌의 불확실성이 어느 정도 영향을 미치는가'에 대해 '높음(5점 척도 중 3.87점)' 수준으로 응답한 설문조사 결과에 의해서도 뒷받침된다(〈표 8-11〉 참고).

4 불확실성 요인의 수(단일, 다중)[연구 3]

1) 제1유형 내 실험 간 차이 분석

1회 실험에서는 불확실성 요인이 없는 F1_A>불확실성을 1개 포함된 F1_C≅[5]불확실성을 1개 포함된 F1_B>불확실성을 2개 포함된 F1_D 순으로 공공계정 기여가 나타난다. 그러나 2회 실험과 3회 실험에서는 F1_A(0개)>F1_C(1개)>F1_D(2개)≅F1_B(1개) 순으로 나타나고 있다. 이러한 점은 2회, 3회에서는 불확실성이 1개 있는 경우와 불확실성이 2개 있는 경우 간 공공계정 기여에 차이가 없음을 보여준다.

2) 제2유형 내 실험 간 차이 분석

제2유형 실험에서, 1회 및 2회 실험의 경우 F2_A(불확실성 수 0개)>F2_C(1개)>F2_D(2개)≅F2_B(1개) 순으로 공공계정 기여가 나타났다. 즉, 1회 실험의 경우 F2_A 3,300.0원(33.0%), F2_C 2,722.5원(27.23%), F2_D 2,455.0원(24.55%), F2_B 2,347.5원(23.48%)으로 나타난다. 이러한 구조는 2회, 3회에서도 엇비슷하게 나타났다.

결론적으로, 불확실성의 요인 수를 고려할 때, 제1유형(F1), 제2유형(F2) 모두 불확실성이 영(0)인 경우가 불확실성이 1개, 2개 있는 경우에 비해 공공계정 기여가 높은

표 8-9 불확실성 요인 수와 공공계정 기여

(단위: 원)

유형	불확실성 요인 수	실험명	1회	2회	3회
제1유형 (F1)	0	F1_A(h값 확실, 처벌 확실)	4,482.5	3,892.5	3,202.5
	1	F1_B(h값 확실, 처벌 불확실)	1,922.5	1,192.5	812.5
		F1_C(h값 불확실, 처벌 확실)	2,182.5	1,985	1,665
	2	F1_D(h값 불확실, 처벌 불확실)	1,320	1,307.5	1,000
제2유형 (F2)	0	F2_A(h값 확실, 처벌 확실)	3,300	2,877.5	2,895
	1	F2_B(h값 확실, 처벌 불확실)	2,347.5	1,892.5	1,800
		F2_C(h값 불확실, 처벌 확실)	2,722.5	2,702.5	2,955
	2	F2_D(h값 불확실, 처벌 불확실)	2,455	2,230	2,392.5

5) ">"는 통계적인 차이가 있음을, "≅" 통계적 차이가 없을 정도로 미미한 차이를 의미한다.

것으로 나타난다. 그러나 불확실성이 1개 있는 경우가 2개 있는 경우보다 공공계정이 높다는 강건한 증거는 발견하기 어렵다. 특히, 제1유형과 제2유형 실험 모두 처벌의 불확실성을 포함하지 않은 경우(F1_A와 C, F2_A와 C)가 처벌의 불확실성이 포함된 경우(F1_B와 D, F2B와 D)보다 높게 나타나고 있다는 점에서 요인의 수보다 어떠한 불확실성 요인인가가 더 중요할 수 있음을 추정하게 한다.

5 불확실성 요인 간 영향력 차이[연구 4]

앞서 수행된 [연구 1], [연구 2], [연구 3]의 결과는 '처벌의 불확실성'이 '*h*값의 불확실성'보다 공공계정 기여를 결정함에 있어서 더욱 크고 강건하게 영향을 미침을 보여준다.

[연구 1] 결과, 공공재 규모가 확실한 경우가 불확실한 경우보다 공공계정 기여가 높은 경우는 제1유형(F1) 실험 중 처벌이 확실한 조건에서만 나타났다. [연구 2] 결과, 처벌의 불확실성이 공공계정 기여에 미치는 영향은 제1유형(F1), 제2유형(F2)에서 모두 강건한 결과를 나타내었다. [연구 3] 결과, 제1유형 및 제2유형 실험 모두 공공계정 기

표 8-10 기준값 대비, 불확실성 조건 실험의 공공계정 기여금 비교

(단위: 원)

유형		1회	2회	3회
제1유형	기준값: F1_A(h값 확실, 처벌 확실) (a)	4,482.5	3,892.5	3,202.5
	F1_B(h값 확실, 처벌 불확실) (b)	1,922.5	1,192.5	812.5
	d1(a와 b 간 차이)=a−b	2,560	2,700	2,390
	F1_C(h값 불확실, 처벌 확실) (c)	2,182.5	1,985	1,665
	d2(a와 c 간 차이)=a−c	2,300	1,907.5	1,537.5
	d1−d2	260	792.5	852.5
제2유형	기준값: F2_A(h값 확실, 처벌 확실) (e)	3,300	2,877.5	2,895
	F2_B(h값 확실, 처벌 불확실) (f)	2,347.5	1,892.5	1,800
	d3(e와 f 간 차이)=e−f	952.5	985	1,095
	F2_C(h값 불확실, 처벌 확실) (g)	2,722.5	2,702.5	2,955
	d4(e와 g 간 차이)=e−g	577.5	175	−60
	d3−d4	375	810	1,155

여에 있어서 불확실성 요인 수보다 불확실성 요인에 처벌의 불확실성이 포함되어 있는가(F1[2]_B, F1[2]_D)가 중요한 차이를 나타냈다.

또한 〈표 8-10〉을 보면 알 수 있듯이, h값과 처벌 모두 확실한 A실험(F1_A, F2_A)을 기준값으로 하여 처벌이 불확실한 B실험과 h값이 불확실한 C실험을 비교하면, 1유형과 2유형 모두 처벌이 불확실한 경우(F1_B, F2_B)가 h값의 불확실한 경우(F1_C, F2_C)보다 공공계정 기여금이 낮게 나타난다. 실제로, F1실험의 경우 기준값(a) 대비 공공계정 기여금 변화를 살펴보면, 1회 실험의 경우 F1_B는 2,560원 낮아졌고, F1_C는 2,300원 낮아져 F1_B와 F1_C 간 260원의 차이를 냈고, 2회, 3회에는 그 차이가 더 벌어져 792.5원, 852.5원의 차이를 나타냈다. F2실험에서는, 처벌이 불확실한 F2_B가 h값이 불확실한 F2_C에 비해, 기준값(e) 대비로 1회 375원, 2회 810원, 3회 1,155원으로 공공계정 기여금이 더 낮게 나타났다.

즉, 기준값과 비교할 때, 제1유형과 제2유형 실험 모두에서 처벌이 불확실한 경우가 h값이 불확실한 경우보다 공공계정 기여금의 감소가 더욱 크고, 이러한 차이는 실험이 반복될수록 더욱 증가함을 보여준다.

추가하여, 설문조사 결과 '개인계정과 공공계정 기여금 배분을 선택함에 있어 '처벌의 불확실성(3.87점)'이 'h값의 불확실성(1.97점)'보다 훨씬 크게 영향을 미침을 보여준다. 또한 '공공재 규모의 불확실성과 처벌의 불확실성이 공공계정 기여 선택에 어느 정도 영향을 미치는지' 9점 척도를 통한 동시 '쌍대 비교'한 결과에서도 처벌의 불확실성을 공공재 규모의 불확실성보다 더욱 크게 인식(평균 5.50점)하는 것으로 나타났다. 구체적으로 응답자 40명 중 공공재 규모의 불확실성이 처벌의 불확실성보다 더 중요하다고 응답한 경우는 3명(7.5%), 동등은 1명(2.5%), 처벌의 불확실성이 더 크게 영향을 미

표 8-11 불확실성 요인에 대한 인지 차이

	내용	N	최솟값	최댓값	평균	표준편차
독립 측정 [5점 척도, 매우 조금 → 매우 많이]	h값의 불확실성 영향	39	1	4	1.97	0.873
	처벌의 불확실성 영향	39	1	5	3.87	0.801
쌍대비교 (각 9점 척도)[1]	h값 불확실성과 처벌 불확실성 영향	40	−5	9	5.50	3.336

주: 1) 평균이 1에 가까울수록 두 불확실 요인 간 선택 강도 차이는 없음을 의미. +9에 가까울수록 처벌의 불확실성이 h값의 불확실성보다 선택에 있어 더욱 크게 영향 미침을 의미. −9에 가까울수록 h값의 불확실성이 처벌의 불확실성보다 선택에 있어 더욱 크게 영향 미침을 의미.

친다는 응답은 36명(90%)으로 나타났다.

이러한 연구결과를 종합하면, 두 가지 불확실성 요인이 서로 동일한 수준으로 영향을 미치는 것이 아니라 처벌의 불확실성이 h값의 불확실성보다 더욱 크게 공공계정 기여금 감소에 영향을 미침을 보여준다.

6 처벌의 범위와 강도: 제1유형과 제2유형 실험 간 차이 분석[연구 5]

1) 공공계정 기여 및 반복 실험에 따른 변화율

제1유형과 제2유형(처벌 범위 및 강도 강화) 간에 공공계정 기여율 및 반복 실험에 따른 증가비율을 비교하면 〈표 8-12〉와 같다. 첫째, 실험 A(h값 확실, 처벌 확실)의 경우, 제1유형의 F1_실험 A가 제2유형의 F2_실험 A보다 1회, 2회, 3회 모두 공공계정 평균기여율이 높고, 1~3회 평균 835원이 차이가 난다. 반면, 실험 횟수별 증가율(%)은 F1_실험 A가 평균 −15.44%인데(2회 −13.16%, 3회 17.73%) 반해, F2_실험 A는 평균 −6.10%로 낮게 나타난다. 특히, F2_실험 A 2회보다 3회에서 공공계정 기여율이 오히려 증가(0.61%)했다.

둘째, 실험 B(h값 확실, 처벌 불확실)의 경우, F1_실험 B가 F2_실험 B보다 공공계정 평균 기여율이 1회, 2회, 3회 모두 낮게 나타난다. 1~3회 평균 −704.2원이 차이가 나고 있다. 실험 횟수별 증가율(%)은 F1_실험 B가 평균 −34.92%로 급격하게 감소되는 반면에, F1_실험 B는 평균 −12.14%로 상대적으로 낮게 나타난다.

셋째, 실험 C(h값 불확실, 처벌 확실)의 경우, F1_실험 C가 F2_실험 C보다 공공계정 평균 기여율이 1회, 2회, 3회 모두 낮게 나타난다. 1~3회 평균 −849.2원이 차이가 나고 있다. 실험 횟수별 증가율(%)은 F1 실험 C가 평균 −12.59%인 반면에, F2_실험 C는 2회 −0.73%, 3회 9.34%, 평균 4.30%로 2회에서 3회 사이에 감소하기보다는 오히려 증가하고 있음을 보여준다.

넷째, 실험 D(h값 불확실, 처벌 불확실)의 경우, F1_실험 D가 F2_실험 D보다 공공계정 평균 기여율이 1회, 2회, 3회 모두 낮게 나타난다. 1~3회 평균 −1,150원이 차이가 나고 있다. 실험 횟수별 증가율(%)을 보면, F1_실험 D가 평균 −12.23%인 반면에, F1_실험 D는 2회 −9.16%, 3회 7.29%로 2회에서 3회 사이에 감소하기보다는 오히려 증가하였으며, 평균 증가율이 −0.94%로 매우 낮음을 알 수 있다.

표 8-12 제1유형과 제2유형 실험 비교: 공공계정 평균 기여금 및 증가율

h값 및 처벌 확실성 여부	실험 유형	실험조건		공공계정 평균 기여금(원)			1~3회 평균
				1회	2회	3회	
실험 A h값 확실, 처벌 확실	제1 유형	F1_실험 A(h=2.0, 처벌 확실)(a),	기여금(원)	4,482.5	3,892.5	3,202.5	3,859.2
			증가율(%)		−13.16%	−17.73%	−15.44%
	제2 유형	F2_실험 A(h=2.0, 처벌 확실)(b)	기여금(원)	3,300.0	2,877.5	2,895.0	3,024.2
			증가율(%)		−12.80%	0.61%	−6.10%
	차이(a−b)			1,182.5**	1,015.0***	307.5	835.0
실험 B h값 확실, 처벌 불확실	제1 유형	F1_실험 B(h=2.0, 처벌 불확실)(c)	기여금(원)	1,922.5	1,192.5	812.5	1,309.2
			증가율(%)		−37.97%	−31.87%	−34.92%
	제2 유형	F2_실험 B(h=2.0, 처벌 불확실)(d)	기여금(원)	2,347.5	1,892.5	1,800.0	2,013.3
			증가율(%)		−19.38%	−4.89%	−12.14%
	차이(c−d)			−425.0	−700.0***	−987.5***	−704.2
실험 C h값 불확실, 처벌 확실	제1 유형	F1_실험 C(h=1.5~2.5, 처벌 확실)(e)	기여금(원)	2,182.5	1,985.0	1,665.0	1,944.2
			증가율(%)		−9.05%	−16.12%	−12.59%
	제2 유형	F2_실험 C(h=1.5~2.5, 처벌 확실)(f)	기여금(원)	2,722.5	2,702.5	2,955.0	2,793.3
			증가율(%)		−0.73%	9.34%	4.30%
	차이(e−f)			−540.0**	−717.5***	−1,290.0***	−849.2
실험 D h값 불확실, 처벌 불확실	제1 유형	F1_실험 D(h=1.5~2.5, 처벌 불확실)(g)	기여금(원)	1,320.0	1,307.5	1,000.0	1,209.2
			증가율(%)		−0.95%	−23.52%	−12.23%
	제2 유형	F2_실험 D(h=1.5~2.5, 처벌 불확실)(h)	기여금(원)	2,455.0	2,230.0	2,392.5	2,359.2
			증가율(%)		−9.16%	7.29%	−0.94%
	차이(g−h)			−1,135.0***	−922.5***	−1,392.5***	−1,150.0***

결론적으로, 제1유형과 제2유형 간 차이 비교 결과는 아래와 같다.

첫째, 공공계정 기여율의 경우 실험 A(h값 확실, 처벌 확실)를 제외하고 실험 B, 실험 C, 실험 D 모두 제1유형보다 제2유형이 기여율이 높다. 처벌의 범위와 강도가 높아질 경우, 확실성 조건보다 불확실성 조건에서 더 높은 공공계정 기여가 나타남을 알 수 있다.

둘째, 실험이 반복됨에 따라, 제1유형이 제2유형보다 훨씬 크게 감소하였다. 제2유형에서는 감소율이 낮았고, 심지어 2회보다 3회에서 공공계정 기여율이 증가하는 모습이 나타나기도 한다. 즉, 처벌의 범위와 강도가 증가할 경우, 확실성 및 불확실성 조건에서 모두 실험이 반복되더라도 공공계정 기여의 감소가 크지 않다. 특히, 불확실성 조

그림 8-1 제1유형과 제2유형 실험 비교

(단위: 원)

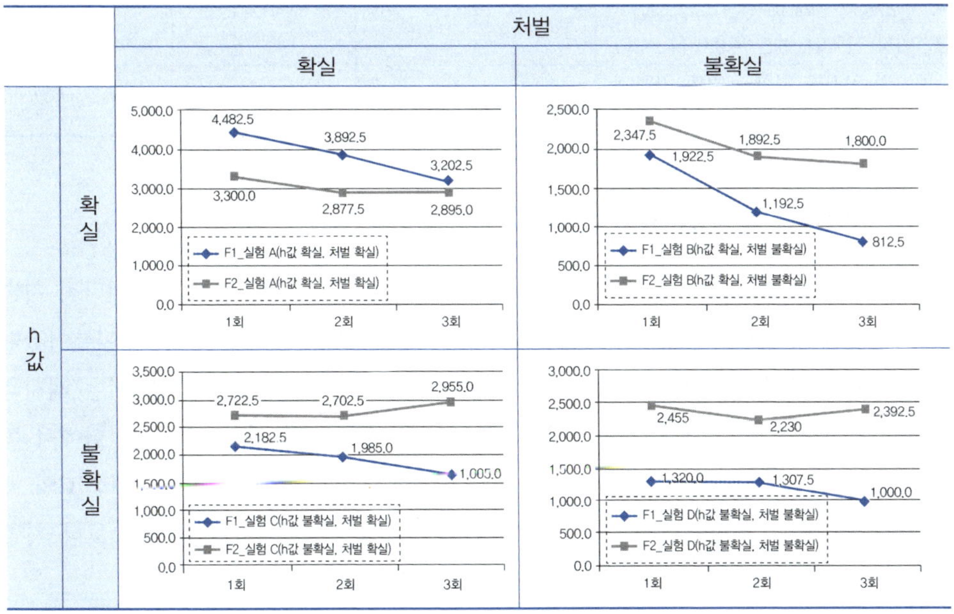

건에서 처벌의 범위와 강도를 강화할 경우 공공계정 기여의 감소가 크게 줄어들 수 있음을 보여준다.

이러한 연구결과는 설문조사 결과(〈표 8-13〉 참고)와도 일치한다. 실험자들을 대상으로 한 설문조사 결과 공공재 게임 수행 시, '불확실성 하에서 처벌의 강도와 범위가 선택에 미친 영향'이 평균 4.18점(5점 척도, 5점 매우 많이)으로 나타났다. 또한 '공공의 이익을 위해 처벌의 강도와 범위가 중요한가' 하는 질의에도 평균 4.40으로 나타나 처벌의 강도와 범위가 불확실성 하에서 집합행동 딜레마를 예방하는 데 중요한 역할을 수행하는 것으로 나타났다.

표 8-13 설문조사 결과: 처벌의 범위와 강도

	N	최솟값	최댓값	평균	표준편차
불확실성 하에서 처벌의 강도와 범위가 선택에 미친 영향(5점 척도)	39	2	5	4.18	0.721
공공의 이익을 위한 처벌의 범위와 강도의 중요성(5점 척도)	40	3	5	4.40	0.591

2) 처벌금액 및 처벌자 수

첫째, h값의 확실 및 불확실, 처벌의 확실 및 불확실 조건과 관계없이 이타적 처벌이 이루어졌다. 특히, 제1유형과 제2유형 모두 처벌이 불확실함에도 처벌이 이루어졌다는 점에서 매우 특징적인 발견이라 할 것이다. 둘째, 자발적 처벌자 수와 처벌 제시금액이 전체적으로 제1유형 실험보다 처벌 강도와 범위를 늘린 제2유형(F2) 실험에서 높게 나타난다. 유일하게 제1유형 실험이 제2유형 실험보다 높은 경우는 F1_실험 C의 처벌 제시금뿐이다. 특히, 처벌이 불확실한 상황(실험 B, 실험 D)에서 F2가 F1보다 처벌 제시금이 압도적으로 많은 것으로 나타났다.

표 8-14 제1유형과 제2유형 실험 비교: 처벌 제시금 및 처벌자 수(1~3회 평균값)

<table>
<tr><th colspan="2" rowspan="2"></th><th colspan="3">처벌</th><th colspan="3"></th></tr>
<tr><th colspan="3">확실</th><th colspan="3">불확실</th></tr>
<tr><td rowspan="8">h값</td><td rowspan="4">확실</td><td>A</td><td>처벌자 수(명)</td><td>처벌 제시금 평균(원)</td><td>B</td><td>처벌자 수(명)</td><td>처벌 제시금 평균(원)</td></tr>
<tr><td>F1_실험 A</td><td>10.3</td><td>578</td><td>F1_실험 B</td><td>5.3</td><td>698.8</td></tr>
<tr><td>F2_실험 A</td><td>11.7</td><td>749.2</td><td>F2_실험 B</td><td>9</td><td>1,175.8</td></tr>
<tr><td>차이(F1–F2)</td><td>−1.4</td><td>−171.2</td><td>차이(F1–F2)</td><td>−3.7</td><td>−477</td></tr>
<tr><td rowspan="4">불확실</td><td>C</td><td>처벌자 수(명)</td><td>처벌 제시금 평균(원)</td><td>D</td><td>처벌자 수(명)</td><td>처벌 제시금 평균(원)</td></tr>
<tr><td>F1_실험 C</td><td>9.7</td><td>929.9</td><td>F1_실험 D</td><td>8.3</td><td>673.6</td></tr>
<tr><td>F2_실험 C</td><td>12.7</td><td>672.7</td><td>F2_실험 D</td><td>8.7</td><td>1,583</td></tr>
<tr><td>차이(F1–F2)</td><td>−3</td><td>257.2</td><td>차이(F1–F2)</td><td>−0.4</td><td>−909.4</td></tr>
</table>

제5절 결론

본 연구는 불확실성이 집합행동 딜레마에 어떠한 영향을 미치는지를 분석하였다. 구체적으로, '공공재 규모(h값)의 불확실성'과 '처벌의 불확실성'과 관련한 5가지 연구 가설을 '제1유형'과 '제2유형'으로 구분된 총 24회의 공공재 실험을 통해 검증하고자 하였다. 구체적으로, 제1유형과 처벌의 범위와 강도를 높인 제2유형 실험 유형별로, '공공재 규모(h값)의 확실성과 불확실성' 조건, '처벌의 확실성과 불확실성' 조건에 따라 구분된 4가지 실험을 3회씩 반복 수행하여 핵심 가설을 검증하고자 했다.

본 연구의 결과는 아래와 같다. 첫째, 처벌 조건이 동일할 때, 공공재 규모의 불확실 여부가 집합행동 딜레마에 미치는 영향은 강건하지 않았다. 즉, 공공재 규모가 확실한 경우가 불확실한 경우보다 공공계정 기여가 높은 경우는 제1유형(F1) 실험 중 처벌이 확실한 조건에서만 나타났고, 처벌이 불확실한 조건 및 제2유형 실험에서는 강건한 결과를 얻지 못했다.

둘째, 공공재 규모의 조건이 동일할 때, 처벌의 불확실성이 집합행동 딜레마에 미치는 영향은 매우 강건하여 모든 실험조건[제1유형(F1)과 제2유형(F2)]에서 처벌 확실할 때가 처벌이 불확실할 때보다 공공계정 기여가 높았다.

셋째, 불확실성이 없는 경우가 있는 경우보다 공공계정 기여가 높았으나, 불확실성 요인 수가 1개 있는 경우가 2개 있는 경우보다 높다고 보기 어려웠다. 즉, 불확실성 요인이 존재할 때, 불확실성의 개수보다 불확실성의 요인이 무엇인가가 더욱 중요함을 알 수 있다. 이러한 점은 불확실성 요인 수가 몇 개인가보다 불확실성의 요인이 무엇인가가 중요할 수 있음을 보여준다.

넷째, 불확실성 요인별로 공공계정 기여에 미치는 영향은 상이한 것으로 나타났다. 즉, '처벌의 불확실성'이 'h값의 불확실성'보다 공공계정 기여를 결정함에 있어서 더욱 크고 강건하게 영향을 미쳤다. [연구 1], [연구 2], [연구 3], 기준 실험값(F1[2]_A) 대비 비교연구, 그리고 실험자들을 대상으로 한 불확실성 요인별 영향에 대한 인지 차이 조사를 종합할 때, 두 가지 불확실성 요인이 서로 동일한 수준으로 영향을 미치는 것이 아니라 처벌의 불확실성이 공공재 규모의 불확실성보다 더욱 크게, 공공계정 기여금 감소에 영향을 미쳤다.

표 8-15 연구결론

<table>
<tr><th rowspan="2">연구내용</th><th colspan="2">분석결과</th><th rowspan="2">관련 연구가설</th></tr>
<tr><th>제1유형</th><th>제2유형</th></tr>
<tr><td>1. 공공재 규모 (h값)의 불확실성</td><td>• 처벌 확실한 조건: h값 확실>h값 불확실
• 처벌 불확실 조건: h값 확실>h값 불확실(1회만), 반복 시 통계적 차이 없음</td><td>• 처벌 확실한 조건: h값 확실>h값 불확실(1회만)
• 처벌 불확실 조건: h값 확실<h값 불확실(2, 3회만 통계적 유의미)</td><td>• 연구가설 1 부분 채택(1유형 실험, 처벌 확실 조건에서만 공공재 규모의 확실성 여부에 따라 차이 발생)
• 공공재 규모의 불확실 여부가 공공재 기여에 미치는 영향은 강건하지 않음</td></tr>
<tr><td>2. 처벌의 불확실성</td><td>• h값 확실 조건: 처벌 확실>처벌 불확실
• h값 불확실 조건: 처벌 확실>처벌 불확실</td><td>• h값 확실 조건: 처벌 확실>처벌 불확실
• h값 불확실 조건: 처벌 확실>처벌 불확실</td><td>• 연구가설 2 채택
• h값의 불확실성 여부와 관계없이 처벌 확실할 때가 처벌이 불확실할 때보다 공공계정 기여가 높음</td></tr>
<tr><td>3. 불확실성 요인 수 (단일, 다중)</td><td>• 1회: A(0개)>C(1개)≅B(1개)>D(2개)
• 2회, 3회: A>C>B≅D</td><td>• 1회: A>C>D ≅ B
• 2회: A≅C>D>B
• 3회: A≅C>D>B</td><td>• 연구가설 3 부분 채택
• 불확실성 요인 수가 영(0)인 경우가 1개, 2개 존재하는 경우보다 공공계정 기여가 높음
• 그러나 불확실성이 1개보다 2개인 경우 공공계정 기여율이 높다고 보기 어려움
• 불확실성의 개수보다 불확실성의 요인이 더 중요. 즉, 처벌의 불확실성 여부가 크게 영향</td></tr>
<tr><td>4. 불확실성 요인 간 영향력 차이</td><td colspan="3">• 연구가설 4 채택
• 연구 1: 공공재 규모(h값)의 불확실 여부가 공공재 기여에 미치는 영향은 강건하지 않음
• 연구 2: 처벌의 불확실성 영향은 강건
• 연구 3: 불확실성 요인 수보다 처벌의 불확실성 여부가 중요
• 기준 실험값(F1[2]_A) 대비 비교 결과, 1유형과 2유형 모두 처벌이 불확실한 경우(F1_B, F2_B)가 h값의 불확실한 경우(F1_C, F2_C)보다 공공계정 기여금이 낮음
• 설문조사 결과 처벌의 불확실성이 h값의 불확실성보다 매우 큰 것으로 나타남</td></tr>
<tr><td>5. 처벌의 범위와 강도</td><td colspan="3">• 연구가설 5.1, 5.2, 5.3 채택
• 공공재 기여금
– 불확실성 상황에서는 처벌의 범위와 강도의 증가가 공공계정 기여에 긍정적 기여(F2>F1), 설문조사도 이를 지지
• 3회 반복 실험 시 공공재 기여금 변화율
– F2 실험이 F1 실험결과보다 공공재 기여금의 감소율이 매우 낮음[A, B, C, D 전 영역]
– F1은 2회, 3회 급격히 감소하는 반면, F2는 반복 실험 시 감소율이 낮거나 오히려 증가하는 패턴 보임
• 이타적 처벌자 수 및 금액
– F2>F1</td></tr>
</table>

다섯째, 처벌의 범위와 강도를 높이면, 불확실성 하에서 집합행동 딜레마가 크게 완화되었다. 제1유형과 제2유형 간 공공계정 기여금 차이, 실험 횟수별 변화율, 이타적 처벌자 수 및 금액을 비교하여 보면 ① 첫째, 공공계정 기여율의 경우 h값과 처벌이 모두 확실한 조건인 실험 A를 제외하고 불확실성이 포함된 실험 B, 실험 C, 실험 D 모두 제1유형보다 제2유형이 기여율이 높았다. 즉, 처벌의 범위와 강도가 높아질 경우, 확실성 조건보다 불확실성 조건에서 더 높은 공공계정 기여가 나타났다. ② 반복 실험결과, 제1유형이 처벌의 범위와 강도를 높인 제2유형보다 공공계정 기여 수준이 크게 낮았다. 제1유형과 달리 제2유형에서는 감소율이 낮았고, 심지어 2회보다 3회에서 공공계정 기여율이 증가하는 모습이 나타나기도 한다. 특히, 불확실성 조건에서 처벌의 범위와 강도를 강화할 경우 공공계정 기여의 감소가 줄어듦을 알 수 있었다. ③ 불확실성 조건에서도 처벌의 범위와 강도를 높일 경우 이타적 처벌자 수 및 금액이 줄어들기보다는 일반적으로 높음을 알 수 있다.

이러한 연구결과는 아직까지 설명 대상으로 블랙박스처럼 존재해온 불확실성과 집합행동 딜레마 간 관계를 이해하는 데 유용하다. 첫째, 무엇보다 불확실성이 집합행동 딜레마의 관계에 어떠한 영향을 미치는지를 다양한 조건과 체계적인 실험을 통해 비교, 특히 확실성 조건과 불확실성 조건 하에서 집합행동 딜레마에 미치는 영향을 실증하고 있다. 둘째, 공공재 규모의 불확실성이 집합행동 딜레마에 미치는 영향은 강건하지 않은 반면, 처벌의 불확실성이 집합행동 딜레마에 강건한 영향을 미침을 증명하였다. 셋째, 불확실성이 존재할 때, 불확실성의 양적 수보다 불확실 요인이 무엇인가를 판단하는 것이 더욱 중요함을 보여준다. 넷째, 불확실성 요인별(공공재 규모, 처벌)로 집합행동 딜레마에 서로 다른 수준의 영향을 미칠 수 있음을 증명하고 있으며, 다섯째, 처벌의 범위와 강도가 높아질 경우, 확실성 조건보다 불확실성 조건에서 더 높은 공공계정 기여가 나타났으며 반복 수행 시 감소율이 매우 낮거나 오히려 높아지기도 했다. 즉, 처벌의 범위와 강도가 높이면, 불확실성 하에서도 집합행동 딜레마를 완화시킬 수 있음을 실증하고 있다. 여섯째, 불확실성과 집합행동 딜레마 간 관계를 분석하기 위해 새로운 실험설계를 수행하고 있다는 점에서 향후 관련 실험 연구방법의 발전에 기여하고 있다.

본 연구의 정책적 함의는 첫째, 불확실성이 집합행동 딜레마에 부정적 영향을 미친다는 점에서, 의사결정에 있어 불확실성 요인들을 발굴하고 그 영향력의 강도를 측정하여 선제적으로 대응할 필요성을 제기한다. 불확실성 요인을 제약하기 위한 행위자 간 공유된 안정적이고 신뢰할 수 있는 제도를 운영하는 것은 하나의 유용한 대안이 될 것이다. 둘째, 불확실성의 양적 수준보다 불확실성을 유발하는 요인의 질적 수준에서 접근 필요성을 제시한다. 즉, 의사결정자들의 선택에 중요하게 영향을 미치는 불확실성을 선별하고 이러한 불확실성 요인을 해소하는 데 정책적, 제도적 노력이 필요하다. 셋째, 현실에서는 제도나 다양한 노력으로도 통제하기 어려운 불확실성이 존재하고 이러한 상황에서 선택이 이루어질 때가 많다. 이러한 경우 처벌의 범위와 강도를 높이면 집합행동 딜레마를 예방하는 데 기여할 수 있음을 보여준다. 특히, 처벌 자체의 불확실성이 존재하더라도 처벌의 범위와 강도를 증가시키면 집합행동 딜레마가 완화됨을 보여준다.

본 연구는 몇 가지 한계를 지닌다. 무엇보다 실험연구로서 현실의 행정 및 정책 환경과는 다를 수 있다. 외적 타당성을 충분히 확보하지 못하고 있으며 또한 긴 시간이 필요로 하는 공공재 실험을 수행하다 보니, 실험자를 대학생으로 한정한 것 역시 한계를 지니고 있다. 이는 향후 다양한 유형의 불확실성을 반영하여 추가적인 실험연구나 질적 사례연구가 필요한 이유이기도 하다. 본 연구의 해석에 있어 이러한 점이 고려되길 기대한다.

제9장

권력 비대칭, 공정성과 집단행동 딜레마: 권력 비대칭, 공정성을 반영한 실험연구

제1절 서론[1)]

일반적으로 표준경제모델들은 행위자 간 권력관계의 대칭성(균등)을 가정하고, 선택에 있어 자신의 물질적 이익만을 추구하고 공정성과 같은 사회적 가치는 관심을 갖지 않는 것으로 가정한다. 그러나 현실에서 행위자들 간에 권력관계 비대칭은 일반적이다. 권력의 비대칭(불균등)은 매우 다양한 원인에 의해 발생되며, 개인 간, 조직 간, 정부 간, 국가 간에도 나타난다. 한편, 일반적으로 사람들은 권력의 비대칭 자체뿐만 아니라 그러한 권력의 비대칭이 공정한 것에 기초한 것인지, 아니면 불공정하게 이루어진 것인지에 대해 관심을 갖고 있다. 일례로, 우리는 민주적인 선거과정과 합법적 절차에 따라 선출된 대통령이 자신에 비해 비교할 수 없는 권력을 지닌다 하여 불만을 갖지는 않는다. 또한 공정한 게임의 규칙이 작동되는 구조에서 부를 축적한 기업의 소유주가 자신보다 더 큰 권력을 행사할 수 있다고 하여 불만을 갖지는 않는다. 즉, 권력 비대칭이 공정한 규칙에 기인한 것이라면, 그러한 비대칭을 인정하고 또한 상호 협력하고자 한다. 반면, 일반적인 사람들은 불공정한 방식으로 정권을 장악한 독재자의 권력이나 정경유착을 통해 불공정하게 성장한 기업 소유주가 행사하는 권력에 대해서는 불만을 숨기지 않으며, 이들과는 협력하려 하지 않는다.

이러한 점은 첫째, 집단행동 딜레마에 행위자 간 권력관계가 대칭인지, 비대칭인지 여부가 중요하게 영향을 미칠 수 있음을 추정하게 한다. 둘째, 집단행동 딜레마에 권력의 비대칭 자체뿐만 아니라 그러한 (비)대칭의 근원이 공정한가, 그렇지 않은가에 따라 집단행동 딜레마 혹은 협력에 서로 다른 영향을 미칠 수 있음을 추정하게 한다.

이에 본 연구는 집단행동 딜레마에 권력의 대칭과 비대칭 여부가 영향을 미치는 것인지, 공정성을 주요 변수로 하는 권력 (비)대칭의 근원이 무엇인가에 따라 서로 다른 영향을 미치는 것인지를 핵심 연구질문으로 하여 6가지 세부 연구질문을 설정하고, 5가지 실험 유형별로 새롭게 설계한 실험연구와 설문조사를 병행하여 연구질문에 대한 해답을 구하고자 하였다. 구체적으로, 첫째, 대칭 vs 비대칭 처벌 권력과 공공계정 기여 차이, 둘째, 실험 참여자들이 절차적으로 공정한 과정을 거쳐 제정한 '공정한 처벌 규칙'이 무엇인지, 셋째, '공정한 처벌 규칙'의 적용 범위에 따라 공공계정 기여에 차이가

1) 이 글은 김태은(2020)의 내용을 일부 수정 · 보완한 것이다.

있는지, 넷째, 대칭 또는 비대칭 처벌 규칙의 근원(실험 주관자 규칙 부여, 공정한 처벌 규칙, 숨은 결정자 규칙 부여)에 따라 공공계정 기여에 차이가 있는지, 다섯째, 비합의된 (비)대칭 처벌 규칙 사전 인지 여부에 따라 공공계정 기여에 차이가 있는지, 여섯째, 실험 유형별로 자발적 처벌 제시금에 차이가 있는지를 분석하였다.

본 연구는 처벌권의 대칭과 비대칭 실험, 처벌 규칙의 근원(실험 주관자 규칙 부여, 공정한 처벌 규칙, 숨은 결정자 규칙 부여)별로 새로운 실험설계와 그에 따른 장기 실험을 수행했다. 특히, 실험 참여자들이 스스로 제정한 '공정한 처벌 규칙'을 도출하고 동 결과를 토대로 실험을 수행하고 있다는 점에서 새로운 의미를 지니고 있다. 실험은 처벌 규칙의 근원, 대칭 또는 비대칭 처벌권의 유형에 따라 EA.1(2), EB.1(2), EC.1(2) 유형으로 구분하여 총 15회를 진행했으며, 실험과 설문분석은 STATA 14.0을 활용하였다.

제2절 이론적 논의

1 권력의 비대칭과 사회적 딜레마

권력(power)은 사람 간의 관계, 관료제, 정책결정, 정부 간 관계, 국제 관계 등 다양한 행정현상을 설명하는 데 핵심 개념임에도 불구하고 권력 개념은 다의적이고 논쟁적이다. 예를 들어, 지배에 초점을 둔 갈등적 관점, 행동을 위한 능력에 초점을 둔 합의적 관점, 그리고 구성적 관점 등에 따라 서로 다른 권력 개념이 경쟁적[2]으로 논의되고 있다(Haugaard, 2016 참고). 이 중 지배에 초점을 둘 때, 권력은 "사회적 관계 속에 있는 한 행위자가 저항에도 불구하고 그 자신의 의지를 실현할 수 있는 위치에 있을 가능성"(Weber, 1947: 152), 혹은 "A가 아니라면 하지 않았을 것을 A로 인해 B가 할 경우, A가

2) 서로 다른 권력 개념에 대한 소개와 연구가 지속되고 있다(임의영, 2005; 문태현, 2005; 류지성, 2016; Emmet, 2017; Haugaard, 2016; Rye, 2015 참고). 예를 들어, 임의영(2005)은 베버의 권력 개념과 더불어 Lukes, Gramsci, Arendt, Foucault의 권력개념을, 문태현(2005)은 행태주의적, 구조주의, 의사소통적 관점에서, 류지성(2016)은 고전적 사상가부터 20세기 실증주의 관점, 사회학, 후기 구조주의, 포스트모던 등 다양한 관점에서 권력 개념을 고찰하였다. Rye(2015)는 권력 개념을 크게 행태주의적, 구조주의, 푸코리안(Foucauldian) 관점에서 기술하였다.

B에게 권력을 지니고 있다"(Dahl, 1957: 202-203)라고 정의되고 있다. 이러한 관점에서 권력은 필연적으로 이익 및 계획의 충돌이 포함되어 있고 누군가 이익을 얻는다면 누군가는 손실을 얻는다는 점에서 갈등적이며 권력 게임은 항상 영합(zero-sum)이다(Dowing, 2012: 119). 권력에는 정당적, 보상적, 강압적, 전문적, 준거적 권력 등 다양한 근원이 존재하는 것으로 알려져 왔으며(French & Raven, 1959), 권력의 근원이 무엇이든 간에 정도의 차이가 있을 뿐 행위자의 선택과 행동을 제약하는 데 지대한 영향을 미치는 것으로 알려져 왔다.

현실 세계에서 권력은 균등하게 분포되어 있기보다는 불균등 혹은 비대칭(asymmetry)되어 있으며, 이러한 비대칭은 개인, 조직, 집단, 국가 등 전 영역에서 일반적으로 관찰[3]된다. 더욱이 이러한 권력 비대칭은 역사적 제도주의에서 주장하듯이, 행위자 간 권력관계 비대칭 속에서 형성된 제도에 의해 권력관계의 비대칭 크기가 더욱 확대 및 고착되기도 한다(Hall, 2010 참고).

집단(합)행동 딜레마 혹은 사회적 딜레마(collective action dilemma or social dilemma)는 개인의 합리성이 집단수준에서는 비합리적 결과가 초래되는 것(Dawes, 1980: 170; Dawes & Messick, 2000: 111; Kollock, 1998: 183)으로 개인들의 비협력적 행동이 단기적으로 우월적 결과를 주지만 모든 사람들이 비협력적 행동을 할 경우 장기적으로 모두 협력했을 때보다 좋지 않은 결과를 얻는 상황이다(Van Lange et al., 2013: 126; 김태은, 2018; 89). 한편에서는 이는 개인이익과 집단이익 간에 충돌로 이해되기도 하며, 액슬로드(Axelrod, 1984)의 협력의 진화에서 잘 보여주듯이 어떻게 이기적인 개인들 간에 협력을 이끌어낼 것인가와 관련되어 있다. 이러한 집단행동 딜레마 문제는 죄수의 딜레마(prisoner dilemma), 공공재 문제, 공유자원 문제, 무임승차 문제 등으로 잘 알려져 왔으며, 개인부터 국가에 이르기까지 다양한 단위에서 발생되고 있다.

권력의 대칭 혹은 비대칭이 집단행동 딜레마 혹은 행위자 간에 협력에 어떠한 영향을 미치는지는 매우 중요한 과제이다. 이에 그동안 집단행동 딜레마 연구에서는 주로 권력 대칭을 전제로 한 실험적 연구가 진행되어 왔으나 최근 보다 현실적 가정을 통한 분석 필요성이 제기되면서 권력 비대칭 조건의 실험연구 또한 진행되고 있다. 다만, 실험적 연구에서 권력의 균형, 불균형은 주로 처벌권을 중심으로 다루어져 왔다.

우선, 초기 많은 실험연구들은 처벌권한을 동등하게 분산되어 실험 참여자 상호 간

3) 대표적으로, 오재록 · 박치성(2013), 박천오(2005)의 연구는 관료제 및 부처 간 권력관계의 비대칭이 존재함을 잘 보여준다.

에 임의적으로 처벌할 수 있는 실험 구조, 즉 대칭적 처벌제도가 사회적 딜레마를 해결하는 주된 방법이 될 수 있음을 보여준다(예: Andreoni et al., 2003; Fehr & Gächter, 2000, 2002; Gächter et al., 2008; Ostrom et al., 1992). 특히, 대칭적 처벌제도를 갖는 게임 구조에서 실험 참여자들은 자신의 비용이 발생되더라도, 처벌을 하고자 하였기 때문에 게임이 반복되더라도 안정적 협력[4]을 이끌어내는 데 기여하였다. 그러나 한편에서 대칭적 처벌제도가 집단행동 딜레마에 부정적 영향을 미칠 수 있다는 주장 역시 제기되어 왔다. 대표적으로, 첫째, 처벌의 방향이 잘못된 반사회적 처벌('antisocial punishment')로 인해 공공계정 기여 감소가 나타날 수 있다(최정규 · 안도경, 2013; Auerswald et al., 2018; Gächter & Herrmann, 2011; Hauser et al., 2014 등 참고). 특히, 반사회적 처벌은 덜 산업화된 사회에서 더욱 크게 나타날 수 있음이 연구되었다(Herrmann et al., 2008). 둘째, 잠재적 처벌자들 간에 조정의 부족에 따른 비효율이 발생될 수 있으며(O'Gorman et al., 2009; Grieco et al., 2017: 56), 셋째, 여러 단계의 처벌이 허용될 때, 대응처벌의 반복이 나타나면서 종국에는 협력이 붕괴될 수 있다는 것이다(Nikiforakis & Engelmann, 2011).

한편, 비대칭적 처벌제도와 집단행동 딜레마 간에 관계에 대한 연구가 일부 진행되었다. 즉, 특정한 주체에게만 처벌권을 부여하거나 처벌력의 효과성(예: 보통 실험 참여자들보다 특정 참여자들이 더 큰 처벌력을 갖게 설계하는 등)을 서로 달리한 연구들이 진행되어 왔다(예: Carpenter et al., 2012; Nosenzo & Sefton, 2014; Grieco et al., 2017). 지배력(dominant power)이 협력에 긍정적 영향을 미친다는 액슬로드(Axelrod, 1997)의 주장처럼, 비대칭 처벌은 처벌의 수요를 증가시켜 집단행동 딜레마에 긍정적 영향을 미친다는 주장이 제기되어 왔다(Anderson & Putterman, 2006; Nikiforakis et al., 2010). 그러나 동시에 이러한 비대칭 처벌 역시 협력에 부정적 측면이 존재한다. 첫째, 소수에게 강한 처벌권을 부여하는 것은 곧 소수의 개인 선호에 의존하는 것으로 대칭적 처벌에 비해 협력을 약하게 만들 수 있다(Nikiforakis et al., 2010: 640-641). 둘째, 정보 비대칭 문제가 존재하는 상황에서 각각의 행위자의 기여를 정확하게 예측하는 어려움이 있고, 이에 따른 통제의 숨은 비용이 수반된다는 주장이 제기되기도 하였다(Grieco et al., 2017: 56).

---

4) 대칭 처벌이든, 비대칭 처벌이든 간에 공공재 게임에서 처벌을 반영할 경우, 협력에 대한 외생적 동기에 의존하는 것(처벌)은 협력을 위한 내생적 동기를 약화시키거나 구축할 수 있다(Bowles & Polania-Reyes, 2012)는 한계가 존재한다.

결론적으로, 현재까지 대칭과 비대칭 처벌이 집단행동에 미치는 영향에 대한 논쟁은 지속되고 있으며, 동 차원에서 일부 비교 실험이 진행되어 왔으나 그 결과는 수렴되지 못하고 있다.

2 공정성과 집단행동 딜레마

공정성(fairness)은 정의(justice),[5] 형평성(equity), 평등(equality) 등과 같이 사회의 주요 가치로서 존재하여 오고 있다. 이 중 공정성(fairness)은 사전적으로 공평하고 올바른 성질(표준국어대사전)을 의미하나 다른 주요 개념들과 마찬가지로 시대와, 사회적 맥락에 따라 서로 달리 이해되어져 왔기 때문에 구분이 용의하지는 않다.

행정학 및 조직이론 차원에서 공정성은 많은 경우 정의를 형평성 맥락에서, 공정성과 정의를 상호 교환 가능한 것으로 혹은 동의어로 사용하는 경향이 있다(Latham, 2007; Goldman & Cropanzano, 2015: 317).[6] 예를 들어, 이종수(2012: 162)는 정의와 공정성, 형평성[7]을 아래와 같이 이해한다. 즉, "정의(justice)는 곧 형평성을 의미하며, 형평성(기여에 따른 가치 배분)은 공정성을 의미한다. 이러한 가치어 속에는 동등한 것은 동등하게 대우해야 한다는 평등의 원칙과 서로 다른 것은 다르게 대우해야 한다는 차등의 원칙이 동시에 들어 있다. 다만, 정의의 개념 속에는 '옳다'는 의미의 정의적 구성 요소가 많이 들어 있는데 비해, 형평성과 공정성의 개념은 분배 원칙과 관련된 서술적 구성 요소를 더 많이 포함하고 있다는 차원에서 차이가 있다." 또한 박효민 · 김석호(2015: 223) 역시 형평성(equity)은 공정성과 유사한 의미로 사용되며, 분배 공정성을 중심으로 한 초기 공정성 연구에서는 형평성과 공정성을 같은 개념으로 사용되었다고 주장한다.

행정학 및 조직이론에서 공정성[8] 이론은 교환이론을 기초로 한 애덤스(Adams,

---

5) Rawls(1999)는 정의의 원칙들이 합의의 대상이라는 점에서 '공정으로서 정의(justice of fairness)'를 주장한다(Rawls, 1999: 11).

6) 물론, 한편에서 정의(justice)와 공정성(fairness)은 상호 분리되어 이해되기도 한다(Goldman & Cropanzano, 2015; Cugueró-Escofet & Rosanas, 2013 등 참고).

7) 형평성, 정의에 대한 논의는 임의영(2016) 참고.

8) 동 차원에서, 공정성은 신뢰 또는 만족도(나태준 · 최순영, 2003; 신상준 · 이숙종, 2016), 조직시민행동(김민강 · 박통희, 2008), 조직몰입(최낙범 · 엄석진, 2013), 공공 협력(Tyler, 2017), 제도 수용성(Herian et al., 2012), 불확실성(Wolfe et al., 2018) 등 다양한 영역에서 연구되었다.

1965)에 의해 분배 공정성(distributive justice)이 제기된 이후, 티보와 워커(Thibaut & Walker, 1975)와 레벤탈(Leventhal, 1980)은 절차적 공정성(Procedural fairness), 비스와 모아그(Bies & Moag, 1986)는 상호작용 공정성(interactional justice), 콜퀴트(Colquitt, 2001)의 정보공정성 등으로 분화되어 연구되어 왔다(Greenberg, 1993; Lind, 2001; Matta et al., 2016 참고). 대표적으로, 분배공정성은 애덤스(Adams, 1965)의 형평성 이론(equity theory)에 의해 정교화된 것으로, 자신이 기여한 부분과 자신이 받은 보상 비율이 다른 사람의 그것들과 비교하여 어느 정도로 인지하는지와 관련된 개념이다(김호균 · 김정인, 2013: 163). 분배 공정성은 결과의 공정성으로 형평성 등과 같은 배분의 암묵적 규범과 일치될 때 촉진된다(Colquitt, 2001: 386). 사람들이 분배의 결과뿐만 아니라 분배의 과정(process) 또한 중요하게 고려한다는 점에서 절차적 공정성이 강조되었다. 절차적 공정성은 의사결정 과정의 공정성으로(Colquitt et al., 2005: 5), 배분과정에서 개인들의 인지한 정의라 할 수 있다(Huq et al., 2001; 김민강 · 박통희, 2008: 266). 특히, 보상이 분배되는 의사결정 과정에 관련 행위자가 직접 참여하여 의견을 개진하고 영향을 미칠 경우 결과에 더 만족하는 것으로 나타났다(Thibaut & Walker, 1978; 박효민 · 김석호, 2015: 241).

행정학적 관점과 달리, 대부분의 경제 모델들은 모든 사람들이 자신의 물질적 이익을 추구하고 사회적 목적은 관심을 갖지 않는 것으로 가정하였다(Fehr & Schmidt, 1999: 817). 그러나 현실의 모든 사람들이 사회적 목적이나 가치에 관심이 없는 것은 아니다. 경제모델과 달리 사람들은 공정성, 도덕, 평등 등에 많은 가치를 지니고 있을 수 있고, 심지어는 사회적 목적이나 가치들이 자신의 물질적 이익보다 행태에 더 큰 영향을 미칠 수도 있다.

실제로, 정의, 공정성, 형평성, 평등 등과 같은 용어가 세상에 존재함에서 알 수 있듯이 실험, 신경과학, 문화기술적 자료들은 전 세계의 보는 사람들이 친사회성(prosociality)을 지니며, 공정성, 평등, 그리고 정의의 가치를 지니고 있음을 보여 왔다(Camerer, 2003; Henrich & Henrich, 2007). 즉, 사람들은 공정성에 대한 일반적 요구를 지니고 있으며(Bøggild & Petersen, 2016), 이는 곧 공정성이 행태에 영향을 미칠 수 있음을 짐작하게 한다.

실험연구에서 공정성에 대한 자각은 일찍이 최후통첩게임(ultimatum game)과 독재자 게임독재자 게임(dictator game)의 결과를 해석하면서 제기되었다. 최후통첩게임에서 이론적 해결책은 A(제안자)는 가장 적은 돈(예: 1원)을 제안하고, R(응답자)은 '영'

초과의 제안(positive offer, 예: 1원)을 수용해야 한다(Camerer, 2003: 9; 김태은, 2012b: 380). 그러나 경제인 모델에 부합되지 않는 결과가 도출되었고, 최후통첩게임에서 응답자의 거부능력을 제거한 독재자 게임(dictator game)에서조차 경제인 모델에 부합되지 않는 결과가 도출되었다(Camerer & Thaler, 1995; Guth et al., 1982; Henrich et al., 2005). 이러한 실험결과에 대해 카너먼 외(Kahneman et al., 1986)는 표준경제이론이 가정하는 것과 달리, 공정성은 중요한 판단기준 중 하나임을 보여준다고 주장한다.

이후 집단행동 딜레마 연구에서도 실험결과의 해석을 통해 개인들의 선택에 있어 공정성이 중요하게 고려된다는 주장이 제기되어 왔다(Chaudhuri, 2011; Fehr & Schmidt, 2000; Messick et al., 1983; Pavitt, 2018; Van Dijk & Wilke, 2000). 대표적으로, 사회적 딜레마에서 상호성(reciprocity)이 나타나는 것이 행위자들이 지니고 있는 공정성의 욕구 때문인 것으로 추정하고 있다. 상호성은 상대방이 나에게 이기적으로 행동하면 나도 이기적으로 대응하고, 상대방이 나에게 이타적이면 나 역시 상대방에게 이타적으로 대응한다는 것이다(Dawes et al., 1977; Komorita et al., 1992; Fehr & Gächter 2000, 2002; Henrich et al., 2005; Kurzban & DeScioli, 2008; 김태은, 2012b: 김태은, 2018: 93). 로빈(Robin, 1993)이 말하듯이 자신을 돕는 사람은 돕고, 자신을 해하는 사람은 해하는 것으로 정의되기도 한다.

상호성 규범은 협력과 배반에 있어 사람들은 일방적인 선호를 지니고 있는 것이 아니라 다른 사람의 선택에 반응하여 자신의 선택을 결정하는, 즉 결정적인 협력 행태가 나타나는 것이 아니라 조건적 협력(conditional cooperation)이 나타남을 보여준다. 실제, 사회적 딜레마를 분석하는 유용한 공공재 게임에서 게임이 반복될수록 공공계정 기여가 감소하는 것이 일반적인 패턴으로 나타난다. 이는 1회 게임에서 이타적 행위자(협력)가 2회 게임, 3회 게임으로 진행될수록 이기적 행위자(배신)로 전환됨을 의미한다. 이타적 행위자가 이기적 행위자로 전환되는 이유는 자신의 기여에 비해 상대방의 기여가 낮고, 기여가 낮은 상대방이 오히려 더 높은 수익을 얻기 때문이다. 즉, 기여에 비례하지 않는 수익에 대해 전략적인 대응을 한 것이다. 즉, 사회적 딜레마의 맥락에서 집단 구성원들의 경험은 공정성(fairness)의 욕구를 유발하며, 이는 곧 상호성 규범(reciprocity)의 활성화로 나타난다는 것이다(Foddy & Yamagishi, 2009; Ostrom, 2003).

그러나 아직까지 공정성과 집단행동 딜레마에 관한 직접적인 실험연구를 찾아보기는 쉽지 않으며, 상호성 규범이 나타나는 원인을 해석하면서 사람들이 지닌 공정성 욕구 때문인 것으로 추정하는 데 그치고 있다.

3 선행연구와 새로운 연구 필요성

1) 주요 선행연구

본 연구와 관련하여 우선, 처벌 권력의 대칭 및 비대칭과 관련된 연구로, 니키포라키스 외(Nikiforakis et al., 2010)는 실험 참여자 간에 대칭적 처벌과 비대칭적 처벌 제도(symmetric and asymmetric institution)가 협력 비율과 효율성, 그리고 행태적 정규성에 어떠한 영향을 미치는지를 수행했다. 저자들은 처벌의 효과성(punishment effectiveness)이 서로 다른 공공재 실험(2개의 대칭 실험과 4개의 비대칭 실험)을 설계하였다. 분석을 통해 비대칭 처벌 제도가 협력을 촉진하였고 대칭적인 제도만큼이나 효율적임을 주장하였다.

도로우 외(Dorrough et al., 2017)는 처벌 권력의 불안전성과 비대칭성이 공공재 기여에 미치는 영향을 공공재 실험을 통해 분석하였나. 처벌 효과성 개념을 통한 3가지 실험을 수행하여, 불평등하고 불안정한 처벌력이 부여된 상황에서는 개인들의 행태가 보다 경쟁적으로 변화하고 권력 경쟁에 참여하여 그룹 전체에 해로운 영향을 미침을 보여주었다. 또한 단일한 처벌자가 존재하는 실험에서 협력이 성공적으로 유지되었고, 비효율적 손실이 감소됨을 보여주었다.

그리에코 외(Grieco et al., 2017)는 집중된 처벌 메커니즘, 즉 비대칭 처벌력이 협력에 미치는 효과가 긍정적임을 보여주었다. 5가지 유형 실험, 즉 분권화된 처벌 시스템과 집중화된 처벌 시스템을 비교하기 위해 분권화 처벌 1개, 집중화 4가지 조건 실험을 수행했다. 분석을 통해 저자는 공공재 게임에서의 협력 강화가 집단 내에서 가장 큰 기여자에게 배타적 처벌 권력을 부여함으로써 이루어질 수 있음을 증명하였다. 파일로 외(Faillo et al., 2013)는 처벌 권력에 접근이 제한받는 제재 메커니즘을 연구하였다. 3가지 구체적 실험 조건에서 실험을 수행했나. 특히, 저자들은 비대칭적 처벌제도인 '정당한 처벌 시스템'을 도입(1단계에서 실험 참여자 i가 실험 참여자 j보다 공공계정 기여가 높을 때에 실험 참여자 i가 실험 참여자 j를 처벌)하여, 동 시스템이 기존의 재량적 처벌체제에 비해, 협력과 효율성 관점에서 실질적 편익이 있음을 증명하였다.

콕스 외(Cox et al., 2013)는 대칭과 비대칭 권력이 사회적 딜레마에 어떠한 영향을 미치는지를 체계적으로 비교 실험연구하였다. 저자들은 사회적 딜레마의 두 가지 대표 실험인 공공재 게임과 공유자원 게임을 대칭조건(baseline game, 모든 실험 참여자가 동등한 게임)과 비대칭 조건(boss, king game) 게임을 통해 비교 수행하였다. 실험결과 저자들은 공공재와 공유자원 게임 모두 대칭적 권력에서는 효율성을 생산하였으나, 권력 비대칭 게임에서는 공공재 게임보다 공유자원 게임에서 효율성이 낮음을 보여주었다. 이외에도 노센조와 세프턴(Nosenzo & Sefton, 2014)은 분산과 집중화된 시스템에서 보상과 처벌과 관련된 5가지 실험설계를 통해, 집중된 처벌권한이 분산된 처벌 권한보다 처벌의 효과성이 감소됨을 보여주었다. 안드레오니와 지(Andreoni & Gee, 2012)는 제3주체에게 처벌 권한을 위임시킨 '고용된 총 메커니즘(hired gun mechanism)'의 효과를 조사했다. 저자는 기존에 전통적으로 활용된 제한없는 동료 처벌시스템과 비교하여 고용된 총 메커니즘이 복지와 협력을 촉진시키는 장치라고 주장한다.

사회적 딜레마에 관한 실험적 연구에서 비대칭 처벌 권력과 관련된 연구 외에 공정성에 대한 직접적 실험연구는 발견하기 쉽지 않다. 드 크레머와 반 크니펜버그(De Cremer & Van Knippenberg, 2003)는 사회적 딜레마에서 협력에 영향을 미치는 리더십의 효과성을 절차적 공정성과 다루고 있다. 절차적 공정성을 크게, 절차의 정확성(정보의 정확성)과 발언권으로 조작적 정의하여 연구를 수행했다. 저자들은 협력에 대한 리더의 영향은 오직 결과가 우호적이지 않을 때(참여자들이 등등한 지분보다 더 적게 받을 때)에만 절차적 공정성에 의해 영향을 받는다는 것을 증명하였다.

2) 새로운 연구의 필요성

기존의 연구들은 대칭 혹은 비대칭 처벌 규칙과 집단행동 딜레마, 협력과 관계를 설명하고자 노력하여 왔다. 그러나 아직까지 권력관계의 비대칭과 공정성이 집단행동 딜레마에 어떠한 영향을 미치는지에 관해서는 많은 부분 설명의 대상으로 남아 있다.

구체적인 연구 필요성은 아래와 같다. 첫째, 집단행동 딜레마 연구에서 공정성이 중요한 변수로 추정되어져 왔음에도 실험연구에서 이를 직접 반영한 연구를 찾아보기 어렵다. 아마도 이는 실험설계의 어려움에 기인한 것으로 판단된다. 본 연구는 절차적으로 공정한 과정을 거쳐 마련된 처벌 규칙('공정한 처벌 규칙')을 실험에 직접 적용함으로써 처벌 권력의 대칭 및 비대칭의 원인으로서 공정한 처벌 규칙이 집단행동 딜레마에 미치는 영향을 살펴보고자 한다. 여기서 공정한 처벌 규칙은 주어지는 것이 아니라 실험 참여자들이 스스로 제정하게 하고 이를 실험에 반영하고자 한다. 이에 본 연구는 새롭고 유연한 실험설계를 개발 · 적용하고자 했다.

둘째, 기존 연구를 보완하여 대칭과 비대칭 처벌이 집단행동 딜레마에 서로 다른 영향을 미치는지에 대한 근원적 질문에 해답을 도출할 필요가 있다. 아직까지 많은 집단행동 딜레마 실험연구들은 대칭성을 가정했다. 이러한 대칭성은 집단행동 딜레마를 단순하게 설계하고 이해하는 데 기여하였으나 현실과는 동떨어져 있다(Van Lange et al., 2013: 131). 현실에서는 아무나 처벌할 수 있는 것이 아니라 처벌할 수 있는 권리를 지닌 사람이 처벌한다(Faillo et al., 2013). 이러한 문제인식에서 소수의 대칭 처벌과 비대칭 처벌 간 비교연구가 최근 진행되고 있으나 아직 수렴된 결과를 얻지 못하고 있다. 이에, 본 연구는 보다 엄격한 실험설계와 반복 및 장기 실험을 통해 대칭 처벌과 비대칭 처벌 중 어떠한 처벌구조가 집단행동 딜레마 완화에 기여하는지를 비교 분석하고자 한다.

셋째, (비)대칭 처벌 규칙의 근원이 무엇인가에 따라 집단행동 딜레마에 서로 다른 영향을 미칠 수 있다는 점에서 비교연구의 필요성이 있다. 이에, ① 처벌 규칙이 상위단위 개입에 의해 발생된 경우, 즉 전통적 관점에서 상위단위의 개입은 집단행동 딜레마를 해결하는 데 기여하는 방법 중 하나로 인식되어 왔다. 동 차원에서 상위단위에 의해 부여된 처벌 규칙이 집단행동 딜레마에 어떠한 영향을 미치는지를 분석할 필요가 있다. ② 합리적 선택 제도주의(rational choice institutionalism)에서 강조되어 왔듯이 행위자간 자발적 합의 규칙은 집단행동 딜레마를 해결하는 유용한 방법으로 인식되어 왔다. 동 차원에서 절차적으로 공정한 과정을 거쳐 마련된 처벌 규칙, 즉 공정한 처벌 규칙을 도출하고 동 규칙이 집단행동 딜레마에 미치는 영향을 분석하고자 한다. ③ 어떠한 경우, 처벌은 전혀 예측하기 어려운 집단 구성원 중 한 명(일명, 숨은 결정자)에 의해 이루어질 수 있다. 이러한 차원에서 (비)대칭 처벌 규칙의 근원에 따라 집단행동 딜레마에 서로 다른 영향을 미치는지를 분석하고자 한다.

넷째, (비)대칭 처벌 규칙은 사전에 인지되기도 하지만 어떠한 경우는 사전에 구체적인 처벌 규칙의 내용을 모르는 경우가 존재한다. 처벌 규칙을 사전에 아는 경우와 사후에 아는 경우 집단행동 딜레마에 서로 다른 영향을 미칠 수 있을 것이다. 동 차원에서 분석하고자 한다.

제3절 연구가설과 실험설계

1 집단행동 딜레마와 공공재 게임

집합행동 딜레마를 분석하는 유용한 실험 방법으로 공공재 게임(public goods game)은 인간이 순수하게 이기적인지 혹은 무임승차 성향만을 지니고 있는지 아니면 이타성과 같은 다른 본성이 존재하는지를 살펴보는 데 유용하며, 동시에 개인의 이익을 증대시키기 위한 선택이 집단 전체에게는 비합리적인 결과 나타나는, 즉 집합행동 딜레마를 보여주는 유용한 실험도구이다. 공공재 게임 중 자발적 공헌 형태의 공공재 게임은 아래의 구조를 띠고 있다.

$$\Pi_i = (W - X_i) + \frac{h\sum X_i}{n}, \qquad \text{식 1)}$$

여기서, Π_i=게임 수익, W=게임금액, X_i=공공계정 기여금액, n은 게임자 수, h는 개인별 한계 보상(marginal per capita return, h값)을 의미

위와 같은 게임 구조에서 실험 참여자는 개인 계정에 기여를 극대화(배반)할 것인지, 즉 무임승차할 것인지 혹은 공공재를 생산하는 데 기여, 즉 공공계정에 기여(협력)할 것인지에 대한 선택의 기회를 제공한다(Skatova & Ferguson, 2011: 237). 동 게임에서 각 실험 참여자의 지배적 전략은 무임승차이다. 즉, 공공재 게임에서 내쉬균형은 무임승차이다. 그러나 집단 전체적으로 가장 큰 이득을 볼 수 있는 것은 집단 전체가 공공계정에 기여하는 것이다. 즉, 파레토 효율적 결과는 모든 실험 참여자들이 그들이 받은 돈 모두를 공공계정에 기여하는 것이다(Morone et al., 2018: 77; Zelmer, 2003: 301; 김태은, 2019: 169-170). 이에, 공공재 게임은 개인과 집단 이익이 충돌할 때 사람들의 행태가 어떠한지를 잘 보여준다(Henrich et al., 2005: 798).

본 연구에서는 처벌이 핵심적인 메커니즘으로 공공재 게임에 반영되어 있다. 따라서 처벌이 포함된 최종 수익($Total\,\Pi_i$)은 아래와 같다. 또한 본 실험에서 h값은 공공재 게임에서 일반적으로 적용되는 2.0이다.

① 처벌 대상에 포함되지 않을 경우: $Total\,\Pi_i = \Pi_i - VP_i\,[\Pi_i =$(처벌이 포함되지 않은 공공재 게임 수익, VP_i은 자발적 처벌 제시금)] 식 2)

② 처벌 대상에 포함되는 경우: $Total\,\Pi_i = \Pi_i - VP_i - TP[\Pi_i =$(처벌이 포함되지 않은 공공재 게임 수익, VP_i은 자발적 처벌 제시금, TP 처벌금)] 식 3)

2 주요 개념의 조작적 정의와 연구가설

본 연구의 조작적 정의와 구체적 연구가설은 아래와 같다. 우선 권력은 '처벌력'을 의미하며, 이에 대칭 권력 및 비대칭 권력은 각각 대칭 처벌과 비대칭 처벌로 표기하였다.

본 연구에서 공정성은 절차적 공정성과 관련되어 있다. 이에 '공정한 처벌 규칙'은 절차적으로 공정한 과정을 거쳐 마련된 처벌 규칙으로 익명성, 당사자성, 자발성, 의견교환, 민주적 의사결정(만장일치, 다수결)을 특징으로 한다. 구체적으로, 공정한 처벌 규칙은 '실험 참여자들 간에 익명성을 유지한 상태에서, 어떠한 처벌 규칙이 공정한가에 대한 자발적 의견교환과 민주적 의사결정 방식에 의해 합의된 처벌 규칙[9]'을 말한다.

공정한 처벌 규칙의 세부 규칙은 크게 4가지(대칭 vs 대칭 처벌, 처벌 주체, 처벌 효과성, 처벌 대상)로 구성되어 있다. 여기서 '대칭 처벌'은 실험 참여자들 모두가 균등한 처벌 권한을 갖는 것을 의미하고, '비대칭 처벌'은 실험 참여자 중 일부가 다른 실험 참여자들에 비해 보다 강한 처벌 효과성을 지니는 것을 의미한다. '처벌 주체'는 공공재 실험에서 처벌을 수행할 수 있는 실험 참여자를 의미한다. '보통 처벌 주체'는 처벌 효과성이 1인 처벌자들이며, '강한 처벌 주체'는 처벌 효과성이 1보다 처벌자를 의미한다 예를 들어, 공공계정 기여 상위 2순위까지 강한 처벌 주체로 결정되었다는 의미는, 상위 기여자 2순위[10]에 포함되는 실험 참여자는 다른 실험 참여자들에 비해 강한 처벌

---

9) 참고로, 모든 실험이 종료된 이후 진행된 설문조사 결과를 보면, '행위자 간 자발적 의견교환과 민주적 의사결정에 따라 규칙이 제정될 경우 어느 정도 공정하다고 생각되는가(5점 척도)'에 대해, 평균 4.28로 매우 높게 나타났다(제3의 상위 주체의 판단에 따른 규칙 제정은 평균 2.70). 또한 '본인의 의견이 다르더라도 다수결 원칙에 따라 결정된다면 수용하겠는가'에 대해 50명 중 47명이 동의했다.

10) 상위 몇 명, 하위 몇 명이 아니라 몇 순위의 개념을 도입한 이유는 공공재 게임에서 공공계정 기여금이 동일한 경우가 존재하기 때문이다. 예를 들어, 10명이 실험하는 데 2명이 동일한 금액으로 최상위 기여자가 될 수 있다.

권한을 지니고, 기타 나머지 실험 참여자들은 보통 처벌 주체임을 의미한다. '처벌 효과성'은 처벌 주체가 행사할 수 있는 처벌의 강도를 의미한다. 예를 들어, 처벌 효과성이 1은 자발적 처벌 제시금과 동일한 금액이 벌금으로 처벌 대상에게 부여되나 처벌 효과성이 3인 경우는 자발적 처벌 제시금의 3배를 처벌 대상에게 벌금으로 부여할 수 있다는 것이다. '처벌 대상'은 처벌을 받는 실험 참여자의 범위를 의미한다. 예를 들어, 공공재 게임에서 처벌 대상이 공공기여 최하위 공공기여 2순위라는 것은 최하위 공공기여자 2순위까지 처벌을 받는 다는 것을 의미한다. 이하 본 연구의 주요 연구가설은 아래와 같다.

1) 대칭 vs 비대칭 처벌과 공공계정 기여

집단행동 딜레마 연구에서 처벌은 집단행동 딜레마의 수준에 영향을 미치는 중요한 변수로 연구되어 왔다. 특히, 일반적으로 공공재 실험에서 처벌을 도입할 경우 그렇지 않은 경우에 비해 공공계정 기여가 유의미하게 높아지고, 반복 실험에서 나타나는 공공계정 기여 감소를 낮추는 것으로 밝혀져 왔다. 그러나 이론적 논의에서 제시하였듯이, 아직까지 대칭 처벌과 비대칭 처벌 중에 어떠한 것이 공공계정 기여, 즉 집단행동 딜레마 완화에 기여하는지는 논란이 지속되고 있다. 일부 연구는 대칭적 처벌 제도가 비대칭적 처벌 제도보다 집단행동 딜레마 완화에 효과적이라고 주장(Dorrough et al., 2017; Nosenzo & Sefton, 2014; Cox et al., 2013)하는 반면, 일부 연구에서는 상반된 결과가 제시(Faillo et al., 2013; Grieco et al., 2017; Andreoni & Gee, 2012)되었다. 행위자들이 대칭 처벌 권한을 갖는다면 반복 실험에서 대응처벌을 할 수 있는 가능성이 열려 있다. 또한 비대칭 구조와 달리 처벌 효과성이 동일하기 때문에 처벌의 강도가 상대적으로 낮아 협력을 유인할 강제력이 낮을 수 있다. 동 차원에서 비대칭 처벌이 대칭적 처벌보다 공공계정 기여가 높을 것임을 예측할 수 있다(H1).

2) 공정한 처벌 규칙과 대칭, 비대칭 처벌

실험 참여자 간에 합의한 '공정한 처벌 규칙'이 대칭적 처벌로 나타날지 비대칭적 처벌 형태로 나타날지는 예단하기 쉽지 않다. 이는 무엇보다 실험 참여자들이 공정성을 어떻게 인식하고 있고, 특히 공공재 게임에서 어떻게 하는 것이 공정한 것인가에 대한 인식에 따라 달라질 가능성이 있기 때문이다. 공공재 게임에서 모든 실험 참여자가 균등하게 동일한 처벌력을 지니는 것이 공정한 게임 규칙이라고 생각할 수도 있고, 한편에서는 집단 전체 이득을 위해 개인적으로는 손실이지만 공공계정에 기여를 많이 한 실험 참여자가 다른 실험 참여자들에 비해 더욱 강한 처벌 권력을 지니는 것이 공정하다고 생각할 수 있다. 그러나 공공재 게임을 충분히 숙지한 실험 참여자들이라면, 동 게임이 개인이익과 집단이익 간 충돌을 나타내고 있고 집단 이익을 위해서는 개인 이익의 손실 위험을 감내하고서라도 공공계정에 기여를 많이 해야 한다는 점에서 공공계정에 기여를 많이 한 실험 참여자들에게 더욱 큰 처벌력을 부과하는 '비대칭 처벌'을, 즉 처벌 권력의 비대칭을 선택할 가능성이 클 것으로 추정된다(H2).

3) 공정한 처벌 규칙의 적용 범위와 공공계정 기여

현실에서 행위자들이 합의한 규칙이 항상 모두 반영되는 것은 아니다. 어떤 경우는 일부가 반영되기도 하고 어떤 경우는 전부가 반영되기도 한다. 즉, 합의된 규칙이 얼마나 반영되는가 또한 공공계정 기여에 서로 다른 차이를 가져올 수 있다. 실제, 실험 대상자 간에 합의한 공정한 처벌 규칙은 다양한 세부 규칙을 포함하고 있다. 예를 들어, 대칭 처벌 혹은 비대칭 처벌, 처벌 주체는 누구인지, 처벌 효과성은 어느 정도인지, 또 처벌 대상은 어디까지인지 등 여러 하위 규칙들을 포함하고 있다. 동 상황에서 자신들이 공정한 처벌 규칙의 범위가 클수록 동 제도에 대한 순응 수준이 높아짐으로써 공공계정 기여율에 긍정적 영향을 미칠 수 있다. 구체적으로, 공정한 처벌 규칙 3가지(대칭 혹은 비대칭, 처벌 주체, 처벌 효과성)를 반영한 경우보다 처벌 규칙 전부인 4가지(대칭 혹은 비대칭, 처벌 주체, 처벌 효과성, 처벌 대상)를 반영한 경우 공공계정 기여가 높을 것으로 추정된다(H3).

4) 3가지 처벌 규칙의 근원과 공공계정 기여

처벌 규칙은 다양한 근원을 지니고 있다. 대표적으로, ① 어떤 강제력과 권한을 지닌 주체에 의해 부여되거나, ② 행위자들 스스로 비대칭적 처벌제도가 대칭적 처벌제도보다 공정하다고 인식하고 합의하여 마련되어질 수 있다. 또는 ③ 전혀 예측하기 어려운 집단 구성원 중 한 명(숨은 결정자)이 처벌 규칙을 정할 수도 있다.

공정성에 대한 욕구와 인식의 중요성은 앞서 다양한 이론적 논의에서 제시하였듯이 사회적 딜레마의 핵심 변수로 추정되고 있다(Chaudhuri, 2011; Fehr & Schmidt, 2000).

특히, 절차적 공정성은 분배의 과정에 직접 참여함으로써 유리한 보상을 이끌어낼 수 있을 뿐만 아니라(Thibaut and Walker, 1975) 물질적 이익을 넘어 상징적, 심리적 가치를 부여하는 것(Tyler, 1989)으로 알려져 왔다. 따라서 절차적으로 공정한 과정을 거쳐 마련된 처벌 규칙('공정한 처벌 규칙')을 적용할 때가 그렇지 않은 경우에 비해 공공계정 기여가 높을 가능성이 크다. 구체적으로, '공정한 처벌 규칙'을 적용할 때가 '임의의 강제력을 지닌 주체(실험 주관자)'가 부여한 처벌 규칙을 적용할 때보다 공공계정 기여율이 높을 것으로 예측된다(H4.1). 또한 '공정한 처벌' 규칙을 적용할 때가 사전에 전혀 예측하기 어려운 집단 구성원 중 한 명('숨은 결정자')에 의해 부여된 처벌 규칙을 적용할 때 보다 공공계정 기여율이 높을 것으로 예측된다(H4.2).

5) 비합의된 처벌 규칙의 사전 인지 여부와 공공계정 기여

현실에서는 행위자 간에 합의되지 않은 (비)대칭 처벌 규칙이 적용될 수 있다. 어떤 경우는 사전에 그러한 처벌 규칙을 알 수 있지만, 어떠한 경우는 사전에 알지 못하는 경우가 있다. 즉, 처벌이 되는 것은 확실하지만 구체적인 처벌 규칙(대칭 혹은 비대칭, 처벌 주체, 처벌 효과성, 처벌 대상)의 내용이 무엇인지 아는 경우와 모르는 경우 공공계정에 미치는 영향은 서로 상이할 가능성이 크다. 일반적으로 공공재 게임에서 (비)대칭 처벌 규칙을 분명히 아는 경우는 배신 전략의 결과를 부분적이나마 예측이 가능하고 이에 따른 전략적 행동을 취하기 용이하다. 반면, 처벌 규칙이 구체적으로 무엇인지 사전에 알기 어려운 경우 배신 전략에 따른 결과를 예단하기가 쉽지 않다.

처벌 규칙을 모르는 경우가 아는 경우보다 협력과 배반에 따른 결과에 예측이 어렵다는 점에서 행위자들이 보다 안정적인 결과가 도출될 수 있는 협력을 선호할 가능성이 높다. 즉, 처벌 규칙을 모르는 경우가 사전에 알고 있는 경우보다 공공계정 기여율이 높을 것으로 예측된다(H5).

6) 자발적 처벌금액

대칭 처벌과 비대칭 처벌, 그리고 비대칭 처벌의 근원에 따라 자발적으로 제시된 처벌금액에 차이가 있을 것인가는 쉽게 예단하기 어렵다. 그러나 공공재 게임에서 협력을 강화하기 위한 재량적인 처벌은 실질적 비용을 발생시킨다. 처벌이 없을 때보다 처벌에 따른 비용이 유발되므로 처벌이 허락될 때 수익이 낮아질 수 있다. 즉, 협력의 수준을 높일 수는 있지만, 제재의 옵션이 부재한 경우보다 평균 수익을 낮출 수 있다(Goette et al., 2012; Faillo et al., 2013: 272). 다시 말해, 처벌에는 비용이 들고, 이는 곧 자신의 손실로 나타날 수 있다.

대칭 처벌의 경우는 모두 동등한 처벌권을 지니는 반면, 비대칭 처벌에서 강한 처벌자는 자신의 제시한 처벌금의 일부가 곱해져 다른 실험 참여자에게 벌금으로 부과된다. 즉, 비대칭 처벌 구조에서 '강한 처벌자'가 된다면 자신이 낸 처벌 제시금보다 더욱 큰 처벌력을 얻게 되고, 이를 통해 이기적 행위자를 처벌할 수 있다. 이에 따라, '강한 처벌자'가 되어 처벌하고자 하는 사람들은 상대적으로 더 높은 처벌금액을 제시할 가능성이 높다. 이로 인해 대칭보다 비대칭 처벌에서 처벌금액이 높을 가능성이 높다(H6).

3 실험설계

1) 거시 개관

본 실험은 대칭 및 비대칭 처벌 권력의 근원, 즉 ① '실험 주관자', ② '공정한 처벌 규칙', ③ 처벌 규칙에 대해 알 수 없는 상황('숨은 결정자')별로 실험을 수행하였다.

여기서 '실험 주관자' 실험은 실험 주관자가 임의로 처벌 규칙을 부여하는 것을 말한다. 실험 주관자 실험에서는 대칭 처벌(실험 EA.1)과 비대칭 처벌(실험 EA.2) 두 가지를 모두 수행했다. '공정한 처벌 규칙' 실험은 실험 참여자들이 합의하여 결정한 '공정한 처벌 규칙'을 적용하는 것을 말한다. 동 실험에서는 실험 대상자들이 대칭 처벌을 선택할지, 비대칭 처벌을 선택할지 사전에 알기 어렵다. 이에 실험 참여자들에 의해 공정한 처벌 규칙이 제정되면 그에 따라 실험을 수행하였다. 예를 들어, 대칭 처벌을 선택하면 [실험 EB.1.1], [실험 EB.1.2]를, 비대칭 처벌을 선택하면 [실험 EB.2.1], [실험 EB.2.2]를 수행했다. '숨은 결정자' 실험은 공공재 실험이 종료된 이후, 각 조에서 무작위 선택된 익명의 실험 참여자 중 한 명(숨은 결정자)이 결정한 처벌 규칙을 적용하는 것을 말한다. 동 실험 역시 숨은 결정자가 대칭 처벌을 선택할지, 비대칭 처벌을 선택할지 사전에 알 수 없다. 이에, 숨은 결정자가 대칭 처벌을 선택하면 [실험 EC.1], 비대칭 처벌을 선택하면 [실험 EC.2]를 수행했다.

표 9-1 실험의 거시 개관

처벌 규칙의 근원	실험의 거시 유형		비고
	대칭 처벌[1]	비대칭 처벌[2]	
① 실험 주관자[EA]	실험 EA.1	실험 EA.2	실험 주관자가 두 실험 모두를 진행
② 공정한 처벌 규칙 [EB]	실험 EB.1.1 실험 EB.1.2	실험 EB.2.1 실험 EB.2.2	실험 참여자들의 합의에 따라 대칭 실험[EB.1] 혹은 비대칭 실험[EB.2]이 진행됨
③ 숨은 결정자[EC]	실험 EC.1	실험 EC.2	실험 참여자 중 '숨은 결정자'의 선택에 따라 대칭 실험[EC.1] 혹은 비대칭 실험[EC.2]이 진행됨

2) 세부 실험설계

(1) 실험 EA: 실험 주관자가 처벌 규칙 결정

[실험 EA]는 실험 주관자에 의해 처벌 규칙(① 대칭 vs 비대칭, ② 강한 처벌 주체, ③ 처벌 효과성, ④ 처벌 대상)이 결정되어 실험 참여자에게 주어진 상황으로, 대칭 처벌[실험 EA.1]과 비대칭 처벌[실험 EA.2] 실험을 수행했다.

첫째, [실험 EA.1]은 대칭 처벌 실험으로, 처벌 주체는 상위 1순위, 처벌 효과성은 실험 대상자가 모두 동등하게 1이 부여되었고, 처벌 대상은 하위 1순위로 하였다.

둘째, [실험 EA.2]는 비대칭 처벌 구조로서, 강한 처벌 주체는 상위 1순위, 처벌 효과성은 강한 처벌자인 경우는 3, 나머지 실험 참여자는 1로 주어졌다. 처벌 대상은 하위 1순위로 하였다.

(2) 실험 EB: 실험 대상자 간에 합의된 공정한 처벌 규칙

[실험 EB]는 '공정한 처벌 규칙'을 반영한 실험으로 크게 2가지 단계(공정한 처벌 규칙 제정 → 실험)로 구성된다.

첫째, 실험에 앞서 실험 참여자들 간에 '공정한 처벌 규칙'을 제정하는 작업을 선행했다.

구체적으로, ① 실험 주관자는 합의 과정에 개입하지 않을 것임을 사전 공지하였고, 실제 공정한 처벌 규칙합의 과정에 전혀 개입하지 않았다. ② 연구보조원이 5개 조(가, 나, 다, 라, 마)별로 오픈 채팅방을 개설하였고, 각 조별 10명의 실험 참여자가 익명성을 지니고 참여하였다. ③ 각 조별 카카오톡 오픈채팅방(https://open.kakao.com)에서 공정한 처벌 규칙을 토론하고 합의하였다. '무엇이 공정한 처벌 규칙인가?'라는 대주제하에 4가지 규칙, a) 대칭적 처벌이 공정한지, 비대칭적 처벌이 공정한지(대칭 vs 비대칭 처벌), b) 누가 강한 처벌 권한을 갖는 것이 공정한 것인지(처벌 주체), c) 어느 정도의 처벌 효과성이 주어져야 하는지 공정한 것인지(처벌 효과성), d) 누구를 처벌해야 공정한 것인지(처벌 대상)에 대해 토론하고 의견을 수렴했다. 5개 조는 4가지 세부 규칙별로 의견을 수렴했으며, 의견이 충돌이 있는 경우는 '다수결'로, 의견충돌이 심하지 않은 경우는 '만장일치'로 진행되었다. ④ 연구 주관자는 조별 합의 규칙이 '합의된 것인지' 다시 점검하기 위해 설문지를 통해 2차 검증을 수행하였다.

둘째, 실험 참여자들이 제정한 '공정한 처벌 규칙'이 '비대칭 처벌'인 경우, 두 가지 실험을 진행했다. ① [실험 EB.2.1]은 실험 참여자들이 합의한 공정한 처벌 규칙 중 일부만을 반영한 실험이다, 즉, 대칭 vs 비대칭, 처벌 주체, 처벌 효과성만을 반영하였고, 처벌 대상은 실험 주관자에 의해 결정되었다. ② [실험 EB.2]는 실험 참여자들이 합의한 공정한 처벌 규칙 전부(대칭 vs 비대칭, 처벌 주체, 처벌 효과성, 처벌 대상)를 반영한 실험이다. 즉, [실험 EB.2.2]가 [실험 EB.2.1]보다 실험 참여자들에 의해 합의된 공정한 처벌 규칙 반영 수준이 높은 조건임을 알 수 있다.

표 9-2 [실험 EB.2]: 공정한 처벌 규칙과 적용 범위

<table>
<tr><th></th><th colspan="2">처벌 규칙</th><th>규칙 결정 방법</th><th colspan="2">실험별 합의 규칙 반영 범위</th></tr>
<tr><td rowspan="5">실험 EB</td><td colspan="2">① 대칭 vs 비대칭 선택</td><td>조별로 실험 참여자 간에 합의 결정</td><td rowspan="4">실험 EB.2.1</td><td rowspan="5">실험 EB.2.2</td></tr>
<tr><td colspan="2">② 강한 처벌 주체(공공재 기여 상위 순위)</td><td>조별로 실험 참여자 간에 합의 결정</td></tr>
<tr><td rowspan="2">③ 처벌 효과성</td><td>강한 처벌자</td><td>조별로 실험 참여자 간에 합의 결정</td></tr>
<tr><td>보통 처벌자</td><td>1(기준값)</td></tr>
<tr><td colspan="2">④ 처벌 대상 (공공재 기여 하위 순위)</td><td>조별로 실험 참여자 간에 합의 결정</td><td>_2)</td></tr>
</table>

주: 1) 실험 참여자들이 대칭 처벌을 선택할 경우 강한 처벌 주체는 없고 모두 보통 처벌자가 되며, 처벌 효과성은 모두 1로 동일하게 됨. 다만, ④ 처벌 대상만 조별로 달라짐.

2) [실험 EB.2.1]에서 ④ 처벌 대상은 실험 주관자에 의해 하위 1순위 부여.

(3) 실험 LC: 숨은 결정자가 처벌 규칙 결정

[실험 EC]는 숨은 결정자가 처벌 규칙을 결정하여 적용하는 실험이다. 이전 실험과 달리 사전에 처벌 규칙을 모르는 상태에서 공공재 실험을 수행하고, 이후 숨은 결정자

가 처벌 규칙을 결정하면 이를 적용하여 최종 수익을 결정하는 게임이다. 이에 본 실험은 크게 2가지 단계(처벌 규칙을 모르는 상태에서 공공계정 기여 선택→숨은 결정자가 처벌 규칙 결정 및 최종 수익 계산)로 구성된다. 첫째, 실험 참여자들은 처벌 규칙을 모르는 상태에서 공공계정 기여를 선택한다. 둘째, 실험 참여자들의 공공계정 기여를 결정한 이후, 각 조에서 무작위 선택된 익명의 실험 참여자 중 한 명('숨은 결정자')이 처벌 규칙(① 대칭 vs 비대칭, ② 강한 처벌 주체, ③ 처벌 효과성, ④ 처벌 대상)을 정하고, 동 규칙에 따라 최종 수익을 계산한다. 동 과정에서 각 조원들은 숨은 결정자가 누구인지 전혀 알지 못하였다.

본 실험은 숨은 결정자가 대칭 처벌과 비대칭 처벌 중 무엇을 선택할지 사전에 알

표 9-3 실험 유형별 주요 내용

대분류	실험명	처벌 규칙 인지[1]	주요 내용	각 조별 실험 참여자 수	실험 횟수
[실험 EA] 실험 주관자 결정	[실험 EA.1]	사전 인지	• 대칭 처벌 • 강한 처벌 주체: 없음. 모두 동등 • 처벌 효과성: 동등(모두 1) • 처벌 대상: 하위 1순위	각 조별 10명, 총 50명	반복 3회
	[실험 EA.2]	사전 인지	• 비대칭 처벌 • 강한 처벌 주체: 공공재 기여 상위 1순위 • 처벌 효과성: 강한 처벌자=3, 보통=1 • 처벌 대상: 하위 1순위	각 조별 10명, 총 50명	반복 3회
[실험 EB] 공정한 처벌 규칙	[실험 EB.1(2).1]	사전 인지	• 대칭 vs 비대칭: 각 조별 합의 규칙 반영 • 강한 처벌 주체: 각 조별 합의 규칙 반영 • 처벌 효과성: 각 조별 합의 규칙 반영 • 처벌 대상: 하위 1순위(실험 주관자 결정)	각 조별 10명, 총 50명	반복 3회
	[실험 EB.1(2).2]	사전 인지	• 대칭 vs 비대칭: 각 조별 합의 규칙 반영 • 강한 처벌 주체: 각 조별 합의 규칙 반영 • 처벌 효과성: 각 조별 합의 규칙 반영) • 처벌 대상: 각 조별 합의 규칙 반영	각 조별 10명, 총 50명	반복 3회
[실험 EC] 숨은 결정자	[실험 EC.1(2)]	사후 인지	• 구체적인 처벌 규칙을 모르는 상태에서 공공계정 기여를 선택하고, 이후 '숨은 결정자'가 처벌 규칙을 정하면 이를 반영하여 최종 수익 결정	각 조별 10명, 총 50명	반복 3회
계					15회

주: 1) 사전 인지는 실험 참여자들이 공공계정 기여를 선택하기 전에 처벌 규칙을 알고 있음을 의미하고, 사후 인지는 공공계정 기여를 선택하기 전에 알지 못함을 의미.

수 없다. 이에, 숨은 결정자가 대칭 처벌을 선택할 경우는 EC.1을, 비대칭을 선택할 경우 EC.2 실험을 수행한다.

3) 실험 및 분석 방법

본 실험에 참여한 실험 대상자들은 실험 공모와 자발적으로 참여한 K대학교 학부생 50명이다. 실험 전 실험의 취지와 목적, 그리고 실험에 따른 수익구조 등을 분명히 안내하고, 본 실험 전 개관적인 공공재 게임을 가상적으로 시현하여 본 실험을 정확히 이해할 수 있도록 하였으며, 자발적 참여 의사를 다시 한번 점검한 이후 장기간 실험을 수행했다.

실험 집단은 무작위로 10명씩 5개 조(가조, 나조, 다조, 라조, 마조)로 구성하였고, 실험 참여자 총 인원(50명)과 각 조별 인적 구성은 모든 실험에서 변화없이 동일하였다. 또한 실험기간 동안 실험 참여자들 간 익명성은 철저하게 보장되었다.

'실험 참여자'들은 본 실험 전 주에 무작위 추출을 통해 실험 참여 당사자만 알 수 있는 실험 아이디(예: 가1, 라7 등)를 얻었다. 아이디는 오직 당사자만 알 수 있었고 철저하게 보완이 유지되었다. 5개 유형의 15개 실험은 모두 동 아이디를 통해 진행했다. 예를 들어, 최초 실험(EA.1의 1회)에 참여한 '가1'과 마지막 실험(EC.2의 3회)에 참여한 '가1'은 동일인이다.

EC실험의 '숨은 결정자'는 실험 참여자들이 매회 공공재 기여를 결정한 이후, 실험 아이디들이 들어 있는 조별 상자에서 연구보조원이 무작위 추출하여 결정했다. 이후, 연구보조원이 만든 카카오톡 방으로 숨은 결정자를 초대하고 숨은 결정자가 처벌 규칙을 카카오톡 방에서 정해주면, 이를 토대로 게임의 최종 수익을 계산하였다. EC.2의 1회, 2회, 3회 각 조별로 숨은 결정자를 위와 같은 방식으로 독립 시행하여 결정했다. 숨은 결정자의 실험 아이디는 비공개로 하여 실험 참여자들이 알지 못하게 했다.

실험별로 실험구조가 상이함으로 인해, 실험 참여자들이 실험 내용을 정확히 이해할 수 있도록 실험 내용을 담은 유인물 배포 및 질의 응답, 실험내용과 동일한 가상의 공공재 게임 구현의 단계를 거쳐 각각의 본 실험을 수행했다. 실험은 매 실험별로 3회씩 빈복 실험[총 15회 실험]을 수행하였으며, 매회 공공재 실험은 오픈 카카오톡, 네이버 설문도구, 구조화된 엑셀을 상호 연계시켜 실험 참여자들의 선택과 결과를 취합했다.

본 실험은 서로 다른 유형의 실험이나 실험 시간이 소요되고 반복 실험에 따라 발생될 수 있는 기여금 감소 현상 및 집중력 저하 문제 등을 통제하기 위해 실험과 실험 간에 시차를 두고 장기간 수행했다. 실험 A, 실험 B, 실험 C는 2019년 4~5월(약 6~7주)에 걸쳐 진행되었다. 첫 주에 본 실험 안내 및 공공재 게임 시현 및 조 구성, 일주일 후 실험 A 수행, 일주일 후 실험 B를 위한 '공정한 처벌 규칙'에 대한 조별 토론과 규칙 제정, 일주일 후 실험 B.2.1 수행, 일주일 후 B 2.2 수행, 일주일 후 실험 C 수행, 일주일 후 설문조사 수행 순으로 진행되었다.

실험은 쿠폰금액 10,000원으로 하였으며, 최소 단위는 쿠폰금액 100원이다. 실험 이후 최종 수익금액을 실제 현금으로(현금=쿠폰금액×0.7) 지급받을 것임을 안내했고,

표 9-4 연구내용과 주요 연구가설

연구내용		실험 비교 내용	조사 및 분석방법	관련 연구가설
대칭 vs 비대칭 처벌 비교		• 실험 주관자 결정구조에서 대칭[실험 EA.1]과 비대칭 처벌[실험 EA.2] 간 공공계정 기여 차이 분석	실험 및 설문조사 평균분석	H1
공정한 처벌 규칙	대칭, 비대칭	• 실험 대상자 간에 합의한 공정한 처벌 규칙이 대칭 처벌인지 비대칭 처벌인지 분석	실험 및 설문조사 평균분석	H2
	적용 범위 차이	• 실험 대상자 간에 합의된 공정한 세부 처벌 규칙 3가지 적용[실험 EB.1(2)2).1]한 경우 vs 4가지 모두 적용[실험 EB.1(2).2]한 경우 공공 계정 기여 차이 분석	실험 및 설문조사 평균분석	H3
(비)대칭 처벌 규칙의 근원에 따른 차이		• 실험 주관자에 의해 부여된 처벌 규칙[실험 EA.2] vs 실험 참여자 간 합의된 공정한 처벌 규칙[실험 EB.1(2).1], [실험 EB.1(2).2] vs 숨은 결정자[실험 EC.1(2)] 간 공공계정 기여 차이 분석	실험 및 설문조사 평균분석	H4.1, H4.2
비합의된 (비)대칭 처벌 규칙 사전 인지 여부		• 비합의된 처벌 규칙을 사전에 아는 경우[실험 EA.1(2)]와 모르는 경우[실험 EC.1(2)] 공공계정 기여 차이 분석	실험 및 설문조사 평균분석	H5
자발적 처벌 제시금		• 실험 유형별 자발적 처벌 제시금 차이 비교[전 유형 실험 비교]	실험 및 설문조사 평균분석	H6

주: 1) [실험 EB.1(2).1] 역시 실험 참여자의 선택에 따라 실험명이 달라짐을 의미함. 만약 실험 참여자가 대칭을 선택하면 [실험 EB.1.1]을, 비대칭을 선택하게 되면 [실험 EB.2.1]이 수행됨을 의미함. '숨은 결정자' 실험 역시 숨은 결정자에 의해 대칭 처벌과 비대칭 처벌이 선택되므로 [실험 EC.1(2)] 형식으로 표기함. 숨은 결정자가 비대칭 처벌을 선택하면 실험은 [실험 EC.2]로 수행됨을 의미함.

실제로 게임 종료 이후에 현금으로 지급했다. 또한 본 실험은 실험결과의 타당성을 검증하기 위해 실험 참여자들을 대상으로 설문조사를 병행하여 진행했고 분석은 STATA 14.0을 활용했다.

이상을 종합하여, 전반적인 연구내용과 연구방법을 정리하면 〈표 9-4〉와 같다.

제4절 분석결과

1 처벌 규칙 도출 결과

앞서 제시한 바 대로, [실험 EA]는 실험 주관자에 의해 처벌 규칙이 제시되나 [실험 EB]와 [실험 EC]는 각 실험별로 실험과정에서 처벌 규칙을 도출해야 한다. 이하에서 도출된 결과를 제시하면 아래와 같다.

1) 실험 EB에서의 공정한 처벌 규칙 도출 결과

[실험 EB] 과정에서 도출된 '공정한 처벌 규칙'은 아래와 같다. 각 조별로 대칭과 비대칭, 처벌 주체, 처벌 효과성, 처벌 대상에 대해 공정하다고 인식하는 합의된 처벌 규칙의 내용이다. 〈표 9-5〉가 보여주듯이 5개 조 모두 공공재 게임에서 공정한 처벌 규칙으로 비대칭 처벌을 선택하였다. 이에 따라 [실험 EB]는 비대칭 실험인 [EB.2.1]과 [EB.2.2]가 수행되었다.

각 조가 모두 비대칭 처벌이 공정한 처벌이라고 생각하고 있으나 구체적인 처벌규칙의 내용은 상이하다. 강한 처벌 주체의 경우는 공공계정 기여 상위 1순위부터 3순위가지 존재하고, 강한 처벌자의 처벌 효과성은 최소 2에서 최대 3까지, 처벌 대상은 공공계정 기여 하위 1순위부터 3순위까지 나타나고 있으며, 각 조별로 세부 규칙이 일치되는 조는 없음을 알 수 있다.

공공재 실험에서 행위자들이 비대칭 처벌을 공정하다고 인식하고 있는 점은 매우 특징적이며, 이러한 각 조별 합의 결과는 실험 참여자들을 대상으로 한 사후 설문조사

표 9-5 [실험 EB.2]: 실험 참여자들이 제정한 공정한 처벌 규칙

<table>
<tr><th></th><th colspan="2">처벌 규칙</th><th>가조</th><th>나조</th><th>다조</th><th>라조</th><th>마조</th><th colspan="2">적용 범위와
세부 실험명</th></tr>
<tr><td rowspan="5">실험
EB</td><td colspan="2">대칭 vs 비대칭 선택</td><td>비대칭</td><td>비대칭</td><td>비대칭</td><td>비대칭</td><td>비대칭</td><td rowspan="4">실험
EB.2.1</td><td rowspan="5">실험
EB.2.2</td></tr>
<tr><td colspan="2">강한 처벌 주체
(공공계정 기여 상위 순위)</td><td>1</td><td>2</td><td>2</td><td>3</td><td>3</td></tr>
<tr><td rowspan="2">처벌
효과성</td><td>강한 처벌자</td><td>3</td><td>3</td><td>2</td><td>3</td><td>3</td></tr>
<tr><td>보통
처벌자(기준값)</td><td>1</td><td>1</td><td>1</td><td>1</td><td>1</td></tr>
<tr><td colspan="2">처벌 대상
(공공계정 기여 하위 순위)</td><td>1</td><td>3</td><td>2</td><td>2</td><td>3</td><td></td></tr>
</table>

주: 1) [실험 EB.2.1]에서 처벌 대상은 실험 주관자에 의해 하위 1순위 부여.

에서도 지지되고 있다. 실험 참여자들은 공공재 실험에서, 처벌을 어떻게 하는 것이 공정하다고 생각하는가에 대한 질의에 대해 절대 다수인 48명(98%)이 공공계정 기여 수준에 따라 비대칭 처벌권을 부여하는 것이 공정하다고 인식하였다.

각 조의 합의한 공정한 규칙 중 [실험 EB.2.1]은 ① 대칭 vs 비대칭, ② 처벌 주체, ③ 처벌 효과성만을 실험에 적용하고(처벌 대상은 실험 주관자가 임의 결정, 공공계정 기여 최하위 1순위), [실험 EB.2.2]는 실험 참여자들이 합의한 공정한 처벌 규칙 전부(① 대칭 vs 비대칭, ② 처벌 주체, ③ 처벌 효과성 ④ 처벌 대상)를 반영하였다.

2) 실험 EC 처벌 규칙 도출 결과

[실험 EC]를 위한 각 조에서 무작위 선택된 익명의 실험 참여자 중 한 명(숨은 결정자)이 정한 처벌 규칙은 아래와 같다. 예를 들어, 가조 1회 실험에서는 '가5번' 실험 참여자가 처벌 규칙을 정했음을 보여준다. 5개조 각각 3회씩 수행된 실험에서, 익명의 숨은 결정자 모두는 대칭과 비대칭 처벌 중 비대칭 처벌을 선택하였다. 이에 [실험 EC.2]를 수행하였다.

강한 처벌 주체의 범위를 공공계정 최상위 기여자 1순위부터 4순위까지 분포하고 있고, 강한 처벌자의 처벌 효과서은 최소 2에서 최대 5에 이르고 있다. 또한 처벌 대상은 공공재 기여 하위 1순위에서 3순위까지 분포되어 있음을 보여준다. '숨은 결정자'에 의해 결정된 처벌 규칙은 실험 횟수별로 숨은 결정자가 결정되므로 각 규칙은 각 조별

표 9-6 [실험 EC.2]: 처벌 규칙

			가조			나조			다조			라조			마조		
	실험 횟수		1회	2회	3회	1회	2회	3회	1회	2회	3회	1회	2회	3회	1회	2회	3회
[실험 EC.2]	무작위로 결정된 규칙 결정자 (숨은 결정자)		가5	가4	가2	나4	나9	나8	다9	다10	다4	라6	라9[11]	라9	마6	마5	마10
	대칭 vs 비대칭 처벌 선택		비대칭	비대칭	비대칭	비대칭	비대칭	비대칭	비대칭	비대칭	비대칭	비대칭	비대칭	비대칭	비대칭	비대칭	비대칭
	강한 처벌 주체 (공공계정 기여 상위 순위)		4	1	3	3	1	1	2	2	3	2	1	2	1	2	3
	처벌 효과성	강한 처벌자	5	3	2	3	2	2	5	3	3	3	3	2	5	3	4
		보통 처벌자	1	1	1	1	1	1	1	1	1	1	1	1	1	1	1
	처벌 대상 (공공계정 기여 하위 순위)		1	1	3	2	1	1	1	1	2	2	1	1	1	1	3

로, 매 실험 횟수별로 〈표 9-6〉과 같이 상이하다.

2 실험 분석결과

1) 분석결과 개관

〈표 9-7〉은 실험 EA.1, 실험 EA.2, 실험 EB.1, 실험 EB.2, 실험 EC.2의 결과로서, 개정계정, 공공계정, 처벌과 벌금, 최종 수익금액을 개관하고 있다.

---

11) 라9가 2회, 3회 숨은 결정자로 선정되었는데 이는 동일인이다. 공공재 게임에서 실험 참여자들은 매 게임마다 전략적 대응을 한다. 숨은 결정자 라9는 2회, 3회 처벌 규칙을 바꾸었는데, 이는 숨은 결정자 역시 실험 참여자들과 마찬가지로 전략적 대응을 하고 있음을 보여준다.

표 9-7 분석결과 개관

(단위: 원)

			EA.1			EA.2			EB.1			EB.2			EC.2		
			1회	2회	3회	1회	2회	3회	1회	2회	3회	1회	2회	3회	1회	2회	3회
개인 계정	평균		7,410.2	7,844.4	7,845.0	6,783.4	6,527.2	6,594.6	5,564.2	5,338.2	5,272.8	5,048.8	5,501.0	5,541.6	5,951.0	5,985.6	5,780.0
	최솟값		1,000	3,000	3,000	1,000	500	2,000	0	0	0	0	0	0	500	1,000	2,000
	최댓값		10,000	10,000	10,000	10,000	9,000	9,000	7,800	7,600	10,000	10,000	10,000	10,000	8,500	8,000	9,900
공공 계정	평균		2,589.8	2,155.6	2,155.0	3,216.6	3,472.8	3,405.4	4,435.8	4,661.8	4,727.2	4,951.2	4,499.0	4,458.4	4,049.0	4,014.4	4,220.0
	최솟값		0	0	0	0	1,000	1,000	2,200	2,400	0	0	0	0	1,500	2,000	100
	최댓값		9,000	7,000	7,000	9,000	9,500	8,000	10,000	10,000	10,000	10,000	10,000	10,000	9,500	9,000	8,000
처벌과 벌금	자발적 처벌 제시액	평균	659.4	636.7	902.6	1,200.5	1,264.3	799.4	825.8	795.1	903.8	702.3	1,482.7	1,437.3	1,073.5	936.8	992.5
		최솟값	10	50	10	10	10	10	50	30	10	40	10	20	40	10	10
		최댓값	4,160	3,000	10,000	8,000	8,000	4,000	5,000	4,000	8,000	2,500	8,000	9,000	8,000	5,000	7,000
		처벌금 제시자 수	44	39	39	37	35	33	35	35	29	35	30	30	40	37	36
		처벌받은 사람 수	6	6	6	5	6	5	6	6	6	12	13	14	5	5	8
	처벌 효과성 적용	평균				1,691.9	2,304.3	1,229.7	1,552.3	1,275.1	1,779.7	1,148.0	3,386.0	3,394.0	1,983.5	1,301.6	1,434.7
		최솟값				10	10	10	50	30	10	40	10	20	40	10	10
		최댓값				9,000	24,000	12,000	15,000	9,000	24,000	7,500	24,000	27,000	24,000	9,000	9,000
	부과된 벌금	평균	4,835.3	4,138.3	3,815.0	12,520.0	13,941.7	8,116.0	9,055.0	7,438.3	8,601.7	3,348.3	7,813.8	7,272.9	15,768.0	8,890.0	6,456.3
		최솟값	3,142	2,360	1,630	3,510	5,610	2,410	3,700	3,500	1,800	2,033	2,125	950	4,300	3,100	2,325
		최댓값	7,810	6,110	5,440	17,710	30,000	20,500	12,880	13,530	30,140	4,620	22,450	31,350	30,290	11,550	13,700
최종 수입 금액	평균		11,597.8	11,048.1	10,848.9	10,917.9	10,927.7	11,974.7	12,293.9	12,541.9	12,403.6	12,602.8	10,966.7	11,176.5	11,023.1	12,045.1	11,833.3
	최솟값		6,514	4,110	1,672	−4,440	−13,940	−6,828	−356	−1,326	−18,640	5,498	−1,268	−13,746	−16,410	2,400	1,774
	최댓값		15,484	13,424	14,298	16,006	16,260	14,872	18,092	17,014	17,082	17,032	17,162	16,604	15,224	15,800	17,832
실험 참여자 수(n), 명			50	50	50	50	50	50	50	50	50	50	50	50	50	50	50

주: 실험 EA2에서 처벌 효과성=3, 실험 EB2.1 EB2.2, EC2에서 처벌 효과성은 매 게임별, 실험 조별(5개조)로 상이함.

2) 부분별 분석결과

(1) 실험 주관자 결정 구조에서 대칭 vs 비대칭 처벌 비교

〈표 9-8〉은 실험 주관자에 의해 처벌 규칙이 정해지는 실험 구조에서, 대칭 처벌(실험 EA.1)과 비대칭 처벌(실험 EA.2)에서 공공계정 기여 차이를 보여준다.

첫째, 대칭 처벌보다 비대칭 처벌에서 공공계정 기여액이 1회에는 626.8원, 2회 1317.2원, 3회 1250.4원으로 높게 나타나고 있으며, 이러한 차이는 통계적으로 유의미함을 보여준다.

둘째, 특징적으로, 대칭 처벌에서는 1회 실험보다 2회 실험에서 공공계정 기여가 낮아지는 반면, 비대칭 처벌에서는 1회 실험보다 2회 실험에서 더 높게 나타나고, 3회 실험은 2회 실험보다 근소하게 낮지만 1회 실험보다 더 높음을 보여준다. 즉, 비대칭 처벌은 대칭 처벌에서 일반적으로 나타나는 반복 실험 시 공공계정 감소 현상이 나타나지 않을 수 있음을 보여준다.

표 9-8 실험 주관자 결정 구조에서 대칭 vs 비대칭 처벌 비교

(단위: 원)

	1회	2회	3회
실험 EA.1(대칭)	2,589.8	2,155.6	2,155.0
실험 EA.2(비대칭)	3,216.6	3,472.8	3,405.4
공공계정 기여 차이	−626.8**	−1,317.2***	−1,250.4***
N	50	50	50

*p<0.1, **p<0.05, ***p<0.01.

(2) 공정한 처벌 규칙 적용 범위에 따른 차이 비교

실험 대상자 간에 합의에 의해 마련된 공정한 처벌 규칙을 적용한 실험으로, 합의된 공정한 처벌 규칙 중 일부(대칭/비대칭, 처벌 주체, 처벌 효과성)만 반영한 [실험 EB.2.1]과 합의된 공정한 처벌 규칙 모두를 반영한 [실험 EB.2.2]의 공공계정 기여를 비교하면 〈표 9-9〉와 같다. 1회 실험에서 공공계정 기여액 평균을 살펴보면, [실험 EB.2.2]가 4,951.2원으로 [실험 EB.2.1] 4,435.8원에 비해 515.4원 만큼 공공계정 기여가 높게 나타나며, 이러한 차이는 통계적으로 유의미함을 알 수 있다. 실험이 반복된 2회, 3회 실험에서는 이러한 차이가 유의미하지 않다. 즉, 공정한 처벌 규칙 중 전부를 반영

표 9-9 공정한 처벌 규칙 적용 범위에 따른 차이

(단위: 원)

실험명	1회	2회	3회
실험 EB.2.1(일부 적용)	4,435.8	4,661.8	4,727.2
실험 EB.2.2(전부 적용)	4,951.2	4,499.0	4,458.4
공공계정 기여 차이	−515.4**	162.8	268.8
N	50	50	50

*$p<0.1$, **$p<0.05$, ***$p<0.01$.

한 실험이 그렇지 않은 실험에 비해서 높다 할 수 있으나 실험이 반복될수록 그러한 차이가 강건하지 않을 수 있음을 보여준다. 이러한 결과는 실험 참여자들의 입장에서 [실험 EB.2.1]과 [실험 EB.2.2]의 차이가 크지 않은 것으로 인식함에 따른 결과로 추정된다.

(3) 비대칭 처벌 규칙의 근원에 따른 차이: 실험 주관자 vs 공정한 처벌 규칙, 공정한 처벌 규칙 vs 숨은 결정자 비교

비대칭 처벌 규칙의 근원이 실험 주관자(EA.2)에 의한 것인지, 아니면, 실험 참여자 간 합의(EB.2[1,2])에 의한 것인지, 아니면 숨은 결정자(EC.2)에 따라 차이가 있는지를 분석한 결과는 〈표 9-10〉과 같다.

첫째, EA.2와 EB.2[1,2] 비교 결과를 살펴보면, ① [실험 EA.2](실험 주관자 결정)와 [실험 EB.2.1](공정한 처벌 규칙 일부 반영)을 비교하면, 공정한 처벌 규칙이 일부 적용(EB.2.1)될 때 실험 주관자에 의해 일방적으로 결정(EA.2)된 경우보다 1회 1,219.2원, 2회 1,189.0원, 3회 1,321.8원으로 공공계정 기여가 높게 나타나며, 통계적으로 이러한 차이는 유의미하다. ② [실험 EA.2]와 합의 규칙을 전부 반영한 [실험 EB.2.2] 비교에서도 EB.2.2가 EA.2보다 1회 1,734.6원, 2회 1,026.2원, 3회 1,053.0원으로 높게 나타나고 통계적으로 유의미하다. 즉, 이는 '실험 주관자'에 의해 임의로 비대칭 처벌 규칙이 마련되어 적용되는 경우보다 '공정한 처벌 규칙'이 적용될 때 공공계정 기여가 높음을 보여준다. 특히, 공정한 처벌 규칙 전부가 적용되든, 일부가 적용되든 실험 주관자에 의해 결정된 구조보다 일관적으로 높음을 알 수 있다.

둘째, EB.2[1,2]와 EC.2 비교로서, ① [실험 EB.2.1]과 [실험 EC.2]를 비교하면, [실험 EB.2.1]이 [실험 EC.2]에 비해 1회에서는 386.8원, 2회 647.4원, 3회 532.2원으로 1회부터 3회까지 모두 [실험 EB.2.1]의 공공계정 기여가 높다. 특히, 2회, 3회에서의 차이는 통계적으로 유의미하다. ② [실험 EB2.2]와 [실험 EC.2]를 비교해보면, [실험 EB2.2]가 [실험 EC.2]에 비해 1회 902.2원, 2회 486.8원, 3회 258.0원으로 공공계정 기여가 높다. 그러나 통계적으로 1회만이 유의미함을 알 수 있다. 전반적으로 볼 때, 공정한 처벌 규칙이 전부 적용된 경우 역시 숨은 결정자에 의한 처벌 규칙을 적용했을 때보다 공공계정 기여가 높은 것으로 판단된다.

결론적으로, 비대칭 처벌 규칙의 근원별로, 공정한 처벌 규칙>숨은 결정자>실험 주관자 순으로 공공계정 기여가 나타나고 있다. 이러한 결과는 비대칭 처벌 그 자체보다 비대칭 처벌의 근원이 무엇인가에 따라 공공계정 기여에 차이가 있음을 보여준다. 특히, 비대칭 처벌 규칙이 공정하게 마련된 경우 처벌 권력이 비대칭되어 있다 하더라도 공공계정 기여를 높임을 보여준다. 동 실험결과는 실험 참여자들을 대상으로 한 설문조사에서도 지지되고 있다. '처벌 권력을 얻는 과정이 공정할 때 처벌 권력의 비대칭을 인정하는가'에 대한 질의에 평균 3.64로 긍정적 인식을 보여준 반면, '처벌 권력을 얻는 과정이 불공정할 때 처벌 권력의 비대칭을 인정하는가'의 질의에는 평균 2.48로 부정적 인식을 보여주었다. 또한 집단행동 딜레마를 해결함에 있어서 공정한 규칙이 매

표 9-10 비대칭 처벌 규칙의 근원에 따른 차이

(단위: 원)

	실험명	1회	2회	3회
EA.2와 EB.2 비교	실험 EB.2.1(공정한 처벌 규칙, 일부)	4,435.8	4,661.8	4,727.2
	실험 EA.2(실험 주관자)	3,216.6	3,472.8	3,405.4
	공공계정 기여 차이	1,219.2***	1,189.0***	1,321.8***
	실험 EB.2.2(공정한 처벌 규칙, 전부)	4,951.2	4,499.0	4,458.4
	실험 EA.2(실험 주관자)	3,216.6	3,472.8	3,405.4
	공공계정 기여 차이	1,734.6***	1,026.2***	1,053.0***
EB.2와 EC.2 비교	실험 EB.2.1(공정한 처벌 규칙, 일부)	4,435.8	4,661.8	4,727.2
	실험 EC.2(숨은 결정자)	4,049.0	4,014.4	4,220.0
	공공계정 기여 차이	386.8	647.4***	532.2**
	실험 EB.2.2(공정한 처벌 규칙, 전부)	4,951.2	4,550.0	4,478.0
	실험 EC.2(숨은 결정자)	4,049.0	4,014.4	4,220.0
	공공계정 기여 차이	902.2***	486.8	258.0
	N	50	50	50

*p<0.1, **p<0.05, ***p<0.01.

표 9-11 공정성과 처벌 권력의 비대칭성에 대한 인식 결과

	N	최솟값	최댓값	평균	표준편차
과정이 공정할 때, 처벌 권력의 비대칭 인정 여부	50	2	5	3.64	0.875
과정이 불공정할 때, 처벌 권력의 비대칭 인정 여부	50	1	5	2.48	1.297
집단행동 딜레마를 해결함에 있어 공정한 규칙의 중요성	50	2	5	4.30	0.789

주: 5점 척도(점수가 높아질수록 긍정 의미).

우 중요하다고 인식(평균 4.30)하였다.

(4) 비합의된 비대칭 처벌 규칙의 사전 인지 여부

실험 참여자들 간에 합의되지 않은 비대칭 처벌 규칙이 사전적으로 주어진 경우(실험 EA.2)와 실험 이후에 적용되는 경우(실험 EC. 2)에 공공계정 기여 차이를 비교하였다. [실험 EA.2]의 공공계정 기여금(1, 2, 3회)은 각각 3,216.6원, 3,472.8원, 3,393.3원인 반면, [실험 EC.2]의 공공계정 기여금(1, 2, 3회)는 각각 4,049.0원, 4,014.4원, 4,220.0원으로 사후에 결정되는 [실험 EC.2]가 사전적으로 결정되는 [실험 EA.2]에 비해, 1회 832.4원, 2회 541.6원, 3회 826.7원 공공계정 기여가 더 높게 나타났고 이러한 차이는 통계적으로도 유의미하였다. 이는 합의되지 않은 비대칭 처벌 규칙이라 하더라도, 처벌 규칙이 구성원들에게 주어지는 경우보다 사전에 처벌 규칙이 어떠한지를 알지 못하는 경우가 공공계정 기여가 더 높음을 알 수 있다. 이는 처벌 규칙이 불확실함에 따른 위험을 최소화하기 위한 전략적 선택의 결과로 이해된다.

표 9-12 비합의된 비대칭 처벌 규칙의 사전 인지 여부: [실험 EA.2] vs [실험 EC.2]

(단위: 원)

	실험명	1회	2회	3회
EA.2와 EC.2	실험 EA.2	3,216.6	3,472.8	3,393.3
	실험 EC.2	4,049.0	4,014.4	4,220.0
	공공계정 기여 차이	−832.4**	−541.6**	−826.7***

*p<0.1, **p<0.05, ***p<0.01.

(5) 자발적 처벌 제시금

〈표 9-13〉은 자발적 처벌 제시금의 평균을 실험 유형별로 제시하고 있다. 첫째, 자발적 처벌 제시금은 비대칭 처벌이 대칭 처벌에 비해 높게 나타난다. 처벌 제시금 평균(1~3회)을 비교해보면, 대칭 처벌인 실험 EA.1(732.9원)이 비대칭 처벌인 실험 EA.2(1,088.1원)보다 355.2원이 낮다. 또한 대칭 처벌인 EA.1(732.9원)은 다른 비대칭 조건은 EB.2.1보다는 1,087원, EB.2.2보다는 474.5원, EC.2보다는 268원이 낮다. 대칭 처벌이 비대칭 조건보다 처벌 제시금 평균이 가장 낮게 나타나고 있다. 반면, 처벌금 제시자 수는 처벌금과 상관되게 1~3회 평균 EA.1은 40.7명으로 비대칭 처벌에 비해 가장 높게 나타난다. 둘째, '비대칭 처벌' 중에서 공정한 처벌 규칙이 전부 반영된 EB.2.2의 자발적 처벌 제시액이 1,207.4원으로 EB.2.1에 비해서는 365.8원, EA.2에 비해서는 119.3원, EC.2에 비해 206.5원이 높게 나타나고 있다. 셋째, 특징적인 현상으로, 처벌 제시금 평균값은 비대칭 중 공정한 처벌 규칙이 전부 반영된 EB.2.2가 1,207.4원으로 가장 높고, 실험 주관자에 의해 규칙이 적용된 EA.1이 732.9원으로 가장 낮다. 반면, 처벌금 제시자 수는 EB.2.2 31.7명으로 가장 낮고, EA.1이 40.7명으로 가장 높게 나타난다.

표 9-13 처벌 제시금 및 처벌금 제시자 수(1~3회 평균)

(단위: 원, 명)

	대칭구조	비대칭 구조			
	실험 주관자	실험 주관자	공정한 처벌 규칙		숨은 결정자
			부분 반영	전부 반영	
	EA.1	EA.2	EB.2.1	EB.2.2	EC.2
처벌 제시금 평균(원)	732.9	1,088.1	841.6	1,207.4	1,000,9
처벌금 제시자 수(명)	40.7	35	33	31.7	37.7

제5절 결론

본 연구는 집단행동 딜레마에 권력의 대칭과 비대칭 여부가 영향을 미치는 것인지, 아니면 권력 (비)대칭의 근원이 무엇인가에 따라 서로 다른 영향을 미치는 것인지를 핵심 연구질문으로 하여 6가지 세부 연구질문을 설정하고, 5가지 실험 유형별로 새롭게 설계한 실험연구와 설문조사를 병행하여 연구질문에 대한 해답을 구하고자 하였다. 특히, 실험 참여자들이 절차적으로 공정한 과정을 거쳐 제정한 '공정한 처벌 규칙'을 도출하고 동 결과를 토대로 실험을 수행하고 있다는 점에서 새로운 의미를 지니고 있다.

크게 5가지 유형으로 구분하여 진행된 총 15회의 실험결과는 아래와 같다. 첫째, 실험 주관자 결정구조[실험 EA]에서 대칭 처벌[실험 EA.1]과 비대칭 처벌[실험 EA.2]을 비교 분석한 결과, 비대칭 처벌구조가 대칭 처벌구조에 비해 공공계정 기여가 높으며, 1~3회 반복 실험에서도 이러한 차이는 통계적으로 유의미하였다. 특히, 비대칭 처벌의 경우는 대칭 처벌과 달리 반복 실험이 진행되더라도 공공계정 감소가 일반적으로 나타나지 않았다.

둘째, [실험 EB]에서 실험 대상자들이 합의한 '공정한 처벌 규칙'은 '비대칭 처벌'로 나타났다. 이는 실험 참여자들이 공공재 게임에서 비대칭 처벌이 공정한 것으로 인식하고 있음을 보여준다. 실제, 5개 조 모두 비대칭 처벌을 선택하였으며, 이는 곧 공공재 게임에서 처벌 권력의 비대칭이 공정한 것으로 인식함을 보여준다. 이로 인해, 실험 EB는 모두 비대칭 실험(EB.2.1, EB.2.2)이 진행되었다.[12]

셋째, '공정한 처벌 규칙'의 적용 범위와 관련하여, 합의된 공정한 처벌 규칙 중 일부만 반영한 [실험 EB.2.1]과 합의된 공정한 처벌 규칙 모두를 반영한 [실험 EB.2.2]의 공공계정 기여를 기여 차이 분석한 결과, 1회 실험에서만 공정한 처벌 규칙 모두를 반영한 실험이 일부를 반영한 실험보다 공공계정 기여가 높았다. 한편, 2회, 3회에서는 통계적으로 유의미한 차이를 보여주지 않았다.

넷째, '비대칭 처벌 규칙 근원(실험 주관자 규칙 부여, 공정한 처벌 규칙, 숨은 결정자 규칙 부여)'에 따른 차이로서 ① '공정한 처벌 규칙이 일부 적용(EB.2.1), 전부 적용(EB.2.2)된 경우 모두 실험 주관자에 의해 결정(EA.2)된 경우보다 공공계정 기여가 높

12) 참고로, 숨은 결정자 실험(EC) 역시 각 조의 숨은 결정자들이 모두 비대칭 처벌을 선택했다.

고, 통계적으로 유의미(1~3회 모두)했다. ② 공정한 처벌 규칙이 일부 적용(EB.2.1)된 경우가 숨은 결정자에 의한 처벌 규칙(실험 EC.2)을 적용했을 때보다 공공계정 기여가 1~3회 모두 높았다(통계적으로는 2, 3회만 유의미). 또한 공정한 처벌 규칙이 전부 적용(EB.2.2)된 경우가 숨은 결정자에 의한 처벌 규칙(실험 EC.2)을 적용했을 때보다 1~3회 모두 공공계정 기여가 높았다(통계적으로는 1회만 유의미). 종합적으로 고려할 때, 공공계정 기여율은 비대칭 처벌 규칙의 근원별로 공정한 처벌 규칙>숨은 결정자>실험 주관자 순서로 나타났다. 이는 비대칭 처벌 그 자체보다 비대칭 처벌의 근원이 무엇인가에 따라 공공계정 기여에 차이가 있음을 보여준다. 특히, 비대칭 처벌 규칙이 공정하게 마련된 경우 처벌 권력이 비대칭되어 있다 하더라도 집단행동 딜레마 완화에 기여함을 보여준다.

다섯째, 실험 참여자들 간에 합의되지 않은 비대칭 처벌 규칙이 사전적으로 주어진 경우(실험 EA.2)와 실험 이후에 적용되는 경우(실험 EC.2)에 공공계정 기여 차이를 비교했다. 분석결과 처벌 규칙이 사전적으로 주어지는 경우보다 처벌 규칙 자체를 모를 때, 공공계정 기여가 높고 통계적으로 유의미했다(1~3회).

여섯째, 실험 유형별 자발적 처벌 제시금과 처벌자 수를 비교(1~3회 평균)해 보면, 자발적 처벌 제시금은 비대칭 처벌>대칭 처벌이 높고, 비대칭 처벌 중에서 공정한 처벌 규칙이 전부 반영된 실험 EB2.2(1,207.4원)가 가장 높은 반면, 실험 주관자에 의한 처벌 규칙이 적용된 실험 EA.1(732.9원)이 가장 낮게 나타났다.

이러한 연구결과는 집단행동 딜레마, 협력에 중요한 함의를 제공한다. 구체적으로, 첫째, 대칭 처벌보다 비대칭 처벌이 집단행동 딜레마 완화에 기여하였으며, 비대칭 처벌은 대칭 처벌과 달리 반복 실험에서도 협력이 유지되었다. 둘째, 실험 대상자들이 합의한 공정한 처벌 규칙은 '비대칭 처벌'로 나타났으며 셋째, 공정한 처벌 규칙의 적용범위가 클수록 집단행동 딜레마 완화에 기여했으나, 반복 실험 시에는 강건하지 않았다. 넷째, 비대칭 처벌 그 자체보다 비대칭 처벌의 근원이 무엇인가에 따라 공공계정 기여에 차이가 있었다(공정한 처벌 규칙>숨은 결정자>실험 주관자 순서). 특히, 비대칭 처벌 규칙이 공정하게 마련된 경우 처벌 권력이 비대칭되어 있다하더라도 집단행동 딜레마 완화에 기여함을 보여준다. 다섯째, 비대칭 처벌 규칙이 사전적으로 주어지는 경우보다 처벌 규칙 자체를 모를 때, 집단행동 딜레마 완화에 기여함을 보여주었다. 다섯째, 자발적 처벌 제시금은 대칭 처벌보다 비대칭 처벌, 특히 비대칭 처벌 중에서 공정한 처벌 규칙이 전부 반영된 실험 조건에서 가장 높게 나타났다.

표 9-14 연구결론

<table>
<tr><th colspan="2">연구내용</th><th>실험 비교 내용</th><th>분석결과</th><th>가설</th></tr>
<tr><td colspan="2">대칭 vs 비대칭 처벌 비교</td><td>실험 주관자 결정구조에서 대칭[실험 EA.1]과 비대칭 처벌[실험 EA.2] 간 공공계정 기여 차이 분석</td><td>• 공공계정 기여: 비대칭 처벌[실험 EA.2]>대칭 처벌[실험 EA.1]. 통계적 유의미(1~3회)
• 비대칭 처벌의 경우 반복 실험 시 공공계정 감소보다 오히려 증가 현상 발견</td><td>H1
채택
(강건)</td></tr>
<tr><td rowspan="2">공정한 처벌 규칙</td><td>대칭 vs 비대칭</td><td>실험 대상자 간에 합의한 공정한 처벌 규칙이 대칭적 처벌인지 비대칭적 처벌인지 분석</td><td>• 5개 조 모두 비대칭 선택
• [참고로, 숨은 결정자(EC 실험)도 15명 모두 비대칭 선택]</td><td>H2
채택
(강건)</td></tr>
<tr><td>적용 범위 차이</td><td>공정한 세부 처벌 규칙 3가지 적용[실험 EB.2.1] vs 4가지 모두 적용[실험 EB.2.2] 간 공공계정 기여 차이 분석</td><td>• 공공계정 기여: [실험 EB.2.2]>[실험 EB.2.1], 통계적으로는 1회 실험만 유의미</td><td>H3
부분
채택</td></tr>
<tr><td colspan="2" rowspan="3">비대칭 처벌 규칙의 근원에 따른 차이</td><td>실험 주관자에 의해 부여된 처벌 규칙[실험 EA.2] vs 공정한 처벌 규칙[실험 EB.2.1(2)] 간 공공계정 기여 차이 분석</td><td>• 공공계정 기여:
– [실험 EB.2.1]>[실험 EA.2], 통계적 유의미(1~3회)
– [실험 EB.2.2]>[실험 EA.2], 통계적 유의미(1~3회)</td><td>H4.1
채택
(강건)</td></tr>
<tr><td>공정한 처벌 규칙[실험 EB.2.1(2)], vs 숨은 결정자[실험 EC.2] 간 공공계정 기여 차이 분석</td><td>• 공공계정 기여
– [실험 EB.2.1]>[실험 EC.2], 통계적 유의미(2~3회)
– [실험 EB.2.2]>[실험 EC.2], 통계적 유의미(1회)</td><td>H4.2
부분
채택</td></tr>
<tr><td colspan="2">[종합]
• 공공계정 기여율은 공정한 처벌 규칙>숨은 결정자>실험 주관자 순
• 비대칭 처벌 그 자체보다 비대칭 처벌의 근원이 무엇인가에 따라 공공계정 기여에 차이가 있음. 특히, 비대칭 처벌이 공정하게 마련된 경우 처벌 권력이 비대칭되어 있다 하더라도 공공계정 기여를 높임</td><td></td></tr>
<tr><td colspan="2">비합의된 비대칭 처벌 규칙 사전 인지 여부</td><td>비합의된 처벌 규칙을 사전에 아는 경우[실험 EA.2]와 모르는 경우[실험 EC.2] 간 공공계정 기여 차이 분석</td><td>• 공공계정 기여: [실험 EC.2]>[실험 EA.2], 통계적 유의미(1~3회)</td><td>H5
채택
(강건)</td></tr>
<tr><td colspan="2">처벌 제시금</td><td>실험 유형별 자발적 처벌 제시금[전 유형 실험 비교]</td><td>• 자발적 처벌 제시금: 비대칭 처벌>대칭 처벌
• [실험 EB.2.2]가 가장 높고, [실험 EA.1]이 가장 낮음</td><td>H6
채택</td></tr>
</table>

본 연구결과는 아직까지 설명되지 못한 (비)대칭 권력과 공정성이 집단행동 딜레마에 어떠한 영향을 미치는지를 새로운 장기 실험연구로 실증하고 있다는 점에서 학술적, 실험방법론 차원에서 기여하고 있으며, 동시에 조직 및 사회 구성원 간 협력과 집단행

동 딜레마를 완화 및 해결하는 데 유용한 제도설계의 방향을 제시하고 있다는 점에서 정책적, 제도적 가치를 지닌다. 본 연구는 장기실험연구를 위해 대학생 집단을 대상으로 실험을 진행했다. 이로 인해 일반화의 한계를 지닌다. 또한 보다 진실된 선호를 도출하기 위해 실제 현금을 지급 등 노력을 기하였으나 본질적으로 실험과 현실은 다를 수 있음을 부인하기 어렵다. 연구설계의 범위에서 조심스러운 해석이 이루어지길 기대한다.

신제도주의

제10장

집단행동 딜레마와 제도의 유막층화

제1절 서론[1)]

해상 매립지의 관할권을 확보하기 위한 지방자치단체 간 갈등과 분쟁은 지자체 모두에게 심각한 행정적, 경제적, 사회적 비용을 초래시키고 있다. 예를 들어, 평택과 당진은 1997년 항만 시설용 제방 준공 이후 지역 간 갈등과 분쟁이 지속되었다. 당진군은 2004년 지자체 간 합의 도출이 실패하자 헌법재판소('헌재')에 권한쟁의 심판을 청구하였고, 헌재는 당진시의 주장과 같이 해상경계선에 따라 매립지 관할권을 구분하라는 판결을 내림으로서 사태가 일단락되는 듯하였다. 그러나 2009년 4월 공유수면 매립지 관할권을 결정하는 공식적 제도[중앙분쟁조정위원회('중분위') 심의 · 의결 → 행자부장관 결정]가 마련되면서 분쟁이 재점화되었다. 즉, 2010년 평택시는 공식 제도인 중분위에 매립지 귀속 자치단체 결정 신청을 하였고, 중분위는 평택시에 유리한 결정을 내렸다. 이에, 당진시는 2004년 헌재의 결정(해상경계선 기준)을 뒤집는 행정자치부의 결정을 수용할 수 없었고, 이에 다시 대법원에 소송을 제기하였으나 2013년 대법원 소송에서 졌다. 이에 또 다시 2015년 헌법재판소에 권한쟁의 심판을 청구하여 현재에 이르고 있다. 이는 현재 전국적으로 어렵지 않게 발견되는 우리나라에서 벌어지고 있는 매립지 관할권 분쟁의 한 예이다.

공유수면(바다)을 메워 조성된 해상 매립지는 새로 조성된 토지로 지자체의 본질적 요소인 '구역'과 관련되어 있고, 정치 · 경제적 이익이 막대한 점에서 지자체들이 서로 더 많이 확보하고자 노력하는 것은 합리적인 선택이다. 그러나 장기간 지자체 모두에게 심각한 행정적, 사법적, 경제적 피해뿐만 아니라 지자체 간 반목과 불신 유발 등 비합리적 결과가 초래되고 있다. 이는 곧 개별 지자체의 이익을 극대화하기 위한 합리적 선택이 지자체들 모두에게는 비합리적 결과가 초래되는 집단행동 딜레마(collective action dilemma or social dilemma)와 관련되어 있음을 보여준다.

이러한 맥락에서 본 연구는 집단행동 딜레마를 해결하기 위한 공식적 제도가 등장했음에도 집단행동 딜레마 해결되지 못하는 근본적 원인이 무엇인지를 분석하고자 하였다. 보다 구체적으로 집단행동 딜레마 상황에서 제도의 형성 메커니즘과 동 제도가 집단행동 딜레마에 어떠한 영향을 미치는지를 분석하고자 하였다. 연구질문에 대한 해

1) 이 글은 김태은(2017)의 내용을 일부 수정 · 보완한 것이다.

답은 문헌연구와 더불어 사례 조사를 수행했다. 사례 조사는 공식 제도형성 이전에는 헌법재판소에 권한쟁의 심판이 이루어진 사례를 전수(7건) 조사하였으며, 특히, 공식적 제도형성 이후는 중앙분쟁조정위원회에 의해 의결된 사례를 전수 조사했다. 분석은 심층 인터뷰, 헌재 심판자료, 정부자료, 언론자료, 문헌 등 조사를 통해 수행했다. 특히, 심층 인터뷰는 공식 제도에 따른 결정 결과에 불복하고 2017년 현재까지 분쟁이 지속되고 있는 사례의 해당 지자체 담당 공무원을 대상으로 하였다.

본 연구는 지방자치단체 해상 매립지 집단행동 딜레마에 영향을 미치는 비공식적 제도가 관습의 지위를 지닌 상황에서 2009년 새로운 공식 제도가 형성되었으나 새로운 공식 제도는 비공식 제도와 단절적이고 경쟁적임에 따라 비공식 제도와 공식 제도 간 '유막층화(oil layering)' 현상이 존재함을 밝히고 있다. 이러한 유막층화로 인해 지자체 간 매립지 관할권을 둘러싼 집단행동 딜레마가 오히려 심화되고 있음을 증명하고 있다.

제2절 이론적 배경

1 집단행동 딜레마와 해결도구로서 제도

1) 집단행동의 딜레마와 지자체 간 집단행동 딜레마

집단행동의 딜레마 혹은 사회적 딜레마(이하, '집단행동 딜레마')는 이기심에 기초한 개인 합리성이 집단수준에서는 비합리성이 초래되는 상황이다(Kollock, 1998: 183; Dawes & Messick, 2000: 111; 김태은, 2014: 189). 구체적으로, 개인들의 비협력적 행동이 단기적으로 그들 스스로에게 우월적 결과를 주지만 모든 사람들이 비협력적 행동을 할 경우 장기적으로는 모두 협력했을 때보다 더 좋지 않은 결과는 얻는 상황(Van Lange et al., 2013: 126)으로 정의할 수 있다. 다시 말해, 집단행동 딜레마는 모든 사람들이 협력적이거나 이타적으로 행동하기보다 자신이 이익만을 추구할 경우 집단 전체는 더욱 악화됨을 보여준다(Hardin, 1968; Dawes, 1980). 상호 의존적 상황에 있는 개인들이 독립적인 선택에 직면할 때 발생(Ostrom, 1998: 3)하는 집단행동 딜레마는 공공재 혹은 집합재 문제(Olson, 1965), 무임승차 문제, 공유지의 문제(Hardin, 1968) 등 서로 달리 불려온 것에도 알 수 있듯이, 공유자원[2]뿐만 아니라 수많은 다양한 부분에서 발생한다. 즉, 두 사람 간 관계(예: prisoner's dilemma)에서부터 매우 많은 사람들 간에, 그리고 재화의 생산과 소비의 맥락(예: public goods problems)에서, 또한 제한된 자원의 소비 차원(예: commons dilemmas)에서 등 서로 다른 수준에서 발생한다(Kurzban & DeScioli, 2008: 139-140; 김태은, 2014: 190). 정부부문에서도 정부부처 내 행위자들 간에, 정부부처 간에서도 발생될 수 있다. 실제, 정부 간, 조직 간 집단행동 딜레마는 개인 간 집단행동 딜레마만큼이나 큰 연구 주제로 게임이론 및 거래비용 및 제도 관점에서 연구되어져 왔다(Bornstein & Ben-Yossef, 1994; Bornstein, 2003; Foddy et al., 2013; Feiock, 2007, 2009; Feiock & Scholz, 2010). 이 중 지방자치단체 간 집단행동 딜레마는 선호 시설 입지 분쟁, 고속도로 노선 문제, 호수 혹은 다리 이름 짓기 문제에 이르기까지 매우 다양하게 나타난다. 특히, 공유자원인 공유수면(바다)을 메운 매립지('해상 매립지)를 둘러싼 수십 년 간 갈등과 분쟁은 심각한 국가문제로서 제기되고 있다.

> "이건 무슨 서부 개척시대도 아니고… 먼저 가는 사람이 깃발 꽂는 것도 아니고… 어찌 보면 유치하기도 하지만, 지자체 입장에서라면… 어떻게든 근거를 만들어야 허니까…" (BB1)
>
> "주어진 업무니까 수행했다. 한 10여 년 엄청 노력했다. 자료도 방대하게 축척했다. 다른 지자체 대법원 판결할 때, 헌재 심판할 때 다 따라다녔다. 만약 내가 다른 지자체(거기 ○○시 공무원이었다면 아마 똑같이 했을 것이다." (AA1)

지자체 간 매립지 관할권 문제는 단순히 지자체 간 갈등문제를 넘어 집단행동 딜레마 구조를 띠고 있다. 첫째, 공유수면(바다)을 메운 매립지는 주인이 존재하지 않는다. 공유수면에 대한 관할권이 공식적으로 지자체에게 부여되어 있다면 그 공유수면을 메운 땅 역시 지자체 구역일 것이다. 그러나 현행법은 공유수면을 자치단체의 구역으로 인정하지 않고 있다. 하지만 공유수면을 메우게 되면 대상 지자체들의 육지부와 연계된 새로운 토지가 만들어지므로 주인 없는 토지에 대한 관할권 문제가 발생된다.

둘째, 공유수면(바다)을 메워 조성된 매립지를 인근 지자체들이 더 많이 소유하고자 하는 것, 즉 자신의 지자체 구역으로 한 뼘이라도 더 많이 갖고자 하는 것은 지극히

2) 공유자원 문제가 대표적인 집단행동 딜레마이나 수많은 집단행동 딜레마의 한 유형에 불과하다.

합리적인 선택이다. 매립된 토지는 제한되어 있고 A지자체가 해당 토지를 소유하지 않으면 다른 지자체가 갖게 된다. 특히, 선출직으로 지방자치단체가 구성되기에 자치단체 입장에서 적극적으로 상대 지자체보다 더 많은 토지를 확보하고자 하는 노력을 하는 것이 지극히 합리적 선택이다.

셋째, 매립지 토지는 지방자치단체의 본질적 요소(주민, 구역, 자치권) 중 하나인 '구역'과 관련되어 있다. 따라서 어업이나 골재채취 등 공유수면에서 진행된 지자체 간 이익충돌과는 본질적으로 상이할 수 있다. 이에, 특정 지자체가 양보하거나 협상의 대상이 되기 어려운 특성을 지니고 있다.

넷째, 지자체 간 자신의 이익을 극대화하고자 하는 합리적 선택은, 곧 매립지를 둘러싸고 지자체 간 갈등과 분쟁이 발생된다. 문제는 갈등과 분쟁이 장기화되고 파괴적으로 나타날 경우 어떤 지자체도 이익을 보지 못하고 모두가 손실을 얻는, 즉 지자체 개별적으로는 합리적 선택이나 집단 전체로 보면 합리적이 못한 결과가 초래될 수 있다. 실제 장기간 분쟁은 막대한 행정적·사법적 비용 발생, 매립지 경계획정이 늦어짐에 따른 행정집행 지연 및 개발 및 투자지연 등 경제적 비용, 지역 간 상호 불신 및 협력 저해와 같은 사회적 비용이 집단 전체에게 나타날 수 있다.

2) 집단행동 딜레마와 제도

집단행동 딜레마를 논함에 있어서 제도의 중요성은 신제도주의, 특히 신제도경제학 혹은 합리적 선택 제도주의(rational choice institutionalism)에서 특히 강조되어 왔다. 신제도경제학적 접근은 제도를 역사적, 문화적으로 주어지는 것이 아니라 행위자들 간 상호작용의 결과로서 이해(장하준, 1996: 205-206)하며, 집단행동 딜레마에 처할 경우 행위주체들이 자발적 협력을 통해, 집단행동 딜레마에 빠지지 않을 '제도'를 인위적으로 형성하고 이러한 제도에 행위주체 스스로가 제약을 받음으로써, 집단행동 딜레마를 해결할 수 있다는 점을 강조한다.

구체적으로, 첫째, 합리적 선택 제도주의는 제도형성에 있어 행위주체들의 자발성과 인위성을 강조한다. "제도의 본질은 상호 간에 이로운 교환과 협력을 강제하기 위한 것"(Weingast, 2002: 670)으로 "인간의 상호작용을 구조화하는 인위적으로 고안된 제약"(North, 1994: 360), "규칙(rules)이나 규범(norms), 전략(strategies)들에 의해 조직화되는 반복적 상황 속에서 사람들에 의해 이용되는 공유된 개념(shared concepts)"

(Ostrom, 2007: 23)에서 알 수 있듯이, 제도를 행위자들이 자발적으로 형성한 규칙체계로 이해하며, 행위주체들이 제도를 특정 목적과 필요에 의한 인위적 형성을 강조한다.

둘째, 제도형성의 자발성과 인위성을 전제로 하기 때문에, 제도형성 역시 매우 기능적인 것으로 설명한다(Peters, 1998: 54-55). 예를 들어, 합리적 선택 제도주의 출발점이라 할 수 있는 코즈(Coase, 1937)는 시장은 거래비용이 발생되기 때문에, 이러한 거래비용을 해결하기 위해 제도(즉, 기업)가 나타났음을 지적하였다. 윌리엄슨(Williamson, 2005) 역시 거래의 속성과 가장 효율적인 거버넌스 구조를 연계시키면서 자산특정성, 불확실성, 거래빈도가 높다면 시장에서 교환보다 계층제화(예: 조직)하는 것이 효율적이라고 주장한다. 노스(D. C. North)는 실제 서구의 발전에 거래비용을 낮추는 제도가 중요하게 영향을 미쳤음을 밝힌 바 있으며, 오스트롬(Ostrom, 1990)[3]은 행위주체들이 자발적 협력을 통해 마련된 규칙(제도)을 통해 공유자원의 문제를 해결할 수 있다고 주장한다. 모오(Moe, 1990: 217-218) 또한 경제조직과 제도는 동일한 방식으로 설명이 가능하며, 이들은 집단행동문제를 해결하기 때문에 특별한 형태를 지니고 출현한다고 주장한다.

셋째, 위와 같은 특징에 따라 합리적 선택 제도주의는 '제도'를 개별 선호를 갖는 행위자의 합리성 충돌을 조정하는 메커니즘으로 이해하기 때문에 제도를 집단행동 딜레마 해결도구로서 이해한다. 즉, 이들은 균형(equilibrium)을 강조하며 특별한 균형을 지속하는 조정 메커니즘으로 제도를 이해한다(Levi, 1997: 27; Mahoney & Thelen, 2010: 6). 전형적으로 제도를 집단행동 딜레마의 해결책을 반영하는 규칙화된 행태의 패턴으로 이해한다(Weingast, 2002; Koremenos et al., 2003; Greif & Laitin, 2004; Hall, 2010: 204-205). 즉, 개인들은 제도 내에서 어떤 편익을 얻을 수 있다면, 그러한 편익을 얻기 위해서 기꺼이 약간의 행동의 범위(자유)를 희생하려 한다는 것이다(Peters, 1999: 47). 이들이 의미하는 제도는 자신의 효용을 극대화하고자 하는 합리적 행위자들이 그러한 효용을 극대화하기 위해 제도를 만들고 그러한 제도에 스스로 제약받는다는 것이다(Weingast, 2002: 661 참고). 결국, 큰 틀에서 합리적 선택 제도주의 관점에서 제도는 집

---

3) 이와 관련하여 Ostrom(1990)은 공유자원 문제를 자치적으로 해결하기 위해서는 제도설계원칙을 구현하는 다양한 제도적 장치가 필요한데, 이러한 제도적 장치를 설계하고 유지하는 것 역시 자발적인 협동이 어려운 '2차적인 사회적 딜레마(second order social dilemma)'가 유발될 수 있음을 지적한다(Ostrom, 1990). 제도적 장치의 설계와 유지에도 무임승차 등 집합적 행동의 문제가 존재하고 제도적 장치의 생성과 변화가 항상 사회적으로 바람직한 방향으로 이루어지는 것이 아니기 때문이다(이명석, 2006: 263).

단행동 딜레마 상황에서 이를 해결하기 위해 행위주체들이 자발적이고 인위적으로 형성한 것으로 이해할 수 있다.

2 선행연구와 새로운 연구 필요성

집단행동 딜레마와 제도와 관련된 연구는 집단행동 딜레마를 해결하기 방안 차원에서 논의가 진행되어 왔다. 크게 외부의 강제력(주로 정부)에 따라 집단행동 딜레마를 해결(Olson, 1965: 2; Ophuls, 1973: 228; Hardin, 1968: 1247; Hardin, 1978: 310-314 참고)하거나 사유 재산권 설정을 통한 시장의 해결능력을 강조하는 연구(Demsetz, 1967; Smith, 1981; Ostrom/윤홍근 · 안도경 역, 2010: 38 참고), 그리고 오스트롬(Ostrom, 1990) 이후 집단행동 딜레마 행위주체의 자발적 협력과 규칙을 강조하는 연구가 이루어져 왔다. 오스트롬(E. Ostrom)의 등장 이후에는 주로 공유자원에 집중되어 오스트롬의 주장을 적용하거나 혹은 검증 · 비판적 연구가 주를 이루었다(이명석, 1995; 홍성만 · 주재복, 2003; 이명석 외, 2004; 이명석, 2006; 우양호, 2008; 김관보 · 이선영, 2010; 안도경, 2011; 강은숙 · 김종석, 2013; Cox, 2010; Araral, 2014).

이명석(1995)은 동태적 게임 이론 모형을 통해 공유재 문제의 자치적 해결 가능성을 설명하였고, 이명석(2006)은 오스트롬의 공유재에 대한 이론적 고찰, 제도설계원리 및 IDA 분석틀을 통해 공유재 문제를 해결할 수 있는 조건들을 정리하였다. 이명석 외(2004)는 제도, 이질성, 신뢰 등의 요인이 사회적 딜레마 상황에서의 협동 가능성에 미치는 영향을 분석했다. 안도경(2011)은 정부와 시장이라는 이분법적 구조를 비판하였고, 강은숙 · 김종석(2013)은 오스트롬의 방대한 연구를 비판적으로 재고찰하고 한국적 상황에서 적시성에 대한 논의를 수행했다. 사례연구로서, 홍성만 · 주재복(2003)은 IAD 분석틀을 활용하여 대포천 수질 악화라는 공유재 문제를 해결원인을 분석하였고, 우양호(2008)는 Ostrom IAD 분석틀 적용, 부산 가덕도 어촌계 사례를 통해, 기존 모델과 일치하는 부분이 있으나 제도의 신설과 제도 유지의 상호작용에 있어 다른 부분이 존재함을 밝히고 있다. 한편, 곡스(Cox, 2010)는 오스트롬의 제도 디자인 원리에 대한 91개 연구물을 통해 메타분석을 수행하여 오스트롬의 주장이 경험적으로 지지되고 있음을 보여주었다. 반면, 아라랄(Araral, 2014)은 오스트롬이 제기한 'Hardin의 공유의 비극' 비판이 타당한지, 오스트롬의 제도디자인 원리가 얼마나 일반화될 수 있는 것인지, 그리고 집단행동 딜레마의 해결방안(시장, 정부)에 대한 오스트롬의 비판이 얼마나 정당화될 수 있는지 분석하였다.

공유수면 매립지 경계 갈등과 관련하여 주로 법적 고찰(남복현, 2010, 2014; 이춘원 외, 2013)이 이루어져 왔으나, 일부 연구는 합리적 선택 제도주의적 관점에서 연구가 수행되었다. 대표적으로, 강윤호(2005)는 거래비용이론 관점에서 부산신항만 관할권 분쟁 사례를 분석하였다. 저자는 불명확한 재산권 제도와 비효율적인 거버넌스 구조가 지방정부 간 거래비용의 증대를 가져와 공유재를 둘러싼 지방정부 간 비협력의 갈등을 초래한다는 점을 지적한다. 한편, 안성민(2016)은 평택·당진항을 사례로 공유수면 매립지 귀속 자치단체 결정에서 관습법 차원에서 해상경계선의 의미를 체계적으로 분석했고, 배응환·주경일(2012)은 정책 딜레마 이론 관점에서 당진군과 평택시 간 항명칭 및 해상분쟁 사례를 연구했다.

합리적 선택 제도주의 및 동 관점의 기존 연구들은 집단행동 딜레마와 제도 간 관계에 있어 유용한 설명력을 제시하여 왔다. 그럼에도 동 접근은 아래와 같은 차원에서 한계를 지니며, 이에 역사적 제도주의 관점에서 새로운 연구 필요성이 제기된다.

첫째, 제도는 행위자들 간 상호작용과 선택에 따라 자발적이고 인위적으로 형성될 수도 있지만 행위자들의 합리적 선택과는 관계없이 외적으로 주어져 행위자들을 제약하기도 한다. 이러한 점은 집단행동 딜레마 상황에서 제도의 형성 메커니즘, 그리고 집단행동 딜레마에 대한 제도의 영향이 합리적 선택 제도주의와는 다를 수 있음을 보여준다. 둘째, 현실의 제도는 단일체로서 뿐만 아니라 복합체로서 존재할 수 있다. 이는 곧 집단행동 딜레마 상황에서 형성된 제도 역시 단일체가 아니라 복합체로서 이해할 수 있음을 의미한다. 따라서 집단행동 딜레마에서 형성된 제도가 단일체인지 복합체인지, 또한 복합체로서 제도가 어떠한 영향을 미치는지를 분석할 필요가 있다. 셋째, 합리적 선택 제도주의에서 강조하는 집단행동 딜레마 해결도구로서 '제도'는 주로 공식적 제도(formal institution)에 초점을 주고 있다. 그러나 역사 제도주의와 사회학적 제도주의, 그리고 노스(D. C. North), 오스트롬(E. Ostrom) 등에서 알 수 있듯이, 관행, 규범 등 비공식적 제도에 대한 고려가 필요하다. 이에 집단행동 딜레마 해결도구로서 비공식적 제도의 형성 메커니즘, 그리고 공식적 제도와의 관계를 분석할 필요가 있다. 넷째, 집단행동 딜레마와 제도 간보다 분명한 인과성을 확보할 필요가 있다. 즉, 제도의 효과를 통해 제도의 근원을 설명하면 동어반복의 오류에 빠질 가능성이 존재하기 때문에 제도의 형성 메커니즘에 대한 분석을 통해 제도가 집단행동 딜레마에 미치는 효과를 분석하고자 한다.

3 새로운 연구를 위한 접근과 연구 분석틀

1) 복합체로서 제도

어떤 제도는 단일체로서 존재할 수 있으나 다양한 하위구성요소들이 결합된 복합체로서 존재할 수 있는 가능성 역시 존재한다. 제도는 어떤 필요에 의해 형성된 단일체일 수 있으나 서로 다른 시기에 서로 다른 목적의 제도들이 결합되어 있는 복합체(complexes)일 가능성에 주목하고 있으며, 이러한 점은 역사적 제도주의뿐만 아니라 특정 접근을 넘어서서 나타나고 있는 흐름이다(하연섭, 2006: 219; 김태은, 2015a). 대표적으로, 해커(Hacker, 2004)는 표류(drift), 전환(conversion), 층화(layering), 개정(revision)을, 슈트렉과 텔렌(Streeck & Thelen, 2005b)은 변화 발생의 원인을 통하여 서로 다른 메커니즘의 유형[예: 전환(Thelen, 2003, 2004), 층화(Schickler, 2001; Thelen, 2003, 2004; Hacker, 2004]을 포괄하여, 전치(dispacement), 층화, 표류, 전환, 소모(exhaustion)를 제시하였다. 마호니와 텔렌(Mahoney & Thelen, 2010)은 기존 연구를 기초로 보다 체계화된 모형을 제시하면서 전치, 층화, 표류, 전환을 제시한다(Mahoney & Thelen, 2010b: 14-18; 김태은, 2011: 30-31). 여기서 전치는 기존 규칙이 새로운 규칙에 대체되는 것을 의미한다(Mahoney & Thelen, 2010: 14). 층화는 새로운 제도가 기존 제도에 부착될 때 발생하며, 전체적인 새로운 제도 또는 규칙을 도입하기보다는 개정, 수정, 또는 기존 제도 및 규칙에 추가한다. 이는 기존 제도에 대한 도전자들이 실질적인 변화를 가져올 수 있는 능력이 부족할 경우 발생한다. 다만, 새롭게 부가된 요소들은 그 자체로 미시적인 변화를 가져올 수 있고, 이러한 작은 변화가 축적되면 장기적으로 커다란 변화를 가져올 수 있다(Schickler, 2001; Thelen, 2003). 표류는 규칙이 공식적으로 존재하나 외부조건의 변화에 따라 그러한 규칙의 영향력이 변화된 것을 의미한다(Hacker, 2005). 전환은 규칙이 공식적으로는 동일하게 남아 있으나 새로운 방식으로 해석 및 설정되어지는 경우를 말한다. 즉, 기존 제도가 새로운 목적과 기능을 수행할 경우를 수행하는 경우를 말한다(Thelen, 2003; Mahoney & Thelen, 2010b: 14-18).

복합체로서 제도에 대한 논의는 이론적 고찰(하연섭, 2006; 구현우, 2009)뿐만 아니라 다양한 사례연구가 진행되었다. 벨런드(Béland, 2007)는 사회보장 제도에서 층화와 표류를, 염재호(2009)는 한일 행정개혁에서 제도의 층화를, 해커와 피어슨(Hacker & Pierson, 2010)은 미국 불평등을 정책표류로 설명하였다. 또한 오노마(Onoma, 2010)는 캐나다의 토지문서 제도에서 표류와 침식(erosion)을 주장했다. 이재술・이민창(2014)은 사회보장정책에서 층화, 표류, 전환을 제시했다. 또한 많은 연구자들이 다양한 분야의 제도연구에서 층화가 존재함을 밝히고 있다(Van der Heijden, 2011; Van De Bovenkamp et al., 2014; 박용성・박춘섭, 2011). 한편, 다우그비에르와 스웨드뱅크(Daugbjerg & Swinbank, 2016)는 이중층화(dual-layering)를 발견하기도 하였다. 제도가 단일체가 아니라 복합체로 존재할 수 있다면, 기존의 합리적 선택 제도주의처럼 제도가 집단행동 딜레마에 미친 영향을 설명하는 것이 그리 간단하지 않음을 알 수 있다. 즉, 집단행동 딜레마 상황에서 제도형성의 메커니즘을 긴 시계 속에서 살펴봄으로써 제도가 복합체인지 여부 자체를 파악할 필요가 있다.

2) 비공식 제도

우리 인간을 제약하는 것은 공식적 제도뿐만 아니라 관행 등 비공식적 제도 역시 존재한다. 비공식적 제도는 일반적으로 성문화되지는 않았지만 사회적으로 공유되어 인간의 선호나 행동에 영향을 미치는 것을 의미한다. 다시 말해, 비공식 제도는 사회적으로 공유된 가치, 규범, 규칙, 관행과 같이 인간의 행동에 대해 일정한 제약으로 작용하는 것들을 의미한다(Helmke & Levitsky, 2004: 727; Tasi, 2016: 279; 사공영호, 2014: 7). 예를 들어, 인적 네트워크, 후견주의, 부패, 혈연, 시민사화, 전통문화, 입법적・사법적・관료제적 규범(Helmke & Levitsky, 2004: 727), 정치 영역에서 문서화되지 않은 규칙(Azari & Smith, 2012: 37-55) 등이 대표적이다.

비공식적 제도는 일반적으로 오랜 시간 행위주체들을 제약하여 왔기 때문에 공식 제도에 비해 가시성이 낮고 그 형성원인을 찾아가는 것이 매우 어렵다. 그러나 어떠한 경우 비공식 제도는 공식적 제도보다 더 큰 영향력을 행사할 수도 있고, 그 영향력이 미치는 기간 역시 매우 장기적으로 나타날 수 있다. 실제, 아자리와 스미스(Azari & Smith, 2012)는 미국의 입법 및 행정부에서 공식적인 규칙과 병렬적으로 운영되고 작동되고 있는 매우 많은 비공식적 제도가 존재함을 지적하였고, 그지말라-부세(Grzymala-Busse, 2010)는 공산주의 붕괴 이후 동유럽 국가에 대한 분석을 통해 고유한 비공식적 제도가 새로운 공식 제도를 대신하는 것을 발견하였다. 차이(Tsai, 2016: 279)는 비공식적 제도가 공식적 제도보다 시스템의 안정성과 효율성을 제공할 수 있다고 주장하기도 하였다.

이러한 비공식적 제도는 서로 다른 근원을 지닐 수 있다. 첫째는 행위자들의 선택과 판단 이전에, 역사적으로 존재하는 것으로(관행, 관습이나 혹은 사상 등), 이는 행위자들의 선택과 상관없이 행위자들을 제약하는 제도로서 존재할 수 있다. 둘째는 행위자들의 선택이 반영된 것으로 매우 전략적이고 의도적인 필요에 의해 형성되고 발전되어져 온 경우라 할 수 있다. 특히, 후자는 비공식 제도를 기능주의적 관점에서 이해하면서, 비공식 제도가 공식 제도의 기능적 간극을 극복해 줌으로써 성과와 효율성을 강화시킬 수 있음이 지적되기도 하였다(Axelrod, 1986; Weingast, 1979; March & Olsen, 1989; Azari & Smith, 2012).

공식 제도와 비공식 제도가 시차를 두고 달리 존재할 수도 있지만, 일반적으로 많은 경우 공식 제도와 비공식 제도는 공존하는 경우가 많다. 따라서 공식 제도와 비공식 제도 간 관계, 특히 기능적 관점에서 논의가 제기되어 왔다. 예를 들어, 헬름케와 레비츠키(Helmke & Levitsky, 2004)는 기능적 관점에서 공식적 제도와 비공식적 제도 결과가 수렴적인지 여부와 공식적 제도의 효과성 여부에 따라 비공식적 제도를 보완적(complementary), 대체적(substitutive), 협조적(accommodating), 경쟁적(competing)인 비공식 제도로 구분 제시하기도 하였다. 한편, 차이(Tsai, 2006, 2016)는 공식적인 제도 환경에서 가능성 혹은 결여의 직접적 결과로서 출현하는 비공식적 관행을 '적응적 비공식 제도(adaptive informal institution)'라고 칭하고, 동 제도는 공식적 제도의 제약 혹은 기회에 적응적으로 대응함으로써 출현한다고 주장한다. 이러한 관점에서 집단행동 딜레마를 해결하기 위한 공식적 제도뿐만 아니라 비공식적 제도에 대한 분석 필요성이 제기된다.

3) 연구 분석틀

본 연구는 집단행동 딜레마 상황에서 제도의 형성 메커니즘과 동 제도가 집단행동 딜레마에 어떠한 영향을 미치는지를 체계적으로 분석하였다. 즉, 집단행동 딜레마 상황에서 제도의 형성원인과 형성된 제도가 집단행동 딜레마에 어떠한 영향을 미치는지를 분석하였으며, 특히 복합체로서 제도와 비공식 제도를 통해, 집단행동 딜레마를 설명하는 기존의 이론의 설명 한계를 극복하고자 하였다. 이를 위해, 본 연구는 '유막층화(oil layering)[4]'라는 새로운 개념을 제시하였다. '유막층화는 기존 제도의 영향력이 존재하는 상황에서 기존 제도와 단절적이고 경쟁적인 새로운 제도가 새롭게 형성되어 공존하는 상황'을 의미한다.

유막층화는 첫째는 복합체로서 제도, 특히 유막층화는 공식적 제도 간뿐만 아니라 비공식과 공식 제도 간에도 나타날 수 있다는 점, 둘째는 층화된 제도 간 관계로, 유막층화는 제도 사이에 기름막이 존재하는 것과 같이 기능적으로 상호 보완적이거나 협조적이기보다는 단절적이고 경쟁적일 수 있음을 의미한다. [그림 10-1]은 본 연구의 분석틀을 묘사하고 있다.

본 연구는 동 연구질문에 대한 해답을 이론적 연구와 더불어 지자체 간 해상경계 관할과 연관된 해상 매립지 관할권에 있어 지자체 간 분쟁과 피해가 심각하게 나타난

그림 10-1 연구 분석틀

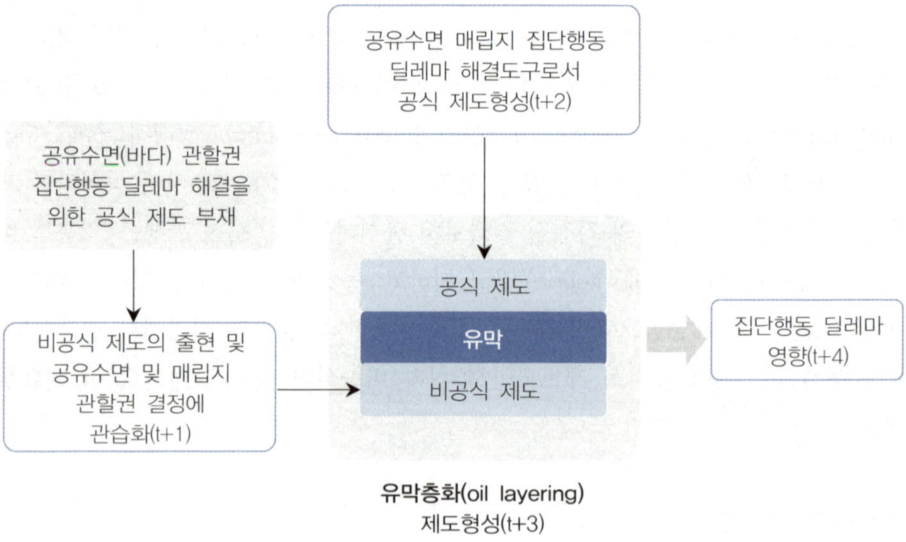

4) 기존 연구에서 층화는 내생적 제도변화를 설명할 때 사용된 개념으로 층화는 새로운 제도가 기존 제도에 부착되는 것을 의미한다. 특히, 기존 제도를 제거하거나 무시하는 것이 아니라는 점에서 본 연구에서 말하는 층화의 개념과는 엄밀하게는 상이하다. 그러나 층화는 시간개념을 내포할 수 있고 또한 기존 제도에 새로운 제도가 쌓인다는 점을 묘사하는 데 적당하여 층화라는 용어를 사용했다. 기존의 층화개념과 유막층화의 가장 큰 차이는 층화와 달리 유막층화는 기존의 규칙을 무시한다는 점이다(Mahoney & Thelen, 2010b: 16 참고).

사례를 조사하였다. 구체적으로, 공식 제도형성 이전에는 헌법재판소에 권한쟁의 심판이 이루어진 사례를 전수 조사하였으며(평택·당진항 매립지, 광양만 매립지, 부산신항 매립지, 송도 신도지 매립지 9공구 사례), 특히 2009년 4월 공식적 제도형성 이후는 지자체간 심각한 분쟁에 따라 공식적 제도인 중앙분쟁조정위원회에 의해 의결된 사례[새만금 방조제 3, 4호, 부사공구 매립지, 평택·당진항 매립지, 새만금 방조제 1, 2호, 인천신항 10공구(송도) 매립지, 인천신항 11-1공구 사례[5]]를 조사했다.

사례 조사는 헌재 및 대법원 판결문, 정부 및 언론자료와 같은 문헌연구와 더불어 분쟁 대상 매립지 지자체를 대상으로 한 심층인터뷰를 통해 수행했다. 심층인터뷰는 공식적 제도의 출현 이후에도 심각한 분쟁이 현재까지 지속되고 있는 새만금 매립지 1, 2호 및 3, 4호(부안군, 김제시), 평택·당진항 매립지(평택시, 당진군), 인천신항 10공구, 11-1공구 매립지(인천 연수구)[6]를 대상으로 2017년 9월 1일부터 2017년 10월 17일까지 각 지자체 매립지 관할권 담당 공무원 10명[7]을 방문 인터뷰하였다. 조사는 총 4개 분야(매립지 구역과 분쟁 비용, 해양경계선의 역할과 한계, 중앙분쟁조정제도의 역할과 해양경계선과의 양립, 자발적 해결 규칙을 위한 노력·한계·방안) 13개 세부항목에 대해 심층 인터뷰하였다.

제3절 유막층화 제도의 형성원인

1 공식 제도의 공백과 비공식 제도의 형성·자기강화

공유수면(바다)을 매립하여 조성된 토지의 귀속 문제는 근원적으로 지방자치단체의

5) 행정자치부로부터 받은 자료에 따르면, 지난 8년 간('09.4~'16.8) 중앙분쟁조정위원회가 수행한 총 208건 심의·의결안건 중 실제 의결건수는 6건에 불과했고, 나머지 202건은 애초부터 지자체 간 이의신청이 없는 형식적인 안건으로 조사되었다(국회위원 박남춘 보도자료, 2016). 이에, 6개 분석 사례는 지자체 간 매립지 분쟁이 존재한 전수 사례이다.

6) 지자체 간 매립지 갈등은 매우 심각한 수준이며, 현재에도 소송이나 헌재 심판이 진행 중에 있다.

7) 이들은 해당 지자체에서 매립지 관할권 분쟁을 10여 년~20년 이상 전담 수행해 온 공무원들이다. 이하 각 지자체 담당 공무원은 AA1, AA2, BB1, BB2, CC1, CC2, CC3, DD1, DD2, EE1로 약칭한다.

구역과 관련되어 있다. 예를 들어, 부산시 앞 바다가 부산시 구역이라고 한다면, 해당 바다를 메워 조성한 매립지는 당연히 부산시의 구역이 될 것이다. 그러나 우리나라는 해방 이후 1949년 제정 지방자치법부터 현재 지방자치법에 이르기까지 공유수면(바다)이 지방자치단체의 구역인지를 여부를 명시하지 않고 있으며, 이에 관한 공식적 제도(예: 법)이 존재하지 않는다. 즉, 1949년 지방자치법 제정 이후, 현행 지방자치법에 이르기까지 "지방자치단체의 명칭과 구역은 종전과 같이 하고…"로 정의하고 있다(지방자치법[법률 제32호, 1949.7.4], [법률 제4004호, 1988.4.6], [법률 제8852호, 2008.2.29], [법률 제14197호, 2016.5.29] 제4조 제1항). 바다가 지자체의 구역으로 기술되지 않았다는 점은 사법부 및 행정자치부의 의견에서도 잘 드러난다.

공유수면인 바다가 어느 지자체의 구역인지를 결정하는 공식적인 제도가 존재하지 않음에도 불구하고, 현실적으로는 지자체는 수산업이나 골재채취, 공유수면 관리 등에 있어서 관할권이 전제된 행정행위를 하여 왔다. 이러한 점은 바다의 관할구역을 결정해 주는 비공식적인 제도가 존재하였음을 보여준다. 공식적 제도의 부재 속에서 '해상경계선[8]'은 지자체 간 공유수면 관할권 설정에 있어 비공식적인 제도[9] 역할을 수행하여 왔다.

해상경계선은 조선총독부 육지측량부가 제작한 지형도에서 비롯되었다. 일제 강점기의 일반도측량실시규정(1914)은 지형도상의 행정구역 경계의 표시방법에 대해 규정하고 있으며, 이에 따라 일제 강점기 조선총독부 육지측량부가 제작한 지형도에는 도와 군 사이를 구분하는 해상경계선이 표시되어 있었다. 해방 이후에도 도·군 경계에 대한 해상경계선은 해방 이후 국가기본도(지형도)에서 대부분 그대로 표시되었다(헌법재판소, 2006.08.31. 2003헌라1: 332-333).

이러한 해상경계선은 법적 구속력을 지니고 있지 않음에도 불구하고 행정자치부, 광역자치단체, 기초자치단체는 국립지리원이 발행하는 국가지형도(해양경계선)에 근거하여 바다가 포함된 '관할행정구역도'를 발행하였고, 이에 따라 행정행위를 하였다(헌재, 2004.09.23. 2000헌라2: 433). 예를 들어, 수산업법(1953.09.09)에 의한 어업행정에서

8) 해상경계선은 국토지리정보원이 도서(섬) 간의 소속만 인지되도록 도서 간 1cm 정도의 기호로 표시한 것이다. 즉, 해상경계선은 해상의 경계를 나눈 것이 아니라 도서 등의 소속을 표시하는 선으로 여러 도서 사이의 적당한 위치에 각 소속이 인지될 수 있도록 표시한 선이다(국토지리원 고시 제2호, 1974.12.19. 제46조, 제47조; 국토지리정보원 고시 제2015-1530호, 2015.7.23. 제53조, 제54조).

9) 해상경계에 대한 또 다른 비공식 제도로는 업무구역선이 존재한다. 예를 들어, 경상남도 진해시 소속의 용천어촌계는 1954년 7월 1일부터 1994년까지 어촌계 업무 구역선에 따라 인근해역에서 어업면허를 받아 어업권을 행사하여 왔다(헌재, 2010.06.24. 2005헌라9, 2007헌라1·2 병합, 408).

해상경계선을 사용한 관행이 존재한다. 즉, 수산업 허가나 면허어업을 주는 경우, 국립지리원이 간행한 지형도상 해상경계를 사용하여 관할 공유수면을 명시하는 행정처분을 하여 왔으며, 수산청에서는 시·도 경계가 표시된 어장도를 1977년부터 해당 기관에 공급하여 왔다. 심지어, 지형도상 해상경계선을 넘어 다른 지자체의 관할 구역에서 조업행위를 할 경우 관할 행정기관은 해상경계선을 사용하여 행정형벌이나 어업면허취소를 하는 등 어업단속을 하여 왔다. 공유수면관리법(1961.12.19) 제정 이후에는 공유수면에 대한 관리나 공유수면에 대한 점·사용허가를 하는 경우 해상경계선을 사용하여 왔다. 기타 시장, 군수 등의 지방자치단체 장은 연안관리법, 항만법, 골재채취법 등의 개별법에 의한 관할 권한을 행사함에 있어 해상경계선을 사용하여 왔다(헌재, 2004.09.23. 2000헌라2: 433). 이러한 점에서 해상경계선에 대한 오랜 행정관행과 행정기관 및 일반국민의 법적 확신이 존재한다고 볼 수 있다(헌재, 2004.09.23. 2000헌라2: 434).

실제로, 해상경계선은 법적인 판단에 기준으로 활용되어 왔다. 예를 들이, 경기도와 충청남도는 1966년부터 아산만해역에서 지도형상 해상경계선을 기준으로 어업면허처분(김, 바지락 등)을 하였으며, 해상경계선을 기준으로 어업단속권한을 행사하였다(해상경계선을 넘는 어업행위에 대해 경기도는 1972년 이후 총 96건, 충남은 1984년 이후 총 4건 적발). 또한 1992년 아산·평택항 건설사업 시작되자 기존 어업권자들에게 어업피해보상금을 지급하였고, 해운항만청은 동 항만 제방시설 건설 시, 해상경계선을 기준으로 행정구역을 표시하였다(헌재, 2004.09.23. 2000헌라2: 437-441). 최근에도 연안어업 어업허가를 받은 사람으로서 허가받은 구역인 충청남도 연해를 벗어나 전북 군산시 해상에서 멸치 40상자를 포획하였다는 이유로 기소되어 약식명령을 받았다(대전지방법원 홍성지원 2013고약323, 헌재, 2016.12.29. 2013헌바436 재인용). 다시 말해, 해양경계선은 해방 이전부터 지자체 간 공유수면 관할권 결정에 있어서 오랫동안 반복적인 행정 관행이 존재하여 왔으며, 수산업 허가나 어업면허, 어업단속뿐만 아니라 공유수면 점·사용허가, 연안관리, 항만, 골재채취 등 전반에서 그 범위가 확대되어 왔다. 행정자치부 역시 해상경계선이 자치단체의 구역경계를 의미하는 것은 아니라고 주장하면서도 관습적으로 바다의 일정 수역을 지방자치단체가 관리한 것 자체는 인정하고 있다. 이러한 점은 지자체 간 공유수면(바다) 관할권 획정과 관련된 공식적 제도의 부재 속에서 해상경계선이 비공식 제도로서 집단행동 딜레마를 해결하는 데 역할을 수행하여 왔음을 알 수 있다. 헌재 역시 그동안 해양경계선이 관습법[10)11)]의 성립요건을 충족한다고 판결하였다(예: 헌재, 2004.9.23. 2000헌라2; 헌재, 2006.8.31. 2003헌라1).

"관습적으로 (해상경계선에 따라) 바다의 일정수역을 지방자치단체가 관리…(중략)…" (헌재, 2004.09.23. 2000헌라2. 행정자치부 의견)

"공유수면 관할이 해상경계선으로 이루어져 있어요. ○○같은 경우만 해도 내해는 우리한테 유리해 보이지만, 외해는 우리가 매우 불리해서 배 돌릴 곳도 없이 바짝 붙어 있어요. 하지만 아직까지 우리 어민들은 해양경계선을 철석같이 믿고 경계에서 어업활동을 해왔고 감히 넘어갈 생각을 못해 왔어요. 벌금도 물리고… 관습적으로 지형도상 해상경계선이 인식되어 왔고 또 실제 이루어져 왔어요." (DD2)

2 공유수면 매립지와 비공식 제도의 한계, 그리고 관습

공유수면(바다)이 지자체의 구역인지, 그 경계가 어디인지에 대한 공식적 제도의 부재에서, 비공식적 제도인 해양경계선은 관행적으로 오랜 기간 동안 어업 및 도서 소속 문제 등 해상계와 관련한 집단행동 딜레마를 해결하는 데 유용한 역할을 수행하여 왔다(한국해양수산개발원 · 한국지방행정연구원, 2003, 〈표 3-5〉, 〈표 3-6〉, 〈표 3-7〉; 뉴시스, 2016.12.28. 참고). 그러나 해상경계선은 공유수면 매립지 관할권이라는 새로운 유형의 이익충돌을 해결할 만한 제도적 완결성을 지니지 못하였기 때문에 매립지 관할에 있어서 집단행동 딜레마를 해결하는 데 한계가 노출되었다. 이러한 한계에도 불구하고 해상 매립지 관할권 분쟁에서 헌재가 해상경계선이 관습법의 성립요건을 충족한다는 심판을 내림으로써 매립지 관할권 결정에 있어 비공식 제도로서 영향력을 지닐 수 있었다.

---

10) 헌재는 관습법이란 국민의 전부 또는 일부 사이에 다년간 계속하여 같은 사실이 관행으로 반복됨으로써 일반 국민의 법적 확신을 얻어 성립하는 것으로, 행정관습법이 성립하기 위해서는 행정관행이 존재하고, 이러한 관행이 오랜 기간 동안 반복적으로 존재하여야 하며, 행정기관과 일반 국민의 확신이 존재해야 한다고 주장한다. 동 관점에서 헌법재판소는 해상경계선이 행정관습법으로서 성립요건을 갖추고 있다고 주장하였다(헌재, 2004.09.23. 2000헌라2).

11) 헌재가 해당 사건에서 해양경계선을 관습법으로 인정했다고 해서 해상경계선이 공식 제도인 것은 아니다. 우리나라에서 헌재나 사법부의 판결은 당해 사건에 대해서만 구속력을 지니고 당해 사건을 넘어 법원이나 행정청을 구속할 수 있지 못하다. 또한 행정안전부는 해상경계선을 현재까지 지속적으로 부정하고 있으며 해상경계선이 전혀 반영되지 않은 공식 제도를 만들기도 하였다. 게다가 해상경계선은 법과 규칙처럼 정당한 제(개)정주체에 의해 절차를 거쳐 성문화된 형태로 존재하지 않는다.

1) 해상 매립지와 비공식 제도의 한계

(1) 공유수면 매립지, 차원이 다른 이익충돌 형성

첫째, 해상경계선은 공유수면인 바다의 경계로 관습적으로 일부 사용되어 왔다. 그러나 공유수면을 메운 매립지는 바다가 아니라 토지이다. 본질적으로 적용 대상에 문제가 있었다.

둘째, 매립지는 지자체 간에 바다에서의 이익충돌의 수준과는 근본적으로 상이한 특성을 지닌다. 즉, 해상 매립지는 지방자치단체의 본질인 '구역'과 관련되어 있다. 즉, 해상 매립지는 공유수면인 바다를 메워 새로이 조성된 토지로, 어느 지자체가 소유하는가에 따라 해당 지자체의 구역에 영향을 미친다. 즉, 지방자치단체는 본질적으로 주민, 구역, 자치권을 핵심적, 본질적 요소로 하는데, 이 중 새로이 매립된 토지는 구역에 해당되는 것으로 상호 양보의 대상이 될 수 없다는 것이다. 단순히 어업경계 조정이나 어로 활동 등에 있어서는 서로 양보할 수 있으나 지자체의 본실인 땅은 양보의 대상이 될 수 없다는 것이다.

> "의미가 없다. 바다일 때하고 육지일 때 하고는 다르다. 공유수면상태에서는 해상경계선을 인정하지만, 토지가 되었을 때는 별개로 생각해야 하지 않는가?" (CC2)
>
> "땅은 양보할 수 없다. 소송기간도 길어지고 사회적 비용도 늘어나지만 양보할 수 있는 대상은 아니다. 국가적으로는 편하게 하는 게 좋을지 모르지만, 구역은 지자체에게 생명과 같은 것이다." (BB1)
>
> "지방자치의 필수요소가 있고 하부요소가 있다. 구역은 지방자치단체의 본질적 요소이다. 어떻게 이런(효율성, 인접성, 관리가능성 등) 하부개념을 가지고 지자체 간 관할권을 결정하나? 그럼 독도도 일본 본토에 가까우니까… 관리가능성으로 일본 땅이라고 할 건가?" (DD1)
>
> "전기문제, 쓰레기 문제, 상수도 문제, 혹은 관리의 문제나 비용의 문제는 서로 협약해서 할 수 있다. 공유수면을 매립하여 생긴 매립지 구역은 지자체의 본질적 요소인 말 그대로 영토다. 이건 양보나 협상의 대상이 되기 어렵다. (DD2)

셋째, 지자체 입장에서 해상 매립지에 따라 유발되는 경제적 이익 규모가 막대하다. 해상 매립지는 구역이 획정되지 않은 방대한 토지가 형성되고 해당 토지들이 연안에 위치하고 있어 경제적 가치가 매우 높다. 특히, 해상 매립에는 천문학적인 예산이 수반되는 국가적 사업으로 사업비 지출은 주로 국가가 부담하지만, 해상 매립지를 특정 지자체 구역으로 획정하게 되면 그 편익은 지자체가 향유할 수 있다. 실제, 당진·평택항 매립지, 부산신항 매립지, 송도 매립지, 새만금 매립지 등은 그 규모가 방대하고 해당 토지에 산업단지나 상업 업무, 관광시설 등이 입지할 경우 지자체의 고용, 투자, 세수입[12] 전반에 걸쳐 막대한 편익이 예상된다. 예를 들어, 새만금 2호 방조제는 주로 상업 및 국제 협력 지구로서 김제시의 구역이 되어 관할권을 행사할 경우 김제시의 고용과 세수 확보 수준은 천문학적 수준이 될 것(전북도민일보, 2016.06.24)으로 예측된다. 수산업이나 낚시 어업 등 수준과는 비교될 수 없는 막대한 경제적 가치를 지니고 있어 지자체간 상호 양보와 협상이 발생되기 매우 어렵다.

(2) 해양경계선 제도 자체의 불완전성

해양경계선는 비공식 제도로서 제도적 불완전성을 지니고 있었다. 첫째, 해상경계선은 도서의 소속을 표시한 것으로 어떤 근거나 법적 기반을 토대로 해상경계를 획정한 선이 아니다. 말 그대로 물 위에 작위적으로 그은 선에 불과하다. 다시 말해, 해상경계선은 국가기본도상 해상경계선은 논리적 근거가 없는 상태에서, 실지측량 없이 적당한 곳에 표시한 것에 불과한 선에 불과하다(헌법재판소, 2015.07.30. 2010헌라2: 68-69).

둘째, 해상경계선은 실측에 기반한 경계선이 아니므로 작성 시기에 따라 해상경계선이 변경되었다. 실제, 이에 따라 서로 다른 시기에 제작된 해상경계선은 서로 중첩되는 영역이 존재하는 등의 문제가 발생되었다. 또한 해상경계선은 도서의 소속을 표시하다 보니 실선이 아니라 부분적으로만 표시되어 있어, 그 경계를 획정하는 데 어려움이 존재한다. 국립지리원(국토지리정보원) 역시 지형도상 해상경계선은 자치단체 구역경계가 아님을 공식적으로 밝히고 있다(헌재, 2004.09.23. 2000헌라2: 466, 행정자치부 의견, 국토지리정보원 국민 한마디 질의 응답).

> "해양경계선은 일제 때 만들어진 것이다. 역사적 배경도 없이 만들어진 해양경계선이 기준이 될 수 없다." (AA1)
>
> "○○○은 해상경계선과 관련없이 3~4개의 어장이 존재했었다. 어로활동을 하는데, 해상경계선이 영향이 없었고… 매립 전에는 의미도 없었다. 해상경계선이 있다고 하더라도, 공유수면에서 어느 지자체에서 주도적으로 활용했냐… 그것이 중요한 거

---

12) 연수구와 남동구는 신항에 부여되는 재산세, 선박면허세, 취득세 등 최대 수 백억원의 지방세를 거둬들이기 위해 신항 개장 이전인 지난 5월부터 다툼을 벌여왔다(경인일보, 2015.09.10).

아닌가?" (BB2)

"우리 어민들이 해양경계선을 고려하지 않고 어업활동 했고, 1977~1978년 인가 이전 해상도는 해상선이 이어지지도 않았다." (CC1)

2) 새로운 이익충돌, 제도적 한계와 관습법적 지위

비공식 제도로서 해양경계선은 공유수면 매립지 관할권을 둘러싼 지자체 간 첨해한 이익충돌 상황에서 자발적 해결 기준이 되지 못하였다(〈표 10-1〉 참고). 결국, 지자체 간 자발적 합의가 아닌 헌재의 권한쟁의 심판에 의해 매립지 관할 구역 및 경계획정이 이루어졌다. 동 과정에서 각 지자체는 오랜 시간 분쟁과 막대한 행정적, 경제적, 사법적, 사회적 비용을 지불하였다. 실제, 〈표 10-1〉의 사례들의 경우 사건 분쟁이 발생된 이후 약 최소 6년 6개월에서 최대 13년 간 지자체 간 갈등과 분쟁이 지속되었음을 보여준다. 이러한 점은 해상경계와 관련하여 집단행동 딜레마의 해결도구로서, 비공식적 제도의 제도저 역할이 제한받음을 잘 보여준다.

그러나 해상경계선의 이러한 한계에도 불구하고 〈표 10-1〉에서 보여주듯이, 그동

표 10-1 지자체 간 해상 매립지 분쟁과 해양경계선의 관습법적 지위

분쟁 지자체	분쟁 시작 연도	분쟁 원인	상호 주장의 근거	헌재 권한쟁의 심판			해결 시간 (약)	해상 경계선 인정 여부
				사건번호	사건명	종국 일자		
경기 평택시 vs 충남 당진군	1999	평택·당진항 매립지 관할	해양 경계선 ↔ 사회통념, 지리적 위치, 국토의 효율적 관리, 행정구역의 관리 및 항만관리의 효율성 등	2000헌라2	당진군과 평택시 간의 권한쟁의	2004.09.23	6년 10개월	**해양 경계선 주장 승소**
전남 광양시 vs 전남 순천시	1997	광양만 매립지 관할 문제	**해상경계선** ↔ 관행어업 보상선	2003헌라1	광양시 등과 순천시 등 간의 권한쟁의	2006.08.31	10년 8개월	**해양 경계선** 주장 승소
부산시 vs 경남·신해시	1997	매립지 신항만 명칭	–	2006헌라1	경상남도 등과 정부 간의 권한쟁의	2008.12.26	13년	단순 명칭건

부산시 vs 경남 · 진해시	2005	부산 신항만 매립지 관할 문제	**해상경계선** ↔ 국토이용계획 변경도면	2005헌라9 2007헌라1 2007헌라2	경상남도 등과 정부 등 간의 권한쟁의	2010. 06.24	약 6년 6개월	**해양 경계선** 주장 승소
인천광역시 중구 vs 인천광역시 (a)	사건 접수: 2009. 03.01. 2008년[1]	송도 신도시 매립지 제9공구 관할	**해상경계선** ↔ 사회통념, 지리적 위치, 국토의 효율적 관리, 항만관리의 효율성	2009헌라3	인천광역시 중구와 인천광역시 등 간의 권한쟁의	2011. 09.29	약 5년	**해양 경계선** 주장 승소
인천광역시 남구 vs 인천광역시 · 인천광역시 연수구(b)	사건 접수: 2009. 03.18. 2008년[2]	송도 신도시 매립지 제9공구 관할	**해상경계선** ↔ 사회통념, 지리적 위치, 국토의 효율적 관리, 항만관리의 효율성	2009헌라4	인천광역시 남구와 인천광역시 연수구 등 간의 권한쟁의	2011. 09.29	약 5년	**해양 경계선** 주장 승소
인천광역시 남구 vs 인천광역시 연수구(c)	사건 접수: 2009. 03.18. 2008년[3]	송도 신도시 매립지 제9공구 관할	**해상경계선** ↔ 사회통념, 지리적 위치, 국토의 효율적 관리, 항만관리의 효율성	2009헌라5	인천광역시 남동구와 인천광역시 연수구 등 간의 권한쟁의	2011. 09.29	약 5년	**해양 경계선** 주장 승소

주: 1) 경인일보(2008.06.06).
2) 매립지 갈등 언론기사(카인즈 검색, 검색어: 분쟁 지자체명, 매립지), 헌법재판소 심판 판례 검색(검색어: 매립지, 해상경계)으로 도출된 내용을 결합.
3) 공식적 제도(2009년 4월) 형성 이전에 한정, 사례 a, b, c는 헌재에 사건 접수가 2009.03.18일로 지방자치법 개정에 따른 공식 제도 등장(2009.04) 이전으로 본 영역에 포함.

안 매립지 관할 분쟁에서, 헌법재판소는 오랜 관행과 역사성을 고려하여 비공식 제도인 '해상경계선'을 인정하여 왔다. 당시 바다 경계에 대한 공식적 제도는 존재하지 않고 유일하게 비공식 제도로서 관습적으로 해상경계선이 존재하였기 때문에 해상경계선을 기준으로 바다를 메운 매립지 관할권을 결정하였다. 실제, 헌법재판소는 2009년 공식 제도 형성 이전 평택 · 당진항 매립지(2000헌라2), 광양만 매립지(2003헌라1), 부산신항만 매립지(2005헌라9, 2007헌라1, 2007헌라2), 송도 신도시 매립지 제9공구 관할 분쟁(2009헌라3, 2009헌라4, 2009헌라5)에서 해상경계선에 따라 매립지의 관할권을 결정하였다. 즉, 해양경계선은 공식 제도의 부재 속에서 출현한 '적응적 비공식 제도'라 할 것이며, 해상경계를 넘어 해상 매립지 관할권을 둘러싼 집단행동 딜레마를 해결하는 데 비공식 제도로서 영향력을 부여받았다 할 것이다.

3 공식 제도의 등장과 유막층화 형성

1) 공식 제도의 등장

행정안전부는 그동안 바다에 대한 지자체의 관할권을 인정하지 않았다. 그러나 바다를 메운 매립지가 등장한 이후 동 매립지를 둘러싸고 지자체 간 갈등과 분쟁이 심각하게 나타났다. 이에 해상 매립지 관할권 분쟁 해결을 위한 새로운 규칙 형성의 필요성이 지속적으로 제기되었고, 이에 2009년 지방자치법을 개정하여 새로운 '공식적 제도'가 등장하였다.

당시 행정안전부는 매립지나 미등록지의 구역을 정하는 절차가 없어 지적등록과정에서 자치단체 간 분쟁이 자주 발생하여 이를 예방할 수 있는 제도적 장치가 필요함을 밝히고(지속가능발전위원회, 2006: 6-7; 행정안전부, 2008: 2), 매립지나 미등록지의 경우 그 지역이 속할 자치단체를 매립관청, 관련 자치단체 등의 신청에 의해 중앙분쟁조정위원회 심의를 거쳐 행정안전부장관이 결정하도록 하는 새로운 공식적 제도를 마련하였다. 그동안 매립지, 미등록지 등의 구역결정은 사업자의 신청이나 시장・군수・구

표 10-2 공식 제도의 출현: 지방자치법[법률 제9577호, 2009.4.1] 제4조

구분	주요 내용
자치단체의 구역	"종전과 같이…"(제4조 제1항) 구역변경이나 폐치분합은 법률로 정함(제4조 제2항)
지방자치단체의 명칭과 구역 결정 대상 신설	1. 「공유수면 관리 및 매립에 관한 법률」에 따른 매립지 2. 「공간정보의 구축 및 관리 등에 관한 법률」 지적공부에 등록이 누락되어 있는 토지(동법 제4조 제3항)
신청 주체와 시기 신설	면허관청 또는 관련 지방자치단체의 장이 매립지는 준공검사 전, 지적공부 등록전에 행정안전부장관에게 결정 신청(동법 제4조 제4항)
결정 주체 신설	지방자치단체 중앙분쟁조정위원회 심의・의결→행정자치부장관 공고(동법 제4조 제6항) 중앙분쟁조정위원회 구성(동법 제149조), 대통령 위촉직 6인(위원장 포함)과 당연직 5인(행안부, 기재부, 환경부, 지경부, 국토부 차관) 총 11인으로 구성(행정자치부, 2010.10.27: 7)
이의제기 및 재결정 신설	행정안전부장관의 결정에 이의가 있으면 그 결과를 통보받은 날부터 15일 이내에 대법원에 소송을 제기(동법 제4조 제8항) 대법원의 인용결정이 있는 경우, 대법 결정 취지 반영하여 다시 결정(동법 제4조 제9항)

주: 지방자치법[법률 제8852호, 2008.2.29].

청장 직권으로 지적공부에 등록함으로써 사실상 획정되었으나 2009년 4월 지방자치법 개정에 따라 행정안전부장관이 중앙분쟁조정위원회의 심의·의결에 따라 결정하는, 지자체 간 집단행동 딜레마 상황을 해결하기 위한 새로운 형태의 공식 제도가 출현했다.

2) 비공식 제도와 공식 제도 간 유막층화

2009년 매립지를 둘러싼 지자체간 집단행동 딜레마를 해결하기 위해 공식 제도는 기존에 비공식적으로 그 역할을 하여온 해상경계선이라는 비공식 제도와 유막층화되었다. 즉, 비공식 제도가 존재하는 상황에서 새롭게 형성된 공식 제도는 단절적이고, 경쟁적으로 공존하게 되었다. 구체적으로, 첫째, 비공식 제도와 공식 제도는 단절적이었다. 즉, 행정자치부 주도의 공식적 제도는 비공식 제도인 해상경계선이 전혀 반영되지 않았다. 이러한 점은 중앙분쟁조정위원회의 심의·의결 기준에서 잘 드러난다. 지방자치법 제4조는 관할 결정 절차만 제시되었을 뿐 결정 기준이 법적으로, 공식적으로 기술되어 있지 않기 때문에, 그동안 중앙분쟁조정위원회에서의 관할 결정은 법적 기준 없이 지방자치단체 중앙분쟁위원회의 '내부 방침'에 따라 심의·의결하였으나 그 어떤 분쟁 대상에서도 여러 의견 기준에 해양경계선은 찾아보기 어렵다.

> "중분위의 여러 판단기준에 해양경계선, 그동안 관습적으로 판단되어온 해양경계선은 아예 고려되지 않고 있다. 그러니 실제 해양경계선에 따라 행정행위를 해오고… 지역에서 당연히 그렇게 받아들일 것 조차도 분쟁을 유발할 수 있다." (DD1)
>
> "중분위 결정의 기준이 조금 다른 것도 있고 법제화되지 않은 것이 사실이다." (AA2)

구체적으로, 새만금 방조제 군산시 비응도항~신시도 14km 구간(제3, 4호 방조제 및 다기능 부지), 새만금 방조제 제1·2호 귀속결정 초기 제시된 내부방침, 새만금 방조제 제1, 2호 귀속 결정, 평택·당진항 매립지(962,336.5m^2), 송도 11-1공구 및 새만금 산업단지 1·2공구 매립지 관할 결정의 내용을 분석하면 〈표 10-3〉과 같다.

둘째, 비공식 제도가 존재하는 상황에서 비공식 제도를 반영하지 않은 공식 제도가 형성됨으로써, 두 제도는 상호 경쟁적인 관계를 이루었다. 즉, 공식 제도가 형성되었다고 해서 일제 강점기 이후 행정행위의 많은 부분에서 기준역할을 수행하여 온 비공식적 제도인 '해양경계선'이 역할이 갑자기 사라질 수 있는 것이 아니다. 또한 헌법재판소

표 10-3 지방자치단체 중앙분쟁조정위원회 의결 대상, 시기, 기준

	분쟁 대상	의결 시기	제시된 의결 기준											
			주민 편의	주민 정서	국토의 효율성	행정 효율성	관계 기관 의견	역사성	경계 구분의 명확성	경계 구분의 용이성	대법원 및 헌재 최근 결정	지리적 인접 관계	형평성 (지리적 외부성 문제)	지자체 간 상생 협력
1	새만금 방조제 제3, 4호 방조제 및 다기능 부지	2010.10.27	○		○	○	○	○						
2	충남 부사공구 매립지[1]	2014.07.29	-	-	-	-	-	-	-	-	-	-	-	-
3	평택·당진항 매립지(962,336.5m^2)	2015.04.13	○		○	○						○	○	○
4.1	새만금 방조제 제1·2호 귀속결정 전 내부방침	2014.09.18	○		○	○	○	○						
4.2	새만금 방조제 제1, 2호	2015.10.26	○		○	○		○	○	○	○			
5	인천신항 10공구 송도매립지	2015.12.21	○	○	○	○			○			○		
6	인천신항 11-1공구 송도매립지 및 새만금 산업단지 1·2공구 매립지	2016.04.25	○		○	○			○		○	○		

주: 1) 안전행정부 공고(2014.07.29, 제2014-263호)문에서 의결기준을 찾을 수 없음. 다만, 결과론적으로는 서천군과 보령시간 조성된 매립지 호수 중간점을 취하고 있음.

자료: 행정안전부 보도자료(2010.10.27), 안전행정부 보도자료(2014.09.18), 행정자치부 보도자료(2015.04.13), 행정자치부 보도자료(2015.10.26), 행정자치부 보도자료(2015.12.21), 행정자치부 보도자료(2016.04.25), 안전행정부 공고(2014.07.29, 제2014-263호) 제의 내용을 표로 재정리.

는 〈표 10-1〉에서 제시하였듯이, 해상경계선을 기준으로 매립지의 관할권을 결정하였고, 이에 따라 해상경계선은 해상경계 및 해상 매립지 관할권 결정에 있어 '비공식 제도'가 되었다. 더욱이 2017년 현재에도 비공식 제도로서 '해상경계선'은 해상경계를 둘러싼 집단행동 딜레마를 해결하는 데 그 역할을 수행하여 오고 있다. 〈표 10-4〉에 제시되었듯이 관련된 개별 법률들은 각 지방자치단체가 관할하는 공유수면이 있음을 전제로 하여 여러 규정들이 적용되고 있다. 수산업법에서 면허어업, 허가어업, 신고어업 등 다양한 부분에서 지자체에게 관리 및 감독권한을 부여하고 있으며, 공유수면관리법, 골재채취법에서는 지방자치단체의 권리 범위나 허가범위를 제시하고 있다.

표 10-4 지방자치단체가 관할하는 공유수면이 있음을 전제로 한 현행 관련법 예시

관련법	주요 내용
수산업법 [법률 제13385호, 2015.6.22]	제8조 제1항(면허어업), 제10조(먼허의 결격사유), 제41조 제3항(허가어업), 제45조(시험어업 및 연구어업 · 교습어업), 제47조(신고어업)
공유수면 관리 및 매립에 관한 법률 [법률 제14503호, 2016.12.27]	제4조(공유수면의 관리), 제8조(공유수면의 점용 · 사용 허가), 제13조(공유수면 점용료 · 사용료의 징수), 제17조(점용 · 사용 실시계획의 승인 등), 제18조(준공검사 등), 제19조(점용 · 사용허가 등의 취소 등), 제28조(매립면허), 제52조(매립면허의 취소 등)
항만법 [법률 제13797호, 2016.1.19]	제9조(연안관리지역계획의 수립)
골재채취법 [법률 제13672호, 2015.12.29]	제14조(등록), 제19조(등록의 취소 등), 제22조(골재채취의 허가), 제30조(골재채취구역 변경 등의 명령), 제34조(골재채취단지의 지정 등)

자료: 수산업법[법률 제13385호, 2015.6.22], 공유수면 관리 및 매립에 관한 법률[법률 제14503호, 2016.12.27], 항만법[법률 제13797호, 2016.1.19], 골재채취법[법률 제13672호, 2015.12.29].

제4절 유막층화 제도가 집단행동 딜레마에 미친 영향

1 이익추구 선택지 증가에 따른 판단의 복잡성과 이원화 초래

비공식적 제도 위에 불완전한 공식적 제도의 '유막층화'는 집단행동 딜레마를 해결하기보다는 집단행동 딜레마의 초래 가능성을 증대시킨다. 새롭게 형성된 공식 제도가 비공식 제도와 연계되어 있고 협력적이라면, 행위자들은 공식 제도를 통해 문제를 해결하면 되기 때문에 이익추구 기회가 단일화되어 줄어든다. 반면, 비공식 제도와 공식 제도와 경쟁적으로 존재하게 되면 행위자 입장에서는 공식 제도를 통해 자신의 이익을 극대화하고자 하는 선택을 할 수도 있지만, 한편에서는 비공식 제도를 통해 자신의 이익을 극대화할 수 있다. 비공식 제도와 공식 제도가 단절적이고 경쟁적으로 존재하기 때문에 행위자인 지방자치단체로 하여금 이익추구를 위한 선택지를 증가시켜 집단행동 딜레마의 수준(강도)을 심화시킨다.

실제, 공식 제도 이전에 매립지를 둘러싼 지자체 간 갈등과 분쟁은 헌법재판소의 권한쟁의 심판(헌법 제111조 제1항 제4호, 헌법 제10호, 1987.10.29)에 의해 이루어져 왔다. 당시 헌재는 비공식 제도인 해양경계선에 따라 관할권을 결정(〈표 10-1〉 내용 참고)했다. 결국, 해양경계선이 유리한 지자체는 해양경계선을 토대로 관할권을 주장하고 지자체 간 자발적 해결이 안 되면 헌재에 심판을 청구할 수 있다. 반면, 공식 제도(중분위 심의·의결 → 행안부장관 결정)가 유리한 지자체는 중분위에 권할권 결정을 요청하고, 여기에서 지게 되면 다시 대법원에 소를 제기할 수 있다. 즉, 자신의 지자체에게 유리한 것이 무엇인가에 따라 서로 다른 선택을 할 수 있게 되었다. 더욱이, 공식 제도에서 지게 되면 다시 헌재에 소송할 수 있고, 헌재에서 지면 다시 공식 제도에 관할권 결정을 또한 요청할 수 있다.

실제로, 공식적 제도인 중앙분쟁조정위원회의 심의·의결 및 행자부장관의 결정에 승복한 지자체는 발견하기 어렵고, 모든 사례에서 바로 대법원 소송으로 이어졌다. 또한 평택당진항 매립지 관할 2차 분쟁, 인천신항 10공구 송도매립지 관할 분쟁, 인천신항 11-1공구 송도매립지 관할 분쟁의 경우는 행자부장관 매립지 관할 결정뿐만 아니라 동시에 헌재에 권한쟁의 심판이 제기되어 2017년 현재에도 소송이 진행 중이다.

> "지자체는 입장에서는 여기도 하고, 저기도 하고… 매달려 볼 수 있는 곳이 하나라도 더 있으면… 소모적인 부분이 생길 수밖에 없다." (BB1)
>
> "판례도 헌재랑, 대법원에서 달라질 수 있어서 심각한 문제다. 최고의 사법기관에서 충돌이 일어날 경우… 어떻게 할 거냐." (CC1)
>
> "헌재하고 대법하고 충돌되는 것이 문제이긴 하다. 한편에서 헌재는 지자체 간 관할권 다툼을 할 수 있기 때문에 이중경로가 생긴 것은 맞다." (AA2)
>
> "헌재와 대법원이 서로 다른 결론을 낼 경우… 지금 헌재와 대법원도 고민하는 문제다." (DD2)

2 기존 결정 무력화 및 새로운 분쟁 유발

공식적 제도는 심지어 기존의 헌재 결정 자체를 무효로 하고 새로운 이익추구 행위를 할 수 있는 기회를 제공한다. 실제, 비공식 제도인 해양경계선에 따른 헌재의 관할권 구분 결정을 무효로 주장하고 행정자치부에 귀속 자치단체 결정 신청을 하는 상황까지 발생되었다. 예를 들어, 평택·당진항 매립지 분쟁의 경우, 1998년 인천지방해양수산청이 당진군과 협의 없이 평택시에 신규토지 등록되면서 시작되었다. 이에, 2000년 당진군이 헌재에 권한쟁의 심판을 청구하였고, 2004년 당진군이 승소하여 제방 및 매립지 관할을 당진군으로 변경하였다. 그러나 2009년 4월 지방자치법이 개정되어 새로운 공식 제도가 등장하자 2009년 9월 평택시는 지방자치법을 근거로 (기존의 결정을 원인무효로 주장하면서) 2010년 2월 행정안전부에 평택·당진항 서부두 관할 구역 경계 변경 및 귀속 자치단체 결정을 신청했다. 이에, 2015년 중앙분쟁조정위원회는 당진시에 불리한 새로운 분할 귀속을 결정했다(당진시대, 2015.05.08).

> "미등록지도 아니고 이미 2008년도에 등록이 끝난 땅을 ○○시는 이제 와서 자신들의 땅이라고 주장 하고 있다. 행정자치부는 법과 규정을 분명히 했어야 하는데 ○○시의 관할권 신청을 받아들였다. 중앙분쟁조정위원회 심의 이후 행정자치부를 상대로 감사 청구라도 해야 할 문제다"(대책위원장 ○○○, 당진시대, 2015.04.10).
>
> "해양경계선을 인정한… 헌재에서 판단한 것을 또 바꾼다는 게… 지방자치법의 시행 당시, 헌재의 권한쟁의 심판이 진행 중인 것은 헌재의 결정에 따른다고 되어 있는데도… 중분위에서 헌재 결정과 다른 결정을 내렸어요. 헌재에서 해양경계선 기준으로 결정되고 나서 ○○하고 ○○하고 2007년 상생협약까지 했는데… 2009년 지방자치법이 개정되서… 다 없던 일 된 거에요." (DD2)

3 총 분쟁기간 증가

공식과 비공식 제도의 유막층화는 총 분쟁기간을 크게 증가시킨다. 구체적으로, 〈표 10-5〉에서 알 수 있듯이, 중앙분쟁조정위원회 심의기간만 최소 7개월에서 길게는 5년이 넘게 소요되고 있다(국회위원 박남춘 보도자료, 2016). 게다가, 분석대상 사례 모두에서 알 수 있듯이, 각 지자체는 중앙분쟁조정위원회 결정을 거부하고 대법원에 소송을 제기하거나 헌재에 권한쟁의 심판을 신청함으로써 총 분쟁기간이 더 길어지는 결과가 초래되었다.

> "소송제도로 인해 갈등기간이 끝없이 늘어난다. 우려가 심히 된다. 퇴직할 때까지 안 끝날 것 같다." (CC1)

표 10-5 비공식과 공식 제도의 유막층화와 선택지 증가, 분쟁기간 확대

	분쟁사건 및 분쟁지역	분쟁 지자체	분쟁조정 위원회 소요기간(a)	집단행동 딜레마 가능성 확대의 예(b)	분쟁 시작 연도 및 총 분쟁기간[1]
1	새만금 방조제 제3, 4호 방조제 및 다기능 부지	전북(군산) vs 전북(김제) vs 전북(부안)	7개월 (217일)	행자부상관 매립지 관할 결정('10.11.17) → 결정 불복 및 대법원 소송 (제기: '10.12.1/종결: '13.11.14)	2009~2013년
2	부사공구 매립지	충남(서천) vs 충남(보령)	2년 2개월 (790일)	행자부장관 매립지 관할 결정('14.7.29) → 결정 불복 및 대법원 소송 (제기: '14.8.6/종결: '15.9.24)	2007~2017년 현재
3	평택·당진항 매립지 (962,336.5m²) 2차 분쟁	충남(아산,당진) vs 경기(평택)	5년 2개월 (1,887일)	행자부장관 매립지 관할 결정('15.5.4) → 결정 불복 및 대법원 소송 (제기: '15.5.18/진행 중) → 결정 불복 및 헌재 권한쟁의 (제기: '15.6.30/진행 중)	1998~2017년 현재
4	새만금 1, 2호 방조제	전북(군산) vs 전북(김제) vs 전북(부안)	2년 7개월 (954일)	행자부장관 매립지 관할 결정('15.11.13) → 결정 불복 및 대법원 소송 (제기: '15.12.27/진행 중) → 결정 불복 및 헌재 권한쟁의 (제기: '15.1.11/진행 중)	2009~2017년 현재
5	인천신항 10공구 송도매립지	인천(남동구) vs 인천(연수구)	9개월 (273일)	행자부장관 매립지 관할 결정('15.12.30) → 결정 불복 및 대법원 소송 (제기: '16.1.13/진행 중) → 결정 불복 및 헌재 권한쟁의 (제기: '16.2.26/진행 중)	2008~2017년 현재
6	인천신항 11-1공구 송도매립지	인천(남동구) vs 인천(연수구)	8개월 (245일)	행자부장관 매립지 관할 결정('16.4.25) → 결정 불복 및 대법원 소송 (제기: '16.5.7/진행 중) → 결정 불복 및 헌재 권한쟁의 (제기: '16.6.30/진행 중)	2008~2017년 현재

주: 1) 총 분쟁시기는 언론 분석(카인즈 검색, 검색어: 분쟁 지지체명+매립지) 및 〈표 10-1〉 자료 활용 종합.
자료: (a), (b)는 국회위원 박남춘 보도자료(2016), 평택·당진항 매립지는 행정안전부(2013.01.29), 새만금 1, 2호 방조제는 행정자치부(2015.04.13)와 한겨레(2010.12.03), 부사공구 매립지의 경우 금강신문(2012.04.16) 자료를 통해 보완.

"20년 가까이 분쟁이 이루어지고 있다. 그래서 지금 헌재에 권한쟁의 심판도 하고… 대법에 소송도 제기하고… 헌재 심판이 늦어지고 있는데… 대법도 그렇고… 내가 퇴직할 때까지 될는지…" (DD1)

"○○ △-△공구는 지금 현재 매립 중 있다. 이것도 또 나중에 지자체 간에 갈등하고 또 소송가고 그럴 거다. ◇◇공구 배후단지 매립이 안 되었다. 배후단지는 매립도 아직 안 되었는데 어떻게 할지… 앞으로 또 소송하고… 소송하고… (한숨)" (LL1)

"하나하고 싸우고, 하나하고 싸우고… ○○ 내부는 더 큰일이다. 어디로 결정되든… 어느 지자체가 선뜻 동의하겠는가?" (BB2)

4 행정적 · 사법적 비용 증가 및 부정적 외부효과 발생

유막층화된 제도는 행정 및 사법적 비용을 크게 증가시키고 있다. 첫째, 각종 매립지 관할권에 대한 행정적, 사법적 대응을 위해 과도한 조직을 유지하고, 주된 업무보다는 소송 대응 등 행정적 비효율이 유발되고 있다.

"우리는 저쪽보다 작지만, 대응 조직은 훨씬 커요." (AA2)

"행정력이 낭비되고 있다. 필요한 일을 해야 하는데… 소송 대응 등이나 하고… 우리도 저쪽이랑 비슷한 수준에서 로펌 맞춘다." (BB1)

"행정낭비가 심하다. ○○이 전담조직을 만들어서… ○○도에서도 전담조직을 만들었다." (CC1, CC2)

둘째, 자자체별로 사활을 걸고 사법적 대응을 수행하기 때문에 대형 로펌 선임 등 사법적 비용 역시 막대하게 소요되고 있다.

"대형로펌에서… 성공 보수를 몇 억 원을 준다고 하더라. 행자부도 돈 들고 저쪽도 그렇고, 현재로서는 소송비용, 행정력 낭비, 매날 늦게 가고 직원도 그렇고… 자료 찾고… 다른 부서에도 협조 의뢰하고 TF가 필요하고…" (LL1)

"최고의 3개 법무법인이 소송 대리를 맡기고 있고… ○○도 마찬가지고… 아마 두 지자체 법무법인에 내는 착수금만 수억 원이에요." (DD1)

셋째, 매립지 관할권 분쟁이 장기화되면서 지자체 간 인근 협력 사업에까지 부정적 영향을 미치고 있다.

넷째, 이러한 행정적, 사법적 비용들은 분쟁 당사자 지자체뿐만 아니라 해당 지자체가 포함된 광역자치단체, 그리고 해당 중앙정부부처(국토부 등)까지 발생되고 있다.

"매립지 때문에… 다른 사회간접자본 건설까지 영향을 미쳐요. 산업단지에 전력 공급하는 것도 이거랑 연계시켜서 이 건도 소송하고 있어요. 최종 판결나도 주민들이 끝가지 반대하면… 또 어찌될지…" (CC1)

"워낙 중요한 문제이다 보니 저희도 그렇고 ○○도 그렇고, 사실 또 이게 ○○○도하고 ○○도 간의 문제이기도 해요. 그래서 ○○도에 TF 팀, ○○항 소송 지원팀 있어요. 물론 ○○도에도 우리랑 비슷한 것이 있고요." "소송 당사자만 ○○, ○○, ○○, 행자부, ○○도, ○○도, 국토부 각각 몇 군데씩 로펌 선임하고… 정말 소모적이다." (DD1, DD2)

5 경제적 피해 및 투자 저해

지자체 간 분쟁의 장기화로 인해, 경제 및 투자에 심각한 문제들을 유발하고 있다. 구역이 결정되지 못함에 따라 각종 사업 추진 자체가 이루어지지 못하는 문제가 발생되고 있고 해당 지자체들이 매립지에 투자유치를 해야 하는데, 투자유치보다 매립지 관할권 다툼을 하게되다 보니 투자유치가 제대로 되지 못하고 있다. 또한 분쟁 지자체 간에 서로 자기 주장을 하다 보니 국가적 지원에서도 우선순위에서 밀리게 됨으로써 국가적 지원을 받지 못하여 사업 진척이 안 되는 등 지자체 모두 피해를 받고 있다.

"행정구역이 결정이 안 되면 재산권 행사하기가 어려울 수 있다. 건물을 담보로 잡고 사업 공장을 가동할 수 있도록 해야 하는데…" (BB2)

"건축 인·허가를 해야 하는데 구역이 결정되지 않으면 사업이 지연되는 것은 당연하다." (DD2)

"(중앙정부의 정부 지원) 순서가 어떻게 되는데, 당연히 소외시킨다. 합의해서 배후단지 우선 개발되어야 하는데, 후순위부터 요구하니… 종합계획에 따라 진행되어야 하는데 여기 투자했다가는 다른 지자체가 문제제기 하니까 진행을 할 수 없다. 계속 지연되는 주된 이유에요. 비일비재해요." (CC1, CC2)

6 지자체 간 반목과 불신 증대

무엇보다 지자체 간 협력을 저해하는 상호 불신이 조장되고 있다. 지자체 간, 지역 정치인 간 반목과 불신이 나타나고 있으며, 장기화됨에 따라 지역 주민들까지 반목과 불신이 나타나고 있다.

> "물질적 비용보다 반목··· 앙금이 가장 커요. 지금은 저쪽 공무원이랑 전화통화하기도, 협의를 위해 만남의 자리를 갖는 것 자체도 눈치 보여서 못한다." (CC1)
>
> "갈등이 장기화되고 피로도··· 상대적으로 저쪽 지자체가 훨씬 크잖아요." (BB2)
>
> "초반에는 자치단체장끼리 만나기도 했지만 지금은 만나기도 어려워요" (DD1)

결론적으로, 유막층화는 이익추구 선택지 증가에 따른 판단의 복잡성과 이원화 초래, 기존 결정 무력화(헌재 결정) 및 새로운 분쟁 유발, 총 분쟁기간 증가, 행정적 사법적 비용 증가 및 부정적 외부효과 발생, 경제적 피해 및 투자 저해, 지자체 간 반목과 불신을 증대시킨다. 이는 곧 공식적 제도가 매립지 관할권 다툼에 따른 집단행동 딜레마의 수준을 개선하기보다는 오히려 심화시킴을 보여준다.

> "행자부 결정이 지방정부 간 갈등만 부채질했다. 법령상 명확한 기준이 없는 상황에서 매립지 관할이 중앙정부 재량으로 결정되다 보니, 장기간 소송으로 인한 행·재정적 낭비와 지역 간 분쟁, 기업과 주민 불편 등이 야기되고 있다"(안희정 충남지사, 중도일보 2017.01.04; 중부매일, 2016.09.26).
>
> "세 지자체 공동피해죠. 정작 투자유치 등을 해야 하는데 이것보다 서로 소송대응이나 하고···" (BB1)
>
> "매립되는 순서대로 중앙분쟁조정위원회에서 결정되고 대법 소송가고 한편에서는 헌재 소송가고··· 정말 큰일이에요." (BB2)
>
> "협력이라고는 전혀 생각할 수 없는 상황이 되었잖아요. 협력을 통해 공동 발전해야 하는데···" (DD1)

제5절 결론

본 연구는 집단행동 딜레마 상황에서 제도의 형성 메커니즘과 동 제도가 집단행동 딜레마에 어떠한 영향을 미치는지를 체계적으로 분석하였다. 지자체 간 매립지 분쟁이 심각하게 진행된 사례를 대상으로 헌재 심판자료 분석 등 문헌연구와 장기간 해당 업무를 수행한 공무원을 대상을 한 심층 인터뷰 분석결과는 아래와 같다.

첫째, 비공식 제도가 존재하는 상황에서 비공식 제도를 반영하지 않은 공식 제도가 형성됨으로써, 비공식 제도와 공식 제도가 상호 단절적이고 경쟁적인 관계를 갖는 '유막 층화 제도'가 형성되었다. 구체적으로, ① 지자체 간 해상경계에 대한 공식적 제도의 부재에서, 단지 도서(섬) 간의 소속만 인지되도록 그은 '해상경계선'은 비공식 제도로서 일제강점기 이후 현재까지 공유수면(바다) 관할권과 관련된 집단행동 딜레마를 해결하는 데 일정한 역할을 수행하여 왔다.

② 그러나 공유수면(바다)을 메운 해상 매립지는 지자체의 본질적 요소인 구역(토지)와 관련되어 있고, 차원이 다른 이익충돌을 형성했으며, 해양경계선 자체의 불완전성으로 인해 지자체 간 매립지 집단행동 딜레마를 해결하는 데 한계를 나타냈다. 하지만 해양경계선은 오랜 시간 해양경계를 결정하는 관행이 지속되어 왔기 때문에 해상 매립지 관할권 분쟁 시 헌재에 의해 해당 사건에 한에 관습법적 지위를 부여받을 정도로 영향력은 지속되었다. 즉, 해양경계선은 불완전함에도 공식 제도의 부재 속에서 해상경계 및 해상 매립지 관할권을 둘러싼 지자체 간 집단행동 딜레마를 해결하는 '비공식 제도'로서 역할을 수행하였다.

③ 비공식적 제도가 존재하는 상황에서 행정안전부는 2009년 해상 매립지 경계 분쟁에 따른 집단행동 딜레마 문제를 해결하고자 지방자치단체 분쟁조정위원회의 심의·의결에 따른 행정자치부장관의 결정이라는 새로운 공식 제도를 인위적으로 형성하였다. 새로운 공식적 제도는 비공식적 제도가 반영되지 않았고, 공식적 제도가 등장하였다고 해서 비공식적 제도가 갑자기 사라질 수 있지 않기 때문에 공식적 제도와 비공식적 제도는 서로 단절적, 경쟁적으로 공존하고 있는 상황이 초래되었다. 즉, '유막층화(oil layering)' 제도가 형성되었다.

둘째, 유막층화는 이익추구 선택지 증가에 따른 판단의 복잡성과 이원화 초래, 기존 결정 무력화(헌재 결정) 및 새로운 분쟁 유발, 총 분쟁기간 증가, 행정적·사법적 비용 증가 및 부정적 외부효과 발생, 경제적 피해 및 투자 저해, 지자체 간 반목과 불신을 유발 및 증대시켰다. 이는 곧 유막층화된 상황에서 공식적 제도는 매립지 관할권 다툼에 따른 집단행동 딜레마의 수준을 개선하기보다는 오히려 심화시킴을 보여준다.

이러한 연구결과는 집단행동 딜레마와 제도 간의 관계가 합리적 선택 제도주의의 주장과는 다를 수 있음을 보여준다. 특히, 신제도주의 이론 차원에서, 집단행동 딜레마 이론 차원에서 유용한 이론적 가치를 지니고 있다. 첫째, 집단행동 딜레마를 해결하는 제도는 단일체가 아니라 복합체로서, 특히 비공식 제도와 공식 제도가 서로 단절적이고 경쟁적인 관계로 층화('유막층화')되어 존재할 수 있음을 보여준다. 이는 새로운 형태의 층화로서 향후 복합체로서 제도, 그리고 제도변화를 설명하는 주된 도구로서 활용될 수 있을 것이다. 뿐만 아니라 합리적 선택 제도주의가 주장하는 것과 달리 필요에 의해, 인위적으로, 기능적 목적으로 쉽게 만들거나 변화시키기 어려운 이유가 무엇인지를 이해하는데 기여할 것이다. 둘째, 집단행동 딜레마의 해결도구로서 '제도'는 공식 제도뿐만 아니라 자체의 불완전성에도 불구하고 '비공식 제도'가 존재할 수 있음을 증명하고 있다. 즉, 해상경계와 상관없이 도서의 소속만을 표시하기 위해 임의적으로 그은 선인 해상경계선은 오랜 시간 관행적으로 초기에는 해상경계를, 1990년대 이후에는 주로 해상 매립지 관할권 분쟁에 있어서 집단행동 딜레마를 해결하는 비공식 제도로 역할을 수행하여 왔다. 셋째, 집단행동 딜레마를 해결하기 위한 공식적 제도의 기능적 효과가 나타나지 않는 원인이 무엇인지를 잘 보여주고 있다. 유막층화, 공식 제도가 비공식 제도와 단절되어 있고, 경쟁적일 경우 집단행동 딜레마를 오히려 심화시킴을 알 수 있었다. 이는 곧 집단행동 딜레마를 해결하기 위한 공식 제도형성에 있어 사전적으로 비공식 제도의 존재 여부, 그리고 비공식 제도와 공식 제도 간의 정합성을 어떻게 이끌어낼 것인가를 고민해야 함을 알 수 있다.

정책적으로도 본 연구는 매립지 집단행동 딜레마를 해결하기 위한 제도설계의 방향을 제시한다. 현재의 매립지 관할권 분쟁은 단순히 지역 이기주의나 지역 간 갈등의 문제가 아니다. 각 지자체와 공무원은 오랜 기간 해당 지자체를 위해 합리적인 선택을 하고 최선의 노력을 다하고 있을 뿐이다. 매립지 관할권 분쟁은 집단행동 딜레마이며, 동 관점에서 해결 방안을 모색해야 한다. 첫째, 무엇보다 분쟁 대상 지자체 스스로 해결할 수 있는 문제가 아니다. 따라서 기초 및 광역 지자체, 그리고 중앙정부의 여러 부처를 아우를 수 있는 권위있는 해결주체의 구성이 필요하다. 둘째, 매립지 분쟁의 근원이 해상경계에서 비롯되고 있기 때문에 해상경계에 대한 재정립이 필요하다. 많은 시간과 노력이 필요하다 하더라도 해상경계에 대한 사회적 합의를 도출하고, 이를 토대로 해상경계와 이와 연계된 해상 매립지 관할권 결정이 이루어질 필요가 있다. 셋째, 비공식적 제도는 오랜 시간 동안 관행으로서 존재하여 왔기 때문에 비공식적 제도와 보완적, 협력적인 공식 제도의 설계 필요성이 매우 높다. 더욱이, 현재의 매립지를 둘러싼 집단행동 딜레마는 공식적 제도의 등장 이후 오히려 더 심화되고 있다는 점에서 시급한 개선 필요성이 존재한다.

본 연구는 질적 사례연구로서 한계를 지니고 있다. 특히, 매우 복잡한 메커니즘을 긴 역사 속에서 고찰하는 것 자체가 큰 어려움이었다. 지자체에게 매우 민감한 연구내용임에 따라 자료의 확보가 쉽지 않았다. 본 연구는 매립지를 둘러싸고 극한적인 대립으로 대법 및 헌재 소송까지 이어진 사례에 한정하고 있기 때문에 분석결과의 해석에 주의를 필요로 한다.

제4편

제도, 동형화, 새로운 동형화 메커니즘: 사회학적 제도주의 관점

신제도주의

제11장

제도의 유사성과 이질성: 동형화와 내생적 제도 압력

제1절 서론[1)]

현대사회는 국가 간 제도(또는 아이디어)의 이동·확산이 재화와 서비스의 국가 간 이동만큼이나 빈번하게 이루어지고 있다. 즉, 국가 간 제도의 모방과 따라 하기, 특히 중·후진국이 선진국의 제도를 따라 하는 것은 어렵지 않게 발견된다.

다른 국가(특히, 선진국)의 제도를 따라 하려는 현상은 국가 간 제도의 차이를 줄여서 제도의 수렴을 이끌거나 혹은 개별 제도 간 유사성(homogeneity)을 확대시킨다. 그러나 제도의 유사성이 증대되고 있음에도 불구하고 또 다른 한편에서는 유사해 보이는 제도의 이질성(heterogeneity)이 쉽게 발견된다. 즉, 외적으로는 유사해 보이지만 제도의 구체적 내용과 운영의 실태를 살펴보면, 매우 이질적인 제도로서 변형되어 활용되고 있음을 발견할 수 있다. 다시 말해, 외국에서 도입된 제도는 도입 국가의 제도와 유사하기도 하지만, 또 한편에서는 도입의 모델이 되었던 제도와는 다른 매우 이질적인 특성이 나타나기도 한다.

이러한 맥락에서 외환위기 이후 도입된 적기시정조치제도는 제도의 유사성과 이질성의 현상을 이해하는 데 유용하다. 덴마크에서 처음 만들어진 적기시정조치는 금융기관의 부실을 사전에 통제하기 위한 자동 격발장치로서의 기능을 지니고 있다. 동 제도는 첫째, 미국에서 동 제도가 채택된 이후, 짧은 기간 동안 캐나다, 일본, EU 등 전 세계로 급속하게 확산되었으며, 우리나라 역시 1998년 관련법의 개정을 통해 동 제도를 도입하였다. 둘째, 우리나라가 미국의 제도를 도입하였음에도 불구하고 도입 모델인 미국의 적기시정조치제도와는 매우 상이하다는 점이다. 즉, 우리나라의 적기시정조치제도는 미국의 제도를 도입하여 미국의 제도와 유사하면서도 동시에 매우 이질적인 특성을 보여주고 있다.

이러한 배경 하에 본 연구는 외국에서 도입된 제도가, 도입 모델인 제도와 유사성을 지니면서도 동시에 이질성을 지니게 되는 원인이 무엇인지, 그리고 이질성의 정도에 미치는 요인이 무엇인지를 미국에서 도입된 적기시정조치제도를 통해 분석하였다. 이를 통해 제도의 유사성과 이질성을 설명하는, 또한 이질성의 정도에 영향을 미치는 설명도구를 개발하고자 하며, 이를 통해 궁극적으로 신제도주의 이론의 설명력 향상과 더

1) 이 글은 김태은(2012a)의 내용을 일부 수정·보완한 것이다.

불어 외국에서 도입된 제도의 형성과 변화의 방향을 예측하는 데 기여하고자 하였다. 또한 정책적으로 왜 적기시정조치제도가 그 기능을 수행하지 못하는지에 대한 일단의 해답을 제공하고자 하였다.

제2절 이론적 배경

1 제도형성(변화)의 압력요인으로서 동형화

외국에서 도입된 제도를 설명하는 데 있어 사회학적 제도주의에서 강조된 동형화(isomorphism) 개념은 매우 유용하며, 특히 유사성을 설명하는 핵심 개념으로 자리잡아 왔다. 특히, 우리나라와 같이 서구 제도에 노출되어온 경우 그 설명력이 더욱 높다 할 것이다.

사회학적 제도주의는 조직 연구(Meyer & Rowan, 1977; DiMaggio & Powell, 1991)에서 발전되었으나, 이후 사회정치적 변화의 국제적 과정에 대한 분석을 포함한 제도변화의 분석에까지 확대(Meyer, 2009)되어 왔다. 동 접근에서는 제도를 "사회적 행태에 대한 의미와 안정성을 제공하는 인지적, 규범적, 규제적 구조와 활동"이라는 정의(Scott, 1995: 33)에서 알 수 있듯이, 의미해석의 틀로서 이해하고 있으며, 상황이론이나 자원의존 이론에서 주어진 임무나 기술적 요소보다 조직환경의 사회·문화적 측면의 중요성을 강조한다. 또한 조직 형태이 기능적·합리적 설명의 대체에 관심을 가지고 있었으며(Meyer & Rowan, 1977), 조직의 유사성과 안정성(stability)을 이해(DiMaggio & Powell, 1983)하고자 하였다(Ashworth et al., 2009: 166-167).

이러한 맥락에서, 기념비적인 연구라 할 수 있는 디마지오 포웰(DiMaggio & Powell, 1983)은 제도화된 아이디어는 조직으로 하여금 유사한 구조와 형태에 적응하도록 압력을 미치며, 이에 따라 조직의 유사성은 점진적으로 증가하게 된다고 주장하면서, 제도적 동형화의 중요성을 강조하였다. 이들은 유사성(homogeneity)을 증대시키는 요인으로, 2가지 형태의 동형화, 즉 경쟁적(competitive) 동형화와 제도적(institutional) 동형화를 소개[2)]하였다.

이 중 제도적 동형화는 사회적 적합성, 정당성을 강조하는 것으로, 조직은 다른 조직을 고려하는데, 단순히 자원과 소비자에 대해서만 경쟁하는 것이 아니라 정치 권력과 제도적 정당성(institutional legitimacy)을 위해서 경쟁한다. 즉, 경제적인 적합성뿐만 아니라 사회적인 적합성을 위해 경쟁한다는 것이다(Aldrich, 1979: 225; DiMaggio & Powell, 1983: 150; DiMaggio & Powell, 1991: 66). 따라서 조직구조의 형성은 효율성 관점에서 진행되는 것이 아니라 정책적 정당성을 확보하기 위한 것으로 이해하며 동 과정에서 조직 간 유사성이 나타난다고 주장한다. 다시 말해, 정당성은 왜 조직이 동형화가 나타나는지를 설명한다.

실제, 디마지오와 포웰(DiMaggio & Powell, 1983)은 많은 조직들의 동질화를 발견하고 그러한 동질성의 원인을 베버(Max Weber)와 달리 제도적 동형화에서 찾고 있다. 이에 저자는 경험적으로 엄밀히 구별될 수 있는 것은 아니나(DiMaggio & Powell, 1983: 150), 제도적 동형화의 메커니즘으로 3가지 동형화 압력(제도적 동형변화 메커니즘)을 제시한다(DiMaggio & Powell, 1983: 150-154).

2 선행연구와 한계

디마지오와 포웰(DiMaggio & Powell, 1983)의 동형화 이론의 유용한 설명력만큼이나 동 이론을 통한 수많은 연구들(Covaleski & Dirsmith, 1988; Frumkin & Galaskiewicz, 2004; Perrow, 1985; Powell, 1985; Lapsley & Pallot, 2000; Bovaird & Downe, 2006; Rowan, 1982: Meyer et al., 1987)이 수행되었다. 강제적 동형화에 초점을 둔 연구(Djelic, 1998; Guillen, 2001), 규범적 동형화 연구(Westney, 1987; Offe, 1996), 모방적 동형화에 초점을 둔 연구들(Frumkin & Galaskiewicz, 2004; Kalev et al., 2006; Meyer & Jepperson, 2000; Meyer & Rowan, 1977) 등이 여러 국가 혹은 EU와 같은 초국가 단위에서 다양한 제도를 사례로 하여 연구되었다.

공공부문 연구와 관련한 기존의 연구들은 크게 아래와 같은 유형으로 구분되어진다. 첫째, 조직 혹은 제도의 형성과 변화를 디마지오와 포웰(DiMaggio & Powell, 1983)의 3가지 메커니즘으로 다양한 분야, 인력감축, 정보공개, 민형화 사례(이창길, 2008),

2) 물론, 이들이 강조하는 것은 제도적 동형화이며, 경쟁적 동형화는 현대사회의 조직을 설명하는 데 적절하지 않다고 주장한다.

김대중 정부의 행정개혁(최창수, 2008), 공공부문 BSC(강영철 · 이철주, 2009), 지방자치단체 국제교류(김미현, 2010), 아프리카 14개국 비정부조직(Claey & Tjackson, 2012), 유럽 옴부즈만(Song & Sala, 2008), 영국 지방정부 개혁프로그램(Ashworth et al., 2009) 등에서 연구되어져 왔다. 특히, 여영현(2012)은 한국과 일본의 지하철 공기업 이해관계자 인식 분석을 통해, 한국과 일본 간에 문화적 차이가 있음에도 불구하고 일본의 지방공기업법을 한국이 그대로 원용함에 따라 제도적 동형화가 발생하였고, 이에 따라 인식의 일치가 나타났음을 주장한다.

둘째, 동형화 요인과 그 효과에 관한 논의를 진행한 연구들(정병걸, 2004; 김동배, 2010; Lodge & Wegrich, 2005; Pilcher, 2011) 등이다. 예를 들어, 필처(Pilcher, 2011)는 2004년 오스트리아 지방정부에 도입된 IFRS(International Financial Reporting Standards)가 NPM의 일환으로서 도입된 강제적 동형화의 산물이며 제도의 취지와 달리, 집행과정에서 막대한 비용만 발생되고 편익은 거의 없는 결과를 가져왔다고 있다고 비판한다.

셋째, 동형화 압력의 서로 다른 영향을 제시한 연구이다. 라달리(Radaelli, 2000)는 EU의 정책이전 사례(단일통화, 조세정책, 미디어 소유정책)의 분석을 통해, EU는 불확실성 하에 놓여 있는 상황이 많기 때문에 모방적 동형화가 주로 나타났으며, 반면 강제할 수 있는 핵심적인 주체가 없기 때문에 강제적 동형화는 지배적이지 않다고 주장한다. 프럼킨과 갈라스키에비치(Frumkin & Galaskiewicz, 2004)는 공공조직과 민간, 비정부조직을 비교분석하면서, 공공조직이 민간 혹은 비정부조직에 비해 제도적 압력에 보다 취약하다는 것(영향받기 쉽다는 점)을 보여준다.

넷째, 본 연구와 관련하여 특히 유용한 관점을 제시하는 연구로, 동형화 이론의 한계와 변수 고찰의 필요성 제시, 또는 동형화되는 국가의 역사적 맥락을 강조한 연구들이다. 하태수(2002)는 외국에서 수입된 제도들이 본국에서와는 다른 방식으로 작동되고 있는 현상을 설명하는 이론적 접근법을 탐구하였고, 사공영호(2005)는 기업 지배구조 분석을 수행하여, 외국에서 도입된 제도는 우리 사회를 변화시키기보다는 기존의 제도집합에 동형화된다는 것을 제시하였다. 하연섭(2006)은 신자유주의가 추진된 역사적 맥락, 국가개입의 역사적 특징, 세계화와 경제위기의 성격에 대한 해석, 그리고 고유한 정책 및 제도적 특징이 우리나라에 적용된 신자유주의 정책의 특징에 영향을 미쳤다고 주장한다. 김윤권(2008)은 중국의 대부제 행정개혁의 동인과 제약요인을 분석하였다. 김명환(2009)은 분리(decoupling)와 위선(hypocrisy)의 개념을 통해, 조직들이 제도 환경에 형식적으로 대응하는 이유를 공공기관 혁신평가 사례를 통해 분석하여, 제도 환경에의 조직의 대응에 관한 사회학적 신제도주의의 제도방식에 내재되어 있는 한계를 지적하고 재이론화의 필요성을 제기하였다.

또한 보베드르와 다운(Bovaird & Downe, 2006)은 매우 흥미로운 연구결과를 제시한다. 영국의 역대 정부에서 지속된 지방정부에 대한 개혁(Local Government Modernization Agenda) 사례를 분석을 통해, 동 개혁이 제도적 동형화에 의해 진행되었으나 지방정부의 저항이 있었으며, 특징적인 것은 그러한 저항은 또 다른 동형화의 현상을 유발하였다고 주장한다. 라마나스(Ramanath, 2009)는 인도의 주택관련 NGO 분석을 통해, 3개의 NGO가 1980년대 비슷한 플랫폼을 가지고 출범하였으나 이후 동일한 공공정책 환경에 서로 다른 대응을 하였다고 주장하면서 동형화의 제약요인으로 경로의존 요소와 자원환경의 다양성을 제시하였다. 이외에도 동형화의 영향변수를 실증한 연구가 있다. 예를 들어, 빌라드센(Villadsen, 2011)은 덴마크 지자체를 대상으로 한 사회연결망 분석을 통해, 지자체 수장의 네트워크 중심성과 정책 동형화 간에 긍정적으로 연계되어 있음을 제시한다.

기존의 연구들은 동형화의 압력으로서 제도의 형성, 특히 유사한 제도의 형성에 대해 유용한 관점을 제시한다. 그러나 동 개념은 제도의 이질성을 설명하는 데는 한계가 있다. 즉, 외국에서 도입된 제도가, 도입 모델인 제도와 유사성을 지니면서도 동시에 이질성을 지니게 되는 원인이 무엇인지, 게다가 이질성의 정도가 무엇에 의해 영향을 받는지를 설명하기에는 한계를 지니고 있다. 본 연구는 이에 대한 해답을 찾기 위한 모델을 제시하고자 한다.

3 새로운 접근의 제시

1) 제도의 동형화 압력과 내생적 제도의 압력

동형화는 국가 간 제도의 유사성을 설명하는 데 유용한 도구이다. 그러나 현실에서 발견되는 국가 간 제도는 유사하기도 하고 또한 매우 이질적이기도 하다. 즉, 제도의 유사성(homogeneity)과 이질성(heterogeneity)이 동시에 발견되고 있다. 다시 말하면, 전 세계가 급격히 세계화되어 오고 있음에도 불구하고 제도의 수렴과 분열이 동시에 나타나고 있으며, 이에 대한 설명 필요성은 역시 증대되고 있다.

실제, 베케르트(J. Beckert)는 제도의 유사성과 이질성의 공존(coexistence)은 풀기 어려운 난제로 남아 있다고 주장하며, 제도이론가들은 이러한 공존을 설명하고 개념화할 수 있어야 한다고 주장한다(Beckert, 2010: 151). 이러한 맥락에서 베케르트(Beckert, 2010)는 디마지오와 포웰(DiMaggio & Powell, 1983)의 3가지 메커니즘(power, attraction, mimesis)에 경쟁(competition)을 추가한 설명에서, 이들 변수가 제도의 유사성에 영향을 미칠 뿐만 아니라 제도의 이질성에도 영향을 미친다고 주장한다. 유사하게, 김명환(2006)은 조직 장에 있는 조직들이 제도를 채택하더라도 왜 서로 다른 방법으로 그 제도를 설계하고 운영하였는가를 설명하는데 실패했다면서, 복수의 제도논리, 조직의 위치 및 조직의 신념체계를 통해 조직간 제도설계의 상이성을 설명하는 통합 틀을 제시하였다. 이는 제도의 유사성을 강조하는 기존의 접근을 넘어, 제도의 유사성과 이질성이 공존하는 현상을 설명해야 할 필요성이 강조되고 있음을 보여준다.

동형화는 기본적으로 제도의 유사성을 설명하는데 유용한 도구이기에, 국가 간 제도의 이질성을 설명하는 데 한계를 지니고 있다. 이러한 의미에서 각국 제도의 독특성과 고유성의 강조하는 역사제도주의는 유용한 관점을 제공한다.

역사 제도주의는 첫째, 역사적으로 구성된 일련의 제도적 제약과 기회는 정책과정에 있는 정치적 행위자 및 이익집단의 행태에 영향을 미치며(Immergut, 1998; Lecours, 2005; Orren & Skowronek, 2004; Pierson, 1994; Steinmo et al., 1992), 둘째, 정책형성에 있어서 장기적인 제도적 유산의 영향뿐만 아니라 비대칭적 권력관계를 강조한다(Hall & Taylor, 1996; Béland, 2007)는 특징을 지닌다(김태은, 2009a: 46-47). 따라서 역사제도주의는 국가 간 제도의 독특성과 다양성을 강조하여 왔다. 실제, 비교 정치 경제학자들은 긍정적 환류(increasing returns)는 동형화의 압력에 맞서 제도적 이질성을 유지하게 한다고 주장한다. 즉, 기존의 자원배분은 (그러한 구조를) 강화는 정치적 결정을 생산하는 경향을 갖게 되어 제도는 그 자체로 지속되는 힘을 갖게 된다. 결과적으로, 제도를 변화시키고자 하는 강력한 이해집단이 출현함에도 불구하고 제도는 쉽게 변화하지 않는다는 것이다(Arthur, 1989; David, 1985, Pierson, 2000a; Thelen, 1999; Peters et al., 2005: 1288).

이러한 점은 강력한 동형화의 압력이 존재한다 하더라도 진공상태 속에서 어떠한 변형없이 제도가 형성될 수 없음을 예측하게 한다. 즉, "각 국가에 고유한 역사와 제도적 맥락 하에서 아이디어의 구체적인 내용이 선택적으로 해석·적용되는 것이 일반적"(하연섭, 2006: 2)이라는 주장처럼, 외국에서 도입된 제도의 모습을 이해하기 위해서는 동형화의 압력뿐만 아니라 동 제도에 영향을 미치는 국가의 고유한 제도적 특성을 고려할 필요가 있다.

이러한 맥락에서, 본 연구는 '동형화의 압력에 따라 도입되는 제도에 영향을 미칠 수 있는 각 국가의 고유한 제도적 특성'을 '내생적 제도'로 정의한다. 내생적 제도는 각 국가의 고유한 제도적 특성을 지니고 있기에, 동형화의 압력에 따라 어떤 제도가 외국에서 도입될 경우, 원래 도입 모델인 제도와는 다른 이질성을 띠게 만들 것이다. 즉, 원래 모델의 제도를 변화시키는 혹은 수정시키는 힘으로 작용할 것이며, 이에 따라 궁극적으로, 원래 도입 모델 제도와 동형화 압력에 따라 도입된 제도 간에 이질성을 유발하는 변수로 작용할 것이다.

제도형성에 있어서 이 두 가지 압력이 존재한다면, 형성된 제도는 동형화에 따른 유사성과 내생적 제도 압력에 따른 이질성을 모두 갖게 될 가능성이 크다. 본 연구에서는 이를 혼성제도(hybrid institution)라 칭한다. 혼성제도는 "동형화의 압력과 내생적 제도 압력에 따라 형성된 제도로 동형화의 모델인 제도와 유사성을 갖으면서 동시에 이질성을 지닌 제도"를 의미한다. 특히, 여기서 이질성의 정도는 두 가지 변수[3]에 의해 영향을 받을 수 있을 것이다([그림 11-1] 참고). 첫째는 '내생적 제도의 압력의 크기'에 영향을 받을 수 있다. 즉, (동형화의 압력이 일정하다고 가정할 때) 내생적 제도의 압력이 작다면, 제도적 이질성은 적을 것이나 만약 매우 크다면 제도의 이질성은 이에 비례해서 커질 것이다.

둘째는 두 가지 압력이 미치는 '시간적 범위의 격차'가 크면 클수록 이질성 수준이 커질 것이다. 아마도, 동형화의 압력이 미치는 시간적 범위는 내생적 제도 압력에 비해 짧을 것이다. 동형화의 압력은 (도입이 요구되는) 제도 도입이 공식화될 경우 더 이상 압력으로 작용하지 않을 것이기에 제도 도입 초기에 집중적으로 영향을 미칠 것이다. 반면, 내생적 제도 압력은 동형화의 압력에 따라 도입되는 제도의 도입시점 이전부터 존재하는 힘이기 때문에 동 제도의 형성시기뿐만 아니라 이후 제도가 안정화되고 집행되는 동안 지속적으로 영향을 미칠 것이다. 따라서 이 두 압력이 미치는 시간적 범위의 격차가 크면 클수록 이질성의 수준도 높아질 것이다([그림 11-1]의 〈그림 A〉, 〈그림 B〉 참고).

3) 여기서 내생적 제도 압력의 크기와 시간적 범위의 격차는 분석 사례의 제도에 따라 상대적으로 파악해야 하는 개념으로 절대적인 크기를 논하기는 어려울 것이다.

그림 11-1 제도의 이질성에 영향을 미치는 두 가지 변수

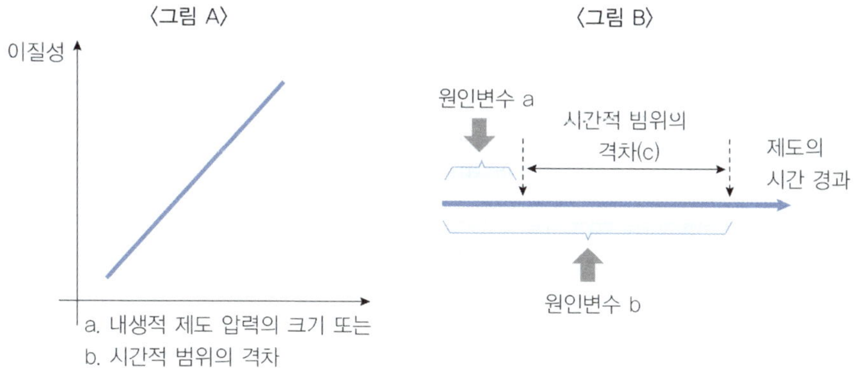

주: 1) 〈그림 B〉는 제도에 영향을 미치는 두 변수의 시간적 범위 격차를 묘사하고 있음. 원인변수 a의 경우는 원인변수 b보다 제도에 영향을 미치는 시간이 짧음. 따라서 두 변수 간 시간적 범위의 격차는 c에 해당됨.

2) 연구 분석틀

본 연구는 외국에서 도입된 제도가, 도입 모델인 제도와 유사성을 지니면서도 동시에 이질성을 지니게 되는 원인이 무엇인지, 그리고 이질성의 정도에 미치는 요인이 무엇인지를 분석하였다. 이에 대한 해답을 찾기 위해 동형화 압력과 내생적 제도 압력이라는 두 가지 설명변수를 도입하였다. 즉, 동형화 압력변수는 외국에서 도입된 제도와 유사성을 갖게 하지만, 내생적 제도 압력변수에 의해 외국에서 도입된 제도와는 매우 이질적인 제도를 형성한다는 것이다. 여기서 이질성의 정도는 '내생적 제도 압력의 크기'와 두 압력변수 간 '시간적 범위의 격차'라는 하위변수를 통해 설명하고자 하였다. 즉, 두 변수의 크기와 정도가 클수록 외국에서 도입된 제도와 이질성이 클 것으로 가정하였으며, 이를 증명하고자 하였다.

이는 곧 혼성제도의 형성 메커니즘을 분석하고 동 제도에서 이질성의 정도를 적기시정조치제도 사례를 통해 검증하고자 한다 할 것이다. 구체적으로, 어떠한 동형화 압력이 존재하였는지, 내생적 제도 요인이 무엇인지, 그리고 이질성 영향변수의 고찰을 통해 이질성의 정도를 예측하고, 마지막으로 도입 모델이었던 미국의 적기시정조치와 우리나라의 적기시정조치제도가 어떤 점에서 유사성과 이질성이 있는지를 분석하였다.

그림 11-2 연구 분석틀

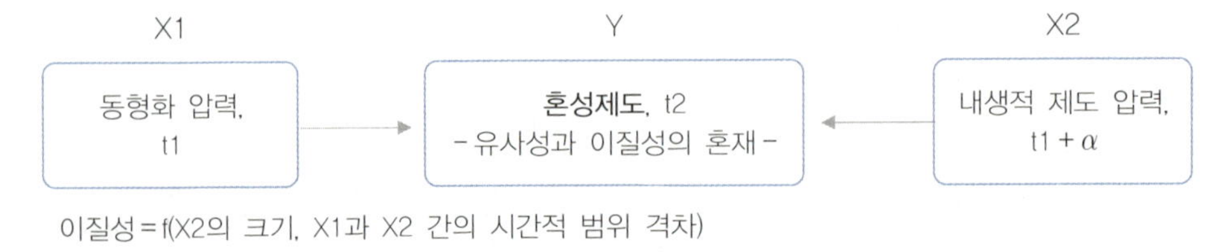

주: 1) 동형화 압력을 t1, 내생적 제도 압력을 t1+α로 표기한 이유는, 내생적 제도 압력이 동형화 압력보다 시간적으로 더 오랫동안 제도형성에 영향을 미침을 보여주기 위한 것임.

제3절 적기시정조치제도, 그리고 제도 형성원인

1 적기시정조치제도

적기시정조치제도(Prompt Corrective Action: PCA)는 자본적정성 지표 수준에 따라 부실화 소지가 있는 금융기관에 대하여 부실화가 크게 진전되기 이전에 적절한 경영개선조치를 취하는 제도이다(금융위원회 금융용어사전).

동 제도는 1974년 덴마크가 「상업은행 및 저축은행법」 제정 시 최초 제시되었으며, 미국은 1980년대 초 시작된 예금보험보험기금의 고갈사태 이후 덴마크의 제도를 차용하여 1991년 도입하였다(금융감독위원회, 2001: 5). 이후 전 세계 각국으로 급속하게 확산되었으며, 우리나라의 경우는 1997년 12월 말 '금융산업의 구조개선에 관한 법률'이 전면 개정되면서 동 제도의 근거가 명시되었고, 이후 1998년 동법 개정을 통해 공식적으로 채택되었다. 즉, 동법 제 10조에서 적기시정조치제도에 관한 사항이 규정되었으며(금융감독위원회, 1999: 11), 구체적인 것은 은행, 보험 등 해당 금융기관 감독규정을 통해 규정되고 있다.

동 제도는 첫째, 시장규율이 대폭 강화됨으로써 부실화 및 부실 확산 가능성 방지, 둘째, 금융기관이 부실화가 크게 진전되기 이전에 적절한 경영개선조치를 취하도록 하여 금융기관의 자산건전성을 강화하고, 부실금융기관 처리에 소요되는 정리비용을 경감, 셋째, 금융기관의 재무건전성 등의 기준과 병행하는 제재조치를 명문화하여 자동적으로 발동되게 함으로써 정치권력의 영향이나 감독관의 재량으로 인해 부실금융기관에 대한 조치가 지연되는 것(감독유예, Regulatory Forbearance) 방지, 넷째, 금융기관의 규모와 관계없이 자동적으로 조치가 시행되므로 대형은행과 소형은행의 공정경쟁에 기여할 수 있다(Benston & Kaufman, 1988; 한국은행, 1996: 11-12; 박경서 · 김정미, 1997: 34-35; 한국개발연구원, 2004: 74; 전선애, 2006: 75; Nieto & Larry, 2006: 20-21 내용 정리).

적기시정조치제도에 관한 기존에 연구는 주로 제도의 소개, 잠재적 편익과 한계에 대한 고찰이 이루어져 왔으며, 금융부분의 특성상 주로 계량분석을 통해 동 제도가 효과가 있었는지를 검증하는 연구가 주을 이루고 있다. 예를 들어, 적기시정조치제도 분석 및 개선방안 제시(한국개발연구원, 2004; 심영, 2006; 전선애, 2006), 적기시정제도의 잠재적 편익 고찰(Mayes, 2004), 인도를 사례루 한 PCA 효율성 평가(Pratap, 2008), 미국 PCA에 대한 종합평가 및 개선방안을 제시했다(OIG, 2011).

그러나 일부 EU 차원의 연구물들은 제도적 변수의 고찰 필요성을 강조한다. 예를 들어, 니에토와 월(Nieto & Wall, 2006)은 PCA에 기저하는 철학적으로 중요한 3가지 측면, 즉 예금보험기금와 정부손실의 최소화, 규제관용을 배제할 수 있는 준비된 행동계획 마련, 경제적 자산가치가 마이너스가 되기 전 부실은행 폐쇄를 제시한다. 또한 PCA 성공을 위한 제도적 선결조건으로, 감독기관의 독립성과 책임성, 감독기관에 대한 적절한 권위 부여, 적절한 해결 절차 존재, 정확하고 시기적절한 금융정보의 확보를 제시한다. 따라서 저자들은 유럽에서 미국의 PCA를 효과적으로 활용하기 위해서는 PCA에 기저하는 철학적 측면을 이해하고, 그에 부합하여 제도적 개선이 이루어져야 한다고 주장한다. 또한 메이스 외(Mayes et al., 2008, 234-235)는 PCA에 기저하는 철학의 수용과 필수적인 제도적 조건이 마련되지 않는 국가에서는 의도한 바 대로 작동되는 않는다고 주장한다. 이들은 EU에 도입된 미국형 PCA 제도는 미국의 은행 규제와 제도적 구조에서 작동되도록 설계되었으며, 은행의 재정상황에 대한 측정도구로서 레버리지 비율(leverage ratio) 활용이 전제되어 있음을 이해하여야 한다고 주장한다.

이러한 맥락에서, 동 제도는 동형화의 압력, 그리고 내생적 제도의 압력을 고찰할 수 있는 유용한 사례라 할 것이다.

2 제도형성의 두 가지 압력

1) 동형화의 모델과 동형화의 압력

(1) 동형화 모델로서 미국의 적기시정조치

미국의 적기시정조치(PCA)는 1991년 Federal Deposit Insurance Corporation Improvement Act(FDICIA)에 의해 도입되었다. 미국의 PCA는 구조화된 사전적인 개입과 해결을 위한 벤스턴과 카우프만(Benston & Kaufman's, 1988)의 제안에 기초하며(Nieto & Larry, 2006: 3), 예금보험손실의 최소화의 수단으로서 제기되었다(Mayes et al,, 2008: 238).

미국의 연방예금보험법[4] Section 38은 금융기관을 5가지 범주(well capitalized, adequately capitalized, undercapitalized, significantly undercapitalized, critically undercapitalized)로 구분[sec. 38. (b) (1)]하고 있으며, 이러한 구분은 3가지 서로 다른 자본측정(total risk-based capital ratio, tier 1 risk-based capital ratio, leverage capital ratio)을 통해 이루어지고 있다[sec. 38. (c) (3)]. 또한 금융기관의 분류에 따라 의무적으로 해야 할 조치와 재량적 조치를 구분하여 제시하고 있다. 즉, 자기자본과 같은 어떠한 조건에 해당되면 자동적으로 특정 조치를 취하게 하고 있다.

표 11-1 미국의 적기시정조치제도 개관(자본범주, 강제 및 임의조항, 등급 등)

Capital Level	강제조항 (Mandatory Provisions)	임의조항 (Discretionary Provisions)	위험가중자산 자기자본비율 (Total Risk-Based Capital Ratio)[1]	위험가중자산 기본자기자본 비율 (Tier1 Risk-Based Capital Ratio)[2]	단순자기자본 비율 (Leverage Capital Ratio)[3]
1등급[4] (Well Capitalized)	없음	없음	10% 이상, 그리고	6% 이상, 그리고	5% 이상

4) 현재 동 조치는 연방예금보험법(Federal Deposit Insurance Act)에서 규정되어 있다. 본 연구 범위와 관련된 적기시정조치제도의 내용이 담겨져 있는 'Sec. 38'의 주요 내용은 두 법을 비교해 본 결과 큰 변화가 없는 것으로 판단된다. 관련 법 소개 및 링크는 연방예금보험공사(http://www.fdic.gov) 참조.

2등급 (Adequately Capitalized)	FDIC의 승인없이 신규 중계예금(brokered deposits) 혹은 차환(rollovers) 금지		8% 이상, 그리고	4% 이상, 그리고	4% 이상
3등급 (Under-capitalized)	1. 배당 및 관리 수수료 금지 2. 자본 회복 계획 마련 3. 자산증대 제한 4. 인수, 지점신설, 신규업무에 대해 승인 요구 5. 금융기관 상황 및 Section 38에 부합되는지 모니터 6. 중계예금(brokered deposits) 금지	1. 자기자본강화 명령 2. 계열사 간 거래 제한 3. 예금금리 제한 4. 자산증대 제한 5. 과도한 위험이 따르는 활동 제한 6. 관리 시스템 개선 7. 대리은행을 통한 예금 금지 8. 은행지주회사에 의한 자본재분배 승인, 자회사 매각 요구 9. 기타 개선행동 요구 등	8% 미만, 또는	4% 미만, 또는	4% 미만
4등급 (Significantly Under-capitalized)	1. 3등급과 동일 2. 자기자본증대 요청 3. 계열사 간 거래 금지 4. 예금금리 제한 5. 임원임금 제한 6. 관리운영 개선 7. 규제자가 한 가지 이상의 재량적 조치 시행	1. 만약 금융기관이 명령에 따라 집행계획을 제출하지 않거나 자본확충을 하지 않을 경우 정부 및 자산관리제(conservatorship or receivership) 시행 등 2. 만약 어떤 행동이 적기시정조치 수행에 필수적이라면 5단계의 조치도 가능	6% 미만, 또는	3% 미만, 또는	3% 미만
5등급 (Critically Under-capitalized)	1. 4등급과 동일 2. 90일 이내 청산인(receiver/conservator) 지명 3. 4분기 동안 5등급 유지 시 청산인(receiver) 지명 4. 후순위 채무 지급 금지 5. FDIC에 의해 문서화되어 승인된 활동외에는 어떤 활동도 금지		다른 자본비율과 관련없이 유형 자기자본(tangible equity)이 2% 이하인 경우		

주: 1) 총자기자본/위험가중자산. 2) 기본자본(Tier 1 capital)/위험가중자산.
3) 기본자본/실질총자산. 4) 등급은 연구자가 임의로 부여.
자료: Sec 38 of the Act, OIG(2011: 16-22).

(2) 동형화의 압력

FDICIA(1991)에 기초한 강제적인 양적 격발장치(triggers)인 미국의 적기시정조치는 여러 국가(예: Korea, Argentina, Chile, Singapore, Brazil, Mexico, Japan, EU)에서 채택되었다(Pratap, 2008: 30; Nieto & Larry, 2006: 3).

우리나라 역시 미국의 적기시정조치제도가 도입되었다. 실제, 한국개발연구원은 우리나라와 당시 세계 여러 나라에서 실시되고 있는 적기시정조치가 미국의 제도를 벤치마크한 제도라고 밝히고 있으며(한국개발연구원, 2004: 75), 금융감독위원회(2006: 10) 역시 동 제도가 미국 제도를 벤치마크(benchmark)하여 1997년 도입되었다고 소개하고 있다.

적기시정조치제도의 도입에는 규범적 동형화 압력과 강제적 동형화 압력이 작용하였다.

구체적으로, 첫째, 규범적 동형화 압력으로, 미국 적기시정조치제도의 도입 주장은 1990년대 중반부터 본격적으로 전문가 집단(김종태, 1993; 한국은행, 1996, 1997; 김대식, 1995: 206-210; 최원성 외, 1996; 강문수, 1997; 강병호, 1997: 256; 박경서 · 김정미, 1997: 34-36)에서 도입의 필요성이 제시되었다. 이들은 주로 한국개발연구원이나 한국은행과 같은 국책연구기관 소속 연구자들로 미국형 제도의 도입을 주장하였다. 당시 이들은 규범적으로 도입 필요성을 강조하고 있으며, 일본의 미국형 적기시정조치제도 도입 예정(1996년) 발표에 더욱더 자극을 받은 것으로 보인다.

당시의 주장들은 금융안전성 확보, 부실금융처리, 건전성 규제확보 등 다양한 목적으로 미국의 적기시정조치제도의 도입을 강조하고 있으며, 금융이라는 특수 영역의 전문가 집단 간에 공유된 믿음이 존재하는 것으로 이해된다. 이들의 주장은 실제 정부에 의해 공식적으로 채택되어 나타나기도 하였다. 예를 들어, 정부는 금융개혁위원회 설치로 금융기관 간 합병문제가 현안으로 대두됨에 따라 금융권별로 조기(적기)시정제도의 시행을 위한 기준 설정 등 관련 제도의 보완작업에 착수하고자 하였다(연합뉴스, 1997. 01.08). 또한 외환위기(1997.12.03) 바로 직전인 1997년 11월, 정부는 부실금융기관의 조속한 정리 추진을 위해 동 제도를 도입하여 부실금융기관을 조속히 정리하는 데 활용할 것임을 제시하였다. 특히, 정부는 정리원칙으로 객관적인 기준과 적법절차에 따라 강력히 추진을 제시하고 정리절차로서 자산, 부채 실사 조사를 바탕으로 자산의 건전성, 자기자본비율 등을 기준으로 금융기관을 3개 등급(A, B, C)으로 분류하고 각 등급에 적합한 조치를 시행("조기시정장치")할 것이며, 동 제도는 미국에서 1991년, 일본은 1996년 도입된 제도라고 소개하고 있다. 이에 따라 3개 등급으로 구분하고 각 등급별로 조치내용을 제시하고 종금사는 1998년 3월 말, 은행은 1998년 6월 말, 여타 금융기관은 1998년 9월 말까지 조치를 시행한다고 명시하였다(재정경제원, 1997a).

미국형 적기시정조치의 채택은 한국개발연구원, 한국은행 등 정책결정에 커다란 영향을 미치는 국내 전문가 집단이 큰 영향을 미쳤다. 외환위기 이전까지 동 제도에 대한 도입 필요성이 지속적으로 공유되고 주장되었으며, 이에 따라 실제, 외환위기 직전인 1997년 11월 정부는 금융기관의 건전성 제고와 부실금융기관의 정리 추진을 위해 조기시정조치제도의 도입을 명시하기도 하였다. 즉, 규범적 동형화 압력이 크게 영향을 미쳤음을 알 수 있다.

둘째, 강제적 동형화로서, 외환위기 당시 IMF 등의 영향은 동 제도의 도입과 빠른 안착에 크게 기여한 것으로 판단된다. 1997년 12월 3일 정부의 구제금융 요청에 따라 우리나라는 IMF, IBRD 등 국제기구의 영향에 놓이게 되었다. IMF는 우리나라에 자금지원을 하면서 자신들의 요구조건 이행을 요구하였고, 이는 IMF 의향서로 나타났다. 실제, 1997년 12월 4일 IMF와 자금지원 합의내용을 보면, 적기시정조치 내용이 포함되어 있는 금산법의 개정을 1997년 말까지 반드시 통과시켜야 한다고 전제하고 있다(재정경제원, 1997b).

이후, 1998년 2월 17일 한국정부와 IMF 간에 합의한 한국경제 프로그램에 대한 의향서 내용을 보면, 당시 은행에 적용된 건전성 규제를 건전성 규제를 특수은행과 개발은행에 대해서도 단계적으로 확대하는 규정 제정(1998.11.15)을 요구하고 약속하였다(재정경제부, 1998). 또한 1998년 10월 12~27일 간 개최한 IMF 간 제8차 자금인출을 위한 정책협의 내용을 보면, 금감위는 모든 상업은행 문제의 조기인지를 위해 자본비율이 8% 미만으로 하락하는 등의 경우에는 적기시정조치를 포함한 적절한 감독조치를 취하고, 금감위는 비은행금융기관(종금 · 투신 등)에 대한 건전성 감독기준을 국제기준과 일치시키도록 노력할 것을 요구하였다(재정경제부, 1998). 1999년 1월 20일부터 2월 2일까지 개최된 1999년도 제1차 정례협의내용을 보면, 종금사에 대한 적기시정조치 적용 및 국책은행에 대한 건전성 규제기준 마련(2월 15일까지) 등을 요구하였다(재정경제부, 1999). 이는 곧 미국의 적기시정조치제도의 수용과 제도 안정화에 강제적 동형화 압력이 크게 기여했음을 보여준다.

결론적으로, 미국형 적기시정조치제도는 규범적 동형화에 따라 제도의 도입이 제시되었고, 강제적 동형화에 따라 빠르게 안정적으로 자리를 잡았다 할 것이다.[5] 실제, 이에 따라 1998년 1월 금산법 개정[법률 제5496호, 1998.1.8]으로 적기시정조치와 유사한 법적 내용(동법 제10조 제1항, 동법 제11조 제1항 참고)이 나타났고, 1998년 금산법 개정[법률 제5549호, 1998.9.14]으로 인해 동법 제10조에서 공식적으로 '적기시정조치'제도가 명시되었다.

2) 내생적 제도의 압력

(1) 금융정책과 금융감독의 비분리성

우리나라는 정부주도의 계획적인 경제성장 정책을 통해 급속히 발전하여 왔다. 이러한 정책은 필연적으로 자원동원과 배분과정에서 광범위한 정부의 개입과 통제(하연섭, 1992: 1167)로 나타났으며, 자원동원과 배분과정에서 중요한 역할을 수행하는 금융에 대한 정부지배는 당연한 결과였다. 즉, 재무부 이재국으로 대표되는 관치경제, 관치금융은 우리나라 근대 정치, 경제, 행정을 이해하는 데 필수적인 개념으로 1960년대와 1970년대에 한정된 것이 아니라 1980년대와 1990년대에도 그래도 계속되었다(노화준, 1998: 150).

이러한 관치금융의 오랜 역사는 필연적으로 금융정책과 감독정책의 엄격한 분리를 제약하였다. 즉, 금융감독은 금융정책에 의해 영향을 받아 왔으며, 이는 금융감독이 금융정책의 거시적 틀 내에서 제한적으로 혹은 선택적으로 작동되어져 왔다는 것을 의미한다. 금융감독의 비분리성(혹은 비독립성)은 우리나라의 대표적인 금융구조 현상으로 그동안 다양한 연구(김대식, 1995; 김홍범, 2007; 이혜영, 2004, 2005; 김희경, 2009; 김선명, 2000; 하연섭, 1992; 노화준, 1998)에서 지속적으로 제기되어져 왔다.

1997년 외환위기 이전까지 우리나라 금융감독구조는 일반은행, 특수은행, 증권, 보험, 카드 등 전 금융분야가 당시 재경원에 감독을 받았다(김대식, 1995: 190 표 정리).[6]

---

5) 당시 동형화 압력에 대한 저항기제는 크게 나타나지 않았다. 이는 첫째, 적기시정조치제도가 전문분야로서 전문가들의 공유된 인식의 영향력이 컸고, 둘째, 외환위기상황에서 IMF 등 국제기구의 압력이 막대하였으며, 시간적으로도 매우 짧은 기간에 제도가 도입되었기 때문이다. 셋째, 당시 동 제도 도입에 따른 피해 집단을 발견하기 쉽지 않다. 즉, 미국형 적기시정조치제도를 도입하겠다고 정부계획안(1997년 11월) 역시, 사전적인 격발장치로서가 아니라 부실금융기관 정리 수단으로서 활용을 명시하였기 때문이다. 넷째, (후술될) 내생적 제도 특성들에서 알 수 있듯이, 당시의 금융주체들은 동 제도를 자신들에게 유리하게 변형시킬 수 있었기 때문에, 제도 도입 자체에 대해 특별히 저항할 필요가 없었던 것으로 이해된다.

물론, 일반은행과 일부 특수은행은 한국은행 금융통화위원회의 감독을 받았으나, 1950년 한국은행법 제정 이후 1997년 12월 6차 개정 전까지 금융통화위원회 의장이 재무부장관이었다는 점에서 알 수 있듯이, 한국은행이 재경원에서 독립된 기관으로 이해하기는 어려웠다.

외환위기 이후 이명박 정부 취임 전까지 우리나라의 금융감독체계는 1998년 4월에 시행된 '금융감독기구의 설치 등에 관한 법률'에 의거하여 금융감독위원회와 그 집행기관인 금융감독원이 감독업무를 담당하는 통합 금융 감독체계로 구성되어 있다. 그러나 재정경제부는 금융관계법령의 제・개정업무를 관장하여(한국은행, 1999: 304) 금융감독에 실질적인 영향을 유지하였다. 또한 재정경제부와 금융감독위원회의 인사운영, 관할권 측면에서 금융감독위원회가 독립적인 지위에서 금융감독을 수행하였다고 보기는 어렵다(이혜영, 2005: 9-14).

이러한 점은 금융감독위원회에 관료조직인 사무국이 설치된 점에서 극명하게 잘 드러난다. 즉, 금융감독위원회는 의결기관임에도 불구하고 관료조직인 사무국 설치를 법에 의해 보장(금융감독기구의 설치등에 관한 법률 제15조 제2항[7])받았다. 초기에 동 사무국은 초기 예산, 회계, 및 의사관리기능에 한정되었으나, 이후 200여 명이 넘는 사실상 금융감독위원회의 집행기관(공무원)으로 성장하였다. 이는 금융감독기관에 정책기관인 재경부의 영향력을 잘 보여주는 대표 사례이기도 하다. 다시 말해, 금융감독위원회는 국무총리 소속으로 설치되어 있지만 재정경제부의 전체적인 금융정책틀 안에서 움직일 수밖에 없었으며, 독자적인 규제권한범위를 갖지 못하였다(김희경, 2009: 16). 이러한 점에서 통합금융감독체제의 출범에도 불구하고 금융정책틀 안에서 금융감독이 이루어져 왔다는 점에서 외환위기 이전과 실질적으로 다를 바 없다는 주장(김홍범, 2007: 80)까지 제기되어 왔다.

이명박 정부 들어, 2008년 4월에는 「금융감독기구의 설치 등에 관한 법률」이 「금융위원회의설치 등에 관한 법률」로 개정되면서 재정경제부의 금융정책기능과 금융감독위원회의 감독기능을 통합한 금융위원회를 출범시켰다. 아예, 구조적으로 금융정책기능과 감독기능을 합쳐버린 것으로, 금융감독의 비분리성을 극단적으로 잘 보여준다. 실제,

6) 검사권은 개별 감독기관(예: 증권감독원, 보험감독원) 등이 수행하였으나 재경부는 이들에 대한 지시감독권을 지니고 있어 실질적인, 포괄적인 감독권한은 재경부에 있었다.

7) 동법 제15조 ② 대통령령이 정하는 바에 의하여 금융감독위원회의 예산・회계 및 의사관리기능의 수행에 필요한 최소한의 공무원을 둘 수 있다.

동법에 따라 금융감독위원회는 금융에 관한 정책 및 제도에 관한 사항, 2. 금융기관 감독 및 검사 · 제재에 관한 사항, 3. 금융기관의 설립, 합병, 전환, 영업의 양수 · 양도 및 경영 등의 인가 · 허가에 관한 사항, 4. 자본시장의 관리 · 감독 및 감시 등에 관한 사항 등 광범위한 사무권한을 부여받았다(금융위원회의 설치 등에 관한 법률[법률 제8863호, 2008.2.29] 제17조).

(2) 금융정책기관과 감독기관 간 계층적 · 폐쇄적 인적 네트워크 구조

금융정책 핵심기관과 금융감독기관 간에는 계층적 · 폐쇄적 네트워크 구조를 지니고 있다. 계층적인 현상은 두 기관 간에 공직구조상 위계가 존재한다는 것이고, 폐쇄적이라는 것은 두 기관 간의 인적 폐쇄성이 크다는 것이다.

두 기관 간의 공직구조상 위계는 정부조직법을 통해 잘 드러난다. 첫째, 금융정책 담당기관은 그동안 일반 장관과 달리 경제부총리 겸 장관 대우를 받았으며, 실제 이는 제3공화국에서 문민정부, 국민의 정부, 참여정부에 이르기까지 공식적인 부처의 위상이였다. 국민의 정부에서 재정경제부장관으로 제1~3대를 이어왔으나, 국민의 정부 후반부터 참여정부에서는 경제부총리 겸 재정경제부장관으로 다시 격상되었다. 현재는 기획재정부장관으로 되어 있으나 동 부처를 일반 부처와 동일한 계층선상에 있다고 판단하기 어렵다.

둘째, 두 기관의 장(장관, 혹은 위원장) 임명 구조에서 나타난다. 실제, 이헌재 초대(1998.03~2000.01) 금융감독위원장은 이후 국민의 정부(제3대, 2000.01~200.08)와 참여정부(제4대, 2004.02~2005.03) 재정경제부장관을 지냈으며, 제5대(2004.08~2007.08) 금융감독위원회 위원장을 역임한 윤증현 장관은 2년 후 이명박 정부 제2대(2009.02~2011.06) 기획재정부장관으로 임명되었다. 즉, 금융감독위원회 원장 재직 이후 재정부장관에 임명되는 구조를 갖고 있다(기획재정부, 금융위원회 홈페이지 분석).

셋째, 현재 금융감독위원회[8] 및 금융위원회의 역대 위원장과 부위원장을 살펴보면, 금융감독위원장 6명, 금융위원회 위원장 2명, 금융감독부위원장 9명, 금융위원회 부위원장 3명 중 재정부 관료 출신이 아닌 경우는 단 2명(제1대 금융위원회 위원장, 제1대 금융감독위원회 부위원장)에 불과하다. 2012년 8월 현재, 금융감독기능을 수행하는 금

8) 금융감독원장은 금융위원회 설립 이전까지는 금융감독위원장이 겸임하였으나 설립 이후부터는 금융위원회의 의결을 거쳐 금융위원회 위원장의 제청으로 대통령이 임명한다(금융위원회 설치 등에 관한 법률[법률 제11407호] 제29조 제2항). 현재 금융감독원장 역시 재정부 관료 출신이다.

융위원회 역시 위원장, 부위원장, 사무처장, 상임위원, 금융정보분석원장, 금융정책국장, 공적자금관리위원회 사무국장을 재경부 출신 공무원들이라는 점에서도 이를 잘 알 수 있다(금융위원회 홈페이지 분석).

(3) 금융산업 · 정치 · 관료의 강한 연계 구조

과거 개발기에 정부의 금융지배는 정치 및 관료의 영향력을 강화시키는 계기가 되었을 뿐만 아니라 금융산업 측면에서도 이들과 밀착해야 하는 유인을 제공하였다. 따라서 이들은 강한 연계구조를 지니고 있었으며, 외환위기 이후에도 이러한 구조는 지속되고 있다.

> "금융기관 로비를 없애는 것은 금감원 직원들의 감사 취업을 막는다고 해결될 문제가 아니다. 지금도 간부가 되기 전에 로펌으로 가서 터 잡는 직원들이 적지 않다. 무엇보다 고위 공무원들이 로펌이나 회계 법인으로 가서 로비스트 역할을 하는 것을 같이 막아야 한다. 그래야 형평성이 있고 국민들에게 설득력이 있지 않겠나. 경제부처 고위직 인사 중에도 재벌을 위해 로비하던 로펌 출신들이 많다. 로펌에서 수억 원씩 받다가 입각하는 사례는 국민들이 다 알고 있다. 심지어, 자신이 산하기관으로 내려갈 때 다른 사람이 있을 때보다 연봉을 수억 원씩 올려 받는 사례도 있다. 한마디로 위 아래 가릴 것 없이 너도 먹고 나도 먹고 식의 분위기가 지배하고 있다"(이동걸 전 금감위 부위원장 경향신문 인터뷰, 2011.05.08).

그러나 금융제도에 영향을 미칠 정치와 관료, 이익집단의 구조를 베일에 쌓여 있기 때문에 파악하는 것은 쉽지 않다. 그러나 인적 순환구조, 혹은 금융사건은 이를 알게 해주는 유용한 단서로서 역할을 수행한다.

첫째, 인적 구조의 차원에서 보면, 금융정책 및 감독 기관과 피감독기관간의 인적 교류가 매우 활발하게 이루어져 왔으며, 외환위기 이후에도 보편적 현상으로 나타나고 있다. 예를 들어, 재경부 고위관료 출신의 2000~2005년 간 재경부 고위관료의 퇴직자 현황을 보면, 금융계(52명), 법무법인(7명), 기업(4명), 행정기관(4명), 학계(3명), 기타(8명)로 나타나(세계일보, 2006.06.25), 감독의 대상인 금융계 진출이 질내석으로 높다는 것을 알 수 있다. 또한 2006년 당시, 재경부 출신의 주요 인사 현황을 보면, 금융감독위원회 (부)위원장, 금융감독원 (부)원장, 한국산업은행장, 한국수출입은행장, 중소기업은행장, 신용보증기금 이사장, 전국은행연합회회장, 생명보험협회회장, 대한손해보험협회장, 상호저축은행중앙회장, 증권선물거래소 이사장, 증권예탁결제원, 코스콤, 한국선물협회 사장에 재직하고 있었다(한겨레, 2006.06.26). 현재에도 재경부 출신들은 국회, 청와대, 정부뿐만 아니라 금융감독대상인 공공 및 민간 금융기관의 수장으로서 역할을 수행하고 있다(한국경제, 2011.11.17).[9]

금융감독 집행기관이라 할 수 있는 금융감독원 퇴직 후 감독대상기관에 취업하는 것은 특이한 현상이 아니다.[10] 퇴직뿐만 아니라 현직에 있어서도 감독대상 금융기관과의 유착관계는 사회문제가 될 정도로 심각하였다. 특히, 금융감독기관 내 일부 직원들이 감독대상인 금융기관으로부터 거액의 금품을 수수하고 불법을 묵인 내지 비호해주는 것이 일회성이 아닌 일상적 · 지속적으로 만연하였다(대검찰청 저축은행 비리 합동수사단, 2012a: 6).

둘째, 주요 금융사건은 이들의 유착관계를 잘 보여준다. 예를 들어, 2000년대 초반 3대 게이트(정현준 · 진승현 · 이용호) 사건은 저축은행과 정치 및 관료집단에 상호관계를 구축하고 있음을 보여준다. 예를 들어, 정현준 게이트에서는 금감원의 상호신용금고 검사담당 국장이 연루된 것으로 밝혀졌으며, 정치인과 검찰간부 연루의혹이 추가로 제기되었다. 진승현 게이트에서는 국정원의 조직적 개입이 드러났고, 이에 국정원 제2차장과 경제과장이 구속 되었다. 금감원 부원장보는 금품을 받았다는 혐의로 기소되었다. 이용호 게이트는 정치인과 금감원, 검찰 간부, 국정원이 연루되었다는 의혹이 제기되면서 '권력형 비리의 종합판'이라는 용어까지 나왔다(금융위원회 외, 2012: 293-296).

이명박 정부에서의 '저축은행 사태' 역시 다양한 정치가와 관료, 이익집단이 연계되어 있음을 보여준다. 대검찰청 저축은행 비리 합동수사단(2012b)의 자료에 따르면, 저축은행 비리와 관련하여, 정 · 관계인사, 금융감독기관 전 · 현직 직원(금융위원회, 금융감독원), 국세청 총 84명을 피의자로 구분하고 이 중 49명을 구속하였음을 밝히고 있다.

---

9) 2012년 6월 현재, 역시 2006년과 크게 다르지 않다(이투데이, 2012.06.20. 기사 참조). 또한 역대 기획재정부장관 14인의 현직 근황을 보면, 전윤철, 윤증현, 이용만 장관을 제외하고 금융, 기업, 로펌 등의 회장 및 고문을 맡고 있다(이투데이, 2011.06.15. 기사 표 정리).

10) 솔로몬, 한국저축은행에서 금융감독기관 고위관료의 재취업 상황은 조선일보(2012.05.09) 참고.

표 11-2 저축은행 사태 관련, 유형별 피고인 분류

분류	내용
정관계인사	17명(9명), 청와대 공무원 3명 포함
금융위원회 및 금융감독원	16명(14명)
국세청	6명(5명)
대주주 및 경영진	대주주 8명, 경영진 25명, 직원 9명
대형차주, 브로커 및 기타	대형차주 5명, 브로커 9명, 기타 5명

주: 괄호 안 숫자는 대검찰청 합동수사단(2012b) 발표 결과임. 괄호 밖 숫자는 대검발표 결과와 신문기사 검색 결과(2012.06.21~2012.08.31)를 합쳐 계산한 숫자임.
자료: 대검찰청 저축은행 비리 합동수사단(2012b: 40-41), 신문기사 검색 결과.

정리하면, '금융정책과 금융감독의 비분리', '금융정책기관과 감독기관 간 계층적·폐쇄적 인적 네트워크 구조', '금융산업·정치·관료의 강한 연계 구조'와 같은 내생적 압력변수는 지속적으로 동형화의 압력에 따라 도입되는 제도에 지속적인 영향을 미쳤을 것이다. 이러한 내생적 제도는 일시적이나 부분적이기보다는 지속적이고 금융부분 전반에 영향을 미쳐온 강력한 압력이라는 점에서, 이러한 압력이 존재하는 상황에서 외국에서 도입되는 제도는 자유롭기 어려울 것이다. 거시적으로 보면, 이러한 변수들은 적기시정조치제도가 금융감독의 수단뿐만 아니라 보다 중요하게 금융정책 수단으로 활용되어지도록 하고, 공정하고 엄격한 규칙의 제정과 집행보다는 금융산업에게 유리한 조건과 탄력적인 집행이 이루어질 수 있는 제도를 설계하는 데 기여하였을 것이다.

3 두 가지 변수와 이질성의 정도

적기시정조치제도의 이질성 정도에 영향을 미치는 두 가지 변수에 대해 살펴보면, '내생적 제도 압력의 크기'와 두 변수(동형화 압력, 내생적 제도 압력) 간 '시간적 범위의 격차'가 모두 큰 것으로 이해된다.

구체적으로, 첫째, 내생적 제도 압력의 크기와 관련하여, 동 압력은 매우 큰 것으로 이해된다. 즉, '금융정책과 금융감독의 비분리', '금융정책기관과 감독기관 간 계층적·폐쇄적 인적 네트워크 구조', '금융산업·정치·관료의 강한 연계 구조'가 정부주도적인 경제성장 하에서 한국 사회에 배태된 특성이라는 점에서, 또한 정치, 경제, 행정 전반에 관련된 제도적 특성이라는 점에서, 특히, 경제성장 및 조절의 핵심도구로서 활용되어져

오고 있는 금융제도와 관련되어져 있다는 점에서 제시된 내생적 제도의 압력은 상대적으로 매우 크다 할 것이다.

둘째, 두 압력변수 간 영향을 미치는 시간적 범위의 격차와 관련하여, 동 압력은 동형화의 압력이 제도형성 초기(1990년대 초~1997년 외환위기 직후)까지 영향을 미친 반면, 내생적 제도 압력은 우리나라 금융정책의 오랜 역사적 특성을 반영한 압력으로 미국형 적기시정조치제도의 도입시기 이전부터 현재까지 지속적으로 미치는 압력이었다. 따라서 동형화 압력은 짧은 시간 영향을 미친 반면, 내생적 제도 압력은 지속적이고 장기적으로 영향을 미쳐 두 변수 간 영향력의 격차는 매우 큰 것으로 판단된다.

결국, 적기시정조치제도의 사례는 내생적 제도 압력의 크기가 매우 크고 두 변수 간 시간적 범위의 격차가 매우 크다는 점에서 도입된 제도와는 매우 큰 이질적인 제도의 형성을 예측하게 한다 할 것이다.

제4절 적기시정조치제도 형성원인에 따른 결과

우리나라의 적기시정조치제도는 상호 독립적인[11] 동형화의 압력과 내생적 제도 압력에 의해 형성되어져 왔다. 즉, 동형화의 압력에 따라 미국의 외향과 유사한 적기시정조치제도가 도입되었으나, 내생적 제도 압력에 따라 미국의 제도와는 이질적인 제도가 형성되었다. 특히, 두 변수(동형화의 압력과 내생적 제도)의 압력이 미치는 시간적 범위의 격차가 큰 것으로 예측되었으며, 실제 이질성의 수준 역시 매우 크게 나타난다. 이하에서는 적기시정조치제도의 유사성과 이질성에 대해 구체적으로 살펴보고자 한다.

---

11) 두 변수가 상호작용하기보다는 독립적으로 영향을 미친 것은 아래와 같은 이유로 인해, 상호작용의 조건이 충족되지 않았기 때문으로 이해된다. 첫째, 강제적 동형화의 압력이 막대한 점, 즉 IMF 등은 구제금융을 조건으로 1999년 초까지도 법제화와 운용을 강제하였다. 둘째, 제도의 법제화에 매우 짧은 기간이 소요된 점이다. 셋째, 위 두 가지 원인으로 인해, 동형화 압력변수와 내생적 제도 압력변수가 상호작용하기 위한 시간대가 짧았다. 즉, 이 두 변수가 상호작용하기 위해서는 서로 동시에 영향을 미치는 시간대가 길어야 하는데, 그러한 시간대가 매우 짧았다는 데 그 원인이 있는 것으로 판단된다.

1 동형화의 압력과 제도의 유사성

우리나라의 적기시정조치제도는 미국의 제도가 규범적 및 강제적 동형화에 따라 도입됨에 따라 외형적으로는 미국의 제도를 따르고 있다. 구체적으로, 규범적 동형화에 따라 제도의 소개와 도입의 논의가 진행되었고, 강제적 동형화에 따라 제도의 법제화가 매우 짧은 기간 내에 신속히 이루어졌다. 이러한 동형화의 압력은 제도형성 초기에 제도의 외향을 결정하는 데 크게 영향을 미쳤다. 실제 〈표 11-1〉과 비교하여 다음 〈표 11-3〉에서 알 수 있듯이, 미국의 적기시정조치제도와 우리나라의 적기시정조치제도는 제도의 용어가 일치하고, 부실금융기관을 사전에 설정된 기준을 통해 평가하고 그러한 기준에 부합할 경우, 미리 설정된 조치를 부과한다는 점에서 외형적으로는 미국의 제도와 매우 유사하다.

표 11-3 현행 적기시정조치제도 개관(2011년 6월 말 현재)[12]

	발동요건	단계별 조치 내용		
		경영개선권고	경영개선요구	경영개선명령
은행	BIS 기준 자기자본비율	8% 미만	6% 미만	2% 미만
금융 지주회사	필요자본 대비 자기자본비율 (연결자기자본비율)	100% 미만 (8% 미만)	75% 미만 (6% 미만)	25% 미만 (2% 미만)
금융 투자업자	영업용순자본비율	150% 미만	120% 미만	100% 미만
보험회사	지급여력비율	50% 이상 100% 미만	0% 이상 50% 미만	0% 미만
상호 저축은행	BIS 기준 자기자본비율	5% 미만	3% 미만	1% 미만
금융회사 공통	경영실태평가	종합평가등급 3등급 이상으로서 자산건전성 또는 자본적정성이 4등급 이하	종합평가등급 4등급 이하	-

12) 참고로, 동 적기시정조치의 구체적 내용은 1999년과 2006년, 그리고 2011년 현재 크게 다르지 않다. 가장 큰 차이는 적기시정조치 대상 금융회사의 추가와 금융회사의 구분의 변화이다. 예를 들어, 1999년 6월 말과 현재(2011년 11월) 기준을 비교하여 보면 큰 차이가 없다[분석 자료: 한국은행(1999), 금융위원회(2011b)].

공통	• 거액의 금융사고 또는 부실채권의 발생으로 위의 기준에 미달할 것이 명백하다고 판단되는 경우	• 거액의 금융사고 또는 부실채권의 발생으로 위의 기준에 미달할 것이 명백하다고 판단되는 경우 • 경영개선권고를 받은 금융기관이 경영개선계획을 성실히 이행하지 않는 경우	• 부실금융기관 • 경영개선요구를 받은 금융기관이 경영개선 계획을 성실히 이행하지 않는 경우 • 자산부채비율이 100% 미만인 경우
조치내용[1)]	1. 인력 및 조직운영의 개선 2. 경비절감 3. 영업소 관리의 효율화 4. 고정자산투자, 신규업무 영역에의 진출 및 신규출자의 제한 5. 부실자산의 처분 6. 자본금의 증액 또는 감액 7. 이익배당의 제한 8. 특별대손충당금 등의 설정	1. 영업소의 폐쇄·통합 또는 신설 제한 2. 조직의 축소 3. 위험자산보유 제한 및 자산의 처분 4. 예금금리수준의 제한 5. 자회사 정리 6. 임원진 교체 요구 7. 영업의 일부정지 8. 합병, 금융지주회사법에 의한 금융지주회사(이하, "금융지주회사"라 한다)의 자회사로의 편입, 제3자 인수, 영업의 전부 또는 일부 양도계획의 수립 9. 제34조 제2항에서 정하는 사항	1. 주식의 전부 또는 일부 소각 2. 임원의 직무집행 정지 및 관리인의 선임 3. 합병 또는 금융지주회사의 자회사로의 편입 4. 영업의 전부 또는 일부의 양도 5. 제3자에 의한 해당 은행의 인수 6. 6월 이내의 영업의 정지 7. 계약의 전부 또는 일부의 이전 8. 제35조 제2항에서 정하는 사항

주: 1) 은행업 감독규정상 조치내용을 첨부하였음. 경영개선권고, 경영개선요구, 경영개선명령은 은행업감독규정 제34, 35, 36조로 2001년 당시 규정과 가장 최근인 2010년 규정 간에 차이가 없음. 또한 동 조치내용은 금융기관별로 차이가 없는 것으로 보임. 예를 들어, 상호저축은행 감독규정 제46, 37, 48조는 동 규정을 담고 있는데 내용은 동일함.

자료: 한국은행(1999), 한국은행(2011), 은행업감독규정[2010.11.05 금융위원회 제2010-39호], 은행업감독규정[2001.12.19 금융위원회 제2001-105호], 상호저축은행업 감독규정[금융위원회고시 제2012-4호, 2012.1.17].

2 내생적 제도 압력과 제도의 이질성[13)]

우리나라 금융정책과 감독, 그리고 산업에 배태되어 있는 고유한 제도적 특성이라 할 수 있는 내생적 제도 압력으로 '금융정책과 금융감독의 비분리', '금융정책기관과 감독기관 간 계층적 · 폐쇄적 인적 네트워크 구조', '금융산업 · 정치 · 관료의 강한 연계 구조'는 적기시정조치제도에 영향을 미쳐 미국과는 이질적인 제도를 형성하게 하였다.

즉, 국가의 거시적 우위가 '금융감독보다는 금융정책(금융정책과 금융감독의 비분리성)'에 있고, '금융정책기관과 감독기간 간에 계층적 · 폐쇄적인 인적 구조'를 지니고 있다면, 금융정책에 대한 금융감독기관의 견재는 불가능하고 동시에 독립적인 감독기능을 수행하는 데 제약을 받을 수밖에 없다. 또한 '금융산업 · 정치 · 관료간의 강한 연계구조'는 금융산업에의 포획가능성을 확대하고, 이에 따라 원칙에 기반한 금융감독의 집행과 추진을 어렵게 한다.

이러한 내생적 제도변수에 따른 압력은 금융감독 제도인 적기시정조치제도에 지속적인 영향을 미쳐, 적기시정조치제도를 금융감독수단보다는 금융정책수단화하였고, 피감독기관의 이해를 고려한 제도설계가 이루어졌다. 구체적으로, 첫째, 동 제도의 목표를 감독수준을 넘어 포괄적이게 하였고, 둘째, 제도의 취지와 상반된 발동주체를 형성하였으며, 셋째, 부실금융기관을 사전에 통제하는 것보다는 사후적인 해결에 초점을 맞추는 등급을 형성하고, 넷째, 금융기업에게 유리한 부실판단기준을 형성하게 하였으며, 다섯째, 피감독기관인 금융기관에게 유리한 부실판단기준과 조치 유예를 형성하게 하였다.

1) 포괄적인 제도 목적

금융감독의 목적을 정책의 개입가능성을 고려하여, 구체적보다는 포괄적으로 정의하게 할 가능성이 높다. 실제, 적기시정조치제도의 목적을 살펴보면 이러한 점이 잘 드러난다. 우리나라의 적기시정조치 발동 목적은 금융기관의 부실화를 예방하고 건전한 경영을 유도하기 위한 것으로 적기시정조치가 명시된 1998년 금산법[법률 제5549호, 1998.9.14] 이후 변화되지 않고 있다. 즉, 우리나라에서 적기시정조치의 목적은 금융기

13) 이하 미국의 제도와 차이가 있다는 것이지 규범성을 논한 것이 아님을 밝힌다.

관의 부실화를 예방하고, 건전한 경영을 유도하는 두 가지 목적(동법 제10조 제1항)을 가지고 있다. 한편, 미국의 FDICA(Federal Deposit Insurance Corporation Improvement Act of 1991)는 적기시정조치의 목적을 예금보험기금에 미치는 장기적 손실을 최소화하면서 금융기관의 문제를 해결하는 데 목적을 두고 있다[Sec. 38. (a) (1)].[14)]

즉, 양국 제도의 목적과 초점은 서로 상이함을 알 수 있다. 미국은 예금보험기금의 손실의 최소화가 핵심적인 목적인 반면에, 우리나라는 금융기관의 부실화를 예방하고, 건전한 경영을 유도를 명시하고 있으며, 그 의미가 매우 포괄적임을 알 수 있다.

2) 제도의 취지와 부합되지 않는 발동주체

제도의 취지와 상반된 제도의 발동주체를 형성하였다. 미국의 발동주체가 예금보험공사인 반면에, 우리나라는 금융감독위원회(금융위원회)이다. 그러나 동 제도는 금융감독기관의 감독유예를 방지하고자 제안된 제도로, 금융감독기관이 적기시정조치제도의 발동권한을 지니는 것은 제도의 취지와 부합되지 않는다.

구체적으로, 미국의 적기시정조치의 발동주체는 연방은행기관(연방준비은행 등 감독기관을 의미)과 연방예금보험공사(FDIC)로 규정하고 있으며[Sec. 38. (a) (2)], 발동을 의무화하고 있다. 특히, 미국의 적기시정조치가 예금보험기금의 최소화를 핵심 목적으로 하고 있고, 또한 연방예금보험기금법에 기초하고 있다는 점에서 은행감독기관보다는 미국 연방예금보험공사가 중심적인 역할을 수행할 것임을 알 수 있다. 반면, 우리나라의 경우는 적기시정조치 발동주체를 금융감독기구인 금융위원회(구, 금융감독위원회)에 부여하고 있다(금산법, [법률 제10303호] 제10호 제1항). 금융감독기구에만 발동권한을 부여하고 있고, 미국의 적기시정조치제도와 같이 보험공사에는 그 권한을 부여하고 있지 않다. 우리나라에서 적기시정조치와 관련한 예금보험공사의 역할은 발동주체로서가 아니라 지원주체로서 한정되어 있다.[15)]

3) 등급구분

부실금융기관을 사전에 통제하는 것 외에 사후적인 해결에 초점을 맞추는 등급을 형성하게 하였으며, 실제 활용 역시 그러하였다. 우리나라의 적기시정조치제도는 금융

14) SEC. 38. (a) (1).

15) 예금보험공사의 지원적, 보조적 역할은 동법 제11조 제2항, 제11조 제3항에 기술되어져 있다.

기관의 범주를 크게 경영개선권고, 경영개선요구, 경영개선명령 크게 3가지 등급으로 구분되어 있다(금산법 제10조 제1항). 즉, 미국의 적기시정조치제도와 달리, 우리나라의 구분은, 곧 정상상태(예: 미국의 Well Capitalized, 혹은 Adequately Capitalized)에 해당되는 금융기관은 금융회사의 분류에 포함될 수 없다. 따라서 이미 부실을 사전에 예방하는 것보다는 부실상황에서 처리에 초점이 맞추어진 것을 알 수 있다. 즉, 이는 금융감독 차원 외에 부실금융에 대한 처리와 해결을 도모하고자 하는 금융정책과 관련되어져 있음을 알 수 있다.

실제, 우리나라에서 적기시정조치제도는 사전적인 격발장치로서 작동하기보다는 부실금융기관의 구조조정 차원에서 활용되어져 왔다. 예를 들어, 은행의 경우, 외환위기 중 부실은행 정리 및 정상화 차원에서 1997년 12월 말 서울은행을 시작으로 2000년 말까지 외환, 한빛, 조흥, 광주, 경남, 제주에 대해 동 조치가 발동되었으며(금융감독위원회·금융감독원, 2002 표 요약 정리), 저축은행 부실정리과정에서 2000년에 38개에 이르는 저축은행에 대해 동 조치가 시행되었다(금융감독위원회, 2006: 9 표 요약 정리). 이후, 적기시정조치는 2004년부터 본격화된 가계신용위기(일명, 카드사태) 이후, 저축은행 부실이 심각하게 나타나자 저축은행 부실정리를 과정에서 집중적으로 이루어졌다. 이에 2004년 1월 13일을 한중저축은행을 시작으로, 2005년까지 파라다이스, 대아, 고려, 중앙, 신한, 현대, 경북, 인베스트, 플러스에 대해 경영개선권고 및 요구, 명령과 같은 조치가 집중적으로 시행되었다(금융위원회, 2011c: 22 표 요약 정리). 또한 2011년 4월 29일 저축은행 부실이 심각한 상황에서 (부산)부산, (부산)부산2, (서울)중앙부산, (대전)대전, (전북)전주, (전남)보해 및 (강원)도민상호저축은행 등 7개사를 부실금융기관으로 결정 및 경영개선명령을 부과하였고(금융위원회, 2011a), 이후 동년 9월 18일 7개 상호저축은행(제일, 제일2, 프라임, 대영, 에이스, 파랑새, 토마토)에 대해 부실금융기관 결정 및 경영개선명령을 받았다(금융위원회, 2011b).[16] 이러한 점은 사전격발장치로서 적기시정조치제도를 운영하였다기보다는 부실이 심각한 상황에서 부실은행을 정리하는 도구로서 활용되어 왔음을 잘 보여준다.

16) 실제, 적기시정조치 대상 상호저축은행은 13개였으나, 이 중 6개 저축은행(솔로몬저축은행, 한국저축은행, 미래저축은행, 한주저축은행 등)은 유예조치를 받았다(금융위원회, 2011b).

4) 부실판단 기준

기업에게 유리한 부실판단 기준을 형성하였다. 즉, 우리나라는 금융회사별로 서로 다른 기준을 통해 부실화 정도를 파악하고 있다. 1998년 제도 도입 초기에는 은행 및 종금사는 BIS 자기자본비율, 증권회사는 영업용순자본비율, 보험회사는 지급여력비율을 기준으로 활용하였고(한국은행, 1999: 334), 2011년 현재는 은행과 상호저축은행은 BIS 비율을, 금융지주회사는 필요자본 대비 자기자본비율(연결자기자본비율), 금융투자업자는 영업용순자본비율, 보험회사는 지급여력비율을 핵심 기준으로 사용하고 있다(한국은행, 2001: 294). 획일적인 기준만을 통해 금융회사의 부실여부를 판단함에 따라, 즉, 다양한 기준을 적용하지 않음에 따라 이를 회피 및 규제차익거래(regulatory arbitrage)를 이용하는 행위를 할 가능성(한국개발연구원, 2004: 92-93)이 높아진다.

한편, 미국의 적기시정조치제도는 부실화 정도를 위험가중 자기자본비율, 위험가중 기본자기자본비율, 단순자기자본비율로 구분하여 평가하고, 이 중 5등급(critically undercapitalized) 자본적정성 평가기준인 유형자기자본비율 설정 시에는 FDIC에 동의받을 것을 명시하고 있다[Sec. 38. (c) (3)[17]]. 각 등급에 따라 조치를 취하도록 명시하고 있으며, 특히 강제조치와 임의조치로 구분하고 있다. 또한 가장 등급이 낮은 5등급의 경우는 연방예금보험공사가 부실금융회사의 업무 활동을 제한하고, 연방예금보험공사의 승인없이 특정 업무수행을 금지하고 있다[Sec. 38 (i)].

5) 규제 유예 제도

금융감독의 비분리성, 금융산업, 정치, 관료의 강한 연계구조는 적기시정조치 유예를 형성하였다. 이는 감독이 금융정책의 일환으로 이루어져야 하고, 또한 산업과 정치, 관료 간의 연계구조에 따라 산업의 이해가 반영된 결과로서 이해된다. 적기시정조치의 유예는 우리나라 금산법 제10조 제3항 및 각 금융기관 감독규정에 명시되어져 있다.

동 조치는 금융기관이 부실등급상황에 있다하더라도 실제 유예를 받을 수 있음으로 인해 동 조치의 근본자체를 훼손할 수 있는 조항이라 할 수 있다. 게다가, 동 유예조치를 감독당국에게 부여하고 있다는 점은 금융감독당국의 감독용인(regulartory forearance)을 배제하기 위해 설계된 적기시정조치제도의 본래 취지에 부합되지 않는다 할

17) Sec. 38. (c) (3) (A) (i).

것이다.

실제, 이에 따라 적기시정조치 규제유예는 지속적으로 발생하였다. 유예는 실제 1회에 걸쳐 발생하기도 하였으나, 다수의 경우 2회, 3회까지도 유예 조치가 이루어지기도 하였다. 이러한 유예조치에도 불구하고 일부 금융기관들의 부실은 오히려 확대되기도 하였다. 예를 들어, 2012년 5월 6일 금융위원회는 제일, 제일2, 프라임, 대영, 에이스, 파랑새, 토마토 등 7개 상호저축은행에 대한 부실금융기관 결정 및 경영개선명령(6개월간 영업정지 포함) 조치안을 의결하였으며, 동시에 이 중 6개사의 경우 경영개선명령을 유예하였다(금융위원회, 2011b). 그러나 1년 후 금융위원회는 이들 6개사 중 4개사(솔로몬, 한국저축, 미래저축, 한주저축은행)는 경영정상화가 나타나지 않고 오히려 확대되자 동 은행들에 대해 6개월 간 영업정리를 포함한 경영개선명령을 조치하였다(금융위원회, 2011b).

표 11-4 적기시정조치 유예 실례

유예 일시	대상 금융기관	유예의 주요 내용
2000.04.28 (금융감독원, 2000)	(부산)부일, (충북)서울금고	2000.1.28 「금융산업의 구조개선에 관한 법률」 제10조에 의거 경영개선명령 등 적기시정조치 유예
2001.02.28 (금융감독원, 2001a)	현대투자신탁증권(주), 2차 유예	2001.2.28로 만료되는 현대투자신탁증권(주)에 대한 적기시정조치의 적용 유예 및 연계차입금 축소 기한을 잠정적으로 9.30까지 연장
2001.09.27 (금융감독원, 2001b)	현대투자신탁증권(주), 3차 유예	2001.9.30로 만료되는 현투증권(주)에 대한 적기시정조치의 적용유예 및 현대투신운용(주)의 연계대출금 축소 기한을 2002.3.31까지 연장
2003.09.05 (금융감독원, 2003a)	제일투자증권(주)	영업용순자본비율이 기준비율(150%)에 미달한 제일투자증권(주)에 대하여 동사의 경영정상화 및 금융시장 안정을 위하여 적기시정조치를 2004.2.29까지 유예
2003.11.18 (금융감독원, 2003b)	한국 · 대한 · 동양오리온투자증권(주), 2차 유예	2003.12.3(동양오리온투자증권의 경우 2003.12.11)자로 적기시정조치 적용유예기간(1차)이 만료되는 해당 저축은행에 대하여 금융구조조정의 원활한 추진을 위하여 동 유예기간을 1년 간 연장
2004.08.27 (금융감독원 2004a)	제일투자증권(주), 2차 유예	2004.9.30까지 적기시정조치를 1개월 간 추가로 유예
2004.11.26. (금융감독원, 2004b)	동양오리온증권(주), 3차 유예	2004.12.12부터 2005.9.30까지 적기시정조치 적용 유예기간 연장

2004.11.26 (금융감독원, 2004c)	한국 · 대한투자증권(주), 2차 유예	양사에 대한 적기시정조치의 유예기간을 각각 1년(04.12.4~ 05.12.3)의 범위 내에서 매각 완료(사후정산 완료) 시점까지 연장
2011.09.18 (금융위원회, 2011)	솔로몬, 한국, 미래, 한주저축은행 등 6개사	일정기간 동안 자체 정상화를 추진하도록 유예

자료: 표에 표기된 금융감독원, 금융위원회 발표 자료(참고문헌 참고).

제5절 결론

본 연구는 외국에서 도입된 제도가, 도입 모델인 제도와 유사성을 지니면서도 동시에 이질성을 지니게 되는 원인이 무엇인지, 그리고 이질성의 정도에 미치는 요인이 무엇인지를 분석하였다. 본 연구는 이에 대한 해답을 신제도주의적 접근에서 제시된 개념인 동형화와 내생적 제도를 통해 찾고 있다. 동형화 압력변수는 외국에서 도입된 제도와 유사성을 갖게 하지만, 내생적 제도 압력변수에 의해 외국에서 도입된 제도와는 매우 이질적인 제도를 형성한다는 것이다. 여기서 이질성의 정도는 '내생적 제도 압력의 크기'와 두 압력변수 간 '시간적 범위의 격차'라는 하위변수를 통해 설명하였다. 즉, 두 변수의 크기와 정도가 클수록 외국에서 도입된 제도와 이질성이 커질 것으로 가정하였으며, 이를 증명하고자 하였다.

미국에서 도입된 우리나라의 적기시정조치제도에 대한 사례 분석결과, 첫째, 우리나라의 적기시정조치제도는 동형화의 압력과 내생적 제도 압력에 의해 현재의 제도가 형성되었다. 동형화 압력은 유형은 규범적, 강제적 동형화로 나타났으며, 내생적 제도 압력은 구체적으로 '금융정책과 금융감독의 비분리', '금융정책기관과 감독기관 간 계층적 · 폐쇄적 인적 네트워크 구조', '금융산업 · 정치 · 관료의 강한 연계 구조'가 적기시정제도의 형성에 영향을 미친 것으로 나타났다. 이러한 두 가지 압력으로 인해 우리나라의 적기시정조치제도는 미국의 제도와 유사한 외형적 측면을 지닌 반면, 미국의 제도와는 매우 상이한 이질성을 갖는 제도를 형성하게 되었다. 둘째, 제도의 이질성에 영향을 미치는 '내생적 제도 압력의 크기'와 두 변수 간 '시간적 범위의 격차'는 동 사례의 경우 매우 크게 나타나 제도의 이질성이 매우 클 것임을 예상할 수 있었다. 셋째, 우리나라의 적기시정조치제도는 동일한 명칭을 사용하고, 부실금융기관을 사전에 설정된 기준을 통해 평가하고 그러한 기준에 부합할 경우, 미리 설정된 조치를 부과한다는 점에서 외형적으로는 미국의 제도와 매우 유사하였다. 그러나 구체적으로, 동 제도의 목적, 발동주체, 금융회사 등급구분, 부실판단 기준, 규제유예 여부에 있어서 미국 적기시정조치제도와는 매우 이질적인 제도임을 보여주었다.

결국, 우리나라의 적기시정조치제도는 미국의 제도와 유사하면서도 동시에 매우 이질적인 제도의 특성을 지니고 있었으며, 이질성의 정도가 크게 나타났다.

이러한 분석결과는 첫째, 이론적으로 외국에서 도입된 제도가 왜 도입모델이었던 제도와 유사성과 이질성을 동시에 갖는지, 그리고 이질성의 정도가 무엇에 의해 결정되는지에 대해 하나의 설명도구로서 역할을 수행할 수 있음을 보여준다. 또한 제도의 유사성과 이질성을 동시에 설명하고 있다는 점에서 신제도주의적 접근의 설명력 향상에 기여하고 있다고 할 것이다. 뿐만 아니라, 제도의 이질성 수준의 결정요인을 제시하고 있다는 점에서 향후, 외국에서 도입되는 제도의 이질성 수준을 예측할 수 있는 기회를 제공한다. 둘째, 제도의 기능과 관련하여, 동 연구는 적기시정조치제도가 왜 제도의 설계의도와 달리 기대했던 대로 기능하지 않는지에 일단의 해답을 제시한다. 이는 곧 바람직해보이는, 혹은 어떤 기능을 수행할 것으로 예상되는 제도가 진공상태에서 착근되어 기능을 수행할 수 없음을 보여준다. 어떤 외국 제도의 기능과 효과에 대해 예측함에 있어서는 그러한 제도에 영향을 미칠 수 있는 각 국가의 고유한 제도적 특성을 고려해야 함을 보여준다 할 것이다.

본 연구는 또 다른 연구의 방향을 제시한다. 즉, 동형화 압력과 내생적 제도 압력 간 상호작용의 여부에 따라 서로 다른 제도, 혹은 이질성과 유사성의 정도에의 차이를 가져올 수 있는 가능성에 대한 탐색이다. 현실에 존재하는 제도의 유사성과 이질성의 정도는 각각 상이하고, 양태도 서로 달라 이를 설명하기 위해서는 다양한 조건에 대한 연구가 이루어져야 할 것이다. 이러한 의미에서 두 변수 간 상호작용의 여부는 중요하게 고찰될 필요가 있다.

본 연구는 사례연구로서 외적 타당성의 한계를 분명히 지니고 있다. 또한 이질성의 정도에 영향을 미치는 변수의 크기에 대해 객관적인 지표화의 노력이 필요하다. 이러한 점들은 곧 다양한 제도에 대한 추가 연구의 필요성이 존재하는 또 다른 이유이다.

신제도주의

제12장

새로운 동형화 메커니즘: 딜레마적 동형화

제1절 서론[1)]

온실가스로 인한 기후변화의 문제가 시급한 현안으로 등장하고 있는 상황에서 배출권거래제도는 전 세계적으로 커다란 관심을 받고 있다. 온실가스 배출자에게 배출권을 부여하고, 배출권을 시장에서 거래하게 하는 배출권거래제도(emission trading system: ETS)는 2005년 EU에서 동 제도가 채택된 이후 전 세계의 국가나 지역단위로 급속히 EU 배출권거래제도(이하, 'EU ETS')가 확산되고 있다. 우리나라 역시, 우리나라 역시 저탄소녹색성장기본법 제정 이후 온실가스 배출권의 할당 및 거래에 관한 법률(2012) 제정, 배출권거래제 기본계획(2014) 확정을 통해 2015년부터 시행하고 있다.

배출권거래제도의 이러한 선택과 확산은 사회학적 제도주의에서 말하는 동형화를 잘 보여주고 있다. 그러나 한편에서는 기존의 동형화로 설명하기 어려운 부분이 존재한다. 첫째는 동형화는 어떤 제도의 선택을 전제로 하고 있는데, 선택이 매우 어려운 상황에서 어떻게 특정 제도가 선택되어 동형화되는가 하는 점이다. 둘째는 왜 실패한 제도가 동형화되는가 하는 점이다. 즉, 우리나라와 각국이 채택하고 있는 EU ETS는 2005년 시행 이후, 제1기(2005~2007), 제2기(2008~2012)에서 모두 크게 실패하여, 가격이 0으로 떨어지기까지 하였다. 실패한 제도가 역설적으로 우리나라와 각국에서 채택이 증가하고 있다는 점이다. 셋째는 개선된 제도를 선택하고 따라 할 시간이 충분했음에도, 개선된 제도(EU ETS 제3기 제도)가 아니라 개선되기 이전의 제도(EU ETS 제1기)를 따라 했는가 하는 점이다. 기존의 제도적 동형화 이론은 사회적 정당성을 강조하기 때문에, 위와 같은 현상을 설명하는 데 한계를 지니고 있다. 이는 곧 동형화의 새로운 메커니즘이 존재할 수 있음을 보여준다.

이에 본 연구는 왜 특정 제도가 선택되어 동형화되는지, 그리고 그에 따른 결과가 무엇인지를 설명하고자 하였다. 이를 위해, 두 개의 서로 다른 요구가 존재하는 딜레마 상황은 제도의 선택을 제약하기 때문에, 딜레마 상황에 정합될 수 있는 제도, 즉 '유연성'이 매우 큰 제도가 선택되어 동형화될 것이라는 '딜레마적 동형화'의 개념을 제시하고 동 개념을 통해 배출권거래제도의 선택과 동형화, 그리고 그에 따른 결과를 제시하였다. 이를 위해 우리나라의 배출권거래제도와 동형화 모델인 EU ETS 및 주요 국가,

---

1) 이 글은 김태은(2015b)의 내용을 일부 수정 · 보완한 것이다.

지역의 배출권거래제도를 연구 제시하였다. 핵심 시간적 범위는 EU ETS가 시작된 2005년부터 2015년 현재까지로 하였다.

제2절 이론적 배경

1 배출권거래제도

기후변화의 핵심 원인으로 이산화탄소(CO_2) 등 온실가스(greenhouse gases: GHGs)가 지적되고 있으며, 동 상황에 배출권거래제도는 유용한 수단으로 등장하고 있다.

배출권거래제도는 오염자에게 오염물질을 배출할 수 있는 사적 권리(배출권)를 부여하고, 동 배출권을 시장에서 자유롭게 거래하게 하는 것이 핵심이다(기획재정부, 2014: 4; 나태준, 2007: 52). 코즈정리(코즈 Theorem)에서 이론적 기초를 찾고 있는 배출권거래제도는 다양한 유형이 존재하나 총량거래(cap and trade) 방식이 주로 활용되고 있다. 즉, 정부가 오염 총량을 결정하고, 오염 배출자에게 배출권을 부여하며, 배출권을 지닌 주체들이 자유롭게 시장에서 그들의 할당을 사고 팔 수 있게 한다(Baldwin, 2008: 193; IPCC, 2007: 13).

배출권거래제도가 온실가스 감축을 위한 수단으로 급속히 확산되고 있음에도 한편에서는 이론적, 실증적 논란이 지속되고 있다. 첫째, 긍정론 입장에서, 배출권거래제도는 비용효과적으로 온실가스를 감축, 거래에 따른 운영의 유연성 확보, 비용효과적인 감축 기술과 기법의 혁신을 유발, 심지어 분배적 문제를 다루는 데 이점이 있다고 주장한다(Harrington & Morgenstern, 2007; Stern, 2007). 특히, 세금(탄소세)과 관련하여, 일찍이 경제이론은 배출 감소의 한계 비용이 불확실한 상황에서는 탄소세가 배출권거래제보다 더욱 효과적이며, 배출의 전체적인 수준이 확정되어지기 때문에 결과 예측에 용이하고, 무료 할당을 통한 산업계의 반대 완화, 국제 간 연대 용이성, 국가 간 재정적 이전(financial transfer)을 가능하게 하는 장점이 있다고 주장한다(Woerdman, 2004: 261; Paterson, 2012: 84-85).

둘째, 부정론 입장에서, 배출권거래제는 그 자체로는 환경에 편익이 없다는 주장

(Baldwin, 2008: 196)뿐만 아니라 실제 배출권거래제도가 온실가스 감축에만 초점이 있지 않다고 주장한다. 온실가스 감축과 관련없는 모호한 총량설정 비판(Aldy & Stavins, 2012), EU의 배출권거래제도의 관대한 무료할당체제에 대한 비판을 포함하여 환경 및 경제적 성과 차원에서 비판을 받고 있다(예: Grubb & Neuhoff, 2006; Ellerman & Buchner, 2007; Nye & Owens, 2008). 실제 운영중인 EU ETS뿐만 아니라, RGGI(Regional Greenhouse Gas Initiative), 뉴질랜드의 배출권거래제도는 실패(Sovacool, 2011; Andrew, 2008; Wang & Chen, 2013)라는 주장이 제기된다.

실제, 감축효과가 있다는 일부 연구결과 역시 매우 미미한 감축결과를 제시한다. 예를 들어, EU ETS 2005~2007년 기간에 약 BAU 기준 2~5%, 2008~2009년 간 3.35% 감소, 2006~2007년은 오직 1% 감소되었다고 주장한다(IPCC, 2014: 31), 브렌저 외(Branger et al., 2013) 역시 1단계와 2단계에서 미미한 감축이 있었다고 주장한다. 그러나 이러한 미미한 감축에 대해서도 방법론적인 문제와 다양한 영향변수의 고찰을 고려할 때, 분석결과가 강건하지 않으며(Martin et al., 2012; Laing et al., 2013). 과대추정되었다는 비판(Zhang & Wang, 2011; Schneider, 2009)이 제기되고 있다. 이러한 제도 성과에 대한 비판에도 불구하고, 배출권거래제도는 우리나라뿐만 아니라 전 세계로 급속히 확산되고 있다.

2 배출권거래제도의 확산과 동형화

EU 배출권거래제도의 동형화는 비단 우리나라만의 현상이 아닌 보편적으로 나타나고 있다. 초기 California RECLAIM Program과 US Acid Rain Program에서 비롯된(Stern, 2007: 329) 이후, 영국 2002년 운영, 덴마크 2000년, 노르웨이 2005년 시행되었다. 특히, 2005년 EU에서 ETS가 채택된 이후 동 제도는 국가단위, 지역연합단위, 지역단위로 급격히 확산되고 있다. 뉴질랜드(2008), 미국 RGGI(2009), 도쿄(2010), 2013년에는 카자흐스탄, 캘리포니아, 캐나다 퀘벡, 그리고 중국의 상하이 등 6개 성, 2014년에는 중국의 충칭, 후베이에서 시행되었다. 이외도 여러 국가와 지역이 시행을 고려 중에 있으며, 2005년 이후 급격히 확산되어 배출권거래제도에 의해 커버되고 있는 배출규모는 전 세계 배출의 약 70%에 이르고 있다(ICAP, 2014: 21).

동 배경 하에서, 전 세계적으로 특정 제도의 선택과 확산을 설명하는 데 있어 동형화(isomorphism) 개념은 탁월한 설명력을 지니고 있다(Boxenbaum & Jonsson, 2008: 83-85). 동형화는 조직 차원에서 조직이나 혹은 제도가 효율적이지 않거나, 심지어 비용을 유발함에도 불구하고 왜 서로 유사한 조직과 제도가 만들어지는 유용한 관점을 제공하여 왔다. 특히, 사회학적 제도주의에서 강조하는 제도적(institutional) 동형화는 합리적, 기능적 접근을 비판하고 이에 대한 보다 현실적인 설명을 제공하고 있다(Meyer & Rowan, 1977; DiMaggio & Powell, 1991). 즉, 동 접근에서 동형화는 사회적 적합성, 정당성을 강조하는 것으로, 조직은 다른 조직을 고려함에 있어서 단순히 자원과 소비자에 대해서만 경쟁하는 것이 아니라 정치권력과 제도적 정당성(institutional legitimacy)을 위해서 경쟁한다는 것이다. 즉, 경제적인 적합성뿐만 아니라 사회적인 적합성을 위해 경쟁한다는 것이다(DiMaggio & Powell, 1983: 150, 1991: 66). 따라서 조직구조의 형성은 효율성 관점에서 진행되는 것이 아니라 정책적 정당성을 확보하기 위한 것으로 이해하며 동 과정에서 조직 간 유사성이 나타난다고 주장한다.

디마지오와 포웰(DiMaggio & Powell, 1983)은 제도적 동형화의 메커니즘으로서 3가지 동형화 압력으로 강압적 동형화(coercive), 규범적(normative) 동형화, 규범적(normative) 동형화를 제시하였다. 물론, 이러한 동형화 메커니즘은 엄밀히 말해서 구별될 수 있는 것은 아니고, 특정 메커니즘만 작동할 수도 있고 복합적으로 나타날 수도 있다. 기존의 동형화 이론 및 메커니즘 연구(Meyer & Rowan, 1977; Villadsen, 2011: 이창길, 2008; 여영현, 2012) 혹은 동 개념을 활용한 제도의 유사성과 이질성에 대한 연구(하연섭, 2006; 김명환, 2009; Beckert, 2010; 김태은, 2012a) 등 그동안 다양한 형태의 연구들은 이를 잘 보여준다.

그러나 특히, 기존의 제도적 동형화 3가지 압력은 그 자체로 유용한 메커니즘임에도 불구하고 왜 특정 정책수단, 혹은 제도가 선택되는가를 설명하는 데는 제약적이다. 특히, 이들 3가지 압력의 대 전제는 '선택'이 전제되어져 있다는 것이다. 가장 일반적인 것은 어떤 제도가 사회적인 정당성을 갖추기 때문에, 혹은 그러한 제도가 가장 적절해 보이기 때문에, 그러한 제도를 선택할 경우 조직의 생존력을 확보할 수 있기 때문이라는 점이다. 이는 동형화 이론이 갖는 모호성(ambiguity)을 보여주기도 한다.

그러나 만약 '선택' 자체가 어려운 경우에는 기존의 동형화 메커니즘은 설명이 제약받을 수밖에 없다. 특히, 상황적 조건이 딜레마 상황인 경우는 (제도든, 조직이든) 선택 자체가 매우 어렵기 때문에 동 부분에 대한 설명이 먼저 이루어져야 한다. 특히, 권력관계의 차이가 없거나 성공적이지 않아 보이는 제도, 전문가 집단 간 서로 공유되지 않은 제도가 모방되고 확산되는 경우를 설명하는 것은 또한 제약적이다. 특히, 유럽의 배출권거래제도처럼 제1기, 제2기 모두 실패하였음에도 불구하고 우리나라를 비롯하여 전 세계로 급속히 확산되는 이유를 설명하는 데에는 일정한 한계가 있다. 이 점에서 선택의 어려움을 전제하고 있는 딜레마 이론과 동형화는 유용한 연계고리를 지니고 있다.

3 배출권거래제도 선택의 기존 논의와 새로운 연구 필요성

1) 배출권거래제도 선택 원인에 대한 기존 논의

배출권거래제도의 선택과 관련하여 각국의 제도적 특성을 강조하는 역사제도주의 관점의 연구(Böcher, 2012; Lachapelle & Paterson, 2013; Woerdman, 2004; Nye & Owens, 2008; Paterson, 2012; Walker, 2000; Battig & Bernauer, 2009; Harrison & Sundstrom, 2010), 도구주의적 관점(Böcher, 2012: 15), 산업 및 집단이익과 정치적 연합 차원 연구(Carter, 2008; Nye & Owens, 2008; Paterson, 2012), 정책수단 자체의 매력, 대중의 자각(Skjærseth & Wettestad, 2009; Molina & Guerrero, 2006) 등 관점에서 이루어져 왔다.

대표적으로, 첫째, 독립변수로서 제도를 중시하는 역사 제도주의적 관점은 공식, 비공식적 제도가 배출권거래제도의 선택요인임을 강조한다. 이와 관련하여, 워드만(Woerdman, 2004)은 1990년대 말까지 배출권거래제도에 대해 회의적이었던 EU가 동 제도를 수용하고 추진하는 이유를 경로의존성(path dependency)의 개념을 도입하여 설명하고 있다. 라샤펠과 피터슨(Lachapelle & Paterson, 2013)은 기후 정책수단 유형에서 국가별로 정책 수렴과 분열이 존재함을 제시하면서 다양한 제도적 조건의 이해의 중요성을 강조한다. 워커(Walker, 2000)는 기존의 에너지 시스템은 제도적 변화없이 현 상태를 그대로 유지하고, 기존의 기술과 정책을 지속시킨다고 주장한다(Walker, 2000). 베티그와 베르나우어(Battig & Bernauer, 2009)는 서로 다른 헌법적 규칙들이 서로 다른 유인 구조를 형성하여 보다 개방적이고 대응적인 민주체제는 독재국가에 비해 보다 낳은 환경정책의 성과를 나타낸다고 주장한다. 해리슨과 선스트롬(Harrison & Sundstrom, 2010)은 선진국에 대한 비교정치분석을 통해 정치시스템이 기후정책(또는 행동)의 영향을 미침을 보여준다.

둘째, 산업 및 집단이익과 정치적 연합 차원에서 배출권거래제도의 선택을 설명한다. 예를 들어, 나이와 오웬스(Nye & Owens, 2008)는 영국의 배출권거래제도는 세금에 대한 대안으로서 에너지 기업(예: BP, Shell 등)들에 의해 선호되었다고 주장한다. 패터슨(Paterson, 2012)은 배출권거래제가 전 세계적으로 확산되고, 또 당연스럽게 받아들여지고 있는 이유는 새로운 수익 기회로 인지한 강력한 행위자(예: 금융가)들이 환경주의자들과 정치적 연합체(political coalition)를 형성했기 때문이라고 주장한다. 국내에서도 배출권거래제도 형성과정과 네트워크 연구로서, 주로 옹호연합모형과 사회연결망 분석을 활용한 연구가 진행되었다(이유현 · 권기헌, 2013; 변종립, 2010; 한진이 · 윤순진, 2011).

셋째, 배출권거래제도의 자체 매력이나, 대중의 자각 등 다양한 요인을 통해 선택을 설명하기도 하였다. 예를 들어, 스키아세스와 베스타드(Skjærseth & Wettestad, 2009)는 EU ETS의 기원과 진화과정을 고찰하면서 1998년 EU의 입장 변화 이유를 국제 배출권거래제도에 대한 교토의정서상 약속과 규정, 정책수단 자체의 매력, 유럽 위원회의 창조적인 기업가적 행태로 설명한다. 한편, 몰리나와 게레로(Molina & Guerrero, 2006)는 1995년 OECD 국가 중 유럽인이, 비유럽인에 비해 기후위험에 대한 지불용의액(willingness to pay)이 6배 높다는 점을 제시하면서, 기후변화에 대한 잠재적 위험 인식, 그리고 대중의 자각의 차이를 강조한다.

넷째, 도구적의적(instrumentalism) 관점에서, 완전한 합리성이 존재한다면, 기후정책수단 선택은 어떤 규범적인 가치를 충족하는 수단이 선택된다. 예를 들어, 경제적 관점에서 효율성, 비용효과성, 그리고 기술적 변화에 대한 역동적 효과, 분배적 형평성, 정치적 실현 가능성(Stavins, 1996: 296-297), 또는 환경적 효과성, 비용효과성, 분배상 고려, 제도적 실현 가능성(IPCC, 2007: 751)을 고려하여 선택되어질 수 있다. 그러나 이러한 도구주의적 관점은 완전한 합리성을 가정하고 제도적 변수들을 고려하지 못함에 따른 다양한 비판이 존재한다(예: Fischer et al., 2003; Sterner, 2003; Bell, 2003).

이외에도 배출권거래제도에 대한 다양한 국내 · 외 연구가 진행되었다. 효과적인 기후정책수단으로서 배출권거래제에 대한 소개 및 제시(Stavins, 1996; IPCC, 2007; Baldwin, 2008; Betsill & Hoffmann, 2011). 정책이전(policy transfer) 관점에서의 연구(Smith, 2004; Damro & Méndez, 2003; 조정원, 2011; 정창호 외, 2011), 유럽의 배출권거래제도 대한 다양한 평가연구(Venmans, 2012; Branger et al., 2013; Laing et al., 2013; Newell et al., 2013; Wang & Chen, 2013), 배출권거래제도의 설계와 관련한 연구(나태준, 2007; 이혜영, 2012; 오형나 외, 2012), 정책갈등 차원에서의 연구(김은성, 2012) 등이 수행되

었다.

2) 선행연구의 한계와 새로운 연구 필요성

기존 연구의 유용성에도 불구하고 몇 가지 추가적인 연구 필요성은 아래와 같다.

첫째, '선택'이 매우 곤란한 상황에서 왜 EU의 배출권거래제도가 모방되어 채택되었는지 설명할 필요가 있다. 기존의 동형화 압력은 선택을 전제하고 있기 때문에, 선택이 매우 곤란한 상황에서 어떻게 특정 제도가 선택되어 동형화가 되는지를 설명할 필요가 있다.

둘째, '실패한 제도'가 선택되고 동형화되는 이유에 대한 설명이 필요하다. 기존이 동형화 이론 관점에서, 동형화의 대상이 사회적으로 바람직해 보이는 제도라면, 또 사회적으로 정당해 보이는 제도가 대상이라면, 실패한 제도의 동형화를 설명하기는 쉽지 않다. 우리나라가 채택한 EU의 배출권거래제도는 2005년 시작 이후, 2005년 EU ETS 제1기(2005~2007), 제2기(2008~2012), 제3기(2013~2020)까지 운영되고 있으나 사실상 제1기, 제2기 배출권 가격은 '0'이 될 정도로 제도의 실패가 분명히 나타났었으며, 많은 실증연구들은 이를 보여준다.

셋째, 왜 개선이 된 제도를 모방하지 않고 개선 이전의 제도를 모방했는가 하는 점이다. EU는 제1기와 제2기에서 운영된 배출권거래제도가 실패함에 따라 이러한 문제를 반영하여 2009년 기존 제도를 대폭 보완한 제3기 제도(2013~2020)를 운영 중에 있다. 우리나라가 채택한 배출권거래제도의 동형화 모델은 EU ETS 제1기에 가깝다. 온실가스 감축을 위해 배출권거래제도를 채택한 것이라면, 제도가 개선된 EU ETS 제3기에 보다 가까워야 한다. 특히, EU의 ETS 제3기 제도에 대한 개선안이 2009년에 완성되었고(EC, 2009 참고), 우리나라는 2012년 말 법안이 마련되었다는 점에서 제3기 제도를 모방할 충분한 시간이 존재했다.

4 새로운 설명도구와 분석틀

1) 딜레마와 딜레마적 동형화

기존의 동형화 이론은 왜 실패한 제도가 동형화되는지, 또 선택이 매우 어려운 상황에서 왜 그러한 제도가 선택되었는지를 설명하기 어렵다. 동 부분을 설명하는 데 있어 딜레마 이론은 설명도구로서 유용하다. 딜레마(dilemma)는 대안의 결과가치가 엇비슷하여 선택이 매우 어려운 상황이다. 구체적으로, 딜레마는 두 개의 대안 존재이 서로 분절되어 절충이 불가능하고(단절성), 두 개의 대안을 동시에 선택할 수 없고 하나만 선택이 가능하며(상충성), 두 대안의 결과가치가 동등하고(등가성), 두 가지 대안 중 선택을 해야 하는 상황을 의미한다(소영진, 1994; 김동환, 1999; 윤견수, 2006; 73-74).

이러한 딜레마 상황에서는 특정한 대안을 선택하기 어렵다. 기후변화의 예를 들어, 만약 기후변화의 원인인 온실가스를 감축하기도 감축하지 않기도 어려운 환경적 요구가 동시에 존재하는 상황에 처해 있다면, 이에 정합될 수 있는 정책수단은 매우 제한적일 것이며, 딜레마 상황이라는 환경적 요구에 정합되는 제도만이 선택될 가능성이 매우 크다.

딜레마 상황에 정합되는 제도는 특정 대안의 요구만을(예: 환경 혹은 경제) 위한 제도가 아니라 설계에 유연성이 커서 특정 대안을 선택한 것도 그렇지 않은 것도 아닌 제도일 가능성이 크다. 다시 말해, 딜레마 상황에 정합될 수 있는 제도의 핵심적 특징은 제도의 설계를 어떻게 하는가에 따라 매우 다른 목적을 수행할 수 있는 유연성(flexibility)을 지닌 제도일 것이다. 만약, 이러한 상황에서 외국의 영향력있는 주체가 동 제도를 시행한다면, 동 제도는 정당성을 확보하여 신속하게 수입되어 채택될 것이다. 즉, 동형화가 나타날 것이다.

본 연구는 이를 '딜레마적 동형화'로 정의한다. 즉, 동 개념은 두 개의 서로 다른 요구가 존재하는 딜레마 상황은 제도의 선택을 제약하기 때문에, 딜레마 상황에 정합될 수 있는 제도, 즉 유연성이 매우 큰 제도가 선택되어 동형화된다는 것이다. 이는 동형화의 근본적 원인이, 선택을 제약받는 딜레마 상황으로 인해 발생될 수 있음을 보여준다.

2) 딜레마적 동형화의 결과

'딜레마적 동형화'의 결과는 지연, 형식주의와 같은 딜레마 대응과 유사한 결과가 나타날 가능성이 높다. 이는 딜레마가 근원적인 힘으로 영향을 미친다는 점과 유연성이 큰 제도는 다양한 상황에 맞게 설계 운용할 수 있기 때문이다. 특히, 딜레마적 동형화에 따라 형성된 제도는 궁극적으로 충돌하는 두 가치를 모두 수용할 수도, 포기할 수도 없기 때문에 형식주의적인 제도의 출현을 예상할 수 있다.

여기서 형식주의(formalism)는 가장 대표적인 딜레마 대응[2)]이다. 형식주의는 사회의 구성요소인 제도들이 처방하고 있는 질서와 실제의 관행과의 차이의 정도를 사회 전체적인 관점에서 지칭하는 것(Riggs, 1964: 13-19), 혹은 한 제도가 규율하고자 하는 목적 기준이나 그것이 요구하는 수단 또는 절차의 기준과 실제 관행 간의 격차 정도(이종범, 1986: 53), 법과 제도가 요구하는 행동과 실제 행동 간의 불일치 정도(이종범, 2008: 12), 정책집행 과정에 나타난 법의 이념과 실천의 괴리(박통희·김동환, 1994)로 이해하고 있다.

딜레마 상황은 두 가지 대안 중 특정 대안을 선택하기 어렵기 때문에, 형식과 실제 간에 차이의 유발을 촉진한다. 법적 선언과 구체적인 집행이 다르게 나타날 수 있고, 정책집행에 필요한 조직, 인력과 예산을 충분하게 배정하지 않음으로써 실제로 집행을 하지 않을 수도 있다(이종범, 2005: 13). 이와 관련하여, 소영진·안성민(2011: 77-78)은 정책결정 및 집행단계에서, 딜레마 인지는 비집행, 비일관적 집행, 또는 느슨한 집행과 같은 형식주의를 가져온다고 주장한다. 결론적으로, '딜레마적 동형화의 결과'는 지연, 형식주의와 같은 딜레마 대응과 유사한 결과가 나타날 가능성이 높다 할 것이다.

참고

딜레마 대응으로서 형식주의는 제도적 동형화 이론에서 강조하는 분리(디커플링, decoupling)과 의미적으로 매우 유사하며, 그 맥을 같이한다. 조직은 제도와 임무 환경이 충돌하거나 제도적 압력이 상호 충돌할 경우, 그들의 공식적 구조와 실제 활동을 분리하며(Boxenbaum & Jonsson, 2008: 79), 조직의 정당성과 생존을 확보한다고 주장한다. 느슨하게 연계된 체계(loose coupling system)의 아이디어가 반영된 구조와 행동 간 분리(decoupling)는 메이어와 로완(Meyer & Rowan, 1977)에 의해 보다 체계적으로 설명되고 있다. 즉, 메이어와 로완(Meyer & Rowan, 1977)은 조직은 제도적 압력에 의해 발생되는 2가지 문제, 즉 조직을 위한 효율적인 해결책이 아닐 수 있다는 점과 경쟁적이거나 내적으로 일치되지 않는 합리적 신화가 동시적으로 존재할 수 있는 문제를 해결하기 위해 그들의 공식적 구조로부터 실제 운영을 분리한다고 주장한다. 여기서 공식적 구조는 제도적 압력에 따라, 실제 운영은 인지된 효율성 관점에서 결정된다. 결국, 제도적 동형화에서 분리는 형식과 실제 간의 차이를 말한다 할 수 있으며, 왜 동형화된 제도가 형식주의가 나타나는지를 설명하는 데 분리는 유용하게 활용되어져 왔다.

---

2) 딜레마 대응의 다양한 유형과 역동성은 김태은·윤견수(2011) 참고.

이러한 점은 딜레마 이론에서 말하는 형식주의와 그 맥을 같이한다. 이는 동형화 이론에서 분리의 발생 조건과 딜레마 이론의 형식주의 대응과 그 조건이 사실상 유사하기 때문이다. 동형화된 제도에서 분리 발생은 주로 다중적이거나 종종 모순적인 압력이 존재할 경우 발생한다(Heimer, 1999; Scott, 1988). 동시적으로 모순적인 압력(contradictory pressures)이 존재할 경우 조직은 분리를 통해 생존력을 확보한다(Nils & Brunson, 2002; George et al., 2006; Boxenbaum & Jonsson, 2008: 81)는 것이다. 딜레마 역시, 상호 상충적인 요구가 동시에 존재하는 경우를 의미하고, 동 과정에서 형식주의는 일반적으로 발견되는 현상이다.

3) 연구 분석틀

본 연구는 딜레마 상황이라는 제도 환경과 정합성이 높은 제도가 선택되고, 동 과정 속에서 제도적 동형화가 나타날 수 있음을 제시하고자 한다. 이를 본 연구에서는 '딜레마적 동형화'로 칭한다. 즉, 행위주체가 딜레마에 빠질 경우, 두 가지 대안 중 최적의 대안 선택이 제약받는다. 딜레마 상황은 특정 대안만을 위한 선택을 제약한다. 따라서 딜레마 상황에 정합(match)될 수 있는 유연성이 매우 큰 제도가 선택되고, 동 과정에서 외국 제도에 대한 동형화가 발생된다는 것이다. 이러한 '딜레마적 동형화'의 결과는 기존의 딜레마 대응에서 논의한 바와 같은 결과가 도출될 가능성이 크다. 즉, 형식주의, 지연 등이 나타날 수 있을 것이다. 이를 종합하여, 다음 [그림 12-1]은 분석을 묘사하고 있다.

그림 12-1 연구 분석틀

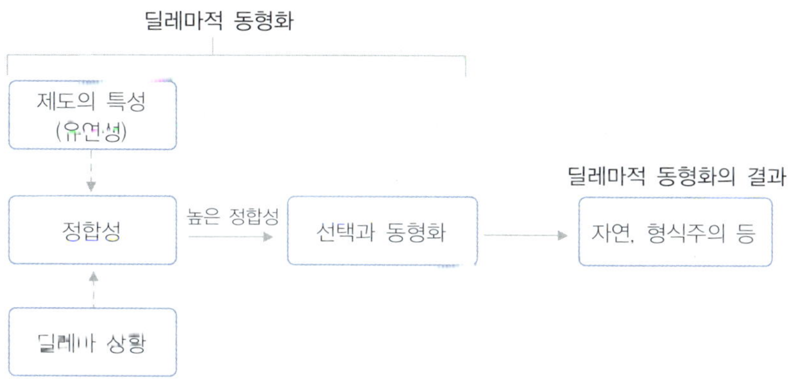

주: 딜레마 상황이 제도 선택을 제약하여, 딜레마 상황에 정합될 수 있는 제도만이 선택될 수 있음을 보여줌.

본 연구는 이를 증명하기 위해, 우리나라 배출권거래제도와 동 제도의 동형화 모델인 EU의 배출권거래제도(제1기, 제2기, 제3기)를 사례로 하여 비교 분석하였으며, 제도 유연성 증명을 위해 주요 시행국의 배출권거래제도를 분석하였다.

제3절 배출권거래제도의 선택 원인: 딜레마적 동형화

1 제도 환경: 온실가스 감축의 정책 딜레마

온실가스 감축은 딜레마 상황이다. 기후변화의 현실화와 감축 압력, 장기 성장기회 제공에 따라 감축필요성이 높지만, 한편에서는 경제성장에 부정적 영향과 집단행동의 딜레마로 인해 감축하기도 어렵다.

1) 온실가스 감축의 필요성

(1) 기후변화의 현실화와 감축 압력

2013년 IPCC 5차 보고서는 기후시스템에서의 온실가스에 의한 온난화가 명백하며, 지난 수천 년 간 전례가 없었음을 증명하고 있다(IPCC, 2013: 3-25). 온실가스에 따른 기후변화에 대응하기 위해, 교토의정서에서는 온실가스 감축의무대상 국가(Annex 1)를 지정하고, 각 국가별로 온실가스 감축 목표를 제시하였다. 우리나라는 의무감축국이 아니었으나 온실가스 배출량은 OECD에서도 상위에 위치하고 있다. 예를 들어, 2011년 우리나라 온실가스 총 배출량은 Annex 1 국가들과 비교할 때, 6위(697백만CO_2eq)이며, 1990~2011년 간 CO_2 증가율은 세계 1위에 해당한다(온실가스종합정보센터, 2014: 31-51 요약 정리).

표 12-1 온실가스 배출량(백만 CO_2eq)[1] 및 증가율(%)

	구분	1990	1995	2000	2005	2010	2011	2012
Annex 1 국가	총배출량	17,783.4	16,235.4	16,111.1	16,197.0	15,419.4	15,223.7	15,066.4
	증가율	–	1.54%	1.09%	-0.34%	4.40%	-1.27%	-1.03%
OECD[2]	총배출량	11,150.7	11,668.4	12,625.1	13,024.0	12,510.0	12,340.8	
	증가율		1.42%	2.75%	0.12%	4.07%	-1.35%	
한국	총배출량	295.7	442.8	511.3	569.5	667.8	697.7	–
	증가율	–	8.3%	7.2%	0.6%	9.6%	4.5%	–

주: 1) 온실가스 배출량 단위(CO_2eq)는 지구온난화지수를 곱한 이산화탄소 환산량(CO_2 equivalent)을 나타냄.
2) Annex 1과 한국은 온실가스(CO_2, CH_4, N_2O, HFCs, PFCs, SF_6), OECD는 온실가스 중 CO_2에 한함.
자료: Annex 1국가: UNFCCC(2014). Greenhouse Gas Inventory Data, OECD 국가: International Energy Agency(2013), 한국 자료: 온실가스종합정보센터(2014: 35–36) 활용.

이는 곧 온실가스 감축 압력이 현실적일 수 있음을 보여준다. 실제, OECD 국가 중 제1차 이행기간(2008~2012년) 중 감축의무 면세국은 우리나라와 멕시코뿐이다(기획재정부, 2008: 2). 또한 2005년 교토의정서가 발효되고, 2007년 발리로드맵이 채택되면서 세계적인 온실가스 규제에 동참할 수밖에 없는 분위기가 조성되었다(변종립, 2010: 164). 정부 역시 1999년부터 지속적으로 '기후변화 대응 종합계획'을 마련해 왔으며, 감축의무 대상 국가 지정이 사실상 확실시된다는 기획재정부(2008)의 지적이 있듯이, 어떠한 방식이든 간에 온실가스 감축 필요성이 제기되었다.

(2) 장기 성장 기회 제공

온실가스 감축 필요성은 온실가스 감축이 단기적으로 비용을 유발하지만 장기적으로는 새로운 성장동력이 될 수 있다는 가능성에 있다. 즉, 기후변화는 기업들에게 커다란 위험요소이기도 하지만 동시에 새로운 사업 기회를 제공하기도 한다(Falkner, 2008)는 것이다. 부연하면, 온실가스는 탄소를 통해 배출되는데, 이러한 탄소는 기본적으로 화석연료의 사용에 따른다. 따라서 온실가스를 감축은 에너지 효율성 개선과 새로운 에너지원을 개발과 연계된다. 특히, 에너지 효율성은 곧 에너지 사용에 있어 기술개발을 유도하고 장기적으로 국제적인 경쟁력을 갖춘 관련 기술을 확보를 가능하게 한다. 또한 탄소 배출이 낮거나 새로운 에너지원, 즉 신재생에너지의 개발을 촉진을 유도[3]할 수

3) 실제로, 신재생에너지 발전용량은 2000년 28,717억 킬로와트에서 2011년 44,024억 킬로와트로 증대되어왔으며(U.S. EIA Data Base), 투자 금액은 2004년 220억 달러, 2007년 1,035억 달러, 2013년 2,140억 달러로 확대되어져 왔다(REN21, 2014: 67).

있다.

세계 탄소시장 규모는 2006년 거래량 1,745MtCO_2e, 거래금액 312억 달러에서 2009년 거래량 8,700MtCO_2e, 거래금액 1,437억 달러, 2011년에는 거래량 10,281MtCO_2e, 거래금액 1,760억 달러로 지속적으로 크게 확대되었다(World Bank, 2006, 2008, 2010, 2012 해당 연도 종합).

2) 온실가스 감축의 어려움

(1) 경제성장에 부정적인 영향

온실가스 감축의 필요성이 제기됨에도 불구하고 온실가스 감축은 단기적으로는 국가경제에 부정적 영향을 미친다. 즉, 단순하게 말해, 온실가스를 줄이기 위해서는 첫째, 생산량 자체를 줄이거나, 둘째, 온실가스 발생을 줄이는 방식으로 전환되어야 한다. 그러나 이 두 가지는 모두 추가적인 비용의 발생시키고 경제성장에 부정적인 영향을 미칠 수 있다.

온실가스 감축비용을 정확히 추정[4]하는 것은 어려우나, 베링거와 보그트(Bohringer & Vogt, 2003)에 따르면, 부속서I 국가의 개별이행의 경우 일본, 미국, EU, 캐나다의 톤당 저감비용은 각각 183달러, 156달러, 111달러, 145달러로(이창수 · 김남일, 2010: 198-199 재인용), 이창수 · 김남일(2010)은 톤당 저감비용이 탄소세의 경우 한국은 78달러, 일본은 92.3달러, 미국은 70.2달러 등으로 예측하였다. 감축비용은 기존에 시행중인 탄소세나 배출권거래제도의 가격을 통해 간접적으로 추정해 볼 수도 있다. 예를 들어, CO_2 톤당 탄소세 가격(US $)으로 스웨덴 168달러, 스위스 68달러, 덴마크 31달러, CO_2 톤당 배출권거래제 가격[5](US $)으로 도쿄 95달러, 호주 22달러, 베이징 9달러 등이다(World Bank Group, 2014: 32 그림 데이터로 정리).

정부는 2020년 BAU(business as usual) 대비 30% 감축 목표를 이행할 경우, 2020년 예상 GDP 대비 0.5% 정도 감소될 수 있다고 추정하였다(관계부처 합동, 2014: 13). 최근 경제계는 배출권거래제가 시행되면, 3년 간 5조 9,762억 원에서 28조 4,591억 원 정

---

4) 온실가스 배출 발생 부분, 관련 기술의 수준, 온실가스 유형, 산업 및 에너지 수급 구조 등 매우 많은 변수들이 온실가스 감축 비용에 영향을 미치기 때문이다.

5) 배출권거래제도에서의 감축비용은 실제 대부분이 무상할당이며, 단지 정부 할당치와 기업들이 원하는 할당량 간 차이를 예상 가능한 배출권거래가격으로 곱해서 구한 값으로 전체 온실가스 감축비용이라 보기 어렵다.

도의 부담이 발생될 것으로 예상한다. 환경부는 경제계의 주장을 비판하며, 1조 1,000억 원에서 2조 7,000억 원에 그칠 것으로 주장한다(전경련 외, 2014; 환경부 보도 설명자료, 2014). 결과적으로, 온실가스 감축은 조건 등에 따라 달라질 뿐 단기적으로 막대한 비용이 발생된다.

(2) 사회적 딜레마 상황

온실가스 배출에 따라 심각한 위험이 예측되어지는 상황에서도 온실가스 감축을 강력하게 추진하기 위한 세계적인 규칙을 만들어내지 못하는 점에서 알 수 있듯이, 온실가스 배출에 따른 기후변화는 집단행동의 딜레마 혹은 사회적 딜레마(social dilemma)라 볼 수 있다. 사회적 딜레마는 이기심에 기초한 개인 합리성이 집단 비합리성을 초래하는 상황이다(Kollock, 1998: 183). 즉, 사회적 딜레마는 만약 모든 사람들이 협력적이거나 이타적으로 행동하기보다 자신의 이익만을 추구할 경우 집단 전체는 더욱 악화되는 것을 의미하고(Hardin, 1968; Dawes, 1980; Ostrom, 1998). 실제, 하딘(Hardin, 1968)이 공유지의 비극, 죄수의 딜레마(prisoner's dilemma)로 잘 제시되고 있다.

온실가스에 따른 기후변화 역시 집단행동 딜레마 상황임을 보여준다. 지구의 대기는 기본적으로 공유자원(common resources)의 성격을 지니고 있어, '집단행동의 딜레마'가 초래될 수 있다. 교토의정서 채택 이후 각 국가의 태도에서 알 수 있듯이, 특정 국가 혼자 온실가스를 감축하게 되면, 온실가스 감축의 편익은 전 세계 국가가 공유하지만, 감축 비용은 해당 국가만 부담되기 때문에 적극적으로 감축활동에 나서기 어렵다.

결론적으로, 온실가스는 감축하기도, 하지 않기도 어려운 딜레마 상황이다. 다음 〈표 12-2〉는 2011년 11월 대통령 주재로, 온실가스 감축을 2020년 대비 30% 감축하겠다고 선언한 이후 온실가스 감축의 딜레마를 잘 보여준다.

표 12-2 당시 주요 행위자의 온실가스 감축의 딜레마

주요 행위자	주요 발언	비고
이명박 대통령 (2009.11.17)	"온실가스 감축(2020년 전망치 대비 30% 감축 선언)이 단기적으로는 부담이 되겠지만 녹색산업이란 신개척 시장을 선점하려면 선제적 투자가 필요하고 석유 의존도를 줄여 에너지 안보를 강화해야 하며, 녹색산업을 신성장동력으로 삼을 수 있다"〈국무회의 중, 연합뉴스, 2009.11.17〉.	환경 vs 경제
이명박 대통령 (2009.11.17)	(온실가스 감축목표 발표에 대해) "오늘 국무회의는 역사적인 회의" 반면, 윤증현 기획재정부장관이 대통령 직속 녹색성장위원회가 주도	환경 vs 경제 비일관적 반응

	한 온실가스 감축 결정과 관련해 "의사결정 과정에 문제가 있었다"는 지적에 대해, 이명박 대통령도 윤 장관의 지적에 공감하고, "앞으로 온실가스 이행계획을 수립하고 점검하는 데 있어 기획재정부, 지식경제부 등 경제부처가 주도적인 역할"을 하라고 지시〈이데일리, 2009.11.17; 연합뉴스, 2009.11.17〉	
이명박 대통령 (2009.12.18)	"온실가스를 줄여야 한다는 당위성에는 많은 국가들이 찬성하고 있지만, 그 방법론에 대해서는 명확한 답(solution)을 제시하지 못하는 경우가 적지 않기 때문입니다. 특히, 각 국가의 중요 목표인 경제성장을 고려하면 이는 매우 어려운 과제입니다"〈대통령 기록관, 2009.12.28, 이명박 대통령, 코펜하겐 제15차 기후변화협약 당사국총회(COP15) 발표 중〉.	경제 vs 환경
윤증현 기획재정부장관 (2009.11.17)	"이 같은 감축 목표가 우리 경제, 산업에 미치는 영향, 그리고 달성 가능성 및 발표 방법을 놓고 치열한 고심이 수반되어야 할 것"이라며, "글로벌 리더십과 국가적 이익은 균형있게 고려되어야 한다"고 말했다〈국무회의 중, 배출권거래제 감축목표에 대해 중, 연합뉴스 2009.11.17〉.	경제 vs 환경
최경환 지식경제부장관 (2009.11.17)	"온실가스 감축량을 설정할 때 산업경쟁력이 저하되지 않도록 양적인 접근을 제한해야 한다", "어떠한 경우라도 감축목표 절대량에 대해 얘기하지 말라"〈국무회의 중, 연합뉴스, 2009.11.17〉.	경제 vs 환경
이명박 대통령 (2011.02.07)	"산업계의 의견을 최대한 수렴해 적절한 시점에 배출권거래제를 도입할 예정이며, 국제동향과 산업경쟁력을 감안해서 유연하게 추진해 나갈 방침입니다"〈이명박 대통령 제58차 라디오 · 인터넷 연설문(2011.02.07) 중〉.	경제 vs 환경

자료: 연합뉴스(2009.11.17); 이데일리(2009.11.17); 대통령 기록관 (2009.12.18); 이명박 대통령 제58차 라디오 · 인터넷 연설문(2011.02.07).

2 배출권거래제도의 특성: 유연성(flexibility)

배출권거래제도는 배출권을 부여하고 시장에서 거래된다는 것 외에 정해진 것이 없을 정도로 매우 유연한 제도이다. 배출권거래제도는 설계를 어떻게 하는가에 따라 온실가스를 감축할 수도, 안할 수도 있다. 동 제도의 유연성은 제도의 유형, 적용대상물질, 적용분야, 배출 총량 설정방법, 배출권 할당방법, 운영도구에서 잘 드러난다.

1) 거시적 유형의 유연성

배출권거래제도는 수많은 차원과 다양성을 지니고 있다. 무엇보다 배출권거래제의 거시적 유형으로 참여가 의무적인지(예: EU ETS), 아니면 자발적(예: Chicago Climate

Exchange)인지에 따라 구분될 수 있고, 거래의 방식이 총량거래(Cap and Trade)와 기준인증거래(Baseline and Credit)인지로 구분되어질 수 있다.

이 중 총량제한거래방식은 고정된 숫자의 허가권이 있으며, 규정된 오염 총량을 배출할 수 있다. 기업들은 배출허가량을 할당받거나 경매에 의해 받을 수 있으며, 이를 시장에서 자유롭게 거래할 수 있다. 기준인증방식은 기업들은 배출전망(BAU)을 설정하고, 이러한 전망치보다 낮게 배출할 경우 인증권을 얻게 되며, 이러한 인증권을 공개시장에서 거래할 수 있다. 총량제한거래방식에서 거래할 수 있는 허가권의 공급량은 고정되어 있는 반면, 기준인증방식에서 기준 이하로 배출을 감축한 인증권의 발생 여부에 따라 결정된다(OECD, 2002; Badlwin, 2008: 194-195). 이러한 유형 외에도 영국에서 시행되었던 인센티브 경매(incentive aution)라는 유형도 존재한다(김용건 · 전지영, 2010: 5-6).

표 12-3 배출권거래제의 거시적 유형과 예시

	총량거래(Cap and Trade)	기준인증거래(Baseline-and-Credit)
의무	EU ETS, 한국(2015 시행예정)	Specified Gas Emitters Regulation(SGER), Alberta(Canada)
자발	Chicago Climate Exchange(CCX)	Clean Development Mechanism(CDM)

2) 적용 대상 물질과 적용분야의 유연성

온실가스 배출권거래제도는 온실가스 유발주체에게 온실가스 배출권을 인정하고 이를 거래하게 하는 것이다. 온실가스는 교토의정서(Kyoto Protocol)상 이산화탄소(CO_2), 메탄(CH_4) 등 6대 가스(UN, 1998: Annex A)뿐만 아니라 IPCC(2006. 5)에 기술되어 있듯이, 삼불화질소(NF_3), 할로겐화 탄소(예: CF_3I, CH_2Br_2) 등 매우 많다. 그러나 〈표 12-4〉에서 알 수 있듯이, 이러한 온실가스 중에 어떠한 온실가스를 배출권거래제에 포함시키는가는 자유롭게 결정할 수 있다. 이산화탄소(CO_2)만을 대상으로 할 수도 있고, 아니면 교토의정서상 6가지 물질을 모두 포함시킬 수도 있다. 또한 해당 국가별로 해당 온실가스의 배출 여부, 전체 온실가스에서의 배출 비중 등은 상이할 수 있다.

적용분야와 관련하여, 온실가스는 발전, 산업, 수송, 건축, 폐기물, 산림, 항공 등 모든 활동에서 발생되기 때문에, 어떠한 부분을 배출권거래제에 포함시킬 것인지는 설계에 따라 달라진다. 물론, 발전, 산업 부분 등이 포함되어 있다 해서 전 발전부분, 전 산업부분이 포함되는 것은 아니다. 예를 들어, 발전설비만 하더라도 특정 열에너지 이상 투입되는 발전시설만 대상으로 하거나(예: EU ETS), 화석발전설비만 포함(RGGI의 경우)시킬 수 있다.

이에 따라, 어떤 국가가 온실가스 배출권거래제도를 시행한다 하더라도, 동 제도가 해당 국가의 모든 온실가스 배출을 포괄하지 못한다. 이는 적용분야를 전략적으로 선택할 수 있기 때문이다. 현재 시행되고 있는 배출권거래제도가 전체 온실가스배출에서 포괄하는 범위를 보면, 최소 11%(스위스)에서 최대 53%(뉴질랜드)로 상이하다.

3) 배출 총량(cap) 설정과 배출권 할당방법의 유연성

배출권거래제도에서 가장 핵심적인 부분은 총량(cap)을 설정하는 방식이다. 배출총량이 적절하게 설정되면, 배출권을 할당받은 주체 간에 가격이 형성되어 시장메커니즘이 작동할 것이다. 실제, 배출량보다 적게 설정되면, 배출권가격 폭등하고 산업경제에 부정적 영향을 미친다. 실제, 배출량보다 너무 많이 설정되면, 배출권 가격이 0으로 떨어지고 온실가스는 감축할 수 없다. 실제, EU ETS 제1기, ETS 제2기에서도(2008년 제외) 할당량이 실제 배출량을 초과하여 가격이 붕괴되었다(Baldwin, 2008: 196; The New York Times, 2013.04.21).

배출 총량을 설정하는 방식 역시 다양하다. 온실가스 배출량 전망치(BAU)를 기초로 설정할 수도 있고, 기준연도 값(예: 2005년 대비 몇 %)을 통해 목표치를 설정할 수도 있다. 또한 특정 분야(예: 에너지 다소비분야, 전력분야)만 설정할 수도 있고, 공장, 건축 등 분야별로 다르게 설정할 수도 있다. 심지어, 뉴질랜드처럼 배출상한을 설정하지 않기도 한다.

총량을 해당 기업들에게 어떻게 배분하는가와 관련된 배출권 할당방법 역시 매우 다양하게 운영될 수 있다. 현재, 할당방식의 대부분은 배출권을 무상으로 할당하는 방식(무상할당)과 유상으로 할당하는 방식(유상할당)으로 구분되며, 무상할당에는 불변실적 기준 무상분배(grandfathering), 벤치마킹(benchmarking)이 유상할당은 경매(auction), 고정 가격제 등이 있다. 여기서 그랜드파더링은 과거 일정기간 동안의 배출을 기준으로 할당하는 방식으로, '불변실적기준 무상할당'으로도 불린다(박길환, 2012: 16). 벤치마킹식은 산업 간, 기술 간, 연료 간 차이를 반영하여 할당하는 방식으로 무상할당 방식 중

하나인 산출기반 업데이팅(updating) 방식의 문제를 개선한 것이다(오형나 외, 2012: 56-57). 유상할당으로 경매방식은 가장 대표적인 방식으로 경매를 통해 배출권이 판매되고 경매과정에서 배출권가격이 결정되는 방식이다. 고정 가격제는 규제당국이 정한 고정가격으로 배출업자들에게 직접 배출권을 판매하는 장식이다(오형나 외, 2012: 45-46).

또한 배출권 할당방법은 그랜드파더링, 벤치마킹, 경매의 방식 내에서도 서로 다른 다양한 제도 운영이 가능하다. 또한 부분별로, 예를 들어, 발전산업은 경매로, 제조업은 무상할당 중 그랜드파더링으로, 또 다른 산업은 벤치마킹으로 조합하여 활용될 수도 있다. 즉, 할당방법은 매우 다양하게 설계될 수 있다.

4) 배출권 운영도구의 유연성

배출권거래제는 운영상 예치, 차입과 상쇄, 버블, 넷팅 등 매우 다양하고도 유연한 수단들을 포함하고 있다(나태준, 2007: 57-58 참고). 이 중 예치(banking) 혹은 이월은 한 해 배출할 수 있는 권리보다 더 적은 양을 배출한 후 그 차이를 나중에 사용할 수 있도록 저축하는 것이고, 차입(borrowing)은 내년도의 배출권을 구입한 후 그 중 일부를 금년도에 미리 사용하는 행위를 말한다(권오상, 2007: 210). 상쇄(offsets)는 오염도 기준을 달성하지 못한 지역에 있는 어떤 오염원이 오염물질 배출량을 줄일 경우 이 저감량에 대해 일종의 크레딧(credits)을 제공하고, 이 크레딧을 새로이 해당 지역에 진입하는 기업이 구매하도록 하여 총오염 수준을 유지하기 위한 방안이다.

이러한 제도들은 배출권거래제도 운영에 있어서 신축성과 유연성을 부여한다. 즉, 어떻게 설계하는가에 따라 온실가스를 감축시키는 데 영향을 미칠 수 있다. 다음 〈표 12-4〉는 배출권거래제도가 국가 및 지역에서 서로 다르게 설계되어 운영되고 있음을, 제도의 유연성이 잘 드러남을 보여준다.

표 12-4 배출권거래제도의 유연성

	시행 연도	ETS 포괄 범위	적용 물질	ETS 적용 분야	할당방법					운영도구의 유연성
					무상		유상			
					그랜드파더링	벤치마킹	경매	고정가격	특징 비교	
NZL ETS(New Zealand)	2008	53%	CO_2, N_2O, PFCs, CH_4, HFC, SF_6	발전, 산업, 수송, 폐기물, 산림	○	○		○	• 배출강도에 따라 할당 • 고배출강도 활동에 90% ((1600 tCO_2e per 1 million NZD of revenue), 중배출강도 활동에 60%(800 tCO_2e per 1 million NZD of revenue) • 일부 1회성 무상할당(1990년 이전 산림소유자 및 어업쿼터 소유자)	• 예치 허용 • 차입은 불가 • 상쇄와 크래딧: 국제 간 허용, 일부 양적, 질적 규제 있음
RGGI (Regional Greenhouse Gas Initiative[6])	2009	22%	CO_2	발전			○		약 90%가 경매할당	• 예치 허용, 2009년 5월 1일까지는 차입 허용 • 상쇄와 크래딧 허용되나 일부 질적, 양적 규제
KAZ ETS (Kazakhstan)	2013	50%	CO_2	발전, 산업	○				• 제1단계(2013): 100% 그랜드파더링 무상할당 • 제2단계(2014~2015): 그랜드파더링 무상할당 • 제3단계(2016~2020): 약간의 경매와 벤치마크식 무상할당 도입	• 예치와 차입은 제1단계에서 불가 • 국내 상쇄 허용 및 국제 크래딧 허용 예정
Switzerland ETS	2013	11%	CO_2, N_2O, PFCs	발전, 산업	○	○	○		• 제1단계: 그랜드파더링식 무상할당 • 제2단계: EU ETS와 유사한 벤치마크식 무상할당 • 탄소유출 가능성이 없는 산업은 점진적으로 무상할당 비중을 감소. 2013년 80% 무상할당, 2020년 30% 무상할당, 발전분야 할당 없음	• 예치 허용 • 국내 상쇄와 크래딧 허용되나 약간의 질적, 양적 규제 있음

6) Connecticut, Delaware, Maine, Maryland, Massachusetts, New Hampshire, New York, Rhode Island, Vermont.

Beijing ETS (China)	2013	50%	CO_2	발전, 산업, 건축물	○	○			• 제1단계(2013~2015): 2009~2012년 배출 및 해당 분야 발전을 고려한 무상할당, 신규진입자의 경우는 벤치마크식 무상할당	-
Guangdong ETS (China)	2013	42%	CO_2	발전	○	○			• 제1단계(2013~2015): 2010~2012년의 배출을 고려한 그랜드파더링식, 그리고 산업의 특성을 고려한 무상할당(1~2차년 95%, 3차년 90%), 나머지는 경매할당	-

자료: World Bank Group(2014: 53), ICAP(2014: 21-23)를 활용하여 결합함.

배출권거래제도의 이러한 유연성은 제시된 제도의 거시적 유형, 적용대상물질, 할당방법 등 구성요소들이 결정된다 하더라도 유연성이 크게 제약받지 않는다. 이는 배출권거래제도 자체가 매우 많은 구성요소들을 포괄하고 있는 복잡한 제도일 뿐만 아니라, 각각의 구성요소들 역시 고정된 것이 아니라 유연하게 변화될 수 있도록 설계가 가능하며, 그러한 구성요소간 매우 다양한 조합이 가능하게 설계할 수 있기 때문이다. 무엇보다 배출권거래제도는 그 핵심인 배출량, 거래량과 거래가격의 조정 메커니즘 설계를 통해 폭넓은 유연성을 확보할 수 있기 때문이다. 즉, 동 제도는 상황에 맞게, 어떤 목적에 맞게, 탄력적이고 쉽게 변화시킬 수 있는 설계와 운영이 가능한 제도이다.

3 제도 환경(딜레마 상황)과 배출권거래제도 간 정합성과 선택

온실가스와 관련하여, 제도 환경은 딜레마 상황이다. 즉, 온실가스를 감축하지 않을 수도 할 수도 없는 딜레마 상황이다. 이도 저도 하기 어려운 상황이라 할 것이다. 서로 상충적이고 분절적인 요구가 동시에 존재하는 이러한 상황에서 배출권거래제도는 제도의 특성상 딜레마 상황에 정합성이 매우 높다. 즉, 앞서 살펴본 바대로, 배출권거래제도는 '배출권을 거래한다는 것' 외에는 사실상 결정된 것이 없을 정도로 매우 다양한 제도 설계가 가능한 매우 유연한 제도이다. 배출권거래제도의 거시적 유형 자체가 다양하고, 적용대상 물질, 적용분야, 배출 총량 선정방법, 배출권할당 방법, 배출권 운영상의 유연성 등은 어떻게 설계하는가에 따라 배출권거래제도가 온실가스를 감축시킬 수도 있고, 감축시키지 않을 수도 있는 매우 유연한 도구임을 보여준다.

표 12-5 온실가스 딜레마 상황과 배출권거래제도의 특성 간 정합성

제도 환경: 딜레마 상황	배출권거래제도의 특성
온실가스 감축할 수도 하지 않을 수도 없는 상황	매우 폭넓은 유연성 - 거시유형, 적용대상 물질, 적용분야, 배출 총량 설정방법, 배출권할당 방법, 배출권 운영도구를 어떻게 설계하는가에 따라, 온실가스를 감축시킬 수도 하지 않을 수도 있음

결국, 우리나라는 온실가스 감축과 관련한 딜레마 상황에서, 동 상황에 가장 정합될 수 있는 배출권거래제도를 선택하였다. 배출권거래제도의 여러 유형 중 우리나라는 당시 2005년부터 시행되어져 온 EU ETS를 모방하여 동 제도를 채택하였다. EU라는 지역 단위가 갖는 영향력뿐만 아니라 당시 가장 체계적인 제도로 운영되었기 때문이다. 이러한 점은 EU ETS 제1기, 제2기에서 동 제도가 온실가스 감축에 실패하였음에도 불구하고 왜 우리나라에서, 동 제도를 선택하고 모방했는지를 보여준다. 배출권거래제도가 온실가스 감축에만 초점이 있지 않다는 기존의 연구결과(Grubb & Neuhoff, 2006; Ellerman & Buchner, 2007; Nye & Owens, 2008; Aldy & Stavins, 2012) 역시 이러한 점을 잘 보여준다.

제4절 딜레마적 동형화의 결과

1 지연과 제도완화

온실가스 배출권거래제도는 법적으로 2010년 '저탄소 녹색성장 기본법[법률 제9931호, 2010.1.13]'을 통해 온실가스 배출권거래제를 채택하였다.

동법에 따라 2010년 11월 입법예고(안)이 제시되었으나 산업계의 강력한 반발로 인해, 2011년 4월 정부 수정안이 제시되었고, 동 수정안은 다시 국회논의 과정에서 다시 변경되어 2012년 5월 온실가스 배출권의 할당 및 거래에 관한 법률[법률 제11419호, 2012.5.14], 동년 11월 동법 시행령[대통령령 제24180호, 2012.11.15]이 제정되었다.

동 입법과정에서 배출권거래제도는 초기 2013년 시행에서 2015년 시행으로 2년 연기되었으며, 할당량 조정, 무상할당 비율, 적용대상, 제3자 참여 여부, 과징금, 과태료, 산업계 지원, 기간 간 이월 등 모든 부분에서 초기 2010년도 정부안에 비해 대대적인 제도 완화가 이루어졌다(기획재정부, 2012: 7 표 참고).

2 법 목적과 원칙 간, 시행체계 내 두 가치 혼재

배출권거래제도의 법 목적과 기본원칙 간 혼재, 시행체계 내 혼재는 온실가스 감축의 딜레마가 나타나 있다. 첫째, 동법의 목적은 효과적으로 국가의 온실가스 감축목표를 달성하는 것을 목적으로 하고 있다(동법 제1조). 그러나 배출권거래제도의 기본원칙 4가지 중 1은 '기후변화 관련 국제협상을 고려'와, 기본원칙 2로서 '배출권거래제가 경제 부문의 국제경쟁력에 미치는 영향'을 고려할 것이 명시되어 있다(동법 제3조). 뿐만 아니라 배출권거래제 기본계획(기획재정부, 2014: 21)에서는 동 제도를 통해 온실가스 감축뿐만 아니라, 기업 경제력 제고 등 경제적인 고려를 하고 있다.

둘째, 배출권거래제도는 시행체계 내에서 경제와 환경의 딜레마적 요인이 나타나 있다. 기본계획은 경제부처인 기획재정부가, 할당계획은 환경부가 맡되, 할당결정은 기획재정부장관인 할당위원회 심의 · 조정하고, 기본계획과 할당계획 모두 국무회의의 심의를 거치게 되어 있다. 구체적으로, 배출권거래제도에서 가장 중요한 '기본계획'은 주무경제부처인 기획재정부가 수립하고, 녹색성장위원회 및 국무회의의 심의를 거쳐 확정한다(동법 제4조). 한편, '온실가스 할당계획'은 환경부장관이 수립하나, 동 할당계획은 할당위원회의 심의 · 조정을 거친 후 녹색성장위원회 및 국무회의의 심의를 거쳐야 한다. 더욱이, 할당위원회는 위원장(기획재정부장관) 1인과 20명 이내의 중앙행정기관 및 기획재정부장관이 추천한 민간위원으로 구성된다(동법 제5조, 제6조, 시행령 제3조, 제4조). 또한 할당위원회 위원장인 기획재정부장관은 1. 국내 · 외 경제상황의 급격한 변화, 기술 발전, 국내 전력수요의 예상하지 못한 급격한 변화 등으로 인하여 할당계획을 변경하여야 할 중대한 사유가 발생한 경우, 2. 기후변화 관련 국제협상의 결과에 따라 할당계획을 변경하여야 할 필요가 있는 경우에 할당계획의 변경을 요청할 수 있다(동법 제5조 제3항, 시행령 제3조 제5항).

3 배출권거래제도 내용상 형식주의

배출권거래제도의 형식주의는 크게 2가지 점에서 나타난다. 첫째는 배출권거래제도의 구체적 내용, 즉 온실가스 감축목표와 총량설정방법, 배출권할당방법, 배출권운영도구 차원에서 살펴볼 때 형식주의가 나타나며, 둘째는 개선된 제도보다는 개선되기 이전의 제도가 동형화되었다는 점이다. 즉, 우리나라의 배출권거래제도 동형화 모델인 EU ETS는 제1기(2005~2007), 제2기(2008~2012)에서 명백히 실패함에 따라 2009년 제3기 운영(2013~2020)을 위해 대대적인 개선안을 마련하였다. 만약 온실가스 감축만을 위해 배출권거래제도를 모방했다면, 제3기 제도를 모방해야 하나 많은 부분 제도 개선 이전인 제1기와 더욱 가깝다는 점이다.[7] 이하에서는 이를 통합하여 제시한다.

1) 감축목표 설정방식

우리나라는 온실가스 감축목표가 2020년 온실가스 배출 전망치(BAU) 대비 30%(약 542.1백만 톤)로 설정되어 있다. 배출 전망치는 온실가스 감축 정책을 시행하지 않은 미래의 예상되는 온실가스 배출량이다. 배출전망치는 경제 환경 등 여러 변수에 의해 변화될 수 있다. 극단적으로 2020년도 배출량이 2013년도 보다 낮을 수 있다. 따라서 배출전망치는 정확한 감축규모를 산정하기 어렵다. 반면, EU는 2020년까지 1990년 기준 20% 감축을 목표로 하고 있다. 감축목표를 어떻게 설정하는가는 실제 온실가스를 감축할 수 있는지 여부를 결정하는 데 매우 중요한 기준이다.

2) 배출 총량 및 설정방법

배출 총량을 배출전망치(BAU) 대비로 설정되기 때문에, 매우 가변적이며, 실제 배출전망치가 재산정되어 늘어나게 되면, 배출 총량 역시 변화될 수 있다. 구체적으로, 〈표 12-6〉에서 제시되었듯이, 우리나라는 단일 국가로, 국가단위의 단일 총량을 설정한다. 제1기(2015~2017) 2020년 배출전망치(BAU) 대비 30%를 감축을 기준으로 3년 간 총 1,643MtCO_2e를 감축하고자 하였다. 그러나 배출전망치는 매년 변화될 수 있기 때문

7) EU ETS 제3기 제도가 2009년 완성되었고, 우리나라의 제도는 2012년 완성되었다는 점에서 제3기 제도를 도입할 수 있는 시간은 충분하였다.

에 배출 총량 역시 변화될 수 있다. 실제, 환경부는 기존 BAU를 장기 BAU 전망(post-2020) 작업 시 2015~2020년까지의 BAU를 재검토(review)할 계획임을 밝히고 있다(환경부, 2014: 2).

이러한 점은 EU ETS 제1기와 매우 유사하다. 즉, EU 제1기와 제2기에서는 각 회원 국가의 BAU를 기초로 국가할당계획(National Allocation Plan)에 따른 분권화된 총량(cap)을 설정하였는데, 이는 회원 국가의 재량으로 각 국가의 예상 수요량을 반영하여 작성함을 의미하다.

그러나 BAU 기준의 제1기, 제2기 운영은 과잉할당 등 문제를 유발하여 가격이 0으로 떨어질 정도로 제도는 실패(World Bank Group, 2014: 56; carbonmarketdata.com)하였으며, 이에 제3기에서는 유럽 단일 총량체제로 개선하였다. 이에 제3기에서는 BAU를 기초로 국가할당계획은 폐지하고 EU 차원에서 단일 총량(single cap) 설정(2013년 기준 2,084MtCO_2e)을 설정하고 제2기 대비 매년 1.74% 감축, 2020년까지 ETS 시설물에 대한 배출권 총량을 2005년 대비 21%까지 감축안을 마련하였다.

3) 배출권 할당방법

100% 무상할당을 취함으로써 온실가스 감축만을 위한 제도가 아님을 보여준다. 즉, 우리나라는 제1단계(2015~2017)에서 과거 배출량을 고려한 그랜드파더링으로 100% 무상할당, 제2단계(2018~2020)에서 97% 무상할당, 유상할당은 경매 등을 활용, 제3단계(2021~2026)에서 90% 이상 무상할당을 계획하고 있다. 계획기간과 관계없이 고에너지 산업 및 무역의존도가 높은 산업은 100%로 무상할당을 계획하고 있다. 이러한 무상할당은 오염배출자의 전략적 배출 증대 행위나, 심지어 횡재수익을 유발하는 문제를 지니며, 장기적 무사할당은 배출권의 거래 동기를 무력화시키기 때문에 동 제도를 통해 온실가스 감축은 어려워진다.

이러한 계획은 EU 제1단계(2005~2007) 계획과 유사하다. EU는 제1단계에서 그랜드파더링으로 100% 유상할당을, 제2단계에서는 90% 무상할당(벤치마킹식 포함), 10% 유상할당을 계획하였었다. 그러나 이러한 무상할당은 배출량보다 할당량이 많은 결과를 초래하였고 횡재수익을 유발하였다. 이에 제3단계에서는 전력분야는 무상할당 폐지하고 유상할당인 100% 경매로 할당하고, 기타 제조업분야는 벤치마킹(benchmarks)식 무상할당하나 2020년까지 무상할당을 30%으로 계획하였으며, 이 역시 2027년 0% 도전

계획을 제시하였다.

4) 운영도구

배출권 운영에 있어 유연성을 확보할 수 있는 도구로서, 예치(banking), 차입(borrowing) 및 상쇄와 크레딧(offsets and credits) 등이 있다. 우리나라의 경우, 배출권 예치(이월) 허용(계획기간 내 다음 이행연도 또는 다음 계획기간의 최초 이행연도로 이월 가능), 계획기간 내 차입 허용, 상쇄와 크레딧 허용, 조기감축실적 인정 등 다양한 제도를 마련하였다.

이러한 제도는 EU ETS에서도 쉽게 발견되는 제도이다. 그러나 EU는 제1단계와 달리, 제2단계와 제3단계를 거치면서, 차입은 불허하였고, 상쇄와 크레딧은 제2단계에서 제3단계로 갈수록 보다 더 제약 조건(예: 원자력 발전분야 배제, 수력발전은 엄격한 요구)이 강화되었다. 우리나라는 이외에도 다양한 시장안정화 조치를 지니고 있다. 상쇄 배출권 제출한도 확대・축소, 배출권 차입한도 확대・축소, 업체별 배출권 보유 물량 제한 등 다양한 장치, 추가 할당, 예비분 확대, 금융・세제상 지원(온실가스 배출권의 할당 및 거래에 관한 법률, 제16조) 등을 마련해 두고 있다. 다음 〈표 12-6〉은 이상을 종합 제시하였다.

표 12-6 배출권거래제도의 내용상 형식주의

	우리나라 배출권거래제도 (2015년 제1단계 시행)	EU 배출권거래제도 (제3단계는 2009년 제도 완성, 현재 운영)
온실가스 감축목표	2020년 BAU 대비 30% (약 542.1백만 톤)	EU 목표: 2020년까지 1990년 기준 20%, 2050년까지 1990년 기준 80~95% 감축
배출 총량 및 설정방법	국가 차원의 단일 총량 설정 제1기(2015~2017): BAU 기준 3년 간 총 1,643$MtCO_2e$) (2014.06. 현재 안)	제1단계: 각 회원국가의 국가할당계획(National Allocation Plan)에 따른 분권화된 총량(cap) 설정. 즉 회원국별 BAU에 기초한 국가할당계획
		제2단계: 제1기와 동일(제2단계에서는 2005년 대비 약 6.5% 감축 목표)
		제3단계 • 회원국별 BAU에 기초한 국가할당계획 폐지, EU 전체의 단일 총량 설정(2013년 기준 2,084 $MtCO_2e$), • 제2기 대비 매년 1.74% 감축, 2020년까지 ETS 시설물에 대한 배출권 총량을 2005년 대비 21%까지 감축 • 항공분야는 2013~2020년까지 매년 210$MtCO_2e$ 유지 (2014년 1월 크로아티아 참여로 일부 조정)

배출권 할당방법	• 제1단계(2015~2017): 과거 배출량을 고려한(grandfathering) 100% 무상할당 • 제2단계(2018~2020): 97% 무상할당, 유상할당은 경매 등을 활용 • 제3단계(2021~2026): 90% 이상 무상할당 • 기간 공통: 고에너지 산업 및 무역의존도가 높은 산업은 100%로 무상할당	제1단계 • 과거 배출량을 고려한(grandfathering) 100% 무상할당, 일부 경매할당 시행됨(오직 4개의 작은 국가에서 경매할당 시행됨)
		제2단계 • 제1단계와 유사, 다만 약간의 벤치마킹(benchmarking)에 따른 무상할당과 경매할당 10%가 진행됨(신규 가입자 대상) • 경매할당은 일부 국가로 확대되었으나 주로 영국(7%), 독일(8.8%)에서만 경매할당이 이루어짐
		제3단계 • 전력분야는 무상할당 폐지, 즉 100% 경매로 할당 • 기타 제조업분야는 벤치마킹(benchmarks)식 무상할당하나 2020년까지 무상할당을 30%으로 계획, 2027년에 0%에 도전 • 탄소유출(carbon leakage)[8]이 있는 분야는 100%로 무상할당 • 탄소유출이 없는 분야의 무상할당은 2013년 80%에서 2020년 30%로 축소 • 할당의 5%는 신규가입자를 위해 남겨둠 • 항공분야는 2012년 85%를 벤치마크식 무상할당, 2013~2020년은 벤치마크식 무상할당 82%, 경매할당 15%, 나머지 3%는 신규가입자를 위해 남겨둠 • 무상할당 후 남은 할당은 모두 경매할당할 계획
배출권 운영도구 등	• 배출권 이월 허용(계획기간 내 다음 이행연도 또는 다음 계획기간의 최초 이행연도로 이월 가능) • 계획기간 내 차입 허용 • 상쇄와 크레딧 허용 • 추가할당, 시장안정화 조치 등	제1단계 • 차입: 허용, 예치: 계획기간 내 허용, 서로 다른 기간 간 불허 • 상쇄와 크래딧(Offsets and Credits): 제1단계: CDM and JI 크래딧 사용에 제한 없음
		제2단계와 제3단계 일부기간 • 차입: 불허, 예치: 2008년 이후 허용 • 상쇄와 크레딧: 교토 크레딧 허용, 대부분 사용할 수 있으나 질적인 제한(예: 원자력 발전분야 배제, 수력발전은 엄격한 요구)
		제3단계(2013년 1월) • 차입: 불허, 예치: 2008년 이후 허용, 제2단계 말 가격 휘발성 완화 위해 2013 계획기간 간 예치까지 허용 • 상쇄와 크레딧: CDM 분야 제약 강화

자료: 1) EU 자료: Carbon Trust(2008: 12-13), The EU Emissions Trading Systems(http://ec.europa.eu/clima/policies/ets), EC(2003, 2009a, 2009b), ICAP(2014: 28-29, 46 내용 활용).
2) 우리나라 자료: 저탄소 녹색성장 기본법[법률 제9931호, 2010.1.13], 온실가스 배출권의 할당 및 거래에 관한 법률[법률 제11419호, 2012.5.14], 동법 시행령[대통령령 제24180호, 2012.11.15], 기획재정부(2004), 환경부 보도 설명자료(2014), 환경부(2014).

---

8) 탄소유출분야는 ① ETS로 인해 직·간접 추가비용이 총부가가치의 5% 이상이고, 무역집중도가 10% 이상일 때, ② ETS로 인해 추가비용이 총부가가치의 30% 이상일 때, ③ ETS로 인해 무역집중도가 30% 이상일 때 해당되며, 해당 리스트를 명시(EC, 2009: 5).

결론적으로, 이러한 점들은 우리나라 배출권거래제도의 형식주의를 잘 보여준다.[9)]

제5절 결론

본 연구는 왜 특정 제도가 선택되어 동형화되는지, 그리고 그에 따른 결과가 무엇인지를 설명하고자 하였다. 이를 위해, 두 개의 서로 다른 요구가 존재하는 딜레마 상황은 제도의 선택을 제약하기 때문에, 딜레마 상황에 정합될 수 있는 제도, 즉 '유연성'이 매우 큰 제도가 선택되어 동형화될 것이라는 '딜레마적 동형화'의 개념을 제시하고 동 개념을 통해 배출권거래제도의 선택과 동형화, 그리고 그에 따른 결과를 제시하였다.

구체적인 분석결과는 아래와 같다. 첫째, 우리나라에서 EU의 배출권거래제도를 선택·모방한 이유는 '딜레마적 동형화'에 의해 이루어졌다. 온실가스 감축은 서로 다른 요구가 존재하는 딜레마 상황이었으며, 배출권거래제도는 제도의 특성상 '유연성'이 매우 커 딜레마 상황에 정합될 수 있었다. 즉, 제도에 요구하는 제도 환경(딜레마 상황)과 제도의 특성(유연성) 간 정합성이 높기 때문에 선택과 모방이 진행되었다.

구체적으로, ① 우리나라는 온실가스 감축 딜레마 상황에 처해 있었다. 즉, 기후변화의 현실화와 감축 압력, 장기 성장기회의 제공에 의해 온실가스를 감축해야 하지만, 동시에 경제성장에 부정적 영향, 집단행동의 딜레마 상황으로 인해 온실가스를 감축하기도 어려운 상황이었다. ② 배출권거래제도는 배출권을 부여하고 시장에서 거래된다는 것 외에 정해진 것이 없을 정도로 매우 유연한 제도이다. 배출권거래제도는 설계를 어떻게 하는가에 따라 온실가스를 감축할 수도, 안할 수도 있다. 동 제도의 유연성은 배출권거래제도의 유형, 적용대상물질, 적용분야, 배출 총량 설정방법, 배출권 할당방법, 운영도구 등에서 알 수 있으며, 제도를 구성하는 항목들이 결정된다 하더라도 지속적이다. ③ 서로 상충적이고 분절적인 요구가 동시에 존재하는 이러한 상황은 제도의 선택을 제약한다. 배출권거래제도는 설계의 유연성이 매우 크기 때문에, 이러한 상황에

---

9) 2015년 1월 12일 개장된 배출권거래시장에서 시행 초기 몇 일 간 소량의 거래가 이루어진 후 2015년 4월 현재까지 거래량과 거래금액이 모두 '0'인 점은 시행초기임을 고려하더라도 배출권거래제도의 형식주의를 잘 보여준다(자료: http://ets.krx.co.kr/).

정합될 수 있다. 즉, 딜레마 상황과 정합성이 매우 높은 제도라 할 것이며, 이에 따라 당시 유일한 세계수준의 EU ETS가 선택되어 동형화되었다 할 것이다.

둘째, 딜레마적 동형화의 결과는 ① 지연과 제도 완화, ② 법 목적과 원칙 간, 그리고 시행체계 내 두 가치의 혼재, ③ 내용상 형식주의를 초래시켰다. 내용상 형식주의는 배출권거래제도의 구체적 내용인 온실가스 감축목표와 총량설정방법, 배출권할당방법, 배출권 운영도구 차원에서 살펴볼 때 형식주의가 나타나며, 개선된 제도(EU ETS 제3기)보다는 개선되기 이전(EU ETS 제1기)의 제도가 동형화된 점에서 찾을 수 있다.

요약하면, 우리나라에서 배출권거래제도의 선택과 동형화는 '딜레마적 동형화'에 의해 이루어졌으며, '딜레마적 동형화'의 결과로 인해 지연, 법목적과 원칙 간, 그리고 시행체계 내 두 가치의 혼재, 형식주의가 나타났음을 보여준다.

이러한 연구결과는 기존 동형화 이론으로 설명하기 어려웠던 3가지 질문에 대해 '딜레마적 동형화'가 새로운 설명도구일 수 있음을 보여준다.

첫째, 동형하는 어떤 제도의 선택을 전제로 하고 있는데, 선택이 매우 어려운 상황에서 어떻게 특정 제도가 선택되어 동형화되는지에 대해 '딜레마적 동형화'는 새로운 설명가능성을 제시한다. 즉, 두 개의 서로 다른 요구가 존재하는 딜레마 상황은 제도의 선택을 제약하기 때문에, 딜레마 상황에 정합될 수 있는 제도, 즉 유연성이 매우 큰 제도가 선택되어 동형화된다. 이는 동형화의 근본적 원인이, 선택을 제약받는 딜레마 상황으로 인해 발생될 수 있음을 제시한다. 둘째, 왜 온실가스 감축에 실패한 제도가 동형화되는가에 대해, 성공한 제도를 따라 하는 것이 사회적 정당성을 확보하는 데 유리함에도 우리나라는 온실가스 감축에 실패한 유럽의 배출권거래제도를 따라 하였다. 이는 온실가스 감축을 위해서 배출권거래제도를 따라 한 것이 아니라 '딜레마적 동형화'에 배출권거래제도가 선택되고 동형화되었기 때문이다. 셋째, 온실가스 감축에 초점을 두고 개선된 제도(EU ETS 제3기)보다 개선 이전의 제도(EU ETS 제1기)를 따라 한 이유 역시, 딜레마적 동형화로서 설명하고 있다. 온실가스 감축을 위해 제도를 선택하고 따라 한 것이라면, 우리나라의 배출권거래제도는 EU ETS 제3기 제도에 가까운 제도가 나타나야 한다. 그러나 온실가스 감축만을 위해 제도를 따라 한 것이 아니라, '딜레마적 동형화'에 의해 이루어졌기 때문에 온실가스 감축에 초점을 두고 개선된 제도(EU ETS 제3기)보다 개선 이전의 제도(EU ETS 제1기)를 따라 한 것이다. 다시 말해, EU ETS 제1기 제도가 제3기 제도에 비해 온실가스 감축 딜레마 상황에 더욱 정합되는 제도이기 때문이다. 이러한 점은 딜레마적 동형화의 결과로 형식주의가 나타날 것이라는 예측을 지지하고 있다.

결론적으로, 본 연구는 기존의 동형화 이론으로 설명하기 어려운 현상을 딜레마이론을 활용한 '딜레마적 동형화' 개념을 통해 설명하였다. 이러한 점은, 동형화의 새로운 압력으로서 딜레마가 작용할 수 있음을 보여준다. 동 개념은 선택이 어려운 상황에서 왜 특정 제도가 선택되어 동형화되는지, 왜 실패한 제도가 선택되어 동형화되는지, 왜 개선된 제도가 선택되어 동형화되지 않는지를 하나의 설명렌즈로서 설명할 수 있는 가능성을 제공한다.

본 연구는 동형화의 새로운 메커니즘을 제시하고 있다는 점에서, 제도 자체의 특성이 하나의 설명변수로서 역할을 수행할 수 있음을 보여주고 있다는 점에서 이론적 의의를 지닌다. 동시에 현재 배출권거래제도의 효과를 예측하거나 향후 배출권거래제도의 개선 방향을 도출하는 정책적 활용 또한 가능할 것이다. 가능한 객관적인 증거를 제시하고자 노력하였으나 사례연구의 한계는 지니고 있다.

제5편

제도와 정책, 그리고 이론

신제도주의

제13장

제도와 정책

제도가 인간의 선호, 선택에 영향을 미치는다는 점은 정책적으로 매우 유용한 함의를 제공한다. 물론, 신제도주의적 관점에서 많은 연구물들은 그 자체로 고유한 정책적 함의를 제공하고 있다. 다만, 이하에서는 보편적으로 고려될 수 있는 정책적 함의들을 제도, 제도변화, 의사결정자, 행정개혁, 집단행동, 그리고 동형화로 구분하여 제시했다.

제1절 제도와 제도변화[1)]

1 제도

1) 제도는 사람들의 선호 형성과 선택에 영향을 미치는 그 무엇인가를 총칭하는 것들을 말한다

제도는 사람들의 선호 형성에 영향을 미치거나 선택에 영향을 미치는(혹은 선택을 제약하거나) 것들을 말한다.

자연환경에서부터 부모님의 교육태도, 소득수준, 그리고 법률, 규칙, 평판, 관습, 문화, 종교 등 헤아릴 수 없이 많다. 어떤 사람에게 제도는 소득일 수도 있고, 헌법과 법률일 수도 있다. 심지어, 고위 정책결정자에게는 사회간접자본의 재화의 특성 자체도 하나의 제도가 되어 행위자의 선택을 제약한다. 사회간접자본이라는 재화의 특성은, 즉 공공재적 특성, 장기 투자회임 및 투자비 회수기간, 대규모 자금 필요성은 민간투자를 제약한다.

어떤 사람에게는 종교, 조직 및 집단 문화 등 역시 제도가 될 수 있다. 특히, 종교 및 문화 등과 같은 제도들은 매우 강력하고 지속적인 영향력을 행사한다. 어떤 사람에게는 대중들의 의식, 소위 평판, 체면도 하나의 제도가 될 수 있다.

제도는 사람에 따라, 정책환경에 따라 서로 다른 제도들이 존재한다. 다양하게 구분될 수 있으나 크게 법률, 규칙 등과 같은 공식적 제도와 관행, 문화 등과 같은 비공식적 제도로 구분한다. 한편에서는 제도의 영향권에 따라 미시, 중범위, 거시제도로 구분하

---

1) 이 글은 김태은(2023a)을 토대로 대폭 보완하여 기술된 것이다.

기도 한다. 다만, 이러한 구분들은 편의상 구분된 것이다.

현실에서 인간은 다양한 제도에 영향을 받는다. 이는 우주에 존재하는 중력처럼 중요하고 명백하다. 따라서 인간의 선택과 행동, 그리고 사회현상을 설명함에 있어서 제도에 대한 고려는 매우 중요하고 필요하다. '제도'의 중요성, 본질적 가치는 여기에 있다. 신제도주의에서 강조하는 것은 초점을 두고 있는 것은 바로 '독립변수로서 제도'이다. 즉, 인간의 선택과 행동을 설명하기 위한 설명변수로서 '제도'를 강조한다.

2) 현실에서 존재하는 모든 제도들이 '독립변수로서 제도'인 것은 아니다

현실에서 존재하는 세금제도, 복지제도, 주택연금제도, 청약제도, 교육제도, 토지수용보상제도 등 수많은 제도들이 존재한다. 이러한 제도들은 공식적 제도라 할 수 있다. 현실에서 존재하는 제도들은 어떤 행위자에게는 영향을 미치지만, 어떤 행위자에게는 영향을 미치지 않는다. 예를 들어, 주택을 구입하고자 하는 갑돌이에게 주택청약 및 주택대출제도들은 매우 큰 영향을 미친다. 그러나 주택 구입에 관심이 전혀 없는 현금부자인 철수에게 주택청약 및 주택대출제도는 큰 영향을 미치지 않는다. 즉, 주택청약제도 및 주택대출제도는 갑돌이게는 '독립변수로서 제도'로서 그 역할을 수행하나 철수에게는 영향을 미치지 않는 제도로 존재한다.

종교나 문화는 대표적인 비공식 제도들이다. 여기서 특정 종교를 독실하게 믿는 갑돌에게 종교는 독립변수로서 제도이나, 무교인 철수에게 종교는 독립변수로서 제도가 아니다. 종교는 철수의 선호에 영향을 미치지도, 선택을 제약하지도 못한다.

현실에서 존재하는 수많은 제도들은 그 자체로 존재하나 그러한 공식 및 비공식 제도들이 무조건 '독립변수로서 제도'가 되는 것은 아니다. 즉, 행위자의 선호에 영향을 미친다면, 혹은 행위자의 선택을 제약한다면, 혹은 행위자에게 영향을 미친다면, 그러한 제도는 신제도주의에서 말하는 독립변수로서 제도이고, 이를 단순화하여 '제도'라 한다. 다만, 독립변수로서 제도를 획정함에 있어서 어려운 점은 제도의 영향이 간접적으로 발생되는 경우이다. 즉, 이슬람교도에게 이슬람 율법처럼 제도의 영향이 직접적인 경우는 독립변수로서 제도임을 쉽게 판단할 수 있으나, 주택청약제도와 미성년자처럼 제도가 행위자에게 간접적으로 영향을 미치는 경우는 제도와 행위 간 인과성 증명이 어렵고, 이에 따라 독립변수로서 제도임을 단정하기도 어려워진다.

3) 한 번 형성된 제도는 쉽게 사라지지 않으며 지속된다

도저히 말도 되지 않고, 합리성이라고는 찾아볼 수 없는 제도라 하더라도 한 번 형성되면 지속되고 강화될 수 있다. 신제도주의를 관통하고 있는 중요한 점 하나는 제도가 생명력을 갖고 지속된다는 것이다. 즉, 한 번 형성된 제도들은 쉽게 변화하거나 혹은 쉽게 사라지지 않고 오랜 시간 영향을 미친다. 특별한 내·외적 변화 원인이 존재하지 않는 한, 지속적으로 행위자들을 선호를 형성하거나 선택에 영향을 미친다.

제도의 지속성은 법률, 규칙과 같은 공식적 제도뿐만 아니라 관습 및 문화와 같은 비공식 제도 모두에게서 발견된다. 특히, 종교, 문화와 같은 비공식적 제도들은 세대를 초월하여 수천 년에 걸쳐 영향을 미치기도 한다.

한 번 형성된 제도가 지속성을 갖는 이유는 역사적, 합리적 선택, 사회학적 제도주의에서 주장하는 제도의 형성 논리에서 찾을 수 있으며, 이는 쉽게 자기강화 논리로 설명되어져 왔다.

4) 과거에 형성된 제도는 현재와 미래의 행위주체들을 제약한다

신제도주의 연구에서 가장 강건하고 법칙적인 발견은, 과거가 현재와 미래를 제약한다는 점이다. 이는 경로의존성으로 잘 나타난다. 이는 다양한 의미를 내포하고 있다. 몇 가지로 구분하면 아래와 같다.

첫째, 과거의 선택이 현재와 미래의 선택에 영향을 미칠 수 있다. 예를 들어, 일상생활에서 과거의 의사결정은 현재의 선택을 제약하는 일이 비일비재하다. 소득이 일정한 사람이 과거에 무리한 지출을 할 경우, 현재 소비가 제약받을 수밖에 없다. 공무원 시험 준비에 오랜 시간과 노력을 투입한 경우 공무원 시험을 그만두고 새로운 분야로의 진출을 준비하기 쉽지 않다.

둘째, 과거에 형성된 제도가 현재와 미래의 행위주체들의 선호와 선택에 영향을 미칠 수 있다. 예를 들어, 과거에 형성된 공무원에 대한 임금제도는 현재 취업준비생의 직업 선호에 영향을 미칠 수 있다. 과거에 형성된 교통법규 및 에너지 세제는 현재와 미래 행위자들은 운송수단 선택에 영향을 미칠 수 있다.

셋째, 과거에 형성된 제도가 현재와 미래의 제도형성과 변화에 영향을 미칠 수 있다. 현재의 제도는 과거의 제도를 반영하고 있다. 다시 말해, 많은 경우, 전쟁이나 강력한 외부환경변수 등의 등장을 제외하고, 많은 경우 과거에 형성된 제도는 현재와 미래의 제도변화 방향에 영향을 미칠 뿐만 아니라 관련된 제도형성에도 영향을 미친다. 예를 들어, 과거 일제 강점기에 형성된 토지보상제도는 해방 이후 현재까지도 영향을 미치고 있다.

정리하면, 제도의 영향은 세대를 초월하여 나타날 가능성이 매우 크다. 과거의 선택이 현재와 미래에, 그리고 현재의 선택이 미래에 영향을 미친다. 정책 영역에서는 개인의 문제를 넘어 세대간 문제, 세대 간 자원배분의 문제 등을 담고 있다. 이 점은 제도를 더욱 중요하게 고려해야 하는 여러 이유 중 하나이다.

5) 제도는 합리적 선택의 결과이기도 하고 그렇지 않을 수도 있다

합리적 선택 제도주의를 제외하고 역사적 제도주의나 사회학적 제도주의에서 제도는 합리적 선택과는 거리가 있다. 즉, 합리적 선택 제도주의에서 제도는 행위주체들이 자신들의 이익을 극대화하기 위한 인위적이고 의식적으로 설계된 것이다. 반면, 역사적 제도주의에서 제도는 곧 행위주체 간 비대칭적 권력관계를 반영하는 것이고, 사회학적 제도주의에서 제도는 인지적, 문화적 측면에서 사회적으로 공유된 행위주체를 지배하는 의미해석의 틀을 말한다.

6) 제도의 효과는 자기강화적으로 나타난다

제도는 자기강화적인 특성을 지니고 있기 때문에, 제도의 효과 역시 자기강화적으로 나타난다. 사회적으로 바람직한 제도는 지속적으로 바람직한 결과를 산출하고, 사회적으로 바람직하지 않은 제도는 지속적으로 바람직하지 않는 결과를 산출한다. 또한 합리적 제도는 더욱더 합리적인 결과를 얻겠지만 비합리적인 제도는 더욱더 비합리적인 결과를 초래시킨다.

예를 들어, 남녀 평등적인 제도들은 지속적으로 남녀평등을 강화시키는 반면, 남녀 차별적인 제도는 지속적으로 남녀차별을 심화시키고 확대시킨다. 구체적으로, 초기에 어떠한 이유로 남자는 자유롭게 옷을 입을 수 있는 반면, 여자는 특정한 옷을 입을 수 없다는 제도가 만들어 졌다고 가정하자. 시간이 흐르면서 동 제도는 자기강화가 나타난다. 즉, 특정 옷의 종류가 늘어나게 되고 시간이 더 흐르면, 옷뿐만 아니라 다른 생활에 제약이 만들어지기도 한다. 궁극적으로는 남녀 간에 커다란 신분적 차별이 고착화되고 확대된다.

또 다른 예로, 어떤 제도가 출산율을 낮추는 데 기여하면, 시간이 지날수록 (특별한 내・외적 변화가 없는 한) 어떤 제도는 더욱 강화되고 출산율을 낮추는 데 기여할 가능성이 크다.

2 제도변화

정책 및 다양한 정부개혁 조치들은 기존 제도의 변화와 관련되어 있다. 즉, 정책결정과 집행에 있어서 제도변화 메커니즘의 이해가 필요하다.

1) 제도는 쉽게 변화하지 않으나 크게 3가지 차원에서 변화 원인을 이해할 수 있다

제도는 행위자의 선호 및 선택에 영향을 미치는 것들을 말한다. 논리적으로 이러한 제도가 쉽게 변화되지 않을 것임은 쉽게 추론이 가능하다. 그러나 현실의 제도는 변화한다. 그동안 다양한 연구들은 제도변화를 유발하는 여러 변수들을 제시하였다. 대표적으로 제도변화는 제도행위자들에 의해, 강력한 외부변수에 의해, 그리고 제도 자체 변수(제도 한계, 모순, 그리고 비의도된 결과)에 따라 발생된다.

2) 제도에 영향을 받는 핵심 행위자들의 필요에 의해 제도가 변화될 수 있다

외부의 강력한 변화 압력없이도 제도에 영향을 받는 핵심 행위자들에 의해 이루어질 수 있다. 동 제도변화는 점진적이고 완만하게 진행될 가능성이 크다. 이는 크게 3가지로 설명된다.

첫째, 비대칭적 권력관계 속에서 형성된 제도는 비대칭적 권력관계를 더욱 심화시킨다. 즉, 권력우위에 있는 주체는 그렇지 않은 주체에 비해 제도에 의해 지속적으로 편익을 향유한다. 제도가 권력우위에 있는 주체에게 편익을 유발하기 때문에 시간이 갈수록 행위자 간 권력관계의 비대칭성은 더욱 증가된다. 이러한 경우, 더욱 권력이 강화된 행위자는 자신에게 더 큰 편익을 얻기 위해 제도변화를 시도할 것이고 동 과정에서 제도가 변화될 수 있다. 예를 들어, (다른 조건이 동일하거나 강력한 외부변수가 존재하지 않는 한) 지주와 소작농 간 소작규칙이 시간이 지나면서 지주에게 유리한 방향으로 제도가 변화될 수 있다.

둘째, 제도가 행위자 간 선택의 결과로서, 즉, 균형으로서 제도를 이해할 때 제도변화는 행위주체들의 필요에 의해 변화가 가능하다. 다만, 기존의 제도 자체가 '균형'이기 때문에, 행위자 자체의 변화 등이 원인이 될 수 있다. 예를 들어, 5명의 정유업자가 무한경쟁에서 벗어나 장기적으로 안정적인 수익을 얻기 위해 담합규칙을 마련했다고 가정하자. 이러한 담합규칙은 정유업자들 간에 합리적 선택으로, 곧 행위자 간 선택의 균형점, 혹은 이들의 이익 균형점이다. 담합규칙은 (외부환경변수 등이 존재하지 않는 한) 균형점으로 스스로 변화할 이유가 없다. 이러한 상황에서 만약, 담합규칙 제정이 함께 한 5명 중 2명이 사라지게 된다면, 3명은 새로운 담함규칙을 정할 것이다. 이러한 경우 제도는 변화될 수 있다.

셋째, 제도는 사회적 정당성을 확보하기 위해 변화될 수 있다. 이러한 제도는 행위자들이 정당성을 확보하기 위한 방식으로 동형화 과정에서 나타날 수 있다. 주로 과거 미국의 영향권에 있는 후진국이나 개발도상국이 미국이 다양한 제도, 정책들을 모방하는 과정에서 기존에 제도들이 변화되는 것을 발견할 수 있다.

3) 강력한 외부변수의 등장은 제도변화를 초래시킬 수 있다

전쟁, 외환위기 등 심각한 경제위기와 국가 부도사태, 혹은 공동체를 파괴할 정도의 외부세력의 침투, 정치이념이 극단적인 집권 세력의 등장 등과 같은 매우 강력한 외부변수가 존재할 때 제도는 변화할 수 있다. 특히, 민주주의체제에서 가장 빈번한 형태의 외부변수는 거시경제환경의 급격한 변화, 집권 세력의 변화에 따라 발생된다.

경제위기, 국가 부도 사태 등은 기존 제도의 특성이 단절되는 제도변화가 초래시키거나, 기존제도를 완전히 폐지되고 전혀 다른 새로운 제도를 형성시키기도 한다. 다만, 모든 외부변수가 제도변화를 유발하는 것은 아니다. 외부변수가 제도변화 압력으로 영향을 미칠 때 제도는 변화한다. 동 상황에서 제도변화의 폭은 제도변수에 미치는 외부변수의 힘의 크기에 비례한다.

특징적인 점은 강력한 외부변수에 따른 제도의 폐지, 전면적 변화는 분석의 시계를 얼마로 두는가에 따라 상이해질 수 있다. 예를 들어, 외부변수가 영향을 미친 시점을 짧게 잡을 경우, 제도변화가 매우 기 과거의 제도와는 완전히 단절된 것으로 보여질 수 있다. 반면, 시계를 늘려 잡을 경우, 과거의 제도적 특성이 조금씩 회복되거나, 심지어는 다시 살아나기도 한다. 다시 말해, 연구의 시간적 범위에 따라 서로 다른 제도변화의 수준이 관찰될 수 있다.

4) 제도변화는 제도 자체에서 형성되는 변수에 의해 발생되기도 한다

(1) 제도변화는 제도 자체의 한계에 의해 발생되기도 한다

제도는 그 자체로 완전한 합리성을 갖추기 어렵다. 이는 무엇보다 제도를 형성하는 행위주체들이 완전한 합리성을 지니고 있지도, 또 구현하기도 쉽지 않기 때문이다.

인간은 제한된 시간과 자원 속에서 제도형성을 하게 되므로 제도 자체도 완전할 수 없다. 따라서 제도 자체에 한계를 지닐 수 있고, 이러한 제도적 한계를 해결하기 위해 점진적이고 미시적인 제도변화가 이루어질 수 있다. 단적인 예로, 우리 사회의 법과 규칙, 조직 내에 여러 규칙과 규정들의 제정에서 일반 사람들의 생각과 달리 여러 가지 한계속에서 제 · 개정된다. 일상에서 제 · 개정에 참여하는 사람들이 관련된 정보를 충분히 지니고 있지 않으며, 또 많은 경우 여러 가지 일들을 병행해서 진행하다 보니 현실적으로 시간도 부족하고 집중하기도 어렵다. 또 제도의 제 · 개정에 다양한 차원의 정치가 개입되다 보면 제도 자체가 갖는 한계는 더욱 커진다. 이러한 상황에서 제 · 개정된 다양한 형태의 제도들은 그 자체로 한계를 지닐 수밖에 없다.

(2) 제도변화는 제도의 내적 모순에 의해 발생될 수 있다

제도의 모순은 대부분의 제도가 단일하기보다는 복합체로 존재하기 때문이다. 쉬운 예로, 우리 사회에 어려 법들을 살펴보면, 법안에는 매우 다양한 규정들이 포함되어 있음을 알 수 있다. 대부분의 제도는 서로 다른 시간에 서로 다른 목적을 지닌 하위제도들이 결합되어 있는 복합체이다. 결국, 제도를 구성하는 하위제도들 간에 상호 모순이 발생될 수 있고, 이는 곧 제도변화를 초래시키는 원인이 되기도 한다. 하위제도들 간 모순에 따른 제도변화는 미시적이고 점진적으로 이루어질 가능성이 매우 크다.

(3) 제도는 제도가 유발하는 비의도된 결과에 따라 발생되기도 한다

제도는 제도의 목적, 기능과 달리 의도하지 않은 결과를 초래시킬 수 있다. 의도하지 않은 결과를 제도변화의 원인, 즉 변화 압력으로 작용할 수 있다. 제도는 제도설계상에 있어서 제한된 합리성뿐만 아니라 제도형성 초기와 다른 제도 환경의 변화 등 여러 요인에 의해 의도하지 않은 결과가 초래된다. 제도의 비의도성은 규제이론 중 '비의도된 효용이론'에서 체계적으로 제시된 바 있다.

예를 들어, 선생님들을 학생들에게 평가하도록 하는 것은 나름의 효과(?)가 있을 것이나 한편에서는 선생님들이 학생들의 선호에 과도하게 반응하게 하거나, 교육자로서 사명감보다는 서비스직으로서 인식하게 하는 등의 의도하지 않은 결과가 초래될 수 있다.

5) 제도변화는 긍정적 환류와 부정적 환류의 힘에 의해 결정되기도 한다

외부변수가 아닌 제도 자체에서 제도변화는 영향을 미치는 거시적인 두 개의 힘은 크게 긍정적 환류와 부정적 환류로 범주화시킬 수 있다. 여기서 긍정적 환류는 제도 자체가 갖는 자기강화, 경로의존성으로서, 이는 제도를 지속시키는 힘으로 작용한다. 부정적 환류는 제도의 안정성을 손상시켜 지속적으로 제도변화를 초래시키는 환류로서 외부변수와 같은 일시적인 것이 아니라 제도 자체가 유발하는 지속적인 자기부정의 힘이라 할 수 있다. 동 환류는 제도 한계나 모순에 의해 발생되거나, 비의도된 결과의 발생과 축적, 제도의 피해자 집단의 집단행동 등에 따라 발생될 수 있다. 다음 [그림 13-1]은 이를 묘사하고 있다.

제도는 제도를 지속 및 강화시키는 긍정적 환류와 제도 안정성을 침해하는 부정적 환류가 존재할 수 있으며, 두 가지 환류의 힘에 차이에 따라 제도변화의 방향이 결정될 수 있다. [그림 a]와 같이 긍정적 환류와 부정적 환류가 엇비슷할 경우 제도변화가 거의 이루어지지 않거나 이루어지더라도 매우 미시적이고 오랜 시간에 걸쳐 점진적으로 발생될 수 있다. 반면, [그림 b]와 같이 긍정적 환류가 부정적 환류에 비해 압도적으로 크다면, 제도는 자기강화, 경로의존성을 나타낼 가능성이 매우 크다. 한편에서, 긍정적 환류보다 부정적 환류가 더 크게 작용한다면 제도변화가 발생될 것이다. 즉, 제도 지속

그림 13-1 제도와 두 가지 환류

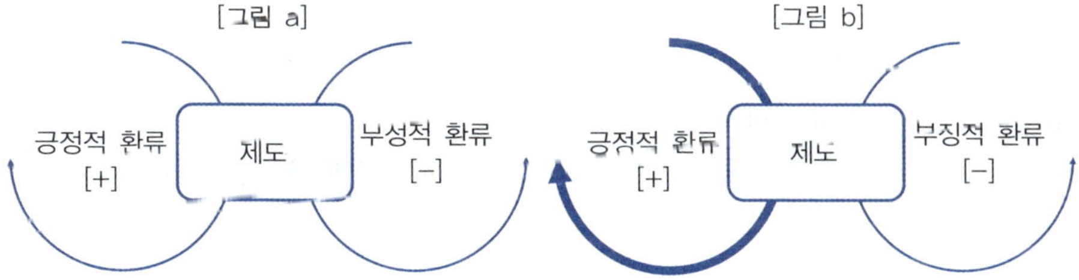

과 제도변화는 긍정적 환류와 부정적 환류 간 상대적 힘의 크기에 의해 영향을 받을 것이다.

6) 어떠한 제도의 경우는 제도변화를 파악하기 위해 제도의 구조와 내용을 구분해야 되는 경우도 있다

제도는 구조와 내용으로 구분할 수 있다. 여기서 구조는 제도의 외형적 틀이다. 어떠한 경우 구조는 크게 변화했는데, 제도의 핵심적 내용은 변화하지 않을 수 있다. 우리는 주변에서 다양한 제도가 변화되었음에도 불구하고 바뀐게 없다는 말을 자주한다. 즉, 제도는 분명히 변화한 것 같은데, 실제 변화를 체감하지 못하기 때문이다. 이는 제도의 핵심내용이 변화하지 않았기 때문이다.

모든 제도를 구조와 내용으로 구분할 필요는 없다. 또한 어떠한 경우 구분이 쉽지 않은 경우도 존재한다. 다만, 구조적 측면에서 큰 변화에도 불구하고 내용적 변화가 없는 경우에는 제도의 구조와 내용을 구분할 필요가 있다.

제2절 의사결정자와 제도, 인지

1 의사결정자와 제도

1) 정책은 '제도'의 산물일 수 있다

의사결정자는 제도에 의해 제약받거나 영향을 받는다. 이는 정책이 제도의 산물일 수 있음을 보여준다.

정책 영역에서 대통령, 장관 등 주요 의사결정자들은 진공상태에서 결정하지 않는다. 단언컨대, 제도의 영향에서 자유로운 의사결정자는 존재하지 않는다. 예를 들어, 문재인 정부가 취임과 동시에 원전감축정책(혹은 '탈원전정책')을 적극적으로 시행하였지만, 과거 원전육성정책 하에서 형성된 4가지 제도('원전 건설 관행에 따른 매몰비용', '원전입지지역지원제도', '발전사업허가취소제도', '손실보상제도')가 원전감축정책의 집행을 제약했다.

또 다른 예로, 코로나19가 전 세계적으로 확산되었을 때, 국가별 정책대응은 서로 상이했다. 우리나라처럼 코로나 진단기술과 산업이 존재하는 경우와 그렇지 않은 경우, 또 충분한 의료인력이 존재하는 경우, 혹은 공공의료체계의 구축 여부 등은 서로 다른 방역대책을 만들 수 있다. 즉, 결국 코로나 진단기술과 산업, 의료인력의 충분성, 공공의료체계의 구축은 하나의 제도로서 주요 의사결정자의 선택을 제약하는 제도로 존재한다.

제도는 의사결정자의 선호 형성에 영향을 미칠 뿐만 아니라 정책결정, 집행, 평가에 영향을 미친다. 의사결정자의 선택, 결정은 곧 정책으로 구현된다. 이러한 점에서 의사결정자의 선호, 선택은 곧 제도의 결과일 수 있다.

2) 의사결정자의 선택을 제약하는 제도는 서로 유사할 수도 있고 서로 상이할 수도 있다

어떠한 제도는 서로 다른 의사결정자들에게 동일하거나 (유사한) 영향을 미칠 수도 있는 반면에, 어떠한 제도는 특정 의사결정자에게만 영향을 미치고 다른 의사결정자에게는 영향을 미치지 않을 수 있다.

구체적으로, 첫째, 어떤 제도는 서로 다른 의사결정자들에게 유사한 영향을 미칠 수 있다. 예를 들어, 국제 금리변화, 실업률 등 경제변수, 정책과 연계되어 있는 다양한 법률 등은 의사결정자에게 유사한 영향을 미칠 수 있다. 또한 의대정원확대정책, 사법개혁 등에서 알 수 있듯이, 매우 강력한 이익집단의 존재 자체는 강력한 제도변수로서 의사결정자가 누구이든 간에 유사한 영향을 미칠 수 있다.

둘째, 의사결정자에 미치는 제도가 서로 상이할 수 있다. 예를 들어, 어떤 대통령에게 제도 a가 영향을 미쳤다면, 어떤 대통령에게는 제도 b가 영향을 미칠 수 있다. 즉, 서로 다른 의사결정주체들에게 서로 다른 제도가 영향을 미칠 수 있다.

예를 들어, 어떤 정치집단의 집권에 기여한 특정 이익집단은 하나의 제도로서 집권자의 의사결정에 영향을 미칠 수 있다. 정치집단 a와 이익집단 b가 밀접한 관계를 맺고 있는 상황에서 정치집단 a가 집권에 성공할 경우, 정치집단 a와 이익집단 b 간 관계는 하나의 제도로서 정치집단 a가 주도하는 집권세력의 의사결정에 영향을 미칠 수 있다. 한편, 이익집단 b와 어떠한 관계를 갖지 않은 정치집단 c가 집권에 성공할 경우 정치집단 c가 주도하는 집권세력의 의사결정에는 이익집단 b는 어떠한 영향도 행사하기 어렵다. 또 다른 예로, 도덕성과 윤리적 규범을 강조하는 의사결정자에게 도덕과 윤리는 의사결정에 영향을 미치는 제도변수가 될 수 있겠지만, 도덕과 윤리를 중시하지 않는 의사결정자가에게 동 변수들은 제도변수로서 역할을 수행할 수 없을 것이다.

3) 의사결정자의 선택을 제약하는 제도는 매우 다양하고 그 영향의 정도는 서로 상이하다

제도는 크게 공식 제도와 비공식 제도로 구분될 수 있고, 이러한 제도들은 의사결정자의 선호와 선택에 영향을 미친다. 다양한 제도, 법령과 규칙, 예산 등과 같은 공식적 제도뿐만 아니라 조직문화, 조직 관행, 평판과 명성 등과 같은 비공식적 제도 등이 의사결정자의 선택에 영향을 미친다. 다만, 모든 제도들이 모든 의사결정에 영향을 미치는 것은 아니다. 의사결정자를 둘러싼 상황과 결정내용이 무엇인가에 따라 영향을 미치는 제도는 상이하다. 어떠한 경우 공식 제도가 더 큰 영향을 미치기도 하고 어떠한 경우는 비공식 제도가 영향을 크게 미칠 수 있다. 다만, 일반적으로 공식 제도는 가시성이 높고, 비공식 제도는 가시성이 낮아 상대적으로 비공식 제도의 영향이 과소추정 혹은 과소평가되는 경향이 있다.

2 제도인지와 개혁

1) 의사결정자는 정책을 둘러싼 제도를 인지해야 한다

'하룻강아지 범 무서운 줄 모른다'는 속담이 있다. 만약 강아지가 호랑이의 무서움을 사전에 인지했다면, 호랑이는 하나의 '제도'로서 강아지의 선택과 행동에 영향을 미쳤을 것이다. 즉, 강아지는 호랑이가 나타날 만한 곳에 가지 않거나 혹은 호랑이를 멀리서 보면 피하는 선택을 했을 것이다. 그러나 아직 어린 강아지는 호랑이를 알지 못하고, 그에 따라 호랑이를 고려하지 않는 선택과 행동을 함으로써 매우 큰 위험에 직면하게 된다.

또 다른 예를 들어보자. 자동차를 운전하기 위해서는 면허증이 있어야 한다는 것을 모르는 갑돌이는 평소 사고 싶었던 멋있고 매우 비싼 자동차를 구매했다고 가정하자.

이러한 상황에 갑돌이는 경찰이 없는 한적한 곳이나 심야 시간에만 몰래 운행하거나 아니면 운행하지 못한 채 운전면허증을 취득에 바쁠 것이다.

정책 역시 이와 유사한 상황이 매우 빈번하게 발견된다. 개별 개인에게 영향을 미치는 제도는 오랜 시간 경험을 했기 때문에 무엇이(어떤 제도가) 나의 선택에 영향을 미치는지를 알 수 있다. 그러나 동 개인이 대통령이나 장관 등 주요 의사결정자가 된 경우, 해당 정책을 둘러싼 다양한 제도들을 파악하기 어렵다.

자신이 담당하는 정책 영역에 대한 전문지식이 없는 사람은 정책을 둘러싼 다양한 제도변수를 이해하기 어렵고, 동시에 정책결정과 집행은 다양한 제도적 제약 속에서 이루어진다는 것을 이해하지 못한다.

정책은 매우 복잡하고 다양한 공식적 법령과 규칙 등과 같은 공식 제도뿐만 아니라 비공식 제도와 직·간접적으로 연관되어져 있다. 정책을 둘러싼 다양한 제도변수들을 고려하지 못할 경우 정책이 결정되었다 하더라도 실제 집행에서 다양한 제도들이 제약요인으로 작용할 가능성이 매우 크다. 이에 따라 정책결정이 잘못되거나, 정책집행이 제대로 되지 않거나 혹은 실패하거나 혹은 우왕좌왕하는 현상이 나타난다. 정책을 둘러싼 제도를 인지하지 못하는 것은 전문적 지식이 없는 사람들이 주요 의사결정을 맡을 경우, 복잡한 행정을 이해하지 못하는 비전문가가 정치적으로 임명될 경우 비일비재하게 나타난다.

예를 들어, 민주주의 정치체제에서 여러 선거공약(公約)[2]들이 실제 정책으로 이어지지 못하는 여러 이유 중 하나는 제도적 제약이다. 즉, 선거 전에는 선거에서 승리하는 것이 목적이기 때문에 공약의 이행 여부, 즉 실현 가능성을 크게 고려하지 않는다. 여기서 실현 가능성을 크게 고려하지 않는다는 것은 곧 제도적 제약에 대한 체계적 고찰이 이루어지지 않는다는 것을 의미한다. 선거공약과 달리 실제 정책는 다양한 제도적 제약조건 속에서 선택이 이루어질 수밖에 없다. 예를 들어, 이익집단의 저항, 예산조건, 혹은 이전 정부에서 제·개정된 다양한 법, 국민인식 및 문화적 저항 등은 정책형성 혹은 집행을 제약한다. 따라서 많은 경우 선거공약은 공약(空約)으로 남거나 선거공약과는 다른 정책형성과 집행이 이루어지기도 한다.

2) 일반적으로 많은 사람들은 민주주의체제에서 선거공약이 매우 구체적이고 체계를 갖고 있을 것으로 생각한다. 그러나 이는 현실과 많이 동떨어져 있다. 대통령 선거에서도 이는 잘 드러난다. 중요 공약임에도 실현 가능성에 대한, 다양한 제도적 제약에 대한 고찰은 찾아보기 쉽지 않다.

2) 제도는 급격하고 성급한 행정개혁을 반드시 실패시킨다

많은 경우, 특별한 예외없이 급격하고도 성급한 행정개혁은 실패한다.

첫째, 제한된 합리성으로 짧은 시간 동안 행정개혁에 앞서 고려해야 할 모든 제도를 파악할 수 없다. 행정은 수많은 제도의 복합체이다. 인간은 제한된 합리성을 지니고 있어 이 복합한 제도들을 다 파악하기 어렵다. 급격한 행정개혁은 기존 제도를 고려하지 못함을 의미한다.

둘째, 의사결정자가 행정개혁의 제약요인으로서 제도를 파악한다 하더라도 제도를 쉽게 폐지하거나 변화시킬 수 없다. 제도는 비대칭적 권력관계의 산물이거나, 행위자 간 균형, 혹은 인지적, 문화적 측면에서 구성원들이 당연스럽게 받아들여진 것들이다. 이들 중 그 어느 하나도 짧은 시간동안 쉽게 바꾸거나 변화시키기 어렵다.

급격하고 성급한 행정개혁은 다양하고도 강력한 제도 저항에 직면할 수 있다. 따라서 어떤 행정개혁의 방향이 사회적으로 바람직하다면, 많은 시간과 노력을 들여 제도적 제약을 선제적으로 파악해야 한다. 그리고 이러한 제도적 제약을 극복할 수 있는 압도적인 정치적 역량과 자원을 확보해야 한다.

3) 제도가 비대칭적 권력관계를 강화할수록, 제도를 형성한 행위자의 이익이 클수록, 구성원들 간 공유의 수준이 높을수록 제도 개혁에 대한 저항도 높아진다

제도는 그 자체로 하나의 거대한 힘의 응결체이다. 간단하게 역사적 제도주의 관점에서 제도는 비대칭적 권력관계의 산물이면서 비대칭적 권력관계를 강화하는 기재이다. 합리적 선택 제도주의 관점에서 제도는 행위자 간 균형점이면서 집단행동 딜레마의 해결도구이기도 하다. 사회학적 제도주의에서 제도는 구성원 간에 공유된 것이다. 더욱이 제도는 경로의존성을 지니고 있다.

제도의 개념을 이해할 때 또 제도가 갖는 경로의존성을 이해할 때, '제도'를 폐지, 변화, 개혁하는 것은 쉽지 않다. 고용제도뿐만 아니라 스포츠 게임의 규칙을 바꾸는 것 역시 쉽지 않다. 더욱이 특정 종교에 의해 지배되는 국가들에서 알 수 있듯이, 특정 종교를 개혁하거나 변화시키는 것은 사실상 불가능에 가깝다.

그러나 모든 제도가 그 자체로 제도 개혁에 동일한 저항이 존재하는 것은 아니다. 제도의 개념적 특성을 고려할 때, 제도가 비대칭적 권력관계를 강화할수록, 제도를 형성한 행위자의 이익이 클수록, 구성원들 간 공유의 수준이 높을수록 제도개혁에 따른 저항도 높아질 것이다.

4) 제도는 생명력을 갖고 외부의 변화 압력에 저항하고 대응한다

신제도주의 연구에서 법칙과 같은 발견은 중 하나는 제도가 외부의 제도변화 압력에 저항하고 대응한다는 것이다.

역사적 제도주의 관점에서 제도는 비대칭적 권력관계의 산물이다. 따라서 상대적으로 권력우위에 있으면서 제도의 편익을 누리고 있는 행위자들은 제도의 지속, 한편에서는 강화를 지속적으로 추구한다. 사회적으로 상대적으로 권력을 보유한 집단과 관련된 제도들의 변화가 상대적으로 매우 어려운 것도 제도가 생명력을 갖고 지속적으로 자기강화하기 때문이다. 즉, 기존에 권력을 지닌 집단들은 제도가 유발하는 편익이 감소하거나 권력관계에 부정적 영향을 미치는 제도변화에 강하게 저항할 것이다.

합리적 선택 제도주의 관점에서 제도는 행위자 간 이해 충돌의 균형점이다. 따라서 이들이 제도를 유지 및 강화하고자 하는 것은 당연하다. 행위자 간 이해 충돌의 균형을 변화시키고자 하는 외부압력은 기존 행위자의 이익을 침해하기 때문에 행위자들이 적극적으로 저항하고 대응할 것이다.

사회학적 제도주의에서 제도는 어떤 사회의 구성원들이 당연스럽게 받아들여지는 것이다. 이러한 인지적 차원에서 제도는 역사와 합리적 선택 제도주의에서 보다 더욱 더 자기강화가 나타난다. 즉, 사회적으로 공유된 것, 사회적으로 당연스럽게 받아들여지는 것을 바꾸는 것은 정교일치된 국가에서 종교를 바꾸는 일만큼이나 어렵다. 가장 강력하고 거대한 집단저항에 직면할 수 있다.

결국, 제도변화 압력이 존재할 때, 제도는 수동적으로 압력에 의해 변화되는 것이 아니라 동 외부압력에 저항하고 대응한다. 예를 들어, 역사적 제도주의 관점에서 제시된 '형식적 전환'은 이를 잘 나타낸다. 형식적 전환은 외부의 제도변화 압력이 존재하는 상황에서, 기존의 제도에 따라 더 큰 권력을 얻게 되는 행위자들이(제도에 의해 편익을 얻는 주체들) 자신들의 이익을 지속시키기 위해 기존 제도의 핵심 기능은 유지하고 제도의 형식만을 전환시키는 것을 말한다.

제도는 단순히 수동적으로 쉽게 통제가 가능한 기계가 아니다. 제도는 제도를 변화시키려는 압력에 대응할 수 있는 강한 힘이 내포되어 있다. 이러한 제도를 개혁하고자 할 때는 제도에 내포된 힘이 무엇인지를 살펴보아야 한다.

제3절 제도와 집단행동, 그리고 동형화

1 제도와 집단(합)행동 딜레마

1) 제도는 집단행동 딜레마에 긍정적, 부정적 영향을 미칠 수 있다

인간은 제도에 지배를 받는다. 제도의 제약에서 벗어나 있는 인간은 발견하기 어렵다. 다시 말해, 제도는 인간의 선호와 선택에 영향을 미친다. 결국, 제도는 집단행동 딜레마를 예방할 수도 있고, 잘못 설계된 제도는 집단행동 딜레마를 초래하거나 심화시켜 국가·사회 전체를 파멸로 이끌 수도 있다.

최근에 저출산은 개인의 합리적 선택이 집단수준에서는 비합리적 결과가 초래되는 집단행동 딜레마의 대표적 예이다. 우리나라는 1981년 합계 출산율이 2.57이었으나 2002년에는 1.18, 2016년 1.17, 2021년에는 0.81로 낮아졌다. 우리나라는 2002년 초저출산국이 되었으며, 2022년 현재 전 세계에서 합계 출산율이 1명 미만인 유일한 국가로 알려지고 있다. 특징적인 것으로 1인당 GDP와 합계 출산율 간에 관계 부정적 관계가 있어 보인다는 점이다.

그림 13-2 합계 출산율과 1인당 GDP 추이(1981~2021)

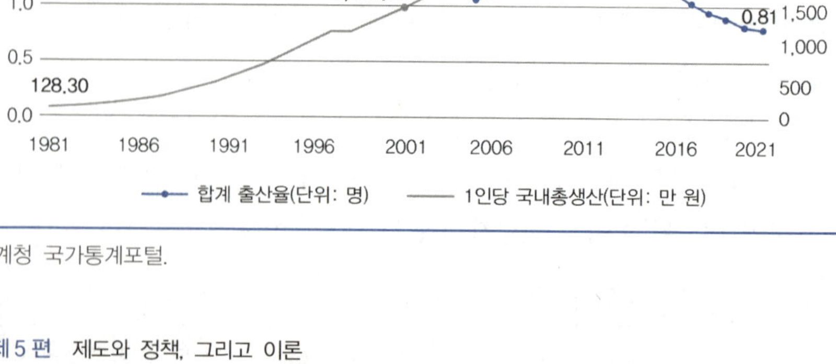

자료: 통계청 국가통계포털.

이러한 저출산은 제도의 결과일 수 있다. 즉, 우리 사회의 여러 제도들이 행위자들의 출산과 관련된 선호와 선택을 제약하고 있음을 보여준다. 실제, 우리 사회의 교육 및 대학입시제도, 평가제도 등은 여러 제도들은 과도하고도 불필요한 경쟁을 유발시키고, 육아, 교육, 주택 등 생존과 성장에 막대한 비용을 필요로 하게 하며, 고용, 임금 제도 등은 미래에 대한 불확실성을 심화시킨다. 이러한 상황에서 개인의 합리적 선택은 아이를 낳지 않는 것이다. 그러나 국가수준에서 비합리적 결과가 초래된다. 즉, 집단행동 딜레마이다.

제도는 집단행동 딜레마를 사전에 통제하거나 완화시킬 수도 심화시킬 수도 있다. 잘못된 제도는 어장파괴라는 집단행동 딜레마가 초래될 수 있으나, 어장을 관리하기 위해 행위자들이 합의하여 만든 조업규칙은 지속가능한 어업을 가능하게 한다. 또한 제로섬 구조의 보상 및 평가제도는 집단행동 딜레마를 심화시키지만 포지티브 섬 구조의 보상 및 평가제도는 집단행동 딜레마를 예방하여 조직 성과를 극대화시키는 데 기여한다. 불공정한 평가제도는 집난행동 딜레마를 심화키지만 공정한 평가제도는 집단행동 딜레마 발생을 예방할 수 있다.

현재의 제도들이 저출산을 유발하고 있기에, 출산과 관련하여 국민들의 선호 형성에 영향을 미치고 제약하는 제도들(예: 불필요한 경쟁유발 제도들, 불확실성을 높이는 제도들, 과도한 비용지출을 발생시키는 제도들) 등을 개선, 폐지한다면 집단행동 딜레마는 해소될 수 있다.

제도는 집단행동 딜레마를 통제하여 구성원 간 협력하면서도 높은 성과를 내는 사회를 만들 수도 있고, 집단행동 딜레마를 심화시켜 구성원 간 배신이 지배하면서도 성과를 내지 못하는, 파멸적 결과가 초래되는 사회를 만들 수도 있다. 제도는 인간을 지배하거나 혹은 영향을 미친다. 따라서 어떠한 제도를 설계하고 형성하는가는 곧 어떠한 사회를 만들 수 있는가와 관련된다.

2) 이기적 행동에만 보상하는 제도는 집단행동 딜레마를 심화시킨다

사람들이 이기적 행동을 하는 것은 당연하고 본질적이다. 이기심 없이 생존이 존재하기 어렵다. 그러나 인류의 발전에서 알 수 있듯이, 이기심은 적절하게 제도적으로 통제되어야 한다.

조직에서 어떤 제도가 개인(갑돌이)에게 이기적 행동에만 '보상'을 할 경우, 해당 개인(갑돌이)의 우월전략은 '배신'이 된다. 즉, 개인(갑돌이)의 합리적 선택은 배신이 된다. 또한 이기적 행위자에 대한 보상이 반복시행될 경우, 조직을 위해 협력한 다른 조직 구성원(예: 철수)들 역시 배신을 선택하게 된다. 즉, 조직에서 이기적 행동에만 보상할 경우, 자신의 이기심을 통제하고 협력하고자 행위자들도 반복시행이 될 경우 배신이 우월전략이 된다. 결국, 배신이 모든 구성원에게 합리적 선택이 되고 우월전략이 된다. 이러한 조직은 결국 협력을 찾기 어려워지고 궁극적으로 붕괴된다.

이기적 행동에만 보상하는 제도는 이기적 행동만을 강화시킨다.

한편에서 이기적 행동에만 보상하는 제도는, 결과적으로 협력자를 처벌하는 효과를 가져온다.

이기적 행동을 보상하고 장려하는 제도는 우리 사회에 너무 쉽게 발견된다. 정부와 공공부문에 도입되고 있는 다양한 보상 및 평가제도들은 본질적으로 개인이나 조직단위에서 이기적 행동에만 보상하는 구조를 띠고 있다. 그러나 인간 진화의 많은 연구들, 동식물과 생존과 관련된 많은 연구들은 공통적으로 어떤 종의 발전과 생존에 협력이 절대적으로 중요함을 밝히고 있다. 집단과 조직, 국가가 발전하기 위해서는 구성원들이 자발적으로 협력하게 하는, 협력할수록 보상을 받는 제도를 형성해야 한다. 오직 이기적 행동에만 보상하고, 그것이 일회성이 아니라 반복적으로 그러할 경우, 집단행동 딜레마가 발생될 가능성은 커지고 그 수준도 심화되어 종국에는 파멸적 결과를 얻게 된다.

3) 이기적 행위자에 대한 처벌기재가 작동하지 않을 경우 집단행동 딜레마는 심화된다

집단행동 딜레마는 이기적 개인들의 합리적 선택이 집단(합)수준에서 비합리적 결과가 초래되는 것이다. 이를 예방하기 위한 하나의 방법으로 무한한 이기심에 대한 통제가 대두되고 있다. 즉, 다양한 실험적 연구들이 밝힌 불변의 법칙은 이기적 행위자에 대한 처벌이 이루어지지 않을 경우, 집단행동 딜레마는 심화된다는 것이다. 즉, 조직 내 협력이 이루어지지 않아, 하딘(Harin, 1968)의 지적처럼 파멸적 결과가 초래된다는 것이다.

특히, 특정 소수의 이기적 행위자가 존재하더라도, 동 행위자들에 대한 적절한 처벌이 이루어지지 않으면, 학습효과에 따라 조직 내 다른 이타적 행위자들 역시 배신전략을 채택함으로써 조직 전체가 이기적 행위자들로 가득채워지는 상황이 초래된다는 것이다. 즉, 이기적 행위자에 대한 처벌없는 제도가 반복 시행되면, 조직 전체 구성원이 '배신'을 우월전략으로 선택한다는 것이다.

4) 성과누적식 보상구조는 집단행동 딜레마를 심화시킨다

성과누적식 구조는 성과와 보상을 연계시키는 성과연봉제의 유형 중 하나로서 성과와 보상을 단일연도에 한정하는 것이 아니라 미래의 임금에까지 연계시킨 것이다. 간단히 말해, 매년 성과연봉의 일부를 다음연도 기본연봉에 포함시킴으로써 시간이 지날수록 누적되는 구조를 말한다.

정부부문에서 성과누적식 보상구조는 첫째, 행위자 간 집단행동 딜레마를 심화시킨다. 다시 말해, 행위자들 간 협력이 이루어지지 않아 바람직하지 못한 결과가 초래될 수 있음을 보여준다.

둘째, 심지어 성과누적식 구조에서는 제로 섬(zero sum) 구조에서 포지티브 섬(positive sum) 구조로 바뀐다 하더라도 집단행동 딜레마 완화에 기여하지 못했다. 여기서 제로 섬 구조는 손실을 보는 주체의 손실액과 이득을 보는 주체의 이득액의 합이 영인 구조로, 스포츠 게임, 정해진 시장 점유율을 놓고 경쟁하는 상황 등에서 잘 알 수 있다. 축구 경기에서 승자와 패자처럼 나의 이득은 타인의 손실이 되는 구조이다. 이는 전체 성과보상금이 고정되어 있는 상태에서, 성과와 보상을 연계시킬 경우 발생한다. 즉, 총 성과보상금이 정해져 있기 때문에 성과등급을 잘 받은 사람이 받는 성과보상금(a)은 결국, 성과등급을 낮게 받은 사람이 못 받은 금액(b)이다. 즉, a와 b를 합할 경우 영(0)이 된다. 포지티브 섬 구조는 손실을 보는 주체의 손실액과 이득을 보는 주체의 이득액의 합이 양(+)의 값을 갖는 구조이다. 즉, 성과가 높을수록 조직에 구성원들에게 제공할 수 있는 보상금의 전체 크기가 비례하여 증가한다. 따라서 성과등급을 잘 받은 사람이 받는 성과보상금(c)과 성과등급을 낮게 받은 사람이 받는 보상금(d) 간에는 양의 값을 나타낸다.

성과누적식 구조는 제로 섬 구조뿐만 아니라 포지티브 섬 구조로 전환되더라도 집단행동 딜레마가 완화되지 않는다. 반면, 성과누적이 없는 구조에서는 제로 섬 구조에서 포지티브 섬 구조로 전환될수록 집단행동 딜레마 정도가 완화된다.

임금제도, 평가제도 등은 단지 통제에만 초점을 두어서는 안 된다. 동 제도들이 유발할 집단행동 딜레마의 가능성 또한 중요하게 고려해야 한다.

5) 제도는 불확실성을 낮추어야 한다

불확실성이 높을수록 집단행동 딜레마는 심화된다. 즉, 불확실성이 높을수록 조직 구성원 간 협력이 이루어지지 않고 궁극적으로 파멸적 결과를 초래시킨다. 불확실성은 미래 결과에 대한 예측의 불가능성이나 정보의 부족 및 부적절성이라 할 수 있다. 불확실성은 다양한 원인, 즉 제도, 환경, 지식의 부족, 그리고 의사결정자 자체의 주관적 확률 차원 등에서 발생될 수 있다.

특히, 제도는 불확실성에 매우 중요한 영향을 미친다. 우리 사회에는 다양한 제도들이 존재한다. 자신의 소득과 관련된 임금제도 및 세금제도, 대학입학 등과 관련된 교육제도, 사법제도 등 수많은 제도 속에서 존재한다. 어떤 제도는 불확실성을 높이기도 하고 어떠한 제도는 불확실성을 낮춘다.

예를 들어, 고용제도는 노동자의 불확실성과 매우 관련이 높다. 비정규직이나 임기제, 시간제로 고용된 노동자들은 미래의 고용에 확실성을 갖기 어렵고, 이에 따라 생애소득을 고려한 소비와 선택이 이루어지지 않는다. 즉, 현재뿐만 아니라 미래에도 직업을 갖게 될지 여부가 불확실한 상황에서는 결혼이나 혹은 결혼을 하였더라도 출산을 하거나 하는 등의 선택이 제약받을 가능성이 크다. 반면, 연공서열제 같은 제도들은 미래 직업과 소득에 대한 예측이 가능해진다. 따라서 생애소득을 고려하여 소비와 선택이 이루어질 수 있다. 또 다른 예로 잘못된 행동, 범죄에 대한 처벌이 확실한지, 불확실한지 여부는 범죄율에 영향을 미칠 수 있다. 동일하거나 유사한 범죄를 저질러도 서로 다른 처벌을 받는다면, 다시 말해 어떠한 처벌을 받을지 불확실하다면, 범죄예방효과는 크지 않을 것이다.

불확실성이 집단행동 딜레마에 중요한 영향을 미침에도 불구하고, 우리 사회의 불확실성은 오히려 심화되고 있다. 몇 가지 대표적인 예를 제시해 보면 아래와 같다.

우리나라는 육아와 교육에 가장 기본이라 할 수 있는 어린이집 및 유치원 입학부터 불확실성에 빠져든다. 부모들은 확실하지 않은 어린이집 및 유치원에 입학시키고자 노력한다. 그러나 시작부터 이들을 반기는 것은 불확실성의 대명사인 무작위 추출(추첨)이다.

대학입시는 복잡하고 불확실하기 이를 데 없다. 입시전형은 백과 사전급으로 다양하고, 대학교마다 학과마다 다르다. 정시와 수시의 선택은 수험생과 가족들을 대혼란에 빠트린다. 대학입시 제도의 불확실성은 사교육시장의 급속한 팽창을 가져왔고, 이는 대학입시를 더욱 불확실하게 만들고 있다.

세금제도는 시간이 지날수록 복잡성이 심화되면서 세금을 제외한 나의 소득을 예측하기조차 어렵다. 방대한 연말정산 내용에서 알 수 있듯이, 전문가가 아니라면 다 이해하기도 어렵고 심지어는 매년 달라진다. 심지어는 어떠한 소득구간에서는 어느 부분에서 어떠한 방식으로 지출해야 연말정산에서 일명 '폭탄'을 맞지 않는지를 알기 어렵다.

주택매매, 임대, 청약 등 주택과 관련된 제도들은 정권에 따라, 정권안에서도 연도별로 수시로 변화되면서 미래 예측을 어렵게 한다. 심지어, 동 분야에서는 정부가 하라고 하면 반대로 해야 성공한다는 조언까지 등장할 정도로 제도가 유발하는 불확실성이 매우 높다.

불확실성이 높을수록 집단행농 딜레마에 부정적 영향을 미친다면, 제도는 불확실성은 낮추어 줘야 한다. 불확실성이 낮추어야 사회 전체적으로 집단행동 딜레마를 예방하고 낮출 수 있다. 불확실성이 높아지면, 사회는 협력하지 않는 배신이 우월전략이 되는 사회가 만들어지고, 종국에는 파멸적 결과를 얻는다.

6) 공정한 제도는 집단행동 딜레마를 예방하거나 완화시킨다

인류의 오랜 역사 속에서 공정성이라는 개념이 존재함에서 알 수 있듯이, 공정성은 사람들의 선택에 매우 중요한 변수로 작용한다.

다른 사람들과 비교하여 내용적으로, 절차적으로 공정한가 여부는 조직 구성원들의 동기부여, 조직 성과에 직접적으로 영향을 미친다. 특히, 불공정하고 인식한 경우, 조직 구성원들의 전략적 대응 중 하나는 자신의 투입을 줄이는 것이다. 이를 통해 스스로, 공정성을 맞추려고 한다. 이것은 곧 합리적 선택이다. 예를 들어, A, B가 엇비슷하게 노력했음에도 불구하고 평가제도가 잘못되어 A가 B보다 매우 큰 보상을 받을 경우, B의 합리적 선택은 곧 B의 노력을 낮추는 것이다.

결국, 불공정한 제도가 시행되면, 조직 구성원들이 이에 대응하여 자신의 투입을 낮추는(열심히 일하지 않는) 선택을 하게 된다. 이는 곧 개인의 합리적 선택이다. 문제는 조직 구성원들의 합리적 선택(자신의 노력 투입을 낮추는 것)이 집단수준에서는 파멸적 결과를 가져온다는 것이다.

제도가 공정한지 여부는 집단행동 딜레마에 중요한 영향을 미친다. 모든 제도들은 공정성에 영향을 미친다. 교육제도, 입시제도, 세금제도, 고용제도, 조직 내 성과평가제도 등 사람을 둘러싼 모든 제도 중에 공정성과 관련되어 있지 않은 제도는 찾기 어렵다. 심지어, 오랜 관습, 문화, 종교 역시 공정성 논란에서 자유롭지 않다.

제도가 공정하다면 집단행동 딜레마를 예방하고 또한 완화시킬 수 있다. 반면, 제도가 공정하지 못하다면, 집단행동 딜레마는 심화되어 파멸적 결과가 초래될 수 있다.

7) 이기심을 제한하고 이타적으로 행동한 사람에게 더 큰 권한을 부여하는 것이 공정한 것이다

자신만의 이익을 극대화하기 위해 선택한 사람보다 조직과 사회를 위해 이기심을 제한하고 이타적으로 행동한 사람에게 더 큰 권한이 부여하는 것이 공정한 것이다. 이는 실험결과에서도 지지된다. 공공재 게임에서 실험 구성원들은 자신들이 결정한 자발적 규칙으로서, 공공재 기여를 많이 한 행위자에게 더 강한 처벌권을 부여했다. 쉽게 말해, 배신하지 않고 협력한 행위자에게 더 큰 보상, 권한 부여에 동의한 것이다.

우리 사회의 다양한 제도들이 과연 조직과 사회에 협력할수록 보상을 받도록 설계되어 있는지 비판적 고찰이 필요하다.

예를 들어, 우리나라에서 병역은 건강한 남성들에게 의무이다. 그러나 과연 병역의무를 정상적으로 이행한 사람들이 온갖 편법・불법을 통해 병역의무를 이행하지 않은 사람들에 비해 더 큰 사회적 보상을 받고 있는지는 논란의 여지가 있다. 자신만의 이익을 위해 행동한 이기적 행위자들이 더 큰 보상을 받는다면 공정한 사회라고 보기 어렵다. 세금 제도 역시, 투명하게 세금을 납부하고 있는 개인과 조직이 그렇지 않은 개인과 조직에 비해 더 큰 보상을 받고 있는지 논란의 여지가 있다.

공정성은 집단행동 딜레마에 중요한 영향을 미친다. 협력자에게 더 큰 보상과 권한이 이루어지지 않거나, 심지어는 배신자에게 더 큰 보상과 권한이 부여된다면 그러한 사회는 집단행동 딜레마가 심화되어 지속될 수 없다. 집단행동 딜레마의 최종 종착지는 '폐허'이다.

8) 구성원들이 스스로 합의한 공식 제도가 구성원들에게 가장 공정한 제도이며, 이는 집단행동 딜레마를 예방 및 해소하는 데 기여할 수 있다

공식 제도는 다양한 방식에 의해 만들어질 수 있다.

첫째, 가장 대표적으로 행위주체들과 관련없이 제3자나 상위단위에서 제·개정된다. 복잡한 현대사회에서, 또 대의제를 취하고 있는 사회에서 대다수의 공식적 제도들은 제3자나 상위단위에서 제·개정된다. 쉽게 말해, 보통 사람들은 자신들의 선호 형성에 영향을 미치거나 선택을 제약하는 다양한 형태의 공식 제도형성에 크게 관여하지 못한다. 보다 현실적으로는 많은 제도들이 실제 행위자들과 동떨어져 형성되어 존재한다.

둘째, 공식 제도를 행위자들 스스로가 합의에 의해 제정한 경우이다. 작은 친목모임 운영규칙, 협의회 회칙 등에서 알 수 있듯이, 상위단위나 제3자의 개입이 없더라도 행위자들이 스스로 합의에 의해 규칙을 제정할 수 있다. 다만, 현실적으로 동 유형의 제도들은 행위주체들 간 권력관계가 엇비슷한 영역에서 제한적으로 발견된다.

이러한 공식 제도의 제·개정 방식 중에서 공정한 제도는 구성원들이 스스로 합의한 공식 제도이다. 공정한 제도는 집단행동 딜레마를 예방 및 해소시킬 수 있다는 점에서 공식 제도형성에 있어 구성원의 합의가 가능한 반영될 필요가 있음을 보여준다.

실제 많은 제도들이 공정하다고 인식하지 못하는 이유는 제도에 영향을 받는 주체와 제도 형성주체가 동떨어져 있기 때문이다. 예를 들어, 병역면제제도는 논란이 끊이지 않아 왔다. 어떤 운동선수들은 특정 분야에서 메달을 딸 경우 병역이 면제된다. 대부분의 보통사람들은 병역면제의 기회 자체가 주어지지 않는다. 무엇이 국위선양인지 알 수 없고, 국위를 선양했다고 하더라도 왜 병역을 면제해줘야 하는지 동의하기 어렵다. 동의하기 어려운 이유, 공정하지 못하다고 생각하는 중요한 이유는 병역제도가 국민 일반에 영향을 미침에도 불구하고 국민 일반의 의견과 관계없이 제3주체들에 의해 제·개정되어 왔기 때문이다.

또 다른 예로 현대 민주주의체제에서는 절차적 합리성을 충족시키기 위해, 다양한 방식으로 이해(익)집단의 의견을 반영하는 장치를 지니고 있다. 그러나 공정한 제도는 단지 이익집단이 제도형성 및 개정이 참여하는 것을 의미하지 않는다. 즉, 어떤 제도가 이익집단과 보통 사람들 모두에게 영향을 미치는데 이익집단만 제도 제·개정에 참여한다면 이것이 더 불공정하다.

결론적으로, 공정한 제도는 집단행동 딜레마를 예방 및 해소시킨다. 즉, 어떤 조직과 사회의 구성원이 상호 협력하여 발전할 수 있는가는 공정한 제도의 존재 여부와 관련되어 있다. 제도는 동 제도에 영향을 받는 행위자들이 스스로 합의할 때 가장 공정하다 할 수 있다. 우리는 수준높은 민주주의 정치체제를 갖고 있고, 과거와 달리 제도에 영향을 받는 일반 국민들이 직접적으로 의견을 제기하고 스스로 결정이 가능한 환경이 조성되고 있다. 다시 말해, 과거보다 더욱 공정한 제도를 제·개정할 수 있는 토대가 마련되어 있다.

9) 공식 제도와 비공식 제도가 유막층화되어 존재하는 경우 집단행동 딜레마를 심화시킨다

공식 제도뿐만 아니라 비공식 제도 역시 집단행동 딜레마에 영향을 미칠 수 있다. 더욱이 흥미로운 점은 현실에서는 공식 제도와 비공식 제도가 공존할 수 있고, 이 두 제도 간 관계는 집단행동 딜레마에 영향을 미칠 수 있다는 점이다.

이러한 점은 유막층화(oil layering)가 잘 설명하고 있다. 유막층화는 '기존 제도의 영향력이 존재하는 상황에서 기존 제도와 단절적이고 경쟁적인 새로운 제도가 형성되어 공존하는 상황'으로 공식 제도와 공식 제도, 공식 제도와 비공식 제도 간에 존재할 수 있다. 여기서, 유막층화는 제도 사이에 기름막이 존재하는 것과 같이 기능적으로 상호 보완적이거나 협조적이기보다는 단절적이고 경쟁적임을 강조한다.

가장 일반적이고 발생 가능한 유형은 비공식 제도와 공식 제도 간 유막층화이다. 즉, 집단행동 딜레마를 해결하는(혹은 부분적으로 해결하는) 비공식 제도(예: 관행)가 존재하는 상황에서, 집단행동 딜레마를 해결하는 새로운 공식 제도가 형성되는 경우이다. 관행과 같은 비공식 제도와 새롭게 형성된 공식 제도는 서로 행위자의 선택을 제약한다. 즉, 비공식 제도와 공식 제도가 공존하면서 서로 경쟁하는 상황으로, 이러한 상황은 집단행동 딜레마를 더욱 심화시킬 수 있다.

이러한 점은 제도설계, 특히 집단행동 딜레마를 해결하기 위해 인위적으로 제도를 만들고자 할 때는 주의해야 할 점들을 제시한다. 첫째, 무엇보다 공식과 비공식 제도를 포함하여 기존에 어떠한 제도들이 집단행동 딜레마에 영향을 미치고 있는지를 살펴볼 필요가 있다.

둘째, 집단행동 딜레마를 해결하는(혹은 어떤 역할을 수행하고 있는) 비공식 제도가 존재할 경우, 의사결정자들은 새로운 공식 제도의 형성 시 기존 비공식 제도를 고려해야 한다. 이미 비공식 제도 자체가 하는 제도로서 역할을 수행하여 오고 있는 상황에서, 이를 전면적으로 부정한 새로운 공식 제도형성은 유막층화를 발생시켜 집단행동 딜레마를 심화시키기 때문이다. 다만, 비공식 제도(예: 관행) 등은 매우 오래전에 형성되어 현대 환경변화를 반영하지 못할 가능성이 크다. 이러한 경우 비공식 제도의 반영한 공식 제도를 형성하되, 점진적인 제도 개선을 시행할 필요가 있다.

2 제도와 동형화

1) 동형화 압력은 끝없이 존재한다

정당성은 곧 생존과 관련되어 있다. 사회학적 제도주의에서 동형화의 본질은 조직이 정당성을 확보하기 위한 것이나. 정당성은 곧 조직의 생존과 직결된다.

생존을 중시하지 않는 개인, 집단, 조직, 국가는 존재하지 않는다. 소득이 낮음에도 불구하고 명품을 소비하고 비싼 자동차를 타고 다니고자 하는 개인, 미국 등 주요 선진국의 용어(외국 단어)를 그대로 따라 하는 전문가 집단, 경쟁력 있는 대기업의 조직구조를 따라 하는 중소기업, 미국이나 영국의 관리기법, 규제개혁기법을 서둘러 따라 하는 정부부처 등 개인에서부터 집단, 조직, 국가 모든 단위에서 동형화는 지속적으로 발생될 것이다.

특히, 행정부는 동형화 압력에 노출되어 있다. 이는 행정부가 정치적 지지가 매우 중요한 정치권력과 밀접하게 연계되어 있기 때문이다. 정치적 지지는 사회적 정당성과 괴리되어 존재하기 어렵다. 집권 정치집단은 생존을 위해 지속적으로 사회적 정당성을 확보하고자 하고, 동 차원에서 행정부에 정당성을 확보하기 위한 다양한 압력을 행사한다. 결국, 이는 다양한 형태의 동형화 압력으로 나타날 가능성이 크다.

2) 딜레마적 동형화는 의사결정자의 선택이 매우 어려운 상황에서의 동형화, 혹은 실패한 제도가 왜 선택되어 동형화되는지를 설명한다

기존의 대표적 동형화 이론인 디마지오와 포웰(DiMaggio & Powell, 1983)의 제도적 동형화는 동형화의 3가지 압력으로 강압적, 규범적, 모방적 동형화를 제시했다. 그러나 동 이론은 의사결정자의 자유로운 선택을 전제하고 있다. 어떤 제도에 대한 동형화의 압력이 존재할 경우, 의사결정자는 그러한 제도를 도입한다는 것이다. 그러나 의사결정자의 제도에 대한 선택이 항상 자유로운 것은 아니다. 특히, 의사결정자가 딜레마 상황에 처한 경우에는 제도 선택 자체가 매우 어려울 수 있다. 여기서 딜레마는, 곧 의사결정자의 선택을 제약하는 '제도'이다.

딜레마적 동형화는 선택이 어려운 상황에서 어떠한 제도가 왜 선택되어 동형화되는지, 또 실패한 제도가 왜 동형화되는지를 설명하는 데 매우 유용하다. 딜레마적 동형화는 '두 개의 서로 다른 요구가 존재하는 딜레마 상황은 제도의 선택을 제약하기 때문에, 여러 선택 가능한 제도들 중에서 딜레마 상황에 정합될 수 있는 제도, 즉 유연성이 매우 큰 제도가 선택되어 동형화되는 것'을 의미한다. 참고로, 여기서 딜레마는 집단행동 딜레마 혹은 사회적 딜레마와는 다른 개념으로서, 대안의 결과가치가 엇비슷하여 선택이 매우 어려운 상황을 말한다. 딜레마적 동형화가 이루어질 경우, 높은 수준의 '형식주의'가 나타난다.

3) 일반적으로 제도적 동형화에 따라 도입된 제도는 기존 조직 및 기존 제도와 정합성이 높지 못하다

매우 소득수준이 낮은 사람이 사회적인 인식을 고려해서 매우 비싼 고급차를 구매하더라도 정상적인 운행이 쉽지 않다. 작은 소기업이 대기업의 조직구조와 명칭을 모방해서 사용할 수는 있지만 어색하다.

제도적 동형화는 조직의 효율성을 높이거나 혹은 어떤 기능적 목적을 수행하기 위해서라기보다는 정당성을 확보하기 위해 동형화가 이루어지는 것을 말한다. 즉, 효율성 추구의 결과로서, 합리성 추구의 결과로서, 혹은 어떤 조직적 기능을 수행하기 위한 것이 아니라 정당성 확보를 위해 도입된 제도는 기존의 조직과 정합성이 높지 않을 가능성이 매우 크다.

예를 들어, 신자유주의가 맹위를 떨치던 시절 시장지향적 관리기법들이 공공부문에 무차별적으로 도입되었다. 당시 공공부문이 민간기업에서 활용하는 관리기법들을 도입하는 것은 당연스러운 것으로 받아들여졌고, 정부와 공공기관들은 앞다투어 혁신이라는 이름으로 민간의 다양한 조직관리제도(임금제도, 승진제도, 조직구조 등)를 도입했다. 심지어, 정부와 각 지자체들은 기존의 조직구조를 일사천리로 정부조직 특성과 정합성이 매우 낮은 '팀제'로 전환하기도 했다.

그러나 정부 및 공공조직과 민간조직은 법적 제약 수준, 예산운용, 구성원의 신분, 그리고 무엇보다 조직의 존립 목적과 추구하는 목적 자체가 상이하다. 동 상황에서 합리성 혹은 효율성 추구와 거리가 먼 제도적 동형화는 기존 조직과 정합성이 높을 수 없다.

4) 제도적 동형화에 따라 도입된 제도는 조직에 비합리적 결과를 초래시킬 가능성이 매우 크다

제도적 동형화에 따라 도입된 제도는 비정합성을 지니고 있기 때문에, 비합리적인 결과를 초래시킬 수 있다. 구체적으로, 제도적 동형화에 따라 도입된 제도는 기존 조직과 정합성이 높지 못하다. 그러나 제도가 시행되면 행위주체를 제약한다. 동 상황에서 조직 구성원들의 가장 대표적인 대응은 형식과 내용을 구분하는 분리(decoupling)이다. 즉, 공식 제도와 비공식 제도를 분리하여 운영하거나 형식적으로는 새로운 제도에 따르지만, 실질적으로는 기존 제도에 따르는 등으로 나타날 수 있다. 예를 들어, 기존의 연공서열식 조직구조가 오랜시간 이루어져온 상황에서 성과연봉제가 강제적 동형화가 이뤄질 경우, 형식적으로는 성과연봉제를 운영하지만 실질적으로는 연공서열적 호봉제의 결과가 나타나게 운영하는 것을 말한다. 몇 가지 방식으로 성과연봉제가 시행되지만 결과는 호봉제와 동일하게 나타나게 하는 방법은 생각보다 어렵지 않다. 다만, 이러한 조직적 대응은 장기적으로 이중행정을 유발할 뿐만 아니라 조직 피로를 높이게 된다. 조직 전반에 형식주의가 팽배하게 되고 조직 개발과 혁신을 저해한다.

정부와 공공부문은 민간부문과 비교하여 제도적 동형화에 따른 비합리적 결과가 더욱 크고 심화될 가능성이 크다. 이는 아래와 같은 이유에 기인한다.

첫째, 정부와 공공부문은 기본적으로 독점구조를 취하고 있다. 비합리적 제도에 의해 조직 성과가 낮아진다 하더라도 비교조직이 없기 때문에 쉽게 관찰되지 않고 민간조직과 달리 조직의 생존에는 크게 영향을 받지 않는다. 이는 비합리적 제도의 중요성을 간과하게 하거나 동시에 비합리적 제도에 따른 비합리적 결과를 인지하지 못하게 한다

둘째, 비합리적 제도 도입에 따라 발생되는 '비용의 내재화(internalization)'가 나타나지 않는다. 즉, 정부 및 공공조직 내 의사결정자나 조직 구성원이 비합리적 제도에

발생시키는 비용이 자신의 비용이라고 인지하지 못한다. 결국, 비합리적 제도에 의한 비합리적 결과가 발생되더라도 이를 해소하고자 하는 노력이 나타나지 않게 된다.

5) 비합리적 결과를 초래시키는 제도라 하더라도 한 번 도입되면 생명력을 지닌다

조직의 효율성 개선에 전혀 기여하지 않는 제도도 한 번 동형화되어 도입이 되면 쉽게 사라지거나 변화되지 않는다. 심지어, 일명, 말도 안 되는 어처구니 없는 제도가 도입되더라도, 시간이 지나면서 구성원들 간에 정당성이 확보되면서 강화되기도 한다. 특히, 정부와 공공부문에서 조직성과에 전혀 기여하지 않는 비합리적 제도들이 살아남는 것은 제도의 자기강화적 특성에 기인하기도 하지만 아래와 원인들도 중요한 영향을 미친다.

첫째, 민간조직과 달리, 정부나 공공조직의 의사결정자들의 임기가 짧다. 일반적으로 정부나 공공기관은 주요 의사결정자의 임기가 짧고 직원들이 순환근무를 한다. 따라서 문제가 된 제도를 인지하여도 이를 개선하기 위한 절대적 시간 자체가 부족한 경우가 많다. 많은 경우, 정부나 공공조직에서는 제도 개선을 시작한 행위자가 제도 개선의 과정과 그 끝을 함께하는 경우가 많지 않다.

둘째, 비합리적 제도 개혁의 편익은 조직 구성원 전체가 나누는 대신에, 제도 개혁에 필요한 비용은 제도 개혁가가 혼자 다 부담한다. 정부나 공공부무에서 비합리적 제도 개혁은 대표적인 공유지의 비극, 집단행동 딜레마가 나타나는 영역이다. 비합리적 제도 개혁에는 많은 노력과 시간을 필요로 한다. 만약, 어떤 공공기관의 장이 비합리적 제도를 개혁하고자 노력하여 다양한 제도적 저항을 극복하고 제도 개혁에 성공하였다고 가정하자. 이러할 경우 제도 개혁의 편익은 제도 개혁에 전혀 기여하지 않았던 조직 전체 구성원들이 얻게 된다. 반면, 제도 개혁에 필요로 하는 시간과 노력, 그리고 제도적 저항을 극보하는 과정에서 필요로 하는 다양한 자원의 소비 등에 따른 비용은 주로 의사결정자가 부담한다. 공유지의 비극, 무임승차자처럼, 결국 합리적인 의사결정자라면, 비합리적 제도 개혁을 선택하지 않지 않게 되고, 이는 곧 비합리적 제도가 조직내에서 장기간 지속되는 이유 중 하나이다.

셋째, 동형화되어 도입된 제도가 바람직한, 의도된 결과를 발생시키지 못하더라도, 다른 목적으로 활용될 수 있다. 나무 자르는 데 효율적이지 못한 도끼도 때로는 동물을 사냥을 할 때 사냥도구로 활용될 수 있다. 많은 경우 대부분의 제도들은 여러 기능을 수행할 수 있다.

예를 들어, 정부 및 공공부문에 도입된, 테일러(F. W. Taylor)의 과학적 관리에 이론적 토대를 두고 있는 성과연봉제는 성과측정이 가능하고 용이한 민간기업에서 성과와 보상을 연계시킴으로써 노동생산성 향상 및 조직효율성을 향상시키기 위해 개발되었다. 그러나 정부 및 공공부문은 민간과 달리 수익으로 성과를 측정할 수 없고, 예산이 법과 정치적 통제를 받기 때문에 성과와 보상을 직접 연계시키기도 어렵다. 다시 말해, 정부부문에서 성과연봉제는 보상과 성과를 연계시켜, 조직 성과를 향상시키는 데 기여하기 어렵다. 오히려 다양한 역기능을 발생시키는 등 비합리적 결과를 초래시켜 왔다. 동 제도의 이러한 한계에도 불구하고 성과평가 체계를 통해 조직 구성원들 간 상호 경쟁을 유도할 수 있고, 동시에 외적 보상(혹은 처벌)을 통해 조직 구성원들을 조직이 원하는 방향으로 이끌어 가는 데에는 매우 효과적이다. 즉, 정부와 공공부문에서 성과연봉제는 조직 효율성을 위한 도구라기보다는 유용한 통제도구로서 역할을 수행할 수 있다.

신제도주의

제14장

이론 발전을 위한 제언

제1절 제도이론 발전을 위한 제언[1)]

1 제도 찾기

신제도주의 접근에서 가장 중요한 것 중 하나는 설명변수로 '제도'를 찾는 것이다. 즉, 어떠한 제도가 행위자에게 어떠한 영향을 미치는지를 분석해야 한다.

연구자가 신제도주의 관점의 렌즈를 장착하고 있다 하더라도, 어떠한 제도가 행위자에게 어떠한 영향을 미치는지를 파악하는 것 자체가 쉬운 일이 아니다. 즉, 안타깝게도 제도는 현상의 이면에 존재한다.

연구자가 현상을 설명하고자 할 때, 설명변수로서 제도는 당연스럽게 주어진 것이 아니다. 제도는 연구자가 다른 중요한 변수들과 경쟁적으로 검토하면서 찾아내어야 한다. 즉, 설명변수로서 제도가 적합한지, 또 타당한지에 대한 끊임없는 비판적 성찰이 필요하다. 이러한 제 변수들 중에서 '제도'가 우월한 설명력을 보일 때, '제도'를 통해 현상을 설명하고자 해야 한다.

2 제도의 동시성과 비동시성

세상에는 다양한 제도가 존재한다. 어떤 행위자에게 미치는 제도 또한 매우 다양하다. 이와 관련하여 제도 영향의 동시성과 비동시성을 고려해야 한다.

제도 영향의 동시성(이하, 제도 동시성)이란, 서로 다른 제도가 동일한 시간에 행위자에게 영향을 미친 것을 말한다. 반면, 제도 영향의 비동시성(이하, 제도 비동시성)이란, 서로 다른 제도가 서로 다른 시간에 행위자에게 영향을 미친 것을 말한다. 다음 [그림 14-1]은 제도 동시성과 비동시성을 묘사하고 있다.

어떤 선택에 있어 공식 제도와 공식 제도가 영향을 동시에 미치거나 혹은 공식 제도와 비공식 제도가 동시에 영향을 미칠 수도 있다. 또한 비공식 제도와 비공식 제도가 동시에 영향을 미칠 수 있다. 예를 들어, 공식 제도인 법과 비공식적 제도인 학연이나

1) 이 글은 김태은(2023b)을 토대로 대폭 보완하여 기술된 것이다.

지연 등이 의사결정에 동시에 영향을 미칠 수 있다.

제도 동시성이 존재하는 경우, 연구자는 서로 다른 제도의 영향을 분해하고, 가능한 각 제도의 고유한 영향을 도출해야 한다. 특히, 서로 다른 제도는 상호 보완적일 수도 있지만, 상충적일 수 있기 때문에 제도변수 간 관계를 체계적으로 분석해야 한다.

제도 비동시성은 시차를 두고 서로 다른 제도가 영향을 미치는 것으로 이러한 경우에는 시간분해를 체계적으로 진행하여 제도를 파악해야 한다.

그림 14-1 제도 동시성과 제도 비동시성

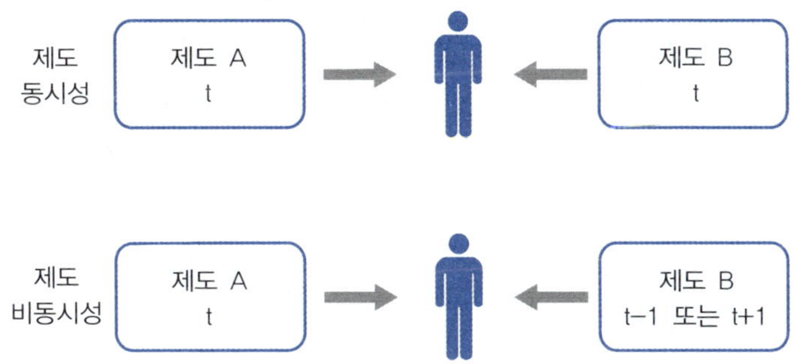

3 제도와 행위자 구분

신제도주의 연구에서 중요한 두 가지 변수는 바로 제도, 그리고 행위자이다. 특히, 제도와 행위자는 곧 독립변수로서 제도, 그리고 종속변수로서 제도와 직접적으로 관련되는 변수로서 연구의 중심을 이루고 있다 할 것이다. 그러나 연구를 수행함에 있어서 제도에 영향을 받는 행위자인지, 아니면 제도에 영향을 받지 않는 행위자인지에 대한 구분이 필요하다. 만약, 종속변수로서 제도를 논의함에 있어, 혹은 제도형성을 논의함에 있어 제도에 영향을 받는 주체가 제도변화를 추구할 때와 제도에 영향을 거의 받지 않는 주체가 제도변화를 추구할 때, 각 행위자의 역할은 서로 상이할 수밖에 없다. 즉, 제도에 영향을 받는 주체가 제도변화를 추구할 때는 제도의 영향에서 자유로운 선택이 불가능하다. 반면, 제도에 영향을 받지 않는 주체가 제도변화를 추구할 때는 제도에 영향을 받지 않는 선택이 가능할 수 있다.

다음 [그림 14-2]는 동일한 제도(S)가 서로 다른 행위자(행위자 a, b, c)에 미치는 영향이 서로 다른 상황을 묘사한다. 상황 1은 제도가 행위자 a에게 매우 강한 영향을 미치고, 상황 2는 보통수준으로 영향을 미치나, 상황 3은 제도가 행위자 c에게 영향을 미치지 못하는 상황을 묘사하고 있다. 즉, 상황 3은 신제도주의에서 말하는 독립변수로서 제도가 될 수 없으나 종속변수로서 제도를 논의는 가능하다.

종속변수로서 제도와 관련하여 상황 1에서, 행위자 a는 제도 S에 영향을 크게 받고 있는 상태이므로, 동 상황에서 행위자 a가 제도 S의 영향을 배제하고 자유로운 선택을 할 수 있다고 가정하는 것은 논리적인 모순이다. 반면, 상황 3에서는 제도 S가 행위자 c에게 어떠한 영향도 미치지 못한다. 이러한 경우라면, 행위자 c는 제도 S의 영향을 받지 않고 자유로운 선택을 할 수 있을 것으로 판단할 수 있으며 논리적으로도 타당하다.

예를 들어, 경찰 승진제도를 개편을 현직 경찰이 수행할 때와 행정안전부 공무원이 수행할 때 제도적 영향은 서로 상이하다. 현직 경찰의 경우는 경찰 승진제도에 직접적으로 영향을 받고 있기 때문에 현재 제도의 영향에서 완전히 벗어난 의사결정을 하기 어렵다. 반면, 경찰 승진제도에 전혀 영향을 받지 않는 행정안전부 일반적 공무원의 경우는 보다 자유로운 선택이 가능하다.

이러한 점을 고려할 때, 신제도주의 연구에서 제도와 행위자, 특히 제도형성에 행위자의 역할을 논의함에 있어서 제도와 행위자 간 관계를 정확히 인식할 필요가 있다. 단적으로, 아래 상황 1, 상황 2의 행위자 a, b처럼 제도에 영향을 받는 행위자 있다고 할 때, 동 행위자가 제도의 영향을 완전히 배제하고 자유로운 선택을 할 수는 없다.

그림 14-2 제도와 행위자, 상이한 영향

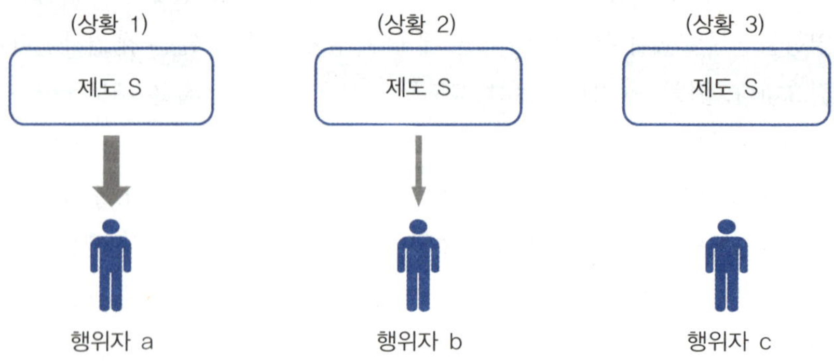

표 14-1 상황별 차이

	상황 1	상황 2	상황 3
제도 영향력	강함	보통	없음
독립변수로서 제도	유의미	유의미	아님
종속변수로서 제도	가능	가능	가능
행위자의 선택에 있어 제도적 제약	큼	보통	없음

4 변수와 간결성

사회과학이든 자연과학이든 학문의 세계에서 이론 개발자들은 설명력이 높은 이론을 개발하고자 한다. 일반적으로 이론의 설명력을 높이기 위한 유혹 중 하나는 변수의 추가이다. 현상을 설명하는 데 단일변수보다는 여러 변수들을 활용하게 되면 설명력이 높아져 보이기 때문이다.

그러나 신제도주의연구에서 변수의 증가는 인과관계[2] 충족의 어려움을 비약적으로 증대시킨다. 인과관계(causality)는 정의하는 것이 따라 상이하나, 일반적으로 두 변수 간 선행성과 공변성, 허위변수 배제의 원칙이 강조되고 있다. 다시 말해, 첫째, 선행성은 원인변수가 결과변수보다 시간적으로 선행해야 함을 의미하고, 둘째, 공변성은 원인변수가 변화하면 결과변수도 변화해야 함을 의미한다. 즉, 두 변수 간에 상관관계가 존재해야 함을 의미한다. 셋째, 허위변수 배제의 원칙은 결과변수에 영향을 미칠 수 있는, 혹은 원인변수와 결과변수 모두에 영향을 미칠 수 있는 허위 및 교란변수 등이 배제되어야 함을 의미한다.

사회과학에서 인과관계 충족은 연구자에게 희망을 주기도 하고 절망을 주기도 하는 도전의 영역이다. 특히, 사회과학에서 분석하는 변수들은 진공상태에서 존재하지 않는다. 다시 말해, 미시에서 거시 변수에 이르기까지 너무나 많은 변수들이 서로 영향을 미치기[3] 때문에 인과성을 충족하는 것은 쉬운 일이 아니다.[4]

---

2) 물론, 신제도주의 접근 연구가 모두 인과론적 연구도 아니고 그럴 필요도 없다. 다만, 이하에서는 인과성 충족 관점에서 논한다.

3) 예를 들어, Ostrom(2009)의 사회생태체제(social-ecological systems)는 얼마나 많은 변수가 서로 영향을 미치는지를 살펴보는 데 유용하다.

4) 물론, 사회과학에서 인과성을 제약하는 변수, 조건, 상황 등은 너무 많아 일일이 나열하기 어려울

상대적으로 질적 연구를 주로 하는 연구에서 인과관계 충족은 더욱 어렵다.[5] 합리적 선택 제도주의 관점의 일부 연구(예: 게임이론 활용)를 제외하고 신제도주의 접근 연구들은 주로 사례연구 등 질적 연구를 주로 활용하고 있다. 즉, 질적 연구에서 하나의 변수 증가는 단순히 하나의 변수 증가에 그치지 않고 변수 간 관계의 기술 문제를 유발시키기 때문에 인과성 충족의 부담은 크게 증가한다.

변수의 증가에 따라 변수 간 인과성 충족이 어려워지게 되면, 이론이 갖추어야 할 '설명'과 '예측'은 불가능해진다. 더욱이 변수가 늘어나면, 과학적 연구에서 갖추어야 할 '간결성'을 충족하기 어려워진다. 간결성이란 핵심변수를 발견하고 이를 통해 현상을 설명해야 한다는 것이다. 결국, 자칫 설명범위를 높이기 위한 무리한 변수의 추가는 "모든 것을 설명할 수 있어 보이지만, 아무 것도 설명할 수 없는 결과가 초래된다." 또한 예측을 할 수 없게 됨에 따라 이론의 유용성이 현저하게 낮아진다.

결과적으로, 핵심변수를 통해 현상을 설명해야 한다. 설명의 대상을 넓히기 위한 무리한 변수 확대는 신제도주의 접근의 이론적 가치를 낮출 수 있다.

변수의 중요성은 신제도주의 연구의 대표 연구물에서 쉽게 발견된다. 예를 들어, 오스트롬(E. Ostrom)은 합리적 선택 제도주의 관점에서 제도분석틀(Institutional analysis and development framework: IAD)을 개발하여 공유지 관리에 새로운 시각을 제시했다. 다음 [그림 14-3]은 오스트롬(Ostrom, 1994) 모형과 동 모형을 일부 수정한 오스트롬(Ostrom, 2005) 모형을 보여주고 있다.

사회과학에서 매우 큰 영향을 미친 기념비적인 연구결과로 인정받고 있음에도 불구하고 모형은 생각보다 복잡하다. 1994년 모형(Ostrom, 1994)에서는 크게 큰 변수로 8가지 변수가 발견된다. 또 변수 간 관계를 나타내는 화살표가 매우 많다. 물리적 세계의 특성 변수, 공동체 특성 변수, 사용규칙들 변수가 각각 행동장에 영향을 미치고, 이는 다시 상호작용의 패턴에 영향을 미치며, 상호작용 패턴은 다시 결과들에게 영향을 미친다. 또 평가기준들은 결과들에 영향을 미치는 것으로 묘사되어 있다. 그러나 행동 장내에 행동 상황들과 행위자 간 관계가 어떠한지 분명하게 설명되어 있지 않음을 알 수

정도이다.

5) 사회과학에서 가장 큰 오해 중 하나는 대표적인 계량분석인 회귀분석을 수행하면 인과성을 충족할 있다고 보는 것이다. 회귀분석을 통해 몇 개의 허위 및 교란 변수들을 통제할 수 있으나 인과성은 회귀분석 자체로 충족되는 것이 아니며, 당연히 회귀분석 결과가 인과관계를 보여주는 것도 아니다. 회귀분석을 통해 두 변수 간 인과성을 보여주기 위해서는 방대한 이론적 논의, 인과관계의 충족을 위한 모형 설정, 변수 설정, 잔차분석 등이 체계적으로 이루어져야 한다.

있다.

한편, 오스트롬(Ostrom, 2005)에서는 1994년 모형을 좀 더 명료하게 묘사하고 있고, 변수 간 관계는 더욱 복잡해졌다. 변수의 크게 8가지로 변화가 없으나 변수 간의 관계를 나타내는 화살표는 크게 증가되었다. 특히, 1994년 연구모형에서 변수 간의 관계가 일방향적이라고 한다면, 2005년 제시된 모형에서 변수 간 관계는 환류가 크게 반영되어 있고, 상호관계도 나타나고 있음을 알 수 있다. 가시적으로는 오스트롬(Ostrom, 2005)이 오스트롬(Ostrom, 1994)보다 훨씬 정교해진 느낌이 든다.

그림 14-3 Ostrom 제도분석틀 모형의 변화(1994, 2005)

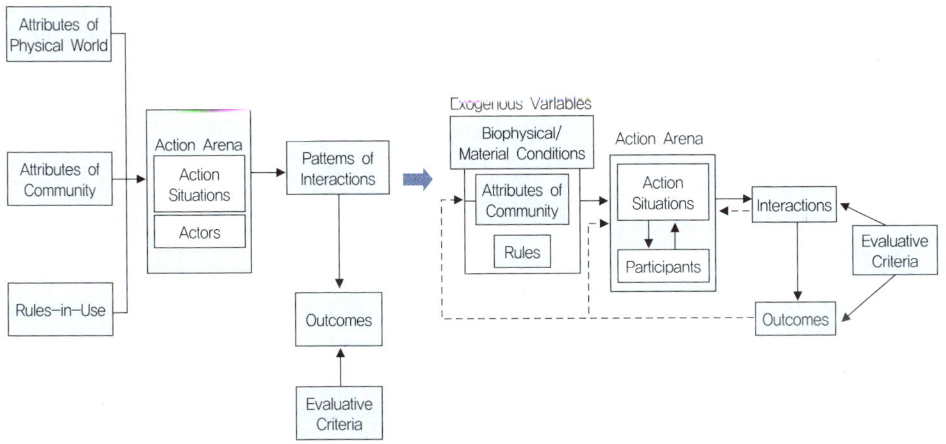

자료: Ostrom(1994: 37; 2005: 15).

다음 [그림 14-4]는 정책변동모형으로 많이 알려진 사바티에(P. A. Sabatier)의 옹호연합모형(Advocacy Coalition Framework)이다. 1999년 모형과 2005년 모형이 조금 변화가 있음을 알 수 있다. 1999년 모형에 비해 2005년 모형이 보다 구체화된, 정교해진 느낌이다. 그러나 1999년, 2005년 모형 모두 놀라운 점은 정말 많은 변수들이 종합적으로 제시되어 있다는 점이다. 따라서 직관적으로 정책변동과 관련된 변수들을 이해하는 데 기여한다.

그림 14-4 옹호연합모형의 변화(1999, 2005)

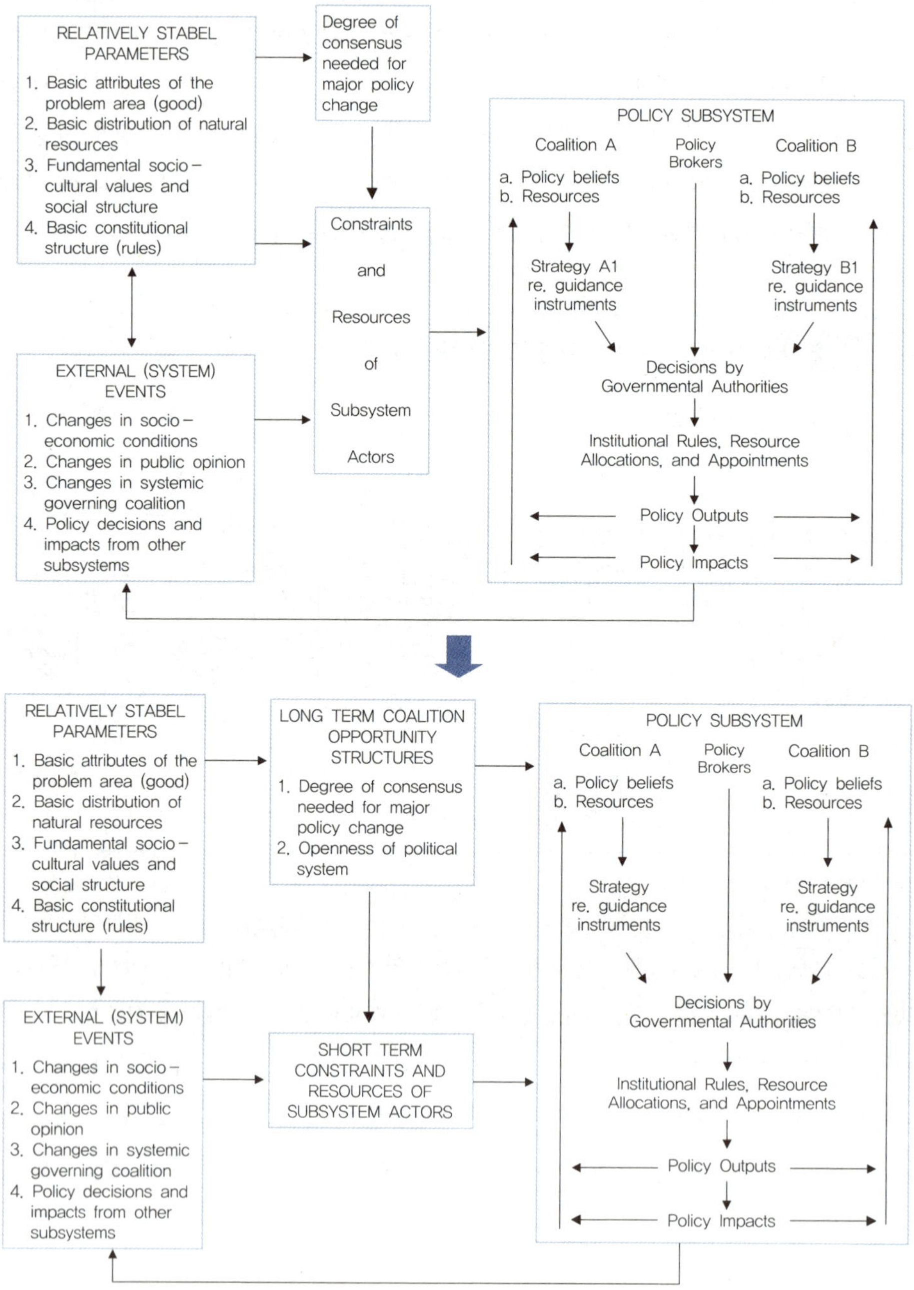

자료: Sabatier & Weible(2014: 191, 202).

[그림 14-4] 모형들은 시간이 지나면서 보다 발전하고 한편에서는 정교해진 느낌을 받는다. 또 복잡한 현상을 설명하기 위해서, 가능한 설명력을 높이기 위해서 많은 변수를 활용하는 것은 당연한 현상일 수 있다. 그러나 변수 간 관계를 증명해야 하는 일은 다른 문제이다. 변수와 변수 간 관계를 설득력 있게 증명하기 어려워진다면 설명력은 현저히 낮아질 수밖에 없고 과학의 학문으로서 존재하기는 어려워진다.

결론적으로, 신제도주의 연구에서 인과관계는 설명을 위한 또 예측과 처방을 위한 가장 중요한 전제조건이 때문에, 인과관계는 포기할 수 없다.

아쉽게도 사회과학에서 인과성 충족은 난해한 일이다. 인과성을 충족하는 가장 실현 가능성 높은 방법은 간결성을 추구하는 것이다. 즉, 종속변수에 영향을 미치는 모든 변수를 발견하고 제시하기 보다는 (종속변수에 영향을 미치는 모든 변수를 발견하는 것 자체가 불가능하다) 종속변수에 중요한 영향을 미치는 핵심변수를 발견하고 제시하는 것이 중요하다. 핵심변수 간에 인과성을 찾아내고자 노력하는 것 자체가 매우 중요한 연구이다. 특히, 신제도주의 접근 특히 역사적, 사회학적 제도주의에서 주로 활용되고 있는 질적 연구 또는 사례연구에서 변수가 늘어난다는 것은 곧 인과관계적 기술이 어렵거나 불가능해짐을 의미한다. 다시 말해, 이는 곧 엄밀한 과학적 연구와는 거리가 멀어짐을, 분석결과의 활용 가치가 현저히 떨어짐을 의미한다.

종속변수에 영향을 미치는 핵심 독립변수들을 찾아내고, 이러한 변수 간 인과성이 객관적으로 검증된다면, 변수 간 인과관계에 관한 지식은 축적될 수 있을 것이다. 이는 곧 보다 넓고, 보다 정확하게 현상을 설명할 수 있는 기회가 열림을 의미한다.

5 시간(time)

시간처럼 중요한 변수는 없다. 자연과학에서 시간은 자연현상을 설명하는 데 절대적으로 중요한 변수이다. 또한 한편에서 '시간' 자체를 정의하고 이를 측정하고 증명하는데 큰 노력을 하고 있다.

사회과학, 신제도주의에서 역시 시간은 매우 중요하다. 그러나 중요성을 넘어 대부분의 연구에서 시간은 '주어진 것'으로 간주하는 경향이 크다. 이는 사회과학의 영역에서 시간을 통제하는 것이 쉽지 않기 때문이다. 그러나 당연스러운 것 만큼 신제도주의 연구에서 '시간'에 대한 이해는 매우 중요하다. 몇 가지로 구분하여 제시하면 아래와 같다.

첫째, 인과적 기술을 위해 가능한 시간을 분해해야 한다. 여기서 '시간 분해'는 '연구의 시간적 범위 내에서 시간을 가능한 세분하는 것'을 말한다.

시간 분해가 필요한 이유는 무엇보다 신제도주의 연구에서 모순적 압력이 존재하기 때문이다. 즉, 제도형성과 변화에 오랜 시간이 소요되기 때문에 인과성을 충족하기 위해서는 연구의 시간적 범위가 길어야 한다. 반면, 인간의 제한된 합리성으로 인해, 연구의 시간적 범위가 길수록 종속변수에 영향을 미치는 변수 자체를 파악하기 쉽지 않고, 또 고유한 영향을 도출하기도, 또 변수 간 관계를 파악하는 것이 어려워진다. 다시 말해, 인과성을 충족하기 위해서는 긴 시계에서 연구를 수행해야 하지만, 긴 시계 그 자체는 인과성을 침해한다. 이러한 점은 곧 신제도주의 연구가 인과론적 기술에 있어 시간과 치열한 싸움을 할 수밖에 없음을 보여준다.

신제도주의 연구에서 이러한 모순적 압력에 대응하기 위해. 연구의 시간적 범위 안에서 시간을 세분하여 연구할 필요가 있다. 다만, 과도한 시간의 세분은 연구 자체를 수행하기 어렵게 만든다. 따라서 가능한 시간을 주요 시간대별로 구분하여 연구를 수행할 필요가 있다.

둘째, 독립변수와 종속변수 간 시차를 고려해서 연구해야 한다. 긴 시계에서 인과론적 기술을 하기 위한 하나의 방법은 독립변수와 종속변수 간 시차를 인지하면서 연구가 이루어져야 한다. 이는 인과론적 기술에 가장 첫 번째 조건인 선행성을 충족하는 데 기여한다. 예를 들어, 주택가격을 안정화시키기 위해 대출제도를 시행한다고 할 때, 동 제도가 미치는 영향은 즉시 나타날 수도 있고, 어느 정도의 시간이 지난 이후에 나타날 수 있다. 또 다른 예로 수출을 확대하기 위한 제도 개편이 당해 연도에 나타날 수도 있지만 몇 년 후에 나타날 수도 있다.

셋째, 분석의 시간적 범위 설정이 매우 중요하다. 분석의 시간적 범위를 어떻게 설정하는가는 곧 연구결과에 영향을 미칠 수 있다. 특히, 이는 제도변화를 설명하는 데 중요하다. 다음 [그림 14-5]는 예시하기 위해 가상적으로 제시한 것이다. 아래의 y축은 제도의 복잡성 수준에서 제도변화를 나타낸 것이다. 두 가지 제도 I1, I2를 묘사하고 있다.

우선, 어떤 [제도 P1]의 시간 구간 a(t1~t2), b(t2~t3), c(t3~t4)에서 제도의 복잡성 수준을 살펴보면, a구간에서는 점진적으로 증가하고 있고, b구간에서는 급격하게, c구간에서는 지속적으로 복잡성이 완화되고 있음을 보여주고 있다. [제도 P1]의 경우, 분

그림 14-5 시간적 범위와 제도변화

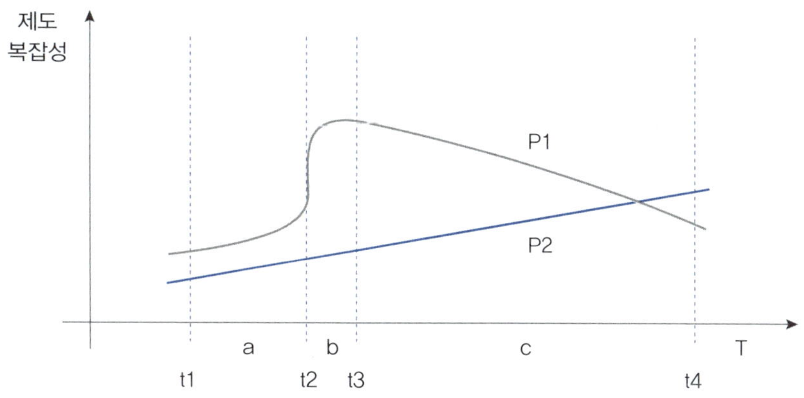

석의 시간적 범위가 어디인가에 따라서 서로 다른 연구결과가 제시될 수 있다. 반면, [제도 P2]의 경우는 시간 구간 A, B, C 모두에서 완만하게 복잡성이 증가하고 있다. 이러한 경우는 분석의 시간적 범위를 어디까지 하든 간에 분석결과에 큰 차이가 없다.

문제는 연구자가 밀도있는 연구를 진행하기 전까지 분석대상 제도가 [제도 P1]의 변화를 할지 아니면 [제도 P2]의 변화를 할지 알 수 없다는 점이다. 따라서 우연한 행운을 기대하며 연구의 시간적 범위를 임의대로 설정해서는 안 된다.

결론적으로, 제도연구에서 분석의 시간적 범위는 서로 다른 분석결과를 초래시킬 수 있다. 따라서 제도연구 시 연구목적을 분명히 하고, 연구결과의 타당성을 확보할 수 있는 시간적 범위를 설정해야 한다. 또한 동시에 시간적 범위에 따른 연구의 한계를 분명히 해야 한다.

6 제도변화, 경로진화?

다윈(C. R. Darwin)의 종의 기원으로 대표되는 진화론은 인류의 지적 진보에 엄청난 기여를 하여 왔다. 따라서 사회과학 영역에서 위대한 생물학적, 자연과학적 연구결과를 활용하는 것은 당연스러운 현상이기도 하고, 또한 학문 영역 간 지적 교류를 가능하게 해준다는 점에서 바람직하기도 하다.

실제, 역사적 제도주의자들은 급격한 제도 변동을 생물학의 용어인 단속평형 혹은 단절적 균형(punctuated equilibrium) 개념을 활용하여 설명하기도 하였다. 구체적으로, 생물학자인 굴드와 엘드리지(Gould & Eldredge, 1972)는 진화는 오랜 시간(세대)에 걸쳐 점진적으로 이루어진다는 주장을 반박하며, 진화가 짧은 시간 급격하게 이루어진다는 단속평형을 제시했다. 이후, 바움가드너와 존스(Baumgartner & Jones, 1991, 1993)는 동 개념을 활용하여 기존의 점진적 정책변동과 달리 급격한 정책변동이 발생될 수 있음을 주장되었다. 동 단절적 균형은 이후 신제도주의, 특히 역사적 제도주의에서 제도의 급격한 변동을 설명하고 이해하는 데 유용하게(이론적 한계가 있음에도 불구하고) 활용되어져 왔다.

이러한 점은 기존에 정립된 다른 학문의 개념을 통해 복잡하고 이해하기 어려운 사회현상을 설명하여 준다는 가치가 있음을 보여준다. 그러나 신제도주의 연구에서 진화론, 혹은 '진화'라는 용어를 활용하기 위해서는 그에 부합하기 위한 최소한의 노력이 필요하다. 즉, '진화', 혹은 '진화론'은 단순한 미시적 개념을 의미하지 않는다. 다윈에서 시작해서, 사회진화론, 또 유전적 알고리즘이 강조되는 현대진화론에 이르기까지, 매우 방대한 이론, 어떠한 경우에는 서로 충돌하기도 하고 서로 모순되기도 하는 주장과 이론들이 혼재되어 있는 학문체계이다. 이러한 학문적 특성을 고려하지 않고 진화를 단순히 시간에 따른 변화로 이해한다면, 진화론의 중요한 가치를 소실시킬 뿐만 아니라, 제도이론의 발전 자체를 제약할 수도 있다. 즉, 모든 변화는 시간개념이 내포되어 있다. 어떠한 변화도 시간이 전제되어 있지 않은 변화는 없다.

따라서 제도이론에서 '진화'라는 용어를 활용하고자 한다면, 첫째, 진화가 어떠한 의미인지를 분명한 개념적 정의가 필요하고 동시에, 기존의 제도이론에서 활용되고 있는 용어들과의 차이가 무엇인지도 분명히 할 필요가 있다. 둘째, 방대한 진화론의 특정 개념을 차용할 경우, 이에 대한 분명한 이해와 설명이 필요하다.

7 연구방법

신제도주의는 매우 넓은 연구 스펙트럼을 지니고 있다. 독립변수로서 제도, 종속변수로서 제도뿐만 아니라 무엇보다 제도와 행위 전반을 다루고 있기 때문에 다양한 연구방법이 활용될 필요가 있다.

역사적 제도주의, 사회학적 제도주의는 주로 사례연구에 초점이 맞추어져 왔으며, 합리적 선택은 사례연구와 게임이론을 활용한 실험연구가 이뤄지기도 했다. 그러나 신제도주의 연구의 중요성을 고려할 때, 연구방법의 개발과 활용은 부족한 상황이다.

이는 몇 가지 원인에 기이한다. 대표적으로, 첫째, 연구에 있어서 연구방법의 동형화가 나타나기 때문이다. 즉, 연구를 수행함에 있어서 새로운 연구방법의 적용보다는 익숙한 연구방법이 채택되어 활용되다 보니 연구방법이 엇비슷해지는 경향이 나타나고 있다. 특히, 새로운 연구방법의 제시는 동료 연구자들을 설득해야 한다는 부담이 있는 반면, 기존 연구방법은 이미 연구집단으로부터 정당성을 확보하고 있다. 이에 연구방법이 유사해지는 연구방법의 동형화가 나타나며, 이러한 동형화는 새로운 연구방법의 개발과 적용을 어렵게 한다.

둘째, 단기 성과평가제도는 새로운 연구방법의 개발과 활용을 제약한다. 어떤 연구질문에 대한 해답을 찾기 위한 노력을 진행하기 위해서는 많은 시간, 노력, 그리고 연구비가 필요하다. 반면, 연구성과평가제도들은 단기적 성과 산출을 요구한다. 결국, 연구자는 연구질문에 대한 깊이있는 해답을 찾기보다는 연구 효율성을 고려한 연구에 집중할 수밖에 없다. 이는 곧 새로운 연구방법의 등장과 활용을 어렵게 한다.

이러한 제약에도 불구하고 신제도주의 연구의 고도화를 위해 새로운 연구방법의 개발과 적용이 필요하다.

대표적으로, 첫째, 무엇보다 혁신적인 첨단기술을 활용한 연구방법의 개발이 필요하다. 인공지능, 첨단자기공명장치 등 현대 첨단기술의 발달로 인해 인간의 인지 영역에 대한 분석이 가능해지고 있다. 특히, 이러한 첨단기술은 독립변수로서 제도연구에 있어서, 즉, 제도가 개인의 선호와 선택에 어떠한 영향을 미치는지를 설명하고 분석하는 데 크게 기여할 것으로 판단된다. 동 과정에서 다양한 연구방법들이 개발되고 활용될 수 있을 것이다.

둘째, 다양한 실험연구가 개발되고 적용될 필요가 있다. 실험연구는 주로 합리적 선택 제도주의에서 이루어져 왔으나 실험연구가 갖는 장점을 고려할 때, 다양한 분야에서 활용될 필요가 있다. 특히, 실험연구는 다양한 제도가 어떻게 인간의 선호 혹은 선택에 영향을 미치는지, 또 인간이 어떻게 제도적 제약 속에서 의사결정을 수행하는지, 사람들이 어떻게 '균형으로서 제도'를 도출할 수 있는지 등에 중요한 기여를 할 수 있다. 최근의 정보기술 발달은 과거에 불가능했던 실험연구를 가능해 주고 있다는 점에서 더욱 활성화될 필요가 있다.

셋째, 보다 검증 가능성이 있는 밀도있는 사례연구가 이루어질 필요가 있다. 지식의 축적을 위해 무엇보다 중요한 것은 검증 가능성이 높아야 한다.

8 제도의 객관적 고찰과 비판

우물에 빠져 있는 개구리들은 우물에 의해 지배를 받는다. 더욱이, 우물에서 태어나 우물 안에서만 살아온 개구리들은 자신의 살아가는 방식, 세상을 바라보는 시각을 지배하고 있는 우물을 당연한 것으로 여기고 비판하지 않는다.

조선시대 사람들은 자신들을 지배하고 있던, 생활과 삶에 영향을 미친 제도를 제3자의 입장에서 바라볼 수 있었을까? 조선시대 제도는 과연 누구를 위한 제도였을까?

이에 대해 현대의 여러 사람들, 그리고 교육을 받은 현대의 사람들은 몇 가지 대답이 가능할 것이다. 특히, 민주주의체제와 권위주의체제를 비교하거나 양반과 같은 지배계층에게 편향된 다양한 공식·비공식 제도들을 지적하고 비판적인 제도개선을 요구할 수 있을 것이다. 그렇다면, 수백 년 후에 우리 후손들 역시 비슷한 질문을 하지 않을까? 아마도, 후세대들 역시, 현세대가 조선시대의 제도를 비판한 것처럼, 후세대들 역시 2023년 현대의 제도에 대한 비판적 고찰을 수행할 수 있을 것이다. 한편에서, 우리는 현대의 다른 나라들의 제도를 비판적으로 살펴보곤 한다. 특정 종교 국가의 성차별을 비판하기도 하고, 혹은 역진적 조세제도를 갖고 있는 국가를 비판하기도 한다.

신제도주의 접근 역시 과학적 연구를 추구한다. 그러나 신제도주의 연구는 자연현상이 아닌 '인간'을 대상으로 하여, 제도를 중심적으로 살피는 연구이다. 다시 말해, 제도가 인간의 선호, 선택에 영향을 미치는 것이라고 정의할 때, 신제도주의 연구는 가치중립적으로 현상을 설명하고자 하는 연구와 더불어, 제도에 대한 비판적 연구 역시 필요하다. 제도가 인간에게 영향을 미치고, 인간을 제약하는 것이기 때문에 이 제도에 대한 비판적 고찰은, 곧 제도에 영향을 받는 인간에 대해 도움을 주는 것이다.

신제도주의 연구에서 제도에 대한 비판적 고찰이 매우 중요함에도 불구하고 이에 대한 연구가 활발하게 이루어지지 않고 있다. 이는 몇 가지 원인에 기인한 것으로 판단된다.

첫째, 제도란 개인의 선호와 선택에 영향을 미치는 것을 말한다. 즉, 이러한 제도의 정의에서 알 수 있듯이, 제도를 객관적으로 인지하는 것 자체가 쉽지 않다. 특히, 대부분의 제도들은 오랜 시간 동안 생명력을 갖고 영향을 미치기 때문에 (물론 모든 제도가 이러한 것은 아니다) 제도의 존재를 당연하게 받아들일 수 있다. 제도의 존재를 당연하게 받아들이게 되면 제도를 객관적으로 접근하고 인지하는 것이 어려워진다.

둘째, 제도에 대한 비판적 연구가 과학적 연구와는 거리가 있어 보일 뿐만 아니라, 가치중립적 연구를 수행해야 한다는 묵시적 압력이 존재하기 때문이다.

셋째, 제도에 대한 비판은 곧 지배세력과 공동체의 공통된 인식에 대한 도전으로 비춰질 가능성이 크기 때문이다. 즉, 제도에 저항하는 것보다는 제도에 순응하는 것이 이기적 개인에게는 합리적 선택이기 때문이다. 역사적 제도주의 관점에서의 제도는 비대칭적 권력관계를 반영한다. 한편에서 이는 곧 권력과 제도가 밀접하게 연계되어 있음을 알 수 있고, 제도에 대한 비판은 곧 지배계층과 권력에 대한 저항에 직면할 수 있다. 합리적 선택 제도주의 역시 제도는 행위자 간 '균형'이다. 즉, 제도는 장기적으로 편익을 극대화하는 데 기여하거나 혹은 집단행동 딜레마를 해결하는 등 행위자들의 이익 균형점이다. 결국, 동 제도에 대한 비판적 접근은, 곧 제도를 둘러싼 행위자들의 이익을 침해하는 결과를 가져올 수 있다. 결국, 제도에 대한 비판은 곧 제도를 둘러싼 행위자들의 저항에 직면할 수 있음을 예상하게 한다. 사회학적 제도주의에서 제도는 곧 정당성이다. 결국, 동 접근에서 제도에 대한 비판과 도전은 사회적 정당성에 대한 도전으로 이어지며, 집단적 저항에 직면할 수 있다.

결국, 역사적, 합리적 선택, 사회학적 제도주의의 어떤 관점에 있든 간에, 어떤 개인이 기존 제도를 비판하고 개혁하고자 할 경우, 제도 저항에 따라 개인은 막대한 비용을 지불해야 한다. 반면, 제도 개혁의 실현 가능성은 매우 낮고 만약 바람직한 방향으로 제도가 개선되었다 하더라도 그 편익은 제도 개선을 위해 노력한 갑돌이만 받는 것이 아니라 구성원 전체(n)가 나누어 갖는다. 즉, 비용은 1이고, 편익은 1/n인 구조로서 여기서 개인의 합리적 선택은 제도에 순응하는 것이다.

넷째, 학술 및 연구제도가 비판적 연구를 어렵게 한다. 다양한 학술 및 연구지원 제도 등은 비판적 관점의 연구를 독려하기보다는 기능적인 연구를 요구한다. 또 신제도주의 연구자들 역시 비판적 연구에 익숙하지 않아 비판적 연구물에 대해 적절히 내응하기 쉽지 않다. 단적으로 비판적 연구 논문을 게재할 학술지 자체를 발견하기 쉽지 않다.

개인을 지배하고 있는 제도의 영향력이 클수록, 아쉽게도 제도에 대한 성찰과 비판적 고찰은 불가능해진다. 이러한 점은 공식적 제도 및 비공식 제도에서 모두 잘 발견된다. 예를 들어, 공식 제도로서 우리나라에서 대학입시제도의 경우 어린아이부터 어른에 이르기까지 한국 사회에서 전반을 지배하고 있다. 대학입시제도는 고등학교, 중학교, 그리고 초등학교와 유치원 등 하위교육체계 전반, 공교육과 사교육 체제 전반에 영향을 미친다. 대학입시제도에 지배를 받고 있는 우리 사회 구성원들은 제도에 적응하는 자가 승자가 되므로, 제도의 바람직성을 비판적으로 고찰하기보다는 동 제도에 가능한 빨리 적응하고자 노력한다. 비공식 제도로서, 특정 종교가 지배하는 국가에서 종교는 해당 구성원 전반을 지배하는 강력한 제도이다. 이러한 국가에서 자신들을 지배하는 종교에 대한 비판과 고찰은 사실상 불가능하다.

그러나 제도에 대한 비판적 고찰이 있어야만 학문적, 사회적 진보가 이루어질 수 있다. 제도에 대한 비판적 고찰이 없다면 스미스(Adam Smith)의 '국부론'도, 마르크스(Karl Marx)의 '자본론'도, 그리고 케인즈(John M. Keynes)의 '고용, 이자 및 화폐의 일반이론'도 존재하기 어렵다. 물론, 코즈(Ronald H. Coase)를 필두로 한 제도경제학 및 신제도주의의 등장도 없었을 것이다. 또 제도에 대한 비판적 고찰 없다면, 정치체제도, 경제체제도 발전할 수 없고 궁극적으로 인류의 개선과 진보도 이룰 수 없다. 예를 들어, 조선시대 성리학은 하나의 학문을 넘어 조선사회 전체를 지배하는 가장 강력한 '제도'였다. 만약 조선시대에 신제도주의 관점에서 연구하는 학자라면, 성리학이라는 하나의 제도가 정치구조, 신분제도, 그리고 인권 등 사람들 하나 하나에게 어떠한 영향을 미치는지 분석하는 것은 매우 중요하다. 또한 동 제도가 어떻게 자기강화되는지를 분석하는 역시 매우 유용할 수 있다. 그러나 한 걸음 더 나아가서, 제도로서 성리학을 비판하고, 제도로서 권위주의 정치체제를 비판하고, 제도로서 신분제도를 비판하였다면, 보다 바람직한 사회를 구현하는 데 기여했을 수 있다. 성리학이라는 제도를 불변의, 주어진 것으로만 가정하고 연구한다면 제도로서 성리학을 이해하기도 어려울 뿐만 아니라 제도로서 성리학을 넘을 수도 없다. 우물안의 개구리와 다를 바 없다. 이는 현대에도 마찬가지이다. 인간을 지배하고 있는 민주주의 및 권위주의와 같은 정치제도, 자본주의 및 사회주의와 같은 경제체제가 어떻게 인간에게 영향을 미치고 제약하는지를 분석하는 것 만큼, 이를 비판적으로 고찰한다면 제도 발전 및 인간 삶에 기여할 수 있을 것이다.

'독립변수로서 제도'는 그 자체로 제도가 얼마나 중요하고 큰 영향을 행사하고 있는지를 암시하게 한다. 문제는 우물 안에 빠져 있는 개구리처럼 우물을 벗어나 제도를 바라보기 어렵다는 것이다. 어떻게 하면 행위자들이 행위자를 지배하고 있는 제도에서 벗어나 제도를 객관적으로 바라보고 인식하게 할 것인가 역시 연구자들의 중요한 연구 영역이라 할 수 있다.

사회과학, 행정학, 그리고 신제도주의 역시 인간을 대상으로 하는 학문임으로 인해, 인간을 벗어나서 존재하기도 생존하기도 어렵다. 더욱이 신제도주의는 과학성을 강조한다. 과학에 토대를 둔 비판이라면 학문과 신제도주의를 넘어 사회에 기여할 수 있을 것이다.

9 용어와 개념의 명확화

도량형(度量衡)을 통일하는 것은 국가발전의 필수 조건이다. 중국 진시황제는 대규모 토목공사, 분서갱유 등으로 부정적으로 인식되고 있으나 대대적인 도량형 통일 작업, 특히 문자의 통일 작업을 추진하여 후대에도 중국의 발진과 성상에 지대한 영향을 미쳤다.

사회와 국가의 발전에 있어 도량형을 통일하듯이, 학문이 발전함에 있어서 용어와 개념의 명확화는 필수적이다. 용어와 개념의 명확화가 이루어지지 않으면, 의미전달에 혼란을 유발하고 이론의 상호 검증, 축적, 그리고 새로운 이론의 개발을 저해한다. 따라서 용어와 개념은 그 의미를 가능한 쉽고 명료하게 정의될 필요가 있으며, 동시에 학계의 공유와 표준화가 이루어질 필요가 있다. 한 가지 예로서, 자연과학에서는 시간, 길이, 질량 등 기본적인 개념을 분명히 하고자 학계 차원에서 지속적인 노력을 기하고 있다. 이는 다음 〈표 14-2〉의 국제단위계에서 잘 드러난다.

> 측정의 역사에서 가장 극적인 사건으로 18세기 후반 미터법이 확립된 것을 꼽을 수 있다. 미터법 이전에는 같은 양에 대해서도 상호 연관성이 모자란 수많은 단위가 혼란스럽게 사용되었다. …(중략)… 1875년 맺어진 미터협약으로 이 미터법은 전 세계로 퍼져나갔다. …(중략)… 미터법에서 주목할 만한 것 하나는 이 단위계가 과학자들이 참여하여 확립한 것이라는 점이다. 과학의 발전에 걸림돌이었던 혼란한 단위들을 대신할 과학적인 새로운 단위계를 과학자들이 직접 설계한 것이다. …(중략)… 오늘날 인류가 구가하고 있는 고도의 과학기술 문명이 이 미터법에 힘입은바 절대적이라고 해도 무리는 아닐 것이다 [국제단위계 한국어판 서문 중(한국표준과학연구원, 2020: 3)].

표 14-2 자연과학에서 주요 개념 정의: 국제단위계의 정의

기본량	기본단위	정의
시간	초(s)	초(기호: s)는 시간의 SI 단위이다. 초는 세슘-133 원자의 섭동이 없는 바닥상태의 초미세 전이 주파수 $\Delta\nu_{Cs}$를 Hz 단위로 나타낼 때 그 수치를 9 192 631 770으로 고정함으로써 정의된다. 여기서 Hz는 s^{-1}과 같다.
길이	미터(m)	미터(기호: m)는 길이의 SI 단위이다. 미터는 진공에서의 빛의 속력 c를 m s^{-1} 단위로 나타낼 때 그 수치를 299 792 458로 고정함으로써 정의된다. 여기서 초(기호: s)는 세슘전이 주파수 $\Delta\nu_{Cs}$를 통하여 정의된다.
질량	킬로그램(kg)	킬로그램(기호: kg)은 질량의 SI 단위이다. 킬로그램은 플랑크 상수 h를 J s 단위로 나타낼 때 그 수치를 6.626 070 15×10^{-34}으로 고정함으로써 정의된다. 여기서 J s는 kg m^2 s^{-1}과 같고, 미터(기호: m)와 초(기호: s)는 c와 $\Delta\nu_{Cs}$를 통하여 정의된다.
전류	암페어(A)	암페어(기호: A)는 전류의 SI 단위이다. 암페어는 기본전하 e를 C 단위로 나타낼 때 그 수치를 1.602 176 634×10^{-19}으로 고정함으로써 정의된다. 여기서 C는 A s와 같고, 초(기호: s)는 $\Delta\nu_{Cs}$를 통하여 정의된다.

자료: 한국표준과학연구원(2020) 부분 편집 인용.

물론, 사회과학 영역에서 어떤 개념은 시간에 따라, 또 공동체의 특성에 따라 서로 달리 인식될 수 있어 자연과학과 동일한 수준의 명확화 및 표준화가 어려울 수 있다.

또한 어떠한 경우는 개념의 표준화가 새로운 해석의 여지를 저해한다는 점에서 바람직하지 않을 수 있다. 그러나 학문의 발전을 위해서 기본적인 개념들, 중심적인 개념들의 경우는 사회과학의 주요 학계의 협력적 노력을 통해 명확화 및 표준화가 필요하다. 시간이 흐르면서, 공동체의 구성원들이 변화되면서 개념의 의미도 변화될 수 있으나 변화될 수 있다는 가능성만으로 현 시대에 적합한 학문적 정의를 뒤로 미룰 필요는 없다. 신제도주의에서 활용되는 개념들을 명확하게 정의하고, 표준화한다면 학문의 보급과 이론 발전에 기여할 뿐만 아니라, 개념에 대한 연구 자체를 더욱 활발하게 만들 수 있다.

제2절 제도, 중력: 일반이론을 꿈꾸며

신제도주의는 모든 자연 물체가 '중력'에 영향을 받듯이, 인간은 '제도'에 영향을 받

는다는 점을 강조한다. 제도에 대한 정의는 서로 상이함에도 불구하고 제도가 개인의 선호, 선택, 그리고 행동에 영향을 미치고 혹은 제약한다는 점이다.

진공상태가 아닌 제도의 영향 아래에 있는, 현실의 인간을 다루고 있다는 점에서 신제도주의 접근의 학문적 위치는 매우 공고하며 쉽게 흔들리기 어렵다. 감히 행정학을 넘어 사회과학의 정점, 쿤(T. S. Kuhn)의 표현을 빌려 정상과학(normal science)의 위치에 있다 할 수 있다.

그동안 수많은 신제도주의 연구물들은 지적 호기심을 충족하는 데 크게 기여해 왔다. 그럼에도 불구하고 이론의 핵심 가치인 설명과 예측에 있어서 아쉬움이 남아있는 것은 부정하기 어렵다.

1687년 뉴턴(Issac Newton)은 사과는 왜 떨어지지?, 달은 왜 안 떨어지지?와 같은 근원적 질문에 해답을 찾고자 했고, 이는 중력법칙(law of universal gravity)으로 구현되었다. 뉴턴의 중력법칙은 수백 년이 지난 지금도 가장 중요한 물리법칙이며 자연법칙으로 광범위하게 활용되고 있다. 멀리 있는 행성의 움직임을 예측하고 눈에 보이지도 않는 항성의 질량을 측정하고 화성, 목성 등 태양계 행성들을 탐사하는 탐사선의 중력기동에 활용되기도 한다. 동 법칙의 중요성을 일일이 나열하기 어렵다.

인간을 대상으로 하는 신제도주의 연구가 자연과학의 물리법칙과 동일한 수준의 설명과 예측력을 지닐 수는 없을 것이다. 또한 신제도주의 연구가 반드시 현상을 인과론적으로 설명해야만 하는 것은 아니다. 즉, 현상을 설명하는 것 외에도 현상을 이해하고 현상을 비판하는 것 역시 연구가치를 지니고 있다. 그러나 신제도주의 연구 가치가 높

그림 14-6 중력법칙과 다누리 중력기동

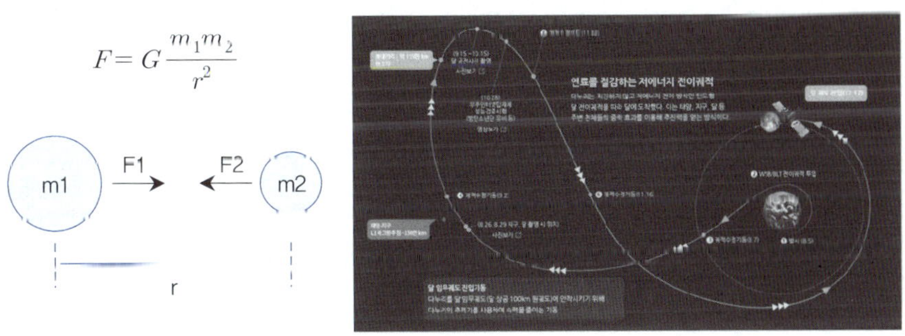

자료: 다누리 중력기동 그림은 한국항공우주연구원(https://www.kari.re.kr/kplo/loadMoon).

아지기 위해서는 지금보다 더욱 높은 설명력과 예측력을 지녀야 한다는 점은 부정할 수 없다.

한편에서 뉴턴의 중력법칙이 현상에 대한 설명과 예측을 넘어 현실의 사람들에게 엄청난 도움을 주는 것처럼 신제도주의 연구 역시 현상에 대한 설명과 예측을 넘어 현실의 인간들에게 도움을 줄 수 있다면 더욱 좋을 것이다. 이는 기존의 다양한 신제도주의 연구가 미지의 영역을 설명해 왔음에도 불구하고, 더욱 연구되어야 하는 이유이기도 하다.

중력은 더 이상 새로운 것이 아니다. 그러나 중력에 대해 우리가 알고 있는 것은 알아야 할 것에 비해 비교할 수 없이 작다.

제도는 더 이상 새로운 것이 아니다. 그러나 제도, 그리고 제도와 인간에 대해 우리가 알고 있는 것은 알아야 할 것에 비해 비교할 수 없이 작다.

참고문헌

[국내 문헌]

강문수(1997). OECD 가입과 금융부분의 정책대응방향. KDI 정책포럼, 123호. 한국개발연구원.

강병호(1997). 부실채권과 부실금융기관의 정리방안. 금융학회지, 2(2): 225-261.

강여진 · 배귀희(2012). 공기업 성과연봉제의 효율적인 제도설계와 운용을 위한 정책적 제언. 한국행정연구, 21(2): 199-238.

강영철 · 이철주(2009). 제도 확산의 영향요인으로서 동형화와 탈정치성에 대한 이해: 정부부처의 BSC 사례를 중심으로. 한국행정논집, 21(3): 1103-1134.

강원도(2008). 미시령 민자터널 국가관리 건의.

강원도민일보(2010.05.19). 서울~춘천 고속도로 적정한 통행료 책정을.

강원일보(2009.11.06). 춘천-서울고속도 통행료 해결될까?.

강윤호(2005). 지방정부간 공유재 갈등의 원인과 해결방안: 거래비용 이론을 통한 부산신항만 관할권 분쟁 사례분석을 중심으로. 한국행정학보, 39(2): 263-285.

강은숙 · 김종석(2013). 공유재의 딜레마상황을 극복하기 위한 또 하나의 길: E. Ostrom의 기여와 남겨진 연구과제들. 한국행정논집, 25(2): 531-557.

건설교통부(2006). 2006 건설교통 민간투자 백서.

경실련(2009). 민간투자사업 최소운영수입보장제 폐지에 대한 경실련 입장.

경실련(2010). 서울 춘천 민자고속도로 추정원가 분석 결과.

경인일보(2008.06.06). 송도매립지 행정구역안 발표.

경인일보(2015.09.10). 신항 관할권 다툼… 서명운동 전면전.

경향신문(2005.07.06). 서울 22개 구청 종부세 폐지 요구.

경향신문(2006.12.15). '종부세 부당' 강남 · 분당 주민 반발 여전.

경향신문(2008.11.07). 종부세 위헌 여부 결정 앞두고 강만수 헌재와 접촉.

경향신문(2005.07.04). 김병준 헌법만큼 바꾸기힘든 부동산 제도 만들 것.

경향신문(2011.05.08). 모피아에 붙어 실리나 챙기자… 금감원 조직에 패배주의 팽배.

고영선(2009). 2009~2013년 국가재정운용계획 총괄 · 총량 분야. 기획재정부 국가재정운용계획 공개 토론회 자료집, 1-48.

골재채취법[법률 제13672호, 2015.12.29].

공공성 강화 공동투쟁본부(2016.07.22). 공공성 파괴하는 일방적인 성과주의 폐지.

공무원보수규정[대통령령 제28211호, 2017.7.26].

공무원 성과평가 등에 관한 규정[대통령령 제27787호, 2017.1.10].

공유수면 관리 및 매립에 관한 법률[법률 제14503호, 2016.12.27].

관계부처합동(2014). 국가 온실가스 감축목표 달성을 위한 로드맵.

교육과학기술부(2011). 2011년도 국립대학 교원 성과급적 연봉제 운영지침.

교육과학기술부(2016). 2016년도 국립대학 교원 성과급적 연봉제 운영지침.

구현우(2009). 역사적 제도주의와 비교정책 연구-제도의 지속성, 변화가능성, 그리고 정책패턴을 중심으로. 한국정책학회보, 18(2): 37-72.

국무총리실 · 기획재정부 · 지식경제부 · 교육과학기술부 · 환경부 · 외교통상부 · 국토해양부(2008). 제1차 국가에너지기본계획(2008~2030).

국세청(2009a). 국세통계연보.

국세청(2009b). 종부세 현황: 세무서별.

국정기획자문위원회(2017). 문재인정부 국정운영 5개년 계획.

국토지리원 고시 제2호(1974.12.19) 1 : 50,000 지형도 도식 적용 규정.

국토지리정보원 고시 제 2015-1530호(2015.7.23) 지형도 도식적용규정.

국토해양부 국회의원 요청자료(2007). 민자사업 참여실적.
국토해양부 보도자료(2008.06.30). 용인-서울고속도로 보조금은 타 민자사업과 달라.
국회예산정책처(2009). 민자유치건설보조금사업평가: 민자고속도로를 중심으로.
국회위원 박남춘 보도자료(2016). 유명무실한 중앙분쟁조정위원회 지난 8년간 지자체간 실익있는 분쟁조정 사실상 1건도 없어[2016 국정감사 보도자료59].
권경득(1996). 한국행정학의 연구경향에 관한 실증적 분석. 한국행정학보, 30(4): 139-153.
권오상(2007). 환경경제학(2판). 박영사.
권향원(2014). 상징주의-해석주의 행정학 연구전략: 신제도주의의 '정당성 관리' 개념을 중심으로. 한국행정학보, 48(3): 121-145.
권형기(2007). 분화하는 대륙형 자본주의: 독일과 네덜란드 비교. 국제정치논총, 47(3): 189-215.
금강신문(2012.04.16). 부사호 간척지경계, 내년 기약해야….
금융감독원(2000)(부산)부일 등 3개 금고에 대한 경영개선명령 유예 및 경영개선요구.
금융감독원(2001a). 현대투신증권(주)에 대한 적기시정조치 적용 유예기한 연장 등.
금융감독원(2001b). 현투증권에 대한 적기시정조치 적용유예기한 연장 등.
금융감독원(2003a). 제일투자증권(주)에 대한 적기시정조치 유예.
금융감독원(2003b). 한국 · 대한 · 동양오리온투자증권(주)에 대한 적기시정조치 적용유예기간 연장.
금융감독원(2004a). 제일투자증권(주)에 대한 적기시정조치 유예.
금융감독원(2004b). 동양오리온투자증권(주)에 대한 적기시정조치 적용 유예기간 연장 주요 내용.
금융감독원(2004c). 한국 · 대한투자증권(주)에 대한 적기시정조치 적용유예기간 연장.
금융감독위원회(1998). 금융감독정책의 선진화 추진상황(건전성감독 강화를 중심으로).
금융감독위원회(1999). 적기시정조치의 개선.
금융감독위원회(2001). 적기시정조치제도 보완을 위한 감독규정 개정.
금융감독위원회(2006). 상호저축은행 적기시정조치 개선방안.
금융감독위원회 · 금융감독원(2002). 제2단계 은행구조조정 추진에 따른 은행경영현황과 적기시정조치 해제 등.
금융산업의 구조개선에 관한 법률[법률 제5496호, 1998.1.8], [법률 제5549호, 1998.9.14], [법률 제10303호, 2010.5.17].
금융위원회(2011a). 부산계열 5개 상호저축은행,(전남)보해상호저축은행 및(강원)도민상호저축은행 등 7개 저축은행에 대한 부실금융기관 결정 및 경영개선명령(영업정지) 부과.
금융위원회(2011b). 7개 상호저축은행에 대한 영업정치 조치 부과 등: 상호저축은행 구조조정 일단락.
금융위원회(2011c). 저축은행비리 의혹 진상규명을 위한 국정조사특별위원회 현황 보고.
금융위원회(2012). 적기시정조치 유예 상호저축은행 등에 대한 점검 결과에 따른 조치 부과
금융위원회 · 금융감독원 · 예금보험공사 · 한국자산관리공사 · 한국금융연구원(2012). 상호저축은행 백서.
금융위원회 금융용어사전.
금융위원회의 설치 등에 관한 법률[법률 제8863호, 2008.2.29].
기획예산처(1999). 1999년도 민자사업 기본계획.
기획예산처(2000). 2000년도 민자사업 기본계획.
기획예산처(2001). 2001년도 민자사업 기본계획.
기획예산처(2002). 2002년도 민자사업 기본계획.
기획예산처(2003). 2003년도 민자사업 기본계획.
기획예산처(2004). 2004년도 민자사업 기본계획. 기획예산처 공고 제2004-7호.
기획예산처(2005). 2005년도 민자사업 기본계획. 기획예산처 공고 제2005-12호.
기획예산처(2006). 2006년도 민자사업 기본계획. 기획예산처 공고 제2006-23호.
기획예산처(2007). 2007년도 민자사업 기본계획. 기획예산처 공고 제2007-25호.

기획재정부(2008). 2008년도 민자사업 기본계획. 기획예산처 공고 제2008-35호.
기획재정부(2008). 외국의 기후변화 대응 현황과 정책적 시사점.
기획재정부(2009a). 2009년도 민간투자사업기본계획. 기획예산처 공고 제2009-162호.
기획재정부(2009b). 사회기반시설에 대한 제2차 민자사업 활성화방안 마련.
기획재정부(2009c). 민자유치 주요 질문모음.
기획재정부(2009d). 민자사업 협약규모.
기획재정부(2009e). 2009년 종합부동산세 납부안내.
기획재정부(2010). 비인기 종목 세제지원 방안 및 종부세 세수 전망.
기획재정부(2012). 「온실가스 배출권의 할당 및 거래에 관한 법률」 국회통과.
기획재정부(2014). 배출권거래제 기본계획.
기획재정부 보도자료(2008). 종합부동산세 개편방안.
김건중(2000). 민자사업 제호의 출범에서 완공까지, 자연과 문명의 조화, 48(12): 29-34.
김경수(2009). 감세의 지방재정 영향 분석: 지역별 재정 감소 및 지방소비세 세입 증가 효과를 중심으로. 예산현안분석, 30. 국회예산정책처
김관보・이선영(2010). 화장장건립 분쟁 사례에 대한 제도론적 고찰: IAD 분석틀의 '부천화장장 게임상황'을 중심으로. 한국행정학보, 44(4): 261-284.
김귀영(2011). 지방의회 연구경향과 향후 연구의제에 관한 고찰. 한국행정학보, 45(2): 83-115.
김난도(1997). 신제도경제학의 제도개념과 정책연구. 한국정책학회보, 6(1): 127-151.
김다은・윤견수(2021) 혁신과 규제 사이의 딜레마: 타다 사례를 중심으로. 정부학연구, 27(1):107-137.
김대식(1995). 금융감독에 관한 종합적 고찰. 금융연구, 9: 179-214.
김동배(2010). 제도적 동형화와 상징적 동조: 연봉제 사례. 노동정책연구, 10(1): 35-66.
김동환(1999). 인과지도를 활용한 정책딜레마 분석: 김대중 대통령의 IMF 대처방안을 중심으로. 한국행정학보, 33(4): 279-296.
김동환(2002). 보호된 가치와 정책 딜레마. 한국정책학회보, 11(1): 27-53.
김동환・조수민(2021). 코로나19 방역을 위한 마스크 정책의 딜레마: 딜레마에 대한 대응과 제도 그리고 표준. 정부학연구, 27(1): 139-158.
김명환(2006). 조직간 제도설계의 다양성에 관한 다수준적 접근방법: 조직사회학적 제도론 관점에서. 한국행정논집, 18(1): 179-203.
김명환(2009). 제도환경에 대한 조직 대응방식으로서의 분리와 위선: 공공기관 혁신평가를 대상으로. 한국행정학보, 43(4): 155-178.
김미연(2010). 지방자치단체의 국제교류 확산과 동형화. 한국거버넌스학회보, 17(3): 61-83.
김민강・박통희(2008). 신자유주의적 인사혁신의 맥락에서 인사공정성과 조직시민행동. 한국행정학보, 42(3): 261-291.
김선명(2007). 신제도주의 이론과 행정에의 적응성. 한독사회과학논총, 17(1): 211-240.
김선혁(2004). 비교정책학의 현재와 미래: 신제도주의, 사회적 구성주의, 신비교행정학을 중심으로. 한국정책학회보, 13(3): 259-278.
김선희(2009a). 비판적 실재론에 의한 제도변화 설명 가능성 탐색: 역사적 제도주의와 비교를 중심으로. 행정논총, 47(2): 338-374.
김선희(2009b). 의료개혁 지체에 대한 행위자 중심 제도주의 분석: 포괄수가제 정책을 중심으로. 한국정책학회보, 18(1): 125-156.
김선희・김현준(2019). 입법 공백과 가치 상충의 딜레마: 베이비박스 사례를 중심으로. 한국행정논집, 31(2): 361-381.
김성진(2009). 체제이행기 러시아 연방관계의 변화와 특징: '경로의존'과 행위자의 선택을 중심으로. 사회이론, 36: 211-239.

김순양(2009). 사회정책과정 분석에서의 제도(Institution) 개념: 한계 및 통합적 개념 틀의 모색. 사회복지정책, 36(3): 1-29.

김영평(1995). 불확실성과 정책의 정당성(제4판). 고려대학교 출판부.

김용건 · 전지영(2010). 온실가스 배출권 초기할당방식에 관한 연구. 한국환경정책평가연구원 연구보고서 2010-18.

김원표 · 박희봉(2009). 정부지출에 따른 재정레짐 유형분류에 관한 연구: OECD 국가를 중심으로. 한국행정학보, 43(2): 309-334.

김윤권(2008). 중국 중앙정부 행위의 제도적 제약: 역사적 제도주의 시각을 중심으로. 한국행정학보, 42(1): 407-434.

김은성(2012). 기후변화재난 정책갈등 연구: 온실가스배출권거래제 갈등을 중심으로. KIPA 연구보고서 2012-28.

김의준(1995). 사회간접자본 시설에 대한 민자유치 적정규모 추정에 관한 연구. 한국정책학회보, 4(1): 165-180.

김인철(1992). 한국 정책학 분야의 연구내용과 그 성격. 한국행정학보, 26(4): 1049-1066.

김정수(2007). 불확실성 결정오차 그리고 제비뽑기의 역설. 한국정책학회보, 16(1): 49-73.

김정완(1994). 지역균형발전을 위한 민간자본의 운용방안: 사회간접자본시설 확충에 대한 민간유치투자촉진법을 중심으로. 한국행정학보, 28(2): 613-627.

김정인(2016). 제도적 동형화 관점에서 바라본 공공기관 성과급 도입의 영향요인 분석. 한국행정논집, 28(4): 575-600.

김종일(2010). 대륙복지국가의 활성화 정책추이에 관한 퍼지집합 이념형 분석. 사회보장연구, 26(2): 253-284.

김종태(1993). 美國 금융당국의 早期是正措置에 관한 고찰. 신용관리.

김창수(2015). 경로의존성과 정책선택의 딜레마: 낙동강수계기금배분의 정치경제. 한국사회와 행정연구, 26(1): 139-163.

김창수(2021). 영풍석포제련소를 둘러싼 딜레마와 정책대응: 기회손실, 지역의존성, 그리고 상징적 대응. 정부학연구, 27(1): 159-187.

김태근 · 김학실(2014). 신제도주의 관점에서 본 독일과 한국 사회적기업의 등장 배경과 의미 비교: 역사적 제도주의와 행위자 중심의 제도주의를 중심으로. 한국비교정부학보, 18(3): 1-33.

김태은(2007). 정부규제의 영향요인에 관한 실증 연구-금융규제 사례 분석 및 다국가 실증분석을 중심으로. 고려대학교 박사학위 논문

김태은(2009a). 제도의 변화와 지속요인에 관한 연구: 한국의 법조인력 양성제도를 중심으로. 한국행정학보, 43(2): 45-72.

김태은(2009b). 제도변화와 대체요인으로서 딜레마 대응에 관한 연구: 신 · 재생에너지 발전차액지원제도를 중심으로. 한국행정학보, 43(4): 179-208.

김태은(2010). 재화의 특성과 제도의 재생산: 민관협력(사회간접자본에 대한 민간투자)을 중심으로. 한국행정학보, 44(2): 137-168.

김태은(2011). 두 가지 환류, 그리고 내생적 제도변화: 종합부동산세를 중심으로. 한국행정학보, 45(2): 27-56.

김태은(2012a). 제도의 유사성과 이질성의 원인에 관한 연구: 직기시성소지제도를 중심으로. 한국행정학보, 46(4): 233-263.

김태은(2012b). 공무원의 이기심에 대한 실증적 분석: 행태경제학의 실험연구방법을 중심으로. 한국정책학회보, 21(4): 377-413.

김태은(2013). 무시된 딜레마의 사회적 비용 발생원인 연구. 한국정책학회보, 22(3): 103-136.

김태은(2014). 행정이론과 정부역할. 대영문화사.

김태은(2015a). 역사적 제도주의 연구 경향과 비판적 논의. 한국행정학보, 49(4): 57-96.
김태은(2015b). 배출권거래제도의 선택과 동형화 메커니즘 연구. 한국정책학회보, 24(2): 57-89.
김태은(2017). 집단행동 딜레마와 제도의 유막 층화: 해상 매립지를 중심으로. 정부학연구, 23(3): 311-350.
김태은(2018). 제도적 특성이 집단행동 딜레마에 미치는 영향: 성과급적 연봉제를 반영한 실험설계. 한국행정학보, 52(3): 87-122.
김태은(2019). 불확실성이 집단행동 딜레마에 미치는 영향. 한국행정학보, 53(1): 161-195.
김태은(2020). 권력 비대칭, 공정성과 집단행동 딜레마. 한국행정학보, 54(2): 115-149.
김태은(2021). 정부규제론. 대영문화사.
김태은(2022a). 정책 딜레마와 제도. 한국행정학보, 56(1): 95-131.
김태은(2022b). 신제도주의 연구: 몇 가지 제언. 2022 한국행정학회 동계학술대회 발표문.
김태은(2023a). 제도와 정책: 신제도주의 연구의 함의. 2023 한국정책분석평가학회 춘계학술대회 발표문.
김태은(2023b). 신제도주의 이론 발전을 위한 비판적 고찰. 2023년 한국행정이론학회 춘계학술대회 발표문.
김태은 · 윤견수(2011). 딜레마 강도와 딜레마 대응에 관한 연구: SSM 사례를 통한 역동적 딜레마 모형의 제시. 한국정책학회보, 20(4): 67-104.
김태은 · 임채홍 · 김나영(2008). 공공부문 성과관리의 적용가능성에 관한 실증적 고찰: 성과와 성과보상간 분석을 통한 증거의 제시. 한국정책학회보, 17(2): 149-180.
김태일 · 김선희(2006). 의료보험 급여제도의 경로의존에 관한 연구. 한국정책과학학회보, 10(4): 41-64.
김학실(2012). 여성정책변동과 연구경향 분석: 네트워크 텍스트 분석을 중심으로. 한국행정학보, 46(2): 241-263.
김헌(2015). 공공기관 경영성과와 기관장의 금전적 보상에 대한 연구. 한국행정학보, 49(1): 245-272.
김혜란(2009). EMU와 이탈리아의 경로변경적 연금개혁: 분절적 균형모델에 대한 비판. 국제지역연구, 18(1): 127-161.
김호균 · 김정인(2013). 미국 NPO 조직에서의 조직공정성, 조직몰입, 조직시민행동간 관계고찰. 한국행정학보, 47(2): 161-187.
김홍범(2007). 금융규제감독의 경과와 개선 과제. 금융연구, 21: 55-123.
김희경(2009). 정부규제기구 변화의 정치: 금융위원회의 사례분석. 한국행정학회 하계학술대회 논문집.
나태준(2007). 정책도구로서의 배출권 거래제도의 작동기제와 적용사례에 관한 연구. 정부학연구, 13(2): 51-73.
나태준 · 정장훈(2006). 싸구려 뷔페식탁?: 2000년대 중반 환경정책연구의 경향과 과제. 한국행정학보, 40(4): 419-447.
남복현(2010). 공유수면 매립지의 경제획정을 둘러싼 법적 분쟁. 헌법학연구, 15: 739-769.
노명순(2006). 대학입학정책 변화요인의 역사적 신제도주의적 분석. 교육행정학연구, 24(3): 236-259.
노종호(2016). 공무원의 성과급과 공공봉사동기가 직무성과에 미치는 영향분석. 한국인사행정학회보, 15(2): 93-123.
노화준(1998). 한국 행정문화의 진화에 대한 복잡성 과학적 해석: 관치경제 · 금융을 중심으로. 한국행정학보, 32(4): 137-156.
뉴스1(2013.11.14). '새만금 관할권' 소송 김제시 · 부안군 패소.
뉴스1(2016.09.23). 헌재, 평택당진항 매립지 관할권 분쟁 공개변론.
당진시대(2015.04.10). 당진항 매립지는 당진 땅 평택당진항 매립지 관할권 분쟁 규탄집회.
대검찰청 저축은행 비리 합동수사단(2012a). 저축은행 비리사건 2차 수사 결과.
대검찰청 저축은행 비리 합동수사단(2012b). 저축은행 비리사건 3차 수사 결과.
대통령 기록관(2009.12.18). 대통령 기록관 이대통령, 당사국 총회에서 'Taking Action Together' 제목으로 기조연설.
대통령비서실(2018a). 문재인 대통령 연설문집 제1권(상).

대통령비서실(2018b). 문재인 대통령 연설문집 제1권(하).
대한민국 정부(2009). 2009년도 수정 예산안.
더불어민주당(2017). 더불어민주당 정책공약집.
동력자원부(1991). 長期電力需給計劃(1991~2006).
동아일보(2005.12.03). 강남구, '종부세 자진 납부' 거부 조장 논란.
동아일보(2006.12.07). 강남주민, 종부세 취소 집단소송.
동아일보(2006.12.12). 강남 종부세 내려라…정부 어림없는 소리.
동아일보(2007.09.13). 노대통령 혁신도시도 대못질.
동아일보(2008.10.16). 강남 아파트 소유자 919명 종부세 취소 무더기 소송.
동아일보(2010.01.20). [강원]서울~춘천 고속도로 '주민 할인카드' 시행.
동아일보(2012.07.26). 검찰 '저축은행 뇌물수수' 이상득 구속기소.
류지성(2016). 권력에 관한 이론적 담론. 한국행정사학지, 39: 27-59.
매일경제(2004.11.13). 지자체 "헌재에 심판청구".
매일경제(2005.08.31). "기득권 저항 정면 돌파로 지지기반 확대."
매일경제(2007.12.03). 빅3 모두 "종부세 손보겠다" 공약.
매일경제(2016.08.16). 권한쟁의 과제는… 大法과 결론 충돌하면 혼란 커 교통정리해야.
매일경제(2017.12.15.). "공무원 성과연봉제 폐지 · 개선?".
매일경제 용어사전.
머니투데이(2009.12.01). 산은-코레일, 인천공항철도 2.5조 PF 약정.
목진휴 · 강근복 · 오철호 · 최영훈 · 홍형득 · 김희경 · 박영원(2005). 한국의 정책연구 지향에 관한 실증분석: Lasswell의 정책 패러다임을 중심으로. 한국정책학회보, 14(3): 131-154.
문태현(2005). 정책담론과정에서 권력불균형의 통제방안. 한국정책학회보, 14(3): 81-101.
민효상(2011). 왜 2009년 공무원연금제도개혁은점진적(moderate) 개혁에 머물렀는가?: 정책결정과정과 정치 · 제도적 특성을 중심으로. 한국정책학회보, 20(1): 333-361.
박경서 · 김정미(1997). 금융환경변화와 금융제도의 안전성. 한국개발연구원.
박길환(2012). 배출권거래의 제도설계 방향설정을 위한 기초모형 연구: 할당 및 지원에 따른 경쟁의 결과를 중심으로. 정부학연구, 18(2): 149-183.
박용성 · 박춘섭(2011). 민간투자 사업 최소수입보장(MRG) 제도의 경로변화 연구: 경로의존모델에 따른 경로시작과 점진적 경로진화. 한국정책학회보, 20(1): 243-268.
박정호(2016). 인지된 성불평등과 공공봉사동기(PSM)에 관한 연구. 한국행정학보, 50(3): 65-100.
박종승(2014). 경찰의 성질별 예산변화에 관한 연구: 단절균형이론을 중심으로. 한국공안행정학회, 23(3): 147-174.
박천오(2005). 한국 정책과정에서의 부처간 권력관계에 관한 실증연구. 행정논총, 43(3): 1-30.
박철희(2010). 정치제도개혁 아이디어의 발흥, 확산, 그리고 제도화: 일본에서의 선거제도개혁을 중심으로. 일본연구논총, 32: 35-61.
박통희 · 김동환(1992). 딜레마와 형식주의. 한국행정학보, 25(4): 45-63.
박효민 · 김석호(2015). 공정성 이론의 다차원성. 사회와이론, 27: 219-260.
발전소주변지역 지원에 관한 법률[법률 제4134호, 1989.6.16, 제정], [법률 제7631호, 2005.7.29, 일부개정], [법률 제8798호, 2007.12.27, 일부개정], [법률 제10499호, 2011.3.30, 일부개정], [법률 제13151호, 2015.2.3, 일부개정], [법률 제17528호, 2020.10.20, 일부개정].
발전소주변지역 지원에 관한 법률 시행령[대통령령 제12950호, 1990.3.8, 제정], [대통령령 제19242호, 2005.12.30, 일부개정], [대통령령 제26221호, 2015.5.1, 일부개정], [대통령령 제31631호, 2021.4.20, 일부개정].
배병룡(1994). 집단행동과 중간조직의 제도 변화: 1983년 한국가톨릭농민의 농협조합장 직선제 실시를 위한

100만인 서명운동을 중심으로. 한국행정학보, 29(4): 1429-1446.
배병룡(2002). 국가, 농협 및 조합원간 관계에서 제도적 구조의 변화: 정치적 · 사회적 · 경제적 위기와 그 매개. 정부학연구, 8(2): 179-215.
배응환(2000). 행정학과 정치학에서 정부와 이익집단관계의 연구경향 분석: 한국행정학보와 한국정치학회보의 비교. 한국행정학보, 34(3): 83-101.
배응환 · 주경일(2012). 정책딜레마와 정부의 선택: 지역간 항명칭과 해상경계 분쟁사례. 행정논총, 50(2): 167-199.
변장흠(1995). 민자유치를 통한 사회간접자본 확충의 성격과 한계. 공간과 사회, 6: 218-236.
변종립(2010). 기후변화대응정책의 정책네트워크 연구: 탄소배출권거래제 도입결정 과정을 중심으로. 에너지경제연구, 9(1): 151-180.
사공영호(2005). 제도의 구조와 구조 변화: 기업 지배구조 제도를 중심으로. 한국행정연구, 14(3): 239-272.
사공영호(2014). 비공식제도: 현상학적 설명. 철학과 현상학 연구, 62: 5-39.
사득환(2003). 불확실성, 혼돈 그리고 환경정책: 시화호 매립사례를 중심으로. 한국정책학회보, 12(1): 223-248.
사회간접자본시설에 대한 민간자본유치촉진법[법률 제4773호, 1994.8.3, 제정], [법률 제5377호, 1997.8.28, 일부개정].
사회간접자본시설에 대한 민간투자법[법률 제5624호, 1998.12.31, 전부개정], [법률 제6776호, 2002.12.11, 일부개정].
사회기반시설에 대한 민간투자법[법률 제7386호, 2005.1.27, 일부개정], [법률 제9282호, 2008.12.31, 일부개정], [법률 제9556호, 2009.4.1, 일부개정].
산업통상자원부(2012). 第1次 電力需給基本計劃(2002~2015年).
산업통상자원부(2014). 제2차 에너지기본계획.
산업통상자원부(2015). 제7차 전력수급기본계획(2015~2029).
산업통상자원부(2016). 고준위방사성폐기물 관리 기본계획(안).
산업통상자원부(2017). 제8차 전력수급기본계획(2017~2031).
산업통상자원부(2019). 제3차 에너지기본계획.
산업통상자원부 보도자료(2014.11.21). 한수원-울진군, 신한울원전 협상 15년 만에 타결.
산업통상자원부 보도자료(2017.10.24). 정부, 신고리 5 · 6호기 건설재개 방침과 에너지전환(탈원전) 로드맵 확정.
산업통상자원부 보도자료(2021.02.22). 신한울 3 · 4호기 공사계획인가기간 '23.12월까지 연장.
산업통상자원부 · 한국수력원자력(2013). 2013 원자력 발전백서.
산업통상자원부 · 한국수력원자력(2016). 2016 원자력 발전백서.
서상민(2015). 대약진운동 시기 중국 계획경제제도의 동학과 경제관료: 역사적 제도주의 시각을 중심으로. 한국동북아논총, 20(1): 25-46.
서울경제(2009.03.29). 민자 SOC사업 '올스톱' 위기.
서울경제(2017.06.02). '원전 정책' 놓고 정부-업계 의견 충돌.
서울신문(2015.12.17). 공무원 성과연봉제 확대.
서울파이낸스(2009.05.11). 인천공항철도 사업 특정업체 특혜 '의혹'.
성지은(2004). 우리나라 기술표준정책의 진화 과정에 대한 분석: 이동통신 기술표준화 과정을 중심으로. 한국사회와 행정연구, 15(3): 181-205.
세계일보(2006.06.25). '모피아'가 몰락한다고… 천만에.
세정신문(2009.12.03). 수요예측 실패한 MRG '세금먹는 하마' 전락.
소영진(1994). 딜레마와 파라독스. 이종범 외. 딜레마이론: 조직과 정책의 새로운 이해, 45-74. 서울: 나남출판.

소영진(1999). 딜레마 발생의 사회적 조건: 위천공단 설치를 둘러싼 지역갈등을 중심으로. 한국행정학보, 33(1): 185-205.

소영진 · 안성민(2011). 형식주의의 재해석: 딜레마 측면에서. 한국행정학보, 45(3): 73-95.

소영진 · 안성민(2021) 딜레마 예방을 위한 제도적 설계. 정부학연구, 27(1): 53-79.

손열(2006). 기술, 제도, 경로의존성: 정보화시대 벤처지원정책의 한 · 일 비교연구. 한국정치학회보, 40(3): 237-262.

송위진(1998). 조직의 딜레마와 대응행동: 한국노총의 '사회적 합의'(1993-1995) 사례분석. 한국행정학보, 32(1): 113-128.

수산업법[법률 제13385호, 2015.6.22].

시사저널(2012.08.01). '모피아' 몰아붙이는 금감원의 젊은 반란.

신고리 5 · 6호기 공론화위원회(2017). 숙의와 경청, 그 여정의 기록: 신고리 5 · 6호기 공론화 백서.

신고리 5 · 6호기 공론화위원회 구성 및 운영에 관한 규정(국무총리훈령 제690호).

신상준 · 이숙종(2016). 정부에 대한 공정성 인식이 정부신뢰에 미치는 영향: 정부성과 만족도의 매개효과에 대한 다중집단 분석을 중심으로. 한국행정학보, 50(2): 1-37.

신용보증기금(2009). 2008 연차보고서.

신용보증기금(www.kodit.co.kr).

신현석 · 전상훈(2007). 교원승진제도 변화에 대한 역사적 신제도주의적 분석: 정책적 시사점의 탐색. 교육행정학연구, 25(3): 129-149.

심상용(2005). 과거 성장전략의 경로의존성과 혁신주도 동반성장의 과제에 관한 연구. 한국정책학회보, 14(4): 223-248.

심영(2006). 금융기관 적기시정조치 제도에 대한 소고. 법학논문집, 30(2): 111-126.

심준섭(2004). 불확실성과 정책오차의 이중성(duality of policy errors). 한국행정학보, 38(6): 131-153.

안도경(2011). 시장-정부 이분법에 대한 비판적 검토: RH Coase와 E. Ostrom의 제도 연구 방법을 중심으로. 정부학연구, 17(1): 35-57.

안병만(1986). 행정학보속에 나타난 한국행정학의 변화. 한국행정학보, 20(2): 359-382.

안성민(2016). 공유수면 매립지 귀속 자치단체 결정에서 해상경계선의 함의: 평택 · 당진항의 사례를 중심으로. 한국행정이론학회 2016 동계학술대회 발표논문집.

안재흥(2010). 정책과정치의 동학, 그리고 제도의 변화: 스웨덴 기업지배구조의 사례. 한국정치학회보, 44(4): 237-264.

안전행정부(2014.07.29). 매립지 등이 속할 지방자치단체 결정 공고. 안전행정부 공고 제2014-263호.

안전행정부 보도자료(2014.09.18). 새만금 방조제는 어느 지역으로 귀속될까?.

양지청(1994). 사회간접자본론: 이론과 정책. 서울프레스.

양채열(2007). 프로젝트 파이낸싱 기법의 활용: 민자유치사업(BTO)에 대한 비판적 검토. 재무연구, 20(2). 125-145.

여영현(2012). 한국과 일본의 지방공기업 이해관계자에 대한 특성연구: 양국의 지하철 공조직을 중심으로. 한국행정학보, 46(1): 181-205.

연합뉴스(1997.01.08). 금융기관 조기시정조치 세부기준 마련키로.

연합뉴스(2009.11.17). 온실가스 감축목표 설정 배경과 의미.

연합뉴스(2017.03.09.). "평택시 귀속 마땅… 충남은 무모한 행위 중단해야."

연합뉴스(2019.10.14). 한수원 "신한울 3 · 4호기는 '보류' 상태, 여러 가능성 있는 것"(종합).

염재호(1994). 국가정책과 신제도주의. 사회비평, 11: 10-33.

염재호(2009). 한일 행정개혁의 비교연구: 정부조직개편의 제도론적 접근. 정부학연구, 15(2): 71-106.

염재호 · 박국흠(1992). 政策의 非一貫性과 딜레마: 제6공화국의 정책대응을 중심으로. 한국행정학보, 25(4): 23-44.

오마이뉴스(2008.09.30). 종부세 완화, 기초지자체 뿔나게 하다!.
오을임 · 김구(2002). 불확실성 상황에서의 의사결정 양상에 관한 실증적 연구. 한국행정학보, 36(3): 77-98.
오재록 · 박치성(2013). 정부조직 개편에 따른 부처 간 네트워크 및 권력관계 변화: 경제부처를 중심으로. 한국행정학보, 47(3): 101-127.
오형나 외 6인(2012). 효과적인 배출권거래제도 운영을 위한 국가 할당계획 수립방안 연구. 한국개발연구원.
온실가스 배출권의 할당 및 거래에 관한 법률 시행령[대통령령 제24180호, 2012.11.15].
온실가스 배출권의 할당 및 거래에 관한 법률[법률 제11419호, 2012.5.14].
온실가스종합정보센터(2014). 2013년도 국가 온실가스 인벤토리 보고서.
우양호(2008). 공유자원 관리를 위한 제도적 장치의 성공과 실패요인: 부산 가덕도 어촌계의 사례비교. 행정논총, 46(3): 173-204.
원시연(2006). 여성정책담당 중앙행정기구 개편의 원인과 업무수행 방식의 변화에 관한 연구. 행정논총, 44(2): 81-112.
유금록(2007). 한국과 일본의 중앙정부 세출예산에 있어서 단절균형 분석. 정책분석평가학회보, 17(3): 221-249.
유영철(2007). 사회기반시설의 확충을 위한 민간투자 정책개발에 관한 연구. 한국정책학회보, 17(2): 1-31.
유진숙(2009). 러시아의 선거제도개혁: 권력관계, 확산, 제도변화. 국제정치논총, 49(4): 165-190.
윤견수(1992). 조직의 딜레마에 대한 상징적 반응: 전국교직원 노동조합의 딜레마를 중심으로. 한국행정학보, 26(4): 1257-1280.
윤견수(1997). 정당성의 논리와 중간조직의 딜레마. 한국행정학보, 31(2): 93-109.
윤견수(2001). 선택상황의 구성 방식과 의사결정자의 딜레마. 한국정책학회보, 10(1): 5-30.
윤견수(2006). 정부의 결정을 딜레마 상황으로 가게 하는 요인과 그에 대한 대응책에 관한 연구. 한국행정연구, 15(1): 71-100.
윤성채(2014). 정부예산 결정이론의 적합성 검증. 한국행정논집, 26(2): 135-161.
은행법[법률 제4468호, 1991.12.31].
은행업감독규정[2010.11.05. 금융위원회 제2010-39호], 은행업감독규정 [2001.12.19. 금융위원회 제2001-105호], 상호저축은행업 감독규정[금융위원회고시 제2012-4호, 2012.1.17].
이데일리(2003.12.31). (대체)삼성물산, 신공항지분매각 대금 807억 입금.
이데일리(2009.11.17). 윤증현 온실가스 의사결정 문제 지적… MB 공감.
이명박 대통령 제58차 라디오 · 인터넷 연설문(2011.02.07).
이명석(1995). 공유재 문제의 자치적 해결 가능성. 한국행정학보, 29(4): 1291-1312.
이명석(2006). 제도, 공유재 그리고 거버넌스. 행정논총, 44(2): 247-275.
이명석 · 오스트롬 · 워커(2004). 제도, 이질성, 그리고 사회적 딜레마 상황에서의 협동가능성. 한국행정학보, 38(1): 1-21.
이수영(2011). Mission Impossible? 공무원 성과급의 이상 조건과 현실 상황의 괴리 분석. 한국인사행정학회보, 10(3): 75-102.
이영철(2021) 결정의 엣센스, 제4시각: 딜레마 관점에서 본 큐바 미사일 위기. 정부학연구, 27(1): 81-106.
이영환 · 신영임(2009). 2008년 이후 세제개편의 세수효과. 경제현안분석, 41. 국회예산정책처.
이유재 · 전호성(2010). 지각된 불확실성이 프레이밍 효과에 미치는 영향. 경영학연구, 39(4): 939-962.
이유현 · 권기헌(2013). 배출권거래제 도입의 정책형성과정 연구: 옹호연합모형(ACF)과 사회연결망분석(SNA)를 중심으로. 한국정책학회보, 22(3): 1-29.
이재술 · 이민창(2014). 경로의존인가 경로진화인가?: 소득보장정책 변동과정의 사례분석. 한국행정논집, 26(2): 265-292.
이종범(1986). 국민과 정부관료제. 서울: 고려대학교 출판부.
이종범(2005). 불확실성, 모호성과 딜레마 상황하에서 절차적 합리성의 탐색. 행정논총, 43(4): 1-27.

이종범(2008). 형식주의의 재음미: 딜레마와 상징적 형식주의. 정부학연구, 14(3): 5-34.
이종범(2018). 공공성 확보를 위한 정부의 역할과 행정학의 과제: 딜레마 이론의 관점에서. 한국행정학보, 52(4): 3-24.
이종범·안문석·이정준·윤견수(1991). 정책분석에 있어서 딜레마 개념의 유용성. 한국행정학보, 25(4): 3-22.
이종수(2012). 정부는 공정한가? 대영문화사.
이준구(2010). 미시경제학(제5판). 법무사.
이준구(2017). 이준구 교수의 인간의 경제학. 알에치코리아.
이준호·정윤길(2010). 중국의 재정제도 변화과정분석: 역사적 제도주의 관점을 중심으로. 한국행정논집, 22(4): 1133-1163.
이창길(2008). 세계화 과정에서 정책의 동형화(Isomorphism) 메커니즘 분석: 인력감축, 정보공개 및 민영화 사례를 중심으로. 행정논총, 46(4): 1-26.
이창수·김남일(2010). 한국의 온실가스 감축 비용에 대한 연구: 국제배출권거래제와 주력 감축부문 선정을 중심으로. 대외경제연구, 14(2): 197-233.
이창원·전주상(2004). 한국 행정조직론 분야 실증적 연구결과의 문화방임 및 구속적 경향 분석. 한국행정학보, 38(2): 245-268.
이창원·최창현(2008). 새조직론(개정판). 대영문화사.
이춘원·최명순·김진(2013). 해상 행정경계획정 기준에 관한 연구. 한국지적학회지, 29(1): 185-201.
이투데이(2011.06.15). 막강 파워 '모피아' 산하기관·금융계 접수.
이투데이(2012.06.20.). 은행·협회 등 금융권 곳곳, 다시 '모피아' 전성시대.
이해영·허만용(2010). 미국정책학 수용을 중심으로 본 한국정책학의 연구 경향. 한국정책학회보, 19(3): 1-29.
이혜영(2004). 금융규제개혁 과정에서 규제관용에 관한 연구: LG카드 사례를 중심으로. 한국행정학보, 38(5): 125-146.
이혜영(2005). 금융규제정책 변동에 있어서 제도적 제약에 관한 연구-규제기관의 제도적 구조와 관행을 중심으로, 한국정책학보, 14(1): 1-27.
이혜영(2012). 탄소배출권거래제 도입 방안에 관한 연구: 규제정책수단 혼합의 관점에서. 한국공공관리학보, 26(2): 89-112.
이혜훈(2008). 말로만 민자사업, 실제는 국가재정사업, 기획재정위원회 보도자료.
이홍규(2011). 중국기업 연구의 또 다른 시각: '역사적제도주의' 정치학과 '맞물림'의 정치경제. 현대중국연구, 12(2): 381-436.
인사혁신처(2017a). 2017 공무원보수 등의 업무지침.
인사혁신처(2017b). 2016 인사혁신 백서
인사혁신처 보도자료(2015.12.07). 공무원 보수 직무와 성과중심으로.
인사혁신처 보도자료(2016.01.05). 공무원 보수·수당 규정 개정.
인사혁신처 홈페이지(http://www.mpm.go.kr/mpm/info/infoBiz/BizPay/bizPay02/).
인사혁신처·행정자치부(2017). 공무원 보수제도 개정사항 권역별 설명회 자료집.
인천김포고속도로(주)(2009). 실시계획 승인신청서.
임완재·오영균(2014). 군 구조정책의 변화요인에 관한 사례연구. 한국사회와 행정연구, 24(4): 53-80.
임의영(2005) 비판적 권력이론의 가능성 모색. 한국행정논집, 17(4): 1137-1150.
임의영(2016). 행정과 정의, 한국행정학보, 50(4): 63-89.
장시오(2005). 김대중 정부의 벤처기업 지원정책에 관한 고찰: 산업정책의 부활인가 혹은 '촉매적' 정부의 새로운 역할인가. 한국행정학보, 12(2): 89-110.
장지호(2009). 역사적 제도주의의 적용과 극복, 박종민·정무권(편). 한국행정연구: 도전과 과제, 224-252.

박영사
장하준(1996). 경제학의 최근 연구 동향: 제도경제학의 최근 동향. 경제학연구, 44(1): 1191-1221.
장훈(2009). 정치개혁의 사상: 규범, 이익, 경로의존의 조정자 2004년 지구당 폐지의 경우. 21세기정치학회보, 19(3): 121-144.
재정경제부(1998). IMF 4/4분기 의향서 내용.
재정경제부(1999). '99년도 제1차 IMF협의 동의서 내용.
재정경제원(1997a) 금융시장 안정 및 금융산업구조조정을 위한 종합대책.
재정경제원(1997b). IMF 자금지원 합의내용.
저탄소 녹색성장 기본법[법률 제9931호, 2010.1.13].
전경련 외(2014). 국가 배출권 할당계획에 대한 산업계 공동 성명서.
전국시장·군수·구청장협의회(2004.10.19). 집값 안정과 국가균형발전을 위한 기초자치단체장의 결의문(종합부동산세의 지방세 도입을 위한 결의문). 제18차 공동회장단회의.
전기사업법[법률 제953호, 1961.12.31, 제정], [법률 제2509호, 1973.2.8], [법률 제4214호, 1990.1.13], [법률 제6283호, 2000.12.23], [법률 제8194호, 2007.1.3], [법률 제12816호, 2014.10.15], [법률 제13858호, 2016.1.27], [법률 제18280호, 2021.6.15].
전기사업법 시행령[대통령령 제27927호, 2017.3.2], [대통령령 제31630호, 2021.4.20], [대통령령 제31742호, 2021.6.8].
전기사업법[법률 제12816호, 2014.10.15] 개정이유.
전력거래소(2017). 발전소 건설사업 추진현황(2017년도 2분기).
전력거래소(2019). 발전소 건설사업 추진현황(2019년도 1분기).
전력거래소(2021). 발전소 건설사업 추진현황(2021년도 1분기).
전북도민일보(2016.06.24). 새만금 중심도시로 우뚝 선 김제<민선6기 전반기 결산>.
전선애(2006). 적기시정조치제도의 의의와 개선방안. 규제연구, 15(1): 73-104.
정광호·김철(2006). 미국 규제기관의 리스크 관리행태: 불확실성과 정치영향에 따른 제약을 중심으로. 한국조직학회보, 3(2): 27-55.
정범진·고경민(2013). 이명박 정부에서의 원자력 행정체제 변화: 안전규제 강화인가 원전수출 촉진인가. 21세기정치학회보, 23(2): 143-168.
정병걸(2004). 동형화를 통한 정책이전과 공기업 민영화: 한국전력공사 민영화 사례를 중심으로. 행정논총, 42(4): 107-132.
정용덕 외(1999). 신제도주의 연구. 대영문화사.
정창훈·금현섭(2014). 부처별 예산에 근거한 우리나라 예산 변동률의 특성 분석: 1966년~2006년 일반회계 예산을 중심으로. 한국행정학보, 48(2): 55-80.
정창호·신현중·박치성(2011). 국가협약에 따른 정책이전 효과에 대한 연구: 교토의정서 부속서 I 국가들의 탄소배출량을 중심으로. 한국정책학회보, 20(4): 27-65.
제이경인연결고속도로(주)(2009). 실시계획 승인신청서.
제이서해안고속도로(주)(2008). 실시계획 승인신청서(보완).
조경호·주재복(1994). 딜레마적 정책결정 상황하의 정부의 전략적 대응과 선택에 관한 연구: 쌀시장 개방정책을 중심으로. 한국행정연구, 3(1): 1144-1169.
조선일보(2012.05.09). [저축은행 사태] 금융과 무관한 검·경 前간부(구자희 前부장검사·김정식 前경찰대학장), 미래저축銀 사외이사 재직.
조성민·박광수(2020). 발전부문 지역자원시설세 개선 연구. 에너지경제연구원 기본연구보고서 20-06.
조세일보(2008.11.10). 시·군·구청장協 "종부세 완화 지방대책 필요".
조영훈·심창학(2011). 탈산업화와 복지국가의 변모: 신제도주의에 대한 평가. 사회복지정책, 38(3): 105-129.

조정원(2011). 중국에서의 환경정책 도입 및 확산의 실패와 한계: 탄소배출권 거래를 중심으로. 신상범(편). 동아시아에서 정책의 이전과 확산, 55-94. 서울: 사회평론.

조찬수(2003). 전후 국제경제 질서의 국내정치적 기반: 내장된 자유주의에 대한 하나의 역사 제도주의적 설명. 한국정치학회보, 37(2): 307-324.

종합부동산세법[법률 제7328호, 2005.1.5, 제정].

종합부동산세법[법률 제7836호, 2005.12.31, 일부개정].

종합부동산세법[법률 제9273호, 2008.12.26, 일부개정].

주경일 · 이철주(2005). 우리나라 교육정보관리체제의 역사적 변화과정 연구: 역사적 제도주의 보완의 관점에서. 정부학연구, 11(1): 201-241.

주상현(2002). 한국 행정학 연구경향의 실증적 분석: 최근 7년(1995~2001)간 한국행정학보 기고논문을 중심으로. 한국행정학보, 36(3): 39-55.

주성돈(2011). 원자력발전정책의 변동과정 연구: 역사적 제도주의 관점에서. 한국사회와 행정연구, 22(3): 153-182.

주혜정(2009). 과학기술정책수용의 제도적 맥락과 상이성: 한국과 미국의 R&D 성과평가제도의 비교를 중심으로. 한국정책학회보, 18(3): 121-158.

중도일보(2017.01.04). 쌍코피 터트리고 잘 지내자?… 땅만 돌려주면 자연히 상생.

중부매일(2016.09.26.). "새로운 대한민국을 위해 충남이 제안합니다".

지방교부세법[법률 제7333호, 2005.1.5, 일부개정], [법률 제7844호, 2005.12.31, 일부개정].

지방교부세법 시행규칙[행정자치부령 제305호, 2005.12.1, 일부개정].

지방교부세법 시행령[대통령령 제19146호, 2005.11.30, 일부개정], [대통령령 제20444호, 2007.12.13, 일부개정], [대통령령 제21976호, 2010.1.1, 일부개정], [대통령령 제22178호, 2010.5.31, 일부개정].

지방세법[법률 제4415호, 1991.12.14], [법률 제7843호, 2005.12.31], [법률 제10221호, 2010.3. 31], [법률 제14116호, 2016.3.29], [법률 제18294호, 2021.7.8].

지방세법[법률 제9924호, 2010.1.1, 일부개정].

지방자치단체 기금관리기본법[법률 제9927호, 2010.1.1, 일부개정].

지방자치단체 기금관리기본법 시행령[대통령령 제22024호, 2010.2.8, 일부개정].

지방자치법[법률 제32호, 1949.7.4, 제정], 지방자치법[법률 제4004호, 1988.4.6], [법률 제8852호, 2008.2.29], [법률 제14197호, 2016.5.29].

지방재정법[법률 제8174호, 2007.1.3], [법률 제10219호, 2010.3.31], [법률 제14113호, 2016.3.29], [법률 제14113호, 2016.3.29], [법률 제17892호, 2021.1.12].

진상현(2009). 한국 원자력 정책의 경로의존성에 관한 연구. 한국정책학회보, 18(4): 133-144.

채경진(2013). 우리나라 문화행정연구의 경향 분석. 한국행정학보, 47(4): 313-344.

천세봉 · 하연섭(2013). 과학기술정책 거버넌스 변동에 관한 신세노수의 분석: 노무현 정부와 이명박 정부를 중심으로. 한국정책학회보, 18(3): 121-158.

청와대(2017.06.19). 고리 1호기 영구 정지 기념행사 기념사

청와대(2017.10.22) 신고리 5·6호기 공론화 결과 관련 입장문.

청와대(2020.01.07). 문재인 대통령 2020년 신년사.

최낙범 · 엄석진(2013). 조직공정성 인식이 조직몰입에 미치는 영향. 한국행정학보, 47(3): 181-212.

최병두(2007). 도시 인프라 시설을 위한 민자 유치: 대구시 범안로 민자도로의 운영 실태와 대책. 한국지역지리학회지, 13(6): 674-694.

최연식 · 황인이 · 윤주철(2015). 공공기관 경영실적 평가제도에서 목표설정에서의 불확실성이 공공기관의 노력 감소 인센티브에 미치는 영향. 한국행정학보, 49(3): 219-246.

최영준 · 전미선 · 윤선예(2016). 불확실성을 대처하는 증거영향행정: 멘탈모델, 증거, 불확실성의 상호관계에 대한 서설적 이해. 한국행정학보, 50(2): 243-270.

최영출 · 박수정(2011). 한국행정학의 연구경향 분석: 네트워크 텍스트 분석방법의 적용. 한국행정학보, 45(1): 123-138.
최원성 · 하근철 · 이상훈(1996), 은행의 건전경영을 위한 조기시정조치제도. 조사통계월보.
최정규 · 안도경(2013). 반사회적 처벌, 그리고 정상적 처벌과 협조적 전략의 공진화. 사회경제평론, 41: 69-96.
최종원(1999). 불확실성하에서의 정부의 규제정책결정의 한계: '잘못된 긍정'의 오류 최소화전략의 문제점과 대안적 전략. 한국행정학보, 33(4): 259-278.
최진응(2014a). 정치체제의 변화와 방송제도 개편: 1987년 민주화와 한국방송제도의 변화를 중심으로. 한국행정연구, 23(1): 161-180.
최창수(2008). 행정개혁, 절반의 성공: 신제도주의 동형화 관점에서의 사례분석. 한국사회와 행정연구, 19(3): 1-23.
최창호(2009). 지방자치학(제6판). 삼영사.
하미승 · 강인호 · 최준호 · 권용수 · 황성원(2004). 공무원 성과상여금제도의 효과성 및 발전방안 연구. 한국사회와 행정연구, 15(2): 1-22.
하민철 · 윤견수(2010). 메타프레임으로서 녹색성장(Green Growth) 정책: 딜레마 대응 방안으로서 메타프레임 구성. 한국정책학회보, 19(1): 101-126.
하연섭(1992). 산업화 전략의 변화와 재정 · 금융정책의 정치경제. 한국행정학보, 26(4): 1165-1181.
하연섭(1999). 역사적 제도주의. 정용덕(외). 신제도주의 연구, 9-36. 대영문화사.
하연섭(2002). 신제도주의의 최근 경향: 이론적 자기 혁신과 수렴. 한국행정학보, 36(4): 339-360.
하연섭(2003). 제도분석, 이론과 쟁점. 다산 출판사.
하연섭(2006a). 신제도주의의 이론적 진화와 정책연구(2006). 행정논총, 44(2): 217-246.
하연섭(2006b). 정책아이디어와 제도변화: 우리나라에서 신자유주의적 해석과 적용을 중심으로. 행정논총, 44(4): 1-27.
하태권(1995). 한국인사행정의 실증적 연구에 대한 고찰: 연구경향과 연구결과를 중심으로. 한국행정학보, 29(4): 1463-1483.
하태수(2002). 제도의 이전 , 토착화 그리고 신제도주의. 행정논총, 40(1): 45-69.
하태훈(2008). 구조적 부패취약분야의 투명성 제고 전략: 법조분야. 국민권익위원회. 국가경쟁력 제고를 위한 반부패 · 청렴 정책 방향심포지엄 자료집, 154-164.
하혜수 · 양덕순(2007). 공무원 정원관리제도의 경로의존성 연구: 지방자치단체의 총액인건비제를 중심으로. 행정논총, 45(2): 127-153.
하혜수 · 정광호(2014). 성과중심 보수제의 효과 분석: 국내 11개 공공기관의 성과급을 중심으로. 행정논총, 52(3): 145-177.
한겨레(2006.05.19). 노대통령 지금 태연하지만… 종부세 한번 내보십시오.
한겨레(2006.06.26). 한국경제 쥐락펴락 '모피아'의 마법.
한겨레(2007.12.03). 이명박 · 정동영 1주택 장기보유자 인하.
한겨레(2009.12.03). 민자사업 주민고통 큰데 관료들 '나몰라라'.
한겨레(2010.12.03). 김제시 · 부안군 '새만금 소송'.
한겨레(2017.10.10). 문 대통령 신고리 공론화, 민주주의 더욱 성숙시켜.
한국개발연구원(2004). 금융기관 적기시정조치의 실효성 제고방안 연구.
한국경제(2011.11.17). 모피아 중심 경제권력 장악 큰 목소리.
한국교육신문(2016.03.18). 국립대 정년트랙 교수 성과연봉 차등폭 확대.
한국은행(1996). 은행의 건전경영을 위한 조기시정조치제도. 한국은행 조사통계월보 6월호.
한국은행(1997). 주요 조기시정조치제도의 주요내용과 정책적 시사점. CAMEL평가제도와 비교를 중심으로. 업무참고자료 97-1.

한국은행(1999). 우리나라의 금융제도.
한국은행(2011). 우리나라 금융제도.
한국일보(2008.10.28). 정부 "종부세는 위헌" 헌재에 의견 제출.
한국표준과학연구원(2020). 국제단위계(9판).
한국해양수산개발원 · 한국지방행정연구원(2003). 해상경계설정방안 연구.
한석태(2005). 정책결과예측의 불확실성과 대응방법의 유형화에 관한 소고. 한국사회와 행정연구, 15(4): 227-250.
한선경(2012). 광역지방정부지출의 변동패턴과 영향요인에 관한연구. 한국행정연구, 21(3): 99-124.
한승주(2010). 성과급제도에 대한 공무원의 대응: 근거이론의 적용. 한국행정학보, 44(4): 29-58.
한진이 · 윤순진(2011). 온실가스 배출권 거래제도 도입을 둘러싼 행위자간 정책네트워크: 사회연결망 분석을 중심으로. 한국정책학회보, 20(2): 81-108.
항만법 [법률 제13797호, 2016.1.19].
행정안전부(2010). 2010년도 지방교부세 산정해설.
행정안전부(2018). 2018 지방세통계연감.
행정안전부 · 기획재정부 · 인사혁신처(2017). '17년 총액인건비제 세부 운영지침.
행정안전부 보도자료(2008.09.25). 지방자치단체의 명칭 · 구역 변경절차 개선.
행정안전부 보도자료(2009a). 경제회복을 위한 부동산교부세 자금 추가배정.
행정안전부 보도자료(2009b). 2010년부터 지방소비세 · 지방소득세 도입.
행정안전부 보도자료(2010.10.27). 새만금방조제 일부구간, 군산시 관할로 결정.
행정안전부 보도자료(2013.01.29). 행안부, 부산신항만 부지, 부산 · 경남간 경계조정 추진.
행정자치부 보도자료(2015.04.13). 평택 · 당진항 매립지, 평택과 당진으로 분할하여 귀속.
행정자치부 보도자료(2015.10.26). 새만금 1 · 2호 방조제구간, 부안군과 김제시로 분할 결정.
행정자치부 보도자료(2015.12.21). 인천 송도 10공구 매립지 일원, 연수구 관할로 결정.
행정자치부 보도자료(2016.04.25). 송도 11-1공구 및 새만금 산업단지 1 · 2공구 매립지 관할 결정.
허가형(2014). 원자력 발전비용의 쟁점과 과제. 국회예산정책처 사업평가현안분석 50호.
허만형(2009). 방법론적 관점에서의 한국정책학 연구경향에 관한 연구. 한국정책학회보, 18(1): 29-46.
헌법[1987.10.29, 전부개정].
헌법재판소(1994). 토지초과이득세법 제10조 등 위헌소원, 토지초과이득세법 제8조 등 위헌소원(병합)(1994. 7.29. 92헌바49 · 52(병합) 헌법재판소 전원재판부).
헌법재판소(2004). 2000헌라2. 당진군과 평택시간의 권한쟁의. 판례집, 16(2): 404-468.
헌법재판소(2006). 2003헌라1. 광양시등과 순천시등간의 권한쟁의. 판례집, 18(2): 319-355.
헌법재판소(2008). 구 종합부동산세법 제5조 등 위헌소원 등(2008.11.13. 2006헌바112, 2007헌바71 · 88 · 94, 2008헌바3 · 62, 2008헌가12(병합) 전원재판부)
헌법재판소(2010). 2005헌라9, 2007헌라1 · 2(병합). 경상남도 등과 정부 등 간의 권한쟁의. 판례집, 22(1): 374-416.
헌법재판소(2011). 2009헌라3. 인천광역시 중구와 인천광역시 등 간의 권한쟁의. 판례집, 23(2): 513-532.
헌법재판소(2015). 2010헌라2. 홍성군과 태안군 등 간의 권한쟁의. 판례집, 27(2): 54-84.
헌법재판소(2016). 2013헌바436. 수산업법 제97조 제1항 제2호 등 위헌소원, 공보 243호 70-71.
홍성만 · 염재호 · 최흥석(2007). 한국 중앙재정기구의 형성과 변화과정: 미군정이후 조직적 기제의 기능변화를 중심으로. 정부학연구, 13(2). 251-288.
홍성만 · 주재복(2003). 자율규칙형성을 통한 공유재 관리: 대포천 수질개선사례를 중심으로. 한국행정학보, 37(2): 469-494.
홍성웅(2006). 사회간접자본의 경제학. 박영사.
홍영득(2015). 최근 한국 정책학 연구의 경향과 특징의 네트워크 분석: 10년(2003~2012)간 정책학회보 게재

논문을 중심으로. 한국정책학회보, 24(1): 27-51.
홍윤(2017). 홍훈교수의 행동경제학 강의. 서해문집.
환경부(2014). 온실가스 배출권거래제 제1차 계획기간(2015년~2017년) 국가 배출권 할당계획.
환경부 보도 설명자료(2014). '14.12.2(화) 발표된 배출권거래제 기업별 할당에 대한 경제계 공동논평에 대하여 다음과 같이 설명합니다.

[국외 문헌]

Adams, J. S.(1965). Inequity in Social Exchange. In L. Berkowitz(Ed.). Advances *in Experimental Social Psychology*, Vol.2: 267-299. Academic Press.

Aldrich, H.(1979). *Organization and Environments*. Englewood Cliffs, NJ: Prentice-Hall.

Aldy, J. E., & Stavins, R. N.(2012). The Promise and Problems of Pricing Carbon: Theory and Experience. *The Journal of Environment & Development*, 21(2): 152-180.

Alexander, G.(2001). Institutions, Path Dependence, and Democratic Consolidation, *Journal of Theoretical Politics*, 13(3): 249-270.

Altshuler, A., & Luberoff, D.(2003). *Mega-Projects*. Washington, DC: Brookings Institution Press.

Anderson, C. M., & Putterman, L.(2006). Do Non-Strategic Sanctions Obey the Law of Demand? The Demand for Punishment in the Voluntary Contribution Mechanism. *Games and Economic Behavior*, 54(1): 1-24.

Anderson, D. M., & Edwards, B. C.(2015). Unfulfilled Promise: Laboratory Experiments in Public Management Research. *Public Management Review*, 17(1): 1518-1542.

Andreoni, J.(1988). Why Free Ride? Strategies and Learning in Public Goods Experiments. *Journal of Public Economics*, 37: 291-304.

Andreoni, J., & Gee, L. K.(2012). Gun for Hire: Delegated Enforcement and Peer Punishment in Public Goods Provision. *Journal of Public Economics*, 96(11-12): 1036-1046.

Andreoni, J., Harbaugh, W., & Vesterlund, L.(2003). The Carrot or the Stick: Rewards, Punishments, and Cooperation. *American Economic Review*, 93(3): 893-902.

Andrew, B.(2008). Market Failure, Government Failure and Externalities in Climate Change Mitigation: The Case for a Carbon Tax. *Public Administration and Development*, 28(5): 393-401.

Araral, E.(2014). Ostrom, Hardin and the Commons: A Critical Appreciation and a Revisionist View. *Environmental Science & Policy*, 36: 11-23.

Ariely, D., Bracha, A., & Meier, S.(2009). Doing Good or Doing Well? Image Motivation and Monetary Incentives in Behaving Prosocially. *American Economic Review*, 99(1): 544-555.

Arkes, H. R., & Ayton, P.(1999). The Sunk Cost and Concorde Effects: Are Humans Less Rational than Lower Animals? *Psychological Bulletin*, 125(5): 591-600.

Arkes, H. R., & Blumer, C.(1985). The Psychology of Sunk Cost. *Organizational Behavior and Human Decision Processes*, 35(1): 124-140.

Arrow, K. J.(1974). Limited Knowledge and Economic Analysis. *American Economic Review*, 64(1): 1-10.

Arthur, W. B.(1989). Competing Technologies, Increasing Returns, and Lock-in by Historical Events, *Economic Journal*, 99(394): 116-131.

Arthur, W. B.(1994). *Increasing Returns and Path Dependence in the Economy*. Ann Arbor: University of Michigan Press.

Ashworth, R., Boyne, G., & Delbridge, R.(2009). Escape from the Iron Cage? Organizational Change and

Isomorphic Pressures in the Public Sector. *Journal of Public Administration Research and Theory*, 19: 165-187.

Asiskovitch, S.(2009). Digging their Own Graves: Unexpected Consequences of Institutional Design and Welfare State Changes. *Social Policy & Administration*, 43(3): 226-244.

Auerswald, H., Schmidt, C., Thum, M., & Torsvik, G.(2018). Teams in a Public Goods Experiment with Punishment. *Journal of Behavioral and Experimental Economics*, 72: 28-39.

Axelrod, R.(1984). *The Evolution of Cooperation*. New York, NY: Basic Books.

Axelrod, R.(1986). An Evolutionary Approach to Norms. *American Political Science Review*, 80(4): 1095-1111.

Axelrod, R.(1997). *The Complexity of Cooperation: Agent-Hased Models of Competition and Collaboration*. Princelon, NJ: Princeton University Press.

Azari, J. R., & Smith, J. K.(2012). Unwritten Rules: Informal Institutions in Established Democracies. *Perspectives on Politics*, 10(1): 37-55.

Baldwin, R.(2008). Regulation Lite: The Rise of Emissions Trading. *Regulation and Governance*, 2(2): 193-215.

Balliet, D.(2010). Communication and Cooperation in Social Dilemmas: A Meta-analytic Review. *Journal of Conflict Resolution*, 54(1): 39-57.

Balliet D., Li, N. P., & Joireman, J.(2011). Relating Trait Self-Control and Forgiveness within Prosocials and Proselfs: Compensatory versus Synergistic Models. *Journal of Personality and Social Psychology*, 101(5): 1090-1105.

Balliet, D., Mulder, L. B., & Van Lange, P. A.(2011). Reward, Punishment, and Cooperation: A Meta-analysis. *Psychological Bulletin*, 137(4): 594-615.

Barzelay, M., & Gallego, R.(2006). From New Institutionalism to Institutional Processualism: Advancing Knowledge about Public Management Policy Change. *Governance: An International Journal of Policy, Administration, and Institutions*. 19(4): 531-557.

Bates, R., Greif, A., Levi, M., Rosenthal, J. L., & Weingast, B.(1998). *Analytic Narratives*. Princeton, NJ: Princeton University Press.

Battig, M. B., & Bernauer, T.(2009). National Institutions and Global Public Goods: Are Democracies More Cooperative in Climate Change Policy? *International Organization*, 63(2): 281-308.

Baumgartner, F. R., & Jones, B. D.(1993). *Agendas and Instability in American Politics*. Chicago, Chicago University Press.

Baumgartner, F. R., & Jones, B. D.(2002). *Policy Dynamics*. Chicago: University of Chicago Press

Beckert, J.(2010). Institutional Isomorphism Revisited: Convergence and Divergence in Institutional Change. *Sociological Theory*, 28(2): 150-166.

Béland, D.(2007). Ideas and Institutional Change in Social Security: Conversion, Layering, and Policy Drift. *Social Science Quarterly*, 88(1): 20-38.

Bell, R. G.(2003): Choosing Environmental Policy Instruments in the Real World. In OECD. *Greenhouse Gas Emissions Trading and Project-based Mechanisms*, 69-90. Paris.

Bellé, N.(2015). Performance-Related Pay and the Crowding Out of Motivation in the Public Sector: A Randomized Field Experiment, *Public Administration Review*, 75(2): 230-241,

Benston, G. J., & Kaufman, G. G.(1988). *Risk and Solvency Regulation of Depositor Institutions: Past Policies and Current Options*. Salomon Brothers Center, Graduate School of Business, New York University, New York.

Berger, P. L., & Luckmann, T.(1967). *The Social Construction of Reality*. New York: Doubleday.

Berman, S.(1998). Path Dependency and Political Action-Reexamining Responses to the Depression. *Comparative Politics*, 30(4): 379-400.

Bertelli A. M.(2006). Motivation Crowding and the Federal Civil Servant: Evidence from the US Internal Revenue Service. *International Public Management Journal*, 9: 3-23.

Betsill, M., & Hoffmann, M. J.(2011). The Contours of Cap and Trade: The Evolution of Emissions Trading Systems for Greenhouse Gases. *Review of Policy Research*, 28(1): 83-106.

Bicchieri, C.(2002). Covenants without swords: Group Identity, Norms, and Communication in Social Dilemmas. *Rationality and Society*, 14(2): 192-228.

Bies, R. J., & Moag, J. S.(1986). Interactional Justice: Communication Criteria of Fairness. *Research on negotiation in organizations*, 1(1): 43-55.

Bloomfield, P.(2006). The Challenging Business of Long-Term Public-Private Partnerships: Reflections on Local Experience. *Public Administration Review*, 66(3): 400-411.

Boas, T. C.(2010). Conceptualizing Continuity and Change: The Composite-Standard Model Of Path Dependence. *Journal of Theoretical Politics*, 19(1): 33-54.

Böcher, M.(2012). A Theoretical Framework for Explaining the Choice of Instruments in Environmental Policy. *Forest Policy and Economics*, 16: 14-22.

Bochet, O., Page, T., & Putterman, L.(2006). Communication and Punishment in Voluntary Contribution Experiments. *Journal of Economic Behavior and Organization*, 60: 11-26.

Bøggild, T., & Petersen, M. B.(2016). The Evolved Functions of Procedural Fairness: An Adaptation for Politics. In T. K. Shackelford & R. Hansen(Eds.). *The Evolution of Morality*. 247-276. Springer, Cham.

Bohringer, C., & Vogt, C.(2003). Economic and Environmental Impacts of the Kyoto Protocol. *Canadian Journal of Economics*, 36(2): 475-494.

Bordia, P., Hobman, E., Jones, E., Gallois, C., & Callan, V. J.(2004). Uncertainty During Organizational Change: Types, Consequences, and Management Strategies. *Journal of Business and Psychology*, 18(4): 507-532.

Bornstein, G.(2003). Intergroup Conflict: Individual, Group, and Collective Interests. *Personality and Social Psychology Review*, 7(2): 129-145.

Bornstein, G., & Ben-Yossef, M.(1994). Cooperation in Intergroup and Single-Group Social Dilemmas. *Journal of Experimental Social Psychology*, 30(1): 52-67.

Bottoms, A., & Tankebe, J.(2012). Beyond Procedural Justice: A Dialogic Approach to Legitimacy in Criminal Justice. *The Journal of Criminal Law and Criminology*, 102(1): 119-170.

Bouwman, R. & Grimmelikhuijsen, S.(2016). Experimental Public Administration from 1992 to 2014: A Systematic Literature Review and Ways Forward. *International Journal of Public Sector Management*, 29(2): 110-131.

Bovaird, T., & Downe, J.(2006). N Generations of Reform in UK Local Government: Compliance and Resistance to Institutional Pressures, *International Public Management Journal*, 9(4): 429-454.

Bowles, S., & Polania-Reyes, S.(2012). Economic Incentives and Social Preferences: Substitutes or Complements? *Journal of Economic Literature*, 50(2): 368-425.

Boxenbaum, E., & Johnson, S.(2008). Isomorphism, Diffusion and Decoupling. In R. Greenwood, C. Oliver, R. Suddaby & K. Sahlin(Eds.). *Organizational Institutionalism*. 78-98. Sage Publication.

Branger, F., Lecuyer, O., & Quirion, P.(2013). The European Union Emissions Trading System: Should We Throw the Flagship out with the Bathwater? *CIRED Working Papers Series*, 48: 1-20.

Bregn, K.(2013). Detrimental Effects of Performance-Related Pay in the Public Sector? On the Need for a

Broader Theoretical Perspective. *Public Organization Review*, 13(1), 21-35.

Buchanan, J. M., & Tullock, G(1962). *The Calculus of Consent: Logical Foundations of Constitutional Democracy*. Ann Arbor: University of Michigan Press.

Buckley, E., & Croson, R.(2006). Income and Wealth Heterogeneity in the Voluntary Provision of Linear Public Goods. *Journal of Public Economics*, 90(4-5): 935-955.

Buelens, M. & Van den Broeck, H.(2007). Ananalysis of Differences in Work Motivation between Public and Private Sector Organizations. *Public Administration Review*, 67(1): 65-74.

Burger, P., Tyson, J., Karpowicz, I., & Coelho, M. D.(2009). The Effects of the Financial Crisis on Public-Private Partnerships. *IMF Working Paper*. WP/09/144.

Camerer, C. F.(2003). *Behavioral Game Theory: Experiments in Strategic Interaction*. New Jersey: Princeton University Press.

Camerer, C., & Thaler, R.(1995). Anomalies: Ultimatums, Dictators and Manners. *The Journal of Economic Perspectives*, 9(2): 209-219.

Cameron, J., Banko, K. M., & Pierce, W. D.(2001). Pervasive Negative Effects of Rewards on Intrinsic Motivation: The Myth Continues. *The Behavior Analyst*, 24: 1-44.

Carbonmarketdata.com

Carbon Trust.(2008). *Cutting Carbon in Europe-The 2020 Plans and the Future of the EU ETS*.

Campbell, J. L.(2004), *Globalization and Institutional Change*, Princeton, NJ: Princeton University Press.

Carter, C. A.(2008). Identifying Causality in Public Institutional Change: The Adaptation of the National Assembly for Wales to the European Union. *Public Administration*, 86(2): 345-361.

Carter, N.(2008). Combating Climate Change in the UK: Challenges and Obstacles. *The Political Quarterly*, 79(2): 194-205.

Chaudhuri, A.(2011). Sustaining Cooperation in Laboratory Public Goods Experiments: A Selective Survey of the Literature. *Experimental Economics*, 14(1): 47-83.

Choi, J. K., & Ahn, T. K.(2013). Strategic Reward and Altruistic Punishment Support Cooperation in a Public Goods Game Experiment. *Journal Of Economic Psychology*, 35: 17-30.

Claey, F., & Tjackson, T.(2012). The Iron Cage Re-Revisited: Institutional Isomorphism in Nonprofit Organisations in South Africa. *Journal of International Development*, 24: 602-622.

Clemens, E. S., & Cook, J. M.(1999). Politics and Institutionalism: Explaining Durability and Change. *Annual Review of Sociology*, 25: 441-466.

Coase, R. H.(1937). The Nature of Firm. *Economica*, 4(16): 386-405.

Coase, R. H.(1960). The Problem of Social Cost. *Journal of Law and Economics*, 56(4): 837-877.

Coase, R. H.(1974). The Lighthouse in Economics. *Journal of Law and Economics*, 17(2): 357-376.

Coase, R. H.(1984). The New Institutional Economics. *Journal of Institutional ans Theoretical Economics*, 140: 229-31.

Coase, R. H.(1991). 1991 Novel Lecture: The Institutional Structure of Production. O. E. Williamson & S. Winter(Eds.). The nature of the firm: origins, evolution, and development. 227-235. New York: Oxford University Press.

Coase, R. H.(1992). The Institutional Structure of Production. *American Economic Review*, 82: 713-719.

Collier, R. B., & Collier, D.(1991). *Shaping the Political Arena*, Princeton, NJ: Princeton University Press.

Collier, R. B., & Collier, D.(2002). *Shaping the Political Arena: Critical Junctures, the Labour Movement and Regime Dynamics in Latin America(2nd Ed.)*. Princeton, NJ: Princeton University Press.

Colquitt, J. A.(2001). On the Dimensionality of Organizational Justice: A Construct Validation of a Measure. *Journal of applied psychology*, 86(3): 386-400.

Colquitt, J. A., Greenberg, J., & Zapata-Phelan, C. P.(2005). What is organizational justice? A historical overview. In J. Greenberg & J. A. Colquitt(Eds.). *Handbook of organizational justice.* 3-58. Psychology Press.

Covaleski, M. A., & Dirsmith. M. W.(1988) An Institutional Perspective on the Rise, Social Transformation, and Fall of a University Budget Category, *Administrative Science Quarterly*, 33(4): 562-587.

Cox, J. C., Ostrom, E., Sadiraj, V., & Walker, J. M.(2013). Provision versus Appropriation in Symmetric and Asymmetric Social Dilemmas. *Southern Economic Journal*, 79(3): 496-512.

Cox, M., Arnold, G., & Tomás, S. V.(2010). A Review of Design Principles for Community-Based Natural Resource Management. *Ecology and Society*, 15(4): 38.

Cox, R.(2004). The Path-dependency of an Idea: Why Scandinavian Welfare States Remain Distinct. *Social Policy and Administration*, 38(2): 204-219.

Crawford, Sue E. S., & Elinor Ostrom(1995). A Grammar of Institutions. *The American Political Science Review*, 89(3): 582-600.

Crouch, C., & Farrell, H.(2004) Breaking the Path of Institutional Development? Alternatives to the New Determinism, *Rationality and Society*, 16(1): 5-43.

Dahl, R. A.(1957). The Concept of Power. *Behavioral Science*, 2(3): 201-215.

Dahlström, C., & Lapuente, V.(2009). Explaining Cross-Country Differences in Performance-Related Pay in the Public Sector. *Journal of Public Administration Research and Theory*, 20(3): 577-600.

Damro, C., & Méndez, P. L.(2003). Emissions Trading at Kyoto: From EU Resistance to Union Innovation. *Environmental Politics*, 12(2): 71-94.

Daugbjerg, C., & Swinbank, A.(2016). Three Decades of Policy Layering and Politically Sustainable Reform in the European Union's Agricultural Policy. *Governance*, 29(2): 265-280.

David, P. A.(1985) Clio and the Economics of QWERTY, *American Economic Review*, 75(2): 332-337.

Dawes, R. M.(1980) Social Dilemmas. *Annual Review of Psychology*, 31: 169-193.

Dawes, R. M., McTavish, J., & Shaklee, H.(1977). Behavior, Communication, and Assumptions about Other People's Behavior in a Commons Dilemma Situation. *Journal of Personality and Social Psychology*, 35: 1-11.

Dawes, R. M., & Messick, D. M.(2000). Social Dilemmas. *International Journal of Psychology*, 35(2): 111-116.

Deci E. L., Koestner, R., & Ryan, R. M.(1999). A Meta-Analytic Review of Experiments Examining the Effects of Extrinsic Rewards on Intrinsic Motivation. *Psychological Bulletin*, 125: 627-668.

Deci, E. L.(1971). Effects of Externally Mediated Rewards on Intrinsic Motivation. *Journal of Personality and Social Psychology*, 18: 105-115.

Deci, E. L., & Ryan, R.(2002). *Handbook of Self-Determination Research*. Rochester, NY: University of Rochester Print.

De Cremer, D., & Van Knippenberg, D.(2003). Cooperation with Leaders in Social Dilemmas: On the Effects of Procedural Fairness and Outcome Favorability in Structural Cooperation. *Organizational Behavior and Human Decision Processes*, 91(1): 1-11.

De Fine Licht, J.(2014). Policy Area as a Potential Moderator of Transparency Effects: An Experiment. *Public Administration Review*, 74(3): 361-371.

De Kwaadsteniet, E. W., van Dijk, E., Wit, A., & de Cremer, D.(2006). Social Dilemmas as Strong versus Weak Situations: Social Value Orientations and Tacit Coordination under Resource Size Uncertainty. *Journal of Experimental Social Psychology*, 42(4): 509-516.

Deeg, R.(2005). Change from within: German and Italian finance in the 1990s. In W. Streeck & K. Thelen

(Eds.), *Beyond Continuity: Institutional Change in Advanced Political Economies*. 169-202. New York: Oxford University Press.

DiMaggio, P. J.(1998). The New Institutionalisms: Avenues of Collaboration. *Journal of Institutional and Theoretical Economics*, 154(4): 696-705.

DiMaggio, P. J., & Powell, W. W.(1983). The Iron Cage Revisited: Institutional Isomorphism and Collective Rationality in Organizational Fields. *American Sociological Review*, 48(2): 147-160.

DiMaggio, P. J., & Powell, W. W.(1991). Introduction. In Walter W. Powell & Paul J. DiMaggio(Eds.), *The New Institutionalism in Organizational Analysis*. 1-38. Chicago: University of Chicago Press.

Djelic, M.-L.(1998). *Exporting the American Model. The Postwar Transformation of European Business*. Oxford, UK: Oxford University Press.

Dobbin, F.(1994). *Forging Industrial Policy: The United States, Britain, and France in the Railway Age*. New York: Cambridge University Press.

Doody, R.(2020). The Sunk Cost 'Fallacy'Is Not a Fallacy. *Journal of Philosophy*, 6(40): 1153-1190.

Dorrough, A., Glöckner, A., & Lee, B.(2017). Race for Power in Public Good Games with Unequal, Unstable Punishment Power. *Journal of Behavioral Decision Making*, 30(2): 582-609.

Dowding, K.(2012). Why should We Care about the Definition of Power? *Journal of Political Power*, 5(1): 119-135.

Duit, A.(2007). Path Dependency and Institutional Change: The Case of Industrial Emission Control in Sweden. *Public Administration*, 85(4): 1097-1118.

Duncan, R. B.(1972). Characteristics of Organizational Environments and Perceived Environmental Uncertainty. *Administrative Science Quarterly*, 17(3): 313-327.

EC.(2003). Directive 2003/87/EC of the European Parliament and of the Council of 13 October 2003 Establishing a Scheme for Greenhouse Gas Emission Allowance Trading Within the Community and Amending Council Directive 96/61/EC.

EC.(2009a). Directive 2009/29/EC of the European Parliament and of the Council of 23 April 2009(amending Directive 2003/87/EC so as to Improve and Extend the Greenhouse Gas Emission Allowance Trading Scheme of the Community.

EC.(2009b). Commission Decision of 24.12.2009 Determining, Pursuant to Directive 2003/87/EC of the European Parliament and of the Council, a List of Sectors and Subsectors which are Deemed to be Exposed to a Significant Risk of Carbon Leakage.

Edwards, P. J., Shaoul, A. S., & Arblaster, L.(2004). Evaluating the Operation of PFI in Roads and Hospitals, *ACCA Research Report* No.84.

Ellerman, D., & Buchner, B.(2007). The European Union Emissions Trading Scheme: Origins, Allocation, and early Results. *Review of Environmental Economics and Policy*, 1(1): 66-87.

Emmet, D.(2017). The Concept of Power. In J. R. Champlin(Ed.). *Paradigms of Political Power*. 78-104 Routledge.

European Commission.(2003). *Public Finances in EMU 2003*(Brussels).

Evans, P., Rueschmeyer, D., & Skocpol, T.(Eds.).(1985). *Bringing the State Back In*. Cambridge: Cambridge University Press.

Faghih, N., & Samadi, A. H.(Eds.).(2021). *Dynamics of Institutional Change in Emerging Market Economies. Theories, Concepts and Mechanisms*. Springer Nature.

Faillo, M., Grieco, D., & Zarri, L.(2013). Legitimate Punishment, Feedback, and the Enforcement of Cooperation. *Games and Economic Behavior*, 77(1): 271-283.

Falkner, R.(2008). *Business Power and Conflict in International Environmental Politics*. Eastbourne:

Palgrave Macmillan.
Fehr, E., & Falk, A.(2002). Psychological Foundations of Incentives. *European Economic Review*, 46: 687-724.
Fehr, E., & Gächter, S.(1998). Reciprocity and Economics: The Eeconomic Implications of Homo Reciprocans. *European Economic Review*, 42: 845-859.
Fehr, E., & Gächter, S.(2000). Cooperation and Punishment in Public Goods Experiments. *American Economic Review*, 90(4): 980-994.
Fehr, E., & Gächter, S.(2002). Altruistic Punishment in Humans. *Nature*, 415(6868): 137.
Fehr, E., & Schmidt, K. M.(1999). A Theory of Fairness, Competition, and Cooperation. *The Quarterly Journal of Economics*, 114(3): 817-868.
Fehr, E., & Schmidt, K. M.(2000). Fairness, Incentives, and Contractual Choices. *European Economic Review*, 44(4): 1057-1068.
Feiock, R. C.(2007). Rational Choice and Regional Governance. *Journal of Urban Affairs*, 29(1): 47-63.
Feiock, R. C.(2009). Metropolitan Governance and Institutional Collective Action. *Urban Affairs Review*, 44(3): 356-377.
Feiock, R. C., & Scholz, J.(Eds.).(2010). *Self-Organizing Federalism: Collaborative Mechanisms to Mitigate Institutional Collective Action*. New York: Cambridge University Press.
Fischbacher, U., & Gächter, S.(2008). Social Preferences, Beliefs, and the Dynamics of Free Riding in Public Good Experiments. *Cesifo Working Paper* No.2491.
Fischbacher, U., Gächter, S., & Fehr, E.(2001). Are People Conditionally Cooperative? Evidence from a Public Goods Experiment. *Economics Letters*, 71: 397-404.
Fligstein, N.(1996). Markets as Politics: A Political-Cultural Approach to Market Institutions. *American Sociological Review*, 61: 656-673.
Flinders, M.(2005). The Politics of Public-Private Partnerships. *The British Journal of Politics & International Relations*, 7(2): 215-239.
Foddy, M., & Yamagishi, T.(2009). Group Based Trust. In K. S. Cook, M. Levin, & R. Hardin(Eds.), *Whom can We Trust?* 17-41. New York, NY: Russell Sage Foundation.
Foddy, M., Smithson, M., Schneider, S., & Hogg, M. A.(Eds.).(2013). *Resolving social dilemmas: Dynamic, structural, and intergroup aspects*. Psychology Press.
Forrer, J., Kee, J. E., & Zhang, Z.(2002). Private Finance Initiative: A Better Public-Private Partnership? *Public Manager*, 31(2): 43-47.
French, J. R. P., & Raven, B.(1959). The Bases of Social Power. In D. Cartwright(Ed.), *Studies in Social Power*. 150-167. Ann Arbor, MI: University of Michigan Press.
Frey, B.(1997). *Not just for the Money: An Economic Theory of Personal Motivation*. Cheltenham, UK: Edward Elgar.
Frey, B.(1999). *Economics as a Science of Human Behaviour: Towards a New Social Science Paradigm*. Boston, MA: Kluwer Academic Publishers.
Frey, B. S., Homberg, F., & Osterloh, M.(2013). Organizational Control Systems and Pay-for-Performance in the Public Service. *Organization Studies*, 34(7): 949-972.
Frey, B., & Oberholzer-Gee, F.(1997). The Cost of Price Incentives: An Empirical Analysis of Motivation Crowding-out. *American Economic Review*, 87: 746-755.
Frumkin, P., & Galaskiewicz, J.(2004). Institutional Isomorphism and Public Sector Organizations. *Journal of Public Administration Research and Theory*, 14: 283-307.
Gächter S., & Herrmann B.(2009). Reciprocity, Culture, and Human Cooperation: Previous Insights and a

New Cross-Cultural Experiment. *Philosophical Transactions of The Royal Society*, 364: 791-806.

Gächter, S., & Herrmann, B.(2011). The Limits of Self-Governance When Cooperators Get Punished: Experimental Evidence from Urban and Rural Russia. *European Economic Review*, 55(2): 193-210.

Gächter, S., Mengel, F., Tsakas, E., & Vostroknutov, A.(2017). Growth and Inequality in Public Good Provision. *Journal of Public Economics*, 150(2017): 1-13.

Gächter, S., Renner, E., & Sefton, M.(2008). The Long-Run Benefits of Punishment. *Science*, 322(5907): 1510.

Galbraith, J. K.(1977). *The Age of Uncertainty*. Houghton Mifflin Harcourt.

Gaventa, J.(1980). *Power and Powerlessness: Quiescence and Rebellion in an Appalachian Valley*. Urbana: University of Illinois Press.

Goette, L., Huffman, D., Meier, S., & Sutter, M.(2012). Competition Between Organizational Groups: Its Impact on Altruistic and Antisocial Motivations. *Management science*, 58(5): 948-960.

Goldman, B., & Cropanzano, R.(2015). Justice and Fairness are not the Same Thing. *Journal of Organizational Behavior*, 36(2): 313-318.

Greenberg, J.(1993). The social side of fairness: Interpersonal and Informational Classes of Organizational Justice. R. Cropanzano(Ed.), *Justice in the Workplace: Approaching Fairness in Human Resource Management*. 79-103. Erlbaum, Hillsdale.

Grieco, D., Faillo, M., & Zarri, L.(2017). Enforcing Cooperation in Public Goods Games: Is One Punisher Enough? *Journal of Economic Psychology*, 61(2017): 55-73.

Grief, A., & Laitin, D. D.(2004). A Theory of Endogenous Institutional Change. *The American Political Science Review*, 98(4): 633-652.

Grimmelikhuijsen, S. G., & Meijer, A. J.(2014). The Effects of Transparency on the Perceived Trustworthiness of a Government Organization: Evidence from an Online Experiment. *Journal of Public Administration Research and Theory*, 24(1): 137-157.

Grimmelikhuijsen, S., Jilke, S., Olsen, A. L., & Tummers, L.(2017). Behavioral Public Administration: Combining Insights from Public Administration and Psychology. *Public Administration Review*, 77(1): 45-56.

Grimsey, D., & Lewis, M. K.(2004). *Public-Private Partnerships: The Worldwide Revolution in Infrastructure Provision and Project Finance*. Edward Elgar Publishing, Inc.

Grimshaw, D., Vincent, S. & Wilmott, H.(2002). Going Privately: Partnership and Outsourcing in UK Public Services, *Public Administration*, 80(3): 475-502.

Grubb, M., & Neuhoff, K.(2006). Allocation and Competitiveness in the EU Emissions Trading Scheme: Policy Overview. *Climate Policy*, 6(1): 7-30.

Grund, C., Harbring, C., & Thommes, K.(2015). Public Good Provision in Blended Groups of Partners and Strangers. *Economics Letters*, 134: 41-44.

Grund, C., Harbring, C., & Thommes, K.(2018). Group(Re-) formation in Public Good Games: The Tale of the Bad Apple? *Journal of Economic Behavior & Organization*, 145: 306-319.

Guillen, M. F.(2001). *The Limits of Convergence. Globalization and Organizational Change in Argentina, South Korea, and Spain*. Princeton, NJ: Princeton University Press.

Gustafsson, M.(1999). *The Role of Asymmetric Information in Sequential Resource Dilemmas with Unknown Resource Size*. Göteborg University.

Guth, W., Schmittberger, R., & Schwarze, B.(1982). An Experimental Analysis of Ultimatum Bargaining. *Journal of Economic Behavior and Organization*, 3(4): 367-388.

Hacker, J. S.(2004). Privatizing Risk Without Privatizing the Welfare State: The Hidden Politics of Social

Policy Retrenchment in the United States. *American Political Science Review*, 98(2): 243-260.

Hacker J. S., & Pierson P.(2010). *Winner-Take-All Politics: How Washington Made the Rich Richer and Turned Its Back on the Middle Class*. New York, NY: Simon & Schuster.

Haita-Falah, C.(2017). Sunk Cost Fallacy and Cognitive Ability in Individual Decision Making. *Journal of Economic Psychology*, 58: 44-59.

Hall, P. A.(1986). *Governing the Economy: The Politics of State Intervention in Britain and France*. Oxford and New York: Oxford University Press.

Hall, P. A.(1993). Policy Paradigms, Social Learning, and the State: The Case of Economic Policy Making in Britain. *Comparative Politics*, 25(3): 275-296.

Hall, P. A.(2010). Historical Institutionalism in Rationalist and Sociological Perspective. In J. Mahoney & K. Thelen(Eds.), *Explaining Institutional Change. Ambiguity, Agency, and Power*. Cambridge University Press.

Hall, P. A., & Taylor, R. C. R.(1996). Political Science and the Three New Institutionalisms. *Political Studies*, 44: 936-957.

Hammami, M., Ruhashyankiko, J. F., & Yehoue, E. B.(2006). Determinants of Public-Private Partnerships in Infrastructure. *IMF Working Paper*. WP/06/99.

Hannan, M. T., & Freeman, J. H.(1989). *Organizational Ecology*. Cambridge, MA: Harvard University Press.

Hardin, G.(1968). The Tragedy of Commons. *Science*, 162(3859): 1243-1248

Hardin, G.(1978). Political Requirement for Preserving our Common Heritage. *Wildlife and America*, 31: 1017.

Hardin. R.(1982). Collective action. Baltimore: Johns Hopkins University Press.

Harrington, W., Morgenstern. R., & Sterner, T.(Eds.).(2004). *Choosing Environmental Policy: Comparing Instruments and Outcomes in the United States and Europe*. Washington DC: Resources for the Future Press.

Harrison, K., & Sundstrom, L. M.(2010). *Global Commons, Domestic Decisions the Comparative Politics of Climate Change*. Cambridge: MIT Press.

Haugaard, M.(2016). The Concept of Power. In M. T. Gibbons, D. H. Coole, E. Ellis, & K. Ferguson(Eds.). *The Encyclopedia of Political Thought*. 2965-2978. Wiley-Blackwell.

Hauser, O. P., Nowak, M. A., & Rand, D. G.(2014). Punishment does not Promote Cooperation under Exploration Dynamics When Anti-Social Punishment is Possible. *Journal of Theoretical Biology*, 360: 163-171.

Hay, C.(2008). Constructivist Institutionalism. In R. A. W. Rhodes, & S. A. Binder & B. A. Rockman. *The Oxford Handbook of Political Institutions*. 56-74. Oxford University Press.

Helmke, G., & Levitsky, S.(2004). Informal Institutions and Comparative Politics: A Research Agenda. *Perspectives on politics*, 2(4): 725-740.

Henrich, J., Boyd, R., Bowles, S., Camerer, C., Fehr, E., Gintis, H., McElreath, R., Alvard, M., Barr, A., Ensminger, J., Henrich, N. S., Hill, K., Gil-White. F., Gurven, M., Marlowe, F. W., Patton, J. Q., & Tracer, D.(2005). Economic Man in Cross-Cultural Perspective: Behavioral Experiments in 15 Small-Scale Societies. *Behavioral and Brain Science*, 28: 795-855.

Henrich, N., & Henrich. J.(2007). *Why Humans Cooperate*. New York, NY: Oxford University Press.

Herian, M. N., Hamm, J. A., Tomkins, A. J., & Pytlik Zillig, L. M.(2012). Public Participation, Procedural Fairness, and Evaluations of Local Governance: The Moderating Role of Uncertainty. *Journal of Public Administration Research and Theory*, 22(4): 815-840.

Herrmann, B., Thöni, C., & Gächter, S.(2008). Antisocial Punishment Across Societies. *Science*, 319(5868):

1362-1367.
Hirschman, A. O.(1958). *The Strategy of Economic Development*. New Haven: Yale University Press.
Hodge, G. A., & Greve, C.(2007). Public-Private Partnerships: An International Performance Review. *Public Administration Review*, 67(3): 545-558.
Hodgson, G. M.(2006). What are Institutions? *Journal of Economic Issues*, 40: 1-25.
Hood, C.(2000). Paradoxes of Public-Sector Managerialism, Old Public Management, and Public Service Bargains. *International Public Management Journal*, 3(1): 1-22.
Hood, J., Fraser, I., & Mcgarvey, N.(2006). Transparency of Risk and Reward in U.K. Public-Private Partnerships. *Public Budgeting & Finance*, 26(4): 40-58.
Houston, D. J.(2000). Public-Service Motivation: A Multivariate Test. *Journal of Public Administration Research and Theory*, 10: 713-728.
Hudson, J., & Johes, P.(2005). "Public Goods": An Exercise in Calibration. *Public Choice*, 124: 267-282.
Huq, A. Z., Tyler, T. R., & Schulhofer, S. J.(2011). Why does the Public Cooperate with Law Enforcement? The Influence of the Purposes and Targets of Policing. *Psychology, Public Policy, and Law*, 17(3): 419-450.
Immergut, E. M.(1998). The Theoretical Core of the New Institutionalism. *Politics and Society*, 26(1): 5-34.
Ingraham, P. W.(1993). Of Pigs in Pokes and Policy Diffusion: Another Look at Pay-for-Performance. *Public Administration Review*, 53(4): 348-356.
Ingram, P.(1998). Changing The Rules: Interests, Organizations and Institutional Change in the U.S. Hospitality Industry. In M. Brinton & V. Nee(Eds.). *The New Institutionalism in Sociology*, 258-276. New York: Russell Sage Foundation.
Ingram, P., & Rao, H.(2004). Store wars: The Enactment and Repeal of Anti-Chain Legislation in the United States. *American Journal of Sociology*, 110(2): 446-487.
Intergovernmental Panel on Climate Change(IPCC).(2006). *IPCC Guidelines for National Greenhouse Gas Inventories*.
Intergovernmental Panel on Climate Change(IPCC).(2007) Policies, Instruments and Co-operative Arrangements. In *Climate Change 2007: Mitigation*, Ch.13. Contribution of Working Group III to the Fourth Assessment Report of the Intergovernmental Panel on Climate Change.
Intergovernmental Panel on Climate Change(IPCC).(2013). *Climate Change 2013: The Physical Science Basis*. Working Group Ⅰ Contribution to the IPCC 5th Assessment Report of the Intergovernmental Panel on Climate Change.
Intergovernmental Panel on Climate Change(IPCC).(2014). National and Sub national Policies and Institutions. In *Climate Change 2014: Mitigation of Climate Change*, Ch.15. Working Group III Contribution to the IPCC 5th Assessment Report of the Intergovernmental Panel on Climate Change.
International Carbon Action Partnership(ICAP).(2014). *Emissions Trading Worldwide ICAP Status Report 2014*.
International Energy Agency(IEA)·Nuclear Energy Agency(NEA)(2020a). *Projected Costs of Generating Electricity 2015 Edition*.
International Energy Agency(IEA)·Nuclear Energy Agency(NEA)(2020b). *Projected Costs of Generating Electricity 2020 Edition*.
International Energy Agency.(2013). *CO_2 Emissions From Fuel Combustion Highlights 2013*.
International Monetary Fund.(1994). *World Development Report 1994: Infrastructure for Development*.
International Monetary Fund.(2004). *Public-Private Partnerships*.
International Renewable Energy Agency(IRENA)(2020). *Renewable Power Generation Costs in 2019*.

Jensen, M. C., & Murphy, K. J.(1990). CEO Incentives-Its not how much you pay, but how. *Harvard Business Review*, 68(3): 138-149.

Jepperson, R. L.(1991). Institutions, Institutional Effects, and Institutionalism. In W. W. Powell & P. J. Di-Maggio(Eds.), *The New Institutionalism in Organizational Analysis*. Chicago, IL: Chicago University Press.

Jilke, S., Van de Walle, S., & Kim, S. H.(2016). Generating Usable Knowledge through an Experimental Approach to Public Administration. *Public Administration Review*, 76(1): 69-72.

Jones, B. D., Baumgartner, F. R., & True, J. L.(1998). Policy Punctuations: US Budget Authority, 1947-1995. *The Journal of Politics*, 60(1): 1-33.

Jones, B. D., Sulkin, T., & Larsen, H. A.(2003). Policy Punctuations in American Political Institutions. *American Political Science Review*, 97(1): 151-170.

Kaboolian, L.(1998). The New Public Management: Challenging the Boundaries of the Management vs. Administration Debate. *Public Administration Review*, 58: 189-193.

Kahneman, D., & Tversky, A.(1979). Prospect Theory: An Analysis of Decision Under Risk. *Econometrica*, 47(2): 263-291.

Kahneman, D., & Tversky, A.(1982). Variants of Uncertainty. *Cognition*, 11(2): 143-157.

Kahneman, D., Knetsch, J. L., & Thaler, R. H.(1986). Fairness and the Assumptions of Economics. *Journal of Business*, 59(4): S285-S300.

Kalev, A., Dobbin, F., & Kelly, E.(2006). Best Practices or Best Guesses? Diversity Management and the Remediation of Inequality. *American Sociological Review*, 71: 589-917.

Kay, A.(2005). A Critique of the Use of Path Dependency in Policy Studies. *Public Administration*, 83(3): 553-571.

Keser, C., & Van Winden, F.(2000). Conditional Cooperation and Voluntary Contributions to Public Goods. The Scandinavian *Journal of Economics*, 102(1): 23-39.

Kessides, I. N.(2004). Reforming Infrastructure: Privatization, Regulation, and Competition. *A World Bank Policy Research Report*.

Keynes, J. M.(1921). *A Treatise on Probability*. London: MacMillan.

Kiser, L. L., & Ostrom, E.(1982). The Three Worlds of Action: A Metatheoretical Synthesis of Institutional Approaches. In E. Ostrom(Ed.), *Strategies of Political Inquiry*. Beverly Hills: Sage Publications.

Klijin, E. H.(2002). *Institutional and Strategic Barriers to Public-Private Partnership: An Analysis of Dutch Cases*. Paper for the British Academy of Management Conference 2002, 9-11 September 2002, London, Middlesex University.

Knight, F. H.(1921). *Risk, Uncertainty and Profit*. New York: Hart, Schaffner and Marx.

Kollock, P.(1998). Social Dilemmas: Anatomy of Cooperation. *Annual Review of Sociology*, 24: 183-214.

Komorita, S. S., Parks, C. D., & Hulbert, L. G.(1992). Reciprocity and The Induction of Cooperation in Social Dilemmas. *Journal of Personality and Social Psychology*, 62: 607-617.

Koopmans, T. C.(1957). *Three Essays on the State of Economic Science*. New York: McGraw-Hill.

Koppenjan, J. F. M., & Enserink, B.(2009). Public-Private Partnerships Urban Infrastructures: Reconciling Private Sector Participation and Sustainability. *Public Administration Review*, 69(2): 284-296.

Koremenos, B., Lipson, C., & Snidal, D.(2003). *The Rational Design of International Istitutions*. New York: Cambridge University Press.

Korpi, W.(2001). Contentious Institutions-An Augmented Rational-Action Analysis of the Origins and Path Dependency of Welfare State Institutions in Western Countries. *Rationality and Society*, 13(2): 235-283.

Krasner, S. D.(1984). Approaches to the State. Alternative Conceptions and Historical Dynamics. *Comparative Politics*, 16(2): 223-246.

Krasner, S. D.(1988). Sovereignty-an Institutional Perspective. *Comparative Political Studies*, 21(1): 66-94.

Kurzban, R., & DeScioli, P.(2008). Reciprocity in Groups: Information-Seeking in a Public Goods Game. *European Journal of Social Psychology*, 38(1): 139-158.

Lachapelle, E., & Paterson, M.(2013). Drivers of National Climate Policy. *Climate Policy*, 13(5): 547-571.

Laing, T., Sato, M., Grubb, M. & Comberti, C.(2013). *Assessing the Effectiveness of the EU Emissions Trading System.* Working Paper 126. Centre for Climate Change Economics and Policy.

Lapsley, I., & Pallot, J.(2000) Accounting, Management and Organizational Change: A Comparative Study of Local Government, *Management Accounting Research*, 11(2): 213-229.

Latham, G. P.(2007). *Work Motivation: History, Theory, Research, and Practice.* Thousand Oaks, CA: Sage Publications.

Lawrence, T. B.(2008). Power, Institutions and Organizations. In R. Greenwood, C. Oliver, R. Suddaby, & K. Sahlim. *Organizational Institutionalism*, 170-197. Sage Publications.

Lazear, E. P.(2000). Performance Pay and Productivity. *American Economic Review*, 90: 1346-1361.

Lecours, A(Ed.).(2005). *New Institutionalism: Theory and Analysis.* Toronto: University of Toronto Press.

LeGrand J.(2003). *Motivation, Agency and Public Policy: Of Knights & Knaves, Pawns & Queens.* Oxford: Oxford University Press.

Leibenstein, H.(1966). Allocative Efficiency vs. 'X-Efficiency', *American Economic Review*, 56(3): 392-415.

Lepper, M., & Greene, D.(1978). *The Hidden Costs of Reward: New Perspectives on the Psychology of Human Motivation.* Hillsdale, NJ: Lawrence Erlbaum.

Leventhal, G. S., J. Karuza, & W. R. Fry(1980). Beyond Fairness: A Theory of Allocation Preferences. G. Mikula(Ed.). *Justice and Social Interaction.* New York: Springer-Verlag.

Levi, M.(1997). A Model, a Method, and a Map: Rational Choice in Comparative and Historical Analysis. In M. I. Lichbach & A. S. Zuckerman(Eds.), *Comparative Politics: Rationality, Culture, and Structure.* 19-41. Cambridge: Cambridge University Press.

Levi, M.(2008). A Model, a Method and a Map: Rational Choice in Comparative and Historical Analysis. In M. Lichbach & A. S. Zuckerman(Eds.), *Comparative Politics: Rationality, Culture, and Structure*, 19-41. New York: Cambridge University Press.

Lichbach, M. I., & Zuckerman, A. S.(Eds.).(1997). *Comparative Politics: Rationality, Culture, and Structure.* Cambridge, UK: Cambridge University Press.

Lieberman, R. C.(2002). Ideas, Institutions, and Political Order: Explaining Political Change. *American Political Science Review*, 96(4): 697-712.

Lind, E. A.(2001). Fairness Heuristic Theory: Justice Judgements as Pivotal Cognitions in Organizational Relations. In J. Greenberg, R. Cropanzano(Eds.), *Advances in Organizational Justice.* 56-88. Stanford University Press.

Lindblom, C. E.(1959). The Science of "Muddling Through". *Public Administration Review*, 19(2): 79-88.

Lindenberg, S.(2001). Intrinsic Motivation in a New Light. *Kyklos*, 54: 317-342.

Linder, S. H., & Rosenau, P. V.(2000). Mapping the Terrain of the Public-Private Policy Partnerships. In P. V. Rosenau(Ed.), *Public-Private Policy Partnerships.* 1-18. Cambridge, MA: MIT Press.

Lipshitz, R., & Strauss, O.(1997). Coping with Uncertainty: A Naturalistic Decision-making Analysis. *Organizational Behavior and Human Decision Processes*, 69(2): 149-163.

Lodge, M., & Wegrich, K.(2005). Control Over Government: Institutional Isomorphism and Governance Dynamics in German Public Administration. *Policy Studies Journal*, 33(2): 213-233.

Lonsdale, C.(2005). Post-Contractual Lock-in and the UK Private Finance Initiative(PFI): the Cases of the National Savings and Investments and the Lord Chancellor's Department. *Public Administration*, 83(1): 67-88.

Machina, M. J.(1987). Decision-making in the Presence of Risk. *Science*, 236(4801): 537-543.

Magalhães, P., & Geoffrey White, K.(2016). The Sunk Cost Effect across Species: A Review of Persistence in a Course of Action due to Prior Investment. *Journal of the Experimental Analysis of Behavior*, 105(3): 339-361.

Magnani, G., & Zucchella, A.(2018). Uncertainty in Entrepreneurship and Management Studies: A Systematic Literature Review. *International Journal of Business and Management*, 13(3): 98-113.

Mahoney, J.(2000). Path Dependence in Historical Sociology, *Theory and Society*, 29(4): 507-548.

Mahoney, J., & Thelen, K.(2010a). *Explaining Institutional Change. Ambiguity, Agency, and Power*. Cambridge University Press.

Mahoney, J., & Thelen, K.(2010b). A Theory of Gradual Institutional Change. In J. Mahoney & K. Thelen(Eds.). *Explaining Institutional Change. Ambiguity, Agency, and Power*. 1-37. Cambridge University Press.

Mahoney, J., Mohamedali, K., & Nguyen, C.(2016). Causality and time in historical institutionalism. In O. Fioretos, T. G. Falleti & A. Sheingate(Eds.), *The Oxford Handbook of Historical Institutionalism*. 71-88. Oxford: Oxford University Press.

Maman, D.(2006). Diffusion and Translation: Business Groups in the New Israeli Corporate Law. *Sociological Perspectives*, 49: 115-135.

Mansbridge, J.(2014). The Role of the State in Governing the Commons. *Environmental Science & Policy*, 36: 8-10.

March, J. G., & Olsen, J. P.(1984). The New Institutionalism: Organizational Factors in Political Life. *American Political Science Review*, 78(3): 738-749.

March, J. G., & Olsen, J. P.(1989). *Rediscovering Institutions: The Organizational Basis of Politics*. New York: The Free Press.

March, J. G., & Simon, H. A.(1958). *Organizations*. New York: Wiley.

Margolis, J. A.(1955). Comment on the Pure Theory of Public Expenditure. *Review of Economics and Statistics*, 37(4): 347-349.

Martin, R., Muuls, M., & Wagner, U.(2012). *An Evidence Review of the EU Emissions Trading System, Focussing on Effectiveness of the System in Driving Industrial Abatement*. Department of Energy & Climate Change.

Matta, F. K., Scott, B. A., Colquitt, J. A., Koopman, J., & Passantino, L. G.(2017). Is Consistently Unfair Better than Sporadically Fair? An Investigation of Justice Variability and Stress. *Academy of Management Journal*, 60(2): 743-770.

Mayes, D. G.(2004). Getting the Best out of Basel II for the European Banking System. The New Basel Capital Accord and the Future of the European Financial System, *CEPS Task Force Report* No.51. 64-70, CEPS, Brussels.

Mayes, D. G., & Nieto, M., & Wall, L.(2008). Multiple safety net regulators and agency problems in the EU: Is Prompt Corrective Action partly the solution? *Journal of Financial Stability*, 4(3): 232-257.

McCarter, M. W., & Sheremeta, R. M.(2013). You Can't Put Old Wine in New Bottles: The Effect of Newcomers on Coordination in Groups. *PloS one*, 8(1). e55058.

McQuaid, R. W.(2000). The Theory of Partnership: Why have Partnerships. In S. P. Osborne(Ed.), *Public-Private Partnerships: Theory and Practice in International Perspective*. 9-35. Routledge.

Meleady, R., Hopthrow, T., & Crisp, R. J.(2013). Simulating Social Dilemmas: Promoting Cooperative Behavior through Imagined Group Discussion. *Journal of Personality and Social Psychology*, 104(5): 839-855.

Messick, D. M., Wilke, H., Brewer, M. B., Kramer, R. M., Zemke, P. E., & Lui, L.(1983). Individual Adaptations and Structural Change as Solutions to Social Dilemmas. *Journal of Personality and Social Psychology*, 44(2): 294-309.

Meyer, J. W.(2009). World Society. Oxford, UK: Oxford University Press.

Meyer, J. W., & Jepperson, R.(2000). The 'Actors' of Modern Society: The Cultural Construction of Social Agency. *Sociological Theory*, 18: 100-120.

Meyer, J. W., & Rowan, B.(1977). Institutionalized Organizations: Formal Structure as Myth and Ceremony. *The American Journal of Sociology*, 83(2): 340-363.

Meyer, J., Scott, W., & Strong, D.(1987). Centralisation, Fragmentation and School District Complexity. *Administrative Science Quarterly*, 32: 186-201.

Minich, D. J.(2003). Corporatism and Income Inequality in the Global Economy: A Panel Study of 17 OECD Countries. *European Journal of Political Research*, 42(1): 23-53.

Moe, T. M.(1990). Political Institutions: The Neglected Side of Story. *Journal of Law, Economics, and Organization*, 6: 213-253.

Moe, T. M.(2005). Power and Political Institutions. *Perspectives on Politics*, 3(2): 215-233.

Molina, A., & Guerrero, M.(2006). The European Union as First Mover in the Market for Greenhouse Gas Emissions Permits. *Journal of Environmental Planning and Management*, 49(4): 533-553.

Moorhead, G. & Griffin, R.(2004). *Organizational Behavior: Managing People and Organizations*. Boston: Houghton Mifflin Company.

Morone, A., & Temerario, T.(2018). Is Dyads' Behaviour Conditionally Cooperative? Evidence from a Public Goods Experiment. *Journal of Behavioral and Experimental Eeconomics*, 73: 76-85.

Morrell, K.(2009). Governance and The Public Good. *Public Administration*, 87(3): 538-556.

Murphy, T. J.(2008). The Case for Public-Private Partnerships in Infrastructure. *Canadian Public Administration*, 51(1): 99-126.

Newbery, D.(1997). *Privatization, Restructuring and Regulation of Network Utilities*. Cambridge, Mass.: MIT Press.

Newell, R. G., Pizer, W. A., & Raimi, D.(2013). Carbon Markets 15 Years after Kyoto: Lessons Learned, New Challenges. *Journal of Economic Perspectives*, 27(1): 123-146.

Nieto, M. J., & Larry, D. W.(2006). Preconditions for a Successful Implementation of Supervisors' Prompt Corrective Action: Is there a Case for a Banking Standard in the EU? *LSE Financial Markets Group Special Paper Series*, No 165.

Nikiforakis, N.(2008). Punishment and Counter-Punishment in Public Good Games: Can We Really Govern Ourselves? *Journal of Public Economics*, 92(1-2): 91-112.

Nikiforakis, N., & Engelmann, D.(2011). Altruistic Punishment and the Threat of Feuds. *Journal of Economic Behavior & Organization*, 78(3): 319-332.

Nikiforakis, N., Normann, H. T., & Wallace, B.(2010). Asymmetric Enforcement of Cooperation in a Social Dilemma. *Southern Economic Journal*, 76(3): 638-659.

North, D. C.(1990). *Institutions, Institutional Change and Economic Performance*. Cambridge: Cambridge University Press.

North, D. C.(1991). Institutions. *Journal of Economic Perspectives*, 5(1): 97-112.

North, D. C.(1994). Economic Performance Through Time. *The American Economic Review*, 84(3): 359-368.

North, D. C.(1998). Economic Performance Through Time. In March C. Brinton & Victor Nee(Eds.), *The Institutionalism Sociology*. 247-257. New York: Russell Sage Foundation.

North, D. C.(2005). *Understanding the Process of Economic Change*. Princeton: Princeton University Press.

Nosenzo, D & Sefton, M.(2014). Promoting Cooperation: The Distribution of Reward and Punishment Power. In P. A. M. Van Lange, B. Rockenbach, & T. Yamagishi(Eds.), *Social Dilemmas: New Perspectives on Reward and Punishment*. Oxford University Press.

Nye, M., & Owens, S.(2008). Creating the UK Emission Trading Scheme: Motives and Symbolic Politics. *European Environment*, 18(1): 1-15.

OECD.(2002). *Implementing Domestic Tradable Permits*. OECD, Paris.

Offe, C.(1996). Designing Institutions in East European Transitions. In R. E. Goodin(Ed.), *The Theory of Institutional Design*. 199-226. Cambridge, UK: Cambridge University Press.

Offices of Inspector General(OIG).(2011). *Evaluation of Prompt Regulatory Action Implementation*.

O'Gorman, R., Henrich, J., & Van Vugt, M.(2009). Constraining Free Riding in Public Goods Games: Designated Solitary Punishers can Sustain Human Cooperation. *Proceedings of the Royal Society B: Biological Sciences*, 276(1655): 323-329.

Oliver, P.(1980). Rewards and Punishments as Selective Incentives for Collective Action: Theoretical Investigations. *American Journal of Sociology*, 85(6): 1356-1375.

Olson, M.(1965). *The Logic of Collective Action: Public Goods and the Theory of Groups*. Cambridge, MA: Harvard University Press.

Onoma, A. K.(2010). The Contradictory Potential of Institutions. The Rise and Decline of Land Documentation in Kenya. In J. Mahoney & K. Thelen(Eds.). *Explaining Institutional Change. Ambiguity, Agency, and Power*. 63-93. Cambridge University Press.

Ophuls, W.(1973). Leviathan or Oblivion. In H. E. Daly(Ed.), *Toward a Steady State Economy*. 215-230. San Francisco: Freeman.

Orren, K., & Skowronek, R.(2004). *The Search for American Political Development. Cambridge*: Cambridge University Press.

Osborne, S. P.(Ed.).(2000). *Public-Private Partnerships: Theory and Practice in International Perspective*. Routledge.

Ostrom, E.(1990). *Governing the Commons: Evolution of Institutions for Collective Action*. New York: Cambridge University Press.

Ostrom, E.(1998). A Behavioral Approach to the Rational Choice Theory of Collective Action. *The American Political Science Review*, 92(1): 1-22.

Ostrom, E.(2003). Toward a Behavioral Theory Linking Trust, Reciprocity, and Reputation. In E. Ostrom & J. Walker(Eds.). *Trust and Reciprocity*. 19-79. New York, NY: Russell Sage.

Ostrom, E.(2005). *Understanding the Diversity of Structured Human Interactions. In Understanding Institutional Diversity*. 3-31. Princeton University Press, Princeton, New Jersey.

Ostrom, E.(2007). Institutional Rational Choice: An Assessment of the Institutional Analysis and Development Framework. In P. A. Sabatier(Ed.). *Theories of the Policy Process*. 21-64. Boulder, CO: Westview Press.

Ostrom, E.(2009). A General Framework for Analyzing Sustainability of Social-Ecological Ssystems. *Science*, 325(5939): 419-422.

Ostrom, E.(2011). Background on the Institutional Analysis and Development Framework. *The Policy Studies Journal*, 39(1): 7-27.

Ostrom, E., Gardner, R., & Walker, J.(1994). *Rules, games, and common-pool resources*. University of

Michigan press.

Ostrom, E., Walker, J., & Gardner, R.(1992). Covenants with and without a Sword: Self-Governance is Possible. *American Political Science Review*, 86(2): 404-417.

Ostrom, E/윤홍근 · 안도경 역(2010). 공유의 비극을 넘어(*Governing the Commons*). 랜덤하우스코리아.

Page, T., Putterman, L., & Unel, B.(2005). Voluntary Association in Public Goods Experiments: Reciprocity, Mimicry, and Efficiency. *Economic Journal*, 115: 1032-1053.

Palier, B.(2005). Ambiguous Agreement, Cumulative Change: French Social Policy in the 1990s. In W. Streeck & K. Thelen(Eds.), *Beyond Continuity: Institutional Change in Advanced Political Economies*. 1-39. Oxford: Oxford University Press.

Parks, C. D., Xu, X., & Van Lange, P. A.(2017). Does Information about Others' Behavior undermine Cooperation in Social Dilemmas? *Group Processes & Intergroup Relations*, 20(2): 260-274.

Paterson, M.(2012). Who and What are Carbon Markets for? Politics and the Development of Climate Policy. *Climate Policy*, 12(1): 82-97.

Pavitt, C.(2018). The Path to Cooperative Action during Group Social Dilemmas: A Literature Review, Set of Propositions, and Model Describing How the Opportunity to Communicate Encourages Cooperation. *Review of Communication Research*, 6: 54-83.

Pavitt, C., & Broomell, L.(2016). Group Communication During Resource Dilemmas: 4. The Effect of Group Size. *Human Communication Research*, 42(1): 1-20.

Payson, W. H., & Steckler, S. A.(1996). Developing Public-Private Partnerships in Infrastructure. In S. Hakim., P. Seiderstat & G. W. Bowman(Eds.), *Privatizing Transportation Systems*, 33-51. Westport, CT: Praeger.

Perrow, C.(1985) Review Essay: Overboard with Myth and Symbols, *American Journal of Sociology*, 91: 151-155.

Perry, J. L., Engbers, T. A., & Jun, S. Y.(2009). Back to the Future? Performance Related Pay, Empirical Research, and the Perils of Persistence. *Public Administration Review*, 69(1): 39-51.

Peters, B. G.(1999). *Institutional Theory in Political Science: The New Institutionalism*. London: Pinter.

Peters, B. G.(2005). *Institutional Theory in Political Science: The New Institutionalism(2nd Ed.)*. London: Pinter.

Peters, B. G.(2019). *Institutional Theory in Political Science: The New Institutionalism(4th Ed.)*. Edward Elgar Publishing.

Peters, B. G., & Pierre, J.(1998). Institutions and Time: Problems of Conceptualization and Explanation. *Journal of Public Administration Research and Theory*, 8(4): 565-583.

Peters, B. G., Pierre, J., & King, D. S.(2005). The Politics of Path Dependency: Political Conflict in Historical Institutionalism. *The Journal of Politics*, 67(4): 1275-1300.

Pfeffer, J., & Salancik, G. R.(1978). *The External Control of Organizations: A Resource Dependence Approach*. New York: Harper and Row Publishers.

Pierson, P.(1994). *Dismantling the Welfare State?: Reagan, Thatcher, and the Politics of Retrenchment*. New York: Cambridge University Press.

Pierson, P.(1996). The Path to European Integration. A Historical Institutionalist Perspective. *Comparative Political Studies*, 29(2): 123-163.

Pierson, P.(2000a). Increasing Returns, Path Dependence, and the Study of Politics. American *Political Science Review*, 94(2): 251-267.

Pierson, P.(2000b). The Limits of Design: Explaining Institutional Origins and Change. *Governance*, 13(4): 475-499.

Pierson, P.(2000c). Not Just What, But When: Timing and Sequence in Political Processes. *Studies in American Political Development*, 14(1): 72-92.

Pierson, P.(2004). *Politics in Time: History, Institutions, and Social Analysis*. Princeton, NJ: Princeton University Press

Pilcher, R.(2011). Implementing IFRS in Local Government: Institutional Isomorphism as NPM Goes Mad? *Local Government Studies*, 37(4): 367-389.

Platt, J.(1973). "Social Traps". *American Psychologist*, 28(8): 641-651.

Pollitt, M.(2005). Leaning from UK Private Fiance Initiative Experience. In G. Hodge & C. Greve(Eds.). *The Challenge of Public-Private Partnerships: Learning from International Experience.* 207-230. Northampton, MA: Edward Elgar.

Porter, O. W.(2008). *Public-Private Partnerships for Local Governments.* AuthorHourse.

Powell, W. W.(1985). The Uninstitutionalization of Rational Organizations, *Contemporary Sociology*, 14: 564-566.

Prager, J., & Desai, S.(1996). Privatizing Local Government Operations. *Public Productivity and Management Review*, 20(2): 185-203.

Pratap, S. R.(2008). Performance Evaluation of Indian Commercial Banks in the Prompt Corrective Action Framework: An Assurance Region Approach. *Journal of Financial Risk Management*, 5(1): 29-40.

Public-Private Infrastructure Advisory Facility.(2007a). *Private Participation in Infrastructure Database Expanded Methodology*. World Bank.

Public-Private Infrastructure Advisory Facility.(2007b). *Public-Private Partnership Units*. World Bank.

Quiggin, J.(2005). Public-Private Partnerships: Options for Improved Risk Allocation. *The Australian Economics Review*, 38(4): 445-450.

Radaelli, C.(2000) 'Policy transfer in the European Union: institutional isomorphism as a source of legitimacy', Governance: *An International Journal of Policy and Administration*, 13(1): 25-43.

Radaelli, C. M., & Schmidt, V. A.(2004). Policy Change and Discourse in Europe: Conceptual and Methodological Issues. *West European Politics*, 27(2): 183-210.

Ramanath, R.(2009). Limits to Institutional Isomorphism: Examining Internal Processes in NGO-Government Interactions. *Nonprofit and Voluntary Sector Quarterly*, 38(1): 51-76.

Rapoport, A., Budescu, D. V., Suleiman, R., & Weg, E.(1992). Social Dilemmas with Uniformly Distributed Resources. In W. B. G. Liebrand, D. M. Messick, & H. A. M. Wilke(Eds.), *Social dilemmas: Theoretical issues and Research Findings*. 43-57. Garland Science.

Rawls, J.(1999). *A Theory of Justice*. Harvard University Press.

Reeves, E.(2008). The Practice of Contracting in Public Private Partnerships: Transaction Costs and Relational Contracting in the Irish Schools Sector. *Public Administration*, 86(4): 969-986.

Renewable Energy Policy Network for the 21st Century(REN21).(2014). *Renewables 2014 Global Status Report.*

Riccucci, N. M., Van Ryzin, G. G., & Lavena, C. F.(2014). Representative Bureaucracy in Policing: Does It Increase Perceived Legitimacy? *Journal of Public Administration Research and Theory*, 24(3): 537-551.

Riccucci, N. M., Van Ryzin, G. G., & Li, H.(2016). Representative Bureaucracy and the Willingness to Coproduce: An Experimental Study. *Public Administration Review*, 76(1): 121-130.

Riggs, F. W.(1964). *Administration in Developing Countries*. Boston: Houghton Mifflin Company.

Rixen, T., & Viola, L. A.(2015). Putting Path Dependence in Its Place: Toward a Taxonomy of Institutional Change. *Journal of Theoretical Politics*, 27(2): 301-323.

Ronayne, D., Sgroi, D., & Tuckwell, A.(2021). Evaluating the Sunk Cost Effect. *Journal of Economic Behavior & Organization*, 186: 318-327.

Rosenau, P. V.(Ed.).(2000). *Public-Private Policy Partnerships*. Cambridge, MA: MIT Press.

Rowan, B.(1982). Organizational Structure and the Institutional Environment: The Case of Public Schools. *Administrative Science Quarterly*, 27(2): 259-279.

Rye, D.(2015) The Concept of Power in the Analysis of Organisations with Social and Political Goals, *Journal of Political Power*, 8(3): 301-320.

Rynes, S. L., Gerhart, B., & Parks, L.(2005). Personnel Psychology: Performance Evaluation and Pay for Performance. *Annual Review of Psychology*, 56(1): 571-600.

Sabatier, P. A., & Weible, C. M.(Eds.).(2014). *Theories of the Policy Process*. Westview Press.

Sadka, E.(2006). Public-Private Partnerships: A Public Economics Perspective. *IMF Working Paper*. WP/06/77.

Samuelson, P. A.(1954). The Pure Theory of Public Expenditure. *Review of Economics and Statistics*, 36(4): 387-389.

Savas, E. S.(1987). *Privatization: The Key to Better Government*. Chatham House Pub.

Savas, E. S.(2000). *Privatization and Public-Private Partnerships*. New York: Chatham House.

Savas, E. S.(2005). Privatization in the City: Successes, Failures, Lessons. CQ Press.

Scharpf, F. W.(1997). *Games Real Actors Play: Actor-Centered Institutionalism in Policy Research*. Boulder, CO: Westview.

Schickler, E.(2001). *Disjointed Pluralism: Institutional Innovation and the Development of the U.S. Congress*. Princeton, NJ: Princeton University Press.

Schmidt, V. A.(2001). The Politics of Economic Adjustment in France and Britain: When Does Discourse Matter? *Journal of European Public Policy*, 8(2): 247-264.

Schneider, A. L.(1999). Public-Private Partnerships in the U.S. Prison System. *American Behavioral Scientist*, 43(1): 192-208.

Schneider, A. L.(2006). Patterns of Change in the Use of Imprisonment in the American States: An Integration of Path Dependence, Punctuated Equilibrium and Policy Design Approaches. *Political Research Quarterly*, 59(3): 457-470.

Schneider, A. L.(2009). Assessing the Additionality of CDM Projects: Practical Experiences and Lessons Learned. *Climate Policy*, 9(3): 242-254.

Schroeder, D. A., Jensen, T. D., Reed, A. J., Sullivan, D. K., & Schwab, M.(1983). The Actions of Others as Determinants of Behavior in Social Trap Situations. *Journal of Experimental Social Psychology*, 19(6): 522-539.

Scott, W. R.(1995). *Institutions and Organizations*. London. Sage.

Seader, D. L.(1994) Private Sector in Service to the Public. *Construction Business Review*, 4(2): 78-79.

Sell, J., & Wilson, R. K.(1991). Levels of Information and Contributions to Public Goods. *Social Forces*, 70(1): 107-124.

Shepsle, K. A.(1989). Studying Institutions: Some Lessons from the Rational Choice Approach. *Journal of Theoretical Politics*, 1(2): 131-149.

Shepsle, K. A.(2006). Rational Choice Institutionalism. In R. A. W. Rhodes, S. A. Binder, & B. A. Rockman. *The Oxford Handbook of Political Institutions*. 23-38. Oxford University Press.

Shinada, M., & Yamagishi, T.(2008). Bringing Back Leviathan into Social Dilemmas. In A Biel, D. Eek, T. Gärling, & M. Gustaffson(Eds.), *New issues and Paradigms in Research on Social Dilemmas*, 93-123. New York, NY: Springer.

Skatova, A., & Ferguson, E.(2011). What Makes People Cooperate? Individual Differences in BAS/BIS Predict Strategic Reciprocation in a Public Goods Game. *Personality and Individual Differences*, 51: 237-241.

Skjærseth, J. B., & Wettestad, J.(2009). The Origin, Evolution and Consequences of the EU Emissions Trading System. *Global Environmental Politics*, 9(2): 101-122.

Smith, A.(2004). Policy Transfer in the Development of UK Climate Policy. *Policy and Politics*, 32(1): 79-93.

Sniezek, J. A., May, D. R., & Sawyer, J. E.(1990). Social uncertainty and interdependence: A study of resource allocation decisions in groups. *Organizational Behavior and Human Decision Processes*, 46(2): 155-180.

Song, W. & Sala, V. D.(2008). Eurosceptics and Europhiles in Accord: the Creation of the European Ombudsman as an Institutional Isomorphism. *Policy & Politics*, 36(4): 481-495.

Sovacool, B. K.(2011). The Policy Challenges of Tradable Credits: a Critical Review of Eight Markets. *Energy Policy*, 39(2): 575-585.

Stavins, R. N.(1996). *Policy Instruments for Climate Change: How Can National Governments Address a Global Problem?* Discussion Paper E-96-03. Kennedy School of Government. Harvard University.

Staw, B. M.(1976). Knee-deep in Big Muddy: Study of Escalating Commitment to a Chosen Course of Action. *Organizational Behavior and Human Performance*, 16(1): 27-44.

Steinmo, S., Thelen, K., & Longstreth, F.(Eds.).(1992). *Structuring Politics: Historical Institutionalism in Comparative Perspective*. Cambridge: Cambridge University Press.

Sterner, T.(2003). *Policy Instruments for Environmental and Natural Resource Management*. Washington, D.C.: Resources for the Future Press.

Stern, N.(2007). *The Economics of Climate Change*. Cambridge: Cambridge University Press.

Stiglitz, J. E., & Wallsten, S. J.(2000). Public-Private Technology Partnerships.: Promises and Pitfall. *American Behavioral Scientist*, 43(1): 52-73.

Streeck, W., & Thelen, K.(Eds.).(2005a). *Beyond Continuity: Institutional Change in Advanced Political Economies*. New York: Oxford University Press.

Streeck, W., & Thelen, K.(2005b). Introduction: Institutional Change in Advanced Political Economies. In W. Streeck & K. Thelen(Eds.), *Beyond Continuity: Institutional Change in Advanced Political Economies*. 1-39. New York: Oxford University Press.

Sweis, B. M., Abram, S. V., Schmidt, B. J., Seeland, K. D., MacDonald, A. W., Thomas, M. J., & Redish, A. D.(2018). Sensitivity to Sunk Costs in Mice, Rats, and Humans. *Science*, 361(6398): 178-181.

Tannert, C., Elvers, H. D., & Jandrig, B.(2007). The Ethics of Uncertainty: In the Light of Possible Dangers, Research becomes a Moral Duty. *EMBO reports*, 8(10): 892-896.

Taylor, F. W.(1911). *The Principles of Scientific Management*. Harper & Brothers.

Thaler, R.(1980). Toward a Positive Theory of Consumer Choice. *Journal of Economic Behavior & Organization*, 1(1): 39-60.

The EU Emissions Trading System(http://ec.europa.eu/clima/policies/ets/index_en.htm).

Thelen, K.(1999). Historical Institutionalism in Comparative Politics. *Annual Review of Political Science*, 2: 369-404.

Thelen, K.(2000). Timing and Temporality in the Analysis of Institutional Evolution and Change. *Studies in American Political Development*, 14(1): 101-108.

Thelen, K.(2003). How Institutions Evolve: Insights from Comparative Historical Analysis, In J. Mahoney & D. Rueschemeyer(Eds.), *Comparative Historical Analysis in the Social Sciences*. 208-240. New York: Cambridge University Press.

Thelen, K.(2004). *How Institutions Evolve: The Political Economy of Skills in Germany, Britain, the United States, and Japan*. Cambridge: Cambridge University Press.

Thelen, K., & Steinmo, S.(1992). Historical Institutionalism in Comparative Politics. In S. Steinmo, K. Thelen, & F. Longstreth(Eds.), *Structuring Politics: Historical Institutionalism in Comparative Analysis*. Cambridge: Cambridge University Press.

The New York Times(2013.04.21). In Europe, Paid Permits for Pollution Are Fizzling.

Thibaut, J. W., & Walker, L.(1975). *Procedural Justice: A Psychological Perspective*. Hillsdale, NJ: Lawrence Erlbaum Associates.

Thurow, L. C.(1980). *The Zero-Sum Society*. Basic Books.

Torfing, J.(2001). Path Dependent Danish Welfare Reforms: The Contribution of the New Institutionalisms to Understanding Evolutionary Change. *Scandinavian Political Studies*, 24(4): 277-309.

Tsai, K. S.(2002). *Back-alley banking: Private Entrepreneurs in China*. Cornell University Press.

Tsai, K. S.(2016). Adaptive Informal Institutions. In O. Fioretos, T. G. Falleti, & A. Sheingate(Eds.), *The Oxford Handbook of Historical Institutionalism*. 270-287. Oxford University Press.

Tversky, A., & Kahneman, D.(1974). Judgment under Uncertainty: Heuristics and Biases. *Science*, 185(4157): 1124-1131.

Tversky, A., & Kahneman, D.(1981). The Framing of Decisions and the Psychology of Choice. *Science*, 211 (30): 453-458.

Tyler, T.(2017). Procedural Justice and Policing: A Rush to Judgment? *Annual Review of Law and Social Science*, 13: 29-53.

Tyler, T. R.(1989). The Psychology of Procedural Justice: A Test of the Group-Value Model. *Journal of Personality and Social Psychology*, 57(5): 830-838.

United Nations.(1998). *Kyoto Protocol to The United Nations Framework Convention on Climate Change*.

United Nations Framework Convention on Climate Change(UNFCCC).(2014). *Greenhouse Gas Inventory Data*.

U.S. Energy Information Administratiom Data Base(http://www.eia.gov).

U.S. Federal Deposit Insurance Corporation Improvement Act of 1991.

Van De Bovenkamp, H. M., De Mul, M., Quartz, J. G., Weggelaar-Jansen, J. W. M., Marie, A., & Bal, R.(2014). Institutional Layering in Governing Healthcare Quality. *Public Administration*, 92(1), 208-223.

Van der Heijden, J.(2011). Institutional Layering: A Review of the Use of the Concept. *Politics*, 31(1): 9-18.

Van Dijk, E., de Kwaadsteniet, E. W., & De Cremer, D.(2009). Tacit Coordination in Social Dilemmas: The Importance of Having a Common Understanding. *Journal of Personality and Social Psychology*, 96(3): 665.

Van Dijk, E., & Wilke, H.(2000). Decision-Induced Focusing in Social Dilemmas: Give-Some, Keep-Some, Take-Some, and Leave-Some Dilemmas. *Journal of Personality and Social Psychology*, 78(1): 92-104.

Van Dijk, E., Wit, A., Wilke, H., & Budescu, D. V(2004). What We Know(And Do not Know) about the Effects of Uncertainty on Behavior in Social Dilemmas. In R. Suleiman, D. V. Budescu, I. Fischer, & D. M. Messick(Eds.), *Contemporary Psychological Research on Social Dilemmas*. 315-331. Cambridge University Press.

Van Lange, P. A. M., Balliet, D. P., Parks, C. D., & Van Vugt, M.(2014). *Social Dilemmas: Understanding Human Cooperation*. Oxford University Press.

Van Lange, P. A. M., Joireman, J., Parks, C. D., & Van Dijk, E.(2013). The Psychology of Social Dilemmas:

A Review. *Organizational Behavior and Human Decision Processes*, 120(2): 125-141.

Vedung, E.(1998). Policy Instruments: Typologies and Theories. In Marie-Louise Bemelmans-Videc, R. Rist., & E. Vedung. *Carrots, Sticks, Sermons: Policy Instruments & Their Evaluation*. 21-58. Transaction Publishers, New Brunswick, New Jersey.

Venmans, F.(2012). A Literature-Based Multi-Criteria Evaluation of the EU ETS. *Renewable and Sustainable Energy Reviews*, 16(8): 5493-5510.

Villadsen, A. R.(2011). Structural Embeddedness of Political Top Executives as Explanation of Policy Isomorphism. *JPART*, 21: 573-599.

Vining, A. R., & Boardman, A. E.(2008). Public-Private Partnerships in Canada: Theory and Evidence. *Canadian Public Administration*, 51(1): 9-44.

Walker, W.(2000). Entrapment in Large Technology Systems: Institutional Commitment and Power Relations. *Research Policy*, 29(7): 833-846.

Wang, D. & Chen, S.(2013). Rethinking and Reshaping the Climate Policy: Literature Review and Proposed Guidelines. *Renewable and Sustainable Energy Reviews*, 21: 469-477.

Weaver, R. K., & Rockman, B.(Eds.).(1993). *Do Institutions Matter? Government Capabilities in the U.S. and Abroad*. Washington, DC: Brookings Institution.

Weibel, A., Rost, K., & Osterloh, M.(2010). Pay for Performance in the Public Sector-Benefits and(Hidden) Costs. *Journal of Public Administration Research and Theory*, 20(2): 387-412.

Weingast, B. R.(1979). A Rational Choice Perspective on Congressional Norms. *American Journal of Political Science*, 23(2): 245-262.

Weingast, B. R.(1996). Political Institutions: Rational Choice Perspectives. In R. Goodin, & Hans-Dieter Klingemann(Eds.), *A New Handbook of Political Science*. 167-190. Oxford: Oxford University Press.

Weingast, B. R.(2002). Rational-Choice Institutionalism. In I. Katnelson, & H. V. Miller(Eds.), *Political Science: The State of the Discipline*. 660-692. New York: W. W. Norton & Co.

Weitz, E., & Shenhaav, Y.(2000). A longitudinal Analysis of Technical and Organizational Uncertainty in Management Theory. *Organization Studies*, 21(1): 243-266.

Westney, E. D.(1987). *Imitation and Innovation. The Transfer of Western Organizational Patterns to Meiji Japan*. Cambridge, MA: Harvard University Press.

Wildavsky, A.(1979). *Speaking Truth to Power: The Art and Craft of Policy Analysis*. New Brunswick: Transactions Publishing Co.

Wilkinson, N.(2008). *An Introduction to Behavioral Economics*. Palgrave Macmillan.

Williams, T. P.(2003). Moving to Public-Private Partnerships: Learning from Experience around the World. In M. A. Abramson, & R. S. Hariss III(Eds.), *The Procurement Revolution*. 217-248. Rowman & Littlefield Pub Inc.

Williamson, O. E.(1975). *Markets and Hierarchies: Analysis and Antitrust Implications*. Chicago: Free Press.

Williamson, O. E.(1985). *The Economic Institutions of Capitalism: Firms, Markets, Relational Contracting*. New York: The Free Press.

Williamson, O. E.(2005). Why Law, Economics, and Organization? *Annual Review of Law and Social Science*, 1: 369-396.

Wilson, J. Q.(1974). The Politics of Regulation. In J. W. McKie(Ed.), *Social Responsibility and the Business Predicament*. 135-168. The Brookings Institution.

Woerdman, E.(2004). Path-Dependent Climate Policy: the History and Future of Emissions Trading in Europe. *European Environment*, 14(5): 261-275.

Wolfe, S. E., Rojek, J., Manjarrez, V. M., & Rojek, A.(2018). Why does Organizational Justice Matter? Uncertainty Management among Law Enforcement Officers. *Journal of Criminal Justice*, 54: 20-29.

World Bank.(1994). *World Development Report 1994-Infrastructure for Development.*

World Bank.(2006). *State & Trends of the Carbon Market Report 2006.*

World Bank.(2008). *State & Trends of the Carbon Market Report 2008.*

World Bank.(2010). *State & Trends of the Carbon Market Report 2010.*

World Bank.(2012). *State & Trends of the Carbon Market Report 2012.*

World Bank Group.(2014). *State and Trends of Carbon Pricing*. Washington DC.

Yamagishi, T.(1986). The Provision of a Sanctioning System as a Public Good. *Journal of Personality and Social Psychology*, 51(1): 110-116.

Zelmer, J.(2003). Linear Public Goods Experiments: A Meta-Analysis. *Experimental Economics*, 6: 299-310.

Zhang, J., & Wang, C.(2011). Co-benefits and Additionality of the Clean Development Mechanism: An Empirical Analysis. *Journal of Environmental Economics and Management*, 62(2): 140-154.

Zucker, L. G.(1983). Organizations as Instituions. In S. B. Bacharch(Ed.), *Research in the Sociology of Organizations*. 1-42. Greenwich, CT: JAI Press.

찾아보기

인명

사항

ㅁ

ㅂ

ㅅ

ㅇ

ㅈ

ㅊ

ㅋ

ㅌ

ㅍ

ㅎ

저자 소개

김태은

한국교통대학교 행정학전공 교수이며, 한국행정학회 제도연구회 회장으로 있다. 주요 저서로는 행정이론과 정부역할(2014), 제도와 행위(공저, 2016), 딜레마 이론과 정책(공저, 2021), 정부규제론(2021) 등이 있다.

주요 논문으로는 정부규제의 변화와 지속 요인으로서 비의도된 효용(unintended utility)(2007), 재화의 특성과 제도의 재생산: 민관협력(사회간접자본에 대한 민간투자)을 중심으로(2010), 공무원의 이기심에 대한 실증적 분석: 행태경제학의 실험연구방법을 중심으로(2012), WTP와 WTA 간 불일치와 그 원인에 관한 연구: CVM을 통한 실증(2017), 제도적 특성이 집단행동 딜레마에 미치는 영향: 성과급적 연봉제를 반영한 실험설계(2018), 권력 비대칭, 공정성과 집단행동 딜레마(2020), 정책 딜레마와 제도(2022) 등이 있다.

관심분야는 제도, 정부규제, 조직 등이며, 최근에는 실험연구를 통해 집단행동 딜레마 해소 및 제도적 협력 방안을 연구하였다(E-mail: kupa2000@ut.ac.kr).

신제도주의

-권력, 집단행동 딜레마, 동형화-

펴낸날 제1판 제1쇄 2023년 9월 6일
지은이 김태은
펴낸이 임춘환
펴낸곳 도서출판 **대영문화사**
주소 (본사) 사무실: 경기도 고양시 일산서구 주화로 70
우신프라자 307호 (우) 10387)
(본사) 물류센터: 경기도 고양시 일산서구 덕산로
107번길 68-50 (우) 10205)
등록 1975년 12월 26일 제3-16호
전화 (031) 913-3062, (031) 914-3884~5
팩스 (031) 913-3839
홈페이지 http://www.dymbook.co.kr

ISBN 978-89-7644-909-2
값 37,000원